JN410752

동아시아 삼국의 상호인식과 그 전환의 단초

김상홍金相洪 ‖ 단국대학교 명예교수
안대회安大會 ‖ 성균관대학교 한문학과
윤승준尹勝俊 ‖ 단국대학교 교양학부
정재철鄭載喆 ‖ 단국대학교 한문교육과
김영옥金永玉 ‖ 단국대학교 동양학연구소
부유섭夫裕燮 ‖ 단국대학교 동양학연구소
서한용徐漢庸 ‖ 단국대학교 동양학연구소
서한석徐漢錫 ‖ 단국대학교 동양학연구소
엄태웅嚴泰雄 ‖ 단국대학교 동양학연구소
김문경金文京 ‖ 일본 교토대학교 인문과학연구소
김성진金聲振 ‖ 부산대학교 한문학과
김영수金榮洙 ‖ 단국대학교 국어국문학과
나려형羅麗馨 ‖ 대만 국립중흥대학교 역사계
김정숙金貞淑 ‖ 단국대학교 동양학연구소
박영미朴暎美 ‖ 단국대학교 동양학연구소
손유경孫有慶 ‖ 단국대학교 동양학연구소
윤재환尹載煥 ‖ 단국대학교 동양학연구소
함영대咸泳大 ‖ 단국대학교 동양학연구소

동아시아 삼국의 상호인식과 그 전환의 단초

초판1쇄 발행 | 2010년 6월 30일

지은이 김상홍 외 펴낸이 홍종화

회장 홍기원
디자인 정춘경 · 강계영
편집 오경희 · 조정화 · 오성현 · 신나래 · 김현아
관리 박정대

펴낸곳 문예원 출판등록 제317-2007-55호
주소 서울 마포구 대흥동 337-25 전화 02) 804-3320, 805-3320, 806-3320(代) 팩스 02) 802-3346
이메일 minsok1@chollian.net 홈페이지 www.minsokwon.com

ISBN 978-89-963231-6-7 93810

동아시아 삼국의 상호인식과 그 전환의 단초

김상홍 외

문예원

서문

지정학적으로 한문문화권漢文文化圈에 속한 한국과 중국과 일본은 수천년간 정치・외교・경제・문화 등 교류를 지속하면서 상호 발전해 왔다. 근대近代 제국주의帝國主義 시기 이전의 중국은 동아시아 한문문화권의 선진국이었으며, 한자漢字는 중국의 문자를 넘어서 동아시아 공통문자共通文字였기에 한중일韓中日 삼국의 문화교류에 크게 기여했다.

한중일 문화교류의 문헌자료는 각국의 정사正史 외에, 조선에 온 명明나라의 사신과 이들을 영송迎送한 접대관들이 서로 주고받은 시와 문을 실은 시문집인 『황화집皇華集』을 비롯하여 개인 문집은 물론 『표해록漂海錄』・『해사록海槎錄』・『연행록燕行錄』 등에 산적해 있다. 이들 국내 자료 외에도 중국과 일본에 산재해 있는 수많은 문헌 자료가 집성되지 않았으며, 이것이 동아시아 삼국의 상호교류에 대한 구체적인 연구가 활발하게 진행되지 못한 근본적인 원인이다. 따라서 한중일 근대 제국주의 시기 이전 문헌자료를 분석하여 역대 문화교류 인물을 총체적으로 집성하는 작업은 동아시아 학술사에 새로운 지평을 여는 것이다.

본 연구단이 한국연구재단의 지원을 받아 2009년 7월부터 2012년 6월까지 3년에 걸쳐 수행하고 있는 〈동東아시아 역대문화교류歷代文化交流 인물집성人物集成〉은 한중일 삼국의 문헌자료를 중심으로 역대 문화교류 인물을 총체적으로 정리하는 국제적인 프로젝트이다. 이는 근대 제국주의 시기 이전 동아시아 문화권내의 인물들의 상호문화교류 양상에 대한 구체적인 문헌자료를 분석하여 인물간 문화교류의 실상을 확인하고 이를 통한 문화교류의 의미를 파악・정리하는 것이다. 앞으로 동아시아 역대 문화교류 인물들의 교류 관련 자료를 총체적으로 집성集成하고, 이를 DB로 구축하여 중요한 연구자료로 활용케 할 것이다.

현재 연구의 효율성과 연구 성과의 수준을 향상시키기 위해 지속적으로 월례발표회를 진행하고 있으며, 중국·일본·대만·및 국내 학자들을 초청하여 국제학술회의를 개최한 바 있다. 본 연구총서는 본 연구단에서 지난 1년간 진행한 연구의 결과로서, 국제학술대회 및 월례발표회 등에서 발표한 논문 중에서 18편을 가려서 수록한 것이다. 이 연구총서는 동아시아 삼국의 상호인식과 문화교류의 구체적 실상을 이해하는 데 크게 기여할 것이다. 본 연구단은 앞으로도 지속적으로 월례발표회와 국제학술회의를 개최하여 연구의 수준을 제고하고 연구총서도 매년 간행할 계획이다.

본 연구단은 패기 있고 유능한 신진학자 21명으로 구성되어 있다. 구체적으로는 김영수·정재철·윤승준 교수가 공동연구원을, 연구팀장인 윤재환 박사를 비롯하여 박영미·함영대·부유섭·서한석·김정숙·서한용 박사가 책임연구원을 맡고 있으며, 손유경·배종석·김영옥·안창수·맹영일·엄태웅·이종필·권동순 연구원과 2명의 보조연구원이 연구를 진행하고 있다. 그리고 본인이 연구책임자를 맡고 있다.

우리 연구단이 수행하고 있는 〈동東아시아 역대문화교류歷代文化交流 인물집성人物集成〉이 성공적으로 완료되고 그 결과물이 방대한 분량의 자료집과 DB로 구축될 경우, 한중일 학술사에 신기원을 이룩하고 삼국의 문화교류 연구에 신지평을 열 것으로 기대된다.

인문학이 위기에 처해 있는 어려운 여건 속에서도 이 연구총서를 흔쾌히 상재上梓해준 문예원 홍종화 사장님께 감사의 뜻을 전한다.

2010년 6월 30일

단국대학교 대학원 313호 연구실에서

金相洪

일러두기

1. 본서는 단국대학교 동양학연구소 기초학문 연구과제팀(동아시아 역대 문화교류 인물집성) 연구원들의 논문과 연구과제팀 국제학술회의 발표자들의 논문을 수합한 것이다.

2. 본서에 수록된 논문들은 이미 학술지에 게재된 것으로 논문의 소재나 주제에 따라 교류 양상의 밀도나 편폭에는 차이가 있으나 기본적으로 '한・중・일 문화교류'라는 본 연구과제팀의 포괄적 주제에 수렴된다.

3. 본서는 두 부분으로 나뉘며, 1부는 한・중 문화교류, 2부는 한・일 문화교류와 관련한 논문들이 수록되었다.

4. 본서의 형식・체제의 일관성을 위해 각기 다른 형식의 논문들을 본서의 편집규정으로 통일하여 편집하였다.

5. 본서에 수록된 논문들의 출처는 다음과 같다(논문 수록 순).

金相洪, 「東아시아 歷代文化交流 人物集成의 意義」, 『단국대학교 동양학연구소 연구과제 국제학술회의 자료집－동아시아 삼국의 상호인식과 그 전환의 단초』, 2010.

安大會, 「조선 후기 燕行을 보는 세 가지 시선－燕行使를 보내는 送序를 중심으로」, 『한국실학연구』 19, 한국실학학회, 2010.

尹勝俊, 「조선후기 지식인의 중국 체험과 청조문인과의 교유－담헌 홍대용의 『을병연행록』을 중심으로－」, 『동아시아고대학』 21, 동아시아고대학회, 2010.

鄭載喆, 「이색의 국자감 유학과 문화교류사적 의미」, 『고전과해석』 8, 고전문학한문학연구학회, 2010.

金永玉,「규장각본『廣寒樓記』詩詞를 통해 본 중국 문학 수용 양상」,『漢文學報』21, 우리한문학회, 2009.

夫裕燮,「燕行錄을 통해 본 康雍 年間 中國 書籍 유입에 대하여」,『한문학보』22, 우리한문학회, 2010.

徐漢庸,「이덕무의 중국 문자학 인식」,『漢文學論集』30, 근역한문학회, 2010.

徐漢錫,「金奭準과『孝里齋逸集』에 대하여」,『漢文學報』21, 우리한문학회, 2009.

嚴泰雄,「연행 체험에 나타난 기억의 변모 양상 – 〈무오연행록〉과 〈연행가〉를 중심으로」,『漢文學報』21, 우리한문학회, 2009.

金文京,「17세기 후반 한일간의 무기 밀수 사건에 대해서」,『고전과해석』8, 고전문학한문학연구학회, 2010.

金聲振,「癸未使行時의 筆談唱和와 大阪의 混沌社」,『韓國文學論叢』54, 한국문학회, 2010.

金榮洙,「新羅와 倭의 교류와 인물전승의 의미」,『고전과해석』8, 고전문학한문학연구학회, 2010.

羅麗馨,「申叔舟의 對日 관찰과 기록」,『고전과해석』8, 고전문학한문학연구학회, 2010.

金貞淑,「『剪燈新話』와『聊齋志異』의 韓日에의 전래 그 변화와 수용의 軌跡」,『漢文學論集』30, 근역한문학회, 2010.

朴暎美,「韓・日 문사의 교유시를 통해 본 상호인식 – 秋潭 兪瑒과 하야시 라잔(林羅山)을 중심으로」,『漢文學論集』30, 근역한문학회, 2010.

孫有慶,「慕齋 金安國의 對日認識」,『한문고전연구』19, 한국한문고전학회, 2009.

尹載煥,「『日觀詩草』를 통해 본 秋月 南玉의 日本 認識」,『고전과해석』8, 고전문학한문학연구학회, 2010.

咸泳大,「임란이전 조선 중앙관료의 일본인식」,『漢文學報』21, 우리한문학회, 2009.

차례

제2부 일본 체험, 새로운 인식과 교류의 시작

1부

중국 체험과

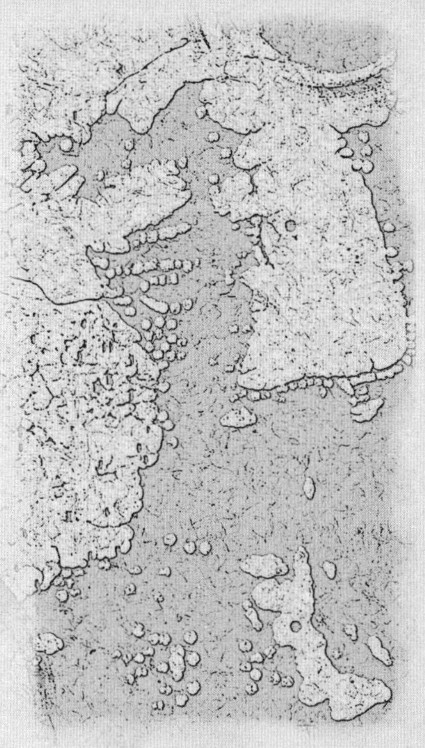

상호교류의 흔적

1장

동東아시아 역대문화교류歷代文化交流 인물집성人物集成의 의의意義

김상홍金相洪*

1. 머리말

중국中國은 근대近代 제국주의帝國主義 시기 이전의 동東아시아의 글로벌 스탠다드Global Standard이자 문화선진국文化先進國이었다. 중국은 한문문화권漢文文化圈의 종주국宗主國으로 한국韓國과 일본日本은 물론 동아시아 제국諸國에 큰 영향을 끼쳤다. 중국이 동아시아의 종주국宗主國으로 군림君臨할 수 있었던 요인의 하나는 한자漢字・한문漢文의 영향이 지대至大했다.

근대 이전 동아시아 제국諸國은 지정학적地政學的으로 글로벌 스탠다드였던 중국과 교류交流할 수밖에 없었다. 중국의 선진문화先進文化를 수용하기 위해서는 중국 문자인 한자漢字・한문漢文을 습득習得해야 했다. 한자漢字・한문漢文의 습득習得을 통하여 자연스럽게 한문문화권漢文文化圈에 편입編入하게 되었고, 상호교류를 통하여 문화교류가 이루어졌다.

* 단국대학교 명예교수

한중일韓中日 역대 문화교류 주역主役의 인물들을 총체적으로 정리하는 것은 동양삼국東洋三國 학술사學術史에 큰 의의意義가 있다. 근대 이전 동아시아 제국諸國의 외교문서外交文書는 한문漢文으로 작성되었다. 중국中國의 한자漢字·한문漢文은 동東아시아 제국諸國의 공통문자共通文字이자, 공용어公用語의 위치에 있었다고 할 수 있다. 한자漢字·한문漢文은 동아시아 제국諸國이 상호相互 문화를 소통시키는데 일등공신一等功臣이라고 할 수 있다.

근대 이전 한국과 일본의 지식층知識層들은 한자漢字·한문漢文에 능숙했다. 특히 사신使臣들은 상대국가의 언어를 구사驅使하지 못하더라도, 한문漢文으로 필담筆談을 하여 의사소통을 원활圓滑하게 했다. 그리고 공사간公私間에 시문詩文의 수작酬酌을 통하여 교류의 폭을 넓혔다. 이를 학술적으로 정리·집성하는 것은 큰 의의가 있다.

2. 『시경詩經』과 문화교류文化交流

고대古代 국가간國家間의 문화교류文化交流는 주主로 사신使臣을 통해서 이루어졌다. 사행使行은 외교적 현안을 조율調律·해결解決하고 아울러 양국간의 문화를 수용하고 전파傳播하는 역할을 했다. 사신使臣들은 시문詩文에 능숙能熟했다. 공자孔子는 "『시경詩經』 3백 편을 암송暗誦하더라도 정무政務를 맡겼는데 제대로 하지 못하고 사방四方에 사신使臣을 가서 전권專權을 가지고 대응對應하지 못한다면 비록 시를 많이 외운다 한들 어디에 쓰겠는가"[1] 라고 했다.

『시경詩經』은 시詩의 전범典範으로, 백성의 마음을 살필 수 있고 군주君主의 마음을 바르게 할 수 있는 텍스트이다. 그러므로 공자孔子는 『시경詩經』을 전부 암송暗誦하면서도 국가의 정무政務를 제대로 처리하지 못하고 외국外國에 사신使臣으로 나가서 외교관으로서 외교적 현안 문제를 전담하여 처리하지 못한다면, 그 학문은 아무 소용이 없다는 것이다. 즉 학문學問의 실용성實用性을 강조한 것이다. 『시경詩經』에 군주君主가 신하를 사신使臣으로 보낼 때 노래한 시를 보자.

---

1 『論語』, 「子路」, "子曰, 誦詩三百, 授之以政, 不達, 使於四方, 不能專對, 雖多, 亦奚以爲."

皇皇者華　　빛나고 아름다운 꽃들이여
于彼原隰　　저 언덕과 습지 피어 있네
駪駪征夫　　많은 말들을 타고 가는 사신과 일행들
每懷靡及[2]　　항상 미치지 못할까 염려하네

군주君主가 신하를 부릴 때 윗사람의 덕을 아래에 베풀고 아랫사람의 정情을 위에 도달하게 하고자 하며, 신하가 명을 받을 때에는 군주의 뜻에 부응하지 못할까 두려워하는 것이다. 이 「황황자화皇皇者華」의 전前2구句는 선왕先王이 사신을 보낼 때에 길을 가는 수고로움을 찬미한 것이고, 후後2구句는 사신使臣의 책무를 완수하는 데 부지런할 것을 말한 것이다. 위의 "우피원습于彼原隰"은 연암燕岩 박지원朴趾源(1737~1805)의 「일야구도하기一夜九渡河記」에서 보는 바와 같이 하룻밤에 물을 아홉 번 건너야 했던 사행使行의 수고로움을 뜻한다.

이어서 국사國事를 수행遂行하며 그 수고로움을 노래한 『시경詩經』의 「북산北山」을 보자.

或燕燕居息　　어떤 이는 편안히 살며 쉬거늘
或盡瘁國事　　어떤 이는 몸과 마음을 다하여 나랏일을 하네
或息偃在牀　　어떤 이는 편안히 침상에 누워 쉬거늘
或不已于行　　어떤 이는 길 가기를 쉬지 않네

或不知叫號　　어떤 이는 부르짖는 것을 알지 못하고
或慘慘劬勞　　어떤 이는 처참하게 수고하네
或棲遲偃仰　　어떤 이는 실컷 놀며 한가히 지내는데
或王事鞅掌　　어떤 이는 나랏일로 모양 낼 겨를이 없네

或湛樂飮酒　　어떤 이는 즐거이 술 마시고
或慘慘畏咎　　어떤 이는 처참히 허물을 두려워하네
或出入風議　　어떤 이는 출입하며 아무 말이나 일삼는데

---

2 『詩經』, 小雅, 「皇皇者華」.

或靡事不爲[3]　　어떤 이는 하지 않는 일이 없다네

택당澤堂 이식李植(1584~1647)은 성절겸동지사聖節兼冬至使로 연경燕京에 가는 전식全湜을 보내는 송서送序에서, 이 「북산北山」시에 대하여 다음과 같이 말했다.

> 내가 이 시를 읽고는 小雅의 變體임을 알았다. 孟子는 '즐거움을 얻지 못했다고 그 임금을 비방하는 자도 옳지 못하다'고 하였다. 남의 신하된 이가 임금의 명령을 받들어서 나랏일을 도모할 때 자기 직책을 다하지 못할까만이 두려운 것이니, 어찌 무엇이 수고롭고 무엇이 편안할까를 비교할 수 있겠는가? 北山大夫는 또한 道를 깨닫지 못한 사람이로다.[4]

이식李植은 북산대부北山大夫가 국사國事를 수행하며 그 책무를 다하지 못할까 두려워해야 하는 데 행역行役의 수고를 노래한 것은 신하로서 도道를 깨닫지 못한 사람이라고 비판했다. 일야구도하一夜九渡河와 같은 사행使行의 수고가 있어야 타국他國의 문화를 체험體驗하고 수용受容·전파傳播할 수가 있다. 조선후기朝鮮後期 문화계文化界에 신선한 충격을 주었던 박지원朴趾源의 『열하일기熱河日記』는 사행使行으로 얻어진 것이다. 이는 동아시아의 공통문자共通文字였던 한문漢文으로 기록한 한문문화권漢文文化圈의 문화적 아이덴디티identity의 산물産物이라고 할 수 있다.

동양삼국東洋三國이 사행使行 등을 통해 교류한 인물과 내용을 총체적總體的으로 집성集成하는 작업은 한중일韓中日 문화교류사 연구 활성화活性化에 크게 기여할 것이다.

3. 사행使行과 문화교류文化交流

근대近代 이전의 국가간 문화교류는 주로 사행使行을 통하여 이루어졌다. 신라新羅 경덕

---

3 『詩經』, 小雅, 「北山」.

4 李植, 「送聖節兼冬至使全公湜航海朝燕序」, 『澤堂集』 권9(한국문집총간 89), 147쪽. "余讀詩至此, 知宵雅之變也. 鄒孟氏有言, 不得而非其上者, 非也. 人臣奉主之命, 圖國之事, 不共是懼, 何勞逸之足較. 北山大夫, 其亦未喩夫道者乎."

왕景德王은 756년 당唐 현종玄宗이 안록산安祿山의 반란으로 촉蜀으로 몽진蒙塵했다는 소식을 듣고, 사신使臣을 보내 촉蜀의 성도成都까지 가서 조공朝貢을 했다. 이를 크게 감격한 당唐 현종玄宗은 오언五言 십운十韻 「사신라왕賜新羅王」을 지어 칭찬했다.

四維分景緯	四維는 큰 위도로 나누어지고
萬象含中樞	만물은 중심축에 물려 있네
玉帛遍天下	구슬과 비단은 천하에 두루 퍼져 있어
梯航歸上都	산 넘고 물 건너 帝都에 모여든다
緬懷阻淸陸	생각하니 신라는 멀고멀건만
歲月勤黃圖	오랜 세월 중국을 부지런히 섬겼도다
漫漫窮地際	멀고 멀리 땅이 다한 그 곳
蒼蒼連海隅	푸르게 이어진 바다의 모퉁이에 있어도
興言名義國	명분과 의리의 나라이거니
豈謂山河殊	어이 산하 다르다 하리오
使去傳風敎	사신이 가서는 풍교를 전하고
人來襲典謨	사람이 와서 전모를 배워 가네
衣冠知奉禮	벼슬아치들은 예절을 받들 줄 알고
忠信識尊儒	충실하고 믿음 지켜 유학을 높였구나
誠矣天其鑑	그 정성 하늘에서 굽어 보셨는데
賢哉德不孤	어질구나 덕은 외롭지 않았네
擁旄同作牧	깃발로 옹위하고 함께 백성 다스리니
厚貺比生蒭	후한 폐백은 생추에 비할만 하네
益重靑靑志	푸르고 푸른 뜻을 더욱 중히 하여
風霜恒不渝[5]	바람과 서리에도 늘 변하지 말지라

이 시에는 중국 특유의 천하중심天下中心이라는 중화주의中華主義의 색체가 내재內在되었

5 玄宗, 「賜新羅王」, 『全唐詩』 下(上海古籍出版社, 影印, 1986). 2194面. ○金富軾, 『三國史記』 권9, 景德王 15年 條.

다. 그러면서도 신라新羅는 당唐나라와 같아 산하山河가 다르지 않는 명名과 의義가 있는 국가라 했고, 사행使行을 통하여 "풍교風敎"와 "전모典謨"를 전하고 "봉예奉禮"와 "존유尊儒"의 문화가 있다고 했다. 당시 당唐나라는 동아시아의 글로벌 스탠다드였다. 신라新羅가 당唐나라에 조공朝貢을 하고 유학생을 파견한 것은 선진문화를 수입하기 위한 장기적인 국가 발전전략이었다.

일본日本 최초의 서정시집抒情詩集인 『회풍조懷風藻』(天平勝寶 3년, 751)에 수록된 백제화마려百濟和麻呂의 「오언추일어장왕댁연신라객부득시자五言秋日於長王宅宴新羅客賦得時字」를 보자.

勝地山園宅　　아름다운 경치의 산 속의 장왕의 저택
秋天風月時　　가을 하늘 바람 불고 달 뜰 때
置酒開桂賞　　술을 놓고 시회를 여니
倒屣逐蘭朝　　신 거꾸로 신고 아름다운 모임에 참석했네
人是雞林客　　인물은 신라에서 오신 손님이고
曲即鳳樓詞　　연주하는 곡은 봉루의 노래
青海千里外　　푸른 바다 천 리 밖
白雲一相思　　흰 구름 바라보며 한 결 같이 그리워하리

이는 천무천황天武天皇의 손자孫子인 장옥왕長屋王이 신라新羅 사신使臣을 위해 연회宴會를 열었을 때 쓴 시이다.[6] 일본日本의 고위층高位層과 신라 사신과의 문화교류의 현장을 시로 형상화하였다. 미련尾聯에서 시인은 사신이 신라로 귀국한 후 그리워할 것이라고 했다. 사신접대使臣接待라는 외교적外交的 행사가 우의友誼로까지 확산된 것이다.

동아시아의 제국諸國은 지정학적地政學的으로 중국中國과의 외교관계는 국가존립과 직결된 문제였다. 조선朝鮮(1392~1910)이 명明나라(1368~1636)에 사신을 보낸 것이 82회였고, 청淸나라(1637~1912)에 사신을 보낸 회수는 무려 497회였다.[7] 조선왕조朝鮮王朝가 519년간 존속存續

6 이혜순, 「한문문화권 형성 초기 한시 창수를 통한 동북아 국가간의 문화교류」, 『우리 한문학사의 해외체험』(집문당, 2006), 8~9쪽.
7 임기중, 『한국 고전 문학과 세계인식』(역락, 2003), 489쪽.

하는 동안 무려 중국中國에 579차례나 사신使臣을 보내야 했던 것은 약소국弱小國으로 이소사대以小事大의 국제적國際的 역학力學과 그 질서秩序를 벗어날 수 없는 필연必然이었다. 그러나 이소사대以小事大의 579회의 사행은 약소국弱小國이 지불해야하는 비싼 대가代價였지만, 글로벌 스탠다드였던 중국의 선진문화先進文化를 수입하는 순기능順機能도 있었다.

조선朝鮮의 동악東岳 이안눌李安訥(1571~1637)은 사행使行으로 명明나라를 2차례 다녀왔다. 첫번째가 1601년(萬曆 29) 여름에 서장관書狀官으로, 두 번째가 1632년(崇禎 5) 겨울 주청부사奏請副使로 사행을 했다. 그는 첫 번째 사행使行때 명明 신종神宗의 만수성절萬壽聖節(生辰)을 만나 조천궁朝天宮의 행사에 참석한 것을 평생 잊지 못했다. 이안눌李安訥이 두 번째 사행을 가서 공자孔子의 62대손인 공문표孔聞諤(1593~?)에게 보낸 「상공제독첩上孔提督帖」을 보자.

> 만력 28년(1600)에 명나라나 조정에서 파주의 역적 楊應龍을 토벌하고 천하에 조서를 반포하였습니다. 다음해 신축(1601) 여름 작은 나라에서 신하를 보내 표를 바치고 축하드림에 저는 서장관으로 황성에 왔습니다. 가을 8월에 萬壽聖節을 만나 朝天宮에 나가 의식에 참여했는데 당시에 衍聖公 孔尙賢께서 조정의 복장으로 公侯의 반열에 산처럼 우뚝 서 계셨고, 顔子의 후예인 顔伯貞, 曾子의 후예인 曾承業, 孟子의 후예인 孟承光께서도 오셔서 하례의 반열에 참여하였습니다. 저는 지금 마침 또 부사의 직책으로 와서 主事 大人께서 본 館舍를 감독함에 성대한 덕이 빛났는데 친히 만날 수 있었는데 그 다행스러움은 만만배라고 할 것입니다. 다만 연성공 상현께서 아직도 탈이 없으신지 모르겠고 顔伯貞, 曾承業, 孟承光公께서도 어떠하신지 모르겠습니다. 무지함을 무릅쓰고 글을 올리니 황송합니다.[8]

이안눌李安訥은 조천궁朝天宮에서 있었던 신종神宗의 만수성절萬壽聖節 의식에 참석하여 공자孔子의 64세 종손宗孫 연성공衍聖公 공상현孔尙賢[9]과, 안자顔子의 66세 종손 안백정顔伯貞

8 李安訥, 「上孔提督帖」, 『東岳集』 권20, 57b-58a, 390~391面. "萬曆二十八年, 皇朝討平播逆楊應龍, 頒詔天下. 越明年辛丑夏, 小邦遣陪臣, 奉表稱賀, 不佞以下价, 來到京師. 秋八月, 適遇萬壽聖節, 進詣朝天宮, 參行演儀, 當其時, 衍聖公尙賢, 朝衣朝冠, 屹然山立於公侯之列, 顔子之後伯貞, 曾子之後承業, 孟子之後承光, 亦來與賀班矣. 今者, 不佞適又充副价以來, 而主事大人提督本館, 盛德光輝, 得親見之, 其天幸尤萬萬矣. 第未知衍聖公尙賢, 今尙無恙否, 而顔公伯貞, 曾公承業, 孟公承光, 亦何如也. 冒昧仰稟, 惶悚惶悚."

9 "第六十四代, 孔尙賢, 字象之, 號希庵. 明世宗嘉靖三十八年(公元1559年) 襲封衍聖公, 贈太子太保. 孔尙賢有二子, 胤椿, 胤桂. 都先卒無子嗣. 乃以孔尙賢從弟孔尙坦之子孔胤植襲爵. 後來為避清雍正皇帝愛新覺羅胤禛諱, 改'胤'字為'衍'字. 孔尙賢享年79歲."(孔子族譜)

과,[10] 증자曾子의 62대 종손宗孫 증승업曾承業과, 맹자孟子의 60대 종손宗孫 맹승광孟承光[11]을 만난 것을 크나큰 영광榮光으로 여겼다. 이어서 공문표孔聞謤가 동악東岳에게 회신한 내용을 보자.

> 돌아가신 성조 공부자님은 은나라 사람입니다. 64대를 지나 돌아가신 종손 衍聖公 孔尙賢에 이르렀습니다. 당시에 당신의 광채를 보시고 문득 箕子의 유적지를 그리워하시면서 돌아와 우리 족속들에게 특별한 만남이었다고 말씀하셨습니다. 지금 고인이 되신지 10년이 남짓 됩니다. 그리고 안백정, 증승업, 맹승광 공께서도 모두 전후로 돌아가시어 성대한 만남을 할 수 없으니 애도하고 탄식할 만합니다. 이에 높은 우의가 구름에 닿으니, 구천에서도 감격하리라 생각합니다. 하물며 제가 직접 멀리 오신 분들을 맞아 높고 현명한 분들을 접함에랴 어떻겠습니까? 단지 공문서가 지엄하여 주인으로서의 예의를 갖추지 못하니, 그 쓸쓸함이 부끄러울 뿐입니다. 속되지만 올려 보여드리고 싶으니 하실 말씀을 해 주시기 바랍니다.[12]

공문표孔聞謤는 이안눌李安訥이 1601년에 만난 사성四聖의 종손인 공상현孔尙賢·안백정顏伯貞·증승업曾承業·맹승광孟承光이 모두 세상을 떠났다고 했다. 그 사이 31년의 세월이 흘렀다. 다만 공상현孔尙賢이 이안눌을 만나고 돌아와 "당신의 광채를 보시고 문득 기자箕子의 유적지를 그리워하시면서 돌아와 우리 족속들에게 특별한 만남이었다"고 회상하였다.

이안눌李安訥은 1632년(숭정 5) 겨울 10월 8일에 공문표孔聞謤에게 보낸 서한書翰에서 다시 1601년 조천궁朝天宮의 일을 또다시 서술했다.

> 만력 신축년(1601) 가을, 저는 진하사의 서장관으로 옥하관에 이르러 마침 만수절을 만났습니다. 8월 13일과 14일에 조천궁에서 의식에 참가하여 일찍이 연성공 孔尙賢 공을 뵈었는

10 "第六十六代：顏伯貞，字叔節，顏尹宗之子，萬曆二十七年襲、弟顏伯廉，字叔清，萬曆三十四年襲."(孔子弟子列表)

11 『明史』,「列傳第一百七十八 忠義二」, "時賊陷鄒縣，博士孟承光被執，詬詈不屈死. 贈尚寶少卿，世廕錦衣千戶，承光，字永觀，亞聖裔，世廕五經博士也."

12 『동악집』,「上孔提督帖」, 권20, 59ab, 391面. "先聖祖夫子，殷人也. 歷六十四代，以及先宗子衍聖公尙賢. 當時獲覩光采，輒懷想箕子之墟，歸語族中，以爲非常之會. 乃今作古人者十年所矣. 卽顏公伯貞，曾公承業，孟公承光，俱已先後凋謝，盛會不常，可勝悼嘆. 玆辱念及，高誼薄雲，當令九原感激. 況不佞躬逢棨戟遙臨，接高賢之緖論者哉. 但以功令森嚴，不敢修地主之儀，自慙涼涼耳. 欲有俚作呈覽，幸賜台號爲禱."

데, 발걸음이 조심스러웠습니다. 지금 다시 주청부사로서 제독청에 나아가 官禮를 보았는데, 예부주사 觀生(공문표의 호) 대인께서 중당에 서 있는데 그 모습이 엄숙했습니다. 東周시대부터 우리 明代에 이르기까지 세대는 서로 몇 천여 년이 떨어져 있으며, 궐리에서부터 우리 동쪽 땅까지는 서로 몇 천리 떨어져 있습니다. 가만히 생각하건대 제가 외국에서 태어나 전후로 황성에 와서 위대한 성인의 후예를 뵈었는데, 그 모습이나 말씀이 모두 논어 향당편에 나오는 기록과 서로 합치되어, 수준 낮은 것을 굴복시키니, 마치 성인의 제자 70 선생의 반열에서 옷깃을 여미고 있는듯하여 실로 일생의 크나큰 행운이었습니다. 그래서 한 마디라도 기록하지 않을 수 없어 이에 쓰는 것입니다. 때는 숭정 5년 임신(1632) 겨울 10월 임신일입니다.

이 서한에서 이안눌李安訥은 31년 전인 1601년 조천궁朝天宮에서 공자孔子의 64세 종손宗孫 연성공衍聖公 공상현孔尙賢을 만난 것을 회상한 후 공자의 후손인 공문표孔聞謤를 만난 것을 영광스럽게 여겼다. 이 서한에는 외교적 수사가 전혀 없는 것은 아니다. 그러나 공자의 후예後裔를 만난 사실 그 자체 하나만을 가지고도 조선朝鮮의 사신들은 대단한 영광이자 행운으로 여겼다. 그만큼 당시 중국은 한자문화권漢字文化圈의 제국諸國이 선망羨望하는 글로벌 스탠다드였다. 이안눌李安訥은 서한과 함께 아래의 시 2수를 공문표孔聞謤에게 보냈다.

辛丑曾瞻衍聖公	신축년(1601)에 연성공을 뵈었는데
長身今又拜南宮	큰 키에 지금 다시 예조에서 절하네
大明周室千年後	명나라와 주나라는 천 년의 사이가 있고
曲阜箕封萬里中	곡부와 조선 땅은 만 리의 거리네
禮樂詩書傳世遠	예악과 시서는 세상에 오래 전하고
文章道德比天崇	문장과 도덕은 하늘보다 높구나
鯫生敢說通家義	소생이 감히 다 아는 의를 말하랴마는
獨喜朝京每震衷	오직 황성에 올 때 마음 떨림이 기쁘구나

蛙井窺天鰈域東	우물 안의 개구리가 하늘을 엿보니 동방의 사람이요

文宣王後馬牛風　　문선왕 공자 이후로 이국이 교류했구나
鳳麟忽覩威儀異　　봉황과 기린의 威儀 다름을 문득 알겠고
河海方知氣像同　　황하와 바다는 기상이 같음을 알겠네
耳食幾多資畫虎　　귀로 먹으니 몇 번이나 호랑이 그리는 데 썼으며
舌耕徒解費雕蟲　　혀로 밭 갈아 그저 조충전각이나 일삼았었지
傳心法在陳編外　　마음으로 전하는 법은 묵은 책 밖에 있나니
儻乞微言破瞽聾.[13]　　진실로 미언을 빌어 눈과 귀가 트였으면

이안눌李安訥은 “예악과 시서는 세상에 오래 전하고[禮樂詩書傳世遠]/ 문장과 도덕은 하늘보다 높구나[文章道德比天崇]”라고 했다. 이어서 “소생이 감히 다 아는 의를 말하랴마는[鯫生敢說通家義]/ 오직 황성에 올 때 마음 떨림이 기쁘구나[獨喜朝京每震衷]”라고 하여 사행을 영광으로 여겼다. 그리고 자신을 “우물 안의 개구리가 하늘을 엿보니 동방의 사람이요[蛙井窺天鰈域東]”라고 했다. 물론 이 시에 외교적外交的 수사修辭가 전혀 없는 것은 아니나, 중국의 문화의 우수성에 매료魅了된 것을 알 수 있다.

공문표孔聞謤는 이안눌李安訥의 편지와 시를 받고 차운次韻한 시를 보내면서 자신을 “오로봉산인五老峯山人 공문표孔聞謤”라고 하였다. 공문표의 시를 보자.

馬首幸無東　　말머리를 동으로 향하지 않아도
得聞賦八風　　八風의 부를 듣게 되도다
自因骨氣別　　본디 骨氣가 다르기에
不止書文同　　글씨와 문장이 같지야 않지
午夢生春草　　낮 꿈에 봄풀이 나는 것은
寒氷語夏蟲　　차가운 얼음을 여름 벌레에 말함일세

13 『동악집』, 「敬呈孔提督」, 권20, 59b-60a, 391. “萬曆辛丑秋, 不佞以進賀使書狀官, 來到玉河館, 適遇萬壽聖節. 八月十三日暨十四日, 參行演儀於朝天宮, 曾見衍聖公諱尙賢, 趨進班行, 足躩如也. 今又以奏請副价, 來詣提督廳, 行見官禮, 禮部主事觀生大人, 張拱中堂, 鞠躬如也. 自東周迄我皇朝, 世相去千有幾歲, 自闕里至我東土, 地相去又幾千里也. 竊念, 不佞生於外國, 前後朝京師, 乃得親見大聖人之後, 容色詞氣, 皆有與鄕黨篇中所記相合, 磬折下風, 儼乎若摳衣於靑衿七十子之列, 實一生莫大之幸也. 不可無一言以志, 故於是乎書. 時崇禎五年壬申之歲冬, 十月初八日壬申也.”

君行誰振鐸　　그대가 가니 누가 목탁을 두드려
愁我作龍聾[14]　　내가 귀먹이 될까 근심하게 하나

공문표孔聞謤는 미련尾聯에서 "그대가 가니 누가 목탁을 두드려[君行誰振鐸]/ 내가 귀먹이 될까 근심하게 하나[愁我作龍聾]"라고 했다. 여기에 이안눌과 교유交遊한 세계가 그려져 있다.

사행使行은 문화교류에만 그치는 것이 아니다. 다산茶山 정약용丁若鏞(1762~1836)은 사신使臣은 외국에 나가서 이용후생利用厚生에 관련된 모든 정보를 수집해 와야 한다고 했다. 사신使臣으로 연경燕京에 가는 참판參判 이기양李基讓(1744~1802)을 전송하는 정약용丁若鏞의 증서贈序를 보면, 조선후기 사행使行에 대한 시각이 극명克明하게 나타나 있다.

옛날에 大夫로서 다른 나라에 사신으로 가는 이는 조그마한 한 가지 일을 보고서 그 나라 禮義가 두터운지 얕은지를 알았고, 하찮은 한 가지 물건을 보고서 그 나라 법과 기강이 서 있는지 풀리었는지를 알았으므로 이것을 가지고 그 나라의 盛衰를 점치고 興敗를 결정하였으니, 이를 두고 '남의 나라를 살펴 안다' 는 것이다. 남의 나라를 살펴 아는 것은 밝고 민첩하며 지혜가 보통 사람보다 뛰어난 사람이 아니면 할 수 없는 일이다. 이를테면, 저 田地가 잘 가꾸어진 것을 보고 그 농사짓는 기구를 살펴보며, 물산의 풍요로움을 보고 그 産出하는 방법을 찾아보는 그런 일은 譯官으로서도 능히 할 수 있는 일인데, 현명하다거나 어리석다는 것을 따질 것이 뭐 있겠는가.

燕京이 漢陽에서 3천여 리나 떨어져 있는데, 사신의 왕래가 길에 끊이지 않고 잇따랐건만, 利用厚生이 되는 물건은 일찍이 한 가지 물건도 얻어 와서 전한 이가 없으니, 사람들이 태연하게 사물에 혜택을 베풀 뜻이 없음이 어찌 이처럼 극심하단 말인가.

…… 공(李基讓)은 장차 어떠한 방법으로 나라에 보답하려 하는가. 이 나라 백성을 위해서 利用厚生을 하여 만세토록 길이 힘입게 하기를 생각한다면 報國하는 점이 적지 않을 것이다. 설사 두 나라 사이에 불화가 있다 하더라도 공이라면 충분히 그 나라의 허실을 살펴 알고도 남음이 있을 것인데, 하물며 눈으로 직접 보는 것과 손으로 직접 만져보는 것과 역관으로서도 능히 할 수 있는 것을 공이 하지 못하겠는가.

---

14 같은곳. 「附次韻」.

옛날 文益漸이 목화씨를 얻어 돌아와서 심고, 씨아(攪車)·물레(軠車)의 제도까지 아울러 얻어서 민간에 전하였으므로, 민간에서는 광(軠 무명실 뽑는 틀)을 '문래(文來)'라 이름하여 그의 공을 잊지 않으니, 위대하지 않은가. 공이 사신으로 가는 데 있어 오직 이것으로 권면한다.[15]

사신의 책무 수행은 물론 이용후생利用厚生에 필요한 모든 정보를 수집해 오는 것이 보국報國이라고 했다. 마치 고려말高麗末 문익점文益漸(1329~1398)이 1363년에 좌정언左正言으로 계품사啓稟使의 서장관書狀官으로 원元나라에 갔다가 귀국할 때 금수품禁輸品이던 목화木花씨를 몰래 가지고 들어와 우리나라 복식문화服飾文化에 새로운 지평地平을 열었던 것처럼, 이용후생利用厚生에 필요한 청淸의 선진문물先進文物을 수집해 올 것을 요구했다. 청나라에 가서 이용후생利用厚生에 관한 정보를 수집하는 것이 사신으로서 보국報國하는 것이라고 했으나, 실은 국익을 위해 청淸나라의 정보를 수집해오라는 것이다.

한편 다산茶山은 서장관書狀官으로 연경燕京에 가는 교리校理 한치응韓致應(1760~1824)을 전송하는 증서贈序에서도 위와 같은 논지를 전개했다.

이른바 中國이란 무엇을 두고 일컫는 것인가. 堯舜禹湯의 정치가 있는 곳을 중국이라 하고, 孔子·顔子·子思·孟子의 학문이 있는 곳을 중국이라 하는데 오늘날 중국이라고 말할 만한 것이 무엇이 있는가. 聖人의 정치와 성인의 학문 같은 것은 동국이 이미 얻어서 옮겨왔는데, 다시 멀리에서 구할 필요가 뭐 있겠는가.

오직 田地의 씨 뿌리고 심는 데에 편리한 방법이 있어서 五穀이 무성하게 하는 것은 옛날 良吏가 남겨준 은혜이고, 文詞의 藝術에 해박하고 고상한 재능이 있어서 鄙俗하게 하지 않은 것은 옛날 名士의 여운이다. 지금 마땅히 중국에서 이익을 취해야 할 것은 곧 이것일 뿐이

15 丁若鏞, 「送李參判基讓使燕京序」, 『與猶堂全書』 13권, Ⅰ-13, 12b-13a, 269~270쪽. "古者大夫之使於異國者, 見一事之小而知其國禮義之敦薄, 見一物之微而知其國法紀之弛立, 以之卜盛衰決興敗, 是之謂覘國. 覘國非有明敏睿知出乎其類者, 不能也. 若夫視田疇之易而觀其所以治之之器, 視物產之豐而求其所以出之之法, 此一象鞮之所能爲, 而何賢愚之足問哉. 燕之距漢陽三千餘里, 而冠蓋之往復徠去者, 繹繹乎織於路矣, 而所以利用厚生之物. 曾未有得其一而歸傳之者, 何人之恝然無澤物之志, 若是其極哉. …… 公將何術而報國也, 爲斯民思有以利用而厚生, 使萬世永賴焉, 則斯其爲報國不淺鮮矣. 使兩國而有事乎, 公尙能覘國而有裕矣, 況目之所睹, 手之所摸, 象鞮之所能爲者, 公其有不能哉. 昔文益漸得棉之種, 而歸而種之, 竝得其攪車軠車之制而傳之民間, 民間謂軠爲文來, 而不忘其功, 不其偉歟. 於公之行, 唯以是勉之."

며, 이 밖의 것은 곧 強勍하고 사나운 풍습과, 교묘하고 奇詭한 技藝라, 禮俗을 망치고 인심을 방탕하게 하는 것으로서 先王이 힘쓰던 것이 아니니, 무슨 볼 것이 있겠는가.[16]

정약용丁若鏞은 요순우탕堯舜禹湯의 정치가 있는 곳과 공자孔子·안자顔子·자사子思·맹자孟子의 학문이 있는 곳을 중국中國이라 하는데, 조선朝鮮은 이미 성인聖人의 정치와 성인의 학문을 옮겨왔다고 했다. 다만 청淸나라에 가서 ① 오곡을 무성하게 수확할 수 있는 선진先進 영농법營農法과 ② 문사文詞의 예술藝術에 해박하고 고상한 재능과 여운만을 취해올 것을 권면하였다.

사행使行은 상호 상대국가의 문화文化를 체험體驗하고 그 문화적 장점長點을 수용·이전移轉하는 기능을 한다. 그 예를 『연행록燕行錄』·『조천록朝天錄』·『황화집皇華集』 등에서 찾을 수 있다. 사행使行을 통해서만이 문화교류가 이루어지는 것은 아니다. 최치원崔致遠을 비롯한 견당遣唐 유학생留學生들을 통한 문화교류도 있었다.

이러한 동양삼국東洋三國의 문화교류에 관련 문헌자료를 분석하여 역대문화교류 인물을 집대성集大成하는 것은 3국의 외교사 연구에도 크게 기여할 것이다.

4. 맺음말

동東아시아의 문헌자료를 검토·분석하여 문화교류 인물을 집성集成하는 일은 방대尨大한 작업이다. 본 연구의 내용은 상호 문화교류의 실상과 문화교류의 실상의 당대적 의미를 파악하고, 문화교류 인물들의 상호인식을 확인하는 것이다. 이러한 작업은 한중일韓中日 학술문화사 연구에 새로운 지평地平을 여는 것이다.

근대近代 제국주의帝國主義 시기 이전 한국·중국·일본 3국은 상호교류를 통해 습득한

16 丁若鏞, 「送韓校理致應使燕序時爲書狀官」, 『與猶堂全書』 13권, Ⅰ-13, 13ab, 270쪽. "卽所謂中國者, 何以稱焉. 有堯舜禹湯之治之謂中國, 有孔顔思孟之學之謂中國, 今所以謂中國者何存焉. 若聖人之治, 聖人之學, 東國旣得而移之矣, 復何必求諸遠哉. 唯田疇種植之有便利之法, 而使五穀茁茂焉, 則是古良吏之遺惠也. 文詞藝術之有博雅之能, 而不爲鄙俚焉, 則是古名士之餘韻也. 今所宜取益於中國也者, 斯而已. 外是則強勍鷙悍之風, 淫巧奇詭之技, 夷禮俗蕩人心, 而非先王之所務也, 何觀焉."

동아시아 문화권의 보편 문화를 기반으로 개별 문화를 발전시켜 나갔다. 여기에는 동아시아의 공통문자共通文字인 한자漢字·한문漢文이 크게 기여했다. 한자漢字·한문漢文은 동양삼국東洋三國을 같은 한문문화권漢文文化圈으로 편입編入시켰고 아울러 문화교류의 발전에 촉매역할觸媒役割을 했다.

우리 연구진硏究陣이 3년에 걸쳐 진행하고 있는 「동東아시아 역대문화교류歷代文化交流 인물집성人物集成」은 한자漢字로 기록된 한韓·중中·일日 3국國의 문헌자료文獻資料를 중심으로 역대歷代 문화교류 인물을 총체적으로 정리하는 국제적國際的인 프로젝트이다. 앞에서 살펴본 바와 같이 이안눌李安訥의 2회의 사행을 통하여 공자孔子의 64세 종손宗孫 연성공衍聖公 공상현孔尙賢과, 안자顔子의 66세 종손 안백정顔伯貞과, 증자曾子의 62대 종손宗孫 증승업曾承業과, 맹자孟子의 60대 종손宗孫 맹승광孟承光과, 그리고 공자의 후손인 공문표孔聞譔 등과 교유하였다. 이러한 교류交流들을 우리 연구진이 집성하는 것이다.

근대近代 제국주의帝國主義 시기時期 이전 동아시아 문화권내文化圈內의 인물人物들의 상호문화교류相互文化交流 양상樣相에 대한 구체적인 문헌자료文獻資料를 분석하여, 인물간 문화교류의 실상을 확인하고, 이를 통한 문화교류의 의미를 파악하고 정리하는 작업을 진행할 것이다. 본本 연구가 성공적成功的으로 수행遂行되어 동양삼국東洋三國의 문화교류사文化交流史 연구에 신기원新紀元을 이룩하게 될 것은 자명自明한 일이다.

2장

조선 후기 연행燕行을 보는 세 가지 시선

-연행사燕行使를 보내는 송서送序를 중심으로-

안대회安大會*

1. 머리말

청淸나라와 벌인 전투에 패한 이후 조선은 구한말에 이르기까지 매년 정기적으로 두 차례, 비정기적으로 한두 차례 청나라에 연행사燕行使를 파견했다. 1637년부터 1863년까지 중단없이 파견된 연행사는 조선의 정치와 경제, 사회와 문화에 적지 않은 영향을 끼쳤다. 연행사에 동참하여 북경으로 가는 길은 국가의 공식사절단의 일원으로서 국가의 임무수행이란 목적이 우선했다. 여행 참가자는 정계와 학계에서 실권을 쥐고 명성을 가진 인물이 대부분이고, 적어도 그들과 밀접하게 연관된 인물이었다. 여기에는 사대부만이 아니라 역관과 의관, 그리고 수행원이 포함되었다. 최소한 몇 개월이 걸리는 이 여행은 국가적으로나 개인적으로나 중대한 사업이었다.

연행사가 중요한 의미를 지니므로 사행과 관련한 기록 역시 다양하고 수량이 많다. 연

* 성균관대학교 한문학과

행사와 관련한 기록은 대략 세 가지 차원으로 정리할 수 있다. 첫 번째로 국가의 외교업무인 연행을 공식적으로 기록하여 정리한 국가기록이 일차적으로 가장 중요하다. 두 번째로 연행燕行을 하나의 완결된 여행으로 파악하여 전모를 기록한 연행록燕行錄이다. 현재 수많은 연행록 자료가 정리되어 대체적인 자료는 파악되었다.[1] 그러나 여전히 적지 않은 사료가 정리되지 않은 상태로 남아 있어 앞으로도 지속적인 자료의 발굴과 분석이 전개될 것이다. 세 번째로 중요한 의미를 지닌 자료가 바로 詩文이다. 조선 후기 사대부가 남긴 수많은 문집에는 연행의 체험을 다룬 시와 문장이 상당히 풍부하게 실려 있다. 자신이 직접 경험한 연행을 표현하거나 연행사를 보내고 맞은 사실을 노래한 시작품이 상당히 많다. 이런 성격의 자료는 너무나 많아 대체적인 윤곽조차도 정리되지 않았다. 그 가운데서 특별히 눈여겨 볼만한 가치를 지닌 사료가 바로 송서送序이다. 송서送序는 연행사를 북경北京으로 배웅할 때 써준 글이다. 잡다한 사실 위주로 소감을 읊는 경향을 보인 시와 달리 송서는 연행의 의의와 사신의 임무, 그리고 연행을 보는 작자의 견해를 분명하게 밝혔다. 상대적으로 가는 이와 보내는 이의 주장을 논리적으로 선명하게 전개한 산문이기 때문에 글이 쓰인 시대의 개인과 집단의 견해가 어떤 양상인지를 큰 틀에서 파악하기에 좋은 자료이다. 또 연행사에게 준 편지도 송서送序와 같은 기능과 성격을 지녔다. 이렇게 일부 편지글까지 포함하여 송서送序는 연행을 보는 조선 후기 지식인의 시각을 첨예하게 보여준다는 점에서 분석할 필요가 제기된다.

연행에 대한 논의가 최근 들어 상당히 활발하게 진행되는 중이나 연행사를 배웅하는 자의 시선을 거시적 시각에서 다룬 논의는 거의 없다.[2] 필자는 연행사를 전송하며 써준 송서는 『연행록』과 다른 시문에 비해 조선 후기 지식인의 시각과 주장을 분석하기에 여러 측면에서 유리한 조건을 가지고 있다고 판단한다. 따라서 이 논문은 연행사를 파견한 전

1 중요한 성과로 성균관대 대동문화연구원에서 간행한 『연행록선집』(1960, 2책)과 『연행록선집보유』(2008, 3책), 그리고 임기중 교수가 편집한 『연행록전집』(2001, 100책)을 꼽을 수 있다.

2 연행과 관련한 그 동안의 연구성과는 조규익 교수가 편집한 『연행록연구총서』(10책, 학고방, 2006)에 큰 틀에서 정리되었으나 이러한 시각을 드러낸 논문은 거의 없고, 박성순, 「朝鮮後期의 對淸認識과 '北學論'의 意味」[『사학지』 31집(1998), 167~192쪽]과 백진우, 「연행 송서를 통해 본 18세기 남인계 문인들의 의식」[한국실학학회 2009년도 동계학술발표회, 『18·19世紀 實學認識과 文學』 발표문(2009.12)] 정도가 보인다. 전자는 조선 후기 지식인들의 대청인식은 사라진 명나라에 대한 향수와 청에 대한 멸시감이 두드러지게 표현되는 특징이 있다고 결론지었고, 후자에서는 18세기 남인계 문인들이 쓴 송서의 주제를 1) 대청인식의 재설정 및 사신의 구체적 역할 강조, 2) 尙古的 세계관의 반영, 3) 局地의 탈피 및 遠遊에 대한 勉勵의 세 가지로 파악했다.

시기의 송서送序를 조사하여 조선 후기 지식인이 연행을 보는 시선을 세 가지 관점에서 분석하고자 한다.

2. 연행사燕行使를 보는 시선의 변화양상

연행은 한 시대의 고위관료나 명망가, 또는 그들과 밀접한 관계를 맺은 사람만이 갈 수 있는 특별한 여행이었다. 그래서 연행을 떠나는 사람은 이 특별하고 장기간을 소요하는 여행을 빛내줄 시詩와 송서送序, 그것도 아니라면 편지글을 친지에게 요구했다. 그런 시문詩文을 요구하는 상대는 대체로 당대의 명사가 많았다. 따라서 연행사를 보내는 시문은 각 시대 주요 지식인들의 시선을 파악하는 중요한 사료이다. 그만큼 주요 문인들의 문집에는 관련한 시문이 꽤 많이 남아 있다. 또 그런 시문은 별장첩別章帖이란 이름으로 제작되어 집안의 귀중한 보물로 간직되었다. 연행사燕行使만을 대상으로 할 때 민성휘閔聖徽(1582~1647)가 1647년(인조28) 사은부사謝恩副使로 청나라에 갈 때 배웅한 사람들의 시문을 모은 『정해부연별장첩丁亥赴燕別章帖』과 1746년 윤급尹汲(1697~1770)이 연행할 때 친우들이 전별한 57건의 시문첩인 『연행별장燕行別章』이 대표적인 유물이다.[3]

수많은 송서에는 조선 후기 지식인들이 지닌 특유의 시선이 잘 나타나 있다. 송서의 시각은 그 시대 이데올로기와 정서, 사고방식에 큰 영향을 받을 수밖에 없다. 개인적 차이가 없을 수 없으나 개인적 견해도 시대적 조건에 제한을 받는다. 연행을 가는 사람이나 보내는 사람이나 비슷한 사회적 맥락과 지적 분위기에 공생하고 있기 때문이다. 연행사를 보는 시선은 이렇게 각 시대의 사회분위기와 정치 이데올로기, 지식인의 성향이라는 복합적인 요인에 따라 형성되고, 그렇게 형성된 시선은 고정되어 있지 않고 시대의 추이에 따라 변화했다.

200년이 넘게 유지된 연행을 보는 시선은 적지 않게 변화를 겪었다. 장기간에 걸쳐 조선이 청나라와 교섭하는 양상을 김문식 교수는 대략 세 단계로 구분했다. 첫 번째 단계는

3 각기 경남대 데라우치 문고와 계명대에 소장되어 있다.

탐색기(1637~1683)로서 청나라가 조선을 강제로 항복시키고 중원을 공략한 기간이다. 청과의 교류가 제한적으로 이루어졌으며, 조선은 청을 적대시했다. 두 번째 단계는 전성기(1684~1791)로서 청나라는 강희제, 옹정제, 건륭제가 황제로 있으면서 정치적 안정과 번영을 구가한 시기이다. 양국관계가 우호적으로 바뀌고 문물교류도 활발했던 시기이다. 세 번째 단계는 쇠퇴기(1791~1866)로 청나라의 쇠퇴와 조선의 서학 금지를 계기로 교섭이 쇠퇴한 단계이다.[4]

이러한 구도는 200년 동안 전개된 대청교섭의 큰 밑그림을 그리고자 할 때 유효한 틀로 활용할 만하다. 반면 이 구도는 문제점도 내포한다. 우선 1791년 이후 시기를 대청교섭의 쇠퇴기로 볼 수 있는지 의문이다. 오히려 이 시기는 대청교섭과 지식인의 교류가 더욱 활발하게 전개되었기 때문에 정반대로 설정해야 한다고 필자는 생각한다. 또 하나는 전성기에 포함된 1684년 이후로부터 18세기 전반기를 과연 전성기로 볼 수 있는지 의문이다. 적어도 17세기 후반에서 18세기 초반 다시 말해 숙종 말엽에서 경종조까지는 마지못해 연행을 수행했고, 청과의 긴장관계가 팽팽하게 유지된 시기이므로 이 단계를 전성기라고 보기는 다소 무리이다. 따라서 이런 시기구분이 연행의 실상을 효과적으로 설명할 수 있을지 의문이다.

필자가 그렇게 판단하는 근거는 교류의 구체적 실상과 조선 지식인이 청을 대하는 시각에 있다. 특히 송서에 기반하여 대청교섭의 추이를 살펴볼 때, 인조에서 경종까지의 1단계와 영조와 정조의 2단계, 순조에서 근대시기에 이르는 3단계로 구분하는 것이 현상을 파악하는 큰 틀로 효과적이다. 각 단계마다 교류의 시선과 태도가 달라진다. 1단계는 적대적 대응시기로서 청에 대한 적개심이 팽배하고, 북벌의 시도가 돋보인다. 2단계는 냉정한 탐색과 북학北學의 시기로서 청나라의 실상파악과 청나라 문물의 적극적 도입을 시도하는 시기이다. 3단계는 북학이 대세로 굳어지고 국제정세의 변화에 대응하기 위해 적극적으로 청나라를 분석하는 시기이다. 이런 구도를 통해 대청교섭의 태도와 시선이 세월이 경과할수록 적개심이 희석되고 청나라 문물을 수용하고, 연행을 통해 국제정세 파악의 교두보로 활용하는 방향으로 전개되었음을 확인할 수 있다.

4 김문식, 『조선후기 지식인의 대외인식』 제1장 〈자아인식과 타자인식〉, 제1절 '대청교섭의 추이'(새문사, 2009), 35~48쪽.

각 시기별로 검토하기에 앞서 송서送序의 전반적인 내용을 먼저 살펴본다. 먼저 송서의 정서적 태도를 보면, 가장 흔하게 나타나는 것이 대명교섭과 대청교섭에 대한 상이한 정서이다. 대명교섭 시기에는 중국 사행이 영광이었으나 대청교섭 시기에는 치욕이었고, 전자는 쉬웠으나 후자는 어려웠다는 구도가 일반적으로 등장한다. 이런 변화를 언급한 논의가 양적으로 많다.[5] 다음으로는 대청교섭에 대한 부정적 인식의 주도하에 현실을 직시하여 활용할 것을 강조하는 두 가지 태도로 나뉜다. 그 태도가 둘로 나뉘는데 그 차이는 청나라를 어떤 명칭으로 부르는지를 보면 바로 나타난다. 17세기에서 18세기 중반까지는 대체로 청나라를 노虜 또는 호胡로 불렀고, 이후에는 대체로 연燕 또는 청淸으로 불렀다. 물론 시대를 불문하고 연행을 부정하는 사람들은 청나라를 노虜로 불렀다.[6]

다음으로 송서에는 연행의 의의를 언급하는 내용이 일반적으로 담겨 있는데 그것은 여행자를 보내는 글에 필수적으로 들어가게 마련이다. 그때 보내는 이의 시선과 태도가 밝혀지는데 개인의 정서와 견해에 따라, 또 각 시대의 분위기에 따라 큰 변화가 발생한다. 앞에서 살펴본 3단계의 서로 다른 태도가 나타난다. 이렇게 시대에 따라 달라지는 연행 시각의 변화를 보여주는 글을 먼저 살펴봄으로써 논의의 단서를 마련한다.

> 우리나라가 번성할 때에는 중국에 사신가는 자를 모두들 영광스럽게 생각했다고 나는 들었다. 문물과 의관이 볼 만하고, 예악과 법도가 부러워할 만하고, 풍류와 은덕을 입을 만하고, 궁궐과 성곽의 웅장함과 아름다움을 두루 구경하여 호쾌한 기분을 가질 수 있었다. 지금은 이런 것이 없다. 내가 그대를 부러워할 것이 있겠는가?[7]

> 우리 조선이 오랑캐에게 굴복한지 60여 년이 흘렀다. 오랑캐에게 사신으로 간지도 오래되었고 가는 사람도 많으며, 사신을 오랑캐로 보내는 일도 오래되었고 배웅하는 사람도 많

5 徐宗華, 『藥軒遺集』 권4, 〈送夢踈公赴燕序〉. 국립중앙도서관 소장 목판본. "今之使行, 異昔之使行. 昔之使榮而今之使辱, 昔之使幸而今之使不幸, 昔之使易而今之使難. 嗚呼! 尙何言哉!"

6 명·청에 관한 호칭의 변화에서 청에 대한 의식의 변화를 살펴본 계승범의 「조선 후기 중화론의 이면과 그 유산-명청 관련 호칭의 변화를 중심으로」[인하대학교 한국학연구소 편, 『중국 없는 중화』(인하대학교출판부, 2009), 239~278쪽]을 참조하라.

7 李敏敍, 『西河集』 권12, 〈送文谷以書狀赴燕序〉, 『문집총간』 144집. "吾嘗聞國朝盛時奉使中國者, 人莫不榮之, 以文物衣冠可觀也, 禮樂法度可慕也, 風流渥澤可沾被也, 宮闕城郭之巨麗可周覽以自壯也. 今則無是焉耳, 吾於子何侈焉?"

아졌다. 그러다보니 사신들도 부끄러운 줄을 모르고, 보내는 이도 갈수록 원한을 잊어간다.[8]

앞의 글은 1653년 동지사 서장관으로 연행한 김수항金壽恒에게 이민서李敏敍가 주었고, 뒤의 글은 1705년 동지사로 연행한 이이명李頤命에게 김진규金鎭圭가 주었다. 청에게 굴복한 지 얼마 되지 않았을 때의 비분이 전자에 가감 없이 등장한다. 먼 길 떠나는 이에게 그가 가는 여행이 부럽지 않다고 말하는 것은 기본적으로 예의가 아니다. 그럼에도 이런 말을 하는 사람이나 듣는 사람이나 그렇게 말할 수밖에 없는 심경의 공유가 있었다. 당시에 연행은 국가의 일이기 때문에 마지못해서 억지로 가는 공식행사의 의미가 강했다. 17세기뿐만 아니라 18세기에도 거의 전시기를 통해서 연행은 가는 사람이나 보내는 사람이나 치욕스런 일로 기억되었다. 연행을 배웅하는 사람의 시와 문장에는 듣는 이의 머리카락을 솟구치게 하는 비분이 담겨 있는 경우가 많았다.[9]

그러나 굴욕의 시간이 60년을 경과하여 전쟁을 겪은 세대도 사라지고 적개심도 이완된 18세기에 들어서면 연행은 외교상의 일상으로 변했다. 청나라와 연행을 보는 부정적 인식과 적개심이 사라진 것은 결코 아니다. 그럼에도 불구하고 연행 참가자와 보내는 자의 의식과 태도에 커다란 변화가 발생했다. 그런 변화를 자각하고서 비판한 글이 김진규의 글이다.

시각의 큰 변화는 영조와 정조 시대, 그리고 순조 이후에도 점진적으로 진행되어 연행사를 보내는 글의 내용이 다변화되었다. 김진규가 지적했듯이 사행이 빈번해지고 일상적인 국가행사로 인식되면서 시선과 내용에 큰 변화가 발생했다. 18·19세기의 대체적인 시선이 어떠한지를 다음 두 편의 글을 통해 엿볼 수 있다.

> 우리가 청에게 예물을 바치는 일을 행한 지 벌써 백여 년이 지났고, 사행이 해마다 유주(幽州)와 계주(薊州)의 길을 가는데 두 번 세 번까지 가기도 한다. 그들을 보내는 우리들은

---

8 金鎭圭, 『竹泉集』 〈送養叔使燕序〉, 『문집총간』 174집. "本朝力屈於虜餘六十載, 人之使虜, 盖久且多矣; 送人而使虜, 亦久且多矣. 是以使者滋不知爲恥, 送者漸忘其可恨."

9 申靖夏, 『恕菴集』 권10, 〈奉贈京兆左尹俞公集一赴燕京序〉, 『문집총간』 197집. "往在明宣之世, 華之禮樂盛矣. 當世士大夫結轍而從玆役者, 皆有志於文物聲明之觀而爲可樂. 故其詩爲贐者, 以欽歎企羡之思, 而爲歡欣和雅之辭, 動至千百什, 盖雖多而不厭也. 自夫冠裳倒置以來, 其膺使命者, 無向者之可樂, 而所謂歡欣和雅之音者, 變而爲感憤激烈之聲. 讀之, 如聞擊筑而髮竪而眥裂焉, 則於是乎詩可以無作也."

또 반드시 먼 길을 가는 어려움이나 흥성하고 피폐한 문물에 대한 감개함, 그리고 산하의 경치와 누대의 웅장하고 화려함, 배와 수레, 성곽의 웅장하고 부유함에 대한 사실, 심지어는 아픔을 참고 원통함을 품은 내용에서 안목을 넓히고 흉금을 씻는 내용에 이르기까지 두루두루 서술해왔다. 선배들의 시와 문장이 하나하나 나열하여 거의 빠트림이 없다.[10]

나는 평생토록 연경에 가는 사람을 많이 배웅했으나 한 번도 글을 준 적이 없다. 할 말이 없기 때문이다. 유람을 서술하자니 누추하고, 이별을 말하자니 천박하며, 인물을 찾아보라고 하자니 판에 박힌 말이고, 춘추의리를 말하자니 구슬프다. 그렇다고 이런 내용과는 다른 내용을 억지로 말하는 것은 거짓에 가깝다. 우리나라 선비들이 옥백(玉帛)을 수레에 싣고 연경과 계주(薊州)로 가는 자가 해마다 길에 이어지기 때문에 황화(皇華)의 시와 청풍(淸風)의 노래가 거의 한우충동(汗牛充棟)할 지경으로 수만 장의 종이에 새겨진다. 그들을 뒤좇아 또 말을 하는 것은 군더더기가 아니겠는가? 군더더기나 거짓된 짓을 군자는 하지 않는다.[11]

글을 쓴 유척기와 한장석은 각기 18세기와 19세기의 지식인을 대표하는 인물로 손색이 없다. 그들은 오랜 기간 연행사를 보내는 글에서 어떠한 내용들이 전개되었는지를 개괄하여 제시했다. 이들 글에서는 청에 대한 굴욕감이나 적개심이 중압감으로 작용하지 않는다. 연행의 다양한 요소 가운데 하나일 뿐이다. 연행사를 보내는 시문이 너무나 많이 축적되었고, 그들에게 줄 만한 사연으로 새로 할 이야기가 없다고 말했다. 그런 언급에서도 다양화한 주제와 시선이 등장했음을 짐작할 수 있다.

실제로 수많은 송서送序를 보면, 각 시대의 정서나 태도와는 다소 거리를 둔 채 무관하게 독자적인 사연을 말한 것들이 제법 존재한다. 청나라에 대한 혐오감이 거세던 17세기에도 홍주세洪柱世는 영안도위永安都尉 홍주원洪柱元을 보내며 적개심은 작게 표출하고 대신 음주를 조심하라고 당부하는데 주안점을 두어 서술했다.[12] 당시의 사회 분위기와는 무관

10 兪拓基, 『知守齋集』 권15, 〈送尹副使景孺汲赴燕序〉, 『문집총간』 213집. "我之爲皮幣役, 已百餘年, 冠蓋歲結轍于幽薊, 或至再三焉. 而我之送之者, 又必歷敍其道塗於征邁, 興廢於感慨, 與夫山河之形勝, 臺隍之壯麗, 舟車儲胥之雄富, 以至忍痛而含冤, 恢眼而豁胷者. 前人之詩若文, 已一一羅列, 殆靡有遺."

11 韓章錫, 『眉山文集』 권7, 〈送李鳳藻奉使赴燕序〉, 『문집총간』 322집. "余生平送人赴燕者多矣, 未嘗贈一言者, 無以爲言也. 敍游覽則陋, 道離別則淺, 講咨訪則泥, 說春秋則悲, 無一於此而强言者, 近乎僞. 我邦之士, 載玉帛走燕薊者, 歲結轍於路. 皇華之什, 淸風之誦, 殆將汗千牛而印萬紙, 又從而言之, 無已贅乎! 贅與僞, 君子不爲也."

한 내용이다. 개인적 차원의 관심사를 겨우 언급하거나 성리서를 구입해 달라고 하는 등 국가와 시대의 관심사와는 다소 동떨어진 주제가 개진되기도 했다. 그런 예외적 언급이 보이기는 하나 대체로는 송서는 그 시대 지식인이 대청의식과 그 시대 국가적 관심사와 사회적 요구를 충실하게 담아냈다. 관련한 글을 정리하여 연구할 의의가 있는 이유가 여기에 있다.

3. 1단계 : 청나라에 대한 적개심과 부정적 시선

조선후기 연행사를 보내는 시선 가운데 가장 주도적인 것은 적개심과 혐오감이다. 청나라에 항복한 이후 공식적인 연행이 지속된 구한말까지 사행 참가자와 전송하는 이들의 의식 밑바닥에는 이런 정서가 언제나 잠재하고 있었다. 상대적으로 냉정한 시선을 유지할 수 있는 구한말 인사인 한장석을 비롯한 19세기 지식인들의 글에도 청나라에 대한 적개심과 비분강개한 느낌이 저류한다는 점에서 전 시기를 걸쳐 이런 정서가 주도했다고 볼 수 있다.

그러나 이러한 적개심과 연행에 대한 부정적 시선이 극단적으로 표현된 시기는, 당연한 추세이기는 하지만, 청나라에 항복한 이후 수십 년에서 백 년에 이르는 기간이었다. 앞서 살펴본 3단계 구도 가운데 첫 번째로서 인조 이후 경종에 이르는 시기에 가장 강하게 표출되었다. 그런 정서와 태도가 전 사회적으로 대단히 팽배해 있었기 때문에 강경한 사대부들은 청나라 사신이 조선에 들어오면 그들을 접대하기를 거부하거나 심지어는 그들이 다닌 길을 아예 밟지 않았고, 청나라로 사신가는 사행단에 뽑히는 것을 완강히 거부하기까지 했다.[13] 18세기 후반에는 상황이 달라졌음에도 불구하고 마지못해 연행을 떠나며 상당히 난감해하는 경우가 적지 않았다.[14] 그런 행위를 한 사대부들은 많은 사람들로부터

---

12 洪柱世, 『靜虛堂集』 下卷, 〈奉別堂兄永安都尉赴燕序〉, 필자 소장 목판본.

13 종실 사람인 李世完의 행동에서 그런 모습을 확인할 수 있다. 尹拯, 『明齋遺稿』 권41, 〈宗室珍原君神道碑銘〉, 『문집총간』 136집. "每北使入京, 輒杜門深居, 彼所經歷之路, 踰月不肯往來, 雖子弟, 亦不使涉其地. 銓曹嘗以公充赴燕副使, 公三疏力辭不行, 朝家不能強." 병자호란 때 할머니를 잃은 홍문관 수찬 金萬均이 청나라 사신을 접대하지 못하겠다고 사적인 이유를 들어 사직한 일로 물의를 일으켰다. 이에 대해서는 정만조의 「조선 현종대의 사의 · 공의 논쟁」[『한국학논총』 14(국민대 한국학연구소, 1991)]을 참조하라.

존경을 받았다. 17세기에는 이런 태도가 거의 대부분이었고, 18세기 후반에도 여전히 지속되었다.

그러나 누군가는 연행을 가지 않을 수 없었고, 그들을 보내는 이들은 글을 통해 적개심을 다양하게 표출했다. 송서送序를 중심으로 그들이 표출한 청나라에 대한 태도를 정리하면 대략 다음과 같다. 청나라를 오랑캐[虜]로 부르고, 그들에 대한 분노와 적개심을 숨기지 않으며, 대명의리大明義理를 개진하고, 중국의 서책과 물품의 구입을 거부하며, 이민족화한 청나라를 교화하고 군자국君子國 사대부로서의 위의를 강조하고, 북벌北伐을 강조하거나 청나라 황제를 저격할 수 있는 자객을 찾는 따위와 같은 구체적인 사안이 담겨 있다.

그 가운데 흔하게 보이고 또 중요한 의미를 보이는 태도는 적개심이다. 인조 이후 숙종 치세에 실행된 연행에서 유달리 적개심이 극도로 분출되었다. 어느 누구라고 나눌 것 없이 극도의 적개심을 표현했다. 어유봉魚有鳳이 청나라에 항복한 지 60년이 지난 뒤에 쓴 글에는 당시 사대부의 분위기가 잘 표현되어 있다. 연행사에 임명된 이들은 모두들 비분강개하여 불평의 심사를 바로 표출했고, 보내는 사람들은 분노하고 감개한 마음을 한결 강하게 드러냈다. 입으로 내뱉는 말과 시문에 표현한 내용이 모두 팔을 휘두르고 눈물을 흘리는 것들이었다고 기록했다.[15] 그가 말한 내용은 당시 연행에 참가한 사람들의 일반적인 경향이었다. 청에 대한 적개심이 잠복해 있다가 연행에 참가하는 것을 계기로 분출된 셈이다.

적개심은 청나라에 대한 복수를 시도하는 형태로 구체화되었는데 특히 송서에서 흔하게 등장하는 사연이 자객을 찾는 주제였다. 송시열宋時烈은 남구만南九萬을 배웅하는 글에서 진시황의 저격을 시도했던 형가荊軻와 장량張良을 거론하며 그 가능성이 점쳤다.[16] 송시

---

14 1795년 동지겸사은정사로 연행한 閔鍾顯(1745~1798)의 경우가 그런 사례이다. 尹行恁, 『碩齋稿』 권11, 〈送閔判樞鍾顯之燕序〉, 『문집총간』 287집. "南宮閔公, 以上价進秩判中樞府事, 將入淸, 戒其行, 喟然而顧余曰 : '吾掌禮久, 甞見建州使領譙儀矣. 嗟乎! 昔何壯而今何困也. 男子寧蹈海以死, 豈忍踵淸人之庭乎? 然吾且不能免焉, 爲之何哉?'"

15 魚有鳳, 『杞園集』 권19, 〈送雩沙李尙書世白赴燕序〉, 『문집총간』 184집. "我國之修侯度於燕也, 于今六十載, 而冠盖之使, 歲一至焉. 吾觀膺是命者, 率常有慨然不平之志, 恨不得生乎百餘年之前, 奉玉帛于天下之庭, 以觀穆穆之淸光. 送之者, 尤不勝其憤惋感激, 凡所以發於辭氣, 諷於詩章者, 莫非扼腕流涕之意也. 余嘗以爲是固人心之所同然, 而忠臣志士之所不能自已也. 然今日之掌使節者, 其任之重而責之難也, 尤有甚於往昔者, 而無一人以此相勉, 獨區區焉爲慷慨語, 何哉?"

16 宋時烈, 『宋子大全』 권139, 〈送右揆南公九萬之燕序〉, 『문집총간』 112집. "右揆南公將行, 求言于余. 贈人以言, 仁者事也, 余何敢? 雖然公旣之燕, 必有感古之夢. 如見荊卿, 須問之曰 : '公之匕首, 與子房之鐵椎同, 而晦翁盜公而義子房者何也?' 彼必曰 : '吾亦恨之. 吾生也不後於晦翁, 未聞聖人道也. 然安知非子房之博浪, 由於我之入秦也耶? 且也君莫是三戶之亡秦者耶? 晦翁嘗以此排秦檜之議, 而今何以爲此行也?' 公必大笑曰 : '我非當日之人, 乃是東屛南雲路也.'"

열의 글은 이후 많은 공감대를 이끌어내며 거듭 논의되었다.[17] 이시만李時萬을 배웅하면서 황호黃㦿는 형가가 진시황을 저격한 일을 거론하며 가능성을 타진했고, 신경준申景濬은 윤동승尹東昇을 배웅하면서 장량이 창해역사滄海力士를 찾아서 진시황을 저격하려 한 일을 거론했다.[18] 북벌론北伐論이 팽배하기는 하지만 현실적으로 실행이 어려워 가능한 대안으로 청나라 황제를 저격하는 가능성을 그렇게 우회적으로 표현했다.

여기서 주목할 것은 적개심이 대청의식이 상당히 변모한 영조 이후부터 구한말까지 완전히 사라지지 않고 줄기차게 이어졌다는 점이다. 적개심 차원에서는 당파를 분간할 것없이 공통분모로 작용했으나 특별히 강한 적개심을 견지한 세력이 노론老論 그 가운데 청류淸流였다. 송시열의 대명의리론大明義理論을 계승한 노론 사대부들은 구한말까지 그 이념을 바꾸려 하지 않았다. 송시열의 적통임을 과시한 호론湖論 계통의 학자들은 인간과 사물의 차이를 몹시 강조하여 중화中華와 오랑캐, 인간과 짐승, 성인과 범인, 군자와 소인을 엄격히 구분했다. 낙론洛論과는 달리 명분을 중시하고 의리義理를 따진 호론의 입장에서는 청나라의 존재 자체를 인정할 수 없었다. 그런 당파적 입장 때문에 연행 사절 자체를 거부하는 강경론자가 적지 않았다. 노론벽파老論僻派는 학문적으로는 호론에 기울어 연행을 거부했고, 그들이 연행사를 보는 시선도 17세기의 정서를 그대로 이어받았다. 대표적인 사례로 영조와 정조 시대의 정치가인 김종수金鍾秀, 김종후金鍾厚, 심환지沈煥之는 연행을 질시했고, 사절에 임명된 심환지는 가기를 거부하여 교체되기도 했다.[19] 그 때문에 될수록 연행가는 사람을 보낸 글을 쓰지 않았고, 불가피한 때에는 대명의리와 적개심을 표현했다. 대명의리론을 견지하여 『황명배신전皇明陪臣傳』을 저술한 황경원黃景源만해도 비교적 많은 송서를 썼는데 그 글에서 청나라 서책을 가져오지 말 것과 중국 물자 곧 당화唐貨를 사오지 말라고 당부하는 내용을 담았다.

노론청류의 송서에 보이는 대청의식을 더 살펴보기 위해 이유수李惟秀와 윤급尹汲이 연행할 때 같은 그룹에서 써준 송서를 분석해본다. 이유수李惟秀(1721~1771)는 동원東園13학사

17 兪拓基를 배웅하며 쓴 元景夏의 〈送兪相國拓基赴瀋陽序〉(『蒼霞集』 권7, 『문집총간』 속76집)에서 "昔尤翁以軻之匕首·良之鐵椎, 感慨紫陽翁筆法, 而送南相雲路之入燕. 余每讀其文, 未嘗不爽然自失也."라고 하여 송시열의 이 글을 읽은 소감을 적었다.

18 黃㦿, 『漫浪集』 권8, 〈送李錫予之燕序時萬〉, 문집총간 103집. 申景濬, 『旅菴遺稿』 권3, 〈送尹侍郎東昇入燕京序〉, 『문집총간』 231집.

19 안대회, 『정조의 비밀편지』(문학동네, 2010).

學士의 일원으로 강경한 대명의리론과 원칙론을 견지한 노론청류의 의식을 대표하는 인물인데 이린상李麟祥(1710~1760)이 그를 배웅하는 글에서 의리를 기준으로 연행을 비판했다.

> 옛날 태왕(太王)이 훈육을 섬긴 것은 작은 나라로서 큰 나라를 섬겼으므로 형세를 따른 것이요, 성인으로서 오랑캐를 섬겼으므로 권도(權道)를 따른 것이다. 권도와 형세를 예(禮)라고 부를 수 없다. 게다가 (청나라는) 오랑캐로서 중화의 군주가 되었으므로 천하가 함께 공격하는 것이 옳다. 더욱이 우리나라는 그들과 불세(不世)의 원수이므로 예로서 섬기겠는가? 정성이 없이 섬기는 것은 병사가 강하고 말이 힘센 저들을 두려워한 것일 뿐이다. 관례로 굳어지고 세월이 오래 지났다고 해서 사신 왕래를 떳떳한 법으로 간주한다면, 어떻게 천하에 의리를 권유하겠는가? 나는 이를 적이 슬프게 여긴다. 따라서 오랑캐에 사신을 가는 것은 예가 아니다.[20]

연행을 떠나는 친구를 앞에 놓고서 오랑캐에게 사신으로 가는 것은 정당하지 않다고 강변함으로써 강경한 의리론을 숨기지 않고 드러냈다. 정도의 차이가 있기는 하지만 같은 그룹에 속하는 인물들은 대체로 비슷한 태도를 보였다. 이윤영李胤永도 이유수李惟秀의 연행燕行을 송별하는 〈송이심원부연서送李深遠赴燕序〉를 지었는데 그 글에서 대세에 떠밀리고 관습에 영합하여 대명의리對明義理를 잊는 세태를 강한 어조로 비판했다. 그는 청나라를 개에 비유하여 "개를 불러 마루에 오르게 하면 크게 놀라고 개와 함께 자리를 함께 하면 크게 모욕을 느낀다"[21]고 했다. 이유수가 과감하게 직언直言하는 기개있는 선비인데도 연행을 앞두고서 비통해하지 않는 이유를 묻고 병자호란 이후 세월이 흘러 습속에 젖은 결과로서 짐승과 다름이 없는 태도라고 비난조로 말했다.[22] 그런 한편으로 이유수가 대명의리를 생각하는 마음은 변치 않았을 것이라고 기대했다. 의리를 강조한 집단의 대청의식이 얼마나 강경했는지를 보여준다.

---

20 李麟祥, 『凌壺集』 권3 〈送李學士惟秀赴燕序 甲戌〉, 『문집총간』 225집. "昔太王事獯鬻, 以小事大勢也; 以聖人事夷狄權也. 權與勢, 不謂之禮也. 況以夷狄而君主中華, 天下共攻之可也. 況我邦有不世之讐, 而可以以禮事之乎? 夫事之非誠, 畏彼之兵强馬壯爾. 若習熟日久, 而遂以使事爲常典, 則何以勸天下之義, 余竊悲之, 夫使虜非禮."

21 李胤永, 『丹陵遺稿』 권11, 〈送李深遠赴燕序〉, 규장각 소장 필사본. "今夫犬呼之升堂, 大駭也; 與之幷席, 大辱也."

22 李胤永, 위의 글. "今銜命往胡京, 而其色不慽慽, 何哉? 蓋自南漢丁丑至于今, 百有餘年, 如深遠之爲者, 每冬而往, 春而返, 或一年而再之三之, 名公而亦往焉, 賢士而亦往焉, 深遠習見之, 不以爲怪也."

1746년 윤급尹汲이 동지사은사冬至謝恩使 부사副使로 연행할 때 그를 전별하며 노론 청류 인사들이 보인 태도도 마찬가지이다. 그들이 써준 시와 송서를 엮은 『연행별장燕行別章』첩이 현재 전하고 있어 그 실상을 잘 보여준다. 여기에는 모두 57건의 시문이 수록되어 있다. 윤급은 노론청류 가운데서도 강경한 의리론을 견지한 인물이었다. 별장첩에는 명나라에 대한 그리움과 청나라에 대한 반감이 강하게 표출되었다.[23] 그 가운데서 주목할 송서는 박성원朴性源, 이기경李基敬, 김용겸金用謙, 이중협李重協, 유척기兪拓基, 이재李縡의 것이다.

이들의 강경한 의식은 다른 의식을 가진 집단과 갈등을 빚기도 했다. 노론 청류의 대부격으로 인정받은 김종후金鍾厚(1721~1780)와 김종수가 연행사를 보낸 태도에서 확인된다. 김종수가 쓴 송서에서는 아예 엉뚱한 이야기를 해서 논점을 회피했고,[24] 김종후는 청나라에 분란이 일어나면 조선이 앞장서 오랑캐를 몰아내겠다는 의지를 피력했다.[25] 그들은 의리론을 견지하면서 연행 자체를 마뜩치 않게 생각했거나 연행의 의미를 축소시켜 말했다. 연행을 언급하는 것 자체도 꺼려 회피하는 심경을 드러냈다. 한술 더 떠 이들은 남들의 연행을 만류하거나 비난하여 상호간에 논쟁을 불러일으켰다. 대표적인 논쟁이 김종후와 홍대용 사이에 벌어졌다.

노론벽파의 지도자였던 김종수의 친형이면서 노론청류를 자임한 김종후金鍾厚는 연행에 극단적인 혐오감을 드러내어 홍대용洪大容의 연행燕行을 비판했다. 홍대용이 연행한다는 소식을 들은 김종후는 연행으로 안목을 높일지는 모르겠으나 마음의 경계는 확대하지 못한다고 비난하는 편지를 보냈다. 연행은 비린내 나는 더러운 땅을 밟아야 하는 괴로움이 있고, 원수의 나라를 가는 치욕 때문이라는 근거를 댔다.[26] 그런 비난에도 불구하고 홍대용은 연행을 실행했고, 활발하게 청나라 지식인과 교유했다. 연행에서 돌아온 홍대용은 김종후에게 답장을 보내 자기가 사귄 청나라 선비들을 제일등第一等 가는 선비라고 칭찬했다. 자신의 권유를 받아들이기는커녕 한술 더 떠 청나라 지식인을 치켜세우자 분노한

---

23 이 『연행별장』을 학계에 소개한 논문은 백승호의 「계명대학교 동산도서관 소장 간찰첩 · 시첩의 자료적 가치」[김영진 외, 『계명대학교 동산도서관 소장 고서의 자료적 가치』(계명대출판부, 2010), 358~395쪽]이다.

24 金鍾秀, 『夢梧集』 권4, 〈送內兄洪相公樂性使燕序〉, 『문집총간』 245집.

25 金鍾厚, 『本庵集』 권5, 〈送尹誠中隨其大人侍郎公赴燕序 庚午〉, 『문집총간』 237집.

26 金鍾厚, 위의 책 권3 〈答洪德保〉. "足下今日之行, 何爲也哉? 匪有王事而蒙犯風沙萬里之苦, 以蹈腥穢之讐域者, 豈非以目之局而思欲豁而大之耶? 目之局也則思大之, 而心之局也則不思有以大之可乎? 況欲大此心者, 又無風沙腥穢之苦與讐域之辱者乎?"

김종후는 장편의 편지를 보내 홍대용을 비판했다. 그의 글에 따르면, 연행을 하지 않는 것이 최상이고, 연행을 했다면 통분을 참고 원망을 머금는 마음자세를 가져야 조선 사람의 도리였다. 오랑캐와 관련한 일에는 털끝만큼이라도 못 본 체할 것을 홍대용에게 기대했는데 기대와는 달리 변발한 거인擧人들과 형제처럼 사귀고 못할 말없이 다했다는 데 경악했고, 더구나 그런 자들을 제일등 가는 인물로 평한 데 강하게 반대했다.[27] 서울의 노론 핵심 지식인 사이에 벌어진 이런 갈등은 대청의식의 보수적 태도와 진보적 태도의 첨예한 갈등이 표면화한 사건이었다. 견해가 다른 두 지식인 사이의 단순한 갈등으로 치부할 수 없을 만큼 그들 뒤에는 서로 다른 의식을 지닌 지식인 집단의 분열과 갈등이 있었다.

이러한 태도는 19세기에도 홍직필洪直弼과 같은 인물에게서 유지되고 김평묵金平默과 전우田愚를 비롯한 위정척사파에게서 존왕양이尊王攘夷의 시각을 담아 송서送序를 쓰는 태도로 계승되었다.[28]

4. 2단계 : 청나라 문명의 인정과 수용의 시선

앞 장에서 김종후가 홍대용을 심하게 비판한 것은 두 세력간의 인식의 간극을 표출한다. 홍대용이 청나라를 만주족의 나라로서 조선의 원수라는 견해를 폐기한 것은 아니나 청나라라는 국가와 중국의 실체를 분리하여 보는 시각을 새로이 확보했음을 의미한다. 청나라는 여진족이 지배하는 나라이기는 하지만 실상은 전통적 중화 문물의 연장선상에 있다고 인식했다. 그럼으로써 중국의 문물을 적극적으로 수용하는 북학파의 논리와 인식의 전환을 얻었다.[29] 홍대용을 비롯해 박지원, 박제가, 이희경 등의 북학파 지식인들은 여진

---

27 金鍾厚, 위의 책 〈答洪德保〉 제2서. "然亦惟恃足下之於是行也, 必能深存忍痛含怨之意. 惟衛父兄・廣見聞以外, 凡有毫毛干醜虜事若無覩耳. 且自謂腥穢讐域之語, 雖甚寂寥, 亦足爲警動足下之心也. 及聞其與剃頭擧子結交如兄弟, 至無所不與語, 則不覺驚歎失圖, 而未暇究其精微. 今因來諭而繹思之, 則有可復者. 夫所謂第一等人, 是何如人也, 而足下乃以擬議可否於奔走求事胡虜之徒耶."

28 崔益鉉은 金平默에게 보낸 편지에서 그의 연행사를 보내는 送序가 尊周攘夷의 심경이 잘 드러나 감동을 준다고 말했다. 『勉菴集』 권6, 〈答金重菴平默○庚戌三月五日〉, 『문집총간』 325집. "及到楸谷李丈家, 得送楸谷丈赴燕序, 莊讀數回, 令人感動其尊周攘夷之心, 而瞻仰之私."

29 북벌론에서 북학론으로 변이해가는 과정을 분석한 허태용의 「17・18세기 北伐論의 추이와 北學論의 대두」[『대동문화연구』 제69집(2010), 373~418쪽]을 참조하라.

족이 지배하는 청나라와 중화의 문화를 분리하여 이해함으로써 연행을 합리화했다. 홍대용은 "제 비록 더러운 오랑캐라 하더라도 중국에 웅거하여 백여 년의 태평을 누리니, 그 규모와 기상이 어찌 한번 볼 만하지 않겠는가?"라고 하여 청나라의 현상태를 인정했고, "문물이 비록 변했다고 해도 산천은 의구하고, 의관이 비록 변하나 인물은 고금에 다름이 없으니 어찌 한번 몸을 일으켜 천하가 큼을 보고 천하 선비를 만나 천하 일을 의논할 뜻이 없겠는가?"라고 하여 연행에 대한 적극적인 의사를 표시했으며, "만일 오랑캐의 땅은 군자가 밟을 바가 아니요, 호복을 한 인물과는 함께 말을 못하리라 한다면 이것은 편협한 소견이며, 인자한 사람의 마음이 아니다"라고 하여 과거에 겪은 치욕의 역사와 청나라에 대한 적개심과 분노를 빌미로 연행 자체를 거부하는 것을 강하게 비판했다.[30] 그가 편협한 소견이라고 비판한 대상은 바로 3장에서 살펴본 김종후와 같은 집단이었다.

청나라에 대한 전향적인 인식은 영조 후반기에 나타나 정조 시대에 크게 확산되었으나 이미 숙종대에 시초가 마련되었다. 허목許穆이나 김창협金昌協 등이 연행사를 보내는 글에서 벌써 변모한 의식의 단초가 보인다. 허목은 1676년 오정위吳挺緯를 보내면서 중국이 오랑캐 차지가 되었으나 그래도 성교聲教와 예악禮樂의 유풍이 남아있으므로 풍속을 널리 관찰하는 사신의 임무를 잊지 말라고 상기시켰다.[31] 당시 사회 분위기로 보아서 그의 언급은 파격적이다. 그로부터 30년이 지난 1705년에 김창협은 사은사로 연행하는 황흠黃欽을 배웅하면서 조선이 소중화국小中華國으로서 지닌 위상을 긍정했다. 그러면서도 삼대三代의 정치가 행해지고 공맹孔孟과 정주程朱의 가르침이 살아있는 중원의 땅과 백성을 싸잡아서 우유를 먹고 비린내 나는 오랑캐의 소굴로 간주하여 참고할 문헌이 전혀 없다고 치부하는 것은 잘못이라고 했다. 천하는 크기 때문에 세상을 책임지려하는 호걸의 선비가 어디엔가는 숨어 있으리라고 긍정했다.[32] 홍대용이 펼쳐 보인 인식은 김창협의 생각으로부터 출발했다고 할 만큼 유사하다. 이후 18세기 중후반 이후에는 청나라를 대하는 태도에서 큰 차

---

30 이상 인용문은 홍대용의 『을병연행록』에서 인용했다[홍대용 지음 김태준·박성순 옮김, 『산해관 잠긴 문을 한 손으로 밀치도다』(돌베개, 2001), 21쪽].

31 許穆, 『記言』 권47, 〈送吳判書使燕京序〉, 『문집총간』 98집. "今中原陸沈爲夷奴, 然碣石·衡漳, 經紀冀北之地, 禹貢·岐梁之墟, 有聲敎禮樂遺風. 況傳說崇禎近事, 當時耆艾父老猶在. 至此言使事, 良爲慨然, 博覽風俗土着, 行國山川道里遐遠, 皆使者職也."

32 金昌協, 『農巖集』 권, 〈贈黃敬之欽赴燕序〉, 『문집총간』 162집. "我東僻在一隅, 獨不改衣冠禮樂之舊. 遂儼然以小中華自居, 而視古赤縣神州堯舜三王之所治·孔孟程朱之所敎之地與民, 槩以爲湩酪腥膻之聚, 而無復有文獻之可徵, 則過矣. 天下之大, 豈顧無豪傑之士, 自任以斯道, 如向金許數子者耶?"

이를 보인다.

이렇게 인식상 전환을 보이면서 송서에서도 크고 작은 변화가 발생했다. 적개심을 보이거나 연행 자체를 거부하는 태도보다는 넓은 세계를 경험하기를 권유하는 사례들이 더 자주 등장했다. 남인 학자인 이용휴李用休는 연행사를 보내는 여러 편의 송서送序와 시에서 넓은 세계에 대한 체험의 의의를 부각시키고 부러움을 표시했다. 채제공蔡濟恭을 비롯한 정조 시대의 많은 학자들도 자세가 많이 바뀌었다. 앞서 언급한 홍대용을 비롯한 박지원朴趾源, 이덕무李德懋, 유득공柳得恭, 박제가朴齊家, 이희경李喜經과 같은 북학파北學派 지식인들은 청나라 문물을 적극적으로 도입하고 연행의 의의를 강조하며, 연행을 적극 권유했다. 다만 그들의 주장은 연행사를 보내는 글로 쓰이지 않고, 간찰이나 논설論說, 시의 형식으로 주로 표명되었다. 박제가가 자형姊兄이 연행할 때 송별시를 겸하여 써준 「연경잡절燕京雜絶」 140수가 대표적 사례이다.[33] 북학을 강하게 주장했고, 연행을 여러 번 경험한 이들에게서 오히려 송서送序가 거의 없다. 그들이 너무 강하게 북학을 주장한 때문에 서문을 부탁하기를 꺼려했을 혐의가 있다.

반면에 홍량호洪良浩와 성대중成大中, 정범조丁範祖, 정약용丁若鏞 같은 학자들이 송서를 써서 연행의 의의를 강조하고 청나라 문물의 적극적인 수용을 주장했다. 어느 한 당파에 속한 인물들만의 주장이 아니라 각 당파의 지식인들이 고르게 주장했다. 그 가운데 직접 연행을 경험한 홍양호는 여러 편의 송서送序를 써서 청대의 특징적인 학술경향을 여러 차례 소개했는데 남인 정치인인 이정운李鼎運이 1784년 서장관으로 연행할 때 써준 송서送序에서 이렇게 말했다.

> 지금 천하에서 의관을 입고 읍양(揖讓)하는 나라는 오로지 우리나라뿐이다. 그래서 우리나라 사람들도 홀로 좋아하여 마침내 중국을 경시하는 마음을 갖고 있다. 지난 해 내가 연경에 사신을 갔을 때 국경을 넘어가서 풍속이 바뀌고 의관이 괴이한 것을 보고는 저도 모르게 정신이 까마득해져 마음이 아프고 안타까운 마음이 들었다. 그러다가 나라의 큰 규모와 삼엄한 법도 및 이용후생(利用厚生)의 도구를 천천히 관찰해보니 오히려 선왕의 유제(遺制)를

33 황인건, 「燕京雜絶에 나타난 박제가의 중국 체험 고찰」, 『한국시가연구』 20집(한국시가학회, 2006); 박종훈, 「楚亭 朴齊家의 『燕京雜絶』 一考」, 『한문학논집』 27권(2008), 33~60쪽.

갖고 있었다. 나는 비로소 큰 나라를 가볍게 여겨서는 안 된다는 사실을 깨달았다.[34]

소중화小中華의식을 벗어나지는 않았으나 청나라가 관광할 만한 나라이고, 이용후생의 도구가 있는 문명국임을 인정했다. 자만에 찬 목소리가 아니라 매우 조심스럽게 중국의 문화를 배워야 할 대상으로 보는 말투이다.

그보다 적극적으로 청의 문명을 배워야 한다고 주장한 지식인이 성대중成大中이다. 그는 1790년 진하사進賀使 부사副使로 가는 서호수徐浩修를 전송하며 준 송서送序에서 우리나라가 문치文治를 닦아 문명의 국가이기는 하지만 학술學術과 예의禮義, 전제田制, 융정戎政, 천문天文, 성율聲律 같은 문물에서 높은 수준이 아니기에 만약 채택할 만한 좋은 점이 있다면 오랑캐에게서도 배워야 한다고 주장했다.[35] 청나라의 선진적 문물을 배우자는 취지이다. 중국의 경우에는 삼대 예악의 근거지이고, 과거의 문물이 남아 있는 등 문명을 지닌 나라이기 때문에 여진족이 차지했다고 해도 "저들의 장점을 취해 나의 모자란 점을 보완하는 것은 충분히 자강自强하는 방법이 되고 우리들이 폭넓게 채택하여 신중하게 선택하는데 달려있다"고 말했다.[36] 북경을 여행하는 기회를 이용하여 이용후생의 모범을 배워 자강自强하는 계기로 활용하자는 북학北學의 필요성을 개진했다. 성대중은 대명의리론을 견지한 인물임에도 이런 주장을 펼쳤다.

이처럼 정조 시대에는 청 문물 도입이 북학파 학자들에 의해 주로 주장되었다. 순조 이후에도 청 문물을 도입하자는 주장은 수그러들지 않았는데 서영보徐榮輔, 이시원李是遠, 박규수朴珪壽 등이 대표적인 인물이다. 서영보와 이시원의 경우를 차례로 살펴본다. 1813년 사은정사謝恩正使로 연행하는 이상황李相璜을 배웅하면서 서영보는 가는 곳마다 목도하는 모든 제도와 물품과 현상에서 조선에 들여와 기술수준을 높이고, 군사를 강하게 하며, 질병을 낳게 하고, 기구를 진보시키는 방법을 배워오라고 부탁했다. 그와 같은 생각을 품은

34 洪良浩, 『耳溪集』, 〈送李學士鼎運赴燕序〉, 『문집총간』 241집. "今天下冠裳揖讓者, 獨我東耳. 於是東人亦自喜, 遂有輕中國之意. 往歲余使於燕, 入其境, 見其風俗之變遷·衣章之詭異, 不覺黯然而傷, 愾然永懷也. 然徐察其規模之大·法度之嚴, 與夫利用厚生之具, 猶有先王之遺制焉. 余於是始知大國未可輕也."

35 成大中, 『青城集』 권5, 〈送徐侍郎浩修以副价之燕序〉, 『문집총간』 248집. "我國制度, … 而猶未復於古道. 學術或精於派而疏於源, 禮儀或綜於細而略於大, 田制雜乎貊道, 戎政泥乎戚法. 以言乎星象則測候未精, 以言乎聲律則樂器未備, 此豈非列聖之未遑而有待於今王者歟? 夫集天下之禮樂而折衷之, 是之謂大成, 如其可采, 夷亦進之."

36 成大中, 위의 글. "況彼中土, 實三代禮樂之墟也. 故器遺制, 猶有可徵. 書籍則宋明之舊也, 測候則湯利之餘也. 若其兵刑田郭之制, 簡勁易守, 建酋之所以幷諸夏也. 取彼之長, 攻吾之短, 不害爲自强之術也, 在吾人博采而愼擇之耳."

지 오래되었다고 밝힌 그는 연행의 의의를 여기에 두었다. 연행의 목적이 “진실로 백성들의 일용을 이롭게 만들고 백성들의 생활을 윤택하게 만드는 것에 두었는데 그것이 이상황이 하고자 하는 일이라고” 연행의 의의를 부각시켰다.[37] 그의 송서送序에는 18세기 후반 북학파의 주장이 선명하게 계승되었다.

19세기 중반에 활동한 이시원李是遠(1789~1866) 역시 연행을 선진 문물 수입의 기회로 활용하자고 주장했다.[38] 연행사를 보내는 글에서 그는 북경에서 수입한 물건이 조선에 만연한 실정을 개탄했는데 수입품이 실용에 큰 이익을 주기는커녕 사치를 조장하고 조선의 경제를 피폐케 한다는 이유를 댔다.[39] 특히, 1846년 진하겸사은사進賀兼謝恩使 정사正使로 연행한 박영원朴永元을 보낼 때 써준 송서送序에서 그는 구체적 사실을 들어 이용후생의 방안을 제시했다. 조선과 청나라가 무역에서 불균형을 이루는 현상에 크게 우려를 표명하고 개별 물건을 수입하지 말고 기술을 수입하자고 주장했다. 그는 연행사가 연행을 통해 국가에 기여할 수 있는 길을 기술의 도입에서 찾았다. 하나의 사례로서 바늘 만드는 기술을 수입하자고 주장했다. 우리나라 사람의 바느질 솜씨는 천하에 유명한데도 바늘 만드는 기술이 없어 전부 수입에 의존하는 현실을 타개하기 위해 바늘제작기술을 수입하자고 주장했다.[40] 그는 다음과 같이 주장했다.

> 우리나라 풍속은 바느질을 하는 데는 정말 뛰어나지만 바늘을 만드는 데에는 익숙하지 않다. … 만약 사신이 귀국할 때 제조법을 터득하여 돌아온다면 비록 천금을 들여 구해도 송나라 사람의 손을 트지 않는 방법보다도 훨씬 낫다. 단지 바느질하는 것 때문만은 아니다. 청나라 물건이 압록강을 일체 건너오지 않아도 곤란을 겪지 않도록 만들게 하므로 솜을 심게 한 것보다 그 공로가 뛰어나다.[41]

---

37 徐榮輔, 『竹石館遺集』 책2, 〈送李周玉赴燕序〉, 『문집총간』 269집. “今公之行也, 入其境, 見其農于野者, 則有疆理種耨鎛趙碌碡耙耞鍬钁之具; 見其賈于途者, 則有牽車牛服騾駝任載推挽之物, 歷其邊, 見亭障堡戍烽堠臺墩候瞭之制; 入其國, 見城郭版築之壯・宮闕都水之巧, 闤闠衢術衡縱條劇, 從古王霸之所經畧也. 觀其治兵甲楯樓櫓飛砲火獸戈矛戟弩櫜兜轡韉, 古昔良將閱百戰而成實用者, 園圃陂澤, 果瓜草木, 可茹而濟生, 可藥而療病, 而本草所闕漏者亦有之, 此其大畧也. 夫以公之存心於民國, 其智足以目擊而道存, 其識足以引伸而觸類. 苟得以利民用, 以厚民生, 斯公之所屑爲已.”

38 김용태, 「李是遠의 士意識과 利用厚生의 논리」, 『한국실학연구』 제12호(2006.12), 213~239쪽.

39 李是遠, 『沙磯集』 책4, 〈送荷居李尙書朝正赴燕序〉, 『문집총간』 302집.

40 李是遠, 위의 책, 〈送梧墅朴尙書赴燕序〉. “要之燕物, 不可不禁, 縫刺, 不可無針. 夫針之爲用, 已自上古紩黹時, 衣被四海, 功利甚廣. 況我國冠裳帶履之盛, 縫縷之工名天下, 如田綿移種及彈花去核抽緒之器, 皆傳巧於中國, 獨於針尙未學其法, 誠爲欠闕.”

물건을 수입할 것이 아니라 기술을 수입하여 자급자족할 계기를 만들자고 주장했다. 바늘을 사례로 일상생활에서 중요한 도구를 자국에서 생산해야 한다고 주장한 이강회李綱會와 서유구徐有榘, 이규경李圭景의 주장을 계승하여 이시원은 그들과 호흡을 같이 하고 있다. 그들은 바늘을 만드는 장인이 없어서 일체의 바늘을 중국으로부터 수입해야 하는 조선의 열악한 실상을 드러내고 이를 타개하기 위해서 연행하는 지식인이 기술을 도입해야 한다고 주장했다.[42] 이시원은 박영원과 바늘 제작문제에 관한 관심을 공유하고서 연행의 기회에 이렇게 바늘 제작기술의 도입을 주장했다. 7년 뒤인 1852년 서염순徐念淳이 연경에 갈 때에 다시 바늘 기술 수입을 강조한 바 있다.[43] 이 문제가 당시 지식인들이 지닌 주요 관심사의 하나였음을 보여준다.

비슷한 시기에 박규수朴珪壽도 이들과 유사한 시선을 담아 연행사를 전송했다. 홍대용의 손자로서 연행에 나서는 홍양후洪良厚를 보내는 편지에서 그는 백성들의 이용후생에 필수적인 방도를 강구하는 것을 가장 유의해야 한다고 말하고, 그러기 위해 『천공개물天工開物』과 같은 기술서를 구입해 오라고 말했다.[44] 기술서의 도입은 이 당시 기술선진국인 청나라로부터 기계나 기술을 수입하자는 것과 같은 취지의 발언이었다. 이시원이나 박규수는 19세기 중반의 학자로서 연행하는 의의를 이렇게 선진 문물의 수입에 두었다. 18세기 후반기에 크게 대두되었던 북학론의 연장선상에 있다. 그들에게 연행은 안목의 확대나 경험의 확장과 같은 의미 이상이었을 뿐만 아니라 의리와 명분을 내세울 계기가 아니었다. 민생의 개선과 기술의 자립, 자강自强이라는 당면한 국가의 과제를 헤쳐 나갈 임무를 수행하는 길이었다.

---

41 李是遠, 위의 글. "東俗固工於執鍼, 但未嫺於造鍼耳. … 若輶軒歸時, 得其方而東, 雖以千金求之, 遠勝於宋人之不龜手. 非直爲紅女之慶, 將使一燕物, 更不渡鴨綠而無所難, 其功又過於種綿."

42 이들 세 학자가 바늘 제작법을 습득하여 기술자립을 주장한 사실은 안대회의 「林園經濟志를 통해 본 徐有榘의 利用厚生學」[『한국실학연구』 제11호(2006)]과 「茶山 제자 李綱會의 利用厚生學－船說·車說을 중심으로」[『한국실학연구』 제10호(2005)] 두 편의 논문에서 자세하게 분석한 바 있다.

43 李是遠, 위의 책 3책, 〈送徐尙書敬祖以上使赴燕〉.

44 朴珪壽, 『莊菴文稿』, 〈與洪一能良厚書〉[『瓛齋叢書』 5(성균관대 대동문화연구원 편, 1996)], 295~313쪽. "吾輩入中國, 所當留意者, 生民利用之具也. 文獻需世之書也. 而利用之具, 非倉卒可學而知者也. 唯有得其適用之書, 歸而硏究可也. 中國之書, 未廣布於吾東, 而最緊切於日用事物者, 天工開物志也. 其書數百卷, 上自耕織之法, 下至斲木範金摶埴煎石之術, 悉圖書以載之, 一披瞭然者也. 若得此書之東來, 則雖閉絶燕貨, 專其法於國工, 可也. 足下之行, 請廣購而入橐焉. 然其卷帙浩大, 恐難辦貿, 第試圖之!"

5. 3단계 : 급변하는 국제정세와 정세파악에 대한 요구

19세기 들어서 연행을 보는 시선은 앞선 시기와 비교해 상당히 객관화되고 확장되었다. 북학파 지식인들의 영향으로 발달한 기술문명의 수입에 적극적인 태도가 확산되었고, 적개심과 분노의 표출이 눈에 뜨이게 줄어들었으며, 넓은 세계에 대한 안목과 관광의 의의라는 연행이 본래 지니고 있던 가치를 부각시켰다. 연행은 이념과 과거사의 중압감으로부터 상당한 정도로 벗어나서 일상화된 국제행사로 정착되었다. 연행을 냉정하게 분석하려는 시도가 강하게 대두했다. 이미 18세기에도 그런 시도는 강하게 제기되었다. 남인 지식인 오광운은 1749년에 남태량南泰良을 배웅하는 송서에서 1) 청인淸人의 변덕과 협박, 2) 정세 파악의 어려움, 3) 조선인의 심기 드러내기, 4) 무역불균형과 조선 물자의 중국수출이라는 연행에서 발생하는 네 가지 큰 문제점을 제기했다.[45] 이런 사례처럼 지식인들이 공식적 외국 사행에 요구하는 이슈가 다양해졌다.

19세기 이후 유독 부각된 이슈를 정리하면, 첫째, 중국을 중심으로 한 국제정세의 파악에 첨예한 관심을 드러냈다. 둘째, 청나라 학술의 변화와 지식인의 동향에 깊은 관심을 기울였다. 특히, 고증학의 만연에 대한 비판이 우세했다. 셋째, 서양학문 예컨대 천주교의 수입이나 병폐에 대한 논의가 빈번해졌다. 이런 이슈는 19세기에 조선과 청나라를 둘러싼 국제정치의 변화가 급박하게 전개되고, 조선에서 천주교 박해가 강화되며, 청나라 학문과 문학의 수용이 조선에 거세게 밀려오는 현상과 관련된다. 연행사를 보내면서 국내외의 변화하는 조건을 염두에 두고 언급한 발언이 적지 않다.

다양한 문제가 제기되었으나 그 중심에 놓인 문제는 아무래도 청나라를 둘러싼 정세파악이었다. 연행사와 통신사를 보내며 사신들에게 요구하는 가장 중요하고도 일반적인 요구의 하나가 상대방 국가의 정보를 파악해내는 것이었다. '이웃나라 엿보기'라는 의미의 '첨국覘國'이란 술어로 그와 같은 임무를 상기시켰다. 시기를 막론하고 사신들에게 정세파악의 임무는 기본적인 요구일 수밖에 없다. 연행사를 보낸 초기에는 청나라가 곧 망할 조짐을 보이는지를 파악하라고 요구한 반면, 순조 이후로는 청나라를 둘러싼 국제정세의

45 吳光運, 『藥山漫稿』 권15, 〈送南幼能泰良赴燕序〉, 『문집총간』 211집.

파악에 대한 요구가 두드러졌다.

사행의 기본이 '첨국覘國'에 있기 때문이기도 하지만, 건륭제 이후 전개된 청나라의 쇠퇴와 서양세력의 점진은 바로 조선의 위기와 맞물려 사절단의 주요 관심사로 떠올랐다. 이미 박지원은 『열하일기熱河日記』에서 천하대세가 전개되어 가는 과정을 살피는 계기로 연행을 활용했는데 19세기에는 정세파악과 분석이 가장 주요한 의제로 부각되었다. 이 장에서는 국제정세 파악을 큰 사안으로 제안한 중요한 몇 가지 사례를 중심으로 분석한다.

먼저 김조순金祖淳의 경우부터 살펴본다. 앞에서 살펴본 바와 같이 1813년 사은정사로 연행하는 이상황李相璜을 배웅할 때 서영보는 선진적인 문물의 수입을 사행의 임무로 설정한 반면, 김조순은 청나라 국운의 쇠퇴현상을 주목하며 조선의 대비를 언급했다.

> 내가 중국에 사신을 다녀온 지 올해로 20년입니다. 당시에 보고 들은 바로는 부유하고 번성한 나라였습니다. 듣자니 근래에는 기강이 날로 무너지고 풍속이 날로 변해가며 생령(生靈)들은 날로 곤궁해진다고 합니다. 재용(財用)과 재물의 근원이 날이 갈수록 소진되어 바닥을 드러내고, 여염과 시장의 생업은 날이 갈수록 쓸쓸해지며, 인재는 자잘해져 날이 갈수록 옛날에 미치지 못한다고 합니다. 그럼에도 불구하고 태평스러움을 분식(粉飾)하면서 경계하지 않고 느긋하다고 합니다. 넓고 큰 천하가 이처럼 피폐하고도 아무 일이 없기란 불가능합니다. 저들의 피폐함은 우리들의 걱정거리입니다. 아무 일이 없다면 어떻게 대비해야 할지, 무슨 일이 발생한다면 어떻게 변화에 대처할지, 대부의 책임은 엿보기를 잘하는 데 있지 않겠습니까?[46]

김조순은 청나라발 변란에 초점을 맞추고 연행사가 그 변화에 촉각을 세워야 한다고 우려했다. 17세기에는 주로 청나라의 멸망을 예상하고 긍정적 기대감을 표명하는 사례가 많았으나 김조순은 청나라 정세의 변동 가능성을 오히려 걱정했다. 건륭제의 사망 이후 청나라 내부의 불안과 서양세력의 침략현상이 가시화되면서 조선 지식인들은 그에 대한

46 金祖淳, 『楓皐集』 권15, 〈送桐漁李判書赴燕序〉, 『문집총간』 289집. "不佞之使燕, 今二十年矣. 當時瞻聆, 猶謂富盛. 近聞其紀綱日壞, 風俗日渝, 生靈日困, 財用貨賄之源, 日以耗涸, 閭閻市肆之業, 日以蕭條, 人材之眇尠, 日不及曩昔, 而猶且粉飾太平, 晏然無警. 夫以天下之廣且大, 其敝也如此, 而能無事者, 未之有也. 彼之敝, 我之憂也. 無事則曷以備豫, 有事則曷以應變. 大夫之責, 不其棘於善覘乎."

불안감과 우려, 또 한편으로는 기대감을 공유했다. 주요 인사들이 공유한 의식이 연행사에게 중국 정세의 파악과 분석을 요구하는 방향으로 나타났다. 김조순을 비롯해 성해응成海應과 조인영趙寅永, 유신환兪莘煥, 유본학柳本學 등이 써준 송서送序에 그런 요구가 제기되었다.

유득공의 아들인 유본학柳本學은 외교의 요체는 이웃나라 엿보기에 있다면서 1821년 진하부사進賀副使로 연행하는 송면재宋冕載(1764~?)에게 다음과 같이 당부했다.

> 이웃나라를 엿보려면 저들도 강하고 우리도 강하며 저들도 잘 다스려지고 우리도 잘 다스려져서 편체(偏替)하고 모욕을 당하는 일이 없어야 한다. … 우리나라는 고려시대보다 더 성대한 적이 없다. 늘 송나라를 섬기고 요나라를 섬기고 금나라를 섬기고 원나라를 섬기면서 강성한 나라로 꺼리는 상대가 되었다. 중국의 사세를 잘 관찰하여 나라의 기틀을 잘 보전했다. 『시경』에서 "도끼 자루를 잡고서 도끼 자루를 만드나니, 만드는 법이 멀리 있지 않다"고 했는데 고려를 우리나라의 본보기로 삼으면 다른 말이 없을 것이다. … 저들의 사세를 살펴서 우리에게 이익을 가져오지 못한다면 사신의 기량이 모자라다.[47]

유본학은 이념이나 적개심의 문제보다 국가 간 대등한 실력을 갖추어 실리추구의 목적을 달성하기 위한 외교관으로서 연행사의 할 일을 요구했다. 그는 외교적 차원에서 고려가 큰 나라 여럿과 외교관계를 맺어 그들로부터 강한 나라로 인정받은 예를 들면서 우리 조선도 그러한 사례를 본보기로 활용하자고 제안했다. 북학파의 계보를 잇고 있는 그는 우리에게 이익을 가져오는 차원에서 상대방 국가의 정세를 파악하는 것을 사신의 기량이라고 단언했다. 유본학의 제안은 냉정하면서도 현실적으로 연행의 의의를 파악한 소중한 사례이다.

조인영은 1828년 동지사로 연행하는 홍기섭洪起燮을 보내며 다음과 같이 부탁했다.

---

47 柳本學, 『問庵文藁』 坤, 〈奉使吏部侍郎宋公以使价赴燕序〉, 개인소장 필사본. "夫覘國者, 彼强我强, 彼治我治, 無偏替受侮而後已也. … 夫東國莫盛於高麗, 常事宋事遼事金事元, 而以强見憚, 其善察中國事勢, 奠有其國也. 詩云 : '伐柯伐柯, 其則不遠' 以高麗爲我東之柯則, 宜無異辭. … 不能察彼事勢, 以利益於我, 亦隘之乎其奉使也."

> 중원에는 이로부터 사건이 많아질 것입니다. 우리 동방은 요동 심양에 가장 가까워 천하에 변고가 발생하면 영향을 먼저 받게 됩니다. 막연하게 생각하여 미리 대비하여 자강할 대책을 세우지 않는다면, 실계(失計)일 뿐만 아니라 외국을 엿보는 기술도 엉성한 것입니다.[48]

조인영의 우려 역시 청나라 정세의 급변상태를 우려 섞인 목소리로 전하며 국제정세의 파악을 가장 우선시했다. 그 목적은 급변한 정세로 인해 조선에 미칠 파장을 염려해서였다.

1831년 사은사로 연행하는 홍석주洪奭周를 보내며 유신환이 쓴 글에도 중국 정세에 대한 우려가 강하게 표출되었다. 중국이 난리가 발생할 가능성이 커지고 있는데 한족漢族이 중원을 지배할 기회에 우선하여 돕자는 계획을 피력했다.[49] 1840년에도 그는 청나라의 판도 안에서 벌어지는 제반 사항을 설명하고 영국에 의해 침탈당한 것을 우려 섞인 목소리로 전했다. 그리고 '첨국覘國'의 사명을 강조했다.[50] 1850년에는 진하사進賀使로 떠나는 윤육尹堉을 보내며 중국이 편안해야 우리나라도 편안하고 중국이 불안하면 우리나라도 불안하다고 말하고, 청나라의 치란과 흥패를 우리나라에서 몰라서는 안 되므로 청나라 새 황제의 인물됨을 자세히 살펴오라고 했다.[51] 이렇게 유신환의 송서送序 여러 편은 정세 파악에 집중하여 심각한 주제를 담았다.

6. 맺음말

조선 후기에 청에 파견한 연행사를 보내며 지식인들은 시와 산문의 서로 다른 갈래로 견해를 펼쳐보였다. 다양한 사료 가운데 송서送序는 상대적으로 분명하고도 논리적인 견해와 시선이 개진되었다. 따라서 조선 후기 지식인들이 연행을 어떤 관점에서 보았는지를

48 趙寅永, 『雲石遺稿』 권9, 〈送內兄洪癡叟學士起燮行臺之燕序〉, 『문집총간』 299집. "而中原恐自此多事矣. 吾東方最近遼瀋, 天下有變, 實先受之. 漠然無陰雨之備以自彊者, 此計之失, 而覘國之術亦疎矣."

49 兪莘煥, 『鳳棲集』 권3, 〈送淵泉洪公如燕序 辛卯〉, 『문집총간』 312집.

50 兪莘煥, 위의 책 〈送人如燕序 庚子〉. "上之六年冬十月, 某官某公, 以行人如清. 先是, 使者自清還言, 西洋咭唎 據澳門, 蜂屯淅江江蘇之間. 清人患之, 調發關東兵以萬數, 不能與之角. … 顧覘國何如耳? 今公剛而有知慮, 國家有大事, 公可寄其於覘國乎何有. 公行矣! 我之所不可不慮者, 將待公而知之."

51 兪莘煥, 위의 책 〈送尹侍讀稺沃堉如燕序〉. "使中國而安也, 東方亦安也; 使中國而不安也, 東方亦不安也. 清人之治亂興廢, 吾邦之所不可不知也."

파악하는 중요한 논거로 활용할 만하다. 『연행록』을 비롯하여 다양한 사료의 가치는 무시할 수 없는 큰 가치를 지녔으나 송서送序의 분석이 지니는 의의 역시 과소평가할 수 없다. 물론 송서가 작자 자신의 내밀한 속마음을 얼마나 털어놓았는지를 더 면밀하게 분석할 필요가 있다.

특히, 주장이 강하고 논지를 분명하게 내세우는 서문序文의 문체적 특징 덕분에 각 개인과 각 시대를 주도하는 견해와 관점을 거시적으로 일목요연하게 파악하기 위해서 무엇보다 효과적이다. 이 논문은 그와 같은 거시적 분석의 틀로서 연행사를 보낸 송서를 주목했다.

전체적으로 볼 때, 연행과 관련한 송서는 장기간에 걸쳐서 큰 편차없이 지속적으로 많은 양이 창작되었다. 연행을 보는 시선은 시기에 따라 큰 편차를 보이는 측면도 고려해야 하지만 그 밑바닥을 관류하는 일정한 시각과 정서가 존재하는 점도 고려해야 한다는 것을 확인할 수 있다. 또 당파에 따른 차별이 일정한 정도 없지 않으나 송서에서는 그 차이가 예상외로 크지 않다는 점도 주목할 만하다. 국제적인 문제에 대해서는 당파간 견해의 분열이 그리 크지 않았다는 사실을 확인하게 된다.

송서가 지니는 가치를 더 확대하여 분석함으로써 『연행록』 분석에도 활용할 필요가 있다. 나아가 연행을 주제로 오간 편지글과 여타의 논설까지도 분석의 대상으로 넓히는 것이 요구된다. 연행만이 아니라 일본에 통신사로 가는 해행海行에 써준 송서도 분석한다면, 국제적 시각을 비교하여 검토하는 효과적인 방법의 하나가 될 수 있을 것이다.

3장

조선후기 지식인의 중국 체험과 청조문인과의 교유

-담헌 홍대용의 『을병연행록』을 중심으로-

윤승준尹勝俊*

1. 머리말

담헌湛軒 홍대용洪大容(1731~1783)은 영조 41년(1765) 동지사행冬至使行의 서장관書狀官인 숙부 홍억洪檍(1722~1809)의 자제군관子弟軍官으로 중국에 다녀왔다. 1765년 11월 2일 서울을 떠나 동년 12월 27일 북경에 도착한 사행은 예부禮部에 자문咨文을 바치고 조참朝參에 참석하는 등 공식적인 일정을 소화하면서 두 달을 북경北京에서 머물다가 1766년 3월 1일 북경을 떠나 4월 27일 서울로 돌아왔다. 무려 170여 일, 왕복 6천2백여 리에 걸친 대장정이었다.

담헌은 자신의 일생에서 가장 커다란 경험이었던 중국 체험과 청조문인清朝文人과의 교유交遊를 기록으로 남겼다. 그가 남긴 『연기燕記』는 노가재老稼齋 김창업金昌業(1658~1721)의 『연행일기燕行日記』, 연암燕巖 박지원朴趾源(1737~1805)의 『열하일기熱河日記』와 함께 3대 연행록의 하나로 평가된다.[1] 특히 엄성嚴誠, 반정균潘庭筠, 육비陸飛와의 교유交遊는 논쟁의 단

* 단국대학교 교양학부

1 金景善, 「燕轅直指 序」, 『국역 연행록선집』 X(민족문화추진회, 1967), 25쪽.

서가 되기도 했지만,[2] 이후 조선후기 지식인과 청조문인 사이의 교유를 열어놓는 단초가 되었다. 담헌은 한문으로 된『연기燕記』와는 별도로 방대한 분량의 한글연행록『을병연행록』을 남기기도 하였다. '기사체紀事體' 방식을 취하여 주제별로 구성된『연기燕記』에 비해,『을병연행록』은 축일식逐日式으로 기록함으로써 연행의 일정과 흐름을 이해하기 쉽게 하였을 뿐 아니라 각양각색의 체험과 교유의 실상을 전체적인 맥락 속에서 풍성하게 이해할 수 있도록 하였다.[3]

본고에서는『을병연행록』을 중심으로 담헌의 중국 체험과 청조문인과의 교유에 대하여 새롭게 조명하고, 나아가 그 속에 담긴 의식지향을 재검토해 보고자 한다. 실상 담헌의 중국 체험과 청조문인과의 교유는 새삼스러운 주제가 아닐 만큼 기존 연구를 통해 구체적으로 밝혀져 있다.[4] 그러나『연기』와『을병연행록』은 기술방식과 지향이 다른 만큼 각기 그것이 지닌 특성을 유념하면서 세밀하게 검토할 경우, 기존 연구에서 밝히지 못한 측면을 새롭게 조명할 가능성이 있다. 본고에서는 연행 당시의 상황과 맥락을 선명하게 보여주는『을병연행록』을 중심으로 기존 연구에서 크게 주목하지 않았던 사실들, 특히 다원茶園에서의 연극 관람 기록이 갖는 의의나 엄성嚴誠과 반정균潘庭筠, 육비陸飛 등 청조문인과의 교유交遊에 임하는 담헌의 태도와 만남의 방식 등에 초점을 맞추어 이 문제를 새롭게 조명하고자 한다.

---

2 『담헌서』에 수록된 金鍾厚(?~1780)와의 편지는 이같은 논쟁을 구체적으로 보여준다. 또한 金在行의『浙杭尺牘集』에 부친 발문[金養虛在行浙杭尺牘跋]을 통해서도 그같은 논란을 짐작할 수 있다. 이에 대해서는 일찍이 金泰俊이 검토한 바 있다. cf. 金泰俊,「이른바 제1등인 논쟁－선비론·학문론(1)」,『洪大容과 그의 時代』(一志社, 1982), 158~201쪽.

3 조규익은『을병연행록』이『연기』에 비하여 그 내용의 폭이 훨씬 넓고 다양하다는 사실을 지적한 바 있다. cf. 조규익,「'을병연행록' 연구」,『연행록연구총서』 4(학고방, 2006), 348~352쪽.

4 담헌 홍대용의 중국 체험과 청조문인과의 교유에 대해서는 일찍이 鄭寅普의「담헌서 서」와 李相殷의「담헌서 해제」로부터 시작하여 金泰俊, 蘇在英, 曺圭益, 장경남, 김현미, 정훈식 등의 연구를 통해서 폭넓게 조명된 바 있다. 특히 金泰俊은 담헌 연구의 先鞭을 잡은 이래 지속적인 연구를 통해 학문적 연구의 기틀을 다져 놓았다. 최근에는 김현미와 정훈식이 기존 연구 성과를 토대로 새로운 자료를 제시하면서 논의를 확대 심화하기도 하였다. 담헌에 대한 기존의 주요 업적에 대해서는 참고문헌으로 대신한다.

2. 담헌 홍대용의 중국 체험

1) 숙석宿昔의 원願과 견문에 대한 열정

담헌은 조선이 비록 소중화小中華로 일컫지만, 실상 백 리를 열린 들이 없고 천 리를 흐르는 강이 없는 편소褊小하고 액색阨塞한 나라라고 하면서, 그 가운데에서 영리榮利와 득실得失을 도모하느라 세상에 큰 일이 있는 줄 모르고 천하에 큰 땅이 있는 줄 모르고 지내는 것이 우리의 자화상이라고 하였다.[5] 원대한 계교를 가지지 못한 '우물 안의 개구리'가 조선이라는 것이다. 그가 연행燕行에 오른 것은 이러한 현실에 안주할 수 없는 숙석宿昔의 원願을 품고 있었기 때문이다.

그가 갈망했던 숙석宿昔의 원願은 번화하고 장려한 대국大國의 규모를 구경하는 것이었으며, 우물 안 개구리를 벗어나 천애天涯의 지기知己를 이루는 것이었다.[6] 담헌은 이를 위해 중국 사회의 구석구석을 탐문하였고, 그 과정에서 청대 중국의 사회상을 속속들이 파악하여 약여하게 담아낼 수 있었다.

'자제군관'으로 연행에 따라 나선 담헌은 자신에게 주어진 특별한 직책이 없었고 체면에 구애받을 일도 없었기 때문에 비교적 자유롭게 구경을 할 수 있었다.[7] 부사副使 김선행金善行(1716~1768)이 담헌에게 "우리ᄂᆞᆫ 체면의 거리ᄭᅧ 두루 보디 못ᄒᆞ거니와 그ᄃᆡᄂᆞᆫ 허물이 업ᄉᆞ니 ᄌᆞ셔히 보고 됴흔 말을 더러 듯게 ᄒᆞ라"[8]고 한 것은 자유로운 견문에 대한 부러움과 함께 자신의 호기심과 궁금증을 해결하고자 하는 목적에서였다. 자제군관에게 부여된

---

5 "동국이 녜악문물이 비록 쟈근 듕화로 일ᄏᆞ라나 ᄯᅡ히 ᄇᆡᆨ니ᄅᆞᆯ 열닌 들이 업고 물이 쳔니ᄅᆞᆯ 흐르ᄂᆞᆫ 강이 업ᄉᆞ니 봉강의 편쇼ᄒᆞᆷ과 산천의 ᄋᆡᆨᄉᆡᆨᄒᆞ미 족히 듕국 ᄒᆞᆫ 고올을 당티 못ᄒᆞᆯ 거시어ᄂᆞᆯ 사ᄅᆞᆷ이 그 가온대 이셔 눈을 브릅ᄠᅧ 구구ᄒᆞᆫ 영니ᄅᆞᆯ 도모ᄒᆞ고 ᄑᆞᆯ을 ᄲᅢ내야 쇼쇼ᄒᆞᆫ 득실을 ᄃᆞ토아 그 ᄌᆞ쪽ᄒᆞᆫ 긔상과 악착ᄒᆞᆫ 언논이 다시 셰상의 큰 일이 이시며 텬하의 큰 ᄯᅡ히 잇ᄂᆞᆫ 줄을 모ᄅᆞ니 엇디 가련티 아니ᄒᆞ리오" 소재영·조규익·장경남·최인황, 『주해 을병연행록』(태학사, 1997), 17쪽.

6 담헌은 『을병연행록』 곳곳에서 자신의 연행 목적을 다음과 같이 밝히고 있다. "나ᄂᆞᆫ 됴션 션ᄇᆡ라 듕국의 드러오ᄆᆡ 듕국 놉흔 션ᄇᆡᄅᆞᆯ 만나 보고져 ᄒᆞ더니 …"(『주해 을병연행록』, 137쪽), "이번 길의 대국의 번화 쟝녀ᄒᆞᆫ 규모ᄅᆞᆯ ᄒᆞᆫ번 귀경코져 ᄒᆞᆷ이여니와 근본 계규ᄂᆞᆫ 놉흔 션ᄇᆡᄅᆞᆯ 어더 즁국 ᄉᆞ졍과 문댱 도학의 숭샹ᄒᆞᄂᆞᆫ 바ᄅᆞᆯ 알고져 ᄒᆞᄂᆞᆫ디라" (『주해 을병연행록』, 367쪽), "이번 드러온 ᄯᅳᆺ즌 텬하의 긔특ᄒᆞᆫ 션ᄇᆡᄅᆞᆯ 만나 ᄒᆞᆫ번 회포ᄅᆞᆯ 의논코져 ᄒᆞᄃᆡ 도라가ᄂᆞᆫ 긔약이 머지 아니니 …"(『주해 을병연행록』, 478쪽)

7 金泰俊은 '자제군관이란 순전히 구경[見學]만을 위한 연행사였다고 할 수 있다'고 한 바 있다. 金泰俊, 「연행의 제도와 을병연행록」, 『洪大容과 그의 時代』(一志社, 1982), 15쪽.

8 『주해 을병연행록』, 44쪽.

자유로운 구경에 대한 특권은 중국 아문衙門에서도 익히 알고 있는 공공연한 사실이었다.[9]

담헌은 연행 기간 내내 견문, 즉 '구경'에 대하여 대단히 적극적이고 열성적인 태도를 보였다.[10] 그 한 예를 보기로 한다. 통상 정월 초에는 조정의 재상들이 세배를 다녔기 때문에 사신 일행의 출입을 금하고 있었다. 병술년(1766) 정월 초사흘 역관들이 이러한 전례를 들어 보름 전에는 구경을 주선할 수 없다고 하자, 담헌은 친히 아문에 나아가 여러 번 간청한 끝에 출입 승낙을 얻어낸다. 담헌은 자신이 다른 사람들의 눈치를 보면서까지 팔포八包를 팔아 수백 냥 은銀을 가져온 것은 구경을 위해서였다고 하면서, 오랑캐 조정에 절하는 것이 싫어 조참朝參에 나아가지 않겠다고 했었지만 구경을 위해서라면 청국 관원에게 몸을 굽히는 것도 마다하지 않겠다고 한다.[11] 결국 두둑한 선물과 함께 여러 차례의 간청을 통해서 담헌은 통관과 대사의 승낙을 얻어낸다.

그런가 하면 천주당을 방문하기로 약속한 정월 9일에 있었던 일도 견문, 구경에 대한 담헌의 강한 의지를 읽게 해주는 사례라고 할 수 있다. 대통관大通官 서종맹徐宗孟은 담헌의 음식 대접에 대한 답례로 담헌을 초대하여 잔치를 베풀었다. 아문의 대소사를 좌지우지하며 권세를 부리는 서종맹이 담헌을 위하여 악공樂工을 부르고 음식을 장만한 모꼬지였던 바, 이 자리에는 통관 오림포烏林哺와 서종현徐宗顯을 비롯하여 많은 역관들이 함께 참석하였다. 천주당에 가기로 되어 있었지만 주빈主賓인 담헌이 흥을 깨고 자리에서 일어나기란 쉽지 않은 일이었다. 그러나 담헌은 자신이 직접 서종맹에게 연유를 설명하고 자리에서 일어나는 모습을 보였다.[12] 천주당의 새로운 문물을 보고자 하는 의지와 열정이 남달랐기 때문에 담헌은 처신하기 곤란한 상황에서도 과단성 있는 결정을 내릴 수 있었던 것이다.

이처럼 담헌은 그 어떤 것보다도 구경을 우선시 하였으며, 주도면밀하고 과단성 있게 일을 도모하였다. 그러한 담헌이었기에 기회만 닿으면 아문을 나가 궁궐과 저자 구석구석

9 "젼브터 ᄌᆞ데군관으로 드러온 사ᄅᆞᆷ이 다 귀경을 젼주ᄒᆞ야 못갈 ᄃᆡ롤 위격으로 드러가고 혹 날이 져물면 도라오ᄃᆡ 아닛ᄂᆞᆫ 고로 아문이 이 일을 닉이 아라 역관과 하인은 혹 심샹 츌입을 금치 아니ᄒᆞ여도 ᄌᆞ데군관은 다 츌입의 지목ᄒᆞ고 ᄒᆞᆷ브로 나들게 못ᄒᆞ니 더욱 민망ᄒᆞ더라" 『주해 을병연행록』, 208쪽.

10 실상 '구경'은 燕行에 임하는 담헌의 또 하나의 목적이었다. cf. "내 ᄀᆞᆯ오ᄃᆡ 만니ᄅᆞᆯ 니친ᄒᆞ여 드러온 ᄯᅳᆺ은 젼혀 귀경을 위ᄒᆞ미니 …" 『주해 을병연행록』, 210쪽.

11 『주해 을병연행록』, 210~219쪽.

12 『주해 을병연행록』, 272~280쪽.

을 구경하였다. 건정동乾淨衕 선비들과 교유를 시작한 후로는 유리창琉璃廠에 드나들기를 자주 하여 서반序班으로부터 서적잠상書籍潛商으로 오인받기까지 할 정도였다.[13]

또한 담헌은 풍문風聞이나 확인되지 않은 전언傳言에 대해서는 과연 그것이 사실인지, 왜 그러한지를 직접 탐문하여 확인하고자 하였다. 라마승이 아래 바지를 입지 않는다는 풍문의 사실 여부를 직접 확인하기 위해서 마두馬頭인 덕유德裕를 시켜서 라마승의 옷을 들추어보게 하기도 하였고,[14] 송가성宋家城에서 조선 사람들을 더럽게 여겨 수화를 통하지 않는다고 하는 말 때문에 사행이 가기를 꺼리자 직접 찾아가 그 실상을 확인하기도 하였다.[15] 남녀가 유별함에도 불구하고 담헌은 만주 여인에게 수식首飾과 계髻를 살펴 볼 수 있도록 해달라고 청하기도 했으며,[16] 구경을 하느라 여러 차례 사행 일정에 불편을 끼치기도 하였다.[17]

견문에 대한 이와 같은 담헌의 열정과 의지는 북경을 떠나 서울로 돌아오는 과정에서도 식지 않았다. 각산사角山寺의 기이한 경치를 보기 위해 거마車馬가 통하지 않는 험한 길을 피하지 않았으며,[18] 봉황산鳳凰山 구경에 나섰다가 호환虎患이 들끓는 산 속에서 길을 잃고 헤매기도 하였다.[19] 견문에 대한 열정은 '심문審問', 곧 자세히 묻고 살피는 결과로 이어졌다.[20] 담헌은 이르는 곳마다, 만나는 사람마다 남녀노유는 물론 신분의 귀천을 가리지 아니하고 묻기를 주저하지 않았다. 『을병연행록』이 풍성한 기록으로 남을 수 있었던 것은 견문에 대한 이와 같은 열정과 의지 때문이었다.

---

13 "관문을 나가 뎡양문 안희 니ᄅᆞ니 셔반 ᄒᆞ나히 날을 보고 니ᄅᆞᄃᆡ 날마다 구경을 단니니 져 거시 무슴 모양이뇨 졔독 대인의 금녕을 도라보디 아니ᄒᆞ니 만일 도로 드러가디 아니ᄒᆞ면 내 아문의 ᄉᆞ연을 니ᄅᆞ고 갑군을 보여여 잡아가리라 ᄒᆞ니 대져 셔반들이 셔칙 ᄌᆞᆷ상을 념여ᄒᆞ야 나의 출입을 별양 ᄉᆞᆯ피고 그 듕 뉴리창은 더욱 의심ᄒᆞᄂᆞᆫ 곳이라 일노 인ᄒᆞ여 셔반이 내 출입을 막고져 ᄒᆞ미라" 『주해 을병연행록』, 422쪽.

14 『주해 을병연행록』, 77~78쪽.

15 『주해 을병연행록』, 757~759쪽.

16 『주해 을병연행록』, 74~76쪽.

17 담헌은 북경에 도착하기 전에도 鳳凰城中을 구경하느라 일행의 출발을 기다리게 한 적이 있었고(『주해 을병연행록』, 53쪽), 望海亭을 구경하느라 일행의 출발을 놓친 적도 있었다(『주해 을병연행록』, 132~135쪽).

18 『주해 을병연행록』, 768~769쪽.

19 『주해 을병연행록』, 793~799쪽.

20 김현미는 담헌 홍대용의 특징적 작가의식으로 '審問'을 지적한 바 있다. 그 이전까지의 연행이 주로 단순한 遊覽이나 博覽의 차원에 치중하였다면, 담헌에 이르러서는 구체적으로 묻고 자세히 살피는 차원으로 바뀌었다는 것이다. 정훈식 또한 담헌이 보여준 중국 인식 방법의 특징으로 '조감과 전체적 규모 인식', '분석과 세밀한 심법 파악', '대비와 상대적 인식', '구별과 중국 인식의 교정', '소통과 실천적 인식'을 거론한 바 있다. 논자는 특히 水閘제도와 만주 여인의 머리 모양을 중심으로 담헌의 분석적이고 세밀한 관찰 태도를 입증해 보였다. cf. 김현미, 『18세기 연행록의 전개와 특성』(혜안, 2007), 170~183쪽; 정훈식, 『홍대용 연행록의 글쓰기와 중국 인식』(세종출판사, 2007), 176~209쪽.

2) 18세기 청조淸朝의 사회상

조선시대 지식인들에게 각인된 중국은 천하의 종국宗國이요 교화敎化의 근본이었다. 의관제도衣冠制度와 시서문헌詩書文獻의 준칙이 되는 곳이 중국이었다.[21] 그러나 '종국'이요 '근본'이요 '준칙'이 되는 중국, 대조지은大造之恩의 나라이며 재조지은再造之恩의 나라인 중국이 이른바 오랑캐의 나라가 되어 있는 것 또한 부정할 수 없는 현실이었다. 설상가상으로 오랑캐 나라인 청淸은 강희康熙・옹정雍正・건륭제乾隆帝를 거치며 백여 년간 중국 역사상 최고의 전성기를 구가하고 있었다. 북벌론北伐論과 존주론尊周論만으로는 감당할 수 없게 된 것이 조선후기의 현실이었다. 그렇다고 대명의리론對明義理論을 부정하거나 폐기할 수도 없었다. '조선중화주의朝鮮中華主義'의 등장과 '북학론北學論'의 대두는 이러한 배경에서였다.[22] 청에 대한 담헌의 태도는 이와 같은 인식의 변화와 연계되어 있는 것이었다.[23] 『을병연행록』에서 저들의 변발이나 의관, 장례 풍습, 결혼 풍속, 음악 등에 대하여 긍정적인 시선을 보내지 않으면서도, 또 한편으로는 북경의 번화한 거리나 저자 풍경, 건실한 삶의 모습, 석탄이나 풍구, 도르래를 비롯한 일상생활 도구, 수갑水閘이나 석축 등의 제도에 대해 긍정적인 시선을 보였던 것은 담헌의 그같은 인식을 보여주는 사례라고 할 것이다.

(1) 실질적이고 건실한 사회 풍조

담헌이 포착한 18세기 청조 사회의 특징적 국면 가운데 하나는 조선에 비하여 실질적이고 건실한 삶을 추구한다는 것이었다. 변발辮髮과 여인의 개가改嫁 문제에 대한 담헌의 기록을 통해 명분보다 실질을 중시하는 청조 사회의 모습을 보기로 하자.

---

21 "듕국은 텬하의 종국이요 교화의 근본이라 의관졔도와 시셔문헌이 ᄉᆞ방의 쥰측이 되ᄂᆞᆫ 곳이로ᄃᆡ …"『주해 을병연행록』, 17~18쪽.

22 cf. 김문식, 『조선후기 지식인의 대외인식』(새문사, 2009), 49~78쪽.

23 담헌은 "졔 비록 더러운 오랑캐나 듕국을 웅거ᄒᆞ야 ᄇᆡᆨ여 년 태평을 누리니 그 규모와 긔상이 엇디 ᄒᆞᆫ번 보암ᄌᆞᆨ디 아니리오 만일 이젹의 ᄡᅡ혼 군ᄌᆞ의 ᄇᆡ울 ᄇᆡ 아니요 호복ᄒᆞᆫ 인물은 죡히 더브러 말을 못ᄒᆞ리라 하면 이ᄂᆞᆫ 고체ᄒᆞᆫ 소견이요 인쟈의 ᄆᆞᄋᆞᆷ이 아니라"고 하였던 바, 固滯한 所見에서 갇혀 있어서는 현실을 제대로 인식할 수 없다는 것이 그의 생각이었다. cf. 『주해 을병연행록』, 18~19쪽.

내 ᄀᆞᆯ오ᄃᆡ 듕국은 ᄉᆞ방의 중국이오 그ᄃᆡᄂᆞᆫ 우리의 증인이어늘 그ᄃᆡ의 머리 졔양을 보매 엇디 ᄆᆞ음을 서기디 아니리오 두 사ᄅᆞᆷ이 서ᄅᆞ 보고 ᄃᆡ답지 아니니 엄셩은 ᄀᆞ장 무연ᄒᆞᆫ 긔색이오 반ᄉᆡᆼ은 다시 희롱ᄒᆞ야 ᄀᆞᆯ오ᄃᆡ 머리털을 짯그미 ᄀᆞ장 묘ᄒᆞᆫ 곳이 잇ᄂᆞ니 비ᄉᆞ로 비서 샹토ᄅᆞᆯ ᄆᆡᆺᄂᆞᆫ 번거로오미 업고 ᄀᆞ려오물 긁ᄂᆞᆫ 괴로오미 업ᄉᆞ니 머리ᄅᆞᆯ 동힌 사ᄅᆞᆷ은 이 ᄌᆞ미ᄅᆞᆯ 모ᄅᆞᄂᆞᆫ 고로 이런 말이 잇도다 내 ᄯᅩᄒᆞᆫ 희롱ᄒᆞ야 ᄀᆞᆯ오ᄃᆡ 이제로 볼딘ᄃᆡ 머리털은 부모의게 바닷ᄂᆞᆫ디라 감히 허루디 못ᄒᆞ리라 ᄒᆞ야시니 증자의 이 말ᄉᆞᆷ은 ᄀᆞ장 일을 모ᄅᆞᄂᆞᆫ 사ᄅᆞᆷ이로다 다 ᄃᆡ쇼ᄒᆞ고 웃기ᄅᆞᆯ 그치지 아니ᄒᆞ더라 엄ᄉᆡᆼ이 ᄀᆞᆯ오ᄃᆡ 절강의 우ᄉᆞ온 말이 잇ᄂᆞ니 머리 짯가주ᄂᆞᆫ 푸ᄌᆞ의 현판을 부치고 셩세낙사 네 ᄌᆞᄅᆞᆯ ᄡᅥ시니 셩ᄒᆞᆫ 셰샹의 즐거온 일이라 니ᄅᆞ미니라 내 우서 ᄀᆞᆯ오ᄃᆡ 이 네 ᄌᆞᄅᆞᆯ 보매 머리 짯그물 원통이 넉이며 나라 졔도ᄅᆞᆯ 죠롱ᄒᆞᄂᆞᆫ ᄯᅳᆺ을 ᄀᆞᆷ초지 못ᄒᆞᆫ디라 남방 사ᄅᆞᆷ이 진짓 담이 크고 두려오미 업다 니ᄅᆞ리로다 냥인이 웃더라 내 ᄀᆞᆯ오ᄃᆡ 망건은 비록 ᄃᆡ명 졔되나 실노 죠치 아니니라 엄ᄉᆡᆼ 왈 무ᄉᆞᆷ 연괴뇨 내 ᄀᆞᆯ오ᄃᆡ ᄆᆞᆯᄭᅩ리로 머리의 더으니 엇디 관과 신이 것구로 노히미 아니리오 엄ᄉᆡᆼ이 ᄀᆞᆯ오ᄃᆡ 그리면 엇디 ᄇᆞ리디 아닛ᄂᆞ뇨 내 ᄀᆞᆯ오ᄃᆡ 습쇽의 닉어 고치디 못ᄒᆞᆯ 분 아니라 ᄃᆡ명 졔도ᄅᆞᆯ 차마 닛디 못ᄒᆞ미니라[24]

2월 12일 간정동에서 엄성과 반정균을 만나 나눈 이야기의 한 대목이다. 다른 사람들의 눈에 뜨이지 않게 조용히 만났을 뿐 아니라 이제 떠날 날도 멀지 않았으니 흉금을 터놓고 이야기하자고 하면서 담헌이 제기한 문제는 청나라의 변발에 대한 것이었다. 1645년 청은 변발을 하지 않는 자는 처형한다는 치발령薙髮令을 내렸다. 두발을 통해서 누가 자신들의 지배에 복종하고 저항하는지를 손쉽게 파악할 수 있게 해주는 법령이었다. 상황이 이렇게 되자, 한인漢人들로서는 복종 이외에 다른 대안을 찾을 수 없었다.[25] 변발의 문제는 지배와 복종의 차원을 넘어선 생존의 문제였다. 비록 흉금을 터놓고 이야기하자고 했지만, 이 문제가 제기되자 엄성과 반정균은 당혹스러울 수밖에 없었다.

비록 희롱하여 한 말이고 웃으며 한 말이라고는 했지만, 그 이면에는 복종과 저항, 생과 사, 명분과 실질, 이념과 현실이 첨예하게 대립하고 있다. 이 위기의 상황을 반정균은 희

24 『주해 을병연행록』, 557~558쪽.
25 패트리샤 버클리 에브리 지음, 이동진·윤미경 옮김, 『케임브리지 중국사』(시공사, 2001), 243~244쪽.

언으로 넘어가고자 하였다. '신체발부身體髮膚는 수지부모受之父母하니 불감훼상不敢毁傷이 효지시야孝之始也'라고 하는 이념은 중세 유교문화권에서는 어느 누구도 감히 도전할 수 없는 절대적 가치요 성역聖域이었지만, 담헌 역시 이렇게 말한 증자曾子를 '일을 모르는 사람'으로 돌려 세움으로써 반정균의 희언에 맞장구를 쳐 주었다. 물론 우스개로 한 말이었지만, 담헌이 그렇게 말할 수 있었다는 사실 자체에 우리는 주목하지 않을 수 없다. 담헌의 이와 같은 발언은 '머리털을 한 데 모아 송곳처럼 만들어 놓고는 이를 예법이라고 하는 이들을 향해 그것이 남쪽 오랑캐의 습속이지 어찌 예법이냐[會撮如錐 是南蠻之椎結也 何謂禮法]'[26]고 소리쳤던 허생의 외침을 떠오르게 한다. 절강 사람들이 머리 깎는 일을 '성세낙사盛世樂事'라고 한 것은 물론 치발령에 대한 저항과 조롱의 뜻을 담은 것이었지만, 또 한편으로는 더 이상 번거롭게 상투를 동여맬 일이 없고 긁지 않아도 가려운 일이 없기 때문이다. 그러나 이는 경험해 보지 않은 사람으로서는 도저히 알 수 없는 일이다. 이는 물론 희언戲言이라고 하였고, 그래서 조선중화주의에 대한 자긍심을 전제한 것으로 읽힐 수 있지만, 한바탕 웃음으로 각자의 현실을 부정하고 희화할 수 있었던 것이 담헌과 항주杭州의 선비들이었다.

그럼에도 불구하고 담헌은 이어지는 망건網巾에 대한 이야기에서 단지 '습속에 익어 고치지 못할 뿐 아니라 대명제도大明制度를 잊지 못하기 때문'이라고 하는 데 그침으로써, 현실과 이념 사이의 거리를 끝내 좁히지 않았다. 동일한 방식으로 저들은 변발의 풍속이 어려서부터 몸에 익었기 때문에 불편함을 느끼지 못한다고 주장한다.[27] 결국 다르다고 했던 것이 다르지 않은 것이 되어 버리고 말았다. 또한 새로운 변화와 혁신으로 나아가지 못하고 구태를 답습하던 조선의 현실을 옹호하려던 논리는 궁색해지고 말았다. 담헌은 연행에서 만난 청조 문인들과의 필담을 통해서 청조 사회와 조선 사회의 거리를 인식하기는 했지만, 이에 대한 본격적인 조정과 논란에까지는 이르지 않았던 것이다.[28]

---

26 『燕巖集』 권14, 『熱河日記』, 「玉匣夜話」.

27 『주해 을병연행록』, 746쪽.

28 이와 같은 담헌의 태도는 淸나라의 朝服에 대하여 간편함을 취한 것이라고 긍정적으로 기록한 것이나(『주해 을병연행록』, 187쪽), 明代의 遺制를 지켜온 것으로 자부하였던 우리의 衣冠에 대해서 "황셩이 졈졈 갓가오매 거마와 녀염이 졈졈 번셩ᄒᆞ고 호한ᄒᆞᆫ 인물들이 ᄉᆞᆯ딘 ᄆᆞᆯ과 가ᄇᆡ여온 갓오ᄉᆞ로 ᄆᆞᆯ을 완완히 모라 우리 일힝을 귀경ᄒᆞ며 서ᄅᆞ ᄀᆞᄅᆞ쳐 웃고 말ᄒᆞᄃᆡ 아국 사ᄅᆞᆷ의 ᄆᆞᆯᄐᆞ고 뒤ᄡᆞᆨ이ᄂᆞᆫ 거ᄉᆞᆯ 보면 다 대쇼ᄒᆞ야 죠롱ᄒᆞ니 대개 오랑캐 의복이 다 뒤흘 트고 쟈락을 거더 단쵸ᄅᆞᆯ 씨워시니 안장의 안ᄌᆞᄆᆡ 뒤흘 ᄡᆞᆯ 거시 업고 ᄆᆞᆯ을 ᄐᆞᆯ 적도 손조 곳비ᄅᆞᆯ 잇그러 평디 우희셔 심샹히 올나 견마와 등ᄌᆞᄅᆞᆯ 붓드ᄂᆞᆫ 일이 업ᄉᆞ므로 이러므로 아국 사ᄅᆞᆷ의 인현ᄒᆞ고 경 디 못ᄒᆞ믈 웃더라"(『주해 을병연행록』, 171

한편 여인의 개가와 관련해서는 엄성과 반정균이 모두 조선의 예교禮敎가 지나치게 엄하다고 비판한다. 수절守節을 강요함은 망민網民과 다를 바 없으니, 차라리 개가를 허락하느니만 못하다는 것이 두 선비의 주장이다. 비록 법으로 수절을 강요하지는 않더라도 도덕적으로 이를 칭송하는 사회에서는 개인의 의지와는 무관하게 수절하지 않을 수 없다는 것이다. 그렇기 때문에 청에서는 혼인을 미처 이루지 못하였음에도 불구하고 수절하는 여인은 권장할 만하다고 여기지 않아 나라에서 정문旌門을 내리지 않으며, 음분淫奔에 견주기까지 한다는 것이다. 그렇기 때문에 여인의 수절을 당연한 것으로 여기고 은연 중 강요하여 온 조선의 법도는 이해하기 어려운 것이었다. 조선의 예교가 지나치게 엄하다는 두 선비의 비판에 대하여 담헌은 설령 그렇다한들 해롭지 않으니 무방하지 않느냐고 한다.[29] 담헌이 관심을 가지고 있었던 것은 그보다는 오히려 만한통혼滿漢通婚의 문제와 혼례 시 주자가례朱子家禮의 준행 여부였다.[30] 이념과 현실, 명분과 실질에 대한 인식의 차는 여성을 바라보는 시각에서도 확인되는 것이었다.[31] 『을병연행록』에서 기술한 변발이나 개가의 문제는 표면적으로 조선중화주의를 전제로 한 것이었지만, 이면적으로는 새로운 변화와 혁신의 길을 열어놓는 것으로 작용하였다는 점에 주목할 필요가 있다.[32]

한편 담헌은 청조 사회의 건실성에 주목하였다. 창춘원暢春園의 초초하고 검소한 모양과 원명원圓明園의 장려하고 사치한 규모를 돌아본 담헌은 강희제康熙帝의 검덕儉德을 칭송하고 옹정제雍正帝의 사치를 비판하였다.[33] 또한 서직문西直門 남쪽에서 퇴락한 성을 수축하던 역군들이 이런 일을 하면 나라에서 한 달에 쌀 여섯 말과 은 석 냥을 삯으로 준다고 하는 말을 듣고 건륭제乾隆帝의 통치 방식에 새삼 감탄하였다.[34] 검소함을 숭상할 뿐 아니

쪽)라고 기술하고 있는 것을 통해서도 확인할 수 있다.

29 『주해 을병연행록』, 568~570쪽.

30 『주해 을병연행록』, 396 · 568 · 787쪽.

31 김현미는 『을병연행록』의 이와 같은 진술이, 청나라 여성이 살아가는 환경이 '비윤리적'이고 '禮가 없는' 것으로 인식하게 하는 효과를 가져왔다고 지적한 바 있다. cf. 김현미, 「18세기 연행록 속에 나타난 중국의 여성」, 『연행록연구총서』 6(학고방, 2006), 79~81쪽.

32 연행에서 돌아온 뒤 담헌은 동궁을 모시고 『朱書節要』를 강론하는 자리에서 중국의 改嫁와 관련한 풍속을 거론했다. 동궁이 二程 같은 大賢의 집안에서도 두 번 시집간 딸이 있었다는 사실을 거론하면서 伊川은 '절개를 변함은 죄가 크다'고 하였는데 어찌하여 그 至親도 감화시키지 못하고 절개를 변하게 했느냐고 묻자, 담헌은 改嫁와 관련한 중국의 풍속을 거론하면서 억지로 만류하여 보내지 않는다면 改嫁하는 일보다 더 심한 일이 일어나지 않는다고 누가 알 수 있겠느냐고 대답하였다. 嚴誠 · 潘庭筠과의 대화에서 보였던 태도와는 달라진 태도이다. cf. 「계방일기」, 갑오년(영조 50년, 1774) 12월 1일자[『국역 홍대용 담헌서』 1, 내집 2권(한국학술정보, 2008), 278쪽].

33 『주해 을병연행록』, 545~546쪽.

라 공공 역사에 동원되는 백성들조차 함부로 부리지 않는 것이 청의 태평성대를 가능하게 한 근간이라고 본 것이다.

담헌이 목격한 청조 사회의 건실성은 중후소中後所의 감투 만드는 점포[35]나 북경의 의복 파는 저자거리 풍경[36] 등에서도 확인할 수 있다. 바쁘게 손을 놀리며 부지런히 일하는 저들의 생활에서, 일하는 가운데 스스로 신명을 찾는 저들의 생활에서 청조 사회의 건강성을 읽어낸 것이다. 담헌은 말똥을 모아 거름으로 사용하는 풍속[37]이나 길에 떨어진 동전 한 닢도 소홀히 하지 않는 풍속[38] 등에서도 이와 같은 사회 분위기를 읽어내려고 하였다.

한편 부富와 이利의 추구에만 골몰하는 청조 사회의 분위기에 대해서는 날카로운 비판을 주저하지 않았던 것이 또한 담헌이다. 이것이 비록 청조만의 문제는 아니었으나, 은銀을 많이 가진 자에 대해서는 친척이나 되는 것처럼 반갑게 맞이하고 살갑게 굴면서도 그렇지 않은 자에 대해서는 냉랭하게 대하여 기를 펴지 못하게 하는 세태는 결국 청조 사회를 이악스럽게 만들고 말 것이라고 하면서 안타깝게 여겼다.[39] 담헌은 북경 융복사隆福寺 앞에서 '화류 필통'을 하나 산 적이 있었다. 필통 하나 값으로 십여 냥을 달라고 했던 필통 장사는 사지 않겠다고 돌아서자 다시 불러 세워서는 값을 다시 홍정하자고 하였고, 그

---

34 『주해 을병연행록』, 420쪽.

35 "ᄒᆞᆫ 푸ᄌᆞ로 드러갈 ᄉᆡ 문을 드니 그 안히 너ᄅᆞ기 열다엿 간이오 큰 화로 다ᄉᆞᄉᆡ 숫불을 그득이 픠오고 두어 곳 큰 솟출 걸고 물을 ᄭᅳᆯ히니 그 안히 덥기 녀름 ᄀᆞ튼더라 ᄉᆞ오십 사ᄅᆞᆷ이 좌우의 느러 안자시ᄃᆡ 다 겹바디ᄅᆞᆯ 닙고 마ᄋᆞ락이와 의복은 다 버서 벌건 몸으로 안자 감토ᄅᆞᆯ ᄆᆞᆫ드ᄃᆡ 혹 털을 편 짓ᄂᆞ니도 잇고 혹 손에 춤을 무쳐 광을 치ᄂᆞ니도 잇고 혹 캉 아래 구유ᄅᆞᆯ 여러흘 노코 더운 물노 ᄈᆞᆺᄂᆞ니도 이시니 하나토 노ᄂᆞᆫ 사ᄅᆞᆷ이 업고 쒸놀며 손을 놀녀 그 급히 셔도ᄂᆞᆫ 모양이 놀난 거동도 ᄀᆞᆺ고 일 만난 사ᄅᆞᆷ도 ᄀᆞᄐᆞ니 그 일에 셩실ᄒᆞ미 아국 쟝인을 ᄉᆡᆼ각ᄒᆞ매 실노 붓그럽고 ᄯᅩᄒᆞᆫ 드문 귀경이더라" 『주해 을병연행록』, 124쪽.

36 "의복 ᄑᆞᄂᆞᆫ 져재ᄂᆞᆫ ᄌᆡ샹 대인의 닙ᄂᆞᆫ 망농옷과 온갖 션명ᄒᆞᆫ 의복은 다 첨하 안흐로 주줄이 거러시니 소견이 찬난ᄒᆞ고 그 밧 늘근 의복은 첨하 밧그로 삿집을 짓고 뫼ᄀᆞᆺ치 빠하시ᄃᆡ 여러 사ᄅᆞᆷ이 가온ᄃᆡ 드러셔 쭁일을 서로 옴겨 빠흐며 두 손으로 ᄒᆞᆫ 가지ᄅᆞᆯ 들고 목소ᄅᆡᄅᆞᆯ 놉혀 노ᄅᆡ 브루ᄃᆞ시 무수히 무ᄉᆞᆫ 말을 을픈 후의 ᄲᆞᆺᄂᆞᆫ 편으로 더지면 다ᄅᆞᆫ 사ᄅᆞᆷ이 그 오ᄉᆞᆯ 바다 빠흐니 그 소ᄅᆡᄂᆞᆫ ᄌᆞ시 알 길히 업ᄉᆞᄃᆡ 대강 이 오시 품수ᄂᆞᆫ 놉고 갑ᄉᆞᆫ 젹으니 부ᄃᆡ 사들 닙으라 ᄒᆞᄂᆞᆫ 말을 곡됴ᄅᆞᆯ ᄆᆞᆫᄃᆞ라 엇게ᄅᆞᆯ 우 기며 엇뷘 거동을 갓갓이로 ᄒᆞ야 사ᄅᆞᆷ이 우습도록 ᄒᆞ니 이러므로 그 소ᄅᆡᄅᆞᆯ 별양 ᄌᆞᆺ긋게 ᄒᆞᄂᆞᆫ 곳은 하인이 무수히 둘너셔고 사ᄅᆞᆷ이 만히 모히면 더욱 즈슬 ᄂᆡ여 소ᄅᆡᄅᆞᆯ 놉히니 혹 목이 쉬여 소ᄅᆡᄅᆞᆯ 일우디 못ᄒᆞᄂᆞ니도 잇고 혹 소ᄅᆡᄅᆞᆯ 잘 ᄒᆞ디 못ᄒᆞ야 사ᄅᆞᆷ이 보디 아니ᄒᆞ고 ᄂᆞᆷ의 푸ᄌᆞ의 만히 모히면 열업서 ᄒᆞᄂᆞᆫ 거동이 더욱 가쇼롭더라 대개 이리ᄒᆞ야 사ᄅᆞᆷ을 모흐면 홍졍이 잘 되ᄂᆞᆫ가 시브더라" 『주해 을병연행록』, 249~250쪽.

37 『주해 을병연행록』, 125 · 338~339쪽. 또한 북경에는 人糞을 거름으로 쓰기 위해 '결정모방'이라는 공중화장실을 설치해 놓기도 하였다. cf. 『주해 을병연행록』, 235쪽.

38 "길 가온ᄃᆡ 쓋글을 ᄡᅡ부러 무어ᄉᆞᆯ 줍ᄂᆞ니 만흐니 이ᄂᆞᆫ 혹 드ᄅᆞᆫ 돈닙흘 어드미라 예 이 말을 보앗더니 과연 거ᄌᆞᆺ 말이 아니라 사ᄅᆞᆷ의 ᄉᆡᆼ계도 어려온 줄을 알려니와 죠고만 ᄌᆡ물도 헛도이 ᄇᆞ리ᄂᆞᆫ 거시 업ᄉᆞ니 대국의 쥬밀ᄒᆞᆫ 풍쇽이 ᄯᅩᄒᆞᆫ 귀하더라" 『주해 을병연행록』, 220쪽.

39 『주해 을병연행록』, 158쪽.

러기를 서너 차례 한 끝에 담헌은 한 냥 두 돈만 주고 필통을 사게 되었다. 담헌은 이것이 외국인을 상대로 한 장사라서 그랬다면 그냥 넘어갔을 수도 있었겠지만, 같은 청나라 사람들 사이에서도 다를 바 없음을 보면서 이익만 추구할 뿐 바른 도리는 염두에 두지 않는 풍조를 청조 사회의 어두운 측면으로 지적하였다.[40] 그런 점에서 담헌은 18세기 중반 청조 사회의 명암을 고루 포착하고 있었다고 하겠다.

(2) 낯선 풍경과 새로운 문물

담헌의 눈에 포착된 청조 사회는 낯선 풍경과 새로운 문물로 가득 찬 곳이었다. 특히 북경은 담헌으로 하여금 '백문百聞이 불여일견不如一見'이라는 말을 새삼 깨닫게 한 곳이었다.[41] 거리를 활보하는 사람들의 준수한 외모와 화려한 복색, 궁궐과 패루의 휘황찬란한 단청과 영롱한 채색, 붉은 칠을 한 웅장한 궁장宮墻 등을 대하면서 담헌은 중국의 거대한 규모에 놀라지 않을 수 없었다. "은연한 외방 궁싱과 협듕 우밍이 피폐훈 힝장으로 한강을 건너 도셩을 향흐는 모양"[42]이라고 한 그의 고백은 북경에 대한 인상을 함축하고 있는 것이라 하겠다.

조참朝參이 끝난 후 북경에 머무는 두 달 동안 담헌은 태학太學과 옹화궁雍和宮, 법장사法藏寺, 융복사隆福寺, 태화전太和殿, 서산西山 등은 물론 유리창琉璃廠과 천주당天主堂을 빈번히 오가면서 조선에서는 경험할 수 없었던 낯설고 새로운 문물을 구경하기에 바빴다. 특히 낙타와 코끼리, 원숭이, 호랑이, 표범 등 조선에서는 보기 어려웠던 동물들을 직접 목격하였으며, 태엽으로 돌아가는 자동인형이나 파이프 오르간, 문시종問時鍾, 알파벳과 펜, 서양식 건물과 벽화, 원경遠鏡 등의 서양 문물을 보고는 그 신기함에 놀라지 않을 수 없었다. 또한 담헌은 처음으로 극장에서 연극을 관람하는 기회를 가질 수 있었고, 환술幻術이나 후

---

40 『주해 을병연행록』, 439쪽. 담헌은 북경을 오가는 길에 상대를 속여서 자신의 이득을 챙기는 세태를 여러 차례 경험하였다. 文昌宮 중은 담헌에게 방에 불을 더 때 준다고 해 놓고는 청심환만 받아가지고 달아나 버렸으며, 사류하[流沙河]에서 만난 한 선비는 반은 낙장은 책이나 제목만 그럴 듯하게 써 붙여 놓고 속은 몹쓸 책으로 되어 있는 것을 팔고 달아나기도 하였다. cf. 『주해 을병연행록』, 132·156쪽.

41 "물을 타고 이곳의 니르러 스면을 도라보매 눈이 어즈럽고 므음이 놀나오니 북경의 번셩흐믄 젼일의 넉이 드럿고 김가직 일긔를 보아도 거의 짐쟉훌 듯흐더니 진실노 귀예 드르미 눈으로 봄만 굿디 못흔디라 그 이 지경의 니를 줄을 엇디 싱각흐여시리오" 『주해 을병연행록』, 184쪽.

42 『주해 을병연행록』, 168쪽. 북경의 거대한 규모와 번화한 거리에 대한 이같은 놀라움은 실상 담헌이 요동 들판을 처음 보았을 때 느꼈던 것과 동질적인 것이었다. cf. 『주해 을병연행록』, 69~70쪽.

희猴戲를 가까이에서 지켜볼 수 있었다. 거리에서 강담사講談師와 강독사講讀師, 비눗방울 장사의 연행演行을 수시로 마주쳤을 뿐 아니라, 수갑水閘을 이용해 배를 통행하고 가뭄이나 수해도 조절하는 현장을 목격하기도 하였다. 북경은 조선에서는 볼 수 없었던 낯선 광경과 선진 문물들로 가득 찬, 또 이를 직접 체험할 수 있는 이향異鄉이었던 것이다.

담헌은 이처럼 자신이 경험한 북경의 낯선 풍경과 새로운 문물을 상세하게 기록함으로써 독자들로 하여금 자신의 중국 경험을 추체험할 수 있게 하였으며, 18세기 북경의 모습을 증언하는 자료로서 『을병연행록』의 가치를 높여 놓았다. 물론 이전 시기의 연행록에도 북경의 낯선 풍경과 새로운 문물들은 여러 차례 거론된 바 있었으나, 담헌의 『을병연행록』만큼 현장감 있게 사실적으로 기술한 경우는 찾아보기 힘들다.

『을병연행록』 병술년(1766) 1월 3일자에는 정양문正陽門 밖 극장에서 연극을 관람한 기록이 실려 있다. 청나라 사람들 틈에 끼어 다원茶園에서 연극을 구경한 사실을 기록한 것인데, 이는 다원에서의 연극 공연 사실을 전하는 이른 시기의 자료라는 점에서 중요한 의의를 갖는다. 다원에서의 연극 공연에 관한 기록으로 가장 오래된 것은 건륭 42년(1777)에 지어진 백화소설 『기로등岐路燈』로 알려져 있다.[43] 『을병연행록』은 그 저작 연대가 정확히 알려져 있지 않으나,[44] 1766년 1월 북경에서 있었던 다원에서의 연극 공연을 기록하고 있다는 점에서 주목하지 않을 수 없다.[45] 더욱이 『을병연행록』은 소설이 아니라 세심하게 견문한 내용을 사실적으로 기록한 자료라는 점에서 사료로서의 가치는 매우 크다고 하겠다. 또한 『을병연행록』에는 당시 그 곳에서 공연되었던 연극 내용만이 아니라 극장 시설과 운영 방식에 대한 상세한 정보가 담겨 있어 그 의의가 더 크다고 하겠다.

---

43 랴오번 지음, 오수경 외 옮김, 『중국 고대극장의 역사』(솔, 2007), 226쪽.

44 모본으로 추정되는 숭실대본 『을병연행록』 10책 말미에는 "본젼이 다 샹ᄒᆞ야 젓사온 슈젹이 업서디옵ᄂᆞᆫ 줄 답답 ᄯᅩ ᄒᆞᆫ 벌 벗기랴 경영터니 … 집안 귀한 ᄎᆡᆨ을 두 아들의 소득 지필노 일운 일 내 ᄆᆞ음의 긔특 귀ᄒᆞ고 두 며ᄂᆞ리 글시도 들고 시죵은 내가 뻐시니 ᄀᆞᆺ득 졸누ᄒᆞᆫ 글시 뉵팔노필의 셩ᄌᆞ를 못ᄒᆞ야시나 일운 일 깃브다"라고 기록되어 있다. 이로 보아 『을병연행록』은 담헌의 손으로 저작되었음이 틀림없고, 숭실대본은 담헌의 며느리와 손자 부부가 수 년에 걸쳐 정성을 다해 필사한 것임을 알 수 있다. 담헌은 연행에서 돌아온 후 한문본 『연기』와 한글본 『을병연행록』을 별도로 정리한 것으로 보이는데, 그 정확한 저작 연대는 알 수 없다. cf. 蘇在英, 「乙丙燕行錄의 한 硏究」, 『崇實語文』 1(숭실대학교 국어국문학과, 1984), 10~13쪽.

45 『岐路燈』을 쓴 작가 李綠元은 乾隆 원년(1736) 30의 나이에 河南에서 初試에 합격한 뒤 10년 간 여러 차례 북경으로 가 會試에 참가했으나 매번 실패하였으며, 대략 乾隆 13년(1748)에 과거를 포기하고 『기로등』을 쓰기 시작하여 약 30년 뒤인 乾隆 42년(1777)에 108회를 완성하였다고 한다. 북경 茶園과 관련된 부분은 책의 앞부분인 10회에 나오는 바, 북경에서의 會試 때 보았던 茶園의 인상을 근거로 했을 것이라고 한다. cf. 랴오번 지음, 오수경 외 옮김, 앞의 책(2007), 227쪽.

『을병연행록』에 전하는 당시의 극장 및 연극 공연에 대한 기록을 보기로 한다. 담헌은 먼저 연극[戲子]이라는 것은 우리나라의 산대놀음과 같은 것으로, 소설 가운데 나오는 옛날의 좋은 사적을 모방하여 의관을 준비하고 인물을 설정하여 여러 사람 앞에서 실연實演해 보이는데, 내용을 아는 사람은 마치 그 사실을 실제로 보는 것처럼 느끼게 된다고 하였다. 연극은 사람의 이목을 현혹시키는 폐단을 가지고 있어서 근절시키려 하기도 했지만 종시 끊어지지 않았을 뿐 아니라 근간에는 더욱 성행하고 궁궐에서도 자주 공연된다고 하였다. 특히 연극을 주관하는 사람이 따로 있어서 자본을 대는데, 먼저 집(극장)을 장만하고 온갖 기구와 도구들을 갖추어 밤낮으로 공연하게 함으로써 구경하는 사람들에게 돈이나 은을 받아서 이윤을 챙긴다고 하였다. 이러한 연극 공연에는 적게는 은 6~7만 냥에서 많게는 10여만 냥의 비용이 든다고 하였다.[46]

담헌 일행은 이 날 연극을 구경하기 위해 극장을 찾아 갔으나, 이미 예약이 다 되어 있었던 터라 들어갈 수가 없었다. 여러 차례 간청한 끝에 다행히 담헌만은 들어가 구경할 수 있는 기회를 얻었다. 삯으로 소전小錢 닷돈을 내고 붉은 종이[紅紙] 한 조각을 받아가지고 들어갔다. '홍지'는 미리 인쇄된 종이에 입장료와 사람 수만 기록하게 되어 있었다. 문 안으로 들어가자 한 사람이 홍지를 내놓으라 하여 보여 주었더니, 그 사람은 사다리를 타고 올라가며 담헌을 2층으로 안내했다. 그러나 극장에는 빈 자리가 없었고, 앉을 자리가 없으니 다음에 오라고 하였다. 담헌은 어쩔 수 없어 좌석 뒤에 서 있었는데, 이때 함께 왔던 김재행金在行과 하인들이 몰래 들어왔다. 마침 담헌이 서 있는 곳 앞으로 홍지만 탁자에 붙어 있고 비어있는 자리가 하나 있기에 세팔을 시켜 옆 사람에게 양해를 구하게 하고 자리에 앉았다. 자리에 앉은 담헌은 탁자 위 접시에 놓인 수박씨[해바라기씨]를 까서 먹으며 아래에서 진행되는 연극을 구경하였다.[47]

담헌이 본 연극은 명나라 정덕황제正德皇帝의 비취원翡翠園 고적古跡에 대한 것이었는데, 담헌으로서는 대사와 노래를 알아들을 수 없어 구체적인 연극의 내용은 짐작할 수 없었다. 다만 무대 위에서 전개되는 상황만을 기술하여 당시 연극 공연이 어떻게 이루어졌는지를 전해주고 있다. 그 내용은 다음과 같다. 의복과 수식을 화려하게 치장한 여인이 나

46 『주해 을병연행록』, 224쪽.
47 『주해 을병연행록』, 224~225쪽.

와서 원망하는 기색으로 오랫동안 사설을 하고 또 노래를 불렀다. 노래를 부르자 악사들이 거기에 맞추어 일시에 연주를 하였고, 노래가 끝나자 연주도 끝났다. 안에서 또 한 사람이 나왔는데, 사람이 나올 때면 요란하게 징을 쳤다. 얼굴에 먹칠을 하여 광대 모양을 한 그 사람은 여러 가지 말로 여인을 얼우었지만, 여인은 본체만체 하였다. 이어서 망건을 쓰고 사모관대를 한 관원이 등장하였는데, 털로 수염을 만들어 턱에 붙인 모습이 우스웠다. 여인은 의자에 앉은 관원을 원망하며 무슨 말을 계속하였다. 이윽고 그 관원이 의자에 누워 자는 모양을 하자 휘장으로 앞을 가리고 여러 사람이 휘장 앞에 섰다. 잠시 후 휘장이 젖혀지더니 분노한 기색의 관원이 일어나 앉아 있었다. 여인은 안으로 들어가고 여러 개의 깃발과 군악 기구를 든 사람들이 줄줄이 나와서 관원 앞에 늘어섰다. 여기까지가 담헌이 본 연극의 내용이다. 담헌은 여기에 덧붙여 한 가지 사실을 추가로 기록해 놓았다. 무슨 말인지 알아들을 수 없어 답답해하던 차에 마침 자리 주인이 왔기에 일어나서 1층으로 내려와 극장을 나오려는데 다관茶罐을 든 사람이 찻값을 내라고 했다는 것이다. 담헌은 차를 주지도 않고 찻값만 받으려는 그를 나무라고, 차 한 잔을 따르게 하여 마신 뒤 찻값으로 소전 한 푼을 주고 나왔다.[48]

담헌은 연극 공연을 위한 준비에서부터 극장 및 객석의 운영 방식, 입장권과 입장료, 배우들의 의상과 분장, 악사의 연주, 대사와 창唱이 결합된 극의 전개 방식 등은 물론이고 자신의 연극을 구경하게 된 과정과 극장 안에서 팔던 차의 가격까지 세세하게 기록해 놓음으로써 18세기 중반 북경에서의 연극 공연 및 극장 운영에 대한 풍성한 정보를 제공하고 있다. 뿐만 아니라 『을병연행록』에는 당시 연극이 공연되던 극장과 무대 구조에 대한 정보도 상세하게 담겨 있다.

담헌이 기록한 바에 따르면, 연극이 공연되는 희대戲臺는 열세 길에 사면 열다섯 칸의 집으로, 극장의 동쪽 벽을 의지해서 가설되어 있었다. 희대에 서너 칸 크기의 분장실을 만들었는데, 분장실은 정면과 좌우 삼면에 비단 장막을 쳐서 분장하는 배우들이 보이지 않도록 하였다. 분장실 좌우로는 배우가 드나드는 문을 만들고 비단 발을 쳐 놓았다. 분장실 바깥쪽으로 비단 장막에 붙여 두어 칸 길이의 탁자가 있었는데, 이것은 악사樂師들이

48 『주해 을병연행록』, 225~226쪽.

앉아서 연주를 하는 곳이었다. 악기는 생황과 현자(거문고), 호금胡琴, 작은 북, 큰 징, 검은 아박牙拍으로 구성되었다. 탁자 아래쪽으로는 예닐곱 칸 크기의 공간이 있었는데, 기교하게 새긴 난간으로 삼면을 두르고 비단 자리를 깔았으며 온갖 기물을 벌려 놓았다. 이곳이 바로 배우가 연기를 하는 곳이다. 희대 앞쪽에는 '옥색금성玉色金聲' '윤색태평潤色太平'이라는 글자를 금으로 쓴 두 개의 현판이 붙어 있었다. 그리고 희대 가장자리에는 빙 돌아가면서 오색실 술을 단 유리등과 양각등羊角燈, 사등紗燈 등 화려한 등이 매달려 있었다.[49] 희대에 대한 이상의 설명만 가지고도 당시 연극을 공연하던 무대의 규모와 구조, 분장실의 위치와 구조, 악사의 자리와 구성, 무대 장치 등을 구체적으로 재구할 수 있을 만큼 담헌은 자세하게 기록해 놓았다.

담헌은 공연이 이루어지는 무대의 구조만이 아니라 공연을 관람하는 객석의 구조에 대해서도 자세하게 기록함으로써 극장 전체를 조감할 수 있도록 하였다. 담헌이 찾았던 극장은 희대 앞에서 대여섯 걸음 떨어진 곳에 난간을 세우고 관객들이 앉을 수 있도록 의자를 설치해 놓았다. 위층은 삼면에 다락을 만들고 난간을 둘렀으니 다 합하면 수십 칸은 될 정도였다고 하였다. 또 층층이 의자를 놓았는데, 앞쪽은 낮게 하고 뒤로 갈수록 높게 하여 뒤에서도 구경하는 데 지장이 없도록 하였다. 하나의 의자에는 세 사람씩 앉을 수 있게 하였다. 의자 세 개씩 귀를 맞추어 놓되, 중앙에 탁자 하나를 놓아 아홉 사람이 함께 사용하도록 하였다. 탁자는 관객들이 기대어 쉴 수 있도록 한 것이다. 탁자 세 면에는 홍지가 각각 세 개씩 붙어 있었다. 관객들이 입장할 때 받은 것으로 자기 자리임을 표시한 것이다. 홍지만 붙어 있고 자리가 빈 곳은 남의 자리를 잡지 않고 비워두어 주인을 기다리는 것이라고 하였다. 또 탁자 위에는 두 개의 접시가 있었는데, 작은 접시에는 홍지를 붙일 수 있도록 풀을 담아 두었고, 큰 접시에는 수박씨[해바라기씨]를 담아 놓아 관객들이 연극을 보면서 먹을 수 있도록 하였다. 찻잎을 담은 찻잔도 얹어 두어 차를 마실 수 있도록 하였는데, 다관茶罐을 든 사람이 객석을 돌아다니면서 빈 잔에 끓는 물을 부어 주고 차 마시기를 권했다. 뿐만 아니라 탁자에는 향불을 피워두어 담뱃불을 붙일 수 있도록 하였다. 천 명에 가까운 관객이 운집했지만 조용한 분위기 속에서 관람을 하여 배우

49 『주해 을병연행록』, 225~226쪽.

의 노래나 말소리를 분명히 들을 수 있었다. 누각 위에는 광창光窓을 내어 햇빛을 통하게 함으로써 극장 안이 어둡지 않게 하였다. 관객 가운데에는 이따금 벼슬아치들도 있었다. 우스운 대목에 이르면 천여 명의 관객이 벽력같은 웃음을 일시에 터뜨려 집이 무너질 것 같았다.[50]

극장에 대한 위와 같은 기록은 담헌이 찾았던 곳이 다원茶園이었음을 말해준다. 술과 음식을 파는 것으로 주요 경영 수입을 삼았던 주관酒館과는 달리, 다원에서는 술자리를 마련하지 않고 차와 해바라기씨 등 간단한 간식만 준비하였기 때문이다.[51] 물론 담헌이 북경에 체류할 당시에는 주관酒館에서의 연극 공연 또한 이루어지고 있었다. "희ᄌᆞ 노름은 다 잡되온 거동이라 대인의 보암즉 ᄒᆞᆫ 거시 아니오 ᄯᅩ 그곳이 사ᄅᆞᆷ이 만히 모혀 인ᄉᆞ 모ᄅᆞᄂᆞᆫ 사ᄅᆞᆷ과 취ᄒᆞᆫ 사ᄅᆞᆷ이 왕왕이 이실 거시니 힝ᄉᆞᄒᆞᆯ 념녜 잇고 …"[52]라고 하는 역관의 말은 극장에서 취객으로 인해 물의를 빚는 일이 종종 발생하고 있었음을 말해주는 바, 그같은 사건은 다원에서는 있을 수 없는 일이기 때문이다.[53]

한편 위의 기록에 따르면, 다원의 객석은 감ㄩ자 형식으로 의자를 배열하되 그 가운데 탁자를 놓고 둘러앉게 되어 있었다. 객석의 좌석을 이렇게 배치할 경우, 위아래 층으로 좌석을 배열한다 하더라도, 천 명의 관객을 수용할 수 있는 극장의 규모는 생각보다 컸을 것으로 짐작된다.[54] 다원의 최대 수용 관객수가 천 명이었음을 고려하면, 담헌이 찾았던 이날 공연은 새해를 맞아 관객들로 가득 찼던 성대한 공연이었음을 알 수 있다. 관객들은 공연을 보면서 차를 마실 수 있었고, 담배도 피울 수 있었다. 천 명에 가까운 관객이 일시에 터뜨리는 웃음소리는 집이 무너질 듯 극장 안을 쩌렁쩌렁 울렸다. 풍류나 재담, 놀이, 연극 등에 대하여 부정적 인식을 가지고 있던 담헌[55]이 이처럼 다원의 현장을 생생하게

---

50 『주해 을병연행록』, 226~227쪽.

51 cf. 랴오번 지음, 앞의 책(2007), 223~227쪽.

52 『주해 을병연행록』, 232쪽.

53 다원은 차와 간식만을 갖추고 관객들 입의 허전함을 달래 줄 뿐 술자리에서의 소란스러움이 없었기 때문에 사람들이 연극을 감상하는 데 더 적합하였다. 그 결과 주관보다 더 환영받는 공연 장소가 됨으로써 청대의 연극 공연 장소는 주관에서 다원으로 바뀌는 추세를 보인다. 주관에서 다원으로 넘어가는 과도기가 건륭 연간이었다. cf. 랴오번 지음, 앞의 책(2007), 223~227쪽.

54 위의 책, 243쪽.

55 담헌은 연극에 대해 사람의 이목을 극진히 혹하게 하는 것이라고 하였는가 하면, 부질없는 데 貴物을 허비하고 褻慢한 戲弄이 많다고 하면서 부정적인 인식을 내보였다. 뿐만 아니라 풍류나 재담 역시 몸을 닦는 선비로서는 마땅히 배척해야 할 것이지 숭상해서는 안 될 일이라고 하였다. cf. 『주해 을병연행록』, 224·476·571쪽.

기록한 것은 뜻밖의 일이지만, 오히려 이를 통해서 18세기 청조 문화의 한 단면을 검증할 수 있게 된 것은 다행한 일이 아닐 수 없다.[56]

이밖에 담헌은 석탄[57]이나 풍구,[58] 도르래[59] 등을 이용하여 생활의 편의를 도모하고 생산성을 제고하는 청조 사회의 선진적 면모에 놀라움과 부러움의 시선을 보내기도 하였다. 꽃가게에서는 철을 잊고 피어난 다양한 꽃들을 보고 놀라기도 하였다.[60] 지포紙砲와 관등觀燈을 비롯한 중국의 풍속에 대해서도 자세하게 기록해 놓았다.[61] 이목耳目이 이르는 곳마다 낯선 이국의 풍경과 문물을 하나라도 놓치지 않으려고 했던 담헌의 열정과 세심한 관찰은 『을병연행록』을 18세기 청조 사회의 실상을 증언하는 중요한 문헌으로 만든 주요한 요인의 하나였다고 하겠다.

3. 청조문인淸朝文人과의 교유交遊

1) 북경에서 만난 사람들

담헌의 연행燕行은 앞에서 거론한 것처럼 숙석宿昔의 원願을 이루기 위한 것이었다. 중국에 들어가 번영을 구가하고 있는 청조 사회의 문물을 직접 확인하고 마음으로 허여許與할 수 있는 천애지기天涯知己를 얻고자 한 것이었다. 특히 담헌은 공명과 명리를 구하는 시속의 인물이 아니라 마음을 닦고 도를 실천하며 글을 사랑하는 선비를 만나기를 바랐다. 형세形勢와 이욕利慾에 따라 변하는 세속적인 사귐이 아니라 뜻을 통하고 도리로써 경계하는 군자의 사귐을 바랐다.

담헌이 연행에서 만난 사람들은 청나라 왕족인 양혼兩渾에서부터 한인 관리와 청인 관

56 『燕記』에도 「場戲」라는 항목 아래 극장에서의 연극 공연이 서술되어 있으나, 茶園에 대한 내용과 酒館에 대한 내용이 섞여 있어 『을병연행록』에서 기술하고 있는 것과는 그 성격이 다르다. cf. 『국역 홍대용 담헌서』 5, 외집 권 10, 연기, 「장희」(한국학술정보, 2008), 178~183쪽.

57 『주해 을병연행록』, 85 · 88쪽.

58 『주해 을병연행록』, 101쪽.

59 『주해 을병연행록』, 151쪽.

60 『주해 을병연행록』, 247~248쪽.

61 『주해 을병연행록』, 339~341쪽.

리[衙門諸官], 북경의 상인들, 심양과 북경 사이의 변방 한인들[鄧汶軒과 孫蓉洲], 북경에 사신으로 온 유구·안남·몽고 사람들, 변방의 훈장이자 선비이면서 상업으로 먹고 사는 사하沙河의 곽생郭生, 수레꾼이자 말벗이었던 왕문거王文擧 등 매우 다양했다. 여기에서는 엄성嚴誠과 반정균潘庭筠, 육비陸飛를 비롯하여 담헌이 북경에서 만난 선비를 중심으로 간략히 살펴보기로 한다.

북경에 도착한 담헌이 유리창을 빈번히 찾은 것은 유리창이 글하는 선비와 남방의 거자擧子들이 많은 곳이기 때문에 혹시라도 그런 인물을 만날 수 있을까 해서였다.[62] 진신縉紳 관안官案을 뒤져 한림翰林 오상吳湘과 팽관彭冠의 거처를 찾아갔던 것도 같은 이유에서였다. 그러나 학문의 근본을 시험해 보고 오삼계吳三桂와 여만촌呂晚村에 대하여 물어보고, 또 예법에 대하여 이야기를 나누어보니 오상과 팽관은 문필과 식견이 부족한 용렬한 인물에 불과하였다.[63]

팽관의 주선으로 미경재味經齋에서 만났던 장본蔣本[64]과 주응문周應文, 팽광려彭光廬는 경서經書와 팔고문八股文을 공부하는 감생監生들이었다. 장본은 53세의 하남河南 사람이고, 주응문은 23세의 서강西江 사람이었으며, 팽광려는 17세로 팽관의 친척이었다. 문장과 제도, 경전의 뜻 등에 대하여 한 차례 필담을 나누었으나 학문과 식견이 그리 깊지 않았다. 다시 만나기로 약속을 하였는데, 나오지 않고 편지만 남겼으니, 신의가 부족하고 속태를 벗지 못한 인물이었다.[65]

담헌은 또한 종친인 유군왕愉君王의 작은 아들 양혼兩渾을 만나기도 하였다. 귀인의 기상을 지닌 양혼은 진중한 인물이었으며 작은 그릇이 아니었다.[66] 담헌은 양혼 덕분에 문

---

62 "북경의 유명훈 져재 이시니 일홈은 뉴리챵이라 그곳의 프ᄂᆞᆫ 긔물이 다 셔칙 완호와 션비 즙물이라 이러므로 져재 ᄒᆞᄂᆞᆫ 사ᄅᆞᆷ의 왕왕이 글ᄒᆞᄂᆞᆫ 션비와 남방의 거ᄌᆞ 만흐니 그 셔칙 즙물도 ᄒᆞᆫ번 귀경ᄒᆞ얌즉 ᄒᆞ거니와 혹 이졋ᄒᆞᆫ 션비를 만날가 ᄒᆞ야 ᄒᆞᆫ번 가기를 도모ᄒᆞ더니" 『주해 을병연행록』, 303쪽.

63 "핑관이 경솔한 인물이라 진실한 거동이 적으ᄃᆡ 오샹은 ᄀᆞ장 챵연ᄒᆞ야 ᄒᆞ고 편지 말의 니르러도 ᄀᆞ장 무안ᄒᆞ야 ᄒᆞᄂᆞᆫ 긔식일너라 … ᄃᆡ개 그 집의 가 수작홀 제ᄂᆞᆫ 죠곰도 감격이 업더니 편지를 밧지 아니ᄒᆞ고 두 번 보ᄆᆡ 다시 만날 기를 ᄉᆞᆫ흐니 필연 다른 ᄉᆞᄅᆞᆷ의 공동ᄒᆞᄂᆞᆫ 말을 드른 거동이오 그 인물이 쏘ᄒᆞᆫ 용쇽ᄒᆞᆫ 시체 명관의 거동이오 문필과 식견이 족히 여러번 샹통홀 거시 업더라" 『주해 을병연행록』, 399쪽.

64 『을병연행록』에서는 蔣本의 이름을 '당복'이라고 표기하였다. cf. 『주해 을병연행록』, 423쪽.

65 "쥬싱이 ᄇᆞ람을 인연ᄒᆞ여 외국 사ᄅᆞᆷ의 언약을 붋디 아니ᄒᆞ니 신이 브족ᄒᆞ고 가ᄇᆡ야온 인물이로ᄃᆡ 이 편지를 보니 말숨이 근졀ᄒᆞ고 필한이 단문ᄒᆞ니 쏘ᄒᆞᆫ 쉽지 아닌 션ᄇᆡ로ᄃᆡ 다만 묘망ᄒᆞᆫ 훗긔약을 일컷고 다시 만나기를 ᄉᆡᆼ각디 아니니 죵시 쇽틱를 벗디 못ᄒᆞᆫ 일이러라" 『주해 을병연행록』, 501쪽.

66 cf. 『주해 을병연행록』, 295~302쪽.

시종問時鍾을 자세히 구경하고 관찰할 수 있었다. 몇 차례 서신과 선물의 교환이 있었으나 다시 만나지는 못하였다.

한편 천주당을 여러 차례 방문하면서 유송령劉松齡과 포우관鮑友官에게서 그런 가능성을 기대하기도 했으나 그렇게 달갑게 반기는 태도를 볼 수 없어서 뜻을 이루지 못하였다.[67] 담헌은 특히 천문 역법과 혼천의, 관상대, 망원경, 자명종 등 서양의 앞선 지식에 적극적인 관심을 가지고 있었으나, 근래 조선 사람들이 지나치게 보채는 바람에 과거에 비해 대우가 많이 달라졌다고 하였다.[68]

그런 가운데 만나게 된 인물이 엄성嚴誠과 반정균潘庭筠, 그리고 육비陸飛였다. 이들은 절강浙江 출신의 거자擧子로 과거科擧를 보기 위해 북경에 올라와 정양문正陽門 밖 건정동乾淨衕에 머물고 있었다. 담헌은 상방 비장 이기성李基成으로부터 이들에 대한 이야기를 처음 들었을 때만 해도 그렇게 탐탁하게 여기지 않았다. 과거를 위해 수천 리 행역行役의 괴로움을 무릅쓰고 올라온 인물이라면 필시 명리名利에 마음이 깊은 사람들이라고 판단했기 때문이다.[69] 그러나 알고 보니 결코 그런 인물들이 아니었다.[70] 엄성은 자신을 조정에 천거하고자 하는 재상에게 글을 지어서 자신의 뜻이 거기에 있지 않음을 보일만큼 높은 지개志槪를 가진 인물이었다.[71] 담헌은 이들과 『감구집感舊集』에 실린 청음淸陰 김상헌金尙憲의 시詩, 여만촌呂晩村과 왕양명王陽明을 비롯한 항주의 인물들, 그리고 과거科擧에 대한 생각 등을 이야기하는 과정에서 결코 이들이 시속時俗의 공명을 취하고자 하는 인물이 아님을 깨닫게 되었다. 동석했던 김재행金在行이 북경에 온 지 수십 일만에 비로소 '흉중의 더러운 마음을 쾌히 씻었다'고 할 만큼 이들은 높은 식견과 기상을 가진 인물이었다.[72] 엄성과 반정균 역시 절강浙江에 있을 때에도 만나지 못한 평생의 지기知己, 간장을 헤치고 마음을

67 "이곳 사ᄅᆞᆷ들이 족히 더브러 사괴염즉ᄒᆞᆫ 인물이 업ᄂᆞᆫ디라 … 뎐쥬당을 여러번 단니ᄃᆡ 괴로이 녀이ᄂᆞᆫ 거동이 죵시 패홍홈을 면치 못ᄒᆞ엿ᄂᆞᆫ디라" 『주해 을병연행록』, 456쪽.

68 『주해 을병연행록』, 367쪽.

69 "내 ᄀᆞᆯ오ᄃᆡ 절강은 이곳의셔 수천 니 밧기라 슈천 니 밧긔셔 과거ᄅᆞᆯ 위ᄒᆞ야 힝역의 괴로오믈 혜디 아닐진ᄃᆡ 필연 명니의 ᄆᆞ음이 깁ᄒᆞᆫ 사ᄅᆞᆷ이라 엇디 놉ᄒᆞᆫ 소견이 이시며 족히 더브러 말ᄒᆞ얌즉 ᄒᆞ리오" 『주해 을병연행록』, 449쪽.

70 "내 ᄯᅩ ᄀᆞᆯ오ᄃᆡ 그ᄃᆡ의 회시 긔약이 머지 아니ᄒᆞ니 필연 과문의 뉴의ᄒᆞᆯ디라 오래 안ᄌᆞ시미 공부의 해로올가 녀이노라 다 머리ᄅᆞᆯ 둘너 ᄀᆞᆯ오ᄃᆡ 그러치 아니ᄒᆞ다 우리ᄂᆞᆫ 이곳의 니ᄅᆞ매 본ᄃᆡ 과문의 ᄆᆞ음을 쓰디 아니ᄒᆞ노라 내 ᄀᆞᆯ오ᄃᆡ 그러ᄒᆞ면 과거ᄅᆞᆯ ᄇᆞ라지 아니ᄒᆞ나냐 엄싱이 ᄀᆞᆯ오ᄃᆡ ᄇᆞ라기는 ᄇᆞ라거니와 다만 텬명을 기ᄃᆞ릴 ᄲᅮᆫ이니 우리ᄂᆞᆫ 전혀 명리의 ᄯᅳᆺᄒᆞᄂᆞᆫ 사ᄅᆞᆷ이 아니로라 하더라" 『주해 을병연행록』, 469쪽.

71 cf. 『주해 을병연행록』, 463쪽.

72 cf. 『주해 을병연행록』, 471쪽.

의논할 수 있는 담헌 같은 우형友兄을 만난 것을 대단히 기쁘게 생각하였다.[73] 서로의 마음을 알고 난 뒤부터는 호형호제呼兄呼弟하며 지기知己로서 대하기를 극진히 하였다. 간정동에서의 첫 만남이 있었던 2월 3일 이후 3월 초하루 북경을 떠나올 때까지 담헌은 이들과 한 달도 채 안 되는 기간 동안 7차례나 만나 필담을 나누었으며, 직접 만나지 못하는 날이라도 매일같이 편지를 주고받으며 마음을 전했다.

2) 교우交友의 도道

담헌은 「건정동乾淨衕 후어後語」에서 엄성嚴誠, 반정균潘庭筠, 육비陸飛 세 사람을 가리켜 "내외가 일치하고 마음과 입으로 하는 말이 서로 맞아 세속 선비들의 잔달고 겉치레하는 태도가 없는 것은 다 같다."[74]고 하였다. 사람의 속은 알지 못한 채 겉으로 드러나는 것만 가지고 선불리 재단해 버리는 세태, 긴요하지 않은 자잘한 문제에 대해서도 자기 주장을 내세우며 조금도 굽히려 하지 않는 사람들과는 다른 사람들이라는 것이다. 머리 모양과 의복만으로 만한滿韓을 구분하여 배척하는 고루한 조선의 유학자들과는 달리, 저들은 천하를 집으로 삼고 천지를 부모로 삼으며 화이華夷를 구분하지 않았다. 주자朱子를 숭상하고 옹호할 줄만 알 뿐 의심스럽고 논란이 되는 부분이 있어도 이를 입 밖에 내지 못하게 하는 조선의 유학자들과는 달리, 저들은 그들이 숭상하는 왕양명王陽明에 대한 비판에 대해서도 열린 마음으로 받아들이며 그르다고 하지 않았다.[75]

담헌은 군자의 사귐이란 '의義'로써 '정情'을 이기니 사사로운 정에 매이지 않아야 한다고 하였다.[76] 구구한 정의情誼 때문에 의義를 알지 못하게 된다면 이는 '계집의 어짊'이

73 cf. 『주해 을병연행록』, 478~481쪽.

74 『국역 홍대용 담헌서』 3, 외집 3권, 항전척독, 「건정록 후어」(한국학술정보, 2008), 329쪽.

75 담헌이 간정동 선비들에게서 발견한 점, 즉 그들이 조선의 유학자들과 다른 점은 「自警說」에서 붕우의 교제에 대하여 말한 다음과 같은 대목과 일치한다. "朋友交際 必誠必信 見其善則中心喜之 從而揚之 見其惡則中心憂之 從而規之 必就其勝己者而處焉 誘之使言 聞過必改 討論問辨 必先其人倫日用之務 身心動靜之間 若天地之外 性命之蘊 切勿妄想臆度騖於虛遠 講論之際 必虛心平氣 毋主先入 雖幼賤庸瑣之言 亦必傾聽而采其善" 『湛軒書』 內集 卷3, 說, 「自警說」.

76 "내 ᄀᆞᆯ오ᄃᆡ 그ᄋᆞᆨ기 드ᄅᆞ니 군ᄌᆞ의 교도ᄂᆞᆫ 의로 졍을 이긔고 쇼인의 교도ᄂᆞᆫ 졍으로 의ᄅᆞᆯ 니긘다 ᄒᆞ야시니 … 당ᄂᆡ의 만나ᄂᆞᆫ 사ᄅᆞᆷ이 비록 음난ᄒᆞᆫ 벗과 셜만ᄒᆞᆫ 교도ᄅᆞᆯ 베푸디 아니나 이ᄀᆞ치 의리로 서ᄅᆞ 권면ᄒᆞᄂᆞᆫ 사ᄅᆞᆷ을 구ᄒᆞ야 서ᄅᆞ 유익ᄒᆞ물 엇고져 ᄒᆞᄃᆡ 이ᄂᆞᆫ 쳔고의 드문 일이라 … 내 ᄀᆞᆯ오ᄃᆡ 뎨ᄂᆞᆫ 두 형을 만나매 ᄌᆡ조ᄅᆞᆯ ᄉᆞ랑ᄒᆞ미 아니라 ᄒᆞᆨ문을 공경ᄒᆞ고 ᄆᆞ음을 사모ᄒᆞ미라" 『주해 을병연행록』, 571~572쪽.

요 '도야지의 사귐'이라고 하였다.[77] 그렇기 때문에 허물을 경계하고 착한 일로 인도하여 서로 유익함을 얻을 수 있어야 한다고 하였으니, '오직 허물 듣기를 기뻐하여 고치는 자만이 군자가 될 수 있다'고 하였다.[78] 이별에 임해서 서로의 허물을 지척하며 권면함을 주저하지 않았던 것도 바로 이 때문이다. 담헌이 시를 지을 줄 모른다고 하면서 시를 짓지 않고도, 금주령을 빌미로 일절 술을 입에 대지 않았으면서도, 이들과 천애지기天涯知己를 이루는 데 문제가 되지 않았던 것 역시 이와 같은 우도友道를 전제했기 때문이었다.

벗과 벗이 서로 사귀는 것은 하나는 뜻[志]에 있고, 하나는 道에 있으니 그 뜻이 같고 그 도가 합하면 천 년 전의 옛사람도 벗 삼거든, 하물며 이 세상에 함께 살고 있음에랴? 만 리에 한 마음으로 멀리 서로 통하여 맺으니, 이는 道義의 사귐이며 이는 性命의 사귐이네. 어찌 구구히 얼굴이 다르고 지역이 다른 것으로 拘碍 삼을 것이 있겠는가?[79]

쳔하의 서ᄅᆞ 붕우로 일홈ᄒᆞᄂᆞᆫ 사람이 엇디 젹으리오마ᄂᆞᆫ 그 슝샹ᄒᆞᄂᆞᆫ 일이 ᄀᆞᆺ디 아니면 다만 것ᄎᆞ로 합ᄒᆞᆯ ᄯᆞᄅᆞᆷ이오 ᄆᆞᄋᆞᆷ으로 셔ᄅᆞ 죠하ᄒᆞ디 못ᄒᆞ고 ᄆᆞᄋᆞᆷ이 서ᄅᆞ 죠하ᄒᆞ디 못ᄒᆞ면 그 자최 ᄯᅩᄒᆞᆫ 날로 머러딜디라 이러므로 뎡ᄃᆡᄒᆞᆫ 사ᄅᆞᆷ과 뎡ᄃᆡᄒᆞᆫ 말이 ᄆᆡ양 셰샹의 용납디 못ᄒᆞ고 게어르고 방탕ᄒᆞᆫ 사ᄅᆞᆷ은 뎡ᄃᆡᄒᆞᆫ 사ᄅᆞᆷ을 먼니 ᄒᆞ고 뎡ᄃᆡᄒᆞᆫ 말을 슬희여 ᄒᆞᄂᆞᆫ 고로 마ᄎᆞᆷ내 잡뉴ᄅᆞᆯ 친ᄋᆡᄒᆞ야 쇼인의 면치 못ᄒᆞ고 스ᄉᆞ로 그른 줄을 ᄭᆡ치디 못ᄒᆞ야 붕우의 진짓 교되 다시 어더볼 길이 업ᄉᆞ니 김군 ᄀᆞᆺᄒᆞᆫ ᄌᆞᄂᆞᆫ 엇디 어디디 아니리오[80]

첫 번째 인용문은 담헌이 주문조朱文藻에게 보낸 편지의 한 대목이고, 두 번째 인용문은 엄성嚴誠이 김재행金在行에게 지어준 「양허당기養虛堂記」의 일부이다. 두 사람의 글이지만 마치 한 사람의 손에서 나온 것처럼, 붕우朋友의 교도交道란 마음으로 통하고 도의道義로 하나가 되는 것이라고 말하고 있다. 담헌은 엄성과 반정균에게 보낸 편지에서 "ᄆᆞᄋᆞᆷ의 합ᄒᆞᄂᆞᆫ 사ᄅᆞᆷ을 어더 ᄆᆞᄋᆞᆷ의 합ᄒᆞᄂᆞᆫ 일을 의논ᄒᆞ믄 쳔ᄒᆞ의 졔일 즐거오미

---

77 『주해 을병연행록』, 493쪽.

78 『주해 을병연행록』, 702쪽.

79 『국역 홍대용 담헌서』 2, 외집 1권, 항전척독, 「낭재 주문조에게 답하는 글[答朱朗齋文藻書]」(한국학술정보, 2008), 341쪽.

80 『주해 을병연행록』, 639쪽.

라"[81]라고 하였던 바, 간정동의 세 선비는 마음으로 통하고 도의道義를 논할 수 있는 벗이었던 것이다.

3) 교유交遊의 실제

한번 마음을 허여한 담헌과 간정동 선비들은 하루가 멀다 하고 만나고 편지를 주고받았다. 7차례의 만남을 통해 이들은 조선과 중국의 복식 및 의관, 절하는 법식, 혼례와 장례 풍속, 창시唱市와 풍류 재담, 변발과 상투, 전족纏足 풍속과 개가改嫁 문제, 조선의 대명의리對明義理, 동국 사적, 과거제도, 불도佛道와 도가道家, 유가儒家의 가르침, 천주학, 학문의 방법과 태도, 교우交友의 도리 등 여러 가지 문제를 허심탄회하게 논의하였다.[82] 황후를 폐한 문제까지 거론할 만큼 격의 없는 사귐을 가졌던 것이 이들이다. 그래서 이들은 자신들의 만남을 삼공三公의 귀함이나 천종天縱의 가멸로도 바꿀 수 없는 '평생의 기이한 모꼬지'이자 '천고의 기특한 연분'이라고 자부하였다.[83] 천애天涯의 지기知己를 얻은 기쁨에 이들은 '이제 하루아침에 죽어도 세상을 헛되이 살았다는 말을 듣지 않을 것'이라는 긍지를 갖게 되었으며,[84] 불교의 윤회설이 헛되지 않다면 후생에 이르기까지 이 아름다운 연분을 대대로 이어갈 수 있기를 바랐다.[85]

그런 지기知己였기에 이들은 서로가 서로를 극진한 마음으로 대하였다.

> 아춤의 니러나 소셰를 파ᄒᆞ고 캉 문을 나가니 니긔셩이 창황이 드러와 니ᄅᆞᄃᆡ 두 사ᄅᆞᆷ이 문 밧긔 니ᄅᆞ러시니 엇디 쳥ᄒᆞ야 드리지 아니ᄒᆞᄂᆞ뇨 내 듯고 니긔셩의 긔롱ᄒᆞᄂᆞᆫ 말이라 ᄒᆞ야 우ᄉᆞ며 대답ᄒᆞᄃᆡ 오ᄂᆞᆯ 식후로 서로 언약ᄒᆞ야시니 아직 일너시리라 긔셩이 ᄀᆞᆯ오ᄃᆡ 내 마두놈이 앗가 문밧긔 갓더니 두 사ᄅᆞᆷ이 옥화교 다리의 안잣ᄂᆞᆫ디라 잠간 기ᄃᆞ리기ᄅᆞᆯ 쳥ᄒᆞ고 밧비 드러와 니ᄅᆞ니 만일 즉시 쳥ᄒᆞ야 드리지 아니ᄒᆞ면 필연 무류ᄒᆞ야 도라갈 념예 이시리

---

81 『주해 을병연행록』, 538쪽.

82 이들 사이의 구체적인 필담 내용에 대해서는 金泰俊을 비롯한 선행 연구자들이 이미 소상하게 밝힌 바 있다. 여기에서는 기존 연구가 주목하였던 교유의 내용보다는 교유의 태도, 만남의 방식을 새롭게 주목해 보고자 한다.

83 『주해 을병연행록』, 648쪽.

84 『주해 을병연행록』, 484쪽.

85 cf. 『주해 을병연행록』, 538쪽.

라 ᄒᆞ거ᄂᆞᆯ 비로소 진짓 말인 줄 알고 밧비 평듕을 권ᄒᆞ야 몬져 나가 말뉴ᄒᆞ라 ᄒᆞ고 부ᄉᆞ의게 이 ᄉᆞ연을 고ᄒᆞ야 청ᄒᆞ야 드리기ᄅᆞᆯ 의논ᄒᆞ더니 당샹 역관이 드러와 니ᄅᆞ되 셔종ᄆᆡᆼ이 아ᄎᆞᆷ의 아문의 나아와 니ᄅᆞ되 됴션 사마군 ᄒᆞ나히 밤의 도망ᄒᆞ야 밧겻 푸ᄌᆞ의 니ᄅᆞ러 계집을 통간ᄒᆞᆫ 일이 이시니 만일 엄히 ᄉᆞ획지 아니ᄒᆞ면 피ᄎᆞ의 큰 ᄉᆡᆼ경이 이시리라 ᄒᆞ고 사ᄅᆞᆷ의 츌입을 엄히 금ᄒᆞ니 이런 말을 통ᄒᆞᆯ 길이 업노라 ᄒᆞ거ᄂᆞᆯ 즉시 평듕의게 긔별ᄒᆞ야 갓가온 푸ᄌᆞ의 두 사ᄅᆞᆷ을 청ᄒᆞ야 잠간 기ᄃᆞ리라 ᄒᆞ고 안셰홍 불노 어졔 경이히 말을 ᄃᆡ답ᄒᆞ고 미리 쥬션치 아니ᄒᆞ믈 ᄭᅮ지ᄌᆞ니 안셰홍이 아문을 나가거ᄂᆞᆯ 내 캉으로 도라와 자리ᄅᆞᆯ 쁠고 기ᄃᆞ리더니 덕유와 니ᄅᆞ되 두 사ᄅᆞᆷ이 드러온다 ᄒᆞ거ᄂᆞᆯ 창황히 나가 마ᄌᆞ니 …[86]

간정동에서 엄성과 반정균을 처음 만나고 돌아온 이튿날 아침, 식후에 올 줄 알았던 간정동의 두 선비가 식전 일찍 와서 기다린다는 전갈을 받고 허둥대는 모습이다. 처음에는 자기를 기롱하는 줄 알고 여유 있게 응대했지만 그것이 사실인 줄 알고는 맞아들일 준비로 이리저리 부산하게 움직이는 담헌의 모습이 여실히 드러나 있다. 평중平仲을 불러 먼저 나가서 가지 못하게 만류해 두라 하고, 부사副使 김선행金善行을 찾아가 이 사실을 알리고는 맞아들일 방도를 의논하는데, 설상가상으로 당상 역관이 들어와 사람의 출입을 엄금한다는 소식을 전한다. 전날 비장裨將 안세홍安世洪을 불러 간정동의 두 선비가 찾아올 것을 아문衙門에 미리 통지해 두라고 하였는데, 안세홍은 사신 일행이 선비를 만나고자 해서 관중으로 불러들이는 일은 예전부터 자주 있었던 일이라 아문이 의심치 않을 것이라고 하면서 염려하지 말라고 했었다. 그런데 이날 아침 갑작스런 일로 말미암아 아문의 출입을 엄금한다는 소식을 듣고 보니 담헌으로서는 난감하게 되었다. 다시 평중에게 연락하여 관중으로 들어오지 못할 듯하니 가까운 점포를 찾아 그곳에서 기다리게 하라고 한 뒤, 담헌은 경솔하게 일을 처리하여 난감한 상황을 만든 안세홍을 불러 야단을 친다. 담헌으로서는 이역만리에서 어렵게 만난 지기知己가 자신을 찾아왔는데 밖에서 기다리게 한다는 것은 용납할 수 없는 일이었다. 융숭하게 맞아들여서 편한 마음으로 심중의 이야기를 충분히 한 뒤 돌아가도록 함이 마땅한데, 그렇게 할 수 없게 되었으니 담헌의 마음이 얼마나 불안했겠는가를 짐작하고도 남음이 있다. "오늘 언약이 이시나 일즉이 왕굴

86 『주해 을병연행록』, 472~473쪽.

ᄒᆞᆯ 줄을 ᄯᅳᆺᄒᆞ디 못ᄒᆞ야 문밧긔셔 기ᄃᆞ리디 못ᄒᆞ고 ᄯᅩ 아문의 일이 이시므로 인연ᄒᆞ야 오래 길ᄀᆞ의 머물게 ᄒᆞ니 극히 붓그럽고 죄를 샤례하노라"[87]라고 하는 말 속에 담헌의 그러한 마음이 드러난다. 직접 만나지 못하는 날에는 식전부터 사람을 보내어 편지를 전하는 것이 담헌의 일과였을 만큼,[88] 담헌은 그들과의 교유를 중요하게 여겼다.

한편 담헌과 평중이 간정동 천승점天陞店을 찾아가면 엄성과 반정균은 언제나 반갑게 나와 맞이하였으며, 그들의 아름다운 만남이 방해를 받지 않도록 하기 위해 문지기에게 누가 오더라도 오늘은 나가고 없다고 하라고 하였다.[89] 또한 이미 천승점 안에 객이 있고 여러 사람들이 찾아와서 시끄러울 때라도 담헌이 찾아가기만 하면 창황 중에도 반가운 기색으로 맞아들였다.[90] 그리고 담헌의 편지를 받으면 바쁜 가운데에도 꼭 답장을 써 보냈으니, 중간에서 편지를 전하는 일을 맡은 마두 덕유德裕는 "이 날도 손이 번거ᄒᆞ야 오래 기ᄃᆞ려 답장을 겨유 맛다왓노라",[91] "이번도 ᄀᆡᆨ인이 심히 만하 겨유 틈을 어더 총총이 답장을 밧다 왓노라"[92]라고 하며 상황을 전하였다.

벗을 대하는 이와 같은 마음가짐과 태도는 벗에 대한 배려와 이해로 이어졌고, 나아가 벗에 대한 기대와 당부로 이어졌다.

> ᄯᅩ 과거의 득실은 비록 졍ᄒᆞᆫ 운싊 이시나 ᄆᆞ음을 젼일히 하디 아니ᄒᆞ면 능히 엇디 못ᄒᆞᆯ디라 이제 회시 긔약이 머디 아냐시니 맛당이 ᄆᆞ음을 팀즘ᄒᆞ고 졍신을 ᄀᆞ다듬아 ᄣᅢ를 기ᄃᆞ려 움즉일 거시어ᄂᆞᆯ 홀연이 의외예 일을 만나 슈응이 밧긔 번거ᄒᆞ고 ᄆᆞ음이 안희 어ᄌᆞ러오니 엇디 민망티 아니리오 도라보건ᄃᆡ 과환의 구구ᄒᆞᆫ 영화ᄂᆞᆫ 죡히 형ᄇᆡ의 능ᄉᆡᆨ 되디 아닐 거시오 뎨의 형ᄇᆡ를 긔약ᄒᆞ고 ᄇᆞ라미 ᄯᅩᄒᆞᆫ 여긔 잇디 아니ᄒᆞ거니와 그러나 친졍의 소망과 문호

---

87 『주해 을병연행록』, 473쪽.

88 아침 일찍 간정동에 소식을 전하기 위해 사람을 보낸 경우는 많다. 그 가운데 일부를 보이면 다음과 같다. "2월 11일. 이 날은 니른 밥을 먹고 셔산을 가고져 ᄒᆞᄂᆞᆫ디라 식젼의 편지를 ᄡᅥ 덕유를 머물러 간졍동의 보내니 …"(『주해 을병연행록』, 543쪽), "2월 15일. 식젼의 편디를 ᄡᅥ 덕유를 간졍동의 보내니…"(『주해 을병연행록』, 587쪽), "2월 16일. 듁을 먹은 후의 당ᄎᆞᆺ 평듕으로 더브러 간졍동을 가고져 ᄒᆞ야 …"(『주해 을병연행록』, 594쪽), "2월 17일. 이 날은 일즉이 밥을 먹고 간졍동으로 가고져 ᄒᆞᆯᄉᆡ"(『주해 을병연행록』, 595쪽), "2월 18일. 이 날은 죵일 비를 ᄲᅳ리니 간졍동의 사ᄅᆞᆷ을 부치디 못ᄒᆞ고 …"(『주해 을병연행록』, 621쪽)

89 cf. 『주해 을병연행록』, 512쪽.

90 cf. 『주해 을병연행록』, 642~643쪽.

91 『주해 을병연행록』, 542쪽.

92 『주해 을병연행록』, 629쪽.

의 계괴라 수쳔 니ᄅᆞᆯ 발셥ᄒᆞ야 니ᄅᆞ러 쥰젹이 젼혀 여긔 이시니 ᄯᅩᄒᆞᆫ 져근 일이 아니라 ᄉᆞᆯ펴 죠심ᄒᆞ믈 다시 ᄇᆞ라노라"[93]

오딕 원ᄒᆞᄂᆞᆫ 일은 두 형이 집의 거ᄒᆞ매 효우의 ᄒᆡᆼ실을 힘ᄡᅥ 시쇽인이 되디 말고 몸을 다ᄉᆞ리매 진실ᄒᆞᆫ 공부ᄅᆞᆯ 일삼아 시쇽 션ᄇᆡ의 도라가디 아니ᄒᆞ면 뎨ᄂᆞᆫ 비록 먼니 ᄒᆡ외예 업드여 ᄉᆡᆼ젼의 다시 만나디 못ᄒᆞ여도 텬고의 영ᄒᆡᆼᄒᆞᆫ 일이오 여ᄒᆞᆫ이 업ᄉᆞ리로다[94]

간정동 선비들은 비록 자신들이 과거에 마음이 있는 사람이 아니라고 하였으나, 자의에 의해서든 타의에 의해서든 현재 과거를 보기 위해 북경에 올라와 있음을 부정할 수는 없었다. 지금의 내가 나 혼자만의 힘으로 존재할 수 있게 된 것이 아니듯, 거인擧人 엄성과 반정균은 그들의 지금을 있게 해준 가문과 집안의 기대를 저버릴 수 없었다. 담헌은 그런 그들의 처지를 충분히 이해하고 배려하였다. 그래서 그들에게 마음을 침잠하고 정신을 가다듬어 과거에 최선을 다할 것을 권하였다. 이들의 과거 응시는 오랑캐 조정에 벼슬을 구하기 위한 것이었다. 그러나 그것을 알면서도 이렇게 말할 수 있었던 것은 이들에 대한 담헌의 믿음과 배려가 그만큼 깊고 넓었음을 말해준다.

그래도 담헌은 그들이 환로宦路에서 부침하며 구구하게 영리를 도모하면서 살아가는 시속의 선비가 되기를 바라지는 않았다. 그보다는 오히려 포의布衣로 지내더라도 효우孝友를 실천하는 선비가 되어주기를 바랐다. 그러하기에 무엇보다도 몸을 닦아 사람을 평안히 하는 것을 가장 우선해 주기를 바랐다. 그렇지 않다면 도를 다스려 가르침을 세우기를 바랐으며, 그것도 어렵다면 글을 지어 썩어 없어지지 않기를 바랐다. 환로宦路는 영화로운 때도 있지만 부끄러운 때도 있다고 하면서 부귀를 위하여 부끄러움을 알지 못함은 담헌이 그들에게 바라는 바가 아니라고 하였다.[95] 그랬기 때문에 담헌은 이들과의 마지막 만남에

93 『주해 을병연행록』, 93~494쪽.

94 『주해 을병연행록』, 620쪽.

95 "읏듬은 몸을 닷가 사ᄅᆞᆷ으로 평안이 ᄒᆞ미오 버거ᄂᆞᆫ 도ᄅᆞᆯ 다ᄉᆞ려 ᄀᆞᄅᆞ치믈 셰우미오 그 버거ᄂᆞᆫ 글을 지어 젹지 아니믈 도모ᄒᆞ미오 이에 밋디 못ᄒᆞᄂᆞᆫ 쟈ᄂᆞᆫ 니달을 구ᄒᆞᆯ ᄯᆞᄅᆞᆷ이니 진실로 달을 구ᄒᆞᆯ ᄯᆞᄅᆞᆷ이면 ᄯᅩ 어ᄂᆡ 곳의 니ᄅᆞ디 아니ᄒᆞ리오 벼슬은 ᄣᆡ로 영화로오미 잇고 ᄯᅩᄒᆞᆫ ᄣᆡ로 븟그러오미 잇ᄂᆞ니 몸이 사ᄅᆞᆷ의 됴뎡의 셔고 ᄠᅳᆺ이 삼ᄃᆡ의 녜악의 잇디 아니ᄒᆞ면 이ᄂᆞᆫ 용납ᄒᆞ야 깃기믈 위ᄒᆞ미오 이ᄂᆞᆫ 부와 귀ᄅᆞᆯ 위ᄒᆞ미니 이ᄅᆞᆯ 오히려 븟그리지 아니ᄒᆞ면 이ᄂᆞᆫ 더브러 말ᄒᆞ기 어려오리로다" 『주해 을병연행록』, 651~652쪽.

서 그들이 벼슬에 올라 조선에 사신으로 나와 다시 만나는 것보다 다시 만나지 못하는 한이 있더라도 다만 좋은 사람이 될 것을 바란다고 했던 것이다.[96]

4. 맺음말

을유년에서 병술년에 걸친 담헌 홍대용의 중국 체험을 거칠게 요약하자면 '견문見聞(구경)'과 '천애지기天涯知己' 두 마디로 정리할 수 있을 것이다. 『을병연행록』 서두에서 결말에 이르기까지 담헌은 초지일관 이 두 가지를 중심으로 자신의 중국 체험을 기록하였다. 출발 전부터 연행을 마치고 돌아올 때까지 그의 관심은 시종일관 저들의 건실한 삶과 풍속, 낯선 풍경과 새로운 문물을 구경하고 관찰하는 데 맞추어져 있었으며, 궁극적으로는 절강 선비들과의 만남에 기울어져 있었다. 그 속에서 담헌은 18세기 청조의 사회상을 상세하게 읽어내고 또 기록하였다. 덕분에 다원茶園에서의 연극 공연과 같은 중요한 자료들을 풍성하게 담게 된 것이 『을병연행록』이었다. 담헌은 여기에 비추어 조선의 현실을 되돌아보기도 하였다.[97] 뿐만 아니라 담헌은 만 리 타국에서 천애天涯의 지기知己를 만나 마음으로 통하고 도의道義로 하나가 되는 군자의 사귐을 이루는 행운을 누리기도 하였다.

북경에서 돌아온 후에도 담헌은 서신 왕래를 통해 절강浙江 선비들과의 교유를 이어갔다. 담헌이 기대했던 것처럼 그들의 교유는 '세교世交'로 이어졌으며, 초정楚亭과 연암燕巖을 비롯한 실학자들의 연행燕行과 교유에도 영향을 끼쳤다. 담헌과 청조문인의 교유는 사회적 논쟁을 낳기도 하였으나, 이는 세계 한 모퉁이의 구석진 땅에서 태어나 늙고 병들어 죽을 때까지 조선 강토를 벗어나 보지 못한 조선 선비들의 고체固滯한 소견所見, 편협한 기풍을 가지고 제가 사는 곳이 제일인 양, 제가 신봉하고 있는 것이 제일인 양 으스대며 살다가 죽어갔던 조선 선비들의 자잘하고 고루한 국량을 드러내는 것에 불과하였다.[98] 담

96 cf. 『주해 을병연행록』, 707~708쪽.

97 『을병연행록』 곳곳에 보이는 조선에 대한 객관적 인식은, 담헌이 탄 말이 분수를 모르고 胡馬를 걷어차는 이야기 속에 함축적으로 드러나 있다. 제 몸이 적고 힘이 약한 것은 돌보지 않은 채 胡馬에게 대들어 겨루고자 하는 말의 행동을 통해서 조선의 국량과 기품을 이야기하고 있다. cf. 『주해 을병연행록』, 171~172쪽.

헌과 청조문인의 교유는 오히려 18세기 새롭게 제기되고 있던 우정론[99]의 모범적 사례로 기억될 것이다.

98 cf. "吾東之士 得偏氣於一隅之土 足不蹈函夏之地 目未見中州之人 生老病死 不離疆域" 朴趾源,「北學議序」,『燕巖集』 제7권 別集, 鍾北小選.

99 cf. 김태준,「18세기 교유론의 계보」,『한국문학의 동아시아적 시각』 1(집문당, 1999), 79~82쪽.

4장

이색의 국자감 유학과 문화교류사적 의미

정재철鄭載喆*

1. 머리말

목은牧隱 이색李穡(1328~1396)은 자신의 계층적 성격을 '문종文種'[1]으로 표현하였다. 문종은 '대를 이어 독서하는 것이 끊어지지 않는 집안'이라는 의미로, 고려 후기에 독서를 통해 과거에 오르고 국가의 인재가 되고자 했던 신흥사대부를 지칭하는 것이다. 이들의 철학적 사유는 정주 성리학을 기반으로 하고 있음은 잘 알려진 사실이다. 이색은 원의 국자감에서 유학하여 정주 성리학의 진수를 체득하고, 귀국하여 성균관 대사성을 맡아 고려의 유풍과 학술을 일신하였다.[2] 그는 실제로 "경서를 해석하고 이학理學을 살펴보니 그 연원이 양정兩程에서 나왔다."[3]고 하거나, "도道를 바라보는 것은 오직 성리서性理書에 의지한다."[4]

* 단국대학교 한문교육과

1 李穡, 『牧隱詩藁』(『韓國文集叢刊』 4, 고전번역원) 권9, 「用前韻自詠」, 71쪽. "文種邦傑是書生, 義膽忠肝鬱不平."

2 權近, 『牧隱藁』(『韓國文集叢刊』 3, 고전번역원) 권3, 「朝鮮牧隱先生李文靖公行狀」, 506쪽. "在學三年, 得受中國淵源之學, 切磨涵漬, 益大以進, 尤邃於性理之書. …(중략)… 儒風學術煥然一新, 皆先生教誨之力也."

3 李穡, 『牧隱詩藁』 권23, 「中場日」, 321쪽. "釋經觀理學, … 淵源出兩程."

4 李穡, 『牧隱詩藁』 권13, 「卽事」, 132쪽. "望道唯憑性理書."

고 하여, 자신의 학문이 정주의 성리학을 중심으로 체계화된 것임을 밝히기도 하였다. 이와 같이 이색이 국자감에서 정주 성리학을 익히고 고려의 유풍과 학술을 일신한 내용을 밝히는 작업은 14세기 후반 한국과 중국의 문화교류의 실체를 가늠할 수 있는 방향타가 될 것으로 기대된다.

김택영金澤榮은 "이색은 익재의 문생으로 처음 정주학을 제창하여 그 문이 대부분 주소注疏・어록語錄의 기운이 섞여 있다."[5]고 말했듯이, 이색은 원에서 수용한 정주 성리학을 전문 저서가 아닌 시문을 통해 문학적 언어로 전개하였다. 이색은 사대부의 묘도墓道에 세우는 비갈碑碣이나 잔치를 베풀고 떠나는 이를 송별하는 글로부터 방외方外의 부도浮屠에 관한 작품에 이르기까지, 요구만 있으면 붓을 들고 줄줄 써 내려가 마음을 쓰지 않고도 조리條理있게 내용을 구성하여 최고 수준의 걸작을 만들었다.[6] 현전하는 『목은문고』 15권에 수록된 230편의 산문과 『목은시고』 35권에 수록된 4,340여제餘題(5,980餘首)의 한시에는 정주 성리학을 중심주제로 펼친 작품들이 도처에 널려 있다. 본 논문에서는 14세기 후반에 이색을 중심으로 진행된 동아시아 문화교류의 일단을 밝히는 것을 목적으로, 이색의 시문을 주요 자료로 삼아 그가 국자감에서 체득하여 고려에 뿌리를 내린 정주 성리학의 실체를 규명해 보기로 한다.

2. 국자감 유학의 궤적

이색은 원의 대도大都(지금의 북경)에 있는 국자감에 1348년(충목왕 4)에 입학하여 1351년(충정왕 3)에 마쳤는데, 그 사이에 한 차례 성친省親을 위해 고려를 다녀오기도 하였다.[7] 그가 국자감에 유학한 것은 전적으로 부친 이곡李穀의 노력에 힘입은 것이다. 이곡은 1333년(충숙왕 복위 2)에 원에서 치른 제과制科에서 제2갑으로 합격한 이후에 원과 고려를 오가며 관직

5 金澤榮, 『韶濩堂集』(『韓國文集叢刊』 347, 고전번역원) 권8, 「雜言四」, 320쪽. "李牧隱以益齋門生, 始唱程朱之學, 而其文多雜註疏語錄之氣."

6 李詹, 『牧隱藁』 권3, 「牧隱先生文集序」, 506쪽. "士大夫墓隧碑碣, 讌游餞行, 以至浮屠方外之作, 有求輒應, 下筆如神, 初不用意, 妙臻其極, 兼總條貫, 蔚爲大家."

7 李穡, 『牧隱詩藁』 권17, 「讀書處歌併序」, 201쪽. "大都國子監, 始於戊子, 終於辛卯, 其間有省親之行."

생활을 하였다. 그는 원의 조정에 재직하고 있던 1347년(충목왕 3) 겨울에 고려에 있는 밀직密直 이공수李公秀에게 편지를 보내 이색을 국자감에 입학시키려는 뜻을 전하고, 사신으로 대도에 들어올 때 이색과 함께 올 것을 청하였다.[8] 이에 따라 이색은 1351년 4월에 황제의 천수절天壽節을 진하進賀하기 위한 사절단의 서장관이 되어 정승政丞 이능간李凌幹, 밀직密直 이공수李公秀와 함께 고려를 출발하였다. 이곡은 이색을 국자감에 입학시키고 같은 해 여름에 고려로 돌아와 도첨의찬성사都僉議贊成事(정2품)에 임명된 것으로 보아,[9] 이색이 국자감에 들어간 시기는 1348년 5월일 것으로 추정된다.

당시 국자감의 입학 자격과 정원은 엄격히 제한되어 있었다. 1315년(충숙왕 2)에 정한 국자감의 재학생 수는 국자생國子生이 100명(蒙古人 50명, 色目人 20명, 漢人 30명)이고, 백관 자제로 취학한 자가 200~300명에서 내려가지 않았으며, 서민 자제에서 뽑힌 배당생陪堂生이 114명으로,[10] 이를 모두 합할 경우 학생 수는 최소 414명에서 최대 514명이 된다. 이색은 부친 이곡이 1343년(충혜왕 4)에 중서사전부中瑞司典簿(종7품)을 거쳐 1348년(충목왕 4)에 중서차감창中書差監倉(종5품)을 역임한 관계로, 종5품 이상의 조관 자제에게 주어졌던 전례에 따라 국자감에 입학할 수 있었다. 이와 같이 이색이 원의 국자감에 입학하게 된 것은 원의 관직을 역임한 부친의 각별한 노력의 결과로, 그가 당시 품었던 부친에 대한 존경심과 고려 출신 국자감 학생으로서의 자부심은 상당하였다.[11]

이색이 처음 대도에서 기숙한 곳은 국자감 근처에 있는 숭덕사崇德寺이다. 이곳은 천 수레 만 말이 오가는 번화한 거리의 초입에 자리하였으나, 주변 경개는 자못 그윽하여 섬돌을 붉게 물들인 구기자 꽃에 이슬이 맺혀 있고 시렁에는 푸른 포도 넝쿨이 물 흐르듯 뻗어 있었다.[12] 이색이 1354년 2월에 시행하는 회시會試를 치르기 위해 대도에 갔을 때도 이곳에 머문 것으로 보아, 이곳에는 국자감 학생과 과거 지망생들을 상대로 한 대규모의 기

---

8 李穀, 『稼亭集』(『韓國文集叢刊』 3, 고전번역원) 권19, 「寄李密直」, 217쪽. "冑庠文物盛唐虞, 有子爭教守海隅. 聞說先生朝北闕, 可令豚犬執鞭無."

9 李穀, 『稼亭集』, 「年譜」, 100쪽.

10 梁國治 等 撰, 『欽定國子監志』(『文淵閣四庫全書』 600책) 권35. "延祐二年, 增置國子生百人, 陪堂生二十人, 歲貢伴讀四員. 又以所設生員百人, 蒙古五十人, 色目二十人, 漢人三十人, 而百官子弟之就學者, 常不下二三百人, 宜增其廩餼乃減去, 庶民子弟一百一十四員, 聽陪堂."

11 李穡, 『牧隱詩藁』 권17, 「讀書處歌併序」, 201쪽. "東人鼓篋亦甚少, 朝官子弟何其尊. 先君簉跡奉訓列, 援例得以游橋門."

12 李穡, 『牧隱詩藁』 권2, 「新寓崇德寺」, 523쪽. "千車萬馬九街頭, 咫尺祇林境自幽. 枸杞映階紅欲滴, 葡萄滿架翠如流."

숙사 설비를 갖추고 있던 것으로 추정된다.[13] 이색은 한 때 도성 거리의 남쪽에 셋집 한 칸을 얻어 살았는데, 더위가 극심해 질항아리에 담긴 얼음물로 손과 얼굴을 씻곤 하였다. 그는 당시에 지은 시의 결구에서 "슬프게도 강호에서 낚시질하던 손으로 온종일 질항아리의 맑은 물결을 희롱하네."[14]라고 하여 유학생의 고단한 삶을 자조하였다.

자료 1 : 遷喬出幽谷, 宦學遠辭親. 風雪三千里, 橋門五百人. 新春㉠<u>入游藝</u>, 和氣溢明倫. 刮目徒相待, 燈窓暗素塵.[15]

자료 2 : 璧水光陰記少年, 入齋環列誦聲連. 升堂最怕㉡<u>抽籤講</u>, 爲是音訛意莫傳. 當時諸子摠眞儒, 說到精微肯囁嚅. 獨有牧翁長閉口, 中堂兀坐似枯株.[16]

이색은 1349년(충정왕 1) 11월에 성친省親을 위해 일시 귀국했다가 이듬해인 1350년(충정왕 2) 정월에 환학還學하였다.[17] 자료 1은 고려에서 돌아온 직후에 지은 시이다. 당시 국자감에는 상양재上兩齋·중양재中兩齋·하양재下兩齋를 합쳐 모두 6재齋가 설치되어 있었다. 하양재下兩齋에서는 유예재游藝齋와 의인재依仁齋를 좌우에 두어 글을 외우고 『소학』을 강설講說하며 속대屬對를 교수하였고, 중양재中兩齋에서는 거덕재據德齋와 지도재志道齋를 좌우에 두어 사서四書를 강설講說하고 시율詩律을 교수하였으며, 상양재上兩齋에서는 시습재時習齋와 일신재日新齋를 좌우에 두어 『주역』·『서경』·『시경』·『춘추』를 강설講說하고 경의經義와 정문程文을 교수하였다. 육재六齋에서 정한 교육 과정이 끝나면 학생들은 각 교수 학습 뒤에 경서經書와 과예果藝, 규칙의 위반 여부 등을 평가받아 다음 과정으로 승차하였다.[18] 이

---

13 李穡, 『牧隱詩藁』 권2, 「崇德寺舊寓僧房雜詠」 3수 중 제3수, 535쪽. "幽居將子托, 奇抱向誰開. …(中略)… 滿座無譁語, 開懷盡故鄕."

14 李穡, 『牧隱詩藁』 권24, 「在燕都國子監, 於街南賃屋一間, 極熱, 以瓦盆盛氷, 濯手灌面. 有詩結句云, 惆悵江湖釣竿手, 瓦盆終日弄淸波. …(중략)…」, 337쪽.

15 李穡, 『牧隱詩藁』 권2, 「十二月二十日, 發王京, 明年還學」 2수 중 제1수, 530쪽.

16 李穡, 『牧隱詩藁』 권19, 「有懷成均館」 5수 중 제3수와 제4수, 234쪽.

17 李穡, 『牧隱詩藁』 권2, 「旣還學之明年正月晦, 先考訃音至 …(중략)…」, 530쪽.

18 梁國治等撰, 『欽定國子監志』 권36. "六齋, 東西相向, 下兩齋, 左曰游藝, 右曰依仁, 凡誦書·講說小學·屬對者隷焉. 中兩齋, 左曰據德, 右曰志道, 講說四書·課肄詩律者隷焉. 上兩齋, 左曰時習, 右曰日新, 講說易書詩春秋·習經義程文者隷焉. 每季, 考其所習經書·課藝, 及不違規矩者, 以次遞升."

색이 자료 1에서 ㉠ '입유예入游藝'라고 한 것으로 보아, 그는 당시 하양재下兩齋의 왼쪽에 있던 유예재游藝齋에서 송서誦書 · 강설소학講說小學 · 속대屬對 과정을 이수했던 것으로 추정된다.

이색이 국자감에 재학한 지 18개월이 지났는데도 여전히 하양재下兩齋에 머문 이유는 무엇일까? 이에 대한 해답은 자료 2에 나와 있다. 당시 국자감에서 시행한 교수 · 학습 방법은 먼저 박사博士와 조교助教가 직접 구두句讀와 음훈音訓을 교수하고 이어 정록正錄과 반독伴讀이 차례로 전습傳習하였다. 이와 달리 강설講說은 읽은 순서대로 정록과 반독이 차례로 전습하고, 다음날 학생들이 찌를 뽑아 그 찌에 표시된 부분을 다시 강설하도록 하였다.[19] 이색은 자료2에서 당에 올라가 찌를 뽑아 전날 익힌 내용을 다시 강설하는 것[㉡ 抽籤講]이 가장 두렵다고 하였다. 발음이 서툴러 자신의 생각이 제대로 전달되지 못해서이다. 당시 모든 학생들이 더듬거리지 않고 정미하게 경서의 의미를 강설하였으나, 이색은 입을 굳게 닫은 채 마른 나무처럼 중당에서 올연히 앉아 있었다. 외국 유학생이라면 누구나 겪게 마련인 언어적 고충이 잘 드러나 있다.

이색은 이곡과 동년同年인 성준成遵에게 보낸 시에서 "동심童心이 아직 변화하지 않았고, 한어漢語는 모두 진짜가 아니다."[20]라고 하였다. 언어학자들은 언어를 말과 글의 표현 방식에 따라 각각 음성언어와 문자언어로 구분한다. 음성언어로 말을 할 때에는 입이 주 기관으로 쓰이고 귀가 보조기관으로 사용되는데 반하여, 문자언어로 글을 쓸 때에는 손이 주 기관으로 쓰이고 눈이 보조기관으로 사용된다.[21] 당시 원에서 통용된 한어漢語(중국어)는 음성언어이고 한문漢文(古文)은 문자언어이다. 이색은 국자감에서 음성언어인 한어의 한계를 문자언어인 한문으로 극복하였다. 이는 그가 월과月課로 제출한 부를 학관 오백상吳伯尚이 칭찬하거나,[22] 자신이 글을 썼다 하면 가끔 여러 사람들을 놀라게 한 것[23]에서 확인된다. 특히 그는 탁월한 문장력을 활용하여 이곡과 교분이 두터운 학자와의 필담을 통해 그들의 학문을 전수하였다.

---

19 梁國治等撰, 『欽定國子監志』 권35. "博士助教, 親授句讀音訓, 正録伴讀, 以次傳習之, 講説則依所讀之序, 正録伴録, 亦以次而傳習之. 次日, 抽籤, 令諸生復說."

20 李穡, 『牧隱詩藁』 권2, 「謁成誼叔侍郎」, 524쪽. "童心猶未化, 漢語摠非眞."

21 金鎭宇, 『言語와 文化』(중앙대학교출판부, 1996), 278~279쪽.

22 李穡, 『牧隱詩藁』 권1, 「觀魚臺小賦并序」, 521쪽. "二十一歲, 入燕都國學月課, 吳伯尙先生賞予賦, 每日可教."

23 李穡, 『牧隱詩藁』 권14, 「少年行」, 146쪽. "少年綴文我最工, 落筆往往驚諸公."

자료 3 : 公之教提擧也, ㉠浙東胡仲淵先生館于公. 予先君稼亭公佐幕, 東省, 於公爲同寮, 又相善也. 是以, 予得同受業焉. 日且晩將歸, 公輒留之, 動踰旬月. 公之食我館我, 其恩又深矣.[24]

자료 4 : 易家學也. 未得師, 會㉡先君同年宇文子貞先生以學官召至, 予卽上謁, 進而自請曰 : 穡高麗李稼亭牛馬走也. 願從先生受易. 先生曰 : 中甫明易者也, 吾所畏也. 汝年少, 汝父未必授. 同年之子猶子焉, 無患吾不汝授也. 數日①有所求正, 先生曰 : 可教也, 然易非少年所可學, 吾且②訓汝句讀. 旣踰時, ③進易義一編. 先生欣然曰 : 義理其殆庶幾矣, 措辭失其序爾, 因④授筆而書, 如雲行流水, 略無點綴. 予拱立案前, 喜形于色. 先生曰 : 章不已就乎, 然此易之粗也, 汝數年後當自知其精者矣.[25]

자료 3은 이곡이 정동행성正東行省 좌막左幕으로 재직할 때에 그와 막역한 사이였던 고려인 홍빈洪彬의 배려로 절동浙東 출신의 학자 호중연胡仲淵에게 사사한 사실을 밝힌 것이다. 호중연은 1355년(공민왕 4) 2월에 참지정사叅知政事 은녕恩寧 보공普公의 참모參謀로 강절행성江浙行省으로 출수出守하였는데, 그의 학문은 인의仁義와 예악禮樂을 근간으로 하여 천문天文, 병법兵法, 술수術數, 기예技藝에 정통하였다.[26] 홍빈은 이색을 집으로 초대해 장자인 제거提擧 홍수산洪壽山과 함께 순월旬月을 넘기도록 호중연에게 지도를 받도록 하였다. 자료 4는 이곡과 동년同年으로 국자감 학관으로 부임해온 우문자정宇文子貞을 찾아가 『주역』을 사사한 과정을 회고한 것이다. 『주역』은 가학家學으로 이곡이 이것에 조예가 깊었다.[27] 이색과 우문자정이 『주역』을 교수·학습한 과정은 ① 이색의 질정 → ② 구두句讀의 교수 → ③ 『역의易義』 1편 찬술 → ④ 『주역』의 차서 필기 방식으로 진행되었다. 음성언어 위주로 진행된 국자감의 방식에서 벗어나 필담을 통한 문자언어 중심으로 교수·학습이 이루어졌음을 보여준다.

---

24 李穡, 『牧隱文藁』(『韓國文集叢刊』 5, 고전번역원) 권19, 「唐城府院君洪康敬公墓誌銘」, 167쪽.

25 李穡, 『牧隱文藁』 권19, 「朴子虛貞齋記」, 28~29쪽.

26 王褘 撰, 『王忠文集』(『文淵閣四庫全書』 1226책) 권7, 「送胡仲淵叅謀序」. "至正十五年二月, 有詔命, 江浙行省, 叅知政事, 恩寧普公, 鎭禦饒城. 公幕下, 有文武士曰胡君仲淵, 實預在行, 君之學, 本於仁義·禮樂, 而於天文·兵法·術數·技藝, 靡不精通."

27 이곡은 1333년에 원의 회시에 응시할 때 5경 중 1경을 선택하도록 한 경의 1도에서 『주역』을 선택하기도 하였다[장동익, 「麗元文人의 交遊」, 『國史館論叢』 제31집(국사편찬위원회, 1992), 248쪽].

자료 5 : ㉠聖學茫茫可得歟, 欲行千里出門初. 黎床風雨燈前夢, 槐市光陰案上書. 始擬橫秋如鷙鳥, 漸知緣竹有鮎魚. 時時罷却紛華戰, ㉡河洛新春願卜居.[28]

자료 6 : 遠遊孤影自零丁, 挾冊橋門㉢氣尙獰. 毛羽不凡君鸑鷟, 神形欲變我㉣螟蛉. 年年春草傷心碧, 夜夜雲山入夢靑. 未識他年榮養否, 只今深恨阻趨庭.[29]

자료 5와 자료 6은 모두 국자감 유학 시절의 생활을 읊은 것이다. 자료 5에서 보듯이 이색이 국자감에서 수학한 학문은 ㉠ 성학聖學이다. 이 성학은 ㉡ 하락河洛[河圖와 洛書]에서 출발한 것으로, 하도와 낙서는 각각 『주역』의 팔괘八卦와 『서경』의 홍범구주洪範九疇의 근원이 되었다. 이색은 당시 번화하고 성대한 연경의 봄 행락을 물리치고, 성학의 근거지인 하도와 낙서에 깊이 침잠하였다. 이색이 자료 6에서 "기가 여전히 모질다."[㉢ 氣尙獰]고 말한 것은 자신이 아직 중인衆人의 기질에서 벗어나지 못했음을 앞서 말한 동심童心이 변화하지 못한 것으로 보고 있다. 성리학적 심성론에 따르면 성인聖人과 중인은 모두 본연지성本然之性을 지니고 태어나지만, 중인은 성인과 기질지성氣質之性이 다르고 물질에 구속되어 모진 기질에서 벗어나지 못한다. 이를 극복하기 위해서는 성인의 학문을 통해 호연지기浩然之氣를 기르고 배양하여 천지의 기와 하나가 되어야 한다. 이색은 이것을 나나니벌이 ㉣ 명령螟蛉[나방의 유충幼蟲]을 데려다 길러서 제 새끼로 변화시키는 것으로 표현하였다. 맹자가 말한 양기養氣를 비유적으로 말한 것이다. 국자감에서 허형에 의해 원의 관학으로 정착된 정주 성리학에 침잠했음을 잘 보여주는 사례이다.

3. 성리학 수용의 양상

이색은 1351년(충정왕 3) 정월 그믐날에 부친의 부음을 받아 고려로 돌아왔다.[30] 이후 3

---

28 李穡, 『牧隱詩藁』 권2, 「自詠二首」중 제2수, 524쪽.

29 李穡, 『牧隱詩藁』 권2, 「與同舍同賦」, 524쪽.

30 李穡, 『牧隱詩藁』 권2, 「十二月二十日, 發王京, 明年正月還學」, 530쪽. 이색이 국자감에서 수학한 기간은 햇수로는 4년에 걸쳐 있으나 실제 재학한 달수는 대략 31개월 전후일 것으로 추정된다.

년상을 마친 1353년(공민왕 2) 5월에 치른 과거에 수석으로 합격하여 숙옹부승肅雍府丞에 임명되었고, 같은 해 가을에 정동성에서 치른 향시에 수석으로 합격하여 회시會試에 응시할 자격을 얻었다. 이색은 공민왕의 배려로 1353년 10월에 천추절千秋節을 하례하고 태자 책봉을 하례하기 위한 사절단의 일원인 서장관으로 대도에 가서 원의 회시와 전시殿試에 응시하였다.[31] 그는 국자감 유학시절에 우거했던 숭덕사에서 『춘추』를 끝까지 정독하였고, 『주역』을 가죽 끈이 세 번 끊기도록 탐독하거나 『서경』을 하루에 백 회씩 읽었다.[32] 이어 그는 1354년(공민왕 3) 2월에 한림학사승지翰林學士承旨 구양현歐陽玄과 예부상서禮部尙書 왕사성王思誠이 주관한 회시에 합격하였고, 다음 달에는 전시에 제2갑 제2명으로 합격하여 응봉한림應奉翰林・문자승사랑文字承事郎・동지제고겸국사원편수관同知製誥兼國史院編修官에 임명되었다.[33]

자료 7 : 答. 聖人之作經有六, 而執事取其四. 愚請以日禮日樂二者爲救四者之失焉. ①物得其和謂之樂, 以樂爲敎, 則人心和矣. ②事得其序謂之禮, 以禮爲敎, 則③事理宜矣. 事理之宜, 人心之和, 可以幹敎化, 可以回風俗, 可以④參天地, 可以⑤贊化育, 況其四者之失乎. ⑥變而通之, 推而行之, 獨不在於今日乎.[34]

자료 8 : 事不成, 則禮樂不興, 禮樂不興, 則刑罰不中, 刑罰不中, 則民無所措手足. [本註] 范氏曰; ㊀事得其序之謂禮, ㊁物得其和之謂樂, 事不成, 則無序而不和, 故禮樂不興. 禮樂不興, 則施之政事, 皆失其道, 故刑罰不中. [小註] 朱子曰; ㊂事不成, 以事言, 禮樂不興, 以理言, 蓋事不成, 則事上面都無道理了, 說甚禮樂.[35]

---

31 『高麗史節要』 권21, 「恭愍王一」. "冬十月, 遣蔡河中, 如元賀千秋節. 軍簿判書金希祖, 賀册太子, 以李穡充書狀官 應擧擢制科."

32 李穡, 『牧隱詩藁』 권2, 「崇德寺舊寓僧房雜詠」 3수 중 제1수와 제2수, 524쪽. "奔喪天外去, 偕計雪中回. 客路連雲遠, 僧窓向日開. 數年如一夢, 萬里又重來. 坐讀春秋傳, 何時到定哀. 昔不推吾去, 今無喚我來. 幽居將子托, 奇抱向誰開. 玩易時三絶, 觀書日百廻, 只緣來往少, 樂極却生哀."

33 당시 이색이 치른 제과는 원에서 12번째 시행된 것으로 수석 급제자 朱繼志를 포함하여 총 62명의 급제자를 배출하였는데, 이는 이곡이 1333년에 시행된 7번째 시행된 과거에서 제2갑으로 급제한 후 유일한 것이다[高惠玲, 「高麗 士大夫와 元制科」, 『國史館論叢』 제24집(국사편찬위원회, 1991), 184~186쪽].

34 兪鎭 편, 『策文』(고대본). 도현철, 「이색의 유교교화론과 일본 인식－새로 발견된 대책문을 중심으로－」[『이색연구를 통해 본 한국 중세사 연구방법』(연세대학교 국학연구원 제407회 국학연구 발표회 발표요지, 2010. 1.28)].

35 朱熹, 『論語集註』, 「子路」.

자료 7은 이색이 1353년에 고려의 과거와 원의 향시에 제출한 두 편의 대책문對策文 중에서 그 한 편의 일부를 절취한 것이다.[36] 이 대책문은 책문策問에서 『예기』에 있는 내용 가운데 『서경』, 『시경』, 『역경』, 『춘추』의 네 경서의 효용을 질문하였는데, 이색은 이에 대한 대책對策으로 예와 악을 통해 네 경서의 폐단을 구제하는 방법을 제시하였다. 자료 8은 이색의 답안과 관련이 있는 『논어집주』「자로子路」 제3장의 내용을 옮긴 것이다. 이색은 "대성戴聖이 산정한 『예기』는 하자가 있지만 정영精靈을 얻었다."[37]고 하였고, "예서禮書들은 방잡하거나 순수한 것이 뒤섞여 있는데 주희가 왕왕 정미한 것에 통하였다."[38]고 하였다. 주희는 『의례儀禮』를 중심으로 『예기』 및 여러 경사經史에 수록된 예설禮說과 제유諸儒의 주석을 모아 『의례경전통해儀禮經傳通解』를 편찬하였다. 이 책 25권에는 주희가 여러 기록 중에서 예악의 대지大指를 통론한 글을 모아 놓고 예악의 뜻을 통석通釋한 「예악기禮樂記」가 실려 있다.

그러나 자료 8에서 보듯이 이색은 주희가 편찬한 『의례경전통해』의 내용을 위주로 대책문을 작성하지 않고, 주희가 편찬한 『논어집주』의 주석을 인용해 논지를 전개하였다. 자료7의 ① '물득기화위지악物得其和謂之樂'과 ② '사득기서위지례事得其序謂之禮'는 자료 8의 ㊂ '물득기화지위악物得其和之謂樂'과 ㊀ '사득기서지위례事得其序之謂禮'를 조금 변형한 것이고, 자료7의 ③ '사리事理'에서의 '리理'자는 자료 8의 ㊂ "예악불흥禮樂不興, 이리언以理言."에서의 '리理'자를 차용한 것이다. 또한 자료 7의 ④ '참천지參天地', ⑤ '찬화육贊化育', ⑥ '변이통지變而通之' 등은 『주역』과 『중용』의 중심 내용과 관련된 것으로 원문이나 주석에 자주 등장하고 있다. 이와 같이 이색은 이미 책문과 관련 있는 각종 경서의 원문과 정주의 주석은 물론 『논어집주』에 실린 [소주小註]의 내용을 깊이 이해하고 있었고, 이들 자료의 용어와 내용을 적절히 활용하여 출제의도에 부합하도록 현실정치와 관련지어 답지를 작성하였다.

---

36 최근 연세대 도현철 교수가 日本 名古屋 蓬左文庫에 있는 『策文』에서 이색의 對策問 1개를 발굴하고, 국내에서 『東人策選』(고려대, 서울대, 국립도서관 소장)과 『策文』(兪鎭 편, 고려대 소장)에 있는 이색의 대책문 2개를 발견한 것이 주목된다. 일본 봉좌문고에 있는 『策文』은 이색의 대책문 1편이 남아 있고, 『東人策選』과 『策文』에는 일본 봉좌문고와 같은 내용의 대책 1편을 포함해서 이색의 대책문 2편이 있다. 두 편의 策問에서 1편은 『예기』에 있는 내용 가운데 『서경』, 『시경』, 『역경』, 『춘추』의 네 경서의 효용을 질문한 것이고, 다른 1편은 고려후기 왜구를 방비하기 위한 방안을 유학의 오랑캐 대책에서 구하는 내용으로 되어 있다[(도현철, 앞의 글(2010. 1.28) 재인용].

37 李穡, 『牧隱詩藁』 권7, 「讀禮」, 41쪽. "火向狂秦滅, 書從小戴成. 雖然有瑕纇, 動是得精英."

38 李穡, 『牧隱詩藁』 권9, 「偶吟」, 77쪽. "禮書厖雜純粹多, 考亭往往通精微."

이색은 1355년(공민왕 4) 12월에 원의 조정에서 경력經歷을 지내다가 이듬해 정월에 천하가 장차 어지러워질 것을 예견하고 귀국하였다. 이후 그는 공민왕의 지우知遇에 힘입어 각종의 개혁정치를 주도하며 3년상을 실시하고 정방을 폐지하는데 앞장섰다. 특히 이색이 원의 국자감에서 유학하고 원의 과거를 준비하면서 체득한 정주 성리학이 빛을 발한 것은 1367년(공민왕16)에 성균관 대사성을 맡아 김구용金九容, 정몽주鄭夢周, 박상충朴尙衷, 박의중朴宜中, 이숭인李崇仁 등의 학관과 함께 경서를 토론할 때였다. 학관들은 각자 경서經書를 분담하여 강의를 마치고 나서 서로 의심나는 내용을 논란論難하면서 각각 그 극단으로 치달았는데, 이색은 편안한 얼굴로 한가운데 앉아서 논제를 변석辨析하고 정주의 뜻에 합치하도록 절충折衷하여 날이 저물어도 피곤한 줄 몰랐다.[39] 당시 이색이 취했던 변석과 절충은 다음과 같은 방식으로 진행되었을 것으로 추정된다.

자료 9 : 孟軻氏以大剛直爲說, 今子以彊純釋浩然, 何歟. 予日, ㉠箋其義, 不箋其語, 予學如此. 鄭君性脩潔慷慨, 有志當世事, 懼其所以養氣者或未至焉, 故以浩然字之, 庶有以實其名.[40]

자료 10 : 或問先生作圓齋讚, 略不及圓之義, 上取留侯事, 何也. 予日 : 夫子贊易, 多以㉡先賢象其事, 故程子註易, 引古人實之者又多. 予沿程而求孔者也, 圓者, 智之事也, 後世之智, 惟留侯足以當之, 故引留侯以實圓之理. 或者唯而退.[41]

자료 9는 정우鄭寓가 이색에게 자신의 자字를 지어줄 것을 청하자, 이색이 그의 이름인 '우寓'자를 '천지사방天地四方'의 뜻으로 풀이하고 호연지기浩然之氣에서의 '호연浩然'으로 자를 지어주고 쓴 것이다. 맹자는 호연지기를 설명하면서 "지대지강至大至剛, 이직양이무해즉색우천지지간以直養以無害則塞于天地之間."[42]이라고 하여 호연지기는 지대至大·지강至剛하다고 하였는데, 이와 달리 이색은 이것이 유강惟彊·유순惟純하다고 하였다.[43] 정우의 성

39 權近, 『牧隱藁』 권3, 「朝鮮牧隱先生李文靖公行狀」, 506쪽. "諸公分經授業, 每日講畢, 相與論難疑義, 各臻其極, 公怡然中處, 辨析折衷, 必務合於程朱之旨, 竟夕忘倦."

40 李穡, 『牧隱文藁』 권10, 「浩然說贈鄭甫州別」, 83쪽.

41 李穡, 『牧隱文藁』 권4, 「圓齋讚用前韻」, 284쪽.

42 朱熹, 『論語集註』, 「公孫丑章句上」. "至大至剛, 以直養以無害則塞于天地之間."

43 李穡, 『牧隱文藁』 권10, 「浩然說贈鄭甫州別」, 83쪽. "惟彊, 故能不撓於天下之物, 天下之物, 無得而沮之, 所以不息也.

품과 기질이 수결脩潔·강개慷慨한 것으로 판단하여 맹자의 말을 그대로 옮기지 않고 유강惟彊·유순惟純하다고 말한 것이다. 경서의 의미를 취하고 언어를 취하지 않은[㉠箋其義, 不箋其語] 사례이다. 자료 10은 이색과 동년同年인 정공권鄭公權의 호인 원재圓齋를 찬讚하면서 '원圓'의 의미를 직접 제시하지 않고, 한漢 고조高祖의 모신謀臣인 유후留侯[張良]로 대신한 이유를 말한 것이다. 이색은 먼저 회남자가 '지욕원이행욕방智欲圓而行欲方'[44]이라고 말한 것을 예로 들어 '원圓'과 '지智'를 연계시키고, 후세에 '지智'를 구현한 인물인 유후留侯를 제시하는 것으로 '원圓'에 대한 설명을 대체하였다. 그가 이와 같이 선현先賢의 일을 형상하는 것[㉡先賢象其事]으로 '원圓'에 대한 설명을 대체한 것은 공자가 『주역』을 연찬하고 정이가 주석하면서 활용했던 방식을 본받은 것이다. 이로 보아 이색이 성균관 학관들과 토론하면서 경서를 변석하고 절충했던 방식은 경서의 원문이나 정주의 주석의 본뜻에 벗어나지 않는 범위 내에서, 경서는 물론 제자서와 같은 다양한 자료와 관련 인물을 인용해 독자적인 논리를 조리 있게 창출하는 것임을 알 수 있다.

자료 11 : ①矜誇②鄙嗇豈無尤, ③根葉相因勢自周. 縱使多材似公旦, 此人端的是恒流.(1首) ④赤舄周公几几餘, 風雷歲熟感臯書. 當時一點心平正, 日月明明照太虛.(2首) 禮樂文章盛一時, 美哉制作在蒼姬. ⑤卜年卜世終明白, ⑥祇在初生哲命貽.(3首)[45]

자료 12 : 子曰 : 如有周公之才之美, 使驕且吝, 其餘, 不足觀也已. [朱註] 才美, 謂智能技藝之美. 驕, ㊀矜夸, 吝, ㊁鄙嗇也. ○程子曰 : 此, 甚言驕吝之不可也. 蓋有周公之德, 則自無驕吝, 若但有周公之才而驕吝焉, 亦不足觀矣. 又曰 : 驕, 氣盈, 吝, 氣歉. 愚謂 : 驕吝, 雖有盈歉之殊, 然㊂其勢常相因. 蓋驕者, 吝之枝葉, 吝者, 驕之本根, 故, 嘗驗之天下之人, 未有驕而不吝, 吝而不驕者也.[46]

자료11은 이색이 1379년(우왕 5)에 우왕의 사부로 서연書筵에서 『논어』「태백」 제11장 "자왈子曰 : 여유주공지재지미如有周公之才之美, 사교차린使驕且吝, 기여其餘, 부족관야이不足觀

惟純, 故能不雜於天下之物, 天下之物, 無得而間之, 所以不已也."

44 『淮南子』, 「主術訓」.

45 李穡, 『牧隱詩藁』 권16, 「十六日, 進講周公之才之美一章」 3수, 195쪽.

46 朱熹, 『論語集註』, 「泰伯」.

也已."를 진강하고 나서 지은 시이고, 자료 12는 주희의 『논어집주』에서 진강한 부분의 원문과 주석을 제시한 것이다. 자료 11의 ① 긍과矜誇와 ② 비색鄙嗇은 자료 12의 ㊀ 긍과矜夸와 ㊁ 비색鄙嗇을 인용한 것이고, 자료 11의 ③ '근엽상인세자주根葉相因勢自周'는 자료 12의 ㊂ "기세상상인其勢常相因. 개교자蓋驕者, 인지지엽吝之枝葉, 인자吝者, 교지본근驕之本根."의 내용을 칠언구로 재구성한 것이다. 또한 자료 11의 ④ '적석주공궤궤여赤舃周公几几餘'는 『시경』「빈풍豳風·낭발狼跋」의 '적석궤궤赤舃几几'를 인용한 것이고, 자료 11의 ⑤ "복년복세종명백卜年卜世終明白"은 『춘추좌전』「선공삼년宣公三年」에 나오는 "성왕정정우겹욕成王定鼎于郟鄏, 복세삼십卜世三十, 복년칠백卜年七百, 천소명야天所命也."를 요약한 것이다. 그리고 자료 11의 ⑥ '지재초생철명이祗在初生哲命貽'는 『서경』「주서周書·소고召誥」의 "약생자若生子, 망불재궐초생罔不在厥初生, 자이철명自貽哲命."을 압축한 것이다. 이색은 1수에서 주희의 주석에 나오는 용어와 내용을 칠언시로 재구성하였고, 2수에서는 『시경』에서 주공이 관숙管叔과 채숙蔡叔의 유언流言에도 공평 정대하게 성왕成王을 보필한 사실을 말하였으며, 3수에서는 『춘추좌전』과 『서경』에서 성왕成王과 소공召公이 성인의 도를 구현한 고사를 언급하였다. 이와 같이 그는 위의 시에서 주희의 주석을 충실히 재현해 내는 것에서 시작해, 『시경』과 『춘추좌전』, 『서경』으로 시상을 점차 확장해 가면서 예악과 문장을 다시 일으키겠다는 주제사상을 펼쳤다.

> 자료 13 : 吾儒者自庖犧氏以來所崇守而相傳者, 亦曰寂而已矣. 至于吾不肖, 蓋不敢墜失也. ㉠<u>太極</u>寂之本也. 一動一靜而萬物化醇焉. ㉡<u>人心</u>寂之次也. 一感一應而萬善流行焉. 是以大學綱領, 在於㉢<u>靜定</u>, 非寂之謂乎. 中庸樞紐, 在於㉣<u>戒懼</u>, 非寂之謂乎. 戒懼敬也, 靜定亦敬也. 敬者, 主一無適而已矣. 主一, 有所守也. 無適, 無所移也. 有所守而無所移, 不曰寂, 不可也. ㉤<u>治平</u>, 政事之明效, ㉥<u>位育</u>, 道德之大驗. 師之寂也其亦普利含識之源本歟. 如或槁木其形, 寒灰其心, 而滯於寂, 則與吾儒之群鳥獸者何異. 吾儒之絶物也, 釋氏之罪人也.

자료 13은 이색이 화엄대선華嚴大選 경원景元이 나옹懶翁에게서 받은 '적寂'이라는 명호名號에 쓴 기문이다. 이색은 태극이 우주를 생성하기 이전의 상태를 '적寂'으로 보고, 인심이 외물과 감응하기 이전의 상태를 '적寂'으로 보았다. 이어 『대학』의 강령綱領인 정정靜定과

『중용』의 추뉴樞紐인 계구戒懼를 '적寂'으로 보고, 이를 성리학적 수양론의 핵심 명제인 '경敬'의 '주일무적主一無適'과 연계시켰다. 이에 더 나아가 그는 『대학』의 '치국治國', '평천하平天下'는 정사政事의 밝은 효과이고 『중용』의 '천지위天地位', '만물육萬物育'은 도덕의 큰 효험으로, 이는 불교에서 깨달음의 지혜를 의미하는 보리普利와 심식心識을 함유하고 있는 함식含識의 근원인 '적寂'과 같은 것이라고 하였다. 곧 그는 불교에서 깨달음의 경지인 열반涅槃의 의미로 사용되는 '적寂'을 성리학적 수양론의 핵심인 '경敬'과 동일한 개념으로 파악한 것이다. 이와 같이 이색은 ㉠ 태극太極, ㉡ 인심人心, ㉢ 정정靜定, ㉣ 계구戒懼, ㉤ 치평治平, ㉥ 위육位育 등 성리학적 우주론, 본성론, 수양론의 핵심 명제들을 인용하여 경서의 이론을 회통하고, 한 걸음 더 나아가 불교에서 깨달음의 경지인 열반을 의미하는 '적寂'을 성리학적 수양론의 핵심인 '경敬'의 범주로 융합하였다.

이색은 성균관 학관들과 경서의 의문 처를 토론할 때에 정몽주의 경서 해석을 자주 칭찬하면서 "몽주논리夢周論理, 횡설수설橫說竪說, 무비당리無非當理."[47]라고 하였다. 자료 11의 1수에서 주희의 『논어집주』의 내용을 인용해 말한 것을 횡설橫說로 본다면, 2수와 3수에서 『시경』·『춘추좌전』·『서경』으로 시상을 확장해 주제사상을 펼친 것은 수설竪說이라고 할 수 있다. 또한 자료 13에서 '적寂'을 『대학』과 『중용』의 말을 인용해 '경敬'으로 동일시한 것을 횡설로 본다면, '적寂'을 불교에서 보리普利와 함식含識을 끌어와 '경敬'의 의미와 동일시 한 것은 수설이라고 할 수 있다. 이와 같이 이색은 경서의 원문과 정주의 주석에 대한 깊은 사색과정을 통해 체득한 학문 역량에 의지해, 주어진 명제와 내용상 서로 관계가 있는 각종 서적의 원문과 주석을 종횡으로 구사하여 독창적인 논리를 이끌어냈다. 이황이 "(이색은) 스스로 불佛을 배우지 않았다고 하였지만 석교釋敎를 칭술稱述한 것이 많고 상세할 뿐만 아니라, 유학에 대해서는 자못 맹랑하여 적확的確하게 말한 것이 없다."[48]라고 말하거나, 유희춘柳希春이 "이색은 학술이 정밀하지 않고 불교를 배척한 것이 엄하지 않다."[49]고 말한 것에서 보듯이, 위와 같은 이색의 학문 방식은 조선시대 학자들이 원문과 주석에 나오는 난자難字와 난구難句를 면밀하게 연구하여 성리학적 이론에 대한 이해를 심

47 鄭夢周, 『圃隱藁』(『韓國文集叢刊』 5, 고전번역원), 「圃隱先生本傳」, 625쪽.

48 李滉, 『退溪集』(『韓國文集叢刊』 29, 고전번역원) 권2, 「閑居次趙士敬穆具景瑞鳳齡金舜擧八元權景受大器諸人唱酬韻十四首 : 自注」, 77쪽. "牧隱每自謂不學佛, 然其稱述釋敎, 不啻多且詳, 而於吾學殊孟浪, 無的確說到處."

49 柳希春, 『眉巖先生集』(『韓國文集叢刊』 34, 고전번역원) 권15, 「經筵日記 · 己巳」, 440쪽. "穡學術未精, 闢佛不嚴."

화시킨 것과 적지 않은 차이가 있다.

위와 같이 이색이 정주 성리학을 수용하면서 보여준 학문 방식은 당시의 교육제도와 과거제도에 의해 형성된 것이다. 학교는 인재를 육성하는 교육기관이고 과거는 학교에서 육성된 인재를 일정한 시험을 거쳐 국가 관리로 선발하는 관리 등용 시험이다.[50] 따라서 학교제와 과거제는 반드시 일치하는 것은 아니지만 서로 밀접한 관계를 가지고 있으며, 과거의 시험 과목과 출제 방향은 당대의 학문 방식을 좌우할 만한 핵심요인이 되었다. 이색이 치른 정동행성의 향시와 원의 제과는 제1장에서 명경明經과 경의經義 2문問을 출제하였다. 명경은 4서에서 주희의 장구와 집주를 병용하였고, 경의 1도道는 『시경』은 주희의 장구와 집주를, 『상서』는 채침의 주를, 『주역』은 정이와 주희의 주를 중심으로 하되 옛 주소註疏를 겸용하도록 하였다.[51] 앞서 이색이 공민왕 2년에 작성한 대책문에서 보듯이 고려와 원에서 시행한 과거의 책문은 우주론, 심성론, 수양론과 같은 성리학적 이론을 설명하는 것 그 자체에만 머물지 않고, 정주의 경서 주석에 대한 폭넓은 이해를 바탕으로 이를 현실 정치에서 실천할 수 있는 방안을 창의적으로 제시하도록 요구하였다. 이색이 제출한 과거 답안과 시문에서 보여준 정주 성리학의 수용 양상은 그가 국자감 유학 과정과 원 과거의 준비 과정을 거치며 체득한 학문 역량이 총체적으로 발휘된 것으로, 당대 학문의 중심에 자리했던 그의 비중으로 보아 여말에 수용된 정주 성리학의 실체로 보아도 무리가 없을 것으로 판단된다.

4. 맺음말 – 도의 동전東傳과 그 의미

이색이 국자감에서 정주의 성리학에 침잠해 있을 때 가장 크게 영향을 받은 학자는 당시 국자감박사로 있던 구양현歐陽玄이다. 이러한 사실은 이색이 국자감 시절을 회상하며 지은 시에서 "구양현이 문형을 잡고 여러 호걸들이 보좌하여 경중을 가림에 조금도 어긋난 말이 없었다."[52]고 말한 것에서 확인된다. 당시 국자감박사는 학사學事를 관장하고 육

50 李成茂, 「한국의 과거제와 그 성격 – 고려·조선초기를 중심으로 –」, 『科擧』(일조각, 1981), 110쪽.
51 『元史』 권81, 「選擧1·科目」.

재六齋에 학생들을 분산 배치하며, 경지經旨와 음훈音訓을 직접 교수하는 것은 물론 교관을 교도教導하고 학생의 학업을 살피는 일에도 관여하였다.[53] 구양현은 주희 → 황간黃幹 → 하기何其 → 왕백王柏 → 김이상金履祥 → 허겸許兼으로 이어진 송의 도학을 계승한 학자로 경사백가를 연구하지 않은 것이 없었고, 이락제유伊洛諸儒의 연원에 깊이 통달했던 인물이다.[54] 그러나 앞서 자료 1에서 살펴보았듯이 이색은 31개월에 이르는 국자감 시절을 주로 하위 과정에서 보낸 것으로 보아, 그가 당시에 국가감의 교육과 행정을 총괄했던 구양현과의 직접적인 학문적 교류가 이루어졌을 가능성은 희박하다. 두 사람의 관계가 긴밀하게 된 계기는 구양현이 주관한 원의 제과에서 이색이 제2갑 제2명으로 합격하여 원의 조정에서 관직을 받으면서이다.

자료 14 : 牧隱初入元朝, 文士稍輕之嘲曰 : 持杯入海知多海. 牧隱應聲曰, 坐井觀天曰小天. 嘲者更不續. 嘗謁歐陽學士玄, 得印可. 牧老晚有詩云, ㉠衣鉢當從海外傳, 圭齋一語尙琅然. 邇來物價皆翔貴, 獨我文章不直錢. 蓋嘆晚節之蹭蹬也.[55]

자료 14는 서거정徐居正이 『동인시화東人詩話』에서 이색이 원의 제과에 합격하여 처음 조정에 들어갔을 때의 일화를 기록한 것이다. 구양현은 처음 입조한 이색을 보고 '자신의 도가 해외로 옮겨갈 것[㉠衣鉢當從海外傳]'이라고 하였다. 원대는 철저히 민족주의 정책을 취하던 시대였다. 원의 과거제도에 의하면 전국의 향시 합격자 수를 300명으로 한정하여 몽고蒙古・색목色目・한인漢人・남인南人에게 각각 75명씩 균분하였다. 더욱이 회시會試에서는 각 민족별로 배정된 300명의 지원자 중에서 100명을 넘지 않도록 하였는데, 실제 1315년에서 1366년까지 합격자 총수가 1,135명으로 매 시험 평균 71명에 불과하였다.[56] 이는 네 민족을 합한 숫자로 고려인을 포함한 한인으로 제과에 합격한 경우는 연평균 12명 정

---

52 『詩藁』 권23, 「書登科錄後」, 319쪽. "我初偕計游中原, 望洋學海窮詞源. 圭齋提衡翼群豪, 輕重毫釐無間言."
53 梁國治 等 撰, 『欽定國子監志』 권35. "博士, 通掌學事, 分教三齋生員, 講授經旨, 是正音訓, 上嚴教導之術, 下考肄習之業."
54 『增補宋元學案』(중화서국) 권82, 27쪽.
55 徐居正, 『東人詩話』(『韓國詩話總編』 1, 동서문화사), 241쪽.
56 吳金成, 「중국의 과거제와 그 정치・사회적 기능-송・명・청대의 사회의 계층이동을 중심으로-」, 『科擧』(일조각, 1981), 38쪽.

도에 불과하다. 구양현이 이색을 인가印可한 것이 어느 정도의 진정성을 담보하고 있는지는 확인하기 어렵다. 다만 배정 인원이 극히 적은 고려 출신으로 자신이 직접 출제한 시험에 제2갑 제2명으로 합격한 사실로 보거나, 자료 7의 과거 대책문을 통해 확인할 수 있는 그의 학문 역량으로 볼 때 구양현의 말이 허언虛言은 아닐 듯하다.

자료 15 : 至於講明㉠鄒魯之學, 出二氏詔萬世, ㉡周程之功也. 宋社既屋 其說北流, ㉢魯齋許先生, 用其學, 相世祖. 中統至元之治, 胥此焉出.[57]

자료 16 : ㉣致遠·㉤薛聰·㉥安珦之後, 唯吾㉦益齋李齊賢唱鳴道學, ㉧牧隱李穡, 實傳正印, 臣師㉨陽村權近獨得其宗, 而近之學之源, 出於穡, 穡之學之正, 出於齊賢.[58]

자료 15는 이색이 ㉠ 공맹에 의해 집대성된 성인의 학문이 송의 ㉡ 주돈이周敦頤·정이程頤를 거쳐 원의 ㉢ 허형許衡에게로 이어지는 과정을 밝힌 것이다. 남송의 성리학을 원에 전한 학자는 조복趙復이다. 조복은 주자의 학문을 계승한 남송의 성리학자로, 태종이 남송을 정벌할 때 포로로 잡혀 원에 귀의하였다. 이후 자신의 학문을 요추姚樞에게 전하였고, 요추는 이를 다시 허형에게 전하였다. 세조는 1287년(지원至元24) 국자감을 세워 학식을 정비하고 허형을 국자좨주겸집현전학사國子祭酒兼集賢殿學士로 발탁함으로써 정주 성리학이 원의 관학으로 정착하게 되었다. 자료 14에서 보듯이 이색은 허형에 의해 원에 전해진 정주 성리학이 국자감박사인 구양현을 거쳐 자신에게 전해진 것으로 자부하였다. 자료 16은 권근의 문생인 성균사예成均司藝 김반金泮이 세종에게 상소하여 이제현, 이색, 권근을 문묘에 배향하도록 건의한 것이다. 김반은 이 글에서 유학의 도통은 ㉣ 최치원崔致遠 → ㉤ 설총薛聰 → ㉥ 안향安珦으로 이어졌는데, 이들을 문묘에 종사從祀한 이후에 동방의 세교世教가 밝아지게 되었다고 하였다. 그는 이들의 뒤를 이어 고려에서 도학을 창도한 ㉦ 이제현李齊賢과 구양현의 정인正印을 전한 ㉧ 이색李穡, 유일하게 도학의 종지宗旨를 얻은 ㉨ 권근權近을 문묘에 배향할 것을 주장하고, 그 구체적인 사례로 구양현이 이색을 인가하여 "의발당

57 李穡, 『牧隱文藁』 권9, 「選粹集序」, 72쪽.
58 『世宗實錄』 59권, 15年 2月 9日.

종해외전衣鉢當從海外傳"이라고 말한 것을 들었다.[59] 두 자료를 참고하여 이색의 학문적 계승 관계를 그림으로 제시하면 다음과 같다.

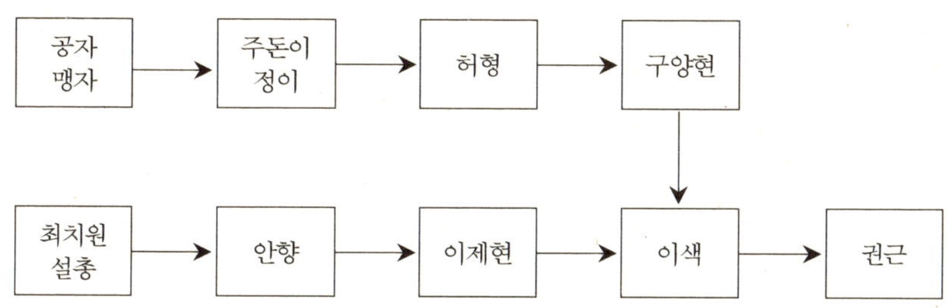

원의 뒤를 이어 중원을 차지한 명나라 초기에 이색의 학문에 대한 평가는 상당하였다. 1403년(태종 3) 11월에 명의 사신으로 온 왕연령王延齡이 귀국하면서 우정승 성석린成石璘에게 "그대는 반드시 이색을 알아야 한다. 이색 같은 사람은 중원에서도 한둘에 불과하다. 중원 사람이 어찌 모두 조선 사람 같겠는가? 조선은 외국으로 간주할 수 없다."[60]라고 하였다. 또한 1411년(태종11) 6월에는 태종이 명의 국자조교國子助敎 진연陳璉이 지은 이색의 비명碑銘을 보고, 중국 사람들이 이색의 비명을 지은 일을 추국하여 이색의 아들인 호조참의戶曹參議 이종선李種善을 동래진東萊鎭으로 귀양을 보내기도 하였다.[61] 이와 달리 조선에서는 앞서 이황과 유희춘의 언급에서 보듯이 많은 학자들이 그의 호불好佛을 문제 삼아 그의 학문적 성과를 폄하하였다. 그러나 기대승은 연소한 유자들이 이색의 숭불崇佛을 저훼詆毁하거나 그가 학문을 본업으로 하지 않은 것을 지적하였으나, 그가 조선에 출사하지 않은 높은 기절氣節만으로도 동방 학문의 원류가 된다[62]고 하여, 이색의 학문적 득실과 공과에 대해 비교적 중도적인 입장에서 평가하기도 하였다. 이와 같이 이색의 학문에 대한

---

59 『世宗實錄』 59권, 15年 2月 9日. "三子之學, 非他汎焉先儒之比, 故元朝湯炳龍讃齊賢曰 : 光嶽其鍾, 爲儒之宗. 圭齋歐陽公贈穡曰 : 衣鉢當從海外傳. 高皇帝命近賦詩, 待製文淵閣. 三子之見美於中華, 豈不萬萬於古哉."

60 『太宗實錄』 6권, 3年 11月 15日. "延齡謂右政丞成石璘曰 : "公必知李穡, 如李穡者, 中原亦不過一二. 中原之人, 豈盡如朝鮮之人乎. 朝鮮不可以外國視之也."

61 『太宗實錄』 21권, 11年 6月 29日. "流戶曹參議李種善于東萊鎭. 初, 任君禮朝京師時, 於太僕少卿祝孟獻處, 受國子助教羊城陳璉所製本國文靖公李穡碑銘以來, 獻之."

62 奇大升, 『高峯先生論思錄』(『韓國文集叢刊』 40, 고전번역원) 권하, 「初七日」, 209쪽. "所學雖主於文章, 而其於禮交儒者之學, 所見亦多, 而教誨之事, 甚有功力, 鄭夢周非全學於李穡, 而亦以奬勸興起而成. (중략) 故年少之儒, 以爲崇佛而詆毁. 此人雖非學問中人, 氣節甚高, 實東方學問之源流也."

다양한 평가는 정주 성리학이 정착되던 여말선초와 토착화가 실현된 조선중기의 학문 수준이 서로 다르고, 두 시기에 진행된 학문 풍토와 실천 방식이 서로 다른 것에서 기인한 것이다.[63] 그러나 앞서 명의 사신 왕연령이 말했듯이 이색이 원의 국자감에서 학습한 정주 성리학의 수준은 14세기 후반 동아시아의 그것을 대표하였고, 그에 의해 13세기 말에 원의 관학으로 정착된 정주 성리학이 14세기 후반에 다시 고려에서 뿌리를 내렸다는 점에서, 이색의 국자감 유학과 성리학 수용은 원제국기에 중국과 한국 사이에서 진행된 문화교류의 실체를 잘 보여주고 있는 것으로 판단된다.

63 정재철, 「이색의 경학사상－程傳과 朱註의 수용양상을 중심으로－」, 『태동고전연구』 제24집(태동고전연구소, 2008), 24쪽.

5장

규장각본 『광한루기廣寒樓記』 시사詩詞를 통해 본 중국 문학 수용 양상

김영옥金永玉*

1. 머리말

조선 시대 왕실 및 문인들의 중국 서적 구입과 독서는 당시 문인들의 문화와 사상에 많은 영향을 주었을 것으로 보인다. 그러므로 본고에서는 조선 시대 중국 서적 유입과 열독을 염두에 두면서, 규장각본 『광한루기』 소재의 시사詩詞를 중심으로 중국 문학의 수용 양상을 살펴보고자 한다.

『광한루기』는 『춘향전』의 한문이본으로 작자는 수산水山이고 운림초객雲林樵客이 편집을 하였으며, 평비자評批者는 소엄주인小广主人인 19세기의 작품이다.[1] 『광한루기』에 대한 선행 연구 중에서, 규장각본 『광한루기』가 다량의 시사詩詞를 삽입하고 있다는 사실에 근거

* 단국대학교 동양학연구소

1 蘇在英, 「水山 광한루기解題」, 『숭실어문』 4(1989); 鄭夏英, 「광한루기연구」, 『이화어문논집』 12(1992); 金東旭, 「춘향전 이본고」, 『중앙대30주년기념논문집』(1955); 金庚美, 『조선후기소설론연구』(이화여대박사논문, 1994); 金豊起, 「水山 광한루기의 評批에 나타난 비평의식」, 『어문논집』 31(안암어문학회, 1992); 鄭夏英, 「광한루기 評批 연구」, 『조선고전연구』 창간호(조선고전연구회, 1995); 성현경 외, 『광한루기 역주 연구』(박이정, 1997) 등.

하여 규장각본 『광한루기』가 숭실대본 계열의 『광한루기』와는 다른 또 하나의 이본이라는 주장이 제기되었다.[2] 또한 그 시사詩詞의 상당수가 김성탄金聖嘆 평비본評批本 『서상기西廂記』의 내용을 차용하였다는 것도 검토되었다. 이러한 선행연구는 규장각본 『광한루기』와 김성탄金聖嘆 평비본評批本 『서상기』 내에 삽입된 몇 편의 시사詩詞 비교를 통하여 이본 계통을 밝히고, 규장각본 『광한루기』와 김성탄金聖嘆 평비본評批本 『서상기』와의 관련성을 밝히고 있다는 측면에서는 일정 정도 기여를 하고 있다.

그러나 규장각본 『광한루기』에 삽입된 전全 시사詩詞의 원작 문제와 김성탄金聖嘆 평비본評批本 『서상기』에서 어느 부분을 수용하고 있는지에 대한 전체적인 연구는 이루어지지 않았다. 그러므로 본고에서는 규장각본 『광한루기』 내에 수용된 시사詩詞를 주 대상으로 중국 문학의 수용이라는 측면에서 규장각본 『광한루기』 시사詩詞의 원작을 밝히고자 한다.

2. 조선 시대의 중국 서적 유입

1) 김성탄金聖嘆 평비본評批本 『제육재자서서상기第六才子書西廂記』의 전래

『서상기』는 당대唐代 전기傳奇인 원진元稹의 『앵앵전』을 바탕으로 왕실보王實甫(1250?~1337?)가 쓴 5본 20절의 원대 잡극이다. 이것을 명말청초 비평가 중의 한 사람인 김성탄金聖嘆(1608~1661)이 원작의 제5본을 삭제하고 「성탄외서聖嘆外書」와 평어評語를 붙여 『제육재자서서상기第六才子書西廂記』라 하고 구체적으로 평비하였다.

김성탄 평비본 『서상기』가 우리나라에 전래된 시기는 정확히 알 수 없지만, 김성탄 평비본 『서상기』는 17세기 중반인 1658년에 초간되었으므로 조선에서는 그 이후에 유입되었을 것으로 보인다.[3] 그리고 1760~70년대 무렵 조선 문인의 문집에서 김성탄 평비본 『서

2 김정숙, 「廣寒樓記 이본고」, 『어문논집』 39(안암어문학회, 1999); 趙冬梅, 「廣寒樓記」, 『中國硏究』 26(한국외국어대학교 중국연구소, 2001); 장예준, 「〈廣寒樓記〉의 異本과 作品 世界」(고려대학교 석사논문, 2002).

3 安鼎福(1712~1791)의 『順菴雜錄』을 보면 김성탄의 字인 金人瑞가 나온다.
安鼎福, 『順菴雜錄』 42책 : 余觀唐板小說, 有四大奇書. 一三國志也, 二水滸志也, 三西遊記也, 四金瓶梅也. 試觀三國一

상기』가 주된 독서의 대상이었다는 점을 확인할 수 있다. 또한 17~18세기 조선의 문인 중 김성탄의 소설 평비본을 독서하고 독서 후평을 남긴 이는 유만주, 이덕무, 박지원, 이상황, 이옥, 정약용 등 소수이기는 하지만 한결같이 김성탄의 소설 비평의 섬세함과 전문성에 칭찬의 말을 남기고 있다. 이것은 또한 당시의 젊은 문인들 중에 김성탄의 소설 평비에 심취되어 있는 사람이 많았으며 이를 자신의 글쓰기에 적용하는 등 영향력이 아주 컸다는 것을 알 수 있게 한다.[4]

2) 시문집詩文集의 전래

고려와 조선의 사詞 중에 당, 송 문인의 사운詞韻에 차운한 작품들이 있는 것으로 보아, 고려와 조선에 이미 중국의 사詞가 전래되었고, 당唐·송宋·원元 사인詞人들의 작품이 고려高麗 사인詞人에게 많은 영향을 미쳤음을 알 수 있다. 그리고 조선 시대 문인 약 100여 명의 시문집 가운데서도 그들이 지은 사詞를 볼 수 있는데 그들이 지은 사詞는 적게는 1수에서 많게는 63수에 이른다.[5]

선행 연구에 따르면 17세기 이후에 『당시선집唐詩選集』, 『명시明詩』, 『송시宋詩』, 『한위고시漢魏古詩』 등의 중국 시문집이 간행되었다.[6] 이것은 17세기 이후 조선 문인들의 중국 시詩에 대한 열독을 보여주는 것이며, 이러한 자료를 통하여 중국 시문집이 조선에 끼친 영향력을 알 수 있다. 또한 조선시대 『서상기』의 예를 통해서도 중국 시문집의 유입 시기 및 규모를 알 수 있다. 그러므로 본고에서는 조선시대에 전래된 중국 시문집에 대한 별도

匣, 其評論, 新奇多可觀, 其凡例, 亦可觀, 其序文, 亦以奇字命意, 而文法亦甚奇. 考其人, 則金人瑞. 毛宗崗也, 考其時, 則順治甲申也.

이후 李忠翊(1744~1816)의 『椒園遺稿』에서도 그 이름을 볼 수 있다.

李忠翊, 『椒園遺稿』, 「答韓生書」: 文之傾譎至於李贄, 淫靡至於錢謙益, 悖至於金人瑞, 而淩遲不可復振矣. 然之三數人者, 皆能讀萬卷書, 作千篇文. 精思獨觀數十年而後, 始能究傾譎淫靡醜悖之致, 以自名於昏亂之世. 今所學則贄謙益人瑞也.

4 김학주, 『조선시대 간행 중국문학 관계서 연구』(서울대학교출판부, 2000), 277~298쪽; 한매, 「김성탄 문학 비평에 대한 조선 후기 문인의 수용 양상」, 『비교문학』 29(2002); 김영진, 『朝鮮後期의 明淸小品 수용과 小品文의 전개 양상』(고려대 박사논문, 2003); 정선희, 「조선후기 문인들의 金聖嘆 評批本에 대한 독서 담론 연구」, 『동방학지』 29(2005), 129쪽; 무악고소설자료연구회 편, 『한국고소설관련자료집』 1(태학사, 2001); 무악고소설자료연구회 편, 『한국고소설관련자료집』 2(이회, 2005).

5 류기수, 『李齊賢及其詞之硏究』(University of Hongkong 박사논문, 1991).

6 최은주, 『17세기 시선집 편찬에 대한 연구』(경북대 박사논문, 2006).

의 논의를 다루지 않고 선행연구를 참고할 것이다.[7]

3. 규장각본 『광한루기廣寒樓記』 시사詩詞 내 중국 문학 수용

본고는 규장각본 『광한루기』가 다른 이본과 달리 김성탄 평비본 『서상기』를 폭넓게 수용하고 있다는 것과 시사詩詞를 대량으로 삽입하고 있다는 기존 연구에 대한 고증작업이라고 할 수 있다. 그러므로 본고에서는 규장각본 『광한루기』가 김성탄 평비본 『서상기』를 어느 부분에 어느 정도 수용하고 있는지, 중국 문인의 시사詩詞는 얼마나 수용하고 있는지 등을 알아보고자 한다.

규장각본 『광한루기』 시사詩詞 수용의 구체적인 양상 고찰은 규장각본 『광한루기』의 순서에 따라 기술하기로 한다.[8]

1) 제1회

(1) 봄날의 풍경 묘사

송宋의 사패詞牌인 「척은등剔銀燈」으로 늦봄의 풍경을 묘사하고 있다.

규장각본

淸詞一闋, 聊寫佳景詞曰,

---

7 김학주, 앞의 책(2000), 2~31쪽; 최은주, 위의 논문.

8 이하에서 詩詞의 원문 고찰은 다음과 같이 진행하였다.
- 규장각본 『광한루기』[雲林樵客(朝鮮) 編, 『廣寒樓記』(규장각 소장)]에 수용된 중국 詩詞의 원문은 『全唐詩』(中華書局 編, 1960)와 『全宋詞』(唐圭璋 編, 中華書局, 1965), 『宋詞鑒賞大典』(肖劍 主編, 長征出版社, 1999), 『宋詩抄』, 『御定全唐詩』, 『金聖嘆批本西廂記』(金聖嘆 批改, 張國光 校注, 上海古籍出版社, 1986)와 『西廂記』(문한명 註解, 정용수 譯註, 새미, 2006)을 저본으로 삼았다.
- 규장각본 『광한루기』 詩詞와 중국 詩詞 간에 글자 출입이 있을 경우에는 규장각본 『광한루기』 詩詞를 먼저 적고 중국 詩詞를 다음에 위치시켰다.
- 글자 출입부분에 밑줄을 그어 굵게 표시하였고, 판본에 따른 글자 출입이 있을 경우에는 각주에 표시하였다.
- 詩詞의 聯은 줄을 바꿔서 구분하였다.
- 숭실대본 『광한루기』 인용 부분은 성현경 외[앞의 책(1997)]의 원문과 번역을 참고하였다.

何事春工用意. 繡畫出萬紅千翠. 豔杏夭桃, 垂楊芳草, 各**鬪**雨膏煙膩. 如斯佳致. 早晩是讀書天氣. 漸漸園林明媚. **却**便好安排歡計. 論**籃**買花, 盈車載酒, 百琲千金邀妓. 何妨深醉. 有**誰**伴日高春睡.

柳永 -「剔銀燈」

何事春工用意. 繡畫出萬紅千翠. 豔杏夭桃, 垂楊芳草, 各**鬭**雨膏煙膩. 如斯佳致. 早晩是讀書天氣. 漸漸園林明媚. 便好安排歡計. 論**檻**買花, 盈車載酒, 百琲千金邀妓. 何妨深醉. 有**人**伴日高春睡.

(2) 광한루의 경치 묘사

백거이白居易의 7언 율시인「항주춘망杭州春望」을 싣고 있다. 이 시는 백거이白居易가 항주 자사로 부임할 때 지은 것으로 항주의 봄 풍경을 묘사한 것인데, 규장각본은 도린이 지은 시로 적고 광한루라는 장소에 맞게 몇 자만을 고쳐서 다음과 같이 제시하고 있다.

규장각본

城外樓明照曙霞, **江邊**堤白踏晴沙. **波**聲**晩撼關王廟**, 柳色春藏**月妓**家. 紅袖織綾誇柿蒂, 靑旗沽酒趁梨花. 誰開**烏鵲橋**南路, 草綠裙腰一道斜.

白居易 -「杭州春望」

望海樓明照曙霞, **護江**堤白蹋晴沙. **濤**聲**夜入伍員廟**, 柳色春藏**蘇小**家. 紅袖織綾誇柹蒂, 靑旗沽酒趁梨花. 誰開**湖寺西**南路, 草綠裙腰一道斜.

이것은 숭실대본에서 광한루의 경치를 묘사하기 위하여 다음의 시詩를 싣고 있는 것과 대조를 이룬다.

숭실대본

天上曾聞烏鵲橋, 人間今見廣寒樓. 姮娥應恨月宮冷, 願借銀河蓮葉舟.

(3) 도린이 춘향의 그네 뛰는 모습을 보는 부분

『서상기』 제1본 제1절의「선려仙呂·상마교上馬嬌」(1~4구),「승호로勝葫蘆」의 증구增句(5구~7구) 장생 창을 이용하여 도린의 사詞로 다음과 같이 표현하고 있다.

> 규장각본
>
> 是兜率宮, 是離恨天. 我誰想這里遇神仙. 宜嗔宜喜春風面. 千般裊娜, 萬般旖旎, 似垂柳在晩風前.[9]

이것은『서상기』제1본 제1절 장생의 창唱 부분으로, 본래 곡조는「선려仙呂」이고 곡패는「상마교上馬嬌」와「승호로勝葫蘆」인 두 개의 사詞이다. 즉, 1구~4구까지는「상마교上馬嬌」이고 5구~7구까지는「승호로勝葫蘆」의 증구增句인 후편後篇 중에서 인용한 것으로 원문은 다음과 같다.

> 『서상기』
>
> 【上馬嬌】是兜率宮, 是離恨天, 我誰想這里遇神仙, 宜嗔宜喜春風面, 偏, 宜貼翠鈿.
>
> 【勝葫蘆】宮様眉兒新月偃, 侵入鬢雲邊. 未語人前先腼腆, 櫻桃紅破, 玉粳白露, 半晌恰方言.
>
> 【後】似嚦嚦鶯聲花外囀, 鶯鶯云紅娘, 我看母親去, 行一步可人怜. 解舞腰肢嬌又軟. 千般嬝娜, 萬般旖旎, 似垂柳晩風前.

(4) 회미평

1회의 마지막 부분에 춘향이 방자의 말(도린이 춘향을 만나기 원한다는 말)을 듣고 광한루로 가는 부분을 사詞로 마치고 있는데, 송 조령치趙令畤의「상조商調·접련화蝶戀花」12수 중 1수를 인용하여 다음과 같이 묘사하였다. 이 사詞 외에 숭실대본에서와 같은 별도의 회미평

---

9 김정숙[앞의 논문(1999), 279~281쪽]은 이 詩詞가『서상기』에 나오는 것임을 처음으로 밝혔다. 이 외에도 제3회의 '玉宇無塵……'과 '軟玉温香抱滿懷……', 제4회의 '柳絲長……'과『서상기』와의 관련성을 지적하였다. 그러나 규장각본이나 숭실대본, 서상기와의 글자 출입에 대한 고찰은 이루어지지 않았다.
이후 조동매[앞의 논문(2001), 150~154쪽]는 이 작품과 더불어 제3회의 '其聲壯……', '月色溶溶夜……', 제4회의 '碧雲天……' 詩詞 등『서상기』와의 관련 부분을 밝혔다.

은 붙어 있지 않다.

규장각본

麗質仙娥生月殿. 謫向人間, 未免凡情亂. 宋玉墻**頭**流美**眄**. 亂花深處曾相見.

趙令時 –「商調・蝶戀花」

麗質仙娥生**月**[10]殿. 謫向人間, 未免凡情亂. 宋玉墻**東**流美**盼**. 亂花深處曾相見.[11]

2) 제2회

(1) 도린이 오작교를 건너오는 춘향을 보는 장면

춘향이 모습을 드러내기까지의 과정은 짧게 묘사하고 마침내 드러난 춘향의 모습을 다음과 같이 표현하고 있다.

규장각본

長句一篇聊述奇遇辭曰,

遙想春嬌厭拘束, 等閑飛出廣寒宮. **容分一臉**, **體露半衿**. 嚲長袖**以**無言, 垂湘裙**以**不動. **正**似湘陵妃子, 斜**倚**舜廟朱扉, 洛水神人, 欲入陳王麗賦.

이것은 『서상기西廂記』 제1본 3절 「월조越調・조소령調笑令」에 나오는 장생의 대사 부분으로, 장생이 향을 태우는 앵앵의 모습을 몰래 보고 정을 금할 수 없어 감탄하면서 하는 말이다.

『서상기』

料想春嬌厭拘束, 等閑飛出廣寒宮. **容分一臉**, **體露半衿**. 嚲長袖**而**無言, 垂湘裙**而**不動. 似湘陵妃子, 斜**偎**舜廟朱扉, **如**洛水神人, 欲入陳王麗賦, 是好女子也呵, 遮遮掩掩穿芳徑, 料應他小脚兒難行,

---

10 月을 玉으로 적고 있는 것도 있다.

11 趙令時,『商調・蝶戀花』 鼓子詞는 元稹의 『會眞記』에 있는 「元微之崔鶯鶯・商調・蝶戀花詞」와 서로 같다.

行近前來百媚生，兀的不引了人魂靈.

숭실대본에서는 춘향이 도린에게 오는 모습을 '正是, 容分一臉, 體露半面(八疊屛間美人來) : 몸과 뺨이 반만 드러났다(8첩 병풍 사이로 미인이 오는구나).'로 표현하고 있다.

(2) 춘향이 집으로 돌아간 후 도린이 춘향을 생각하는 장면

숭실대본은 서재로 돌아온 도린이 춘향의 생각에 잠 못 들며 「양류지楊柳枝」 곡조曲調를 이용한 다음의 사詞 「양류일지楊柳一枝」를 노래한다.

숭실대본

百尺樓頭廻一杯，楚山何處送雲來．爲謝東園桃李樹，春風不惜萬花開.

그러나 규장각본에는 집에 돌아온 도린이 서재로 가기 전에 읊는 부분으로, 이것은 송 주돈유朱敦儒의 「일락색一落索」 2결闋이다. 숭실대본의 사詞는 서재로 돌아간 후 「양류지楊柳枝」 곡조曲調를 이용하여 도린이 새로 지어 읊는 것이지만 규장각본의 사詞는 서재에 가기 전에 읊는 것으로 나오고 그 사詞도 다르다. 이 사詞는 주돈유朱敦儒의 「일락색一落索」과 비교해 볼 때 글자 출입이 없다.[12]

규장각본 : 朱敦儒 -「一落索」

慣被好花留住．蝶飛鶯語．少年場上醉鄕中，容易放春歸去.

今日江南春暮．朱顔何處．莫將愁緖比飛花，花有數愁無數.

(3) 도린이 춘향을 보기 위해 밤에 담장을 넘으려는 장면

원진元稹의 7언 절구인 『춘사이수春詞二首』 중 한 수를 방자 김한金漢의 시詩로 표현하고 있다.[13]

12 이하에서 규장각본 『광한루기』 詩詞와 중국 詩詞 간에 글자 출입이 없을 경우에는, 중국 詩詞의 작가와 제목만 밝혔다.
13 이 시의 제목은 『附微之古艶詩詞』 중에 있으므로 「古艶詩 二首」라고도 한다.

春來頻到宋家東，垂袖開懷待好風．鶯藏柳暗[14]無人語，惟有牆花滿樹紅．

(4) **회미평**

회미평을 좌예左譽의 「안아미眼兒媚」로 대신하고 있다.

규장각본

點絳脣工唱小詞曰，

樓上黃昏杏花寒，斜月小欄干．一雙燕子，兩行歸鴈，畵角聲殘．

綺窓人在東風裏，無語對春閒．也應似舊，盈盈秋水，淡淡春山．

左譽 -「眼兒媚」

樓上黃昏杏花寒，**斜**[15]月小**闌**干．一雙燕子，兩行歸鴈，畵角聲殘．

綺窓人在東風裏，**無語**[16]對春閒．也應似舊，盈盈秋水，**淡淡**[17]春山．

이 사詞는 『서상기』에도 나오는데 곡명이 달라지는 것을 볼 수 있다. 즉 『서상기』 3본 2절에서는 장생이 앵앵의 서신을 받고 앵앵을 만나기 위해 어찌 담장을 넘을 수 있겠는가라는 말에 홍랑이 하는 말이다.

『서상기』

【二煞】拂墻花又低，迎風戶半攧，偷香手段今番按．你怕墻高，怎把龍門跳．嫌花密，難將仙桂攀．疾忙去，休辭憚．他望穿了**盈盈秋水**，蹙損了**淡淡春山**．

규장각본에서 인용한 부분은 『서상기』 「중려中呂・사해아耍孩兒」의 뒤, 「살미煞尾」의 앞에 순서대로 넣은 사詞 중 「이살二煞」이다. 그런데 규장각본에서는 「이살二煞」의 사詞를 수

14 暗을 闇으로 적고 있는 것도 있다.
15 斜를 新으로 적고 있는 것도 있다.
16 無語를 灑淚로 적고 있는 것도 있다.
17 淡淡을 瞻瞻으로 적고 있는 것도 있다.

용하면서 「점강순點絳脣」이라는 곡명으로 바꾸었고 내용에 있어서도 『서상기』의 사詞 중 몇 구절만을 수용하고 있다.

3) 제3회

(1) 춘향이 자신의 처소에서 도린을 기다리는 장면

숭실대본은 송 왕안석王安石의 「야직夜直」을 인용하고 있다

숭실대본 : 王安石 -「夜直」

金爐香燼漏聲殘, 翦翦輕風陣陣寒. 春色惱人眠不得, 月移花影上闌干.

그러나 규장각본은 『서상기』 제1본 제3절의 월조越調 「투암순鬪鵪鶉」 장생 창을 그대로 인용하고 있다.

규장각본 : 『서상기』

鬪鵪清詞, 一唱越調詞曰,

玉宇無塵, 銀河瀉影. 月色橫空, 花陰滿庭. 羅袂生寒, 芳心自警. 側着耳朵兒聽, 躡着脚步兒行, 悄悄冥冥, 潛潛等等呵.

(2) 춘향이 도린을 기다리면서 거문고를 연주하는 부분

숭실대본은 접연화시蝶戀花詩를 이용하여 다음과 같이 표현하고 있다.

숭실대본

蝶戀花詩曰,

文君獨坐小燈紅, 竹葉聲聲又送風. 多賴樂心清似妾, 卿卿應在月明中.

규장각본은 『서상기』 제2본 제4절인 「월조越調 · 독시아禿廝兒」를 인용하여 춘향이 거문

고 타는 것을 「상성商聲」의 「탄금영시彈琴詠詩」로 표현하였다.

규장각본

其聲壯，似鐵騎刀槍冗冗．**幽**，似落花流水溶溶．其聲高，似風清月朗鶴唳空．其聲低，似兒女語小牕中喁喁．

이것은 『서상기』 앵앵이 저녁에 장생의 거문고 소리를 듣고 하는 사詞인 월조越調 「독시아禿廝兒」로 6, 6, 7. 3, 3, 2자로 된 것이 기본이다.

『서상기』

【禿廝兒】其聲壯，似鐵騎刀槍冗冗．**其聲**幽，似落花流水溶溶．其聲高，似淸風明月鶴唳空．其聲低，似兒女語小窗中喁喁．

『광한루기』에서는 월조越調를 상성商聲으로 바꾸어서 『서상기』의 사詞를 그대로 수용하고 있는데, 3구의 '幽'는 '其聲幽'에서 '其聲'을 빼고 '幽'로만 적고 있다.

또한, 숭실대본에서는 위의 거문고 연주에 춘향의 마음을 담고 있지만 규장각본은 『서상기』에 나오는 다음의 시詩를 인용하여 춘향이 도린을 그리는 마음을 표시하고 있다.

규장각본

月色溶溶夜，花陰寂寂春．如何臨皓魄，不見月中人．

이 시는 『서상기』 제1본 제3절에 나오는 것으로 본래 7, 5. 7, 3, 7. 4, 4, 5자로 된 「월조越調・소도홍小桃紅」 사詞의 뒤에 장생이 읊은 시인데 규장각본에서는 창자를 춘향으로 바꾸고 있다.

『서상기』

【小桃紅】我雖不及司馬相如，我則看小姐頗有文君之意．我且高吟一絶，看他則甚．月色溶溶夜，花陰寂寂春．如何臨皓魄，不見月中人．

(3) 도린이 춘향도 자신을 생각한다는 것을 아는 장면

도린이 시를 읊고 있는 것으로 표현하는데, 이 시는 당 한악韓偓의 7언 율시인 「의취倚醉」이다.

규장각본

倚醉無端尋舊約，却憐惆悵轉難勝．靜中樓閣**三春月**．**近**處簾櫳**半夜燈**．抱柱立時風細細，繞廊行處思騰騰．分明窓下聞裁剪，敲遍闌干喚不膺．

韓偓 –「倚醉」

倚醉無端尋舊約，却憐惆悵轉難勝．靜中樓閣**深春雨**.[18] **遠**處簾櫳**夜半燈**.[19] 抱柱立時風細細，繞廊行處思騰騰．分明窓下聞裁剪，敲**遍**[20]闌干喚不膺．

(4) 춘향과 도린의 정사 장면

협비가 없고 정사의 장면도 '半推半就, 我驚我愛'로 짧게 묘사하고, 대신 『서상기』의 사詞를 인용하였다.

규장각본

軟玉温香抱滿懷．呀，**劉阮**到天台．春至人間花弄色，柳腰款**罷**，花心輕拆，露滴牡丹開．

이 사詞는 『서상기』 4본 1절에 보이는 것으로, 장생과 앵앵이 사랑을 주고 받는 장면에 나오는 노래이다. 곡명은 「선려仙呂 · 승호로勝葫蘆」이다. 이 사詞를 『서상기』와 비교해 보

---

18 深春雨를 春深雨로 적고 있는 것도 있다.

19 夜半燈을 半夜燈으로 적고 있는 것도 있다.

20 遍을 徧으로 적고 있는 것도 있다.

면, 규장각본의 사詞는 몇 글자의 출입만 보일뿐 거의 같다. 그러나 규장각본은 다음에서 볼 수 있는 것처럼 『서상기』에서는 「선려仙呂 · 승호로勝葫蘆」 후편後篇의 사詞인 '半推半就, 我驚我愛'를 「선려仙呂 · 승호로勝葫蘆」 사詞의 앞에 두고 있다.

『서상기』

【勝葫蘆】 軟玉溫香抱滿懷. 呀, **阮肇**到天台. 春至人間花弄色, **將**柳腰款**擺**, 花心輕拆, 露滴牡丹開.

【后】 蘸着些兒麻上來, 魚水得和諧, 嫩蕊嬌香蝶恣採. 你半推半就, 我驚我愛, 檀口揾香腮.

또한 규장각본은 날이 밝아 도린이 집으로 돌아갈 때의 쓸쓸함을 당나라 한악韓偓의 「오경五更」 7언 율시를 인용하여 몇 자만을 고친 후 다음과 같이 표현하고 있어 '도린이 춘향을 보고 쓸쓸히 돌아갔다'라고만 적고 있는 숭실대본과는 차이를 보이고 있다.

규장각본

佳辰曾約**廣寒堂**, 半夜潛身入洞房. 懷裏不知金鈿落, 暗中唯覺繡鞋香. 此時欲別魂俱斷, 自後相逢眼更狂. 光景旋消惆悵在, 一生贏得是凄凉.

韓偓 -「五更」

往年曾約**鬱金牀**, 半夜潛身入洞房. 懷裏不知金鈿落, 暗中唯覺繡鞋香. 此時欲別魂俱斷, 自後相逢眼更狂. 光景旋**消**[21]惆悵在, 一生贏得是凄凉.

(5) 도린과 춘향의 정사 후, 도린이 춘향의 처소를 찾는 장면

춘향이 도린에게 문장을 써 줄 것을 부탁하자마자 도린이 지은 시를 적고 있다. 이 시는 한악韓偓의 7언 율시인 「요나裊娜」와 당 이군옥李群玉의 「동정상병가희소음희증同鄭相幷歌姬小飮戲贈」이다.

21 消를 銷로 적고 있는 것도 있다.

규장각본

裏**那**腰肢澹泊粧, 六朝宮様窄衣裳. **着**詞暫見櫻桃破, 飛醆遙聞荳蔻香. 春惱情懷身覺瘦, 酒添顏色粉生光. 此心不敢分明道, 風月應知暗斷腸.

裙拖六幅湘江水, **鬓**聳巫山一段雲. 風格只應天上有, 歌聲豈合世間聞. 胸前瑞雪燈斜照, 眼底桃花酒半醺. 不是相**與**憐賦客, 爭教容易見文君.

韓偓 -「裏娜」

裏**娜**腰肢**澹泊粧**,[22] 六朝宮様窄衣裳. **著**詞**暫**[23]見櫻桃破, 飛醆遙聞荳蔻香. 春惱情懷身覺瘦, 酒添顏色粉生光. 此**心**[24]不敢分明道, 風月應知暗斷腸.

李群玉 -「同鄭相幷歌姬小飮戱贈」

裙拖六幅湘江水, **鬓**聳巫山一段雲. 風格只應天上有, 歌聲豈合世間聞. 胸前瑞雪燈斜照, 眼底桃花酒半醺. 不是相**如**憐賦客, 爭教容易見文君.[25]

(6) 춘향의 재주를 나타내는 부분

숭실대본은 당의 왕지환王之渙의 「양주사凉州詞」 2수 중 첫 번째 곡사曲詞, 왕유王維의 「위성곡渭城曲」 곡사曲詞, 왕창령王昌齡의 「부용루송신점이수芙蓉樓送辛漸二首」 중 1수의 곡사曲詞를 싣고 있다.

숭실대본

王之渙 -「凉州詞」

黃河遠上白雲間, 一片孤城萬仞山. 羌笛何須怨楊柳, 春風不**渡**[26]玉門關.

---

22 澹泊粧을 澹薄妝이나 淡薄妝, 淡薄粧으로 적고 있는 것도 있다.
23 暫을 但으로 적고 있는 것도 있다.
24 心을 時로 적고 있는 것도 있다.
25 이 시의 제목은 「杜丞相悰筵中贈美人」이라고도 한다.
26 渡를 度로 적고 있는 것도 있다.

王維 -「渭城曲」

渭城朝雨浥輕塵，客舍靑靑柳色新．勸君更盡一杯酒，西出陽關無故人．

王昌齡 -「芙蓉樓送辛漸」

寒雨連江夜入吳，平明送客楚山孤．洛陽親友如相問，一片氷心在玉壺．

규장각본은 송 황정견黃庭堅의 「청평락淸平樂」 중 일부를 싣고 있어 숭실대본과 차이를 보인다.

규장각본 : 黃庭堅 -「淸平樂」

春歸何處．寂寞無行路．若有人知春去處．喚取歸來同住．

春無蹤跡誰知．除非問取黃鸝．百囀無人能解，因風**飛**[27]過薔薇．

(7) 회미평

원진元稹의 「몽유춘칠십운夢遊春七十韻」를 5언 고시의 형태로 3회의 내용과 부합하도록 부분적으로 생략하거나 몇 글자를 고쳐서 수용하고 있다.

규장각본

昔**者**夢遊春，夢遊何所遇．夢入深洞中，果遂平生趣．過盡萬株桃，盤旋竹林路．樓下雜花叢，花邊繞鴛鷺．未敢上階行，頻移曲地步．烏龍不作聲，綠綺曾相慕．漸到簾幕間，徘徊意猶懼．閑窺紗窓下，奇玩參差布．簾開美人起，見我遙相諭．潛褰翡翠帷，瞥見珊瑚樹．不辨花貌人，空驚香若霧．睡臉桃破風，汗粧蓮委露．紕軟鈿頭裙，玲瓏合歡袴．最似紅牡丹，雨欲暮．夢魂良易驚，靈境難久寓．

元稹 -「夢遊春七十韻」

昔**歲**夢遊春，夢遊何所遇．夢入深洞中，果遂平生趣．**清冷淺漫流，畵舫蘭篙渡**．過盡萬株桃，盤旋竹林路．**長廊抱小樓，門牖相回互**．樓下雜花叢，**叢**邊繞鴛鷺．**池光漾霞影，曉日初明煦**．未敢上階行，

27 飛를 吹로 적고 있는 것도 있다.

頻移曲池步. 烏龍不作聲, **碧玉**曾相慕. 漸到簾幕間, **裴回**意猶惧. 閑窺**東西閣**, 奇玩參差布. **隔子碧油糊**, **駝鉤紫金鍍**. **逡巡日漸高**, **影响人將寤**. **鸚鵡饑亂鳴**, **嬌娃睡猶怒**. 簾開**侍兒**起, 見我遙相諭. **鋪設繡紅茵**, **施張鈿糚具**. 潛褰翡翠帷, 瞥見珊瑚樹. 不辨花貌人, 空驚香若霧. **身回夜合偏**, **態斂晨霞聚**. 睡臉桃破風, 汗糚蓮委露. **叢梳百葉髻**, **金蹙重臺屨**. 紕軟鈿頭裙, 玲瓏合歡袴. **鮮妍脂粉薄**, **暗淡衣裳故**. 最似紅牡丹, 雨**來春**欲暮. 夢魂良易驚, 靈境難久寓.

4) 제4회

(1) 도린이 곧 떠나게 된다는 소식을 듣고 춘향이 슬퍼하는 장면

조령치趙令時의 「상조商調 · 접련화사蝶戀花詞」 12수 중 7번째 시 두 편 중 두 번째 편으로 춘향의 슬픈 심사를 평하고 있다.

규장각본 : 趙令時 -「商調 · 蝶戀花詞」

兩意相歡朝又暮. 爭奈郞鞭, 暫指長安路. 最是動人愁怨處. 離情盈抱終無語.

(2) 도린이 이별을 준비하는 심정

도린이 춘향과 헤어져야 함을 알고 행장을 꾸리면서 밤에 난간에 기대어 옥림동을 바라보면서 시를 지어 읊는 것으로 묘사하고 있는데, 이 시는 최각崔珏의 7언 율시인 「유증有贈」 2수 중에서 2번째 시를 인용한 것이다.

규장각본 : 崔珏 -「有贈」

錦里芬芳少佩蘭, 風流全占似君難. 心迷曉夢牕猶暗, 粉落香肌汗未乾. 兩臉夭桃從鏡發, 一眸春水照人寒. 自嗟此地非吾土, 不得如花歲歲看.

(3) 다가올 이별을 위로하는 장면

백거이白居易의 7율인 「강루연별江樓宴別」을 인용하여 도린과의 이별이 가까워짐을 알고 춘향과 도린이 다가올 이별을 위로하고 있다.

규장각본

樓中別曲催離酌, 燈下紅裙間綠袍. 縹渺楚風羅綺薄, 琤瑽越調管絃高. 寒流帶月澄如鏡, 夕吹和霜利似刀. 樽酒未空歡未盡, 舞腰歌袖莫辭勞.

白居易－「江樓宴別」

樓中別曲催離酌, 燈下紅裙間綠袍. 縹緲楚風羅綺薄, 錚鏦越調管絃高. 寒流帶月澄如鏡, 夕吹和霜利似刀. 樽[28]酒未空歡未盡, 舞腰歌袖莫辭勞.

(4) 춘향이 도린의 집에 갔을 때의 장면

『서상기』 4본 4절 「쌍조雙調・원앙살鴛鴦煞」 장생 창을 인용하여 이별을 앞둔 춘향의 모습을 표현하고 있다.

규장각본 : 『서상기』

柳絲長, 咫尺情牽惹, 水聲幽, 彷彿人嗚咽. 斜月殘燈, 半明不滅. 舊恨新愁, 連綿鬱結.

(5) 도린과 이별한 춘향

『서상기』 4본 3절 「정궁正宫・단정호端正好」와 「곤수구滾綉球」 앵앵창을 이용하여 다음과 같이 표현하고 있다.

규장각본

碧雲天, 黃花地, 西風緊, 北雁南飛. 曉來誰染霜林醉. 總是離人淚. 恨成就得遲, 怨分去得疾. 柳絲長玉驄難繫, 倩疏林你與我挂住斜暉.

『서상기』의 원문은 다음과 같다.

---

28 樽을 尊으로 적고 있는 것도 있다.

『서상기』

【正宮】【端正好】碧雲天, 黃花地, 西風緊, 北雁南飛. 曉來誰染霜林醉, 總是離人泪.

【滾繡球】恨成就得遲, 怨分去得疾. 柳絲長玉驄難繫, 倩疏林你與我挂住斜暉.

『서상기』 정궁正宮의 「단정호端正好」는 3, 3, 3, 4. 7, 5자로 된 것이 기본이고 「곤수구滾繡球」는 3, 3, 3, 4, 3, 4. 3, 3, 4, 3, 4. 7, 7, 4자가 기본이다. 규장각본 『광한루기』에서는 이것을 「정궁正宮 · 곤수구滾繡球」로 보고 있다.

(6) 회미평 : 도린의 경성 생활

도린의 생활을 '문밖에 만약 남북으로 난 길이 없다면 인간은 이별을 어려워할 것이다'라고 평하고, 다음에서와 같이 한악韓偓의 7언 율시인 「유억有憶」으로 회미평을 하고 있다.

규장각본 : 韓偓 -「有憶」

晝漏迢迢夜漏**遲**, 傾城消息杳無期. 愁腸**泥**酒人千里, 淚眼倚樓天四垂. 自笑計狂多獨語, 誰憐夢好轉相思. 何時鬭帳濃香裏, 分付**東**風與玉兒.[29]

5) 제5회

(1) 도린과 이별한 춘향의 모습

어현기魚玄機의 7언 율시인 「규원閨怨」을 인용하여 표현하고 있다.

규장각본 : 魚玄機 -「閨怨」

蘼蕪盈手泣斜暉, 聞道隣家夫婿歸. 別日南鴻纔北去, 今朝北鴈又南飛. 春來秋去相思在, 秋去春來信息**稀**.[30] 扃閉朱門人不到, 砧聲何事透羅幃.

---

29 이 시에서 밑줄 그은 遲는 移, 泥는 殢, 東은 春으로 적고 있는 것도 있다.
30 稀를 違로 적고 있는 것도 있다.

(2) 회미평

요함姚合의 7언 율시인 「양급사사고곡망애희영영楊給事師皐哭亡愛姬英英, 절문시인다부竊聞詩人多賦, 인이계화因而繼和」를 다음과 같이 인용하여, 춘향이 부사의 명을 받들지 않자 곤장을 때리고 나서 하옥시키는 장면에 배치하였다.

규장각본

眞珠爲土玉爲塵, 未識遙聞鼻亦辛. 天上還應收至寶, 世間難得是佳人. 朱絲自斷虛銀燭, 紅粉**將消**冷繡裀. **回首可憐歌舞地**. **桃花千樹玉林春**.

姚合 -「楊給事師皐哭亡愛姬英英, 竊聞詩人多賦, 因而繼和」

眞珠爲土玉爲塵, 未識遙聞鼻亦辛. 天上還應收至寶, 世間難得是佳人. 朱絲自斷虛銀燭, 紅粉**潛銷**冷繡裀. **見說忘情唯有酒**. **夕陽對酒更傷神**.

6) 제6회

(1) 감옥에 있는 춘향 모습

정해程垓의 「강성매화인江城梅花引」 쌍조雙調를 인용하여 춘향이 감옥에 갇혀 지내는 모습을 다음과 같이 묘사하고 있다.

규장각본

娟娟霜月冷侵門. 怕黃昏. 又黃昏. 手撚一枝, 獨自對芳樽. 酒又不禁花又惱, 漏聲遠, 一更更, 總斷魂.

斷魂. 斷魂. 不堪聞. 被半溫. 香半熏. 睡也睡也, 睡不穩, 誰與温存. **唯**有**床**前銀燭照啼痕. 一夜爲花憔悴損, 人瘦也, 比梅花, 瘦幾分.

程垓 -「江城梅花引」

娟娟霜月**冷**侵門. **怕**黃昏. **又**黃昏. **手撚一枝**. 獨自**對芳**樽. 酒又**不**禁花又惱, 漏聲遠, 一更更, 總斷魂.

斷魂. 斷魂. 不堪聞. 被半溫. 香半**熏**. 睡也睡也, 睡不稳, 誰與温存. **惟**有**牀**前**銀**燭**照**啼痕. 一夜**爲花憔悴損**, 人瘦也, 比梅花, 瘦幾分.[31]

(2) 회미평

옥에 갇힌 춘향이 꿈을 꾼 후의 마음을 5언시로 표현하고 있다.

長安何太遠, 萬水復千山. 未得書中字, 徒逢夢裡顔.[32]

7) 제7회

(1) 시랑 일행과 서울로 떠나는 장면

시랑侍郎 일행이 대언代言과 함께 떠나는 장면에서, 도린이 쓴 시를 가기佳妓에게 노래하게 한다. 이 때 도린이 써 낸 시는 백거이白居易의 7언 율시인 「서호유별西湖留別」이다.

규장각본

征途行色慘風煙, 祖帳離聲咽管絃. 翠黛不須留五馬, **聖**恩只**住借**三年. 綠藤陰下**舖**歌席, 紅藕花中泊妓船. 處處回**首**盡堪戀, 就中難別是**塘**邊.

白居易 -「西湖留別」

征途行色慘風煙, 祖帳離聲咽管絃. 翠黛不須留五馬, **皇**恩只**許住**三年. 綠藤陰下**鋪**歌席, 紅藕花中泊妓船. 處處回**頭**盡堪戀, 就中難別是**湖**邊.

---

31 이 시의 제목이 「攤破江城子」로 된 것도 있는데, 밑줄 그은 부분에는 글자 출입이 있다.
娟娟霜月又侵門. **對**黃昏. **怯**黃昏. **愁把梅花**, 獨自**泛清**樽. 酒又**難**禁花又惱, 漏聲遠, 一更更, 總斷魂.
斷魂. 斷魂. 不堪聞. 被半溫. 香半**溫**. 睡也睡也, 睡不穩, 誰與溫存. **只**有**床**前**紅**燭**伴**啼痕. 一夜**無眠連曉角**, 人瘦也, 比梅花, 瘦幾分.

32 이 시의 출전은 찾지 못하였다.

(2) 도린이 춘향의 꿈을 꾸는 장면

숭실대본은 다음과 같이 원진元稹의 시인 「춘효春曉」와 「잡억시오수雜憶詩五首」 2수를 인용하고 있다.[33]

숭실대본

半欲天明半未明，醉聞花氣睡聞鶯．**侍**兒撼起鐘聲動，**三個**年前曉**閣**情．

花籠**殘照**竹籠煙，百尺絲繩拂地懸．憶得**佳人**人靜**處**，**閒**教**柳**葉送**秋千**．

元稹 –「春曉」

半欲天明半未明，醉聞花氣睡聞鶯．**獍**[34]兒撼起鐘聲動，**二十**年前曉**寺**情．

元稹 –「雜憶詩五首」

花籠**微月**竹籠煙，百尺絲繩拂地懸．憶得**雙文**人靜**後**，**潛**教**桃**葉送**鞦遷**．[35]

규장각본은 숭실대본에서 인용한 원진元稹의 시 2수에 「이사시離思詩 오수五首 · 기사其四」 1수를 더하여 3수를 인용하고 있다. 규장각본에만 보이는 원진元稹의 시는 다음과 같다.

규장각본 : 元稹 –「離思詩五首 · 其四」

曾經滄海難爲水，除却巫山不是雲．取次花叢**懶回**[36]顧，半緣修道半緣君．

(3) 도린이 암행어사로 전주에 들어왔을 때의 감회

원진元稹의 7언 율시인 「앵앵시鶯鶯詩」를 이용하여 다음과 같이 도린의 심리를 묘사하고

---

33 조동매[앞의 논문(2001), 150쪽]는 이 2수의 시와 규장각본에 수용된 시를 합한 3수를 『서상기』와 『회진기』의 관계 속에서 파악하고, 이것을 규장각본 작자가 인물이나 시간을 변화시켜 활용하고 있다고 설명하고 있다.

34 獍를 娃나 猧로 적고 있는 것도 있다.

35 鞦遷을 鞦韆이나 秋遷으로 적고 있는 것도 있다.

36 懶回를 嬾廻나 嬾回로 적고 있는 것도 있다.

있다.

규장각본

殷紅淺**白**舊衣裳, 取次梳頭暗淡**粧**. 夜合帶煙籠曉**月**, 牡丹經雨泣殘陽. **依俙似**笑**還**非笑, **彷佛聞**香不**是**香. 頻動橫波嗔阿母, 等閑教見小**阿**郞.

元稹 -「鶯鶯詩」

殷紅淺**碧**舊衣裳, 取次梳頭暗淡**妝**. 夜合帶煙籠曉**日**, 牡丹經雨泣殘陽. **低迷隱**笑**原**非笑, **散漫淸**香不**似**香. 頻動橫波嗔阿母, 等閑教見小**兒**郞.[37]

(4) 도린이 남원의 민생을 살피는 모습

두순학杜荀鶴의 7율인 「산중과부山中寡婦」를 인용하여 도린이 남원에 도착하여 민생을 살피는 모습을 표현하고 있다.

규장각본

偶尋此地守蓬**蒿**, 麻苧衣衫**鬢髮**焦. 桑柘廢來猶納稅, 田園荒後尙徵苗. 時挑野菜和根煮, 旋斫生柴帶葉燒. 任是深山更深處, 也應無計避征徭.

杜荀鶴 -「山中寡婦」[38]

夫因兵死守蓬**茅**, 麻苧衣衫**鬢髮**[39]焦. 桑柘廢來猶納稅, 田園荒后尙征苗. 時挑野菜和根煮, 旋斫生柴帶葉燒. 任是深山更深處, 也應無計避征徭.

(5) 회미평

도린이 성에 들어가는 부분에 위장韋莊의 「과번천구거過樊川舊居」를 인용하였다.

---

37 이 시를 「離思詩」의 첫 번째 시로 보기도 한다.

38 조동매[앞의 논문(2001), 156쪽]는 이 시를 杜荀鶴의 「時世行贈田婦」이라고 하였는데, 확인한 결과 「山中寡婦」와 「時世行贈田婦」는 같은 시이다.

39 鬢髮을 鬂髮이나 鬢發로 적고 있는 것도 있다.

규장각본

却到城南訪舊遊, 斜陽芳草廣寒樓. 櫻桃花落香深閣, 楊柳風來雨滿洲. 能道別離惟有燕, 解偸閑暇不如鷗. 千桑萬海無人見, 橫笛一聲空漏流.

韋莊 -「過樊川舊居」

却到樊川訪舊遊, 夕陽衰草杜陵秋. 應劉去後苔生閣, 稽阮歸來雪滿頭. 能說亂離惟有燕, 解偸閒暇不如鷗. 千桑萬海無人見, 橫笛一聲空淚流.

8) 제8회

(1) 어사가 된 도린이 본 옥림동의 모습

오융吳融의 7언 율시인 「폐댁廢宅」을 인용하여 주인이 없는 옥림동의 모습을 보고 느끼는 비애를 표현하고 있다.

규장각본

風飄碧瓦雨摧垣, 却有隣人爲鎖門. 幾樹好花閑白晝, 滿庭芳草易黃昏. 養魚池涸蛙爭聚, 棲燕梁空雀自喧. 不獨凄凉眼前事, 南樓一約憶芳樽.

吳融 -「廢宅」

風飄碧瓦雨摧垣, 却有隣人爲鎖門. 幾樹好花閑白晝, 滿庭荒草易黃昏. 放魚池涸蛙爭聚, 棲燕梁空雀自喧. 不獨凄凉眼前事, 咸陽一火便成原.

(2) 도린이 사또의 잔치에서 놓고 간 시

숭실대본과 규장각본은 이백李白이 지은 「행로난行路難」의 곡사曲詞 3수 중 일수一首에서 1, 2구를 차용하고 있다. 이 시는 춘향전에 나오는 「어사시御使詩」와 같다.

숭실대본 : 규장각본

金樽**美**酒**千人血**, 玉盤**佳肴萬姓膏**. 燭淚落時民淚落, 歌聲高處怨聲高.

李白 -「行路難」

金樽**清**酒**斗十千**, 玉盤**珍饈直萬錢**. **停杯投箸不能食**, **拔劍四顧心茫然**. **欲渡黃河氷塞川**, **將登太行雪暗天**.

(3) 회미평

숭실대본『광한루기廣寒樓記』의「독법讀法」다음에 나왔던「시詩」를 가지고 춘향의 만남에서 이별, 재회에 대한 회상을 적는 회미평으로 사용하고 있는데, 숭실대본과는 몇 글자의 출입이 있지만 내용에 있어서는 차이가 보이지 않는다.[40]

규장각본

南原城上白日暮, 南原城下黃葉**浮**. 一聲**牧**笛何處來, 行人聽**此**暫逗遛. 牧童遙指烏鵲橋, 橋邊高閣廣寒樓. 風流公子此樓上, 偶然相逢美人遊. 美人**欲**別多怊悵, 公子西去佳約留. 兩人心事一盃酒, 青山不老水長流, 春風秋月三年夢. 千里相思路悠悠. 錦衣生色紅顔悅, **正**似織女會牽牛. 而今此事難記得. 只有南川睡白鷗. 空將異蹟傳樂府. 日日悲歌繞城頭.

숭실대본「詩」

南原城上白日暮, 南原城下黃葉**秋**. 一聲**短**笛何處來, 行人聽**之**暫逗遛. 牧童遙指烏鵲橋, 橋邊高閣廣寒樓. 風流公子此樓上, 偶然相逢美人遊. 美人**臨**別多怊悵, 公子西去佳約留. 兩人心事一盃酒, 青山不老水長流, 春風秋月三年夢. 千里相思路悠悠. 錦衣生色紅顔悅 **恰**似織女會牽牛. 而今此事難記得. 只有南川睡白鷗. 空將異蹟傳樂府. 日日悲歌繞城頭.

---

40 김정숙[앞의 논문(1999), 277쪽]은 규장각본의 체제가 다른 이본과 달리 '敍 → 讀法 → 本文으로 이루어져 詩가 보이지 않는다'고 하였다. 그러나 숭실대본과 규장각본을 비교해 본 결과, 체제로 볼 때의「詩」는 보이지 않지만 숭실대본의「詩」를 규장각본 마지막회 회미평으로 사용하고 있음을 확인할 수 있었다.

4. 규장각본『광한루기』시사詩詞 내 중국 문학 수용 양상

이상에서 숭실대본『광한루기』와 규장각본『광한루기』의 시사詩詞를 살펴본 결과, 규장각본이 숭실대본보다 약 4배 정도로 월등히 많은 시詩가 수록되어 있으며, 숭실대본『광한루기』와 규장각본『광한루기』가 중복하여 수록하고 있는 시작품은 몇 편에 불과하다는 점을 확인할 수 있었다. 그리고 사詞의 경우, 규장각본『광한루기』와 숭실대본『광한루기』의 작품은 숫자상 7배 정도의 현격한 차이를 보일 뿐만 아니라 중복되는 작품도 보이지 않는다. 그러므로 규장각본『광한루기』는 숭실대본『광한루기』보다 작품 내에 시사詩詞를 대량으로 수용하고 있다는 것과 그 시사詩詞의 대부분은 김성탄 평비본『서상기』와 중국 당송唐宋 문인의 시사詩詞임도 확인할 수 있었다.

규장각본『광한루기』시사詩詞 내 중국 문학 수용의 구체적인 양상은 다음의 표를 통하여 확인할 수 있다.

아래의 표는 숭실대본『광한루기』와 규장각본『광한루기』의 각 회回에 보이는 시사詩詞의 출현 빈도이다. 숭실대본과 규장각본 모두 춘향과 도린의 만남과 정사 장면인 3회에서 가장 많은 시사詩詞가 출현한다. 김성탄 평비본『서상기』의 사詞는 규장각본 1회~4회까지만 수용되어 있고, 숭실대본의 시사詩詞에는 김성탄 평비본『서상기』에 있는 시사詩詞가 수용되지 않았음도 볼 수 있다.

	문체	1회	2회	3회	4회	5회	6회	7회	8회	합
숭실대본	詩	1		2				2	1	6
	詞		1	3						4
	합	1	1	5				2	1	10
규장각본	詩	1	1	6	3	2	1	7	3	24
	詞	3(서1)	3(서2)	4(서4)	3(서2)		1			15
	합	4	4	10	6	2	2	7	3	38

다음의 표를 통해서는 규장각본『광한루기』내 시사詩詞 중, 시詩는 대부분 당시唐詩이며, 사詞는 송사宋詞와 김성탄 평비본『서상기』내의 사詞임을 알 수 있다.

규장각본 『광한루기』의 시사詩詞 분포는 다음과 같다. 사詞는 창작한 것으로 보이는 2작품이 있고, 시詩는 당唐의 원진元稹(2), 이백李白(1), 왕지환王之渙(1), 왕유王維(1), 왕창령王昌齡(1), 송宋의 왕안석王安石(1), 창작한 것으로 보이는 시詩 1편이 있다.

<table>
<tr><th>형식</th><th>시기</th><th>작가</th><th></th><th>빈도</th><th>합계</th></tr>
<tr><td rowspan="3">詩</td><td>唐</td><td>白居易
元稹
韓偓
李群玉 黃庭堅 崔珏 魚玄機
姚合 杜荀鶴 韋莊 吳融
李白</td><td>3
6
4

각 1</td><td>22</td><td rowspan="3">24</td></tr>
<tr><td>창작</td><td></td><td>1</td><td>1</td></tr>
<tr><td>숭실대본
『광한루기』</td><td></td><td>1</td><td>1</td></tr>
<tr><td rowspan="2">詞</td><td>宋</td><td>趙令畤
柳永 朱敦儒 左譽 程垓</td><td>2
각 1</td><td>6</td><td rowspan="2">14
左譽의 詞가
『서상기』 詞와
겹침</td></tr>
<tr><td>김성탄
평비본
『서상기』</td><td>1본 1절
1본 3절
2본 4절
3본 2절
4본 1절
4본 3절
4본 4절</td><td>1
3
1
1
1
1
1</td><td>9</td></tr>
</table>

5. 규장각본 『광한루기』 시사詩詞 내 중국 문학 수용 특징

규장각본 『광한루기』 시사詩詞의 중국 문학 수용 양상을 김성탄 평비본 『서상기』, 중국 문인의 시사詩詞와의 비교, 숭실대본 『광한루기』와의 비교를 통하여 몇 가지 특징을 확인할 수 있었다.

1) 김성탄金聖嘆 평비본評批本 『서상기西廂記』와의 비교

앞의 분석에서 볼 수 있듯이 규장각본 『광한루기』 15편의 사詞 중 10편이 김성탄 평비본 『서상기』의 사詞를 수용하고 있다. 구체적으로 규장각본 『광한루기』에서 김성탄 평비본 『서상기』의 사詞를 수용하는 양상은 곡조曲調와 곡패曲牌의 변화,[41] 창자唱者의 변화,[42] 인용 순서의 변화[43] 등의 양상을 볼 수 있다.

2) 숭실대본 『광한루기』와의 비교

숭실대본 『광한루기』와 규장각본 『광한루기』를 비교한 결과, 묘사, 평, 시사詩詞의 대체, 없는 내용의 보충, 동일한 시사詩詞 수용 등의 양상을 보였다.

(1) 묘사의 시사화詩詞化

① 풍경이나 인물의 외모, 재능의 묘사[44]

② 인물의 심리 묘사[45]

(2) 평評의 시사詩詞 대체

회미평, 협주, 필사자의 평을 시사詩詞로 대체하고 있다.

(3) 시사詩詞를 상이하거나 동일한 시사詩詞로 대체, 대화를 시사詩詞로 대체하고 있다.

---

41 제1회 「奉勞歌伴詞」, 제2회의 회미평, 彈琴詠詩부분, 제4회의 別曲詞 등

42 2회 尋春 중, 춘향이 도린을 보는 부분의 辭인 '長句一篇聊述奇遇辭日', 3회 凝情에서 춘향이 도린을 기다릴 때 정좌한 채로 시를 읊는 부분, 4회에서 이별을 앞둔 춘향이 도린의 집에 갔을 때의 '元央後調碧恨詞日' 등

43 규장각본은 다음과 같은 순서로 『西廂記』의 詞를 수용하고 있다.
1본 1절(1회)→1본 3절→4본 1절→3본 2절(2회)→4본 1절→1본 3절→2본 4절→1본 3절→4본 1절→4본 1절(3회)→4본 4절→4본 3절(4회)이다. 이를 볼 때, 김성탄 평비본 『서상기』의 순서와 관련 없이 필사자가 의도하는 줄거리와 장면에 맞게 인용하고 있는데 이때 창자의 변화나 곡조, 곡명의 변화도 보인다. 또한 김성탄 평비본 『서상기』 1본(특히 3절)과 4본(특히 1절)같이 특정 부분의 詩詞를 수용하고 있고, 그 빈도에 있어서는 규장각본의 '3회→2회→4회→1회'의 순서이다. 또한 4회 이후에는 김성탄 평비본 『서상기』를 수용하지 않고 있는데, 이에 따라 규장각본 내의 詞 출현이 적어지고, 대신 詩의 출현이 많아진다.

44 1회 : 봄날의 묘사, 2회 : 도린이 오작교를 건너오는 춘향을 보는 장면, 3회 : 춘향과 도린이 밤에 술을 마시다가 정사를 나누는 장면, 7회 : 도린이 남원에 도착하여 민생을 살피는 모습, 시랑 일행이 대언과 함께 떠나는 장면에서 도린의 훌륭한 재주 묘사, 8회 : 어사가 된 도린이 옥림동을 찾았을 때 옥림동의 모습 묘사 등.

45 1회 : 도린이 춘향을 보자마자 사랑에 빠지는 장면, 2회 : 합환주를 마신 후 춘향이 날이 저물어 집으로 돌아가자 이를 쓸쓸히 보는 장면, 3회 : 도린이 정사를 마치고 집으로 돌아가는 장면, 4회 : 이별을 준비하는 도린의 심정을 묘사하는 부분, 다가올 이별을 위로하는 장면, 7회 : 도린이 암행어사로 전주에 들어섰을 때의 감회를 표현한 부분 등.

(4) 숭실대본에 없는 내용을 시사詩詞로 보충하고 있다.

(5) 기타

이 외에 숭실대본 시詩를 회미평으로 사용(8회 회미평), 산문을 시사詩詞로 표현(3회 : 춘향과 도련이 조석으로 만난다는 장면에서, 규장각본은 韓偓, 「裊娜」를 이용), 특정 장면이나 회에서 시사詩詞 대량 삽입하는 등의 양상이 보인다.

이상과 같이 규장각본 『광한루기』 시사詩詞 수용의 관점에서 숭실대본 『광한루기』와 규장각본 『광한루기』를 비교해 본 결과, 두 이본간의 차이는 다음과 같이 정리할 수 있다. 평(협주, 필사자 평, 회미평, 회수평)의 위치 변화와 함께 대량의 협주가 빠졌다. 또한 필사자의 의도에 따라 주요 장면이 변화되었고, 시사詩詞를 이용하여 작중 인물의 재능을 부각시키고 있다. 필사자는 작품의 줄거리 전개상 이용하고자 하는 시사詩詞가 상황에 맞지 않을 경우에는 몇 개의 글자를 고치거나 부분적으로만 수용하고 있고, 나아가 다른 시사詩詞를 이용하여 그것을 대체하고 있다. 이것은 규장각본 『광한루기』의 필사자가 김성탄 평비본 「서상기」 및 중국 문인의 시사詩詞를 수용할 때, 원전을 그대로 모방하는 것이 아니라 자신이 작품에서 형상화하고자 하는 줄거리와 작중 인물을 고려하여 의도적으로 재배치하고 있다는 것을 알 수 있게 한다.

6. 맺음말

이상으로 본고에서 고찰한 규장각본 『광한루기』 시사詩詞의 중국 문학 수용양상과 숭실대본 『광한루기』와의 비교 결과를 정리하는 것으로 결론을 대신하고, 규장각본 『광한루기』 시사詩詞의 작품 내 기능에 대한 연구는 추후의 과제로 남겨둔다.

중국 문학 수용의 관점에서 규장각본 『광한루기』 시사詩詞를 고찰해 본 결과, 규장각본 『광한루기』의 시사詩詞는 김성탄 평비본 『서상기』와 당송 문인의 시사詩詞를 대량으로 수용하고 있음을 확인할 수 있었다.

시사詩詞 수용의 측면에서 볼 때, 규장각본 『광한루기』는 숭실대본 『광한루기』와 다음과 같은 차이점이 있었다.

숭실대본 『광한루기』에서 인물, 사건, 풍경을 묘사하는 장면을 서술하고 필사자의 평과 협비가 들어 있는 것과 달리, 규장각본 『광한루기』는 시사詩詞를 인용하여 짧으면서도 여운을 남길 수 있도록 표현하고 있으며, 작자의 평을 적게 하고 협비를 제거하고 있다. 또한 작자는 작품의 줄거리 전개상 이용하고자 하는 시사詩詞가 상황에 맞지 않을 경우에는 몇 개의 글자를 고치거나 부분적으로만 수용하고, 나아가 다른 시사詩詞를 이용하여 그것을 대체하고 있다.

이를 통해, 규장각본 『광한루기』의 필사자가 김성탄 평비본 「서상기」 및 중국 당송唐宋 문인의 시사詩詞를 수용할 때, 원전을 그대로 모방하는 것이 아니라 자신이 작품에서 형상화하고자 하는 내용을 고려하여 줄거리와 작중 인물을 고려하여 의도적으로 재배치하였다는 점을 알 수 있다.

〈부록〉

숭실대본 『광한루기』와의 비교를 통한 규장각본 『광한루기』 시사詩詞의 출전

회	장면	판본	내용	문체	시기	출전 및 특징
1회	봄 풍경 묘사	숭본	正是, 春眠晚覺, 竹牕半開.(這時節最難堪)			
		규본	1. 何事春工用意	詞	송	柳永,「剔銀燈」
	광한루 경치	숭본	1. 天上曾聞烏鵲橋	詩		창작?
		규본	2. 城外樓明照曙霞	詩	당	白居易,「杭州春望」
	도린이 춘향을 보고 사랑에 빠짐	숭본	도린이 춘향의 그네 타는 모습을 보고 감탄 (평자의 평과 협주가 있음)			
		규본	3. 是兜率宮	詞		『서상기』 1본 제1절「仙呂 上馬嬌(1~4구)」,「勝葫蘆」의 增句(5구~7구) 장생 창→도린 말
	회미평	숭본	회미평			
		규본	4. 麗質仙娥生月殿	詞	송	趙令時,「商調…蝶戀花」, 12首 중 1
2	오작교를 건너는 춘향의 모습	숭본	正是, 容分一臉, 體露半面(八疊屏間美人來)			
		규본	5. 遙想春嬌厭拘束	辭		『서상기』 제 1본 3절.「越調 調笑令」 장생 창→춘향 말
	춘향이 집으로 돌아간 후 도린이 춘향을 생각하는 장면	숭본	2. 百尺樓頭廻一杯	詞		「楊柳枝」 곡조 이용하여 창작?
		규본	6. 慣被好花留住	詞	송	朱敦儒,「一落索・兩闋」
	춘향을 보기 위해 담장을 넘으려는 도린 묘사	숭본	없음			
		규본	7. 春來頻到宋家東	詩	당	元稹,「春詞 二首」중 1수. 앵앵전에서 艶詩로 男歡女愛를 묘사한 시→김한의 말
	회미평	숭본	正是, 昨夜星辰昨夜風, 畵堂西畔, 桂堂東身. 傳雙飛翼, 心通一點靈			
		규본	8. 樓上黃昏杏花寒	詞		『서상기』 3본 2절,「中呂・耍孩兒・二煞」 『광한루기』 曲牌 :「點絳脣」/左譽,「眼眉兒・樓上黃昏杏花寒」

3	춘향이 처소에서 도린을 기다리는 장면	숭본	3. 金爐香燼漏聲殘	詩	당	王安石,「夜直」
		규본	9. 玉宇無塵	詞		『서상기』 제1본 제3절.「越調·鬪鵪鶉」 장생 창→춘향
	춘향이 도린을 기다리면서 거문고 연주	숭본	4. 文君獨坐小燈紅	詩		「蝶戀花詞」, 본래는 詞인데 詩라 하고 창작?
		규본	10. 其聲壯	詞		『서상기』 제2본 제4절,「越調·禿厮兒」 춘향의 거문고 연주
	거문고 연주 후 吟詩	숭본	없음			
		규본	11. 月色溶溶夜	詩		『서상기』 제1본 제3절「越調·小桃紅」詞의 뒤에 있는 장생 시
	춘향의 시를 듣고 도린이 吟詩	숭본	'春娘相思不易(加愛花卿, 可憎花卿)			
		규본	12. 倚醉無端尋舊約	詩	당	韓偓,「倚醉」
	정사 나누는 장면	숭본	평자의 말과 협주 '다시 여러 차례 술잔이 돌아 술기운이 한창 무르익자……'			
		규본	13. 軟玉溫香抱滿懷	詞		『서상기』 4본 1절「仙呂·勝葫蘆 增句」
	도린이 정사를 마치고 돌아가는 장면	숭본	도린이 춘향을 보고 쓸쓸히 돌아갔다			
		규본	14. 佳辰曾約廣寒堂	詩	당	韓偓,「五更」
	정사 후 도린이 춘향의 처소를 찾는 장면	숭본	도린이 온 봄 내내 조석으로 춘향의 처소를 찾아 왔다는 것을 짧게 기술			
		규본	15. 裊那腰肢澹泊粧 16. 裙拖六幅湘江水	詩	당 당	韓偓,「裊娜」 李群玉,「杜丞相筵中贈美人」
	춘향의 재주 자랑	숭본	5. 黃河遠上白雲間 6. 渭城朝雨浥輕塵 7. 寒雨連江夜入吳	詩?	당 당 당	王之涣,「出塞」 王維,「渭城曲」 王昌齡,「芙蓉樓送辛漸」
		규본	17. 春歸何處	詞	송	黃庭堅,「淸平樂·春歸何處」
	회미평	숭본	평			
		규본	18. 昔者夢遊春	詩	당	元稹,「夢游春七十韻」
4	도린과의 이별을	숭본	평자의 평으로 正是에 2개의 문장이 있음			

	알고 슬퍼하는 춘향					
		규본	19. 兩意相歡朝又暮	詞	송	趙令時,「商調・蝶戀花」, 12수 중 7번째 詞, 2편 중 한 편
	이별을 준비하는 도린의 심정	숭본	협주 : '이 사람이 난간에 기대어 바라보는 걸 보니, 이 때의 심사를 알 만하군'			
		규본	20. 錦里芬芳少佩蘭	詩	당	崔珏,「有贈」, 7율 2수 중 2번째 시
	다가올 이별을 위로	숭본	협주(화경도 이쯤에서는 강한 창자라 해도 끊어질 것이다)			
		규본	21. 樓中別曲催離酌	詩	당	白居易,「江樓宴別」
		숭본	춘향을 묘사한 후 평자의 평이 있다.			
	춘향이 도린의 집에 갔을 때의 장면	규본	22. 柳絲長	詞		『서상기』 4본 4절「雙調・鴛鴦煞」 장생 창→춘향 창
	도린과 이별한 춘향	숭본	협비 (사람의 심사가 예까지 이르면 어찌 가련하지 않겠는가? 이 밖에 달리 할 말이 없겠지!)			
		규본	23. 碧雲天	詞		『서상기』 4본 3절「正宮・端正好」와「滾綉球」. 앵앵창
	회미평	숭본	이별 후의 춘향의 모습을 기술하고 전체 내용을 평하는 부분이 있다.			
		규본	24. 畫漏迢迢夜漏遲	詩	당	韓偓,「有憶」
5	도린과 이별한 춘향의 모습	숭본	없음			
		규본	25. 蘼蕪盈手泣斜暉	詩	당	魚玄機,「閨怨」
	회미평	숭본	회미평			
		규본	26. 眞珠爲土玉爲塵	詩	당	姚合,「楊給事師皐哭亡愛姬英英, 竊聞詩人多賦, 因而繼和」
6	감옥에서의 춘향 모습	숭본	협주 (만약 江淹이 살아 있었다면 愁賦 한 편을 지어 나에게 읽게 하였을 것이다.)			
		규본	27. 娟娟霜月冷侵門	詞	송	程垓,「江城梅花引」雙調
	회미평	숭본	춘향이 감옥에 있으면서 꿈꾼 것을 묘사하였다.			
		규본	28. 長安何太遠	詩		창작?

7	시랑 일행이 대언과 함께 떠나는 장면	숭본	홍건적이 평정되어 이홍이 조정에 임명되자 잔치를 벌인 후, 시랑 일행과 떠나는 장면이다.			
		규본	29. 征途行色慘風煙	詩	당	白居易, 「西湖留別」
	도린이 춘향의 꿈을 꾸고 지은 시	숭본	8. 半欲天明半未明 9. 花籠殘照竹籠煙	詩	당 당	元稹, 「春曉」 元稹, 「雜憶詩五首」 중 2번째 시
		규본	30. 曾經滄海難爲水 31. 半欲天明半未明 32. 花籠殘照竹籠煙		당	元稹,「離思五首」 중 4번째 시
	암행어사가 된 도린이 전주에 돌아온 감회	숭본	평과 협주 (낙엽이 날릴 때 기러기는 북쪽으로 가고, 붉은 꽃이 피고 나서 제비는 남쪽으로 오네와 같은 상황이었다)			
		규본	33. 殷紅淺白舊衣裳	詩		元稹, 「鶯鶯詩」
	남원에 도착한 도린이 민생을 살피는 모습	숭본	서술			
		규본	34. 偶尋此地守蓬蒿	詩	당	杜荀鶴, 「山中寡婦」
	회미평	숭본				
		규본	35. 却到城南訪舊遊	詩	당	韋莊, 「過樊川舊居」
8	도린이 옥림동을 찾았을 때 옥림동의 모습	숭본	'어사는 빈 뜰에 우두커니 서서 슬픔을 금하지 못하던 참인데'			
		규본	36. 風飄碧瓦雨摧垣	詩	당	吳融, 「廢宅」
	도린이 사또의 잔치에 놓고 간 시	숭본	10. 金樽美酒千人血	詩	당	李白, 「行路難」과 유사(1~2구)
		규본	37. 金樽美酒千人血			
	회미평	숭본	회미평			
		규본	38. 南原城上白日暮	詩		숭실대본 『廣寒樓記・讀法』 다음의 「詩」

6장

연행록을 통해 본 강옹康雍 연간年間 중국 서적 유입에 대하여

부유섭夫裕燮*

1. 머리말

이 글에서는 강희康熙(1662~1722, 재위 61년)~옹정雍正(1723~1735, 재위 13년) 시기 연행록을 통해 조선에 유입된 서책을 개괄하고, 그 내용과 특징을 살펴보고자 하였다. 이 시기는 청나라 입관入關 이후에 중국 통치가 서서히 안정되면서 학술 활동이 활발해지고 서적 출판이 증가하여 조선에서도 서적 유입에 대한 새로운 관심과 움직임을 보이던 때였다.

강희, 옹정, 건륭, 가경으로 이어지는 청조의 성세기에 조선에 유입된 서책은 통시적으로 세 가지로 파악된다.

첫 번째는 당송팔가唐宋八家 위주, 연의소설演義小說, 『당시품휘唐詩品彙』 등 조선의 일반적인 독서 경향과 취향에 집중하여 서책을 구입하고 당대當代 서책에 대한 관심과 유입이 저조하던 시기를 들 수 있다. 이덕무는 연행에서 『통지당경해通志堂經解』를 열람하고 강남

* 단국대학교 동양학연구소

의 이름난 장서가들에 대해 간략한 정보와 함께 이 책을 열람한 소회를 밝히고 있다.

> 이 책이 간행된 지 벌써 1백 년이 넘었는데 우리나라 사람들은 까마득히 모르므로 해마다 사신이 끊임없이 내왕하였으나, 수입해 오는 책이라고는 고작 연의소설(演義小說), 그리고 『팔가문초(八家文抄)』와 『당시품휘(唐詩品彙)』 따위 뿐이다. 이 두 종류의 책이 비록 실용에 도움이 된다고 할 수 있으나, 이 책이라면 집집마다 있을 뿐만 아니라, 우리나라에서도 간행되는 것이니 다시 중국에서 구입할 필요가 없다. 그리고 이 책은 넓게 퍼져 있으므로 진귀(珍貴)하지도 않고 값도 매우 저렴한데 조선 사신들은 올 적마다 별도로 돈을 준비해 와서 비싼 값으로 구입하니 우리나라 사람의 고루함이 이와 같다.[1]

이덕무 이전 혹은 당대 서적 구입 양상에 대한 이덕무의 촌평은 결국 조선인들의 구입도서가 한정되어 있다는 것을 지적한 것이라 할 수 있다. 후술하겠지만, 관심 대상 서적범위가 한정되어 있었다는 지적은 조선 내의 지적 기반에 관련된 언급이라고도 볼 수 있을 것이다.[2]

두 번째는 중국 서책이 시간적 편차를 거의 두지 않고 동시적으로 열람을 거쳐 유입되는 시기로 홍대용洪大容, 후사가後四家 중심으로 한 연행록에 자세하다. 유리창 서사 판매 도서목록이나 『절강서목浙江書目』(원명 : 『浙江採集遺書總錄』) 등의 목록을 참고함으로써 관심 대상이 확대되고, 금제禁制가 완화되어 구입도 활발하게 이루어지는 바, 경제적 여유와 관련이 깊은 듯하다. 또한 일단 중국에서 교류하는 인물층들이 수재 혹은 지방관 차원을 넘어 당대 학술사를 주도하던 인물층과의 교류가 이루어진다는 점에도 유의할 필요가 있다. 중국 당대의 학자, 장서가와의 교유는 이전 교유 상황과는 달리, 일층 제고되었던 시기이다.

세 번째는 중국 서적의 확산 되던 시기이다. 물론 이 서적은 일부 서적에 기호를 갖고 있는 인물, 소위 장서가라고 불리는 인물들에 의해 이루어지는 경우이다. 이학규는 당대의 장서 상황을 고가의 서적들이 최고 수준의 경제력을 바탕으로 하지 않으면 안되었던

---

1 이덕무, 『(국역)청장관전서』 67권, 「입연기」 하, 〈정조 2년 6월 2일(경인)〉(민족문화추진회, 1980).

2 이와 관련하여 朴齊家, 『北學議』「外篇」, 〈北學辨〉 一의 내용을 참고하면 좋을 듯하다.

것이 경제적 여유력을 가진 집단[富豪]으로 확산되고 있음을 언급하고 있다.[3]

기존 연구에서도 이러한 추이에 따라 활발하게 연구가 진행되었는 바, 대표적으로 김영진, 김문식, 신익철, 왕진충 등의 연구 성과를 참고할 수 있다.[4] 필자는 거시적 변모 양상에 유의하면서 시기를 특정하여 강희~옹정 연간 도서 유입에 대한 연구를 진행하였다. 앞서 연구 성과들이 18세기 중후반 건륭기를 중심으로 상세하게 다루어진 면이 있는 바, 이 글에서는 그 이전 시기에 집중함으로써 변화 추이에 참고가 되리라 본다.

『연행록전집』(임기중 편), 『연행록전집-일본소장편』(임기중·부마진 편), 『연행록선집』 보편(성균관대학교 대동문화연구소)과 「사행별단」(『동문휘고』, 국사편찬위원회)에서 강희~옹정 연간에 해당하는 자료를 참고하여[5] 이 시기 도서 유입의 경위를 검토하고, 그 구체적인 내용을 청대의 내부본內部本의 반사頒賜와 구입, 이외 구입도서를 사부四部로 나누어 내용을 파악하였다. 이때 무엇보다 명말청초의 변화에 주력하였음을 밝힌다. 강옹康雍 시기 서책 유입에 대한 연대기적 조사를 수행함으로써 도서 유입 현황은 물론, 조선 내 학술과 문학적 흐름의 영향 관계를 파악하는데 일정한 역할을 할 것이라 생각한다.

2. 서적 유입의 경위

서적 구입을 광의적으로 파악했을 때 문서류[檔案], 서화류가 다수 포함 되어 있다. 〈제본題本〉, 〈주본奏本〉, 『당보塘報』(『通報』, 『京報』 등),[6] 『순부循簿』, 『환부環簿』,[7] 『방목榜目』,[8] 『진

3 李學逵, 『洛下生集』 册十八○洛下生藁[上], 「觚不觚詩集」, 〈感事三十四章〉(甲申). 『한국문집총간』(이하 『문총』) 290, 549쪽. "膩首三絃樂, 籤牙四庫編" 下句의 小注에 "『經解』, 『二十一史』, 『佩文韵府』, 『淵鑑類函』 諸書, 舊昔非文人鉅富, 不得藏弆. 今則稍富豪, 无不有之."라 하였다.

4 김영진, 「조선 후기 중국 사행과 서책 문화」, 『燕行의 사회사』(경기문화재단, 2005); 김문식, 『조선후기 지식인의 대외인식』(새문사, 2009); 신익철, 「18세기 전반 연행록을 통해본 한중 서적교류의 양상」, 『연행록을 통해 본 한중 교류의 양상』(한국학중앙연구원 어문생활연구소 국내학술대회 발표문, 2009); 王振忠, 「朝鮮燕行使者與十八世紀北京的琉璃廠」, 『동아시아문화연구』 47호(한양대학교 동아시아문화연구소, 2010).

5 필자는 한국학중앙연구원에서 수행한 〈18세기 연행록 소재 한중 서적·서화교류 기사 자료집〉(가칭) 프로젝트에 참가한 바 있다. 본 논문과 겹치는 일부 자료에 대해서는 참고하였음을 밝힌다. 『(국학고전)연행록해제』(동국대 한국문학연구소, 2003) 등을 참고하여 영인되지 않은 강옹 시기 국내외 소장 연행록을 인지하였으나, 열람치 못한 것이 있다. 『연행록전집』(임기중 편, 동국대학교출판부, 2001) 소재 연행록이 해당 인물의 문집에 수록된 것은 문집을 텍스트로 하고, 일부 연행록 저자, 연행 연도의 오류 등에 대해서는 漆永祥[「『燕行錄全集』考誤」, 『중국학논총』 24집(2008)]이 정리한 것을 참고하였다.

신편람搢紳便覽』,[9] 『만한작질전서滿漢爵秩全書』[10] 등 당안檔案에 대한 관심은 삼번三藩의 난을 계기로 특히, 강남의 반청운동에 대한 정세, 청 황실의 동정, 조선에 대한 청 황실의 반응 등을 정탐하려는 성격이 짙다. 이는 역으로 중국에서도 우리나라 정보를 탐색하는 수단으로 조보朝報를 구입하는 사례와 다르지 않다.[11] 서책 관심 못지않게 서화첩에 대해 관심을 갖고 구입하였다. 현판을 인행하는 사례도 보인다.[12] 또한 심세審世의 목적을 갖고 제작되는 지도를 구입하거나[13] 좋은 경치를 만나면 그림을 그려 오기도 하였다.[14] 특히 북경에서 화사畵師를 불러 현지에서 초상화를 그려오는 경우도 다수 있다.[15]

서책 구입은 통상적으로 삼사三使와 군관층이 주가 되며, 역관 등이 상업적 목적으로 서

---

6 당보에 대한 구입은 연행록에 자주 보이나 대표적인 사례로 서문중, 강호부 등을 들 수 있다. 강호부는 일찍이 김창업과 교유가 있던 郭如柏(『상봉록』에는 '곽여ᄇᆡᆨ'으로 나옴)을 만나 그가 소장한 『塘報』를 구입하고자 무던 애를 썼다. 그 이유는 여기에 조선 국왕에 대한 잘못된 정보가 기록되어 있었기 때문이다.

7 兪拓基, 『燕行錄』, 38~109쪽(『연행록전집』 권수와 쪽수, 이하 같음). "李樞覓示所謂『內閣日記』五册, 如所謂『塘報』之類, 題以'循簿'或'環簿', 循環二字之義未詳."; 유척기, 앞의 책, 38~110쪽. "李樞覓『內閣環簿』有若我國之政院日記者."; 趙文命, 『鶴巖集』 册六, 「燕行日記」, 〈八月 初一日〉조, 『문총』 192, 599쪽. "初一日丙寅, 因譯官金樞得見『內閣循簿』, 如我國政院日記之類. 或曰'環簿', 或曰'題奏事件'. 諸册所錄, 或有詳略, 而反復參考, 不無一二可觀者矣."

8 黃晸, 『癸卯燕行錄』, 37~282쪽. "聞彼中方有會試設場事, 今日始畢試云. 因譯官輩得見『榜目』, 則印出而如曆書樣子, 册面書以'恩科會試榜'云, 被選者幾數百, 而只書姓名及居住矣. 所謂恩科, 或以雍正卽位後慶科云, 而未能詳知."

9 吳道一, 『西坡集』 권26, 「丙寅燕行日乘」. 『문총』 152, 512~513쪽. "因譯輩求得淸國『搢紳便覽』, 蓋以鑄字印出, 而一年四次改印云."

10 『同文彙考』 補編, 권4, 〈甲辰(1724년)謝恩兼進賀行書狀官沈埈聞見事件〉(국사편찬위원회, 1978), 1644쪽. "譯官朴熙蔓購得彼中秘藏書册, 『爵秩全覽』 二册, 『八旗官爵』 一册, 『轉政要覽』 一册, 『中樞備覽』 一册, 『定例全篇』 三十四册, 『題駁公案』 十册, 並四十九册."; 앞의 책(1978), 권5, 〈辛亥(1731년)謝恩兼冬至行書狀官李日躋聞見事件〉, 1659쪽.

11 黃胤錫, 『頤齋亂藁』 3책 권15(한국학중앙연구원, 1997), 288쪽. "且彼中, 購得我國朝報, 不惜千金, 故耳目甚長, 無不細探. 如戊申亂作, 上使沈壽賢等, 在玉河舘, 先已得聞有憂色. 乙亥獄起, 淸人亦向我國使微言, 聞爾國罪死者甚多, 皆我國細人, 漏報而然. 願我人在燕. 雖曰購見彼中所謂塘報, 而惜價太甚, 彼亦嚴畏禁制, 多是僞扮相示, 故我人前後揭來者, 何限, 所謂別單書啓, 往往不得其實, 夫倉卒對敵, 猶貴斥候, 平時乃爾, 何哉? 竊恐脫有緩急, 將莫知城外一步地消息也." 조선의 朝報와 비슷한 성격으로 인쇄되어 간행되었으며, 이 책을 통해 청실의 동향을 파악하고 있다.

12 李俁, 『朗善君癸卯燕京錄』, 24~419쪽. "初八日癸卯……使李彭年, 朴後亮, 印子昂醉翁亭記."

13 김문식, 앞의 책(2009), 245쪽.

14 姜浩溥, 『상봉록』, 59쪽. 『燕行錄選集 補遺』 上, 성균관대학교 대동문화연구원, 2008, 59쪽. "이니(二里)를 ᄒᆡᆼ(行)ᄒᆞ야 양하(洋河)를 건너니 너   가히 수십여(數十餘) 뵈(步ㅣ)라 ……대개 긔특(奇特)ᄒᆞᆫ 경(景)이라 윤판셔(尹判書) 긔인(趾仁)이 연경(燕京) ᄉᆞ신(使臣)으로 올 제 화원(畵員)을 ᄃᆞ리고 가보고 그 뫼와 밋 못을 그려갓다 ᄒᆞ니"; 같은 책, 80~81면. "취미졍(菜薇亭) 우희 안자 ᄇᆞ라 두루 보니 대개(大槪) 안즌 ᄯᅡ히 표묘(縹渺)ᄒᆞ야 놉고 안계(眼界) 너르고 명낭(明朗)ᄒᆞ되 고아 뵈고 지경(地境)이 ᄯᅩ 소쇄(瀟灑)ᄒᆞ고 유벽(幽僻)ᄒᆞ니 진실(眞實)노 텬하(天下)의 졀승(絶勝)ᄒᆞᆫ ᄯᅡ히니 산쉬(山水ㅣ) 이러ᄐᆞ시 긔특(奇特)이 쳥슈명녀(淸秀明麗)ᄒᆞ니 ……내 부ᄉᆞ(副使) 녕공(令公)긔 ᄉᆞᆯ와 "이ᄂᆞᆫ 텬하(天下)의 긔특(奇特)ᄒᆞᆫ 승지(勝地)니 원컨대 ᄒᆡᆼ듕(行中) 화원(畵員)을 분부ᄒᆞ야 일ᄋᆞᆯ히 그려내야 동국(東國)의 가져가 긔관(奇觀)이 되게 ᄒᆞ야지이다" ᄒᆞᆫ대 녕공(令公) 왈(曰) "ᄀᆞ장 됴타" ᄒᆞ고 화원(畵員) 됴만흥(趙萬興)의게 분부(分付)ᄒᆞ엿더니 됴만흥(趙萬興)은 용녈(庸劣)ᄒᆞᆫ 화공(畵工)이라 능히 그려내지 못ᄒᆞ니 내 첫 계귀 그려다가 벽샹(壁上)의 부치고 ᄆᆡ양(每樣) 보려 ᄒᆞ미러니 ᄆᆞᄎᆞᆷ내 일우지 못ᄒᆞ니 가히 유ᄒᆞᆫ(遺恨)이 되리러라"

15 중국 화사를 통하는 것이 보통이고 천주당을 방문 郎世寧에게 부탁하였으나 거절당한 일도 있다[강호부, 앞의 책(2008), 247쪽].

책을 구입하였다. 특히 역관층은 언어 소통에 비교적 자유로웠을 뿐만 아니라, 연행로를 여러 차례 왕래했던 관계로 노정에 친분이 있는 경우가 많았다. 북경에서의 서적 구입에서도 친분을 이용하여 희귀서를 구하는데 용이하였다. 이 시기 삼사나 군관 역시 대부분이 역관과 중국의 예부 서반의 중개를 통한 서책 구입이 우선적이다.

연행에 해당 서책의 구입 경위를 몇 가지로 살펴볼 수 있다. 우선 정부 관청의 필요에 의해서나 지인의 부탁으로 구입하는 경우가 많다. 일례로 영조는 연행을 떠나는 역관 등에게 『효순사실孝順事實』, 『주문공집朱文公集』, 『삼재도회三才圖會』를 직접 구입하도록 하였으며, 명 황제의 어필御筆 등을 구할 경우 가자加資하는 경우도 있었다.[16] 관상감 등의 관청에서 천문역법서, 의서醫書, 음악 관련 서책은 필요에 따라 적극적으로 책을 들여왔다. 두 번째는 정세 파악을 위한 당안류檔案類 서적의 구입이다. 세 번째는 개인적 취향 혹은 학술상의 이유로 구입하는 경우이다. 서책 구입 자체가 시로 제작되기도 하였다.[17] 네 번째는 기증의 사례다. 연행 왕래 과정에서도 이루어지지만, 조선에 돌아온 뒤에도 편지 왕래나 필묵 등의 선물, 서적의 기증 사례가 보인다.[18] 다섯 번째는 상업적 목적을 갖고 서적을 구입하는 경우이다. 역관 등은 서적을 구매하여 국내로 들어와 책을 다시 팔아 이윤을 챙겼다.

서책 구입 장소를 보면 통상적으로 산해관에 들어선 이후 연행 노정에서 수재층秀才層과 접촉으로 책을 구입하는 경우가 다수이다. 이들은 적극적으로 사행단에 서책 및 서화 등을 들고 와서 서적을 판매하려 하였다. 아울러 역관 등의 하급관료들이 상관의 취향과 기호를 알아서 책을 가져오는 경우도 다수 보인다. 중국 연행통이라 할 수 있는 역관 등은 오랜 연행 노정에서 친숙한 중국의 인물들을 통해 서책을 구입하거나 정세를 탐색하는 경우가 많았다.

특히 연행燕行에서 시사市肆가 번성한 심양瀋陽과 같은 곳은 오히려 서책 구입에 용이한 장소는 아니었던 듯하다.[19] 서책 구입의 주요 루트 하나는 관내關內의 영평부永平府, 풍윤

---

16 『숙종실록』 숙종 19년(1693) 2월 7일(신사); 『숙종실록』 숙종 43년(1717)) 4월 13일(정유).

17 金錫胄, 『息庵遺稿』 권7, 「擣椒錄」 下, 〈買書〉, 『문총』 145, 212쪽; 李時恒, 『和隱集』 권3, 〈購燕市書籍〉, 『문총』 속 57; 趙尙絅, 『燕槎錄』, 〈買書〉, 37~206쪽.

18 金昌業와 楊澄, 郭如柏, 南九萬과 郭朝瑞, 姜浩溥와 程琠, 白受采 등

19 金昌業, 『老稼齋燕行日記』, 〈1712년 12월 초7일〉, 32~409쪽. "又過一鋪, 見架上所積似書册, 問之則乃紙也. 蓋此處市肆百物, 有與北京無異, 而只無書册云."

현豊潤縣과 옥전현玉田縣, 통주通州로 이어지는 연행길이었다.[20] 이 길은 시사市肆가 발달하고 번화하였던 곳으로 이전 연행에서도 줄곧 관심의 대상이 되었던 곳이다. 또한 조선의 피로인과 명말明末 유민遺民, 수재秀才, 지현知縣 등의 인물 교유를 통해 중국의 정세를 탐색하는 경우가 많았던 곳이다. 연행별단燕行別單의 중국정세 기록 중에 상당수가 수재층, 명 유민 등의 견문에 의존하여 작성되고 있음은 이를 반증한다고 할 수 있다. 연행 노정에서 숙박지인 찰원察院이 마땅치 않을 경우, 민가民家에 숙박하게 되어 이들과의 교유가 이루어짐은 물론, 연행로의 왕래가 잦았던 탓에 이곳 실정에 밝은 역관층 등은 이곳의 장서 상황을 누구보다도 잘 알고 있었기 때문에 가능했다. 이곳에는 명대에 관료였던 인물의 거주지가 있거나 과거시험을 준비하는 수재들이 다수 살고 있는데다 점점 물화가 풍부하여 시장이 번성해져 서적 구입에 용이하였다.[21]

낭선군 이우는 풍윤현에서 예전 부친이 들렀던 풍윤현의 왕운王惲[王怡 형] 형제 집에 자신이 연행할 때에도 들러 이곳에서 사례로 서책과 서화를 구했으며, 이 지역의 유명한 출판업자이자 장서가인 곡응태谷應泰(1620~1690)의 정보를 입수하였다.[22]

김창집이 떠난 연행에서 상사上使 군관軍官으로 따라나선 김창업에게 김창협은 여러 편의 시를 써서 전송하였는 바, 이 시에서 풍윤현의 서사書肆가 이미 유명하였음을 알 수 있다.

---

20 李俁, 『朗善君癸卯燕京錄』, 24~414면. "初十日乙亥… 秀才數人來見, 給黍皮, 黃庭經及文長洲畵軸買之. 永平府以後, 年少解文之人, 稍稍有之, 而豊潤, 玉田及此地尤多."; 孫萬雄, 『燕行日錄』, 28~347쪽. "到玉田縣, 由東門而入城市閭閻之盛, 可幷於永平矣. 宿漢人查玉浦之家, 豊玉兩縣, 古稱士大夫之府庫, 而今則惟見蠢虫之俗, 絶無絃誦之聲, 豈時有所好而然也." 權喜學, 『燕行日記』(국학진흥원 소장본), 〈1697년 5월 25일〉. "盖豊玉兩處, 士夫之鄕, 書籍之府, 是故書册及圖畵賣之者甚多." 18세기 전반 풍윤현의 곡응태가에서의 서적 구입에 대해서는 신익철, 앞의 논문(2009)에 자세하다.

21 南龍翼, 『壺谷集』 권12, 「燕行錄」, 〈豊潤縣, 次月沙豊潤古詩韻〉, 『문총』 131, 268쪽. "灤州之西薊州東, 豊潤古縣臨河曲. 兵火當年幸免殃, 樓臺此日堪留客. 揭榜誰家貼字黃, 環城到底炊煙白. 擁書千卷縫掖多, 開市三條貨財足. 漢女羌兒雜語言, 釋迦關帝同祠屋. 風俗威儀不足觀, 繁華差勝北平北."; 崔錫鼎, 『明谷集』 권3, 「椒餘錄」, 〈豊潤疊投字〉, 『문총』 153, 473쪽. "畿東保障前朝設, 遼左行人此日投. 幾處市鋪聯彩牓, 兩重城閘帶淸流. 當壚女或粧明媚, 衽革民今俗惰偸. 萬軸牙籤堆眼裏, 手忙披處可忘憂."

22 李俁, 앞의 책, 24~412쪽. "初六日辛未, 晴. 朝飯後發行二十里, 過鐵城坎. 又行三十里, 到豊潤縣, 日董午矣. 與書狀, 下處于漢人王惲家, 家在察院之西, 庭中多植花卉, 所謂惲, 卽王怡之兄也. 己丑, 先公赴京時, 館于此地. 怡其時年董十六七, 而爲人穎悟, 頗通經書, 先公東還之後, 愛其爲人, 以朴有悉入去之便, 委書存問, 兼饋刀扇等物. 怡感其記問, 報以書畵筆硯. 不佞年少時, 熟聞王怡之名矣. 十五年間, 得見於千里異域, 情如舊知, 人事之變有如是夫, 悲哉. 惲之兄弟, 設大饌酌酒以歡, 其意甚款, 王怡覓納書册及斑硯, 酬以黍皮, 枝三, 鍬竹, 銀刀等物. 朴而巖, 李彭年輩, 覓來書帖, 或購或還給. 此地有谷秀才應泰者, 多刊書册, 賣買資生云." 조영복의 『연행일록』에도 이들 형제와 어울리는 장면이 나오는데 이들 인물에 대해 부정적으로 묘사되어 있다. 곡응태는 築益堂에서 家刻本을 간행한 바 있다. 대표적인 책이 『明史紀事本末』이다.

비단 가린 시렁들 천 칸 되는 점포엔,
옥 축과 상아 찌로 꾸민 서책이 가득 쌓여 있네.
중원에는 이미 독서 종자가 끊어져
모두 조선 사람들만 뒤적여 보네.
보따리 속 돈일랑 낭비할 것도 없이,
눈에 가득한 산천이 바로 옛 전고들일세.

絳紗護架千間肆, 玉軸牙籤貯秩秩.
中原已絶讀書種, 捴爲朝鮮人檢閱.
不須浪費槖中金, 滿目山川卽故實. 〈풍윤현 서사(豊潤書肆)〉[23]

옥전현玉田縣에는 명대 사환仕宦을 지낸 인물이 거주하고 있어 장서가 풍부했으며, 이충실가李充實家에는 장서가 만권이나 되어 역관이 책을 사러 가는 경우도 있었다.[24] 통주通州는 산동山東, 강남江南 등지의 여러 선박들, 특히 서선書船들이 드나들었던 장소여서 더욱 관심을 끌었다. 통주의 로하潞河는 경항京杭 운하運河가 있어 남경南京에서 올라오는 선박의 길목이었다.[25]

또 주된 구입처가 연경이었다. 연경에서 서책 구매는 서반을 중심으로 이루어지고, 천주당에서도 이루어지고 있다.[26]

1669년(강희 8) 경 민정중閔鼎重이 옥전현玉田縣 수재 왕공탁王公鐸과 나눈 대화에서, 북경의 서적 상황은 병화兵火와 수재水災 등으로 성리서性理書 관련 서책은 구할 수 없었다고 한다. 광녕廣寧 지현知縣 안봉자顔鳳姿는 성리서가 본래 적으며, 『사서대전四書大全』과 『성리

23 金昌翕, 『三淵集』 권11, 〈送大有隨伯氏赴燕〉 其三十六, 『문총』 165, 229쪽.

24 洪命夏, 『甲辰燕行錄』, 20~290쪽. "到玉田縣閭舍, 市廛與豊潤無異, 而物貨蕭條. 牌樓坊坊有之, 而皆明朝仕宦人也. 卞承亨欲買書册, 往于一處, 渠渠厦屋, 門戶深邃, 入中門內中堂, 四壁塗以白綾, 圍以大屛, 左右設節鉞, 北壁掛一簇子, 乃吏部侍郞李充實祭文也. 充實上年冬病死於北京. 東閣太學士李霨·禮部尙書沙澄等等三十餘人聯名祭文, 而文詞多用楚辭文字. 李充實曾經河東運使, 故節鉞猶在云. 東邊月廊炕上積置萬卷書, 其册房粧以瀟湘班竹, 炕前面重藍紗帳, 庭前多植花卉, 家僮甚衆, 只有十歲兒子, 其妻年纔四十云."

25 鄭太和, 『陽坡遺稿』 권14, 「飮氷錄」, 〈9월 15일〉, 『문총』 102, 474쪽. "十五日 科擧士子多會之故, 近邑書册皆集. 嵩兒(정재숭 : 필자)率張譯(장현 : 필자)等壯觀." 통주의 선박의 번화에 대해서는 이기지, 홍명하의 연행록과 『同文彙考』 補編, 권2, 1602쪽에 자세히 소개되어 있다.

26 신익철, 앞의 논문(2009)에 18세기 전반 북경에서 서반을 통해 서적 구매 현황과 천주당에서의 서적 구입에 대해 자세히 언급하고 있다.

대전性理大典』에 이학理學 관련 자료는 수록되어 있다고 언급하고 있으나, 실제 민정중이 본 북경 서사의 상황은 성리학 관련 저술이 거의 없었던 듯하다.[27]

이후 1712년의 김창업의 연행 기록에 나오는 서책을 보면 이러한 상황은 많이 호전된 듯하며, 이의현이 유리창에서 책을 구입할 때는 더욱 성황을 이루었던 것으로 보인다.

일반적으로는 북경에서 서책 교류는 서반序班이 중심축을 이루고 이들이 책을 가져오거나 조선이 필요에 따라 구입 대상 서적을 요구하기도 하였다.[28] 또한 북경의 시사市肆에서 이루어지기도 하였다. 북경에서 임무를 마치고 귀국할 때 회동관개시를 여는데 조선은 유구국과 함께 3일 혹은 5일의 규례 없이 임의로 무역을 하였다. 이때도 역시 서적 교류가 있었다.

> 십뉵일 뎡묘의 쳥ᄒᆞ다 졔독이 비로소 관문을 여러 외인을 츌입ᄒᆞ야 교역을 통ᄒᆞ기를 허락ᄒᆞ니 역관이 니ᄅᆞ되
>
> "샹고ᄒᆞᄂᆞᆫ 되들과 셔반(셔반은 아국 셔리 ᄀᆞᄐᆞ니 강남 놈으로 븍경 와 번 셔ᄂᆞᆫ 놈이라)의 무리 아국인으로 더브러 믈화를 교역고져 ᄒᆞᄂᆞᆫ 재 각〻 은을 내야 졔독의게 납뇌ᄒᆞᆫ 연후의야 비로소 문을 여러 통ᄒᆞ기를 허락ᄒᆞ미 본ᄃᆡ 젼녜로ᄃᆡ 젼의ᄂᆞᆫ 졔독 ᄒᆞᆫ 관원 ᄲᅮᆫ인 고로 납뇌ᄒᆞᄂᆞᆫ 은이 일쳔 냥의 지나지 아니ᄒᆞ야도 오히려 그 ᄆᆞᄋᆞᆷ의 족히 녀기더니 이번은 두 관원이 쟝ᄎᆞᆺ 반식 ᄂᆞᆫ호게 ᄒᆞ엿ᄂᆞᆫ 고로 녜예셔 ᄇᆡ 징ᄒᆞ기의 샹고ᄒᆞᄂᆞᆫ 되들이 졔독과 ᄃᆞ토와 결단치 못ᄒᆞ야 문을 통ᄒᆞᄂᆞᆫ 【235】 긔ᄒᆞᆫ(期限)이 녜예셔 더ᄃᆡ다"
>
> ᄒᆞ더라 일노브터 각ᄉᆡᆨ 셔화와 잡된 노리개 구경ᄒᆞ얌즉 ᄒᆞᆫ 긔〻괴〻ᄒᆞ야 샤치ᄒᆞ고 요녀ᄒᆞᆫ 거시 아ᄎᆞᆷ브터 져녁ᄀᆞ지 날마다 문의 몌이고 ᄯᅳᆯ에 ᄀᆞ득ᄒᆞ야 죠션 사ᄅᆞᆷ의게 쟈랑ᄒᆞ야 ᄑᆞᆯ고져 ᄒᆞ되 그 듕에 닐은 바 츈홰라 ᄒᆞᄂᆞᆫ 그림이 더옥 만하 ᄒᆞᄅᆞ 드러오ᄂᆞᆫ 거시 몃 수ᄅᆡ예 시를 줄을 아지 못ᄒᆞ니 대개 슈양졔 날마다 황음을 일삼아 화ᄉᆞ를 명ᄒᆞ야 남녜 압닐ᄒᆞᄂᆞᆫ 형상을 그려 뼈 구경ᄒᆞᄂᆞᆫ 거ᄉᆞᆯ 삼으니 일노브터 인ᄒᆞ야 풍쇽이 되야 그 〻림이 ᄭᅳᆫ허지〻 아니ᄒᆞ얏더니 이제 듕원이 녜의 ᄯᅡ히 ᄡᅳ러지고 음풍이 하ᄂᆞᆯ에 다하 그 〻림이 더옥 셩ᄒᆞ야 잇다감 금은

---

27 閔鼎重, 『老峯集』 권10, 雜著, 「回時問答」(王公鐸), 『문총』 129, 246쪽. "'北京書肆, 絶無濂洛諸書. 豈世亂拋學而然耶?' '幾經兵火, 典籍更甚於秦阬之烈焰, 是以諸書不但不存于市肆, 卽故家亦寥寥矣. 可歎可歎.' '貴鄕素稱多儒士, 豈有周, 張, 邵全書耶?' '敝邑自崇禎己巳, 迄今四次殘破, 順治癸巳, 七年大水, 邑人不能當荒年穀矣. 周張諸全書, 今亦少也.'" 민정중, 앞의 책, 「回時問答」(顔鳳姿), 249쪽. "燕市絶無濂洛諸書, 豈世亂廢學而然耶? '洛諸書原少, 其理學俱載在『四書大全』, 周, 張, 程, 邵全書, 豈云少哉? 門下諸公自成一家語者 亦豈少哉? 有『性理大全』四十本, 諸家之語頗備."

28 김영진, 앞의 논문(2005); 신익철, 앞의 논문(2009); 왕진충, 앞의 논문(2009).

과 쥬옥으로 사기며 슈 노흔 함과 비단 궤로 담아 ᄃ토와 보빅 노리개를 삼고 아동 사름도 사가는 재 만[내야 가는 재][29]ᄒ니 가히 븟그럽더라[30]

1727년 부사(이세근) 군관으로 연행했던 강호부의 기록으로 이때 서반이 개시開市에 따르는 뇌물 거래와 들어오는 서화와 물품에 대해 얘기 하고 있다.

낭선군 이우가 북경에 머물 때 관부關夫(會同館夫를 말하는 듯) 정국경鄭國卿이란 인물에 대해 예전부터 서화를 많아 쌓아두어 매매를 하고 있다는 말을 한 것을 보면, 연행단이 이런 인물을 통해 좋은 서책(서화)들을 구입하였을 가능성이 높다.[31]

서적의 유입에 있어서 규모와 이 시기 서책의 대강을 깊어 보도록 하겠다.[32]

내 이번 길의 소득이 ᄌ못 적지 아니ᄒ되 치힝ᄒ노라 인용ᄒᆞᆫ 거술 계규ᄒ야 덜고 그 밧근 다 셔칙을 사니 믈읫 일쳔 삼빅 팔십여 권이니 자는 방의 빠흐매 반 간 【257】 의 ᄀ득ᄒᆞᆫ지라 역관들이 보고 다 니ᄅ되

'군관으로ᄡ 칙 사기를 쳔권의 지난 쟈를 이젼의 듯지 못ᄒ얏고 비록 ᄉ신이라도 진실노 셔칙에 벽이 업는 이는 쏘ᄒᆞᆫ 샹샤ᄀ치 만히 사가지 아니ᄒᆞᆫ다'ᄒ더라

강호부의 경우 1,380여 책을 구입하였다고 하는데, 실상 역관의 말을 빌자면, 이례적으로 책을 다수 구입한 경우임을 알 수 있다. 그러나 일부 서책을 애호하는 인물의 경우, 구입 장서 규모가 적지 않았다. 1690년(숙종 16, 강희 29) 서문중徐文重의 연행 도중 구입 장서 규모는 2100여 책이나 되며, 당시 구할 수 있었던 도서 규모를 확인케 한다.[33]

---

29 수정하기 위해 옆에 작은 글씨를 기입했으나, 원래 잘못 쓴 부분을 지우지 않고 그대로 두었음.

30 강호부, 앞의 책, 234~235쪽.

31 李俁, 앞의 책, 24~416쪽. "關夫鄭國卿爲名者, 自前多畜書畵買賣云."

32 김영진, 앞의 논문(2005)에서 누차 연행을 통한 장서가와 서책의 규모 등을 소개하고 있다.

33 서문중, 『燕行日錄』, 24~243-246쪽.

〈표 1〉 徐文重 서책 구입목록

분류	서명	책수(명기된 책수만 합산)
經部	『周禮注疏刪翼』 十六, 『儀禮經傳通解』 二十四, 『十三經注疏』 百卅六, 『四書或問』, 『大全四書四經』 七十二, 『奎璧經書』 累件, 『袖珍經書』, 『焦易』 五, 『廣金石韻府』 四, 『篆隷心畫』 四, 『六書正譌』 六, 『說文』, 『字彙』.	265책
史部	『資治』 百, 『發明綱目』 百, 『後漢書』 四十, 『世史類編』 卄, 『明史本末』 二十, 『兩朝從信錄』 十二, 『啓禎野乘』 十, 『文獻通考』 百二十, 『續文獻通考』 百二十, 『通典』 五十, 『荊川左編』 百, 『(荊川)右編』, 『名山勝槩記』 三十二, 『秦漢印統』, 『西湖志餘』 十.	734책
子部	『籌勝必覽』 四, 『本草綱目』 二十四, 『壽世保元』 十二, 『性理會通』 十八, 『漢魏叢書』 八十, 『(荊川)武編』 十二, 『道書全集』 十六, 『希夷河洛理數』 十, 『楞嚴經』 五, 『日知錄』 明儒 著 十二, 『薛文淸公讀書錄』, 『萬姓通譜』 四十, 『說郛全書』 百六, 『韻府群玉』, 『鴻書』 三十二, 『算法全書』 十.	379책
集部	『(荊川)文編』 三十, 『唐荊川集』, 『陳龍川集』, 『曺子建集』 四, 『羅近溪集』 六, 『葉蒼霞集』, 『袁中郎集』 十二, 『錢牧齋集』 二十四 非全, 『八大家文抄』 四十八, 『宋文鑑』 三十二, 『唐詩品彙』 二十四, 『文選』 十六, 『世說補』 二件, 『宋詩選』 八, 『歐陽公集』 十六 二件, 『司馬公集』 二十四, 『眞西山集 二十, 『杜詩全集』 十, 『白氏長慶集 二十, 『陸放翁劒南集』 十二, 『韋蘇州集』 五, 『陸象山集』 八, 『王荊川集』 十六, 『曾南豊集』 八, 『古今尺牘』 八, 『樂府詩集』 十二, 『列朝詩集』 二十, 『宋潛溪集』 十二, 『遜志齋集』 十, 『楊升菴集』 十六, 『何大復集』 八, 『李空同集』 十二, 『王陽明集』 十二 非全, 『陳白沙集』 十, 『滄溟集注』 四 非全, 『王弇州集』 六十, 『續集』 四十, 『歸震川集』 十二, 『水滸志』, 『西遊記』, 『南北宋傳』 十二.	695책
此册亦求問於序班而未得來	『呂東萊集』, 『性理諸家解』, 『天原發微』, 『朱子遺書』, 『胡子知言』, 『胡五峯集』, 『胡文定公集』, 『楊龜山集』, 『范文正公集』.	
此十餘册使序班輩廣求而未得來	『荊川稗編』, 『羅整菴集』, 『黃勉齋集』, 『柳州全集』, 『茅鹿門集』, 『陽明全集』, 『于愼行集』, 『穀山漫錄』, 『穀山筆塵』, 『陳后山集』, 『陳簡齋集』, 『胡敬齋居仁集』, 『醫巫閭賀欽集』, 『山海經』, 『水經』, 『筆談』[沈括].	

아마도 서반을 통해 구입했던 것으로 추정되며, 경사자집經史子集의 사부四部 서책이 골고루 분포하고 있지만, 송명대 성리학자의 문집과 일부 잡기류를 구입하지 못하고 일부 당송명 문인의 문집도 구입하지 못하고 있음을 알 수 있다. 구입목록을 보면 이미 서문중 이전에 유입되어 학술과 문학에 일정한 영향력을 발휘했던 책들이 상당수 포함되어 있다. 다만 이 목록은 장서 규모, 구입 시점으로 볼 때 당시 유통된 서책과 구입된 내용을 확인시켜준다는 점에서 의의가 크다 하겠다.

3. 서적 유입의 실제와 양상

1) 청대 내부각서內府刻書의 반사頒賜와 구입

청대 정부 주도로 간행된 책을 내부본內府本이라 한다. 이 내부본은 몇 차례에 거쳐 조선에 반사頒賜되었다. 청대 내부內府 각서刻書는 주로 무영전武英殿(속칭 殿本)을 중심으로 이루어져 육부六部, 흠천감欽天監, 태의원太醫院 등의 아문衙門, 양주시국揚州詩局, 소주시국蘇州詩局에서도 간행되었으며, 조선 사신들이 중국 황제의 반사, 혹은 교유를 통해 이 책들을 알게 되었다. 아울러 청대 내각에서 『명사明史』나 『고금도서집성古今圖書集成』 등이 서책 출판에 대한 정보를 입수하여 출판 사업에 관심을 보였다.[34]

1703년(숙종 29, 강희 42)에 청나라에서 온 사신이 강희가 직접 쓴 법첩인 『연감재법첩淵鑑齋法帖』 10첩帖을 가져온 일이 있었다.[35] 이후 1712년 연행을 떠난 김창집은 강희로부터 300여 책을 받았다. 애초 이 일은 조선의 서책을 구경하고 싶다는 강희의 요구로 시작되었으며, 연행단이 가지고 간 서책 중에 문제의 소지가 없는 책을 보여주고, 돌아온 이후에 『(별본別本)동문선東文選』을 만들어 중국으로 보내면서 청에 저촉되는 말은 압록강을 건너기 전에 고쳤다.[36]

이때 받아온 책들의 성격을 보면, 모두 유서類書와 소학서小學書이다. 특히 『고문연감』은 서명이 말해주듯이 고문의 연원과 모범이 될 만 글을 모아 평어를 달고 오색五色 투인본套印本으로 제작된 미품美品으로 알려진 책이었다.[37] 『전당시』, 『연감유함』, 『패문운부』는 조인曹寅(1658~1712)이 설립한 양주시국에서 간행된 책으로 규모의 방대함은 그 이전 동류의 서책의 총집결판이라 할 수 있는 책들이었다.

---

34 『同文彙考』 補編 권4, 〈癸卯(1723년)陳慰兼進香行正使礪山君枋副使金時煥別單〉, 1636쪽; 앞의 책, 권5, 〈辛亥(1731년)謝恩兼冬至行書狀官李日躋聞見事件〉, 1658쪽.

35 『숙종실록』 숙종 29년(1703) 6월13일(정해). 연감재는 강희의 재호이다.

36 이종묵, 「『별본 동문선』 해제」, 『別本東文選』(규장각한국학연구원, 1998) 참고. 1713년 김창집 연행단이 북경에 갔을 때 戴名世(1653~1713)의 文字獄이 발생한 시기였다. 대명세의 문자옥은 南明의 영력제의 연호인 '永曆'을 썼기 때문에 문제가 되었으며, 復明운동을 일으켰다는 이유로 참수형을 받아야 했다.

37 李器之는 풍윤현의 곡응태가에서 이 책을 보고 단평을 남기고 있는바 구입하지는 않았다[『一庵燕記』(『연행록선집』 보유 상, 278쪽)].

〈표 2〉 강희 옹정간 서책 반사목록[38]

구입년도	서책	찬자	권수	간행년	간행처	기타
1712년 (숙종 38, 강희 51)	『全唐詩』	曹寅, 彭定求等	900	강희 46	揚州詩局	20갑(匣) 120권(崔德中, 『燕行日記』, 이하 최덕중 기록 참고.)
	『古文淵鑑』	康熙 選, 徐乾學 等編注	64	강희 49	內府	4갑 24책. 오색투인본
	『佩文韻府』	張廷玉 등	106	강희 50	揚州詩局	20갑 95권
	『淵鑑類函』	張英 등	450	강희 49	揚州詩局	20갑 140권
1723년 (경종3, 옹정 원년)	『御纂周易折中』	李光地 등	22, 수 1	강희 54	內府	
	『御纂朱子全書』	李光地 등	66	강희 53	內府	흑구본, 백구본. 강희가 간인된 책에 대한 불만으로 다시 찍게 함. 원명 『淵鑒齋御纂朱子全書』
1729년 (영조 5, 옹정 7)	『康熙字典』	張玉書 등	42	강희 50		
	『性理精義』	李光地	12	강희 56	內府	
	『詩經傳說彙纂』	王鴻緖 등	21, 수2, 詩序 2	옹정 5	內府	康熙命撰
	『音韻闡微』	李光地 등	18	옹정 6	武英殿	

1723년 밀창군密昌君 이직李樴(정사)이 가져온 『어찬주역절중御纂周易折中』, 『(연감재淵鑑齋)어찬주자전서御纂朱子全書』는 옹정이 반사하기는 하였지만, 강희의 어찬본御纂本이다. 강희는 주자를 존숭했던 인물로 일강日講을 통해 주자서를 애독하였으며, 주자학 관련서를 따로 출간하였는 바, 이때 투입된 편수관은 이 시기 학술을 주도했던 인물들이었다. 1729년에도 여천군驪川君 이증李增이 강희 때 만든 『강희자전康熙字典』, 『성리정의性理精義』과 옹정 때 만든 『시경전설휘찬詩經傳說彙纂』, 『음운천미音韻闡微』 등을 가져왔다. 앞서 옹정이 윤순 연행단에게 동일한 서책을 반사했다는 기록이 보이는 바, 여천군 연행단이 받은 책과 동일한 책들로 2차례에 걸쳐 책을 반사한 것인지, 아니면 윤순 연행단이 받았던 것을 다음 연

38 清代 內府本에 대해서는 陶湘, 『清代殿版書目』[『書目叢刊(全2冊)』(遼寧教育, 2000)]과 翁連溪, 『清代內府刻書圖錄』(北京出版社, 2004)에 자세한 목록이 있어 이를 참고하였다.

행단인 여천군 일행이 받은 것인지 분명치 않다.[39]

개인적으로 내부본 책을 열람하거나 구입한 경우를 볼 수 있는데, 김창집은 『패문재광군방보佩文齋廣群芳譜』(100권, 강희 47년 내각), 『좌전左傳』을 열람하고 구입하고자 하였으나 가격이 비싸 구입하지는 못하였다.[40] 오도일은 『사서해의四書解義』, 『서경해의書經解義』를 보면서 여기에 실린 강희의 글이 뛰어나긴 하지만, 과시하려는 기색으로 보건데, 강희 글이 아닌 듯하며, 정치 역시 이로 보건데 알 수 있다고 평가절하하였다.[41]

아울러 정변서로서 『대의각미록大義覺迷錄』을 언급하고자 한다. 이덕무가 성대중에 책을 구해보라는 편지를 보낸 것을 보면 18세기 중반에 쉽게 볼 수 있었던 책은 아니었던 듯하다.[42] 이 책은 반청운동을 꾀한 증정曾靜을 옹정이 심문하는 내용이 수록되었는 바, 유례를 찾아보기 힘들 정도로 옹정 자신이 정면으로 역모 사건을 심문하고 재판 과정 일체의 문자와 관련 자료를 엮어 책으로 만들어 낸 것이다. 증정의 역모가 반청사상가인 여유량呂留良(1629~1683)의 저술에 영향을 받았다고 판단하여 여유량의 화이관華夷觀 등을 정면에서 비판하고 있다.[43] 한덕후는 이 책을 보고는 이 역모 사건의 내용과 함께 형벌이 엄하지 않다고 판단, 기강이 엄하지 않아 제대로 나라를 통치하지 못하고 있다고 평가하였다.[44]

---

39 尹得輿, 『白下集』 附錄, 〈行狀〉, 『문총』 192, 364쪽. "入燕, 卽具由揭帖, 痛陳邊土冒禁負次之奸弊. 雍正大喜, 褒諭加厚禮, 仍以逆亂討平, 別賜錦緞書籍及犒銀萬兩. 賞賜之物, 盡散於員譯及驛卒, 不取一箇燕物, 漢人秀才稱歎曰 : "白下先生, 淸如伯夷.""; 『同文彙考』 補編, 권5, 『戊申(1728년)冬至正行正使尹淳副使趙翼命別單〉, 1651쪽.

40 김창업, 앞의 책, 〈1713년 정월 10일〉, 33~57쪽. "少年出示卓上書一匣, 題以'佩文齋廣羣芳譜' 是乃皇帝新編之書. 凡花藥菜果草木之屬, 靡不錄栽培之法, 古今人詩, 亦合載. 皇帝詩亦在其中, 序亦皇帝所作. 後見暢春苑所出給之書, 皆書佩文齋. 蓋皇帝齋號也. 是書凡四匣, 合二十卷, 而卷厚字細. 又有一書求見, 抽示之, 是 『左傳』也. 冊撲亦如 『羣芳譜』, 而粉紙點朱衣以黃紙, 此亦皇帝所纂也."

41 오도일, 앞의 책, 513~514쪽. "因譯輩, 淸皇『經筵講議』二卷覓來見之, 一則 『四書解義』, 一則 『書經解義』, 而淸皇皆自爲序, 弁之卷. 其文頗暢達, 見解亦粗通, 殊可訝也, 而從事章句之間, 則其區區文字, 固不足以致文明之治. 適所以幷與其長技而病之, 未必不爲邯鄲學步, 況微察彼中氣色, 淸皇傲然自聖, 以矜高爲事. 大小臣僚諂佞是務, 虛僞成風, 今此自作序文, 頒示中外, 出於誇衒之致, 而其文亦未必全出於其手. 其政治, 據此可知矣."

42 이덕무, 앞의 책, 제16권, 『아정유고』 8, 서 2, 〈성사집(成士執) 대중(大中) 에게〉.

43 민두기, 「〈大義覺迷錄〉에 대하여」, 『진단학보』 25(1964); 馮明珠 主編, 『淸世宗文物大展-雍正』(국립고궁박물관, 민국 98).

44 韓德厚, 『承旨公燕行日記』, 50~187쪽, "宿驛丞趙明玉家. 年少知書授紙筆, 畧與問答, 筆札粗鹵, 殊無可觀. 是日行六十里. 明玉家有所謂 『覺迷錄』, 遂取見之. 盖明人呂留良, 嚴鴻逵, 曾靜等作 『知新綠』, 詆辱淸皇. 又投書於岳鍾期, 謂淸皇弑父逼母, 殺弟弑兄, 懷疑殺忠, 貪財好色, 以夷狄禽獸之說詆之, 故雍正作此錄, 以自明曉諭天下. 嚴鴻逵, 卽錢牧齋之小沙彌也. 岳鍾期, 岳武穆之幾世孫者也. 盖淸君之二兄旣死, 三弟或死或刑. 其一卽十四王允禵, 所謂靑海台吉之婿也, 而或云'允禵不死被幽'云, 未可知也. 康熙時顧命大臣三四人, 亦皆刑死, 故曾靜云. 然盖曾靜輩雖爲明作事, 在淸則爲逆, 而雍正不敢痛治, 乃反費辭分疏. 惟恐惡名之未脫, 其刑政之脆孱, 可知矣."; 한덕후, 앞의 책, 〈別單〉, 50~271쪽. "又刑政懦弱, 呂留良, 嚴鴻逵投書之擧, 可謂亂逆而終不能痛治, 見 『覺迷錄』, 可知矣. 紀綱如此, 其何能國?"

이외에도 내부본의 중요한 서책이 천문산법 관련 도서들로 『수리정온數理精蘊』, 『율력연원律曆淵源』(『曆象考成』, 『數理精蘊』, 『律呂正義』 등의 역법, 수학, 음악 관련 3부작)[45] 등이 있다. 이러한 책들은 조선 후기 학술의 한 축을 이루는 천문역법 관련 저작들로 이 시기는 개인적 관심보다는 관상감 등에 필요에 의해 특별히 사오는 경우가 많았던 것으로 보인다.[46]

정조는 청 황제의 칙찬으로 만들어지는 책들에 대해 정조는 날카로운 분석을 내놓는다.

> 송(宋) 나라 태종(太宗)과 명(明) 나라 성조(成祖) 때 『태평광기(太平廣記)』와 『책부원귀(册府元龜)』 등의 책을 만들면서 천하의 명사를 널리 끌어 모아 하나의 거질(巨帙)을 완성한 것은 대개 세상의 이목을 속여 영웅이라는 명성을 얻으려는 뜻에서 나온 것이다. 청 나라 사람도 이것을 본받았으니, 『연감유함(淵鑑類函)』, 『패문운부(佩文韻府)』, 『서화보(書畫譜)』, 『자전(字典)』, 『주자전서(朱子全書)』, 『회전(會典)』, 『일통지(一統志)』, 『도서집성(圖書集成)』, 『황여표(皇輿表)』, 『팔기통지(八旗通志)』, 『고문연감(古文淵鑑)』 등의 책이 모두 한 시대의 거장의 손에서 나와 성대하게 볼 만하다. 그러나 사람들이 천하의 일에 대해서는 돌아볼 겨를이 없이 책 속에만 골몰하였다. 오직 여유량(呂留良)과 고영인(顧寧人) 등 몇몇 사람만이 그 구덩이에 빠지지 않았으니 그 탁월한 인품은 높이 평가할 만하다.[47]

정조가 언급한 책들은 『팔기통지八旗通志』를 제외하고 강옹 연간에 나온 서책들이다. 정조는 대대적인 출판 사업의 정치적 의미를 냉철하게 읽어내고 있다. 이미 송명대 거질의 관찬 출판이 정치적이었다는 점과 이어 청대에서도 이를 적극적으로 활용하고 있다고 지적하였다. 이 시기 유수한 학자들을 관찬 사업에 투입하여 세상의 정치적 논의에서는 배제하려는 하였다는 의도를 읽어낸 것이었다. 정조는 청에 출사하지 않고 유민遺民으로 남아 학문에 침잠한 인물로 여유량과 고염무를 언급하고 있는 바, 이들은 이 시기 각각 주자학과 경세학의 대표적인 학자들이다.

---

45 『同文彙考』 補編 권4, 〈己酉(1729년)謝恩行正使驪川君增副使宋成明別單〉, 1654쪽.

46 전체적인 서양서의 유입에 대해서는 노대환, 『동도서기론 형성 과정 연구』(일지사, 2005)에 자세하다.

47 정조, 『국역홍재전서』 제172권, 「일득록(日得錄)」 12, 〈인물(人物)〉 2. 洪翰周도 강희 출판사업의 의중을 비판적으로 보았다[洪翰周, 『智水拈筆』(栖碧外史海外蒐佚本 13), 〈纂輯〉(亞細亞文化社, 1984). “聖祖此擧, 盖箝制中州人士, 使不得扼腕於白屋, 而老死筆硯之計.”]

2) 서적 구입의 내용과 의미

(1) 경부經部 : 주자학의 향방과 청초 학술에 대한 관심

강옹 연간 조선의 성리학性理學이 심화되는 과정에 놓여 있었으므로 이에 대한 관심도 높았다. 따라서 연행단이 떠나기 전 유학 관련 서책을 부탁하는 경우가 많았다. 구입 서적도 사서오경四書五經과 십삼경주소본十三經注疏本과 송원명대의 이학가들의 문집을 선호하였지만, 한편으로 만주족이 들어선 청대의 학술에도 상당한 관심을 보였다. 유학 경전은 이미 조선 간본이 다수 있지만, 다른 이본에 대한 관심과 함께 수진본袖珍本이나 규벽본奎璧本 같이 독서에 용이한 책들도 들어왔던 것으로 보인다. 조선의 송시열, 박세채 등은 주자 관련 서적 등에 관심으로 중국으로 가는 연행단에게 서책을 부탁하였다.[48] 이 책은 성리학 일반 혹은 주자 간행서 중에 아직 보지 못한 책에 대한 관심이었다. 이러한 경향은 이전부터 계속되어 왔던 것이지만, 당대 중국 학자에 대한 관심도 적지 않았다. 이희조는 민진후의 연행에 이전에 보았던 『사서혹문어류대전합증四書或問語類大全合證』(黃越 찬), 『사서주자이동조변四書朱子異同條辨』을 거론하면서 청조의 학술이 어그러져 있다고 판단하였다. 그 이유는 이적(만주족)이 중국을 통치한 까닭이라 하였다. 따라서 주자를 존숭한 '순유醇儒'로서 황월과 이패림에 대한 행적, 아울러 유가와 성리서를 구입하도록 당부하였다.[49] 조영복의 연행에는 예전 읽었던 주자의 글에 언급된 『남헌주의南軒奏議』를 구해다 줄 것을 부탁했다.[50]

연행 노정에서 중국 학자들과 당대 학술에 문답하고 변론하는 것은 연행의 한 관심사라 할 수 있다. 이러한 내용은 상략詳略의 차이는 있지만, 대체로 내용은 주자학과 양명학의 문제, 청조 당대의 학술, 문학에 대한 질의로 이어져 있다. 이 문제는 앞서 선조-광해

---

48 宋時烈, 『宋子大全』 권139, 〈論孟或問精義通攷序〉, 『문총』 112, 587쪽; 朴世采, 『南溪集』 권31, 〈與崔汝和別紙 丙寅三月〉, 『문총』 139, 98쪽.

49 李喜朝, 『芝村集』 권19, 〈別判敎寧閔靜能赴燕序〉, 『문총』 170, 398쪽. "近見一二書册, 來自彼中, 或名『四書或問語類大全合證』, 或名『四書朱子異同條辨』, 一爲黃氏越所編, 一爲李氏霈霖所著. 其人似方在世, 觀其學, 又皆篤信朱子, 而李尤不草草, 雖置之仁山, 白雲, 林隱, 魯齋之間, 亦無甚愧焉. 況其父子兄弟, 自相師友, 自相講論者, 益可尙已. 但未知其人出處行誼爲如何也. 抑皇朝學術甚乖, 論者謂夷狄之入主中國有以也. ……仍且訪得其人本末, 使見者又無疑於其言, 則其有助於衛正道而距異端者, 必大矣. 況復因此推之, 凡係儒先文集, 性理諸書, 無論古今, 悉幷買取以歸, 則不惟余之孤陋爲可幸."

50 이희조, 앞의 책, 권19, 〈別趙令公錫五赴燕序〉, 399쪽.

연행자의 문답 방향에는 큰 차이는 없으나, 청대의 학술에 대한 논의로 이어진다는 점에서 눈여겨 볼만하다. 따라서 이들 저작에 대한 관심 역시 적지 않았다.

전형적인 문답의 한 예로 1698년(숙종 24, 강희 37) 서장관 이건명이 산해관山海關 교수教授 서망조徐望祖와 나눈 대화에서 확인된다. 주자朱子, 육왕陸王에 대한 질문, 그리고 당대當代 학술과 문학에 대한 문답으로 이어지는 것이 일반적이었다.[51] 그러나 이들의 문답은 깊이 있는 답변으로 이어지는 경우는 드물다. 다만, 전문傳聞을 확인함으로써 당대 학술에 대한 관심을 표명한 것이라 아닌가 여겨진다.

이처럼 연행로에서 당대 학자에 대한 관심과 질의 가운데, 주자학자로서 이패림과 여유량은 단연 관심의 대상이었다. 1712년에 연행을 떠난 김창업이 중국인 이원영과 대화한 내용은 이 시기 관심의 일단면을 보여준다.

김창업 : 『사서이동조변(四書異同條辨)』을 지은 이패림(李沛霖)은 어느 지방 사람이며 지금도 살아 있습니까?"

이원영 : "그 사람은 이미 고인이 되었다고 들었습니다. 남쪽 지방 사람입니다."

김창업 : "그 사람이 도량(都梁) 사람이라고 누군가 하는 말을 들었는데, 도량이란 어느 곳에 있는 지방입니까?"

이원영 : "대량(大梁)입니다."

김창업 : "요즘 문장과 도학으로 세상의 추앙을 받는 사람은 몇 명이나 됩니까?"

이원영 : "왕초생(王礎生)과 여만촌[呂晩村(呂留良)]은 절강(浙江) 사람으로 모두 『사서휘통해(四書彙通解)』로 세상에 행세하며, 계축년에 장원한 한담(韓菼)은 호를 원소(元少)라고 하며, 또 허원(許元)이라는 사람이 있습니다."[52]

이미 연행을 떠나기 전에 김창흡이 〈이패림李霈霖〉 관련 시가 있는 것을 보면, 당시에

---

51 『同文彙考』 補編, 권3, 〈戊寅(1698년)謝恩行書狀官李建命聞見事件〉, 1620쪽. "問 : 今世文章理學比陽明何如? 答 : 文章則明隆慶最盛樸茂, 今則以才情爲主, 而薄弱不逮古矣. 理學則明朝陳白沙二三人爲盛, 王文成公功名道學兼備而良知之說, 未免爲誤. 問 : 今世學者主朱子耶? 陸王耶? 答 : 學者初當以朱子爲法, 而究竟陸氏爲正, 分異同者, 後學之誤也. ……問 : 今世理學者誰耶? 答 : 有胡此菴先生名文學, 湖廣孝感縣人, 官至太學士, 卒已久, 惜其書不在而盖曾理學也. 文章則何人爲最耶? 答 : 張中堂先生名玉書, 現任武英殿太學士, 是望祖之老師也."

52 김창업, 앞의 책, 권9, 〈1713년 3월 초4일〉, 33-391~392쪽.

알려진 인물이기는 하였지만, 자세한 행력行歷에 대해서는 모르고 있었던 듯하다.[53] 앞서 언급했듯이 여유량 역시 잘 알려지지 않았다. 이패림의 저술은 『사서주자이동조변四書朱子異同條辨』(40권)이었으며 동생이 이정李楨과 함께 책을 펴냈다.[54] 그러나 1743년(영조 19, 건륭 8) 연행에서도 조현명이 이패림에 대한 관심을 표명한 것을 보면 여전히 그의 행적에 대해서는 자세히 알려져 있지 않은 듯하다.[55] 이패림의 『이동조변』은 주자의 장구와 집주를 주로 하고 『사서혹문四書或問』과 『주자어류朱子語類』에서 관련 내용을 장구章句에 따라 뽑아 그 아래 붙이고 송원명청宋元明清 유가儒家의 학설을 분류하여 놓은 책이다. 주자의 학설과 같을 경우는 동자同字로 표기하고, 다를 경우는 이자異字를 써서 분명하게 구별하였다. 아울러 자신의 견해를 조목하다 변석辨析하고 동생 이정의 학설도 다수 채용하여 놓았다. 정밀한 고핵考核과 바른 문로門路를 보여주지만, 연구과 분석이 지나치게 상세하며 번잡하여 지루하고 자잘하다는 평가도 아울러 받았다.[56] 여기에 문자옥文字獄에 걸린 여유량의 학설이 수록되어 있었음으로 건륭기에 추훼목록抽燬目錄에도 올라있는 책이다.[57] 명말유민明末遺民으로 고헌성顧憲成, 고반룡高攀龍과 같이 양명학에 물들지 않고 주자학을 준수한 인물로 평가받는 여유량은, 그의 저술 『사서강의四書講義』로 말미암아 조선에서 그의 명절名節이 문자옥文字獄과 함께 더욱 알려지게 되었다. 고헌성과 고반룡의 책은 명말청초 유가류儒家類 저작으로는 보기 드물게 조선에서 간행되었는 바, 그 이유는 역시 동림당東林黨 일원으로서의 반청운동과 반왕反王의 학술 태도 때문이었다.[58] 18세기 중반 이후에도 여유량은 당시 식자층에서는 상당히 인지도가 높은 인물이며, 연행록에서 여유량과 이패림에 대한 정보를 얻고자하는 경우가 많았다.[59] 우선 그가 열렬한 반청론자였다는 점을 지적할 수

---

53 김창흡, 앞의 책, 〈送大有隨伯氏赴燕〉 其四十二 〈李霈霖〉, 233쪽. "都梁純儒李霈霖, 經義毫分復縷析. 千秋知有一晦翁, 扼腕陸王混蔥竺. 嗚呼天下左衽久, 江漢將開冠帶國." 李霈霖과 李沛霖이 혼용되어 나타나며, 노론층 연행에서 이에 대한 관심이 높다.

54 이패림은 字 岱雲, 安徽 盱眙 貢生으로, 1707년(강희 46)에 宗伯 李振裕가 서문을 썼다[戴廷杰, 『戴名世年譜』(中華書局, 2004), 816쪽].

55 1743년(영조 19, 건륭 8)에 심양을 간 趙顯命은 李沛霖, 陸隴其(1630~1692), 李紱(『朱子晚年全論)』 등 당대 학술에 대해 秀才 魏廷熙와 문답을 주고 받고 중국의 학술에 대해 토론한다. 이때 魏廷熙는 이패림에 대해 "李霈霖家巨富, 招延博學能文之士, 刊書以要利. 非有學問, 發明朱子之學, 仍斥王陸爲虛寂."[林基中, 夫馬進 編. 앞의 책(2001), 『燕行錄全集 - 日本所藏編』 1(동국대학교 한국문학연구소), 168쪽]라고 하였다.

56 서호수 편, 『奎章總目』, 〈四書異同條辨三十六本〉조, 69쪽(장백위 편, 『朝鮮時代書目叢刊』 壹, 2004.).

57 강희 44년에 간행되었다[雷夢辰, 『清代各省禁書彙考』(北京圖書館, 1989), 263쪽]. "書內呂留良講義, 七百零二條, 鏟除. 餘書仍行世.")

58 1761년 洪啓禧(1703~1771)가 『涇陽遺書』(顧憲成 著), 『梁溪遺書』(高攀龍 著)를 합간하였다.

있겠다. 두 번째는 양명학을 배척하고 주자를 존숭한 때문이었다.[60] 여유량의 주자 존숭과 이단 배격이라는 두가지 입장이 핵심적 관심이었으며, 그의 시문도 앞서 정조가 관심을 표명하였던 바, 18세기 중반에 더욱 관심이 되었음을 알 수 있다.[61]

아울러 청대의 정주학자로 알려진 장백행張伯行, 웅사리熊賜履, 육농기陸隴其, 육세의陸世儀, 이광지李光地, 서건학徐乾學[62] 등의 유가류 저작이 조선에 소개되면서 청대 당대當代의 학술이 관심이 대상이 되는 시기인 듯하나, 청대 학술의 관심이 초기 단계인 만큼 이들 저작에 대한 이해와 심화는 18세기 후반으로 넘어가는 것이 아닌가 여겨진다.[63] 오도일吳道一은 소보小報를 통해 고염무顧炎武의 외생外甥이자 장서가였던 서건학의 〈서건학진소진가장경사십육종徐乾學陳疏進家藏經史十六種〉을 전재全載하고 있어 청대 서적의 일단의 관심을 보여주고 있다.[64] 이들은 소위 강옹 연간의 '이학명신理學名臣'이라 불릴 만큼 양명학으로 경도되었던 학풍을 정주학 관련 저술과 발양에 힘을 썼는 바, 이들이 연행을 통해 알려지고 일부 도서가 유입되는 상황에 있었다.

더불어 소학류 저작으로『설문해자說文解字』,『육서정와六書正譌』,『자휘字彙』등의 청 이전 저작과 함께『광금석운부廣金石韻府』(清 林尚葵輯),『강희자전』,『패문운부』등도 유입되었다.

---

59 여유량이 18세기 조선에 미친 영향에 대해서는 김문식, 앞의 책(2009), 100쪽과 이경수,『漢詩四家의 清代詩 수용 연구』(태학사, 1995), 93~97쪽 참고.

60 황윤석, 앞의 책, 1책, 권3(1994), 656쪽. "鄭君(鄭東驥 : 필자주) 亦大笑, 因出案上王陽明『傳習錄』曰 : "曾見此乎?" 余曰 : "聞有此而未及詳閱也. 但此是象山白沙之一脉相傳者, 須以呂晩村『四書講義』, 與此爲對而玩之, 則王氏之謬, 自可見矣. 皇明三百年學者, 不知有朱學, 而惟晩村獨扶朱學, 儼成異端之勁敵矣."""; 황윤석, 앞의 책, 3책, 권17(1997), 603쪽. "明末陸學, 浸淫天下. 所謂性理文字, 莫非邪說, 所緣飾. 獨呂晩村『四書講義』, 知尊朱子, 凡係背朱子者, 一一痛辨而嚴斥之. 惜此書不及我朝, 孝肅之世, 東來使一二詆朱者, 知所畏也."『四書講義』(43권)는 門人 陳鏦이 編次한 康熙丙寅 天蓋樓刊本이 있다[孫殿起,『販書偶記』(상해고적출판사, 1999)]. 이 책은 옹정의 문자옥에 걸렸는 바 옹정은 朱軾 등에게 이 책을 반박하는『駁呂留良四書講義』(8권, 雍正 9년)을 간행토록 하였다.

61 여유량의 시문은 건륭제가 禁書로 지정하여 傳本이 매우 드물었던 것으로 보인다. 1753년(영조 29년)에 兪漢蕭가 詩集抄本 구입해왔다 한다[이덕무, 앞의 책, 제33권,「청비록」2,〈만촌집(晩村集)〉조]. 청말에 도서 유통이 많았던 유리창에도 전본이 조선에 유통되던 사본이 있었다는 것이 흥미롭다[孫殿起, 앞의 책(1999),〈呂晩村詩集二卷 文集八卷 附行略一卷〉조, 337쪽. "石門呂留良撰, 高麗人舊抄本, 目錄第一頁首行書名下有"崇禎紀元後乙巳天蓋樓鐫"十一字. 文集卷一至四答復各書, 皆注明與某姓某名號及某年某月日所作. 至書中凡他刊本屬墨釘未辨某字者, 皆一一寫出, 後有曾孫爲景題識, 並附高麗人補詩一首云 : '矮矮茅簷可隱居, 乾坤城郭非吾廬. 天和日暖鋤春畝, 夜靜風恬讀古書. 囊裏無錢可當酒, 山中有客只烹蔬. 世事悠悠忘我老, 看花隨竹數遊魚.'『晩村詩集』不載此詩, 而浙江飄海人到我境, 傳誦此詩, 曰 : '此晩村詩'云, 故錄之."]. 여기에 소개된 일화는 성해응의〈呂晩村詩〉조(『研經齋全集』外集 권55,「識小類」,〈詩話〉,『문총』277, 503쪽)에 소개되어 있다.

62 이광지의 문집은 洪啓禧(1703~1771)가 사 왔다고 한다(황윤석,『頤齋亂藁』2책, 권12, 378쪽. "有淸人李光地, 號安庵, 有文集. 洪尙書啓禧購來者也.").

63 이의현이 구입한 장백행이 편찬한『理學全書』에 청초의 程朱學者의 저작이 일부 수록되어 있다.

64 오도일, 앞의 책, 152~515쪽.

(2) 사부史部 : 금서禁書의 밀매와 변무辨誣

『춘추春秋』, 『통감通鑑』 등과 같은 유가 기본서도 문제가 될 만큼 사기史記(역사 서적 일반)는 명청 시기 모두 외국사신에게는 금서禁書였다. 강희가 조선의 서책을 보려할 때 사서오경 중에서 『춘추春秋』를 빼려한 논의에서도 알 수 있듯이 이는 매우 민감한 문제였다.[65] 명대明代 금서목록으로 『오학편吾學編』, 『통송通宋』, 제사기諸史記, 『통보通報』, 천문서天文書, 지리서地理書 등이 보이는 바,[66] 청 정부의 역사, 지리서, 천문서[67] 등의 금서 정책은 명대 제도를 그대로 인습하였기에 역시 금서 목록에 올라 있다. 따라서 회동관會同館 개시開市에서 사서史書와 지도地圖 등의 서책은 무역 대상에서 제외되었다.[68] 그러나 이 책들이 어떤 경로로든 입수되었음은 말할 것도 없다. 다만 몇 번의 범금犯禁으로 규제를 받은 경우가 보인다.[69] 예를 들면, 청국에서 1698년 정사였던 이언강李彦綱의 사서史書 서적書籍 사포四包를 적발하고, 조선 측에서는 서적을 산 조존벽, 이지한을 혁직革職하고 이언강은 2급을 낮추어 조용調用한다고 자복해야했다.[70] 이후 연행에서는 서책 구입 상당히 경색되었던 듯하며, 다음 연행에서 예부禮部에서 이를 완화 시키는 조치가 있었다.[71] 『일통지一統志』와 같은 책들도 역사에 관련된다는 이유로 금서禁書 대상이 되었다. 아울러 예부禮部 자문咨文 등을 구입하여 범금犯禁한 사례가 보이는 바, 중국 정보를 탐색하기 위해 역관과 매수된 중국 관료를 통해 적극적으로 구입하려 하였다. 심지어는 국사관國史館의 『기거주起居注』를 역관을 통해 서반을 매수하여 베껴 오는 일도 있었다.[72]

이러한 금서 정책에도 사서들은 지속적으로 조선으로 유입되었다. 명대에 출간된 『사

---

65 김창업, 앞의 책, 33~178쪽. "遂以四書五經, 『綱目』, 諸子, 『事文類聚』等書, 幷書十餘種列錄, 譯輩以五經中 『春秋』 爲禁書, 故去而對之, 然不成事理, 故以五經錄之."

66 崔晛, 『朝天日錄』, 〈中原禁物〉, 88쪽(『연행록선집』 補遺 上).

67 『同文彙考』 補編, 권4, 〈戊申(1728년)冬至征行使尹淳副使趙翼命別單〉, 1652쪽. "『曆象考成』, 自觀象鑑專委堂上譯官高時彦前, 此求買於欽天監而索價過多矣. 高時彦今善周旋幷賂給與册價以正銀五十兩相約, 此亦過多而係是禁書, 且無私藏圖出本監餘件則與他册買賣不同, 故不得已以不虞備五十兩許給圖得全秩四十四册行中賫來."

68 정약용, 이청 편, 『事大考例』[『茶山學團 文獻集成』 8~9책(2008)]. 『연행록』에 기록된 구체적인 사례로 홍명하, 『燕行錄』, 20~322쪽. "館門外開市榜文, 其榜 : '一依明朝節目所禁者, 西蟠練大段, 史書, 軍器, 石硫黃, 焰硝等物也.'"을 참고.

69 정약용, 이청 편, 『사대고례』, 「교역고」 1을 참고[王振忠, 앞의 논문(2009)].

70 『국역통문관지』 2, 〈숙종대왕 25년 기묘 1699년〉(세종대왕기념사업회, 1998), 166쪽.

71 『同文彙考』 補編, 권3, 〈己卯(1699년)謝恩兼冬至行書狀官兪命雄聞見事件〉, 1621면. "禮部郎中來到館中, 招首譯等曰 : '今番使臣, 亦買書册否?' 首譯等答'以前行生事之後, 禁令甚嚴, 不敢生意'云, 則郎中云 : '約條內, 只禁史記, 至於四書及小說等書買去無妨云矣. 史記外雜册禁事, 自禮部成出文書, 送于鳳凰城將處'云."

72 『同文彙考』 補編, 권4, 〈戊申(1728년)冬至正行正使尹淳副使趙翼命別單〉, 1652쪽.

기평림史記評林』, 『한서평림漢書評林』, 『역대소사歷代小史』(105권, 明 李栻 輯), 『(형천荊川)좌편左編』, 『(형천荊川)우편右編』, 『십칠사十七史』[73] 등은 이미 나온 전대前代 사서史書에 평어를 새로이 달거나 새로 정리한 작업들로 조선에 들어와 상당한 영향을 미쳤다. 특히 『사기평림史記評林』은 조선간본을 갖고 있을 정도로 애독되었던 서책이다. 명대 당송파, 복고파 문인들이 공히 『사기史記』를 중시한데다, 평점비평評點批評의 유행으로 간행된 바 조선에서 문학적 영향관계가 심대하다. 『명산장名山藏』(109권, 何喬遠), 『명계유문明季遺聞』(4권, 鄒漪), 『계정야승啓禎野乘』(鄒漪)와 같이 명대 야사류野史類 저작 역시 명대 고사나 인물, 명말의 동태를 파악하는 자료로서 유입되었다.

이러한 사서 중에서 『황명통기皇明通紀』(陳建), 『황명십륙조광기皇明十六朝廣記』(陳建), 『양조종신록兩朝從信錄』(25卷, 沈國元)에 조선 왕실에 대한 무함이 실려 있다는 보고가 있었고 이를 변무하려는 노력이 있었다.[74] 대부분 정사가 아닌 野史들이었지만, 조선 연행자들은 이를 보고 조선 왕실 관련 기사에 문제가 있다고 판단되는 경우 즉각적으로 보고와 이를 수정하려는 노력을 기울였던 것이다. 한 예로 1725년 정사 조문명趙文命 등은 『명사집략明史輯略』, 『속봉주강감續鳳洲綱鑑』 등에도 인조에 대한 무함이 실려 있다고 보고하였다.[75] 그러나 서적의 정보를 토대로 청나라에 변무 요청을 했다가 사서史書를 구입했다는 명목으로 추궁을 받기도 하였다.

특히 청나라에서 『명사明史』 편찬이 진행됨에 따라 조선 관계 자료를 미리 보고 이를 수정하려는 막후 노력이 있었고 결국 동지정사冬至正使 낙창군洛昌君 이탱李樘 등이 『명사明史』의 「조선열전朝鮮列傳」 등본謄本 36장을 받아오고 『명사』를 수정하게 되었다.[76]

이외 전장제도典章制度를 다룬 『통전通典』, 『통지通志』, 『문헌통고文獻通考』 등의 '삼통三通'은 이전 시대부터 이 서책의 중요성 때문에 줄곧 무서貿書 대상이 되었다. 왕기王圻(1530~1615)의 『속문헌통고續文獻通考』는 명대明代 내용까지 포괄되어 있어 더욱 요긴하고 중요한 서책이었다.

---

73 권희학은 汲古閣本 『十七史』의 編目을 보고, 毛晉의 공이 많다고 평가하였다.(『燕行日記』, 〈1697년 6월 27일〉. "適考「十七史編目」, 琴川毛氏所刊冊版, 幾至三千數百餘卷, 其功甚多.")

74 『현종실록』 현종 14년(1673년) 2월11일(신해).

75 조문명, 앞의 책, 599쪽. "戊辰臣偶閱新刊 『明史輯略』『續鳳洲綱鑑』者"; 趙觀彬, 『悔軒集』 권19, 〈左參贊權公行狀〉, 『문총』 221, 541쪽. "丙午, 拜議政府右參贊, 疏陳仁廟明史被誣事, 兼進 『明史輯略』, 請遣使申辨."

76 김문식, 앞의 책(2009), 53~60쪽.

지리서로서 『괄지지括地誌』, 『대명일통지大明一統誌』, 『황명지도종요皇明地圖綜要』, 『황명방여지皇明方輿誌』, 『기보통지畿輔通志』, 『서호지西湖志』, 『성경지盛京志』, 『통주지通州志』, 『무령현지撫寧縣志』, 『황산지黃山志』, 『대흥현지大興縣志』, 『일하구문日下舊聞』 등은 중국 전역을 다루거나 지방지로서 다수 언급되어 있다. 지리서는 중국의 정세를 파악하는 기본 자료이자, 그 속에 포함된 역사적 사실, 풍물 등의 기록은 부수적으로 연행로에서 필수적인 자료라 할 수 있다. 특히 주이존朱彛尊(1629~1709)이 펴낸 『일하구문日下舊聞』은 조선 자료 문헌까지 포함한 방대한 연경 관련 자료를 모아 정리한 것으로 연경사燕京史에 핵심적인 서책이라 할 수 있다.[77] 『명산승개기名山勝槪記』(明 何鏜 輯)와 같이 문인들의 유기 작품을 모은 문예적 취향이 강한 지리류 책도 유입되었다.[78]

이외에도 릉적지淩迪知의 『만성통보萬姓統譜』(140권)와 같은 대형 보계류譜系類 저작들도 유입되어 중국 인물을 이해하는 자료로 활용되었다.

(3) 자부子部 : 제자諸子, 유서類書의 유입과 활용

상대적으로 정주학程朱學에 관심이 높아 송원명宋元明의 유가류儒家類 저작은 물론, 중국의 왕조 교체로 중국의 학술의 향방에 많이 관심이 집중되었으며, 관련 저작은 상당수 유입되었다. 예를 들면, 이의현이 구입한 『이학전서理學全書』는 청대 이학가인 장백행張伯行이 송원명청의 이학가들을 저술을 실은 총서叢書로서 개별 내용은 유가류 저작들이 다수 차지하고 있다.[79] 당대 학자들에 대한 학설과 문장에 대한 내용을 볼 수 있는 최신의 정보였을 것으로 추정된다. 중국 역대歷代 제왕帝王의 언행言行을 모은 교훈서教訓書로서 초횡焦竑의 『양정도해養正圖解』 같은 조선으로 유입되어 간행되기도 하였다.[80] 고염무의 『일지록日知錄』은 18세기 중후반 유행했던 책이지만, 서문중의 구입도서에 언급되어 있어 유입 자체는 일찍 되었음을 알 수 있다.

---

77 권희학, 앞의 책, 〈1697년 6월 18일〉. "偶見明太史朱彛尊所輯『日下舊聞』册本, 則搜覽考出册帙數爲一千六百五十二帙. 其人精神筋力, 後世莫及."

78 김창협의 『文趣』에서 유기 관련 작품은 이 책에서 뽑은 것이다[김영진, 「스승의 뜻이 담긴 책, 『문취(文趣)』」, 『문헌과 해석』 통권24호(2003)].

79 강희 때 출간된 책으로 이의현의 『陶峽叢說』(『陶谷集』 권28, 『문총』 181)에 보인다. 1720년, 1732년 연행 구입서적 목록에는 보이지 않는 책이나, 『도협총설』이 1736년에 刪定된 것이므로 강옹 연간에 입수된 책으로 보인다.

80 『숙종실록』 숙종 30년(1704) 5월29일(정묘). 이 책은 숙종이 어제를 달아 간행되었다.

이미 제자서를 모은 『백가류찬百家類纂』(明 沈津 編, 조선에서 閔昌道가 간행), 『제자품절諸子品節』 등이 유입되어 제자서에 대한 폭넓은 식견을 넓힌 바 있는데, 제자백가의 개별 저작들 역시 지속적인 관심의 대상으로 다수 유입되었다.

무엇보다 『도서편圖書編』(章潢), 『(형천荊川)패편稗編』(唐順之), 『삼재도회三才圖會』(王圻), 『팔편류찬八編類纂』(陳仁錫) 등 명대 유서類書의 유입은 조선 중기 학술에 중요한 역할을 담당하였다. 이를테면, 유서에 수록된 유가 저작, 중국 지리, 군사 관련 등은 중국의 학술과 정세를 파악하는 요긴한 자료로 활용되었다. 특히 이원진李元鎭(1594~1665), 윤영尹鍈(1612~1685) 등이 열독한 『도서편』은 『삼재도회三才圖會』와 더불어 해당 항목의 내용과 도보圖譜 자료를 수습하여 엮은 거편巨編으로 경세서經世書로써 중요한 책이었다.[81]

아울러 서광계徐光啓의 『농정전서農政全書』가 유입되어 농서로써 다양한 농법과 기구, 구황 작품에 대한 관심을 폭을 높이는데 크게 기여하였다.

특히 천주당을 방문하면서 천주교 교리서가 앞선 시기부터 유입되기 시작하여 강옹 연간에 『삼산논학기三山論學記』, 『주제군징主制群徵』, 『천주실의天主實義』, 『천주진경天主眞經』, 『칠극七克』 등이 들어 왔다. 이 책들은 구입한 것이 아닌 우호友好의 차원에서 선물로 받은 것이 대부분이다.

(4) 집부集部 : 명말청초 문단과 반향

강옹 시기 총집總集과 별집別集 유입을 일별하면, 집부의 서책도 이미 전시대에 유입된 서책을 다수 포함하고 있으나 명말청초의 문학적 향방을 좌우하는 서책 역시 유입되었으며 조선 문단에 중요한 추동력이 되었다.[82] 강옹 연간의 집부 유입에 대해서는 이의현의 연행 구입 서적 목록과 「도협총설陶峽叢說」(『陶谷集』 권28)에 소개된 서적들이 하나의 기준점이 되지 않을까 생각한다. 왜냐하면, 당대까지 유입된 집부 규모를 일목요연하게 확인할

---

81 李瀷, 『星湖全集』 권67, 〈從祖叔父太湖公行錄〉, 『문총』 200, 159쪽. "嘗得章本清『圖書編』, 謂本諸經, 措諸事業, 斯足以有裕, 翫習得其要."; 成海應, 『研經齋全集』 권56, 「草榭談獻」 三, 〈尹鍈〉. "尹鍈南原人, 父孝全, 母忠武公李舜臣之女也. 少好經濟之學. ……夏月屋漏甚, 鍈錐埃而注之, 閱章潢『圖書編』, 其勤苦如此." 윤영은 地圖, 地理, 兵法 등에 매우 밝은 인물로 지리 관련 저술 殘編 〈兩界圖說〉[『燕槎日錄』 天[林基中, 夫馬進 編(2001), 앞의 책, 2-475~476쪽]]이 남아 있다. 필자는 이 저술도 『도서편』에서 얻은 정보와 관련이 있다고 본다.

82 안대회, 『18세기 한국 한시사 연구』(소명출판, 1999); 김영진, 『조선후기 明清小品 수용과 소품문의 전개 양상』(고려대 박사학위논문, 2003); 강명관, 『농암잡지평석』(소명출판, 2007).

수 있을 뿐만 아니라, 그 추이에 대한 반향도 추정케 하기 때문이다.

원호문의 금대金代 시선집 『중주집中州集』을 비롯하여 명대 시선집으로 종성鍾惺의 『명시귀明詩歸』,[83] 전겸익錢謙益의 『열조시집列朝詩集』(비평문을 따로 『列朝詩集小傳』 10권으로 간행[84]), 주이존朱彝尊의 『명시종明詩綜』 32권, 진자룡陳子龍의 『명시선明詩選』(明 陳子龍, 李雯, 宋徵輿 同撰) 등이 거론되어 있다. 특히 조선 중후기 시단에 영향을 미친 경릉파竟陵派, 운간파雲間派, 우산시파虞山詩派 등의 대표적인 선집들이 유입되어 있다. 『명시귀明詩歸』, 『명시선明詩選』은 평어評語를 달아 이들의 문학적 성향을 보여주는 문학적 선집으로 인식되며, 『열조시집列朝詩集』, 『명시종明詩綜』은 '명시사明詩史'를 요약했다고 할 만큼 풍부한 비평 자료로서 가치가 있는 책이다. 청인淸人의 선집으로 위헌魏憲의 『백명가시百名家詩』(89권, 강희 10, 枕江樓刻本), 고시정顧施禎의 『성조시선盛朝詩選』(評點本. 初集 12권, 二集 12권, 강희 28, 心耕堂刻本)이 있다. 위헌의 선집은 명대明代 천계天啓(1624)~강희康熙 임자壬子(1672)의 시를 선발한 것으로 청초 시단의 주이존朱彝尊, 모기령毛奇齡, 전징지錢澄之, 굴대균屈大均, 고염무顧炎武, 이인독李因篤 등이 선입되지 않았다는 비판을 받기도 하였지만, 청초淸初 시단의 모습을 확인하는 좌표로서 중요한 선집이다. 고시정의 선집은 천기天機를 강조하여 아속雅俗에 구애받지 않고, 당시 선집選集에 유행하던 평점評點이 작가의 뜻을 잃어버리게 되는 결과를 초래한다고 하여 시만 뽑아 간행하였다.[85] 선문집選文集으로 『고문각사古文覺斯』(淸 過珙 評選)는 『좌전左傳』 이하 청대淸代 문장까지 뽑아 평점을 붙여 간행한 책이다.

무엇보다 한위육조 총집인 장부張溥의 『한위륙조백삼가집漢魏六朝百三家集』는 일가一家마다 제사題辭가 수록되어 있어 한위육조문학사漢魏六朝文學史의 역할을 하고 있다. 명대 복고풍 시문 선집의 방향을 틀게 한 선집으로 오지진吳之振 등의 『송시초宋詩鈔』, 고사립顧嗣立의 『원시선元詩選』을 거론하지 않을 수 없다. 앞서 장부의 총집이 명대 복고파 문학의 연장선상에 있다면, 이 두 선집은 복고파 문학의 반동에서 출발하는 선집이다. 『송시초宋詩鈔』는 오지진吳之振이 여유량 등과 함께 편선한 책으로 송대의 문집에서 시를 가려 뽑은

83 鍾惺, 譚元春 同輯한 것으로 이 책은 방각업자의 손으로 만들어진 위서이다.

84 錢陸燦이 康熙 三十七年(1698年)에 錢謙益의 『열조시집』 詩人 小傳을 節錄하여 간행한 책이다.

85 『盛朝詩選初集』, 〈凡例〉. "一. 詩之爲道, 發性止情, 貴得天機. 故樵歌牧唱, 頗合風雅, 而禪味儒詁, 反多累墜. 是集不拘雅俗, 期於意致沈鬱, 聲調高潔者, 槩行人選.…一. 近時選家林立, 行世善本, 各出手眼, 槩加評點. 但作詩之人, 各有興會, 性情所至, 形於咏言, 而選者意爲議論, 或泛加褒美, 殊失作者大旨. 故是集就詩選詩, 不堪妄加評點, 意爲溢辭也."

책이며, 『원시선元詩選』은 왕사진의 문인이었던 고사립顧嗣立이 원대의 시를 가려 뽑은 것으로 강희 문단의 시풍을 주도하는데 일정한 영향력을 발휘한 선집이다.[86] 『송시초宋詩鈔』는 『검남시초劍南詩抄』 등과 함께 조선에 유입되어 복고풍이 우세하던 조선 중기 문단에 宋詩風의 확산을 주도한 선집이다.[87]

문집의 경우 주원장의 『고황제어제전집高皇帝御製全集』, 명나라 황제 어필御筆 등 처럼 명대 제왕의 서적이나 글씨 유입도 관심이 초점이 되었다.[88] 통상적으로 송원명청의 유명 유가儒家 저작이나 문인文人의 문집은 구입 대상이 되었으며, 제갈량諸葛亮, 소순蘇洵, 소철蘇轍 등에 대한 전집全集 여부를 묻어 구입 의사를 타진하는 경우도 있었다.[89]

이의현의 연행 구입 목록을 보면, 명대의 주요 문집들은 이의현 이전부터 관심의 대상이 되었지만, 주요 문인들은 거의 구입되었다고 보아도 좋을 정도로 잘 갖추어져 있는 것을 확인할 수 있다.

청대시문집 즉, 당대 인물에 대한 학술적, 문학적 관심으로 드러난다. 통상적으로 당대 문사에 대한 정보는 중국에서 만난 인물에게 학술과 문단의 상황을 질의함으로써 관심을 표명하게 된다. 왕원汪遠,[90] 이인독李因篤(1632~1692), 장옥서張玉書(1642~1711), 서건학徐乾學(1631~1694),[91] 한담韓菼(1637~1704) 등을 언급하고 있으며, 장정옥張廷玉(1672~1755)을 꼽는 경우도 있다.[92] 이들은 아래는 1713년 김창업의 연행에서 이원영과 나눈 대화의 일단이다.

---

86 青木正兒(1950), 〈宋元詩의 流行〉(78~84쪽)에 자세하다.

87 강명관(2007).

88 『영조실록』 영조 1년(1725) 3월 27일(을축). “동지 회환 사신(冬至回還使臣)인 여원군(礪原君) 주(柱) 등을 인견(引見)하였다. 주가 역관(譯官) 신호침(申好沈)이 『고황제어제전집(高皇帝御製全集)』 2갑(匣)을 얻어 왔다고 말하니, 들여오도록 명하였다.”

89 민정중, 앞의 책, 권10, 〈回時問答〉, 249쪽. “諸葛武侯全書及蘇老泉穎濱兩集有之否? 東坡有全書, 老泉穎濱不得全, 武侯書不多見.”

90 侯方域, 魏禧와 함께 明末清初 古文三大家로 알려진 汪琬(1624~1691)의 오기가 아닐까 여겨진다.

91 오도일, 앞의 책, 516쪽. “任道元者又來見, 意頗款款, 俄又有一秀才李者來見. 任與李俱是漢人, 而稍解文字. 與之坐, 以文字酬酢, 夜深乃罷. 兩人酬酢言語中別無緊說, 但言及清皇酷好文辭, 性且寛仁, 賦稅皆蠲減, 且當朝仕宦人中, 文章推韓菼, 政事推明珠, 宋德宜云.”; 오도일, 앞의 책, 516쪽. “正使言到山海關時, 逢一漢人, 姓名失. 蓋曾經文職, 而其人頗能文有知識, 仍示所與問答文字, 其所云云. ……且言近來文士中, 江南汪遠·陝西李因篤, 最著名, 而汪遠則嘗仕於清, 不容而退隱. 李因篤則不欲赴擧, 清皇聞其名, 使州郡督迫之, 不得已應擧, 不盡意製呈清皇強欲爵之. 至於慟哭不受, 人皆危之, 而以親老爲解, 故清皇許其不仕而不之罪云. 蓋以此等說話見之, 雖近來中國淪於左衽, 而文章節義之士, 尙不乏人可知矣.”; 『同文彙考』 補編, 〈丙寅(1686년)謝恩行書狀官吳道一聞見事件〉, 1603쪽. “禮部尙書徐乾學者則江南長洲人, 而文學最優云.”

92 『同文彙考』 補編 권5, 〈乙卯(1735년)進香行書狀官李潤身聞見事件〉, 1664면. “張廷玉以文章稱, 鄂爾泰忠勤稱.”

내가 묻기를, "지금 귀국에 시를 잘 짓는 사람으로 누구를 일컫습니까?" 하니, 이원영이 대답하기를, "모두 열세 분이 있습니다. 우리나라 재상 송탁(宋卓)[93]이 뽑은 『십삼재자시(十三才子詩)』가 지금 세상에 유행합니다. 그 가운데 첫 번째가 왕단(王端)[94]이니, 강남성(江南省) 양주인(楊州人)으로 계미년(1703년) 과거에 장원급제한 사람입니다. 이분이 바로 제가 수업한 스승인데, 전 달에 聖旨를 받들어 귀향하게 되었습니다." 하였다. 내가 묻기를, "무슨 일로 귀향하였습니까?"

하니, 이원영이 대답하기를, "저와 같이 내전(內殿)에서 교서(校書)를 하였는데, 행보(行步)가 태만하였기 때문에 황제께서 파직시켜 돌려보낸 것입니다." 하였다. 내가 그의 작품을 구해 보고자 했더니, 그 뒤에 시부(詩賦) 한 권을 보냈기에 보니, 도리어 평범하였다.[95]

이렇듯 연행로에서 중국 문단의 동향은 주요한 관심의 대상이었으며, 이런 정보는 결국 관심 서적의 대상으로 이어졌을 가능성이 높다. 위에 언급한 인물들의 특징은 강옹 연간의 대규모 관찬 사업에 종사했을 만큼 관료형 문인층이라는 점이다. 아울러 청인淸人에게 얻어들은 정보이기는 하지만, 내각內閣을 구성하는 주요 직책을 맡고 있었기 때문에 조선 연행단에게는 더욱더 관심이 대상이 되었을 가능성이 높다.

이의현의 구입도서목록에 의하면, 이때 우동尤侗(1618~1704)의 『서당집西堂集』, 송락宋犖(1634~1713)의 『서피집西陂集』,[96] 왕사진王士禛(1634~1711)의 『잠미집蠶尾集』, 서가염徐嘉炎(1631~1703)의 『포경재집抱經齋集』과 『이학전서理學全書』에 수록된 정주학자인 웅사리熊賜履(1635~1709)의 『우재집愚齋集』, 육롱기陸隴其(1630~1692)의 『가서집稼書集』 등을 소개하고 있다. 이를 보면, 강옹 연간의 두가지 흐름, 즉 문인과 이학가 문집이 유입되고 있음을 알 수 있다.

이처럼 순치-강희 시단의 중요한 문인들을 언급하고 있는 바, 점점 서적 유입에 폭넓

93 宋卓 : '十三才子詩'를 선발한 인물로 나오나 미상이다. 추정컨대, 송탁은 宋犖의 잘못이 아닌가 여겨진다. 1703년에 清初 시인 15인을 뽑아 『江左十五子詩選』을 간행한 바 있다. 이 책의 맨앞에 실린 인물이 王式丹이다.

94 王端 : 王式丹(1645~1718)을 말하는 것으로 보이나, 왜 왕단이라고 했는지는 미상이다. 59세의 나이로 계미년(1703)에 장원을 하였다(朱保炯, 『明清進士題名碑錄索引』 下, 1703쪽). 중국에서 康熙 詩壇에서 詩名을 날린 인물이란 점, 파직을 당하여 고향에 돌아갔다는 점 또한 같다. 고향 역시 (江蘇) 寶應人으로 보응이 양주의 속현이기에 일치하고 있다. 50년간 시단을 주도한 왕사진과 주이준을 이어 查愼行과 함께 명성을 날렸다 한다[錢儀吉, 『碑傳集』(中華書局, 2008), 1319頁; 錢仲聯, 『清詩紀事』(鳳凰出版社, 2004), 810頁)].

95 김창업, 앞의 책, 권5, 〈1723년 2월 3일〉, 33~171쪽.

96 『西陂類稿』 50卷. 1711년 간본이 있다.

게 활기를 띄어 가고 있는 것이 아닌가 추정 된다.

이외에도 무명인에 대한 문집의 소개도 보인다.[97] 앞서 언급했듯이 연행의 왕래길에 만나는 인물군은 수재층, 명말의 유민, 연행지의 일부 관료 등이 포함되어 있지만, 학술과 문학적 수준이 뛰어난 인물인 경우는 극히 드물다. 그러나 중국 문단에 뚜렷한 업적을 드러내는 경우도 있는 바, 정재숭이 만난 위제서魏際瑞(1620~1677, 본명 : 魏祥)는 위희魏禧, 위례魏禮와 더불어 '삼위三魏'로 강희 문단에서 고문古文으로 이름이 높았던 인물이었다. 정재승은 친분을 쌓고 위제서의 문집[私稿]을 가져왔다고 한다.[98] 후일 문집이 조선문단에 소개되면서 위제서의 위상이 제대로 알려지게 되었다.

강옹 연간 연행을 통해 점점 청대문단에 눈떠가는 시기였다고 말할 수 있을 것이다. 다만, 현재 청대 문학사에서 강옹 연간의 대표적인 시인 왕사진王士禛이나 대표적인 고문가인 동성파 방포方苞의 경우는 영향 관계가 느리게 나타난다. 이는 중국 연행에서 만나는 계층과 일부 제한적이었던 교유가 당대의 최고 수준의 문학가에 대한 파악과 이해를 더디게 한 것이 아닌가 여겨진다.

4. 맺음말

필자는 이 글에서 강옹 연간에만 한정하여 이때 유입된 서책 양상을 살펴보았다.

조선 연행자들의 서적 유입 경위를 보면, 연행로에서 관내關內의 영평, 풍윤, 옥전, 통주 등지에서 중국의 인물과 교유하면서 서적을 다량 구입하였다. 또한 북경에서는 서반, 천주당, 서사를 중심으로 서적을 구입하되, 일부 활동이 제한이었다는 한계가 있다.

필자는 유입된 중국 서적의 내용을 두 가지 측면에 살펴보았다. 우선 청나라 내부內府

97 김창업, 앞의 책, 권7, 〈1713년 2월 19일〉, 33~287쪽. "金萬喜得一詩稿來示, 題曰'自娛草', 乃此處所作也. 律絶合數十首, 往往有佳句. 今行所未見也. 問其人存否, 數年前已死云."; 민정중, 앞의 책, 권1, 15쪽. "過廣寧, 知縣顔鳳姿 持剌請見. 且示所作秦遊詩一卷, 求和甚懇, 搆拙爲謝."; 오도일, 앞의 책, 517쪽. "到白旗堡, 日已夕矣. 去時所逢雲南人朱秀者來見. 且示所製詩卷. 雖未精熟, 往往有好句, 卽出韻使賦一絶, 卽刻立就, 比卷中詩則不及, 而亦能成樣矣."; 조문명, 앞의 책 册二, 「燕行錄」, 448쪽, 〈豊潤縣寓魏秀才家, 見其叔父元樞詩藁, 草一絶以贈之〉.

98 정태화, 앞의 책, 〈10월 18일〉, 480쪽. "日暮後冒風寒來會于永平, 而公廨弊甚, 使書狀分寓閭家. 嵩兒適逢江西儒士魏際瑞, 彼以禮幣相接, 辭受之際, 頗費心力, 以筆問答, 坐到夜深. 其文詞之博雅, 識見之明的, 超勝於姜君弼也." 鄭東愈, 『晝永編』, 서울大學校 古典刊行會, 1971, 275~280쪽에 이들 만남이 자세하다.

에서 만들어진 책의 반사와 유입에 대해 것이다. 이 책들은 거질의 관찬서들로 중국의 학술과 문학에 중요한 비중을 차지하는 것들로 청 정부의 학술과 문화 정책에 관심을 촉발하는 계기가 되었을 것으로 보인다. 다음은 일반 도서를 경사자집의 사분법으로 나누어 이때 유입된 서적들의 특징적인 면모를 언급하였다. 경부 서책의 유입을 보면, 기본 유가 경전은 기본적으로 유입되었으며, 청대 학술에 대한 관심의 표명으로 이들 저작들이 서서히 알려지는 계가 되었다고 할 수 있다. 사부의 저작들은 금서禁書 대상이었지만 상당수가 유입되었으며, 조선에 관련된 사서史書 중에 조선 왕실 관련 내용에 잘못이 있을 경우, 변무辨誣의 대상이 되어 이를 수정하는 외교적 노력이 있었다. 자부는 정주학 관련 유가서들이 유입되고, 이외 제자류도 다수 유입되었다. 아울러 유서가 유입되면서 다양한 학술 정보들을 접할 수 있는 계기를 마련하게 되었다고 할 수 있다. 집부는 이전 중요한 총집과 문집이 유입되고, 청초 문단이 일부 저작들이 유입되면서 중국 학술과 문학에 대한 폭을 넓혔다고 할 수 있다.

이 글은 특정 시기 연행록을 통독하면서 일련의 도서를 개괄해서 정리한 것에 불과하다. 실제 서책 유입은 파악하였으나 언급하지 못한 경우가 많고, 그 중요성을 미처 파악하지 못했기에 다루지 못한 경우도 없지 않을 것이다.

앞으로 중국 도서 유입의 전성기를 누렸던 건륭기를 검토함으로써 통시적으로 중국 도서 유입 상황을 파악할 수 있으리라 본다. 더불어 최종적으로는 서적 구입과 유통을 통해 일련의 도서들이 조선에 유입되어 어떻게 조선화 되는가 하는 문제가 중요하다 하겠다.

7장

이덕무의 중국 문자학 인식

서한용徐漢庸*

1. 머리말

이병도李丙燾는 『국역 청장관전서青莊館全書』의 해제에서 "당세當世(당세)의 계몽적啓蒙的 조류潮流는 호벽好癖의 이덕무李德懋로 하여금 더욱 다채다기多彩多岐롭게 하여 그는 경經·사史·문예文藝로부터 경제經濟·제도制度·풍속風俗·금석金石·도서圖書, 기타 조수鳥獸·초목草木에 이르기까지 널리 탐구하고, 고거考據 변증辨證에 정진하였다."[1]라고 하였다. 이러한 평은 『청장관전서』에서 볼 수 있는 박학다식한 이덕무의 면모를 잘 설명해 주는데, 이 중 금석金石과 고거考據의 내용에서 이덕무의 문자학文字學 연구 성과를 찾아 볼 수 있다.

이덕무의 문자학 연구 성과에 대해서는 이미 여러 학자들이 주목하였다. 이옥자李玉子는 『이덕무의 생애生涯와 학문경향學問傾向』에서 "그는 또 초학교육初學教育에서 문자교육文

* 단국대학교 동양학연구소

1 이덕무, 민족문화추진회 편, 『국역 청장관전서』 1(솔, 1997), 2쪽.

字教育의 중요성을 강조하였다. 철저한 문자교육으로 육서六書의 자획字劃·자의字義·자음字音에 통달하는 길이 경전經典을 정확히 이해할 수 있는 지름길이라고 하였다."[2]라고 하여, 이덕무가 문자교육의 중요성을 강조하였다고 하였다. 하영삼河永三은 「『육서책六書策』에서 보이는 박제가朴齊家와 이덕무의 문자관文字觀에 대한 비교比較」에서 박제가와 이덕무에 대해 논하면서 "조선후기실학사朝鮮後期實學史에 있어 그들의 사상체계思想體系는 후대後代에 추사秋史[김정희金正喜, 1786~1856]의 금석학金石學과 다산茶山[정약용丁若鏞, 1762~1836]의 경학經學 그리고 오주五州[이규경李圭景, 1788~未詳]의 언어학言語學에 영향影響을 주었다. 이 점 만으로 볼 때도, 초정楚亭과 아정雅亭 두 사람의 문자관에 대한 연구硏究는 중요重要한 학술가치學術價值를 지닌다고 할 수 있다."[3]라고 하여 이덕무의 문자관이 후에 추사의 금석학과 다산의 경학 그리고 오주의 언어학에 영향을 주었음을 강조하였다. 그리고 김채식金菜植은 「이규경의 「오주연문장전산고五洲衍文長箋散稿」 연구」에서 "오주 가문이 언어와 문자에 치중한 흔적은 이덕무가 초록한 국립민속박물관 소장의 『간록자서干祿字書·금호자고金壺字考』[합본合本]를 통해서 확인할 수 있다. 『간록자서』는 당나라 안원손顔元孫이 지은 책이고, 『금호자고』는 송나라 승적지僧適之의 책인데 모두 문자학 관련 서적이다. 이덕무는 『간록자서』를 1783년 이문원摛文院에 숙직할 때 『도서집성圖書集成』의 자학전字學典에 실린 것을 필사하였다고 하였다."[4]라고 하여, 이덕무가 언어와 문자에 치중하였음을 말하였다. 이상의 제 학자들의 언급으로 볼 때, 이덕무의 학문에서 차지하는 문자학의 지위가 작지 않음을 볼 수 있다.

이상으로 이덕무의 문자학에 대한 여러 학자들의 논평을 살펴보았는데, 본 논문에서는 이덕무의 문자학에 대한 연구의 시작으로 이덕무의 문자학과 관련된 제반 사항에 대해 살펴보고자 한다. 따라서 먼저 이덕무의 생애 및 저술을 살펴보고, 본 연구를 시작하게 된 동기와 연구 방법 및 이덕무의 문자학에 대한 기존 연구 성과에 대해 살펴보고, 이덕무의 '문자학사, 문자학, 한자의 기원' 등에 대한 인식을 중심으로 이덕무의 중국 문자학 인식

---

2 李玉子, 「李德懋의 生涯와 學問傾向」(전남대학교 교육대학원 석사논문, 1997), 31쪽.

3 "在朝鮮後期實學歷史上, 他們的思想體系影響了後代秋史(金正喜, 1786~1856)之金石學和茶山(丁若鏞, 1762~1836)的經學·五州(李圭景, 1788-未詳)的語言學, 僅從這一點而言, 對楚亭和雅亭二人的文字觀的研究, 也有其重要的學術價值." -河永三, 「『六書策』所見朴齊家與李德懋之文字觀比較」, 『國際中國學研究』 第6輯(한국중국학회, 2003), 358쪽.

4 金菜植, 「李圭景의「五洲衍文長箋散稿」연구」(성균관대학교 대학원, 2009), 43쪽.

에 대해 살펴보고자 한다.

1) 생애와 저술

이덕무는 1741년 영조英祖 17년에 출생하였다. 「아정유고雅亭遺稿 · 묘지명墓誌銘」에서 이서구李書九는 이덕무에 대해 다음과 같이 서술하였다. 이덕무는 자字가 무관懋官이며 휘諱가 덕무德懋이다. 계축癸丑년[정조正祖17, 1793] 1월 25일에 졸卒하였다. 정조 초년에 규장각을 설치하고 검서관檢書官 네 사람[5]을 두었는데, 이덕무가 으뜸으로 선임되어 조정에서 편찬하는 『규장전운奎章全韻』 편찬 등의 전적 사업에 참여하지 않은 것이 없었다. 이상과 같은 이서구의 언급은 『청장관전서』에서 이덕무가 참고한 자서字書가 방대한 이유를 설명해 줄 수 있는데, 그가 검서관이었기에 그 많은 자서에 대한 열람이 가능했던 것으로 보인다.

이덕무의 저서는 크게 문학과 그 외의 것으로 나눌 수 있다. 문학에 관련된 저서로는 『영처시고嬰處詩稿』·『영처문고嬰處文稿』·『영처잡고嬰處雜稿』·『아정유고雅亭遺稿』·『청비록淸脾錄』·『서해여언西海旅言』·『윤회매십전輪回梅十箋』·『산해경보山海經補』·『열상방언洌上方言』·『천애지기서天涯知己書』·『선귤당농소蟬橘堂濃笑』·『입연기入燕記』·『한죽당섭필寒竹堂涉筆』이 있는데, 시를 비롯해 서書·수필·여행기旅行記·평론評論 등 다양한 장르를 포함하고 있다. 그리고 문학 이외의 저서로는 『편서잡고編書雜稿』·『뇌뇌낙낙서磊磊落落書』·『앙엽기盎葉記』·『예기억禮記臆』·『청령국지蜻蛉國志』·『사소절士小節』이 있는데, 이 중 『앙엽기』는 소백과사전小百科辭典이라 할 수 있고, 『예기억』은 『예기禮記』에 대한 일종의 연구서로 편명篇名의 해설·제가諸家의 주설主說 내지 고증考證을 가하고 있고, 『사소절』 역시 고증학적考證學的 학문 소산으로 볼 수 있다.[6] 이러한 저서들은 비록 『설문說文』『이아爾雅』와 같이 전문적으로 문자와 훈고에 대해 연구한 책은 아니지만, 그 속에서 이덕무의 고증학적인 태도에 따른 문자와 훈고에 관한 제반 인식을 살펴 볼 수 있다.

---

5 四檢書 : 이덕무, 유득공(柳得恭), 박제가, 서이수(徐理修).
6 李玉子, 앞의 논문(1997), 19쪽.

2) 연구동기와 방법

본 연구는 과거 한국과 중국이 상호 교류를 함에 있어 우리나라 사람들이 중국 문자학의 영향을 직간접으로 받았다는 것에 주목하여 진행하게 되었다. 따라서 이번 연구를 진행함에 있어 한국 문자학의 실제에 대해 파악하고, 그것을 통해 한중 문자학을 서로 비교하여 그 수용과 변용의 양상에 대해서도 살피려고 한다.

이덕무는 「아정유고·조경암趙敬菴」에서 "우리나라는 신라·고려 이래 1백여년 前까지는 이따금 중국 인사들과 교분을 맺어 서찰이 빈번하고 정의가 간곡하였으니, 이는 밝은 시대의 거룩한 일이었는데 지금은 방금防禁이 매우 엄하여 외교를 할 수가 없습니다. 60년 이래 김가재金稼齋(이름은 창업昌業)·이일암李一菴(이름은 기지器之) 이후에는 중국인과 교유했다는 것을 많이 들어보지 못했습니다."[7]라고 하여 신라 고려 이래 1백여 년 전前까지는 중국 인사들과 교분을 맺어 서찰이 빈번하고 정의가 간곡하였으나 그 후 이덕무 당대까지 방금이 매우 엄하여 중국인과 교유할 수가 없었다고 하였다.

이덕무는 1778년에 중국을 연행하고 『입연기入燕記』를 남겼는데, 그가 교류한 중국인으로 반정균潘庭筠, 숭귀嵩貴, 이조원李調元, 당락우唐樂宇, 마조馬照, 사조복查祖馥, 서소신徐紹新, 소릉액蘇楞額, 심심순沈心醇, 심순심沈醇心, 심영沈瀛, 이기원李驥元, 이헌교李憲喬, 이헌교李獻教, 채증원蔡曾源, 축덕린祝德麟, 황도경黃道煚, 이정원李鼎元 등을 들 수 있다. 이로 볼 때, 이덕무가 교류한 중국인이 상당히 많은 것을 알 수 있는데, 이것과 앞에서 이덕무가 말한 것을 종합해 볼 때, 이덕무를 전후로 한중 교류가 그 전과 다른 양상을 띠게 되었음을 알 수 있다. 또 한중문자학의 상호 영향 관계에 있어서 이덕무의 문자학이 그 중요한 분수령이 될 수 있음을 가늠할 수 있다.

이덕무가 교류한 중국인들을 살펴보면 그들 중 서예에 조예가 깊은 이기원, 황도경, 이정원 등을 제외하고는 이조원만이 『육서분호六書分毫』로써 문자학에 관한 전문 저서를 남기고 있다. 아쉽게도 『청장관전서』에는 『육서분호』에 대한 언급이 없다. 다만 「아정유고·이우촌의 월동황화집을 읽다[讀李雨村粵東皇華集]」에서 '이우촌李雨村'에 대한 注에 "우촌

7 "我國自羅麗以來, 至于百餘年前, 往往交結中國人士, 書札頻繁, 情意懇欵, 此昭代盛事也. 今則防禁至嚴, 不可以外交也. 六十年來, 金稼齋, 李一菴以後, 無多聞焉. "「雅亭遺稿·趙敬菴」.

雨村의 이름은 조원調元, 자는 갱당羹堂이며 사천四川 나강羅江 사람으로 호는 운룡산인雲龍山人이니 유탄소柳彈素와 아는 사이라 그의 『월동황화집』과 작은 초상화를 보내왔고, 또 들으니 공公은 『이아爾雅』에 깊은 학식이 있는데, 특별히 낙화생落花生 한 포包를 보내왔다. 12월 초닷새는 갱당의 생신이어서 탄소가 매양 친지들을 모아 놓고 서쪽을 향하여 술을 뿌리곤 했다."[8]라고 하여, 이조원에 대해 『이아爾雅』에 깊은 학식이 있다고 소개하고 있다. 이덕무는 이조원이 보낸 낙화생落花生을 받고 이에 대한 시를 지었는데, 「아정유고·유탄소가 이우촌에게서 받은 낙화생을 보내오다[柳彈素饋李雨村所贈落花生]」의 "이름이 혜함의 책에 없는데 이것을 심으매, 가지도 없이 열매 맺으니 낙화생일세. 그대의 손을 거쳐 내 입에 들어오니, 향긋한 침이 생기며 가슴이 시원하네."[9]를 통해 이조원이 보낸 낙화생을 먹고 즐거워한 이덕무의 감정을 엿볼 수 있다.

한편, 축덕린은 문자학에 대한 전문 저술은 없지만, 유금柳琴이 연경燕京에서 가지고 온 축덕린의 『열친루집悅親樓集』[10]에 문자 훈고에 관한 서술이 보이는데, 이덕무는 「앙엽기·고라니 뿔이 빠지다[麈角解]」에서 "주麈의 음音은 주主인데, 『설문』에서 '사슴'이라고 하였다. 당본唐本 『설문』에서는 '힘이 세고 한 개의 뿔이 있다.'라고 하였다. 『육서고六書故』에서는 '사슴과 비슷한데 크고 그 꼬리로는 먼지떨이를 만들 수 있다.'라고 하였다. 육전陸佃은 '사슴 중의 큰 놈을 주麈라 하는데, 뭇 사슴들이 주를 따라다니되 주의 꼬리가 흔들리는 것을 보고 간다.'라고 하였는데, 이것은 고담자古談者들이 멋대로 한 말이다. 근세近世의 축덕린이 저술한 『열친루집』에서 '신臣이 삼가 상고해 보건대, 녹속鹿屬에 소속된 것들이 매우 많습니다. 『이아』에서 구麔·진麎·오麌를 미속麋屬으로 하였고, 가麚·우麀·미麛를 녹속鹿屬으로 하였는데, 오직 주麈만이 허신許愼의 『설문』과 육전의 『비아埤雅』에 보입니다. 미麋는 녹속鹿屬이고, 주麈도 미속麋屬입니다.……'라고 하였습니다."[11]라고 하여 축덕린이 『이아』와 『설문』 등을 인용해 고증한 내용에 대해 소개하고 있다.

---

8 "雨村, 名調元, 字羹堂, 四川羅江人, 號雲龍山人, 與柳彈素相識, 寄其粵東皇華集及小影, 又聞公深於爾雅之學, 另寄落花生一包. 十二月初五, 爲羹堂生朝, 彈素每集親知, 西向瀝酒."「雅亭遺稿·讀李雨村粵東皇華集」

9 "樹有嵇含狀外名, 辭枝結子落花生. 從君手裏傳吾口, 別樣香津心肺淸."「雅亭遺稿·柳彈素饋李雨村所贈落花生」

10 『열친루집』에 대해 "그의 공령 시부(功令詩賦)를 인쇄한 것인데 정유년에 유 탄소 금(柳彈素琴 : 탄소는 유금의 자다)이 연경에서 가지고 왔다[刻其功令詩賦, 丁酉歲, 柳琴彈素, 自燕中持來]."의 注가 있다.

11 "麈音主, 『說文』, 麋屬. 唐本『說文』曰 : '大力一角.' 『六書故』: '似鹿而大, 尾可爲拂辟塵.' 陸佃曰 : '鹿大者曰麈, 羣鹿隨之, 視麈尾所轉而往.' 古談者, 揮焉. 近世祝德麟著『悅親樓集』曰 : '臣謹按鹿屬甚繁. 其見於爾雅者, 麔麎麌爲麋屬, 麚麀麛爲鹿屬, 惟麈獨見於許愼之『說文』, 陸佃之『埤雅』. 夫麋鹿屬, 麈又麋屬. ……"「盎葉記·麈角解」.

축덕린의 『열친루집』 역시 이덕무가 축덕린에게서 직접 받은 것은 아니지만, 유금을 통해 구해 본 것으로 당시 연행을 통해 당대의 문자 훈고에 대한 연구 성과가 한중 인물의 상호 인적 교류를 통해 유입되었다는 것을 알 수 있다.

본 연구는 『청장관전서』의 방대함으로 인해 '한국고전종합DB'의 『청장관전서』에서 문자학 관련 검색어를 통해 추출된 문장을 중심으로 연구를 진행하였다.

양원석楊沅錫은 그의 논문에서 "정조의 「문자책문文字策問」에서 인용된 서목을 살펴보면, 허신의 『설문해자說文解字』, 정초鄭樵의 『통지通志·육서략六書略』, 고기원顧起元의 『설략說略』, 방이지方以智의 『통아通雅』, 정단례程端禮의 『독서분년일정讀書分年日程』, 장유張有의 『복고편復古編』, 조고칙趙古則의 『육서본의六書本義』, 고염무顧炎武의 『일지록日知錄』, 대진戴震의 『대동원집戴東原集』, 그리고 장영張英 등이 어명을 받아 편찬한 『연감류함淵鑑類函』 및 혜황嵇璜 등이 어명을 받아 편찬한 『속통지續通志』 등이 있다."[12]라고 하였는데, 이를 보면 「문자책문」에서 『설문해자』, 『육서략』, 『복고편』 등의 문자학서와 『통아』의 훈고서 등이 참고서로 사용되었다는 것을 알 수 있다. '한국고전종합DB'에서 '설문'과 '육서' 등의 검색어를 통해 『청장관전서』에서 보이는 문자학 관련 서적들을 대략 살펴 볼 수 있는데, 이에 따르면 이사李斯의 『창힐편蒼頡篇』, 사유史遊의 『급취편急就篇』, 왕응린王應麟의 『성씨급취편姓氏急就篇』, 허신의 『설문』, 여침呂忱의 『자림字林』, 고야왕顧野王의 『옥편玉篇』, 사마광司馬光의 『유편類篇』, 서개徐鍇의 『설문해자계전說文解字系傳』, 정초의 『육서략』, 곽충서郭忠恕의 『한간汗簡』, 대동戴侗의 『육서고六書故』, 양환楊桓의 『육서통六書統』, 매응조梅膺祚의 『자휘字彙』, 위교魏校의 『육서정온六書精蘊』, 조이광趙宧光의 『설문장전說文長箋』, 고염무의 『음학오서音學五書』와 『금석문자기金石文字記』, 장자렬張自烈의 『정자통正字通』, 오임신吳任臣의 『자휘보字彙補』, 주백기周伯琦의 『육서정와六書正譌』, 홍괄洪适의 『예석隷釋』, 양신楊愼의 『전주고음轉註古音』, 장흔張忻의 『정정편해訂正篇海』, 장옥서張玉書와 진정경陳廷敬 등의 『강희자전康熙字典』, 이등李登의 『성류聲類』, 손면孫愐의 『당운唐韻』, 진팽년陈彭年 등의 『광운廣韻』, 소장형邵長蘅의 『고금운략古今韻略』, 정도丁度의 『예부운략禮部韻略』, 한도소韓道昭의 『오음집운五音集韻』, 오역吳棫의 『운보韻補』, 양웅揚雄의 『방언方言』, 곽박郭璞의 『이아

12 楊沅錫, 「正祖『文字策問』에서의 文字學 諸說에 대한 논의(Ⅰ)」, 『민족문화연구』 第45호(고려대학교 민족문화연구원, 2006.12), 217쪽.

도찬爾雅圖贊』, 나원羅願의 『이아익爾雅翼』, 주모위朱謀韋의 『병아騈雅』, 육전의 『비아』, 장읍張揖의 『광아廣雅』, 방이지의 『통아』, 장삼張參의 『오경문자五經文字』, 현도玄度의 『구경자양九經字樣』 등과 그 저자를 알 수 없는 『이아』, 『편해篇海』[13]와 같은 상당히 많은 자서가 있음을 알 수 있다.

따라서 본 연구에서는 이덕무의 문자학에 대한 연구가 정조의 「문자책문」에 대한 이덕무의 대책문對策文 외에서도 많이 보이는 것에 주의하여, 『청장관전서』에 보이는 이덕무의 문자학에 관한 언급이나 글자에 대한 고증을 통해 이덕무의 문자학에 대해 보다 종합적이고 구체적으로 연구를 진행하려고 한다.

그리고 연구를 진행함에 있어 『청장관전서』에서 보이는 이덕무의 문자학에 관한 언급이 비교적 방대함에 따라 그 내용을 다음과 같이 9단계로 나누어 진행하고자 한다.

1단계 : 이덕무의 문자학과 관련된 제반 사항에 대해 살핀다.
2단계 : 이덕무의 한자(漢字) 형(形)·음(音)·의(義)에 대한 인식에 대해 살핀다.
3단계 : 이덕무의 한자 구조에 대한 인식에 대해 살핀다.
4단계 : 이덕무의 전주(轉注)와 가차(假借)에 대한 인식에 대해 살핀다.
5단계 : 이덕무의 한자관계에 대한 인식에 대해 살핀다.
6단계 : 이덕무의 한자자형변천(漢字字形變遷)에 대한 인식에 대해 살핀다.
7단계 : 이덕무의 글자 고증에 대해 살핀다.
8단계 : 『청장관전서』에 보이는 자서에 대해 살핀다.
9단계 : 문자학에 관련된 『국역 청장관전서』의 번역오류에 대해 살핀다.

위의 연구를 진행함에 있어 전주와 가차에 대한 연구는 한자의 구조나 한자관계를 살피는 연구와 상호 보완적으로 진행하며, 이덕무의 글자 고증에 대한 연구 역시 다른 연구들과 상호 보완적으로 진행할 것이다. 또한 『청장관전서』에 보이는 자서에 대한 연구를

---

13 「盎葉記·姓名奇僻」에서 '鑫'에 대한 "『篇海』: '鑫音歆, 金長, 又音訓.'"의 주가 있는데, 『四聲篇海』(金, 韓孝彦撰)에서 "希吟呼韻切"라고 하고 있는 것으로 볼 때, 『篇海』가 『四聲篇海』가 아님을 알 수 있다. 한편, 『重訂直音篇』(明, 章黼撰)을 참고 하면 『篇海』와 『重訂直音篇』의 '鑫'에 대한 내용이 완전히 일치함을 알 수 있다.

진행함에 있어 주注를 단 사람이 이덕무인지 아닌지 그리고 누구의 것인지를 밝히는 고증 작업과 이덕무가 그 자서를 직접 본 것인지 아니면 다른 자서에 인용된 것을 그대로 적어 놓은 것인지에 대한 고증 작업 역시 함께 이루어져야 할 것으로 보인다.

3) 기존 연구

이덕무의 문자학에 대해 연구한 논문으로 하영삼의 「초정 박제가의 「육서책」역주」(2002. 3)와 「「육서책」에서 보이는 박제가와 이덕무의 문자관에 대한 비교」(2003), 이규필의 「이덕무의 「이목구심서耳目口心書」에 대한 고찰」(2005. 2), 그리고 양원석의 「정조 「문자책문」에서의 문자학 제설에 대한 논의(Ⅰ)」와 「조선 후기 문자훈고학 연구」(2006.12)의 총 5편을 찾아볼 수 있다.

하영삼은 「「육서책」에서 보이는 박제가와 이덕무의 문자관에 대한 비교」에서 "초정과 아정 이 두 사람에 대해 일찍부터 여러 학자들이 관심關心을 갖기 시작해서, 그들에 대한 많은 연구 성과가 쌓였다. 오늘날 그들의 사상체계·정치政治·경제사상經濟思想 그리고 문학론文學論에 대한 상당히 많은 연구 성과가 이루어졌다. 하지만 그들의 경학과 문자학에 대한 연구는 현재까지 적극적인 검토가 이루어지지 않고 있는데, 특히 그들의 문자학에 대한 연구는 현재까지 시도조차 이루어지지 않았다."[14]라고 하여 그가 이덕무의 문자학에 대해 처음으로 연구하기 시작했음을 밝혔다. 그는 논문에서 「육서책」에서 보이는 박제가와 이덕무의 문자관을 '명의론名義論, 결구론結構論, 자체론字體論, 공능론功能論'의 4가지로 나누어 비교 설명하였다. 그 내용을 살펴 보면 '명의론'에서 문文과 자字에 대해 논하였고, '결구론'에서 육서의 문제에 대해 논하였으며, '자체론'에서 한자자체에 대해 논하였고, '공능론'에서 소학小學의 문제에 대해 논하였다.

하영삼은 위의 논문에서 "이에 대한 대책문을 「육서책」이라 한다. 현재 초정과 아정의 「육서책」만이 전해진다."[15]라고 하여 현재 전해지는 「육서책」이 박제가와 이덕무의 것

---

14 "楚亭與牙亭這兩人早就引起了衆多學者的關心, 對於他們也已經積累了各種多方面的硏究成果. 今天, 對他們的思想體系·政治·經濟思想以及文學論方面已有相當豐碩的成果. 但對他們的經學和文字學的硏究, 到現在未曾有過積極的探討, 尤其是有關他們的文字學硏究, 迄今還沒有試圖過." - 河永三, 앞의 책(2003), 357~358쪽.

15 "對此制應的對策就是「六書策」. 現在只有楚亭和牙亭的「六書策」保存下來" - 위의 책, 358쪽

밖에 없다고 하였다. 하지만 양원석은 「정조「문자책문」에서의 문자학 제설에 대한 논의(Ⅰ)」에서 "이에 대한 대책문은 여러 신하들이 작성하였을 것으로 여겨진다. 현재 문집을 통해 확인할 수 있는 것은 이덕무, 유득공, 박제가, 이서구, 윤행임尹行恁의 것이 있다."[16] 라 하여 박제가와 이덕무의 것 외에도 유득공, 이서구, 윤행임의 것도 있음을 밝혔다. 이에 따라 양원석은 그의 논문에서 정조가 신하들에게 내린 「문자책문」 및 이에 대한 이덕무, 유득공, 박제가, 이서구, 윤행임이 올린 대책문의 내용을 토대로 '문文과 자字의 개념', '육서', '자체字體', '문文·자字·서書', '문자 연구와 교육을 위한 제언提言' 등의 문자학 제반 문제에 대해 논하였다.

이규필은 「이덕무의「이목구심서」에 대한 고찰」에서 이덕무의 '전적의 자구와 내용에 대한 고증'에 대해 고찰하였다. 이규필은 이덕무가 고증한 '지해舐醢', '아파牙婆', '군자질몰세이명불칭君子疾沒世而名不稱' 등의 몇 가지 예를 들어 이덕무가 내용 고증이나 풍속의 변증, 연대 계산은 물론, 글자의 발음이나 어원, 원래 뜻과 모양 그리고 그것이 잘못 전해지게 된 경위를 설명하였다[17]고 하였는데, 그 연구 대상을 『이목구심서』에 한정시켰고, 이덕무가 '글자의 발음이나 어원, 원래 뜻과 모양 그리고 그것이 잘못 전해지게 된 경위'에 대해 어떻게 고증했는지에 대해 구체적으로 설명을 하지 못하고 있다.

이상으로 볼 때, 이덕무의 문자학에 대한 연구는 주로 정조의 「문자책문」에 대한 이덕무의 대책문을 통해 이루어졌고, 이덕무의 「이목구심서」에서 보이는 글자 고증에 관한 몇 가지 예를 통해 이루어졌다는 것을 알 수 있다.

2. 이덕무의 문자학사에 대한 인식

이덕무는 「아정유고·육서책」에서 "우리 동방에서는 신라에서 선비를 취함에 『자림』으로 시험하였는데 문학이 발달하여 삼국 중에 가장 으뜸이었습니다. 고려 때는 오로지 과거를 숭상하여 육서를 행할 겨를이 없었습니다. 우리 세종대왕世宗大王께서 하늘이 내신

16 楊沅錫, 앞의 책, 187쪽.

17 이규필, 「이덕무의『耳目口心書』에 대한 고찰」, 『漢文學研究』 제19집(2005. 2), 167~169쪽.

예지睿智로 자운字韻의 학이 한때에 밝고 성하였습니다. 수백 년 이래로 사풍士風이 순박하지 못하고 사람의 뜻이 정하여지지 못하여 자字가 와전되고 음音의 그릇된 것이 날로 더욱 심해졌습니다."[18]라고 하여 신라시대, 고려, 세종시기와 그 이후의 문자 학습과 연구에 관한 상황에 대해 논하고, 또 "신은 엎드려 생각건대, 박성원朴性源은 여항의 필부匹夫인데 그 사람이 이미 죽어 저술이 드러나지 않게 되매, 그의 『정음통석正音通釋』을 구하여 임금이 서문을 지어 주시고 판각하여 반포할 것을 명하시었으니, 신은 감격하여 성정聖政이 백왕百王에 뛰어남을 흠앙欽仰합니다. 지금 또 어정御定하신 『규장전운奎章全韻』을 열람하오니, 자체字體가 근엄하고 주각注脚이 상세하게 갖추어져 그 의례義例를 읽으면 통通·협叶의 운韻과 화華·동東의 음音이 질서 정연하여 참으로 『설문』과 『광운』의 기초가 됩니다. 글자가 끊임없이 생기는 묘리가 인문이 밝아지는 곳에 운행함을 보게 되니, 글자를 고증하는 법과 격치格致의 학문이 장차 후손에게 전하는 법이 될 것이니 위대하고 아름답습니다. 신은 삼가 대답합니다."[19]라 하여 정조시기의 문자 연구 상황에 대해 논하였다. 이에 따르면 이덕무가 신라시대에서 정조시기까지의 우리나라의 문자학사에 대해 크게 '발흥기(신라) → 침체기(고려) → 발전기(조선초) → 쇠퇴기(조선중기) → 부흥기(조선후기)'의 5단계로 나누어 인식했음을 알 수 있다.

한편 이덕무는 「앙엽기·정한강의 서학鄭寒岡書學」에서 "신라 때는 선비를 뽑는 데 『설문』과 『자림』을 썼으니 아직 고의古意가 있었던 것이다. 지금은 중국에도 『자림』이 전하지 않고 우리나라 선비로는 『설문』을 아는 자도 거의 드물다. 오직 상국相國 남구만南九萬과 상국 최석정崔錫鼎이 육서에 밝았음을 그들이 쓴 금석문金石文을 보아 알 수 있다. 내각內閣에 『동현간첩東賢簡帖』이 있는데 문목공文穆公(정구鄭逑의 시호)의 짤막한 편지 한 장이 실려 있다. 한 자 한 자를 놓고 살펴보았는데 한 획 한 점도 틀린 곳이 없었다. 그래서 비로소 한강이 유림儒林 중에서 제일가는 서학자書學者임을 알 수 있었다. 일찍이 박재선朴在先(재선은 박제가의 자)과 함께 이 일을 두고 오래도록 찬탄해 마지않았다."[20]라고 하여, 당시의

---

18 "我東則新羅取士, 能試字林, 文學彬彬, 爲三國之最. 麗朝專尙科擧, 未遑六書. 粤惟我世宗大王, 睿智天縱, 字韻之學, 昭融一時. 數百年來, 士風不古, 人志未定, 字譌音謬, 日以益甚."「雅亭遺稿·六書策」

19 "臣竊伏念, 朴性源閭巷匹夫也. 其人已歿, 著述湮晦, 於是求『正音通釋』, 御序弁卷, 仍命刻頒, 臣固感激欽仰聖政之度越百王. 今又閱御定『奎章全韻』, 字体謹嚴, 注脚該詳, 讀其義例, 通叶之韻, 華東之音, 井井不紊, 洵爲『說文』之階而『廣韻』之梯也. 佇見字乳生生不已之妙, 斡運於人文昭朗之會, 而考文之治, 格致之學, 將爲貽燕之謨, 猗歟休哉. 臣謹對."「雅亭遺稿·六書策」.

남구만과 최석정이 육서에 밝았다고 언급하고 정한강이 서학에 뛰어나다고 평가하였다. 그리고 그의 「아정유고 · 이우촌李雨邨」의 이조원에게 보내는 편지에서 "이소완李素玩[21]은 간략하고 담박함으로써 자신을 지키고 정직하고 결백하게 마음을 가지며, 경사經史에 해박하고, 정론正論과 이론異論을 밝게 분별하며, 육서에 밝고 문사文辭가 절묘합니다."[22]라고 하여 이서구가 육서에 밝았다고 소개하고 있다. 이상으로 볼 때, 이덕무가 당대 문자학에 조예가 있는 사람으로 남구만, 최석정, 정한강, 이서구 등을 일컬었음을 알 수 있다.

3. 이덕무의 문자학에 대한 인식

이서구는 「아정유고 · 묘지명」에서 "자라서 뭇 서적을 두루 보아 해박한 지식을 갖추었으며, 특히 『이아』 · 『설문』의 학에 밝았다."[23]라고 하여, 이덕무에 대해 『이아』 · 『설문』의 학에 밝았다고 평하였다. 여기서 이서구는 『이아』와 『설문』이 아닌 『이아』의 학과 『설문』의 학이라고 하였는데, 이것으로 볼 때 이덕무가 단지 『이아』와 『설문』 에만 국한되지 않고, 『이아』로 대표되는 훈고학訓詁學과 『설문』으로 대표되는 문자학에 밝았다는 것을 알 수 있다. 본 장에서는 이러한 이덕무의 문자학에 대해 '이덕무의 문자학에 대한 정의', '이덕무의 소학에 대한 중시', '이덕무가 본 『설문』에 대한 사회적 인식'의 3가지 내용으로 나누어 서술하고자 한다.

1) 이덕무의 문자학에 대한 정의

이덕무는 「아정유고 · 조경암」에서 "한 글자에는 반드시 한 뜻이 있는 법인데 글자를 분명히 알지 못하면 경經을 분명하게 알지 못합니다. 서학書學도 궁리窮理의 일단에 속하

20 "新羅取士, 以『說文』·『字林』, 惟有古意. 今中國, 亦不傳『字林』, 我國士子, 知有『說文』者幾希. 惟南相國九萬, 崔相國錫鼎, 通六書, 見其所書金石, 可知也. 內閣有『東賢簡帖』, 載鄭文穆公小札一張. 字字究驗, 則無一畫一點紕繆者, 始識寒岡爲儒林中第一書學. 嘗與朴在先, 嗟嘆良久."「盎葉記 · 鄭寒岡書學」.

21 素玩 : 이서구의 호.

22 "李素玩簡澹自牧, 持心孤絶, 貫穿經史, 辨覈同異, 明於六書, 文辭敏妙."「雅亭遺稿 · 李雨邨」.

23 "及長, 縱覽群籍, 淹貫該洽, 尤精『爾雅』·『說文』之學."「雅亭遺稿 · 墓誌銘」.

는데 세유世儒들이 강구하지 않는 것은 무엇 때문입니까?"[24]라고 하여 글자의 뜻을 탐구하는 것 역시 서학의 하나라고 하였다.

또한 앞의 '이덕무의 문자학사에 대한 인식'에서 인용한 「앙엽기・정한강의 서학」에서 이덕무는 당시의 남구만과 최석정이 쓴 금석문에 근거하여 그들이 육서에 밝았다고 평하고, 정한강이 쓴 글씨가 한 획 한 점도 틀린 점이 없음에 근거하여 그가 서학에 뛰어남에 대해 일컬었다.

그리고 「아정유고・육서책」에서 "슬프다! 위魏 나라・진晉 나라 사이에 종요鍾繇・왕희지王羲之의 무리가 초서와 해서를 숭상하기 시작하여 마음대로 획을 긋고 글씨를 써서 화려만을 일삼아 사람의 눈만 기쁘게 하였고, 육서 보기를 초개와 같이 하였습니다. 종요는 좋지 못한 사람이니 책할 것이 없지마는, 희지는 어진 선비인데 어찌 이같이 도에 어긋나서, '수수溲嫂'를 '편수便娹'로 바꾸어 글씨를 공부하는 사람들이 그릇된 것을 답습하여 고칠 줄 모르게 하였으니 어찌 애석하지 않겠습니까? 혹은 말하기를 '초서가 요순堯舜의 세상에 나왔다면 창조한 자는 마땅히 사흉四凶과 같이 베임을 당하였을 것이다.' 하니 의미 있는 말입니다. 또한 일종의 별체를 만드는 습관이 위魏・제齊・주周・수隋의 세상보다 더 심한 때가 없었는데, 당 나라 장삼이 『오경문자』를 만들고, 당 나라 현도는 『구경자양』을 만듦에 천하의 문자가 점점 귀일이 되었으니, 이것이 대개 문자가 승강陞降한 연혁沿革의 대략입니다."[25]라고 하여 '마음대로 획을 긋고 글씨를 써서 화려만을 일삼아 사람의 눈만 기쁘게 하는' 글씨체를 구사하는 것에 대해 비판을 하였는데, 이것으로 볼 때 이덕무의 서학은 서예를 포함하고 있지만, 육서에 부합하는 정자체를 쓴 서예만을 포함하고 예술성을 지향한 서체를 배제한 것임을 알 수 있다.

이상의 내용으로 볼 때 이덕무의 서학은 훈고학, 문자학, 금석학 그리고 정자체를 중시하는 서예를 모두 아우르는 것으로 볼 수 있다.

중국문자학에서 문자학을 정의함에 있어 광의의 문자학과 협의의 문자학으로 나눈다.

24 "一字必有一義, 字不明則經不明. 書學亦係窮理之一段, 而世儒不之講, 何也?"「雅亭遺稿・趙敬菴」.

25 "噫! 魏晉之間, 鍾王之流, 始以草楷相尙, 欹斜放縱, 惟取華媚, 悅人之目, 視六書, 如玉(頭註 : 土)苴. 繇也, 匪人, 固不足責, 而羲之賢士, 何若是其違道, 至以溲嫂(頭註 : 嫂), 變爲便娹, 攻書之家, 踵譌襲謬, 迷不知改, 豈不慨惜. 或云 : '草書出於堯舜之世, 則剙造者合被四凶之誅.' 旨哉言也. 亦有一種別撰之習, 莫甚於魏齊周隋之世. 而唐張參, 作『五經文字』, 唐玄度, 作『九經字樣』. 天下之文, 漸歸于一. 此盖文字陞降沿革之大略也."「雅亭遺稿・六書策」

양동숙梁東淑은 『그림으로 배우는 중국문자학』에서 "북송北宋이후 소학은 문자·음운·훈고가 포함된 광범위한 문자 연구를 다루었다고 할 수 있다. 이처럼 형形·음音·의義를 내포한 넓은 의미의 문자 연구는 광의의 문자학이다. 현대 학문 발전의 도상에서 학문이 세분화되어 더욱 과학적으로 연구되어야하는 필요에 의해 문자의 연구도 문자학·음운학·훈고학으로 나뉘어 연구됨에 따라 문자학은 자연 자형만을 위주로 하는 협의의 문자학으로 다루어졌다."[26]라고 하여, 문자·음운·훈고를 모두 아울러 문자 연구를 하는 학문에 대해 광의의 문자학이라고 설명하였는데, 이덕무의 서학은 이와 같은 광의의 문자학에 가까운 것으로 볼 수 있다.

2) 이덕무의 소학에 대한 중시

정조는 『홍재전서弘齋全書 권51』에서 "무릇 학문이란 격물格物과 치지致知보다 중요한 것이 없고, 격물치지를 하려면 문자보다 요긴한 것이 없다."[27]라고 하여 격물치지를 하는데 있어서의 문자의 중요성에 대해 언급하였다.

이덕무 역시 『예기』의 구절을 인용해 문자의 중요성에 대해 강조하였다. 그는 「아정유고·육서책」에서 "『예기』에 말하기를 '옷을 입으면서 옷의 이름을 알지 못하는 것을 망罔이라 한다.' 하였으니, 명名이란 것은 글자입니다. 옷만 그러한 것이 아니라 신체身體·속친屬親·궁실宮室·기용器用·산천山川·동식물動植物의 유에 이르러서도 가리켜서 글자를 물으면 대답하지 못하는 자가 열에 여덟 아홉은 되니, 망罔이 되지 않는 자가 거의 드뭅니다."[28]라 하여, 『예기』에서 예로 든 옷 뿐만 아니라 다른 모든 사물의 명칭에 대해서도 그 글자를 알 수 있어야 한다고 강조하였다.

양원석은 『조선 후기 문자훈고학 연구』에서 이덕무의 '문자 연구와 교육을 위한 제언'에 대해 언급하면서, 「아정유고·육서책」의 "신의 어리석은 생각으로는 자字와 운韻은 새의 두 날개와 같아서 어느 한편도 폐할 수 없으니, 『설문』과 『광운』의 학관學官을 세워 곽

26 梁東淑, 『그림으로 배우는 중국문자학』(차이나하우스, 2009), 29쪽.

27 "夫學莫大於格致, 格致莫要於文字."『弘齋全書』 卷51.

28 "『記』曰:'衣而不識其名曰罔.' 名者, 字也. 不惟衣爲然, 至如身軆屬親宮室器用山川動植之類, 指而問名, 茫然莫對其名者, 十居八九. 其不爲罔者, 幾希矣."「雅亭遺稿·六書策」

충서의 『한간』과 주백기의 『정와』로 자서의 우익羽翼을 삼고, 고염무의 『음학』과 소장형의 『운략』으로 운서韻書의 우익을 삼고, 좋은 판본을 사서 번각飜刻하여 널리 전하며, 궐문闕門에 달아매고 정식程式을 삼아서, 관각館閣의 신하와 상서庠序의 선비와 가숙家塾의 아이와 장옥場屋의 유생과 관부官府의 서리胥吏와 위항委巷의 학구學究로 하여금 집마다 두고 사람마다 익히지 않는 이가 없게 하고 아침 저녁으로 보고 연구하게 하면, 형形·의意·사事·성聲·가차假借·전주轉注를 확실히 깨달아서 예전에 싫어하고 미워하던 것을 지금은 알아서 흡족히 여기고, 예전에 조롱하고 비웃던 것을 기쁘게 복종할 것입니다. 그런 다음 경사經史를 새로운 안목으로 읽어 보면 성蟶이 조개의 종류인 것을 한인漢人에게 묻지 않아도 판부販夫도 알게 되며, 분笨이 댓속인 것을 무관武官에게 의뢰하지 않고 연신筵臣도 깨닫게 될 것입니다. 그런 뒤에는 소장疏章·부첩簿牒·공령功令·간독簡牘 등의 모든 문서가 모두 형·의·사·성이 밝아지기를 기약하지 않아도 저절로 밝아질 것이니 어찌 적은 도움이라 하겠습니까?"[29]의 내용을 소개하며, "이덕무는 자서와 운서의 대표적 저서라고 할 수 있는 허신의 『설문해자』와 진팽년, 구옹 등이 편찬한 『광운』을 학관에 세우기를 주청하면서, 아울러 곽충서의 『한간』과 주백기의 『육서정와』를 『설문해자』를 보좌하는 역할로 삼게 하고, 고염무의 『음학오서』와 소장형의 『운략』을 『광운』을 보좌하는 역할로 삼게 해야 한다고 하였다. 또한, 선본을 구해 이를 새기고 널리 전파하여 각지의 사람들로 하여금 표준으로 삼아 익히게 한다면, 글자 공부의 선결과제인 육서를 자연스럽게 이해하게 되어 경사를 읽을 때나 혹은 소장, 부첩, 공령, 간독 등의 문서를 취급할 때에도 글자에 대한 올바른 이해를 진행할 수 있을 것이라고 하였다."[30]라고 설명하였다.

위의 글을 통해 이덕무가 『설문』을 중시하였다는 것을 알 수 있는데, 그의 『설문』을 중시하는 태도는 「사소절·사전士典」의 "육서에 밝지 못하면 육경六經을 통할 수 없다. 먼저 『설문』을 읽어 자획字畫·자의字義·자음字音을 분명히 알고 그 다음 글을 읽어야 그 의미를 더욱 깨닫게 된다."[31]에서도 잘 드러난다. 이에 따르면, 그가 앞에서 『설문』을 운서인

29 "臣愚以爲字韻二書, 如鳥兩翼, 不可偏廢. 『說文』·『廣韻』, 立之學官, 以郭忠恕『汗簡』·周伯琦『正譌』, 爲字書之羽翼. 以顧炎武『音學』·邵長蘅『韻略』, 爲韻書之羽翼. 購得善本, 飜刻廣傳, 懸之象魏, 着爲程式, 使館閣之臣, 庠序之士, 家塾之童, 場屋之儒, 官府之胥吏, 委巷之學究, 莫不戶置而人習, 朝覽而夕究, 形意事聲假借轉注, 犁然覺悟. 昔之厭惡, 今焉暢洽, 昔之譏笑, 今焉悅服. 更讀經史, 頓然改觀, 則蟶之蚌屬, 不待漢人而販夫知之. 笨之竹裡, 不籍武官而筵臣覺之. 夫然後疏章簿牒, 功令簡牘一切文書, 擧皆形意事聲, 不期明而自明, 豈曰少補?"「雅亭遺稿·六書策」

30 楊沅錫, 『朝鮮 後期 文字訓詁學 硏究』(高麗大學校大學院 박사학위논문, 2006.12), 64~65쪽.

『광운』과 나란히 하여 말하고 있지만, 『설문』의 중요성에 대해 자형에 국한하지 않고, 자의・자음에까지 넓혀 인식하고 있었다는 것을 알 수 있다.

이덕무는 「영처시고・유 검서의 영보정 장편에 차운하여 철재 정 학사에게 드리다次柳檢書永保亭長篇韻,奉獻徹齋鄭學士」에서 "진직재陳直齋는 군서명목 해제 썼고, 허숙중許叔重은 문자 분류하여 『설문』을 지었네."[32]라 하여, 『설문』을 지어 한자의 편방偏旁을 분류한 허신이 소학에 공이 큼을 우러르고 있는데, 이덕무의 설문을 중시하는 태도가 그의 시 속에서도 잘 나타남을 알 수 있다.

그리고 위의 글에서 이덕무가 『한간』과 『육서정와』로 『설문』을 보좌하는 역할로 삼게 한 것을 알 수 있는데, 진나라의 표준자체인 소전을 대상으로 한 『설문』과 달리 『한간』과 『육서정와』는 송대를 전후로 하여 발달한 금석학의 연구 성과에 따라 출토 문물에 새겨진 금석 문자의 자형과 그에 따른 한자의 자형 구조를 주로 하여 설명한 책이다. 이것으로 볼 때 이덕무가 『설문』 뿐만 아니라 중국의 금석학 연구 성과들을 많이 참고로 했음을 알 수 있다. 예를 들어, 허신은 『설문』에서 "무𢧢, 초楚의 장왕莊王이 말하기를 '무武는 공을 정해 병사를 그치게 하는 것이다. 그렇기 때문에 지止와 과戈로 무武를 만들었다.'라고 하였다."[33] 와 "회의會意는 부류를 따라 뜻을 합쳐 가리키는 것이다. '무武'와 '신信'이 그 예이다."[34]로써 '무武'를 '지止'와 '과戈'의 결합으로 풀이한 것에 반해, 『육서정와』는 "무𢍮, 망罔와 보甫의 반절음이다. 창을 휘둘러 어지러움을 평정한 것이다. '과戈'를 따르고 '망亡'의 소리를 따른다. 회의이다. 古文의 '무𢓊'자 역시 '망亡'의 소리를 따른다. 구설舊說에 '지止'와 '과戈'로써 '무武'를 만들었다고 하는데, 잘못이다. 이제 『육서고』를 따른다."[35]라고 하여, '무𢍮'자형에 근거하여 '지止'와 '망亡'의 결합으로 풀이하고 있는데, 이덕무는 「아정유고・육서책」에서 "회의의 '무武'와 '신信'은 '지止'와 '과戈'가 '무武'가 되고, '인人'와 '언言'이 '신信'이 되나, '과戈'는 형形이고 '망亡'[36]은 음音이라, 원래 해성諧聲에

---

31 "不明六書, 不可以通六經. 先讀『說文』, 洞曉字畫字義字音, 可以次第讀書, 益覺有味."「士小節・士典」

32 "羣書名目解題陳, 小學偏旁說文許."「嬰處詩稿・次柳檢書永保亭長篇韻, 奉獻徹齋鄭學士」

33 "𢧢, 楚莊王曰 : "夫武, 定功戢兵. 故止戈爲武."

34 "會意者, 比類合誼, 以見指撝, 武信是也."

35 "𢍮, 罔甫切. 揚戈定亂也. 从戈而引之亡聲. 會意, 古文𢓊字, 亦从亡聲. 舊說, 止戈爲武, 譌. 今从『六書故』."

36 '亡'오른쪽에 '亡*'와 같이 '*'표시를 하여 상단에 '止'라고 頭注를 달아 놓았는데, 여기서의 頭注는 이덕무의 것이 아니다. 王筠은 『說文釋例・會意』에서 "『六書例解』曰 : '或爲𢍮字从亡聲, 非从止, 此執隷形之變.'"라고 하여 『六書例解』를 인용해 '武'에 대해 '从亡聲'인 견해가 있음을 소개하고 있는데, 이덕무가 바로 이와 같은 견해를 따라 '武'가 회의자가

속하는 것인데 좌씨左氏가 잘못 말한 것이다."[37] 라고 하여 '지止'와 '과戈'의 결합으로 풀이한 『설문』을 따르지 않고 '지止'와 '망亡'의 결합으로 풀이한 『육서정와』의 것을 따랐다.[38]

현재 문자학을 연구함에 있어 『설문』에 따른 문자학과 갑골문에 따른 고문자학을 병행하는데, 그 자형이 상이할 경우 일반적으로 갑골문을 따른다. 이는 한중학술교류를 통해 갑골문을 중시하는 중국의 학문 영향을 받았기 때문으로 볼 수 있다. 이덕무가 『한간』과 『육서정와』로 『설문』를 보좌하는 역할로 삼게 한 것과 '무武'의 두 상이한 자형에 대해 『육서정와』의 자형을 따른 것 역시 현재의 상황과 비견하여 살펴볼 수 있는데, 이덕무의 태도 또한 당시 한중교류를 통한 중국의 금석학 연구 풍토의 영향을 받은 것으로 볼 수 있다.

한편, 이덕무는「사소절 · 동규童規」에서 "『훈몽자회訓蒙字會』는 어린아이들이 배울 책이다. 반드시 『방언方言』이 사물을 풀이한 이름을 자세히 알고, 그것으로 인해서 『이아』 · 『급취장急就章』 · 『소학감주小學紺珠』 등을 공부해야 하며, 또 자서 · 운서를 공부하여 편방偏旁 · 자모子母 · 음의音義를 정밀하게 익히고, 『정운正韻』 · 『자전字典』 · 『정와正譌』 · 『설문』 등을 모두 통달하면, 모든 경서經書와 사서史書에 대해서 막힘없이 통하게 될 것이다. 세속에 구속된 유생들은 이런 것을 연구하지 않고서 반드시 부끄럼 없이 호언장담하기를, '나는 글도 잘 짓고 경학도 통달했다.'하여, 영리한 아이들을 한 글자도 제대로 알지 못하게 하여 평생을 어리석도록 교도하니, 어찌 그리도 비루한가? 그러나 옛것에만 얽매이고 시속의 것에 통하지 못하는 것도 역시 통달한 선비가 아니다."[39]라 하였는데, 이것으로 볼 때, 이덕무가 『설문』, 『한간』, 『육서정와』와 같은 자서와 『광운』, 『음학』, 『운략』의

아니라 형성자라고 설명한 것이다. 하지만 이러한 이덕무의 견해와 상관없이 여기서의 頭注는 '亡'이 '止'의 잘못임을 단순히 나타내고 있다.

37 "會意之武信. 止戈爲武. 人言爲信. 然戈是形而亡[1]是音. 則原係諧聲. 而左氏之誤也."「雅亭遺稿 · 六書策」

38 양원석은 『조선 후기 문자훈고학 연구』(47쪽)에서 정초『통지 · 총서(總序)』의 "然止戈爲武, 不識諧聲, 反正為乏. 又昧象形, 左氏既不別其源."를 제시하여, 이덕무가 '武'자에 대해 형성자로 본 것이 정초가 이미 언급한 내용을 재인용한 것에 불과하다고 설명하였다. 『通志 · 論諧聲之或』의 "左氏曰 : '止戈爲武'. 武非从止. 凡沚芷齒之類, 从止. 武从戈从亡. 从戈以見義. 从亡以見聲."에 따르면 鄭樵 역시 '从亡聲'에 따라 '武'를 형성자로 풀이한 것을 알 수 있다.

39 "『訓蒙字會』, 小子之學也. 必詳知『方言』訓釋事物之名, 因此而可進於『爾雅』·『急就章』·『小學紺珠』等書. 又須課習字書 · 韻書, 精習偏旁 · 子母 · 音義. 盡通乎『正韻』·『字典』·『正譌』·『說文』等書, 其於羣經諸史, 沛然無所滯矣. 拘儒俗生, 不講此義, 必大言不慚曰 : '我能作文, 又通經學.' 使穎悟小子, 終身鹵莽不識一字, 何其陋也?雖然, 拘於古而不通俗, 亦非通儒也."「士小節 · 童規」

운서 뿐 아니라 『이아』와 같은 훈고서나 『소학감주』[40]와 같은 백과전서류의 책들에 대해서도 중시했음을 알 수 있다.

3) 이덕무가 본 『설문說文』에 대한 사회적 인식

이덕무는 「아정유고 · 정이옥鄭耳玉」에서 "『설문』은 빌려드리기는 합니다마는 『설문』을 읽는 것 또한 가난을 못 면하는 일입니다. 시험 삼아 『설문』의 글자 모양으로 글을 지어서 부자에게 쌀을 빈다면 쌀을 얻기는커녕 큰 모욕을 받을 것이니 어떻게 하겠습니까?"[41]라고 하였는데, 이를 보면 당시『설문』에 대한 연구가 사회적으로 환영받지 못했으며, 일반인들은 소전체小篆體를 해독할 수 없었음을 알 수 있다.

이덕무는 「아정유고 · 조경암」에서 "그러나 일찍이 들으니, 전당錢塘에 엄성嚴誠이란 이가 있는데 자는 역암力闇, 호는 철교 선생鐵橋先生이라 하며 문장과 도학이 넉넉히 규범이 될 만하고, 뜻을 견고하게 세우고 도道를 투철하게 깨쳤는데, 나이 아직 40이 채 못되어서 불행히 죽었고, 그의 동향에 오서림吳西林이란 이가 있어 상례喪禮는 명明 나라 제도를 따르고, 경학에 밝고 행실이 착하고 노경에 이르도록 효심이 지극하며, 『취유록吹幽錄』 80권과 『설문이동說文理董』 40권을 저술하였으니, 아마 특출한 선비인 모양입니다. 지금 천하에 이와 같은 사람이 그 얼마나 있는지 알 수 없습니다. 우리나라 사람은 아는 것도 없으면서 걸핏하면 '중국에는 사람이 없다.' 하니, 어찌 그리도 안목이 좁을까요?"[42]라고 하여, 엄성과 오서림의 예를 들면서 '우리나라 사람은 아는 것도 없으면서'란 표현을 쓰고 있는데, 이덕무가 『설문』을 포함한 문자 훈고에 대한 연구가 미비한 우리나라 상황을 지적하여 이렇게 언급한 것으로 보인다.

---

40 이 책은 宋代 史學家인 王應麟이 아동을 교육하기 위해 편찬한 것으로, 天道 · 律曆 · 地理 · 人倫 등의 17가지에 따라 내용을 분류하고 있다.

41 "『說文』奉借, 此亦貧術. 試以『說文』字揉, 作書乞米於富人, 不惟不得米, 且遭大罵, 奈何?"「雅亭遺稿 · 鄭耳玉」

42 "然甞聞錢塘, 有嚴誠字力闇號鐵橋先生者, 文章道學, 綽有規範, 立志堅固, 見道通透. 年未四十, 不幸而卒. 其同鄕, 有吳西林先生者, 喪禮遵明制, 經明行脩, 至老而孝不衰, 著『吹豳錄』八十卷, 『說文理董』四十卷, 葢卓立之士也. 今天下如此者, 不知其幾輩. 東國人無挾自恃, 動必曰中國無人, 何其眼孔之如豆也?"「雅亭遺稿 · 趙敬菴」

4. 이덕무의 한자의 기원에 대한 인식

이덕무의 「아정유고 · 육서책」을 보면 "팔괘八卦는 복희伏羲에서 시작되었고, 고문古文은 황제黃帝가 창작하였고, 주서籒書는 주 선왕周宣王 때에 나타났다",[43] "고문이 맨 처음으로 나왔는데 대전大篆 · 소전小篆으로 나뉘었다.",[44] "후한後漢의 허신이 『설문』 14편 5백 40부를 저술하되 『창힐편蒼頡篇』 9천 3백 53자에 근본하였으니, 진 나라 전자의 전부입니다. 거기에 실려 있는 고문 3백 96자과 주문籒文 1백 45자에는 황제와 주 선왕의 자취가 오히려 남아 있는 것이 있으니, 소학이 실낱같이 끊어지지 않고 전한 것은 오직 이 한 책을 힘입은 것입니다."[45]등과 같은 언급이 보이고, 「이목구심서」를 보면 "아주 옛날 글자는 물형物形을 본뜬 것이다. 그러므로 육의六意 가운데 물형을 본뜬 것이 반이 넘었다. 그리고 창힐蒼頡이 과두蝌蚪 고문古文을 만들고부터 주周 나라 세대에 이르도록 글자에 옆 갈래가 없었다. 주 선왕 때부터 주 나라 중세中世의 문명이 점점 발생했는데, 사주史籒가 비로소 고문를 변경해서 대전을 만들어 주문籒文이 진秦나라에 이어지게 되었다."[46]와 같은 언급이 보이는데, 이상의 글들을 종합해 보면, 이덕무는 한자의 기원설에 대해 크게 복희의 팔괘설八卦說과 창힐의 고문조자설古文造字說 두 가지로 보고, 이 중 창힐의 고문을 한자의 기원으로 이해했음을 알 수 있다. 이덕무는 주문에 대해 황제 혹은 창힐이 만든 것으로 보았는데[47], 이덕무의 '창힐이 과두 고문을 만들고부터 주 나라 세대에 이르도록 글자에 옆 갈래가 없었다.'라는 말과 '『설문』고문과 주문이 황제와 주 선왕의 것'이라는 말은 이덕무가 고문과 주문에 대해 동일한 체계의 것으로 이해했음을 보여 준다.

『설문 · 서序』를 보면 "옛날에 복희씨伏犧氏가 천하를 다스리던 때에, 우러러 하늘에서 만상萬象을 살피고 굽어 땅에서 법물法物을 살폈다. 또한 짐승과 새의 문양文樣과 지맥地脈을 보고 가깝게는 자신의 몸에서 취하고, 멀게는 사물事物에서 취하였다. 이렇게 하여 드

---

43 "八卦肇於伏羲, 古文刱於黃帝, 籒書著於周宣."「雅亭遺稿 · 六書策」

44 "古文首出, 而大小之篆, 分隸之書."「雅亭遺稿 · 六書策」

45 "後漢許愼, 着『說文』十四篇五百四十部, 本蒼頡之篇九千三百五十三字, 則秦篆之全也. 其所載古文三百九十六, 籒文一百四十五, 軒周之跡, 猶有存者. 而小學之傳, 不絶如綫, 賴有此一書而已."「雅亭遺稿 · 六書策」

46 "上古之書, 大抵肇於象形. 故六意中象形太半也. 自蒼頡造科斗古文, 以至周世, 書無旁歧. 周宣王周之中世, 文明漸生. 史籒始變古文, 造大篆, 籒文至秦."「耳目口心書」

47 『說文解字 · 序』에서 "黃帝之史倉頡"라고 하여 倉頡을 黃帝의 史官으로 적고 있다.

디어는 『역易』의 팔괘를 만들어 그것을 짜 맞춤으로써 여러 법상法象을 표현하였다.[48] 신농씨神農氏에 이르러서는 결승結繩을 만들어 통치를 하였다. 그리고 여러 일이 번잡하게 되고 문명이 발달하게 되었을 때, 황제의 사관史官인 창힐이 새와 짐승의 발자국으로 그 다름을 구별할 수 있음을 보고 서계書契를 만들었다."[49]라고 하여 한자의 기원에 대해 '팔괘, 결승, 서계'의 3가지 설로 설명하였는데, 이덕무는 이 중 팔괘와 서계의 두 가지 설에 대해서만 언급하고, 서계에 대해 고문이라는 명칭을 쓴 것으로 볼 수 있다.

『설문·서序』에서 '황제의 사관인 창힐이 새와 짐승의 발자국으로 그 다름을 구별할 수 있음을 보고 서계를 만들었다.'라고 하여 서계의 근본이 새와 짐승의 발자국에 있음을 설명하였는데, 이덕무는 「영처시고·경서經書」에서 "창제가 새 발자국을 추연推演하여, 문자가 비로소 발휘되었네. 세대가 삼황三皇·오제五帝 시대로 내려와서는, 경서가 크게 빛을 발휘했다오."[50]라고 하여 그 내용을 시로써 나타내고 있다. 이것으로 볼 때, 이덕무가 고문 혹은 과두 고문으로써 서계의 명칭을 대신하고 있지만, 그 고문의 근본이 새와 짐승의 발자국에 바탕을 둔 것이라는 점에 있어서는 허신의 설과 일치함을 알 수 있다.

5. 맺음말

이상으로 이덕무의 중국 문자학 인식에 관한 제반 사항에 대해 살펴보았는데, 본 연구의 결과를 다음과 같이 정리할 수 있다.

첫째, 이덕무가 중국인과 직접 문자학 연구를 위한 교류는 하지 않았지만, 당시 연행을 통한 한중 교류가 이덕무의 문자학 연구에 영향을 미쳤으며, 이덕무의 중국 문자학에 대한 관심은 중국인과의 교류를 위한 토대가 되었다.

둘째, 이덕무는 신라시대에서 정조시기까지의 우리나라의 문자학사에 대해 크게 '발흥

48 "古者庖犧氏之王天下也.~於是始作八卦, 以通神明之德, 以類萬物之情, 作結繩而爲網罟. 以佃以漁, 蓋取諸離."『易·繫辭傳下』

49 "古者庖犧氏之王天下也, 仰則觀象於天, 俯則觀法於地. 視鳥獸之文, 與地之宜, 近取諸身, 遠取諸物. 於是始作易八卦, 以垂憲象. 及神農氏結繩爲治而統其事. 庶業其繁, 飾僞萌生, 黃帝之史倉頡, 見鳥獸蹏迒之迹, 知分理之可相別異也, 初造書契."『說文解字·序』

50 "倉帝演鳥跡, 文字始發揮. 世代降三五, 經書生光輝."「嬰處詩稿·經書」

기(신라) → 침체기(고려) → 발전기(조선초기) → 쇠퇴기(조선중기) → 부흥기(조선후기)'의 5단계로 나누어 인식하였다.

셋째, 조선 후기 문자학자로 이덕무, 남구만, 최석정, 정한강, 이서구 등이 있었다.

넷째, 이덕무는 문자학을 연구함에 있어 자형에 국한하지 않고, 자의, 자음까지 연구하였다. 즉 이덕무의 문자학은 광의의 문자학으로 볼 수 있는데, 훈고학, 문자학, 금석학 그리고 정자체를 중시하는 서예를 모두 아우르는 것으로 볼 수 있다.

다섯째, 이덕무는 자서에 있어 『설문』과 『광운』을 중시하였지만 금석문을 수록하고 있는 『한간』, 『육서정와』와 같은 자전 등도 중시하였다. 그리고 이러한 그의 태도는 당시 한중 교류를 통한 중국의 금석학 연구 풍토의 영향을 받은 것으로 볼 수 있다.

여섯째, 당시 『설문』을 포함한 문자 훈고에 대한 연구는 사회적으로 환영받지 못했으며, 그 연구가 미비하여 일반인들은 소전체를 해독할 수 없었다.

일곱째, 이덕무는 한자의 기원설에 대해 크게 복희의 팔괘설과 창힐의 고문조자설 두 가지로 보고, 이 중 창힐의 고문을 한자의 기원으로 이해하였다.

이상으로 본 연구에 따른 결과를 살펴보았는데, 이덕무의 문자학을 이해함에 있어, 가장 중요한 점은 그가 설문 뿐 아니라 『한간』, 『육서정와』와 같은 자전을 참고하였다는 사실이다. 『설문해자고림』 등의 자료를 참고하면, 『설문』에 대한 연구가 매우 많다는 것을 알 수 있는데, 그에 반해 송대 이후의 금석학 연구 성과를 많이 반영하고 있는 『한간』, 『육서정와』, 『육서고』 등에 대한 연구는 중국 뿐만 아니라 우리나라에서도 극히 드물다. 이는 『설문』의 소전이 육서의 규율에 잘 부합하여 표준자형으로로써의 지위를 획득한 반면, 상대적으로 그 자형의 편차가 심한 금석 자형들은 그 중 일부가 소전보다 더 글자의 본의를 잘 반영하고 있는 자형이 있을 지라도 많은 자형이 이미 와변되어 글자의 본의와 부합하지 못해 문자를 연구하는 학자들에 의해 중시 받지 못한 것에 기인하는 것으로 볼 수 있다.

현재 한자 자형에 대해 설명함에 있어 주로 『설문』의 소전과 갑골문 자형을 표준 잣대로 삼는다. 그리고 이러한 기준에 따라 『설문해자익증』, 『육서심원』 등과 같은 우리나라 문자학 연구서들을 평가함에 있어 그 자형 설명에 오류가 매우 많음을 지적한다. 이 점은 이덕무의 문자학 연구에서도 잘 드러나는데, 이 때 그 오류는 연구자의 임의적 해석에 기인한 것도 있지만 상당수가 그들이 근거로 삼고 있는 『한간』, 『육서정와』, 『육서고』 등의 자형의 오류와 그에 따른 설명의 오류에서 기인하는 것으로 볼 수 있다.

따라서 이덕무를 포함한 조선시대 우리나라 사람들의 문자학에 대한 연구가 올바로 평가되고 이해되기 위해서는 그들이 참고로 한 『한간』, 『육서정와』, 『육서고』 등의 자서들에 대한 연구와 이해가 먼저 선행되어야 할 것으로 보인다.

8장

김석준金奭準과 『효리재일집孝里齋逸集』에 대하여

서한석徐漢錫*

1. 머리말

소당小棠 김석준金奭準(1831~1915)은 근대 격동기를 살아간 문인文人으로, 역관譯官이자 예술가藝術家이다. 추사秋史 김정희金正喜(1786~1856)와 우선藕船 이상적李尙迪(1804~1865)의 제자이며, 만년의 추사秋史에게 지우知遇를 받았다.[1] 김석준은 20대 무렵부터 서예書藝에 힘을 기울여 훗날 예서隷書와 지두서指頭書에 일가를 이루었고 문장 역시 일정 수준 이상의 성취를 이룸으로써 당대 문인들의 추앙을 받았다. 추사 역시 그의 예술적 재능을 인정하고 아꼈으며 자신의 많은 작품들을 전해주기도 하였다. 김석준은 역관으로서의 실무적 능력과 문학 및 서예라는 예술적 능력을 겸비한 것인데, 이러한 능력을 바탕으로 중국이나 일본에 가서 그곳의 문사文士들과 교분을 맺고 교유를 할 수 있었다. 물론 그가 이러한 교유를 맺을 수 있었던 데에는 추사秋史와 우선藕船이라는 탄탄한 배경과 그들로부터의 영향이

* 단국대학교 동양학연구소

1 金正喜, 『阮堂全集』 권4 「書牘」에 실린 「與金君奭準」 네 편을 보면 추사와의 관계를 짐작할 수 있다.

적지 않다.

김석준은 추사와 관련해서 그리고 여항문학閭巷文學이나 여항문인들의 동향과 관련해서 꼭 연구되어야 할 인물이지만, 아직까지 본격적인 연구는 이루어지지 않았다. 서예와 관련되어서는 간혹 언급이 되고 있지만, 그의 문학에 대한 연구로는 한영규의 '추사의 말년 제자 김석준의 『연백당초집』'[2]과 '추사계 여항인의 문예활동과 그 시문학의 특성'이 있을 뿐이다. 이는 그의 작품 중 전해지는 자료가 많지 않고 알려진 자료들은 모두 한시漢詩이며 더구나 회인시懷人詩가 그 중 대부분을 차지하는 사실과 연관된다.

지금까지 알려진 김석준의 저술은 『화국죽지사和國竹枝詞』와 『홍약루회인시록紅藥樓懷人詩錄』 및 『홍약루속회인시록紅藥樓續懷人詩錄』 그리고 『연백당초집硏白堂初集』이 있는데, 모두 그의 한시를 모아놓은 책이다. 『화국죽지사和國竹枝詞』는 자신이 견문한 일본의 역사와 풍물을 한시로 옮겨 놓은 것이다. 회인시懷人詩는 김석준이 교유했던 인물들에 대한 감회를 노래한 것으로 200여 수에 이르는데, 조선 뿐만 아니라 청淸과 일본日本 그리고 유구琉球의 인물에 관한 시도 수록되어 있어 당시 동아시아 각국 문인들의 교류의 일면을 짐작할 수 있다.

김석준의 산문에 대해서는 그간 알려진 것이 없었다. 하지만 다산茶山 정약용丁若鏞의 외손 방산舫山 윤정기尹廷琦(1814~1879)는 김석준의 산문에 대해서, '척독尺牘과 필기筆記에 능하고 특히 필기는 왕사신王士愼의 『향조필기香祖筆記』와 백중伯仲'이라는 논평을 남긴 바 있다.[3] 윤정기의 말은 김석준이 산문을 비롯한 문예방면에서도 상당한 성취를 이루었다는 사실을 알려준다. 그런데 필자는 얼마 전 후지모토 유키오의 『일본현존조선본연구日本現存朝鮮本硏究』를 통해서 김석준의 산문집인 『효리재일집孝里齋逸集』이 일본의 천리대학교天理大學校 천리도서관天理圖書館에 소장되어 있다는 사실을 알게 되었다.[4] 이에 『효리재일집』을 입수하여 검토한 결과, 김석준이 지은 저술 중 일부를 모아 간행한 책으로 판단되었다.[5]

---

2 한영규, 「추사의 말년제자 김석준의 『연백당초집』」(『문헌과해석』 40, 2007); 「추사계 여항인의 문예활동과 그 시문학의 특성」(한국어문교육연구회 학술대회 발표집, 2008).

3 尹廷琦, 「小棠尺牘筆記序」, 『舫山先生遺稿』[『다산학단문헌집성』 3(성균관대 대동문화연구원, 2008), 370쪽]. "小棠之學, 江也嶽也, 其贍爲詩文, 是已推之, 而平居訓接者, 尺牘也. 奇聞異觀者, 筆記也. 尺牘則上窺蘇・黃, 下肩隨園, 有深於考據者, 善爲戱謔者, 詳密而圓轉者, 紆餘而綺姸者, 淸楚峭奇, 令人絶倒抵掌, 耽愛忘疲. 筆記則覽之如入波斯市, 瑰觀瑋翫, 溢眼眩神, 較諸香祖記, 未可定其伯仲".

4 후지모토 유키오, 『日本現存朝鮮本硏究』-集部(京都大學學術出版會, 2008).

5 김석준은 죽을 때 아들에게 자신의 저술을 함께 묻어달라는 유언을 남겼다[宋伯玉, 「小棠居士小傳」, 『孝里齋逸集』 1쪽.

비록 그렇긴 하지만 지금까지 김석준의 산문이 전혀 알려지지 않았으므로, 『효리재일집』은 김석준의 문예의식과 산문에서의 성취를 알 수 있는 중요한 자료이다. 그 내용을 보면 당시의 사회적인 동향과 여항 및 예능계의 인물들 그리고 서예를 비롯한 예술에 관한 언급이 풍부하게 담겨있다.

요컨대 『효리재일집』은 근대 전환기 여항문학 및 문인들의 동향과 그들 사이에 유행하던 예술경향을 반영하고 있으며, 추사를 중심으로 동아시아 삼국 문인들간 문화교류가 이루어졌던 흔적을 연구하는 데에도 일정한 기여를 할 수 있다. 이에 본고에서는 새 자료를 소개하는 차원에서 『효리재일집』을 살펴보고, 아울러 김석준의 행적에 대해서도 살펴보고자 한다.

2. 김석준金奭準의 행적과 시대인식時代認識

1) 생애와 행적

김석준의 생애에 대해서는 알려진 것이 많지 않았다. 그런데 『효리재일집』의 서두에는 송백옥宋伯玉이 쓴 「소당거사소전小棠居士小傳」이 실려 있다. 이는 『효리재일집』의 서문序文 같은 역할을 하는 글로서, 그간 잘 알려지지 않았던 김석준의 생애를 짧고 간략하게 알려준다. 우선 「소당거사소전」의 내용과 기존에 알려진 사실들을 통해 김석준의 행적과 시대인식을 간단히 살펴보고자 한다.

김석준의 자字는 희보姬葆 · 소후召侯이다. 석준奭準이라는 이름과 자는 주周 태보太保 소공召公 석奭을 사모해서 붙인 것이라고 한다. 호號는 소당小棠인데 이외에도 「기자호記自號」에 의하면 금오산초金烏山樵 · 열상초자洌上樵子 · 보추재寶秋齋 · 난도인蘭道人 · 동이지인東夷之人 · 매화서옥주인梅花書屋主人이라는 호를 사용했다. 금오산초는 자신의 선조 김종직金宗直을 흠모하는 마음에서, 열상초자洌上樵子는 청구青丘에 태어나 근본을 잊지 않는다는 의

"所著詩文尺牘若干卷, 命子載驥, 於觀化日殉之"]. 이하 『孝里齋逸集』에서 원문을 인용하는 경우 제목과 쪽수만 기재하기로 한다.

미로 붙인 것이며, 보추재寶秋齋는 추사의 보담寶覃을 모의한 것이고, 동이지인東夷之人·매화서옥주인梅花書屋主人은 장난처럼 붙인 것이라 하였다.[6] 한편 『효리재일집』에는 자신을 몽련거사夢蓮居士라고 하거나 묵지도인墨指道人이라고 일컬은 곳도 보이는데, 묵지도인은 그가 지두서指頭書에 능했던 것과 관련되는 듯 하다. 이 호칭들은 「기자호記自號」에는 보이지 않는다.[7]

김석준의 본관은 선산이며 점필재佔畢齋 김종직金宗直(1431~1491)의 후손이다. 가계를 살펴보면 증조인 덕순德淳이 역관이었고 조부 태경泰敬은 사역원판관司譯院判官을 지냈으며 부친 계운繼運은 왜어역관倭語譯官으로 지중추부사知中樞府事를 지냈다.[8] 그의 숙부인 계술繼述 역시 역관이었으며 서예로 명성을 떨쳤다. 이로 본다면 김석준의 가문은 대대로 역관에 종사하고 있었음을 알 수 있는데, 이러한 가문의 배경 또한 김석준이 청이나 일본의 인물들과 교유하는 데에도 유리하게 작용하였을 것이다.

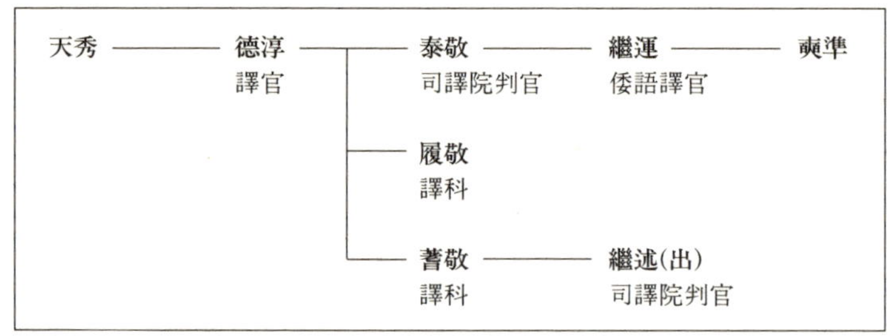

김석준은 어렸을 때 학문에 뜻이 없었다. 10살 때 교정皎亭 현일玄鎰(1807~1876)[9]의 문하에서 『사기史記』를 읽기 시작하였으나, 부친이 동래 등 외직으로 부임하여 나간 이후 학업을 등한시하다가 모친의 꾸지람과 감독으로 학문을 익히기 시작하였다. 성장한 뒤에는 추사秋史 김정희金正喜와 우선藕船 이상적李尙迪을 스승으로 섬겼는데, 이들의 영향을 받아 크게 변화하였다.[10] 20세 무렵부터 서예에 힘을 기울였으며, 마흔 무렵부터는 그간의 성향을

6 「記自號」, 44쪽.

7 『孝里齋逸集』의 「題李春寓田古藍書帖後」과 「題姜菁雲金剛詩後」에 몽련거사라는 명칭이 보인다.

8 李昌鉉, 『姓源錄』, 370쪽.

9 현일은 세습 역관 집안 출신으로 현일의 증조, 조부, 부 모두 역관이다. 현일과 이들에 대해서는 김현영, 「조선후기 중인의 가계와 경력-역관 천녕현씨가 고문서의 분석」, 『한국문화』 8(1987) 참조.

10 宋伯玉, 「小棠居士小傳」, 1쪽. "小棠幼性放達, 不喜讀書, 人皆憂之. 時父任東萊之館, 母貞夫人劉氏, 泣而撻之, 茹荼執

바꾸어 경전經傳과 고문古文에 뜻을 두고 공부하였다.[11]

김석준은 서예와 관련하여 높은 평가를 받았는데, 특히 북조풍北朝風의 예서隸書와 지두서指頭書로 명성을 떨쳤다.[12] 이러한 예술적 성취를 이룬 데에는 숙부인 계술과 추사 그리고 한때 서예를 배운 이지화李至和(1777~?)의 영향이 있었다.[13] 김석준의 숙부인 김계술도 당시 서예에 명성이 있었고 고종高宗 때 사자관寫字官으로 선발되어 많은 글씨를 남기기도 하였다. 그러나 김계술 역시 추사에게 서예를 배운 적이 있는 점으로 미루어 볼 때,[14] 김석준에게 가장 많은 영향을 끼친 사람은 역시 추사인 것으로 생각된다.

김석준은 22세 되던 1852년(철종哲宗 3) 한학漢學 전공으로 식년시式年試에 급제하여 총민聰敏으로 벼슬을 시작하였다. 이후 정正·봉사奉事·주부主簿 등을 역임하였고 훗날 첨지중추부사僉知中樞府事에 이르렀다.[15] 거주지는 연백당硏白堂이 원각탑원圓覺塔院 근처에 있었다는 기록으로 볼 때 지금의 서울 종로3가 탑골공원 인근에 있었다.[16] 그의 외모는 '얼굴은 살짝 누르스름하고 수염이 시원'스러운데다 '품성이 솔직하면서도 온화하여 마치 그림 황隍근사람인 듯' 했다는데, 이러한 성품으로 많은 문인들과 교유하였고 특히 육교시사六橋詩社에 속하여 활발하게 활동하였다.[17]

爨, 課督甚嚴. 及長, 師事阮堂金公正喜·藕船李公尙迪, 卒爲善士"

11 「寄硏農」, 30쪽. "余於十歲時, 始讀史於皎亭門下…頃自壬申, 始下硏經之工."; 「上玄皎亭先生戚丈書」, 25쪽 "吾有意翰墨卄年于玆 …(중략)… 吾年已四十溯"

12 그의 스승 玄鎰도 김석준의 指頭書에 감탄하였다(「小棠示指頭書一本遒勁奇崛各臻其妙以詩賀之」, 『皎亭先生詩集』). 尹定鉉도 김석준의 指頭書에 제한 詩가 있다(「金君奭準指頭書一聯. 寄余要詩」, 『梣溪遺稿』, 『韓國文集叢刊』 306권, 53쪽).

13 송백옥은 「小棠居士小傳」에서 '漢魏法書, 積二十年工, 或作指頭書'라 하였다. 김석준의 생애를 고려하면 아마 추사를 만난 이후 본격적으로 서예에 매진한 듯 하다. 『근역서화징』에서는 '소당의 글씨는 특히 북조의 예서법에 뛰어났다. (중략) 압록강 동쪽에서 이 예서를 쓰는 것은 소당으로 효시를 삼는다'라고 평하였다. 김석준은 추사와 숙부 외에 李至和에게서도 서예를 배운 적이 있다. '余嘗學書於春寓師, 論詩於古藍子'(「題李春寓田古藍書帖後」 19쪽. 춘우는 李至和이다)에 보인다.

14 추사연보에는 '1849년 64세(헌종15년) 6월부터 7월까지 金秀哲·許維·李漢喆·田琦·劉淑·劉在韶·金繼述 등에게 서화를 지도 품평함(『藝林甲乙錄』)'이라 되어있다. 또 「孝里齋學規序」(5쪽)에서는 '余之教無他術, 務以多讀, 制作不從俗, 習書從懸臂, 然余以昔聞阮堂師之法導之而已'라고 말하기도 한다. 추사는 김석준에 대해서는 顔平原을 제대로 배웠다고 높이 평가하였으나, 김계술에 대해서는 '흠이 있다'거나 '이광사의 필결에 미혹되었다'면서 비판적인 견해를 보이기도 한다(「書示金君奭準」, 『阮堂全集』 卷7, 雜著; 『국역 槿域書畫徵』 下, 956~957쪽).

15 『承政院日記』 高宗29년(1892) 7월15일자 기사에 김석준이 첨지중추부사에 임명된 사실이 보인다.

16 「賀金星堂大人六十一壽 - 斗善星堂名」, 48~49쪽. "乙亥秋, 金君星堂訪余 (중략) 光緒九年秋九月, 善州金奭準題幷書於漢陽圓覺塔院之南硏白堂." 을해는 1875년이고 광서 9년은 1883년이다. 관직은 『근역서화징』 참조.

17 김석준의 외모는 송백옥 앞의 글(小棠面微黃, 鬚髯疎朗, 品性率穆, 類畵中人) 참조. 姜瑋의 『古歡堂收艸』 詩稿 卷11은 「六橋聯吟集」으로 六橋詩社 소속 시인들의 시가 수록되었는데, 그 중 세 번째 시가 '金小棠奭準從事將赴燕, 同崔松崖亨基·朴蘿山性浩·金石隱瑨·鄭澹園日愚·李玉海容奎·高惠舫永周·金松年·白小香·劉雲農英杓, 會小棠紅藥館送餞,

이제 김석준이 청淸에 갔을 때의 행적에 대해 간략히 살펴보기로 한다. 김석준은 역관으로서 중국에 여러 차례 다녀왔고 북경에서 많은 문인들을 만나 교유하였다.[18] 「소당거사소전小棠居士小傳」에서 송백옥은 김석준이 여러차례 중국에 갔었다고 하였다. 한영규는 1860년대 초반 두 차례 다녀온 것으로 파악하였으나, 이외에도 1874년에 이건창李建昌(1852~1898)을 따라서 그리고 1875년에는 이유원李裕元(1814~1888)을 수행하여 다녀온 적이 있다.[19] 또 『고환당수초古歡堂收草』에는 벗들이 중국에 가는 김석준에게 주는 전별시餞別詩가 있는데, 여기에 '오회상공사五回上貢槎 호저교상청縞紵交相請'라는 구절이 보인다. 이 구절을 보면 시기는 확실치 않지만 김석준이 그 당시 이미 다섯 번 사행使行에 참여했었다는 것과 청에서 그곳의 문인들과 교유했던 정황을 볼 수 있다.

한시를 포함하여 김석준의 저술에 이름이 보이는 청의 문인들로는 정조경程祖慶・황운곡黃雲鵠・풍지기馮志沂・심병성沈秉成・동문환董文煥・하승희何承禧・장병염張丙炎・유전복劉銓福・공헌이孔憲彝・왕현진王鉉振・엄진嚴辰・반조음潘祖陰・포강鮑康・마수금馬壽金(「呈李菊人」)과 공헌이孔憲彝・풍지기馮志沂・왕헌성王憲成・유전복劉銓福・장덕용張德容・포강鮑康・심병성沈秉成・공헌각孔憲㲄・왕헌王憲・강인경江人鏡・반조음潘祖陰・동문환董文煥・주당周棠・관호觀祜・하민복何敏福(『紅藥樓懷人詩錄』)을 들 수 있다.[20] 이 인물들 중 중복되는 인물이 7명이므로 총 22명이다. 당시 조선 문인들과 만났던 청의 문인들은 내정 쇄신과 대영對英투쟁을 주장한 청류淸流 인사들로 고증학考證學에 조예가 깊고 고염무顧炎武를 사숙하였으며 문학적으로는 동성파桐城派에 속했다.

김석준이 이들과의 만남을 통해 어떠한 영향을 주고 받았는지 구체적인 정황은 아직

分韻得幸字'라는 제목이고, 네 번째 시는 '同白小香・金松年, 再會紅藥館 送別'이다. 이를 보면 소당이 육교시사의 일원으로 강위 등과 함께 활발한 활동을 펼쳤음을 알 수 있다(『韓國文集叢刊』 318권). 白小香은 白之珩이다(李建昌, 『明美堂集』 권3, 『文集叢刊』 349권, 318쪽).

18 宋伯玉, 앞의 글. "屢游中國, 與名碩耆宿, 上下議論, 或至結天涯知己, 若兄弟然. 於是小棠之名, 遍於海內外."

19 1862년 冬至使行에 李容肅과 함께 참여했고 이용숙에게 보낸 시에서도 이 사실이 보인다. 1874년에 다녀온 사실은 "聖上卽阼之十一年甲戌冬, 喞 命行臺. 烏帽青袍, 星軺遠征, 晨夕驅馳, 王事靡鹽. 及抵燕 … 奭時充貢班, 以孱鈍微品, 負笈而從, 得厠爲幸矣."(「上李寧齋閣學書」, 20쪽)를 통해 알 수 있다.; 이유원과 다녀온 내용은 1877년 이유원에게 보낸 편지에 "奭 猥蒙記名於夾袋, 纔三年矣. (중략) 奭 仍隨貢班, 竭愚於閤下."(「上李橘山相國書」, 22쪽)라는 구절을 통해 짐작할 수 있다. 1875년 사행에 이유원은 正使였다. 그런데 이때 이유원이 쓴 『薊槎日錄』(『燕行錄全集 日本所藏編』 3권 수록) '行中人員'에 김석준의 이름은 보이지 않는다. 이 점에 대해서는 보다 정밀한 고찰이 필요할 것이다.

20 「呈李菊人」, 『研白堂草集』 卷七 ; 『紅藥樓懷人詩錄』 卷下 「中州」; 한영규, 「추사계 여항인의 문예활동과 그 시문학의 특성」(『한국어문교육연구회 학술대회 발표집』, 2008) 참조.

알 수 없다. 그러나 당시 청조 문인들과의 교류를 통해 국제정세와 시국에 대한 근심과 고증학에 대한 관심 증대, 천문수학 분야의 교류 확대와 고염무에 대한 주목 등 여러 가지 현상이 나타나게 된 점에 비추어본다면,[21] 김석준 또한 일정 부분 이들의 영향을 받았으리라는 점을 유추할 수 있다.

김석준은 청의 문인들과 적극적으로 교유하고자 노력하였는데, 특히 서적과 서화書畵를 매개로 하여 교류한 흔적이 주목된다. 여기에는 추사와 이상적으로부터 받은 영향이 크게 작용하였을 것이다. 예를 들어보면, 자신이 집교輯校한 이언진李彦瑱의 『송목관집松穆館集』을 동문환董文煥에게 증정하였고, 자신이 지은 『화국죽지사』와 부친 김계운이 난파당했던 일을 그린 〈범사도泛槎圖〉를 청의 문인들에게 보여주고 발문을 받은 일이 있다. 또 자신을 포함한 여섯 역관들의 시를 모아 펴낸 『해객시초海客詩抄』와 이상적의 시를 편집하여 펴낸 『우선정화록藕船精華錄』도 같은 과정을 거쳤다. 이 중에서 〈범사도泛槎圖〉는 부친이 일본에 다녀오다가 난파당했을 때의 상황을 그린 그림으로, 최시영崔時榮·원세개袁世凱 등 여러 문인들의 글이 함께 실려있다. 이 〈범사도泛槎圖〉는 김석준이 관련된 또 다른 그림 〈한재아집도韓齋雅集圖〉와 함께 서화를 매개로 조선과 청나라 문인들 사이에 교류가 계속되었던 정황을 보여주는 중요한 자료이다.[22] 〈한재아집도韓齋雅集圖〉는 김석준이 북경北京에 갔을 때(1862년), 스승 이상적과 교분이 있던 공헌이孔憲彝·공헌각孔憲殼 등 청조의 지식인 9명을 만났고, 이들로부터 받은 그림과 글을 묶어 만든 것이다. 한재韓齋는 공헌이의 호이자 별채 이름이며, 그림을 그린 이는 공헌각이었다. 공헌이는 조선문인들과 만난 사실을 기념하면서, 만남을 그림으로 그려 전해주도록 한 것이다.[23]

이렇게 김석준이나 그 스승 이상적이 서적이나 서화를 매개로 청의 문인들과 교유에 나선 것은, 당시 양국 관계에서 역관-여항문인들이 실무를 맡아 적극적으로 활약하던 상황이 반영된 것이며, 또한 여항문인들이 해외 문인들과의 교류를 통해서 자신들의 존재를

---

21 김명호, 「董文煥의 『韓客詩存』과 韓中文學交流」, 『한국한문학연구』 26집(2000), 401~405쪽.

22 〈韓齋雅集圖〉는 이상적과 김정희를 위해 그린 것으로 알려져 있는데, 한영규는 이상적에게 준 것으로 보았다(한영규, 앞의 글, 171~175쪽). 이 그림을 매개로 교류가 지속된 상황에 대해서는 김용태, 「임오군란기 韓中문인의 교유 양상」[『한문학보』 17(2007)]에서 논한 바 있다.

23 이에 대해서는 이상적도 다음과 같은 제목의 시를 남기기도 하였다. '繡山閣讀與同人邀餞小棠屬其從弟玉雙太史作雅集圖玉雙題一絶云韓齋坐有三韓客索繪春明雅集圖比似西園應不惡可無新詠待髯蘇自注謂李藕船小棠屬題其後賦此以謝玉雙兼懷繡山'(『恩誦堂續集』 권9, 『韓國文集叢刊』 312권, 301쪽)

알리고 여항한시의 성과를 인정받고자 하려는 욕구가 표출된 경우라 할 수 있을 것이다.[24]

泛槎圖[25]

* 김석준이 간여한 서적의 간행상황[26]

서명	분량	편찬연도	비고
『泛槎圖卷』		1858년 作帖	劉肅 그림 崔時榮·郭從矩·袁世凱 등 題詩
李彦瑱『松穆館集』	2권1책	1860년 간행	金奭準 校輯, 紅藥樓藏板 孔憲彝 題簽
『和國紀俗詩』	22수	1865년 간행	발문: 윤정현, 조두순, 남병길, 김상현, 안웅덕
『海客詩抄』	6권	1867년 편찬	崔性學 서문
현기『희암시략』	불분권1책	1869년 간행	김석준 교집
이상적『우선정화록』	3권1책	1869년 간행	김석준 편집, 최성학 교정, 김석준「이우선선생전」, 孔憲彝 글씨, 全史字本
『紅藥樓懷人詩』	82수	1869년 간행	全史字本
『紅藥樓續懷人詩錄』	117수	1903년	

24 김명호, 앞의 글, 408쪽.
25 이 그림은 국립중앙박물관 홈페이지에서 제공한 것이다.
26 한영규, 앞의 글, 170쪽에서 인용함.

청에서의 행적은 비교적 쉽게 드러나는데 비해서 일본에서의 행적은 그다지 알려지지 않았다. 하지만 김석준의 부친 김계운은 왜어역관으로 일본에 자주 왕래했었고 왜관倭館에서 관직생활을 하기도 하였으므로, 그는 어려서부터 자연스럽게 일본에 관해 알 수 있었다. 게다가 장인인 개성開城 김동희金東僖 역시 왜학倭學으로 총민聰敏을 지낸 인물이므로[27], 김석준은 친가와 처가 양쪽에서 일본에 대한 정보를 습득할 수 있었던 것이다.

김윤식金允植은 「제김소당석준범사도題金小棠奭準汎槎圖」[28]에서 〈범사도泛槎圖〉에 대해 언급하면서 '아버지를 따라 일본에 갔다가 바람을 만났다' 는 언급을 남겼다. 그런데 김석준의 「회인시록懷人詩錄」에 수록된 일본인-등릉본藤楞本은 김계운이 난파당했을 때 배의 돛대를 잘라내어 배를 안정시켰다는 인물로[29] 〈범사도泛槎圖〉의 주인공이기도 하다. 앞서 김윤식의 평어를 보면 김석준이 부친을 따라 대마도에 다녀왔다는 사실은 분명하다. 이외에도 김석준이 일본에 다녀왔음을 말해주는 기록으로는 「효리재필기」에서 '나는 어려서부터 멀리 유람한 적이 많았다. 근래 일본에서 돌아온 이후에 몇 년간 병을 앓았다'고 하거나 '내가 일찍이 일본을 유람했을 때 그 정치를 보니 오로지 신信·의義 두 글자를 힘써 지키는 데 있었다'[30]라는 언급이 있다. 또 이상적의 문집에는 김석준에게 받은 부사산차富士山茶와 다호茶壺를 읊은 시가 실려 있다.[31]

이상의 기록으로 본다면 김석준이 몇 차례 일본에 다녀온 것만은 틀림없는 사실이다. 일본에서의 행적이 명확히 드러나지 않는 것에는 여러 원인이 있겠지만 시대의 변화에 따라 문인들간의 만남이 과거와는 다른 양상을 띠게 된 것도 하나의 원인일 듯 하다. 일례로 1811년 통신사는 대마도에서 이루어졌기 때문에 이전의 통신사행에서 보았던 형태의 문인교류는 할 수 없었다. 즉 문인들간 만남의 양상이 시대의 흐름에 따라 변화한 것으로 생각된다.[32]

---

27 李昌鉉, 『姓源錄』(旿晟社, 1985) 370쪽.

28 金允植, 『雲養集』, 『韓國文集叢刊』 349권, 330쪽.

29 「懷人詩錄」 卷下, 『硏白堂初集』 33쪽. 시 한 수와 김계운이 난파당한 일, 그리고 헤어질 때 赤間關 벼루를 주었다는 일이 간략히 쓰여있다.

30 「孝里齋筆記」, 76쪽. "余自少遠遊多矣. 近自日東還後, 病伏數年 (생략)"; 「孝里齋筆記」, 78~79쪽. "余嘗遊日東見其政治, 惟在信義二字爲務"

31 李尙迪의 '金小棠惠富士山茶及茶壺, 皆日本物也'(『恩誦堂續集』 卷2)라는 시는 김석준에게 받은 富士山茶와 茶壺에 대해 각각 읊은 7언 절구 2수이다. 茶壺를 읊은 두 번째 수에는 '日本人稱製器之精良者曰天下一'이라는 주석이 붙어있기도 하다.

김석준의 『화국죽지사』는 부친 김계운이 동래에 부임해 있던 시기(1866년) 일본인들과 노닐다가 자신이 보고 들은 이야기를 시로 읊은 것이라고 한다.[33] 하지만 김석준이 어렸을 적 부친을 따라 대마도에 다녀왔던 사실 등을 감안하면, 왜관에서 일본인들이 해준 이야기만 듣고 쓴 것은 아니며, 선대로부터 축적된 지식에다 자신의 견문을 더하여 저술한 것으로 판단된다. 이 작품은 오언율시 22수로 구성되며 시 한수마다 주석이 달려있는데, 내용은 일본의 역사·문화·풍속에 관한 것이다. 첫 수에서는 천신天神이 내려와 개국했다는 이야기로 시작하며, 이후로는 일본의 관직이나 궁실제도, 지세地勢와 문자 등 다양한 분야에 대해 한 수 씩 읊었다. 그런데 그 시구들을 보면 '나가사키長崎의 교역' '오사카大阪의 화려함' 등 특정 지역의 특징을 언급한 구절도 보이고, 또 이토오진사이伊藤維楨나 오규소라이物徂徠, 코가세이리古賀精里같은 학자들이나 빈원실賓畹室 율진원栗秦園 등의 서예가 그리고 춘포春圃와 같은 의사들도 거론하고 있다.[34] 이러한 내용으로 미루어 본다면 김석준이 일본에 대해 얼마나 많은 관심을 가졌고, 잘 알고 있었는지 알 수 있다.

김석준은 자신이 지은 「화국죽지사」에 대해서 스스로 자부심을 가지고 있었다. 『효리재필기』에서 「화국죽지사」와 「해국요海國謠」를 논한 곳이 있는데, 여기에서 김석준은 "비록 문을 나가지 않고도 천하를 알 수 있는 데에는 미치지 못하겠으나, 가보지 않은 사람이 본다면 그 대강은 알 수 있을 것"[35]이라고 말하였다. 여기에서 김석준이 말한 「해국요」는 어떤 내용인지 또 현재 전해지는지 여부도 확인되지 않는다. 다만 제목상으로 볼 때 위원魏源의 『해국도지海國圖志』와 관련이 있을 것으로 추측할 뿐이다. 그런데 『해국도지』를 들여온 사람이 오경석吳慶錫이고, 오경석은 김석준과 같이 이상적의 문인인데다 동년배이기도 하였으므로, 김석준이 오경석을 통해 『해국도지』를 읽었을 개연성은 충분하다.[36]

이미 후지츠카 치카시藤塚鄰의 연구를 통해 밝혀진 바, 추사를 중심으로 그의 주변인물들이 중국·일본을 왕래하며 동아시아 문화교류의 주요한 축을 담당한 것은 널리 알

---

32 『增正交隣志』 권5 '信行各年例'에 보인다. 1844년 츠시마에 통신사를 보내기로 하였으나 일본측에서 갑작스럽게 오사카로 바꾸자고 하여 거절하였다. 다시 1856년에 파견하기로 하였으나 조선에 흉년이 들어 1861년으로 연기하고, 이후 1866년, 1876년 순으로 계속 미루어졌다. 하지만 결국 1876년에 이르러 통신사가 아닌 修信使가 파견되었다.

33 金奭準, 「和國紀俗詩並序」, 『硏白堂初集』, 34쪽. "同治癸亥春二月, 覲家大人於萊館, 暇日與和人游, 錄所聞所見且掇雜出記載者, 作五律廿二首, 以備竹枝一體."

34 金奭準, 「和國竹枝詞」 12首·13首, 『硏白堂集』 36쪽.

35 「孝里齋筆記」, 71쪽. "余之曾著和國竹枝詞與海國謠二種書, 雖未及不出戶知天下. 然苟以未遊人覽之, 可得其大槩."

36 『紅藥樓懷人詩錄』 卷上에 오경석에 대한 회인시도 있다.

려진 사실이다.[37] 『효리재일집』을 통해서도 그러한 면모를 살펴볼 수 있다. 앞서 언급했던 서적과 그림 외에도 동기창董其昌(1555~1636)이 임모한 〈안진경삼표첩顔眞卿三表帖〉이나 등염鄧琰(石如 · 頑伯, 1743~1805)의 예서隷書, 그리고 장중원張仲遠이나 위진이래魏晋以來의 천발신참비天發神讖碑, 공선孔羨 · 수선受禪 · 대향비大饗碑와 같은 비문들이 언급되는데,[38] 이는 당시 양국 문인들간 문화교류가 왕성하게 이루어지고 있었던 상황을 보여주는 한 예가 될 것이다.

청과는 반대로 일본에서의 행적이나 그 곳 문인과의 교류에 대해서는 아직 밝혀지지 않았다. 그러나 추사와 주변 인물들의 관계로 미루어 본다면 김석준 역시 일정부분 기여한 바가 있을 것으로 판단된다. 「효리재필기孝里齋筆記」를 보면 일본에 다녀왔다는 언급에 이어 '문인文人 · 시객詩客이 있어 서로 더불어 당세의 일을 토론하여 가 없는 좋은 인연을 얻을 수 있으며, 시문詩文을 생각하면 화려하게 빛나는 듯 눈 앞에서 펼쳐지는 듯 하니 사람이 살아가는 커다란 즐거움으로 이보다 더한 것이 없다'[39]고 말하고 있다. 이상 김석준이 청과 일본에서 보여주었던 행적과 그 의미를 간략히 살펴보았다. 이에 대해서는 보다 정밀한 고찰과 그에 따른 의미부여가 필요할 것으로 생각된다.

2) 시대인식

김석준이 살아가던 시대는 극심한 혼란과 격동이 교차하던 시기였다. 특히 생애의 후반기에 해당하는 19세기 중반 이후는 더욱 그러하였다. 조선은 일본에 의해 운요호雲揚號 사건(1875)을 겪고 강화도조약이라고 불리는 조일수호조규(1876)를 맺은 뒤 개항開港을 맞이

37 조선 문인들이 동아시아에서 문화교류의 주도적인 역할을 한 예로는 일본의 多胡碑가 청으로 전해져 葉志詵이 〈日本殘碑雙鉤本〉을 펴낸 것을 들 수 있다. 다호비가 청에 전달된 상황에 대해서는 藤塚鄰의 저술과 박현규, 「清朝 학자의 일본 多胡碑 입수 과정과 분석」[『일본어문학』 33집(2006)]에 자세하다. 최근 신로사는 「일본 多胡碑의 조선 전파에 관한 연구의 보론-傾盖集을 중심으로」[『문헌과 해석』 46(2009)]에서 다호비가 조선문인에게 전달된 경위를 집중적으로 고찰한 바 있다.

38 이상적이 김석준에게 魏나라 때의 受禪碑 拓本을 전해주거나(「魏受禪碑拓本贈小棠, 題長句其尾」, 『恩誦堂集』 속집 권3, 『한국문집총간』 312권, 266쪽), 김석준이 소장한 裵鏡民 碑帖에 추사가 시를 써 준 일도 있다(「題金君奭準所藏裵鏡民碑帖後」, 『阮堂全集』 권6, 『韓國文集叢刊』 301권, 126쪽).

39 「孝里齋筆記」, 76쪽. "其他往往有文人詩客, 相與論討當世事, 可得無量好緣, 詩文之思, 熊熊光怪, 發於眼前, 人生一樂, 莫過於此"

하게 되었다. 이러한 변동의 시대에 김석준은 역관으로서 청과 일본을 왕래하였으므로 변화하는 세계정세와 그 동향을 누구보다 빨리 접하고 알 수 있었을 것이다. 당시 역관을 비롯한 중인층 문인들 중에서는 시대변화를 재빠르게 수용하여 역사의 전면에 나서서 주도적으로 활약한 인물들이 많이 있다. 오경석 같은 경우가 대표적인 인물일 것이다. 그러나 김석준은 이들과는 다른 입장을 취했던 것으로 보인다. 그가 남긴 「목사자설木獅子說」은 화훼花卉를 통해서 자신의 생각을 피력한 글인데, 여기에서 김석준은 다음과 같은 언급을 남겼다.

> 근래 외국과 통상을 하여 기괴하고 눈을 어지럽히는 기물들이 연이어 항구로 들어온다. …(중략)… 공자께서 말씀하시기를 '궁벽한 것을 캐내고 괴이한 일을 하는 짓은 난 하지 않겠다'하셨으니 지금 목사자를 보고서 느끼는 바가 있다.[40]

「목사자설」은 사자처럼 보이는 기묘한 나무토막을 보고 쓴 글이다. 사자모양의 나무토막이 썩어서 속이 비었는데, 거기에 서양에서 들어온 24종의 화훼를 심어놓았다. 이 목사자를 본 김석준은 '사자는 괴수怪獸이고 양훼洋卉는 기종奇種인데 기종奇種이 괴수怪獸의 등에 있으니 보는 사람마다 기괴하게 여긴다'고 말한 뒤 위와 같은 언급을 남겼다. 공자孔子의 말을 인용한 것은 자신도 공자처럼 색은행괴索隱行怪의 행위를 하지 않겠다는 의지를 표명한 것이다. 결국 김석준은 개항開港 이후 기존에 없던 새로운 문물이 쏟아져 들어오는 것과 사람들이 신기한 물품에만 관심을 두는 것에 대해 비판적으로 보고 있었음을 알 수 있다.

이러한 견해는 다른 글에서도 보인다. 김석준은 청淸에 갔을 때 자신의 사진을 찍었던 경험이 있었다. 그는 사진을 서양의 화법畵法, 일종의 초상화로 인식하였다. 그리하여 서양의 화법을 동양의 화법과 비교하는데, 사진은 육색肉色 즉 피부의 색을 제대로 표현하지 못하고 내구성이 떨어진다 하여 동양의 그림－초상화만 못하다고 평한 뒤 다음과 같이 말하고 있다.

---

40 「木獅子說」, 18쪽. "近來海國通商, 凡奇怪眩異之器, 連港而進 (중략) 孔子曰, 索隱行怪, 吾不爲也, 今於木獅有所觀感."

> 지금 사람들은 모두 기이한 것을 좋아하고 새로운 것에만 힘을 쓰니 (사진을) 찍어서 누각에 걸어두고는 좋아라 한다. 이는 옛 법이 진짜와 똑같지는 않으나 오래가고 지금의 법은 비록 진짜 같긴 하지만 오래가지 못하는 것을 알지 못함이다. 이로 말미암아 본다면 어찌 단지 사진 한 가지 뿐만이겠는가? 開明한 뒤의 일이라고 하는 것들이 왕왕 이와 같은 경우가 많으니 매우 한탄스럽다.[41]

육색肉色이 다르다는 것은 당시 사진이 흑백사진이었기 때문에 한 말이며, 오래가지 못한다는 것은 당시의 기술적 문제로 사진의 색이 쉽게 바래는 현상을 말한 것이다. 이러한 언급 역시 김석준이 서양의 신문물보다는 동양의 전통문화가 우월하다는 인식을 지니고 있었던 것을 보여준다. 이러한 인식은 국문·한문 사용에 관한 생각에도 연결된다. 종래까지 동양 각국의 공통 문자였던 한문漢文을 점차 쓰지 않으려는 풍조와 당시 점차 퍼지고 있던 국문전용國文專用의 움직임에 대해 부정적인 견해를 피력하면서 "한문을 배우지 않고 개명한 일에만 힘쓰고자 하니 밤새 생각해보아도 참으로 한심스럽다"[42]라고 말하기도 한다.

이상의 언급들을 종합해보면 김석준은 서양에서 들어오는 신문물에 대해 비판적인 입장을 견지하면서, 종래의 전통문화가 더 우월하다고 판단하고 이를 지켜나가야 한다고 생각했음을 알 수 있다. 김석준이 금석학을 바탕으로 청조문인들과 교유를 했던 것도 이러한 사고를 지니는데 영향을 주었을 것이다. 이러한 인식은 문학관과도 통한다. 40세 이후 다시 경전經傳과 고문古文에 힘을 기울였으며 문학을 함에 있어 다독多讀을 통한 '온습지신溫習知新'을 강조하는데, 앞서 살펴본 바 그의 시대인식이 문학관에도 작용한 것이라 하겠다.

---

41 「孝里齋筆記」, 66쪽. "今世之人, 皆好奇務新, 多搨而懸之閣爲侈. 此不知古法雖爲失眞而耐久, 今之法雖不失眞而不耐久也. 由此觀之, 豈特寫眞一事而已, 所謂開明後事往往多類此矣, 寧弗深歎!"

42 「孝里齋筆記」, 71쪽. "不務漢文, 欲務開明之事, 中夜思之, 不覺寒心." 이외에도 '영국과 러시아는 원하는 사람이 한문을 배울 수 있으니 中·韓보다 뛰어난 鴻儒巨匠이 나올 것'이라 하였다. 또 국문전용의 움직임에 대해 말한 뒤 '富强이라는 두 글자가 어찌 漢文을 버리고 古法을 폐기한 이후에 얻을 수 있는 것이겠는가? 信義 두 글자를 위주로 하면 자연 부강하게 되어 治國平天下에 이를 수 있을 것'이라고도 하였다(「孝里齋筆記」, 78쪽)

3. 『효리재일집孝里齋逸集』의 체재와 내용

천리대학교 천리도서관에 소장된 『효리재일집』은 원고지에 옮겨진 필사본이다. 원고지는 12행 21열 232칸이며 오른쪽 하단에는 '망한려용전望漢廬用箋'이라는 글자가 인쇄되어 있다. 망한려望漢廬는 후지츠카치카시藤塚鄰의 당호로 북한산北漢山이 보이는 곳에 서실이 있었기 때문에 붙인 것으로 알려져 있다. 이 '망한려용전望漢廬用箋'이라는 글로 미루어 후지츠카치카시藤塚鄰가 개인적으로 사용하던 원고지임이 분명하다. 널리 알려진대로 그는 추사와 청조淸朝의 완원阮元 및 옹방강翁方綱의 연관성에 주목하여 청조의 고증학考證學과 경학經學이 어떻게 전해졌는지와 청과 조선·일본간의 문화교류에 대한 연구를 진행하였다.[43] 오늘날 추사의 명성이 높아지게 된 것은 후지츠카치카시의 이 연구서에서 출발한다 해도 과언이 아닐 것이다.

김석준의 『효리재일집孝里齋逸集』이 어떻게 후지츠카치카시藤塚鄰에게 들어가서 필사본으로 만들어졌는지 정확한 경위는 알 수 없다. 다만 후지츠카치카시가 추사에 대한 연구를 진행할 때 많은 자료들을 수집하면서 『효리재일집』을 접하고 원고지에 옮겨 필사한 것으로 추측된다. 『효리재일집』의 분량은 겉표지와 내지를 제외하고 232자 원고지 81면이다. 여기에 수록된 작품의 수는 모두 35편이며 마지막 35편은 「효리재필기孝里齋筆記」인데 이는 다시 17개 항목으로 나뉜다. 각 작품들의 제목과 필기의 내용은 다음의 표에 정리해두었다.

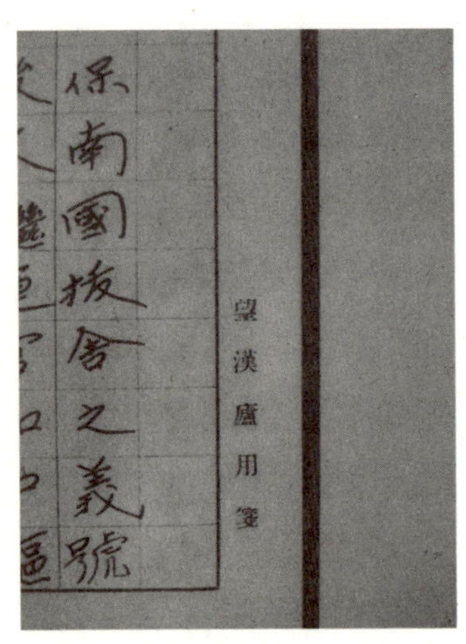

望漢廬用箋

수록된 작품들을 내용에 따라 분류해보면 「소당거사소전小棠居士小傳」을 제외하고 대략 5가지로 구분할 수 있다. 책의 첫머리에 실려 있는 송백옥宋伯玉의 「소당거사소전小棠居士小傳」은 문집의 서문격으로, 김석준의 생애와 학문과정의 대강을 파악할 수 있다.

02. 몽암설夢巖說. 03. 효리재학규서孝里齋學規序 05. 리산

---

43 藤塚鄰, 『淸朝文化東傳の硏究-嘉慶·道光學壇と李朝の金完堂』, 國書刊行會, 東京. 1975.

초당기梨山草堂記 매은梅隱 06. 서속수계도축후書續修禊圖軸後 16. 상현교정선생척장서上玄皎亭先生戚丈書. 17. 기연농寄研農 20. 간이우송柬李又松 21. 함휘루기含暉樓記 22. 제강청운금강시후題姜菁雲金剛詩後 24. 이유계육십일수서李酉溪六十一壽序 25. 기언記言 32. 하김성당대인육십일수賀金星堂大人六十一壽 -두선성당명斗善星堂名 29. 기자호記自號 이상 12편은 친구들에게 보낸 편지나 수서壽序 혹은 제문題文들이다. 효리재학규서孝里齋學規序는 자신의 문인들에게 학문과 서예의 방도를 타일러주는 내용이 수록되었고, 기자호記自號는 자신의 호에 대해 설명한 글이다. 「효리재학규서孝里齋學規序」는 후학에게 가르침을 주는 내용이다. 서예에 대한 논의가 있어 현완법懸腕法을 논하며 '추사秋史선생에게 배운대로 이끌뿐'이라고 하였는데, 『완당집阮堂集』을 보면 추사가 김석준에게 현완懸腕·현비懸臂에 대해 말해주는 내용이 있다.44

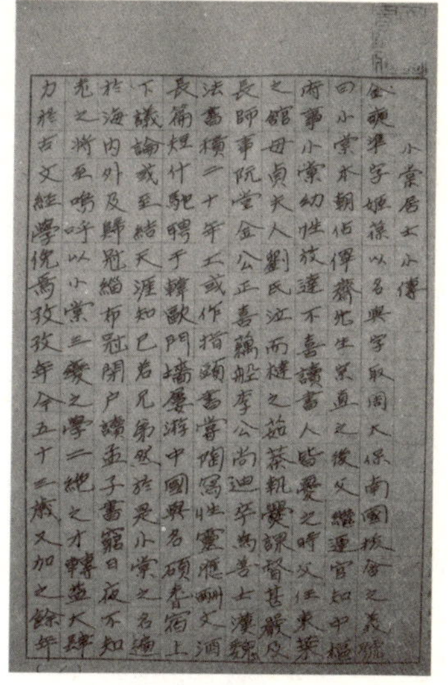

宋伯玉 小棠居士小傳

07. 백편두향白扁豆香 08. 기옥미인記玉美人 12. 목사자설木獅子說 세 편의 글은 화훼花卉와 관련된 글이다. 소품문小品文적인 성격이 보이는데, 사물을 보고 떠오른 자신의 생각을 잔잔한 필치로 기술하고 있다. '백편두향白扁豆香'에서는 이웃집에서 넘어온 백편두白扁豆(콩)을 먹고 떠오른 느낌을, '기옥미인記玉美人'에서는 중국 강남江南지방에서 들여온 옥미인玉美人을 보고 느낀 점을 말하였고, '목사자설木獅子說'에서는 기묘하게 생긴 나무통에 서양에서 들어온 화초가 있는 것을 보고 신문물만 좋아하던 당시의 세태에 대한 아쉬움을 토로하였다.

30. 쇄하련음집후鎖夏聯吟集後 04. 고혜방춘추빙대서高惠舫春秋聘對序 11. 기고정석寄高貞石 18. 답야우서答也愚書 19. 기연농寄研農 23. 독설기민검당기주讀說寄閔儉堂記注 33. 논작시증김성재論作詩贈金惺齋 이상 6편은 문학에 관한 논의가 보이는 작품들이다. 「독설기민검당기주讀說寄閔儉堂記注」에서 김석준은 작문의 기초로 다독多讀을 강조하였고, 또 『사기史記』 중에

44 金正喜, 「與金君奭準 其三」, 『阮堂集』 권4, 『韓國文集叢刊』 301권.

서 항적전項籍傳이 제일걸작第一傑作이라 평하기도 하였다. 「논작시증김성재論作詩贈金惺齋」에서는 중국의 역대 시인들의 영향관계에 대한 김석준의 견해가 보인다.

14. 상이영재각학서上李寧齋閣學書 15. 상이귤산상국서上李橘山相國書. 이건창에게는 부탁받은 글씨를 써 줄 수 없는 형편을 말하였고, 이유원에게는 자신이 지은 시의 산정을 청한다는 내용이 보인다. 이 두 편지에서는 김석준이 이들을 따라 청에 다녀왔다는 사실이 보인다.

09. 기향수寄香壽 10. 기최금계寄崔錦溪 13. 제이춘우전고람서첩후題李春寓田古藍書帖後 26. 근발이하농장묵적권謹跋李荷農丈墨蹟卷 27. 경제현엄산공묵적후敬題玄弇山公墨蹟後 28. 근제혜방존보공필존후謹題惠方尊甫公筆存後 31. 한소정묵란韓小貞墨蘭 34. 제김성재림등완백예첩후題金惺齋臨鄧頑伯隷帖後 이상의 글은 모두 인장印章과 서예에 관련된 내용들이다. 이중에서도 「경제현엄산공묵적후敬題玄弇山公墨蹟後」와 「제김성재림등완백예첩후題金惺齋臨鄧頑伯隷帖後」는 금석문에 관한 내용인데, 당시 조선에서 유행하던 금석문이 어떤 것인지 알 수 있으며, 나아가 조청朝淸간 문화 교류가 활발했었던 정황도 포착된다. 「경제현엄산공묵적후敬題玄弇山公墨蹟後」에서는 동기창董其昌(1555~1636)이 임모한 〈안진경삼표첩顔眞卿三表帖〉에 대한 언급을 하였고, 당시 조선의 문인들이 동기창의 〈춘경첩春景帖〉과 〈천마부天馬賦〉를 높이 평가하고 있었다는 내용도 보인다.[45] 「제김성재림등완백예첩후題金惺齋臨鄧頑伯隷帖後」에서는 '등염鄧琰(石如・頑伯, 1743~1805)의 예서隷書를 임모臨摹했다'는 언급이 있고, 또 등염鄧琰 외에도 장중원張仲遠이란 인물과 '위진이래魏晋以來, 천발天發・신참비神讖碑, 공선孔羨・수선受禪・대향大饗' 등 각종 비문들도 거론되었다.[46] 이러한 내용들은 조선과 청 사이 문인교류에 의해 금석문과 서화가 유입되고 유행하던 상황을 살펴볼 수 있는 예가 될 것이다.

「효리재필기」는 저자의 관심이 반영된 다양한 주제의 글로 구성된다. 각각의 기사에는 제목이 달려있지 않으며 새로운 내용이 시작되면 장을 바꿔서 기록하였다. 역시 서예와 관련된 내용들이 가장 많이 실려 있다. 첫번째 항목은 예서隷書를 익힌 뒤 자신의 서체가 변했다는 내용이다. 두번째 항목은 역대 조선의 저명한 서예가들을 거론하면서 그들의 서

45 『완당집』 권4 「與金君奭準 其四」. 추사는 董其昌과 顔眞卿이 褚遂良 필법의 영향을 받았다고 언급한 내용이 있다.

46 중국에서는 완원(阮元), 등염(鄧琰)에 의해 19세기 전반 碑學이 형성되고, 조선에서도 김정희를 대표로 하여 이전과는 구별되는 비학의 발전과 관심이 형성되었다[조성산, 「18세기 후반-19세기 전반 조선의 碑學 유행과 그 의미」, 『정신문화연구』 33권2호(2010), 142~143쪽].

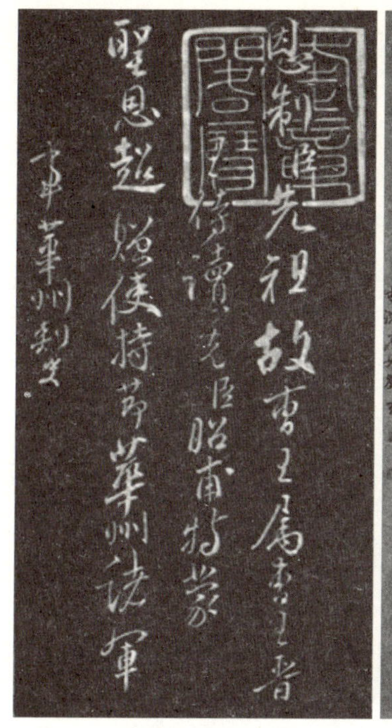

〈삼표첩〉 중 일부

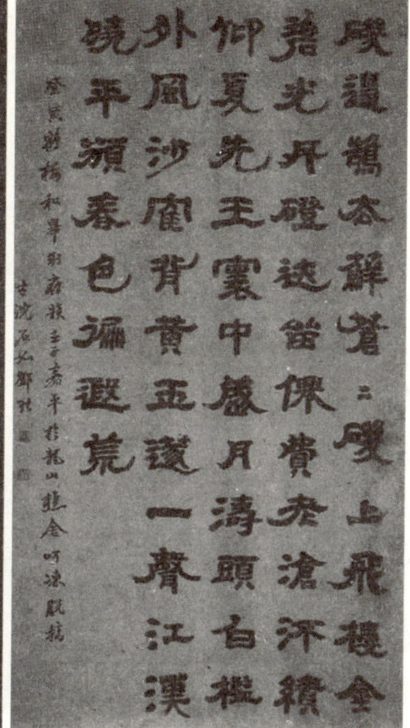

鄧琰의 글씨

예를 품평하였다. 우리나라의 서예는 신채神彩가 부족하여 속루俗陋를 면치 못하였는데, 추사가 처음으로 이를 극복해서 완원阮元·옹방강翁方綱 등에게 인정을 받았다고 하였다. 다음으로는 서예를 할 때 쓰이는 도구들인 붓·종이·먹·벼루와 인장印章에 대해 차례대로 종류와 특징들을 열거하였다. 인장에 대한 항목에서는, 명과 청에서 인장으로 유명한 인물들 그리고 조선에서 인장으로 유명한 인물로 오소당吳小堂·한칠선韓七仙·정향수丁香壽·강청운姜菁雲을 거론하였다.

이외에는 근대 개화기 전후의 시대상이 반영된 내용도 보인다. 사진寫眞을 서양의 화법으로 간주하여 동양의 초상화와 비교해본 것, 한문사용과 국문전용國文專用에 대한 견해, 개항이후 신문물이 들어오는 상황에 대한 견해 등이 그러한 예이다. 또 추사가 필담筆談을 중요하게 여겨 문인들에게 집중적으로 가르쳤다는 내용도 보이는데, 추사 계열에 속하는 역관 신분의 문인들이 한중 문학교류의 한 축을 담당했던 데에는 이러한 추사의 교육방식도 일정부분 영향을 끼쳤을 것으로 생각된다.

전체적으로 볼 때 『효리재일집』에서 가장 많은 분량을 차지하고 있는 것은 예술 특히 서예에 관한 내용인데, 앞서 언급했듯이 김석준이 당대에 서예로 명성을 떨쳤던 것을 감안하면 당연한 결과라 하겠다.

수록된 작품의 제목은 다음의 표와 같다.

孝里齋逸集 目次(괄호안은 면수)

4. 맺음말

지금까지 김석준의 행적과 『효리재일집』에 대해 간략히 살펴보았다. 본고는 김석준의 산문집인 『효리재일집』을 소개하고, 이를 통해서 김석준의 행적과 그의 역사적 의미를 살펴보고자 쓴 글이다. 지금까지 살펴본 내용에 의하면 김석준은 추사와 그 주변 문인들의 문학 및 당대 예술계의 동향, 그리고 조선과 청, 일본과의 문화교류를 살펴보는데 빼놓을 수 없는 중요한 인물이라는 것을 확인할 수 있었다. 다만 본고는 소개차원에서 작성된 글이므로, 앞으로 김석준의 행적과 교유관계 및 그의 문학관에 대한 보다 심도깊은 고찰이 이루어져야 할 것이다. 김석준의 한시 작품집 『화국죽지사和國竹枝詞』와 『홍약루회인시록紅藥樓懷人詩錄』·『홍약루속회인시록紅藥樓續懷人詩錄』·『연백당초집硏白堂初集』 등은 이미 알려진 자료들로서, 본고에서 소개한 김석준의 산문집 -『효리재일집孝里齋逸集』을 더하면 김석준을 연구하기 위한 기본 자료는 갖추어졌다고 생각된다. 이 작품들에다 김석준과 관계가 있는 추사 문하의 문인들 및 여항문인들의 문집을 더하여 고찰한다면, 김석준 뿐만 아니라 추사를 중심으로 한 당대 여항문인들의 동향 더나아가서는 동아시아의 문화교류에 관한 연구에도 도움이 될 것으로 기대한다. 김석준의 문론을 비롯하여 본고에서 다루지 못한 여러 문제들은 차후의 과제로 남겨둔다.

9장

연행 체험에 나타난 기억의 변모 양상

-〈무오연행록〉과 〈연행가〉를 중심으로-

엄태웅嚴泰雄*

1. 머리말

충격의 여파가 커서 그 여진餘震이 계속되는 중대한 사건이 발생했다고 할 때, 그 사건은 필연적으로 '끊임없는 기억 행위의 반복'[1]이라는 과정으로 이어진다. 동시대의 다른 지역이나 동일한 지역의 후세들에게 그 사건은 각인되어야 할 것으로 기억된다는 것이다. 그런데 이때 기억은 단순히 객관적 사실의 집적으로 머무는 것이 아니라, 각인하는 이들의 현실적 맥락에 의해 재구성된 서사로 탈바꿈된다. 끊임없는 기억 행위의 반복이 특정한 시대 혹은 특정한 지역의 '표준화된 집단기억'으로 재구성되고, 이것이 구성원들의 더 많은 지지와 확신을 얻어 '역사의식'[2]으로 자리를 굳히게 된다고 할 수 있다.

* 단국대학교 동양학연구소

1 이때의 반복은 '동일한 내용의 반복'을 의미하는 것이 아니라, '기억이라는 체험의 반복'을 의미한다.

2 한 집단의 구성원들이 공유하고 있는 지배적 가치관과 그에 따른 의미판단 기준이 과거 사건들과 관련되어 내적으로 결합될 때, 우리는 그것을 '역사의식'이라고 부를 수 있다. 이러한 역사의식이 형성되기 위해서는 개인적으로 파편적인 경험과 기억들이 구조화되면서 논리적 인과관계와 시간적 선후관계 속에서 연속적인 일련의 의미체계로 전환되어야 한다. 이 과정을 통해서 인간의 경험과 기억들은 하나의 이야기로 구성되는데 이야기 방식으로 구성된 개인의 기억은 일상

따라서 표준화된 집단기억을 기반으로 한 역사 서술은 집단 내부의 시선으로 본다면 말 그대로 과거를 바라보는 표준의 지위를 갖는 '사실'이지만, 외부에서 좀 더 긴 안목으로 조망해본다면 당대의 의미망에 의해 위치지어진 '서사'이다. 결국 당대의 의미망이 어떠한가에 따라 과거는 특정 시점마다 그 벡터vector[3]를 달리하여 존재하게 된다. 이때 당대의 의미망은 당연하게도 당대의 이데올로기를 반영한다. 특히 역사에 대한 이해나 여타 공동체-이를테면 타국-에 대한 이해의 통로가 국가 권력에 집중되어 있었던 시대 혹은 집단일 경우 그러한 경향이 더욱 강할 수밖에 없다.

여하간 시공간에 따라 그 모습을 변화시키면서까지 계속해서 기억의 대상이 된다는 것은, 사건이 후대에 끼친 영향력이 작지 않음을 반증하는 것이다. 그러나 집단기억이 실제 사건의 시점 및 지점으로부터 멀어진다면, 구성원들은 실제 사건에 대해 추상적으로만 인식하고, 집단기억에 의존해서 집단기억이 정해놓은 논리 구조를 통해서만 관성적으로 사건을 인식하게 된다. 이는 집단기억의 주체와 사건 사이의 시공간적 거리로 인해 발생하는 물리적 한계 때문이다. 그래서 집단기억의 유지와 강화가 필요한 경우, 이를 필요로 하는 이들은 구성원들에게 직접 체험의 기회를 가지라는 권유를 하게 된다. 역사 체험을 통해 현재 파편화되어 있는 유적들을 하나의 서사로 묶어나가고, 이국異國 체험을 통해 전해 듣기만 했던 타지역의 실상을 직접 확인하라는 권유(혹은 강요)는 대표적인 예에 속한다. 이를 통해 체험자들은 혹 자신이 막연하게 동의해오던 집단기억을 다시금 재확인하기도 하고, 혹 막연하되 그 진실을 의심하지는 않았던 집단기억에 의문을 던지기도 한다. 집단기억과 구체적 체험은 한 개인에게 상보적 혹은 상대적 역학관계로서 쌍으로 존재하고 있는 것이다.

이러한 면에서 볼 때 연행체험을 각기 산문과 가사로 엮은 서유문徐有聞(1762~1822)의 〈무오연행록〉과 홍순학洪淳學(1842~1892)의 〈연행가〉는, 집단기억과 개인의 체험이 어떻게 조

적인 대화를 통해 다른 이들에게 전달되면서 개인의 기억은 집단의 '역사의식'으로 전환된다. 최호근, 「집단기억과 역사」, 『歷史教育』 85(2003) 참조. 허태용, 『朝鮮後期 中華繼承意識의 展開와 北方古代史認識의 强化』(고려대학교 사학과 박사학위논문, 2007. 6쪽)에서 재인용. '역사의식'이라는 표현에 대한 이해는 이 두 논의로부터 얻었다.

3 주지하듯 벡터(vector)는 크기와 방향을 가지고 있는 양으로써 두 가지 정보를 모두 표현할 수 있는 화살표로 나타낸다. 이 표현을 쓴 것은 기억이라는 것이 그 방향뿐만 아니라, 크기도 변하기 때문이다. 어떠한 과거의 사건이 특정 시점에는 부각되다가도 다른 시점에 가서는 자취를 감추는 현상을 우리는 쉽게 확인할 수 있다.

응하고 또 충돌하는지 그 양상을 대비적으로 보여주는 작품이다. 두 작품은 대명의리론對明義理論과 소중화의식小中華意識을 기반으로 한 서장관書狀官의 기록이라는 점에서 당대의 집단기억이 충분히 반영되었으리라 짐작할 수 있으며, 연행 시기와 여정, 장르의 차이를 보인다는 점에서 구체적 체험을 통해 얻은 결론이 애초의 의식에 변화를 주었으리라 예상되기 때문이다.

또한 표기체계가 한문이 아닌 한글이라는 점도, 이 두 작품에 주목하게 된 주요한 이유이다. 연행단은 청의 감시로부터 자유롭고자 국문을 사용했는데, 이 과정에서 자연스럽게 한자가 갖고 있는 표현의 한계를 극복하고, 한글을 통해 '체험의 직접적 재현再現'이 가능했으리라 생각한다. 한자는 표의문자로서 형식과 내용이 분리되어 있지 않다. 단어와 문장의 표면만으로는 완벽한 이해가 불가능하며, 문자와 구문이 갖고 있는 역사적 맥락을 소급해 들어갈 수 있는 지식이 존재해야만 온전한 이해가 가능하다는 점에서 중세 보편문어로서의 장점을 갖고 있다. 이에 반해 표음문자인 한글의 경우, 체험이나 구어를 직접 글로 옮기는 경우가 많기 때문에 단어와 문장의 배열만으로 그 의미를 파악하기가 쉽다. 한글은 구체적 감각세계를 글의 대상으로 설정하여, 현실체험과 기록 사이의 거리를 좁힌다는 장점을 갖고 있는 것이다.[4] 따라서 이 두 작품은 국문으로 쓰였다는 점에서 집단기억과 개인의 체험 사이의 관계를 좀 더 곡진하게 담아낼 수 있었으리라 생각된다.

결과적으로 위와 같이, 이들 작품과 그 이면에 드러나는 청에 대한 인식의 변화를 탐색하는 것은 – 그 자체로도 중요한 작업이면서 – 청 인식의 문제가 곧 조선 인식의 양상을 반영한다는 점에서 보다 유의미하다. 주체는 주로 타자와의 관계망 속에서 스스로를 인식하는 틀을 마련하기 때문이다. 주체의 개인적인 행위라 할 수 있는 내면적 성찰이라는 것 역시 비교 가능한 상대적 준거가 있어야만 가능한 것이다. 따라서 타자와의 차이를 인식하고 이를 주체의 문제의식으로 환원시키는 작업을 통해, 비로소 주체는 변모 혹은 성장할 수 있게 된다. 요컨대 중국이라는 타자에 접근한 경험을 기록한 두 작품은, 조선의 청에 대한 집단기억이 실제 경험과 조건에 의해 어떻게 유지·변모되는지 보여준다는 점에서, 그리고 타자에 대한 인식을 통해 주체에 대한 인식을 가늠해볼 수 있다는 점에서, 탐

4 신지연, 『글쓰기라는 거울』[소명출판, 2007(『근대적 글쓰기의 형성과 재현성』, 고려대 박사학위논문, 2006)] 참조.

구의 가치가 있다 하겠다.

이에 본고에서는 두 작품에 나타난 집단기억의 양상을 확인하고, 이러한 기억이 연경에 당도하여 어떠한 형태로 유지 혹은 변모하였는지를 작품을 통해 살펴보고자 한다. 그리고 이를 바탕으로 두 작품 간의 차이가 어떠한 이유에 의해서 발생한 것인지를 작품이 산출된 당대의 역사적 맥락 속에서 고찰해보는 것을 목적으로 한다. 장을 달리하여 구체적으로 살펴보겠다.

2. 기억의 확인

지금까지 이 두 작품에 대한 개별적 연구는 다소 진행이 된 상태이다. 〈무오연행록〉의 경우 작품 영인 및 해제 등의 작업을 기반으로, 연행의 과정에서 확인되는 주요한 특징들에 주목한 연구들이 제출되었다. 『연행록선집』을 통해 그 이본 중 하나인 장서각본이 소개되었고, 이후 두 차례 교주 및 현대역 작업이 진행되었다.[5] 그리고 주해자 중 조규익과 장경남은 작품의 내용과 구성상에 나타나는 특징을 살폈고,[6] 장경남은 〈을병연행록〉과 노정별 내용을 비교하기도 하였다.[7] 〈연행가〉에 대한 연구도 그 양상이 유사하다. 한강부[8]의 논의를 시작으로 이후 주해 작업이 진행되었으며,[9] 작품 자체에 대한 연구도 있었고,[10] 비교연구 및 문학교육연구의 좋은 연구 대상으로도 인식되기도 했다.[11] 이렇듯 두 작품은 연구 초기에 소개 및 주해 작업이 진행된 이후, 작품 자체에 대한 연구는 물론 비교연구

5 민족문화추진회 편, 『연행록선집』 Ⅷ(1975); 조규익·장경남·최인황·정영문, 『한글로 쓴 중국여행기 무오연행록』(박이정, 2002).

6 조규익, 「조선 후기 국문 사행록 연구(Ⅲ)-〈무오연행록〉의 내용과 의미」, 『숭실어문』 18(숭실어문학회, 2002); 장경남, 「서유문의 《무오연행록》 연구」, 『국어국문학』 130(국어국문학회, 2002).

7 장경남, 「을병연행록과 무오연행록의 노정별 내용 비교」, 『인문학연구』 31(숭실대학교 인문과학연구소, 2001).

8 한강부, 「연행가편고」, 『어문논집』 7(고려대학교 국어국문학연구회, 1963).

9 이석래, 『기행가사집-연행가-』(신구문화사, 1976); 심재완, 「일동장유가·연행가」, 『한국고전문학전집』 10(보성문화사, 1978); 임기중, 『연행가사연구』(아세아문화사, 2001).

10 이주영, 「연행가고」, 『한국고전시가작품론』 2(집문당, 1992); 이병철, 「병인연행가 연구」(경희대학교 석사학위논문, 2001).

11 최강현, 「사행가사소고-연행가와 일동장유가를 중심하여」, 『성봉김성배박사 회갑기념논문집』(형설출판사, 1977); 최강현, 「사행가사를 비교하여 살핌」, 민족문화문고 간행회, 『여행과 체험의 문학』 중국편(1985); 김주한, 「연행록을 통해 본 한중문화교류-홍대용의 담헌서와 홍순학의 연행가를 중심으로」, 『모산학보』 2(모산학술연구소, 1991); 김풍기, 「연행가의 교육적 독법-대타적 자아인식의 형성과 문화 상대주의」, 『한국 고전시가 교육의 역사적 지평』(월인, 2002).

가 진행되었다는 점에서 그 양상이 유사하다. 〈무오연행록〉과 〈연행가〉를 비교한 경우도 확인된다. 소재영은 고전문학 전반을 다루는 단행본에서 이 두 작품을 비교하고 주요한 특징들을 대비적으로 서술하고 있다.[12] 이에 본고는 그간 진행되어온 연행 기록들간의 비교연구 경향과 소재영의 논의를 참고하되, 작품에 나타나는 인식 변화의 추이를 주된 비교대상으로 삼아 논의를 전개하고자 한다.

몇 해 전 철종대의 연행록이 발견되기 전까지,[13] 〈무오연행록〉은 가장 후대에 지어진 국문 연행록으로 인식되었다. 이 작품은 정조22년(1798) 10월 19일부터 이듬해 4월 2일까지 160일에 걸친 삼절연공겸사은사행三節年貢兼謝恩使行을 기록한 것으로 서장관이었던 학수鶴叟 서유문이 남긴 작품이다.[14] 한편 현전하는 5개의 연행가사 중 가장 온전한 형태를 지니고 있다고 평가되는 〈연행가〉는, 고종3년(1866) 3월에 고종의 왕비인 명성황후 민씨 책정을 청황제에게 알리기 위한 연행단의 서장관이었던 홍순학이 쓴 작품이다.[15] 두 작품의 작자는 서장관이라는 공통점을 갖고 있다. 서장관은 사행단의 실무자이면서 기록관으로, 주로 젊은 관리가 선발되어 여정은 물론 사행의 공식적인 업무를 담당하고 기록하는 역할을 맡았다. 조선의 사신으로서, 그리고 주목받던 젊은 사대부로서,[16] 이들의 청에 대한 인식은—여느 사신들과 마찬가지로—자못 비슷한 점이 많다. 당대 조선의 청에 대한 이데올로기가 반영된 집단기억을 충실히 따르고 있는 것은 그 한 예이다.

> [1] 압녹강 근원이 북도 빅두산 아릭로셔 ᄂᆞ려 두만강 하류라. 예는 마지라 일ᄏᆞ로니 하늘이 당강(長江)을 냥국의 디경을 삼은 고로 강물 동편셔편의 풍긔(風氣) 현연(縣然)히 ᄃᆞ르며,[17]

---

12 소재영, 「무오연행록과 연행가」, 『조선조 문학의 탐구』(아세아문화사, 1997).

13 철종 때 품산(品山) 김직연(金直淵, 1811~1884)이 쓴 '연행록(燕行錄)'이 발견되었다.

14 조규익, 앞의 논문(2002), 269쪽.

15 同治五年 四月初九日 進賀使恩兼奏請行正使 右議政柳厚祚 副使禮曹判書徐堂輔 書狀官兼執義洪淳學 ……『同文彙考』卷7, 補篇.

16 조선후기 노론 집안의 핵심인 달성 서씨 가문의 서유문은 1789년 28세의 나이에 초계문신으로 선발되었다. 한편 홍순학은 1857년 정시문과에서 16세의 어린 나이로 병과(丙科)에 급제하였다.

17 조규익·장경남·최인황·정영문, 『한글로 쓴 중국여행기 무오연행록』[(박이정, 2002), 389쪽(현대역은 30쪽)]. 앞으로는 작품명과 쪽수만 밝히도록 하겠다.

[2] 예셔부텀 의쥬지경 우리나라 지진두라 / 살문이 놉흔고ᄀᆡ ᄒᆞᆫ문누의 올나셔셔 / 피지를 ᄇᆞ라보니 지쳑의 임ᄒᆞ엿ᄂᆡ[18]

[3] ᄒᆞᆫ줄긔 압녹강의 양국지경 난화일셔 / 도라보고 도라보니 우리나라 다시보ᄌᆞ / 구연성 다다라셔 ᄒᆞᆫ고ᄀᆞ을 너머셔니 / 앗가보든 통군졍이 그림ᄌᆞ도 아니뵈고 / 쥬금뵈든 ᄇᆡᆨ마산니 보옹리도 아니뵌다 / ᄇᆡᆨ여리 무인지경 인적이 고요하다[19]

[1]은 〈무오연행록〉, [2]와 [3]은 〈연행가〉의 내용으로, 모두 국경을 지나가는 상황을 서술하고 있다. 서유문은 국경의 지리적 위치에 대한 정확한 사실을 기반으로 양국의 풍기風氣가 다름을 언급하고, 홍순학은 출국出國의 아쉬움과 두려움을 주로 피력하고 있는데, 조선을 청과 차별적인 공간으로 인식한다는 점에서는 맥락을 같이 한다. 이 지점에서 작자의 시선이 멈춘 것은, 당시의 월경越境이 단순히 조선으로부터의 출국과 청으로의 입국이라는 영토적 경계의 넘어섬을 의미하는 것이 아니라, 명을 계승한 소중화의 공간으로부터 호인胡人의 공간으로 진입하는 이념적 월경을 의미하는 것이기 때문이다. 결국 국경의 영토적 경계를 구체적으로 확인함으로써 서로의 차이를 명확히 하는 서유문의 모습과 고국에 대한 그리움을 언급함으로써 월경의 두려움을 우회적으로 강조하는 홍순학의 모습은, 일반적인 여행에서 느끼는 월경의 감정은 아닌 듯하다.[20] 이는 이후 호인들의 생활문화를 보고, 전란으로 인해 남겨진 유산들을 확인하는 과정에서 점차 강조된다.

[4] 문의 드러올 째의 남녀 길ᄀᆞ에 모이여 보니, 남ᄌᆞᄂᆞᆫ 머리의 쓴 거시 …(중략)… 녀ᄌᆞᄂᆞᆫ 우희 ᄯᅩᄒᆞᆫ 두루막이ᄅᆞᆯ 닙어시니 얼픗 보면 사나ᄒᆡ와 다ᄅᆞ미 업고, 치마ᄅᆞᆯ 혹 닙으 니이시니 그 졔되 압은 셰 복이오, 뒤흔 네 복이로ᄃᆡ …(중략)… 귀의 귀엇골 아니 단 거시 업ᄉᆞ며, 혹 어린 사나ᄒᆡ도 귀엇골을 ᄃᆞ라시니 괴이ᄒᆞᆫ지라. 계집이 발을 동힛 듯ᄒᆞ

---

18 임기중, 『연행가사연구』(아세아문화사, 2001), 303쪽. 앞으로는 작품명과 쪽수만 밝히도록 하겠다.

19 연행가, 305쪽.

20 실제로 이들은 호인의 경계 안으로 들어가는 것에 대하여 큰 두려움을 보인다. 경계를 넘기 전에 기나긴 여정을 두려워하는 것은 물론이고(연행가, 305·306쪽), 인적이 드문 청 변방 지역에서 야생동물의 울음소리에 긴장하기도 한다, 한편 병이 들어 대열에서 이탈하여 뒤따라올 동료와의 헤어짐을 이야기하면서도 그곳이 오랑캐의 땅임을 강조한다[무오연행록, 423쪽(75쪽)].

ᄃᆡ, ᄎᆡᆨ문의셔ᄂᆞᆫ ᄒᆞ나토 보지 못ᄒᆞ니 다 진짓 오랑캔가 시브더라.[21]

[5] 바람벽 우희 혹 쇼셜의 음담패셜을 그림으로 번역ᄒᆞ고, ᄯᅩ한 남녀의 희학(戲謔)ᄒᆞᄂᆞᆫ 모양을 그려 붓쳐시니, 북경ᄭᆞ지 가ᄂᆞᆫ 길의 이러치 아닌 ᄃᆡ 업ᄉᆞ니, ᄃᆡ져 사ᄅᆞᆷ이 셩인군ᄌᆡ 아니면 뉘 ᄌᆡ물 됴하 아니며 ᄉᆡᆨ을 됴하 아닌ᄂᆞᆫ 어ᄃᆡ 이시리오마ᄂᆞᆫ, 특별이 사ᄅᆞᆷ이 념치와 붓그려ᄒᆞᄂᆞᆫ ᄆᆞᄋᆞᆷ이 잇ᄂᆞᆫ 고로, 비록 극하쳔(極下賤)이라고 방ᄌᆞ히 입 밧긔 내ᄂᆞᆫ 일이 업거ᄂᆞᆯ, 나라 풍쇽은 니와 샹반ᄒᆞ여 글과 그림의 형용ᄒᆞ여 새 쎳쎳이 눈의 보ᄂᆞᆫ 거ᄉᆞᆯ 삼으니 풍속의 더러오미 이ᄀᆞᆺ더라.[22]

[6] 집집이 호인들은 길의나와 구경ᄒᆞ니 / 의복기 괴려ᄒᆞ여 쳐음보기 놀납도다 / 머리는 압흘ᄶᅡᆨ가 뒤만ᄯᆞᄒᆞᆫ 느리쳐셔 / 당ᄉᆞ실노 당긔ᄒᆞ고 마라기을 눌러쓰며 / …(중략)… / (여성의 : 인용자) 의복을 볼작시면 사나히 제도로되 / 다홍빗 바지의다 푸른빗 져구리오[23]

[7] 햐쳐라고 ᄎᆞᄌᆞ가니 집제도가 우습도다 / 오턍각 이간반의 벽돌을 곱게깔고 / …(중략)… / ᄎᆡᄉᆡᆨ노은 완자창과 면회ᄒᆞ온 벽돌담은 / 미쳔ᄒᆞᆫ 호인들도 집치레 과람코나[24]

[4]와 [6]에서는 호인의 모양새와 복색을 묘사하고 비판하며, [5]에서는 호인들이 음란한 것에 대하여 관대한 모습을 지적하고, [7]에서는 호인의 집제도에 대해 나무라고 있다. 호인의 모양새와 관련해서 그는, 여성이 두루마기와 바지를 입고([4]·[6]), 어린 사내아이가 귀에 장신구를 다는([4]) 모습 등에 주목하여, 모양새로 성별이 구분되지 않는 호인들의 문화에 대해 폄하의 시선을 보낸다. 성별의 구분 없음에 더하여 소설의 내용을 굳이 그림으로 그려 벽에 붙이는 호인들의 풍속에 대해서는 더럽다는 표현까지 써가며 이들의 문화를 낮추어 본다. 결국 호인을 문화적 수준이 낮은 민족으로 인식한 것인데, 이러한 인식으로

21 무오연행록, 395쪽(36~37쪽).
22 무오연행록, 405쪽(51쪽).
23 연행가, 307~309쪽.
24 연행가, 310~311쪽.

인해 비교적 규모가 크고 발달된 그들의 주거 문화를 보고 나서는, 주거 규모가 호인들의 문화적 수준과는 격이 맞지 않다고 보기도 한다. 결과적으로 두 작자는 호인들의 생활문화에 나타나는 미개함과 격에 맞지 않음을 보며 분노의 감정을 숨기지 않는데, 이는 주지하듯 청에 대한 상대적 우월감으로 가능했다. 그리고 이때 상대적 우월감의 우리 편에는 조선만이 독자적으로 설정되어 있던 것이 아니라 만주족에 의한 참화를 함께 겪은 명明도 존재했다. 청을 적대자로 상정하고 명과 조선을 동일한 공동체로 인식한 것이다.

[8] 고개의 올나 먼리 동북 다히ᄅᆞᆯ ᄇᆞ라보니 셜즁의 먼이 보지 아니나, 텁텁ᄒᆞᆫ 호산(胡山)이 은영(隱映)ᄒᆞ여 ᄀᆞ이 업ᄂᆞᆫ지라. ᄆᆞᄋᆞᆷ이 돈연히 사오나오며 효종대왕겨셔 봉님대군으로 심양의 드러가실 째 우즁의 이 고개ᄅᆞᆯ 지나실ᄉᆡ, ᄒᆞᆫ 곡됴 노래ᄅᆞᆯ 지어 ᄀᆞᆯ오샤ᄃᆡ, "청셕녕지나거냐 옥하관이 어ᄃᆡᄆᆡ오. 호풍도 참도 찰사 누즌비ᄂᆞᆫ 무ᄉᆞᆷ 일고. 뉘라셔 내 힝ᄉᆡᆨ 그려내여 님 계신ᄃᆡ 보ᄂᆡᆯ가 ᄒᆞ노라" ᄒᆞ여 계시니, 곡죄 심히 슬프고 격절(激切)ᄒᆞᆫ지라. 당시ᄅᆞᆯ 샹샹ᄒᆞ니 더옥 눈물이 옷깃ᄉᆡ 젓ᄂᆞᆫ 쥴을 ᄭᆡᄃᆞᆺ지 못ᄒᆞᆯ너라.[25]

[9] 효뫼(孝廟) 심양 와 계실 째예 이 물ᄀᆞ의 집을 지으시고 머지 아닌 곳의 밧 슈십 일경을 셰ᄌᆞ끠 드려 소ᄎᆡ(蔬菜)ᄅᆞᆯ 심거 관즁의 쓰게 ᄒᆞᆫ다 뎐ᄒᆞᄂᆞᆫ 말이 잇더라.[26]

[10] 병ᄌᆞ년 호란시의 효종대왕 입심ᄒᆞ샤 / 이고ᄀᆡ(청석령 : 인용자) 너무실제 ᄢᅵ친곡죠 유젼ᄒᆞ니 / 호풍도 참도찰ᄉᆞ 구진비ᄂᆞᆫ 무삼일고[27]

연경에 입경하기 전 여정은 대체로 앞서 살펴본 바와 같이 호인들의 생활상을 살펴보거나 위와 같이 특정 공간을 통해 가슴 아픈 역사의 기억을 회상하는 내용으로 채워진다. 효종에 대한 기억도 이에 해당하는데, 청에 끌려가야만 했던 효종에 대한 안타까운 심정이 그대로 묻어난다. 효종에 대한 기억을 떠올리며 현재 중원을 장악한 청나라에 가는 자

25 무오연행록, 403쪽(47쪽).
26 무오연행록, 410쪽(56쪽).
27 연행가, 313~314쪽.

신을 비슷한 처지에 있다고 여기는 듯하다.[28]

그러나 회고의 대상은 이들 뿐만이 아니다. 오히려 더 많은 수의 전란 관련 명나라 인물들이 많은 양을 차지하며 작품에 등장한다. 명의 멸망과 청의 수립에 결정적인 계기가 된 이자성의 난과 같은 역사적 사건은 물론, 후금의 침략에 맞서 요동지역 방어에 혼신을 다했으나 후에 간신에 의해 모함을 받는 원숭환, 임진왜란과 정유재란 때에 구원병을 데려와 조선에 큰 도움을 주었던 유장군 유정劉綎, 부호로서 명에 대한 의리를 보였던 송씨 등 절의의 상징적 인물들이 속속 거론된다. 또한 명의 장수였다가 청에 투항한 조대수와 같이 절의를 져버린 인물에 대한 비판도 빼놓지 않는다.

> [11] 대명 슝졍 갑신의 뉴적(流賊) 니ᄌᆞ셩(李自成)이 텬하의 흉ᄒᆞᆫ 도적이라, ᄇᆡᆨ여만 군ᄉᆞᄅᆞᆯ 거ᄂᆞ려 북경을 함몰ᄒᆞ니, 슝졍황뎨 만셰산의 올나 됴뎡의 사ᄅᆞᆷ 업ᄉᆞ믈 탄식ᄒᆞ시고 ᄇᆡᆨ셩이 도탄의 ᄉᆡᆨ지믈 슬허하샤 샤직을 좃챠 도라가시니[29]

> [12] 한[칸]이 임의 심양의 웅거ᄒᆞ야 즁국을 엿보더니, 이 째 대명이 됴뎡이 어즈럽고 변방이 소활ᄒᆞ야 군식 ᄌᆞ로 ᄑᆡᄒᆞ고 ᄇᆡᆨ셩이 어육이 되ᄂᆞᆫ지라. 째의 일원 명쟝이 이시니 셩명은 원슝환(袁崇煥)이라. 나히 이십여 셰오, 지용이 겸젼ᄒᆞ야 위명이 화이의 진동ᄒᆞᄂᆞᆫ지라. 관동 군ᄉᆞᄅᆞᆯ 거ᄂᆞ려 녕원셩을 직희엿더니, 한이 슈십만 쳘긔ᄅᆞᆯ 거ᄂᆞ려 녕원을 예우니 …(중략)… 그러나 이러ᄒᆞᆫ 쟝쉬 오라지 아녀 간신의 모함ᄒᆞᆫ 배 되어시니 엇지 ᄋᆡᄃᆞᆲ지 아니리오[30]

> [13] 구혈ᄃᆡ라 ᄒᆞᄂᆞᆫ ᄇᆡ회 빵셕셩셔 쳐다뵌다 / ᄃᆡ명장 원슝환이 청병을 ᄃᆡ적ᄒᆞᄃᆡ / 노라치 다라ᄂᆞ다 피토하던 곳이라네[31]

---

28 〈연행가〉에서는 선조에 대한 언급도 확인할 수 있다. 임진난 션조ᄃᆡ왕 쥬필ᄒᆞ신 집(취승당 : 인용자)이로다 / 시ᄉᆞ을 ᄉᆡᆼ각ᄒᆞ면 분긔ᄒᆞ기 그지업다(연행가, 303쪽).

29 무오연행록, 432쪽(86쪽).

30 무오연행록, 426~427쪽(78~79쪽).

31 연행가, 322쪽.

[14] 슬푸다 ᄃᆡ명적의 유장군 수십만명 / 일시의 함몰ᄒᆞ여 이물의 ᄉᆡᆨ져싸니 / ᄆᆞᄎᆞᆷ이리 지날적의 엇지아니 창감ᄒᆞ랴[32]

[15] 녯적의 송과부가 누거만지 거부로셔 / ᄉᆞᄉᆞ로이 셩을ᄡᆞᆨ고 삼층포루 놉피지어 / 됴적을 방비하고 ᄃᆡᄃᆡ로 세거ᄒᆞ니 / ᄌᆞ손이 번셩ᄒᆞ여 여러송시 명문거족 / 잔셩을 긋게직혀 청나라의 불복ᄒᆞ니 / ᄒᆞᆫ조각 외로운 셩 ᄃᆡ명천지 나맛고나[33]

[16] 드르니 ᄃᆡ명ᄶᅥᆨ의 영원빅 죠ᄃᆡ슈가 / 형뎨 셰록지신으로 변방의 공셰우믹 / 나라의셔 졍문ᄒᆞ샤 픽루둘을 셰우시고 / 츙열을 포ᄒᆞ시니 쳠피국은 ᄒᆞ엿시ᄃᆡ / 무도ᄒᆞᆫ 죠가형뎨 그후릐 빅반ᄒᆞ여 / 청나라ᄒᆡ 투항ᄒᆞ니 붓그럽다 져픽루여[34]

요컨대 서유문과 홍순학은 조선을 출발하여 연경에 당도하기 전까지 여정에서 마주치는 공간들을 통해 청을 대상화하고, 이를 바탕으로 '우리'의 경계를 명확히 하며, 이를 통해 다시금 대청의식을 강화한다. 국경을 넘어 호인의 영역으로 진입한다는 불안감은, 연행의 과정에서 마주치는 호인들의 문화적 수준이라는 것이 볼품없음을 확인하면서 자신감으로 변모한다. 그리고 이 자신감을 기반으로 호인의 중원 침탈에 대한 안타까움을 표출하고, 자연스레 청에 상대되는 우리의 영역을 범주화하게 되는 것이다. 물론 이때 '우리'는 표면적으로 보면 조선이지만, 그 심층에는 명이 있다. 청을 상대적으로 인식함으로써 조선의 독자성을 확인하기도 하지만, 기실 근저에는 중화 질서 회복의 염원이 자리하고 있는 것이다. 결국 두 작자는 기존에 이미 체득하고 있었던 소중화의식의 집단기억이 여전히 유효함을 스스로의 경험을 통해 재확인하게 된다.

32 연행가, 322쪽.
33 연행가, 327쪽.
34 연행가, 323쪽.

3. 기억의 유지와 변모

연경에 당도하기 전까지의 과정에서, 두 작자가 갖고 있었던 대청의식에 별다른 변화가 보이지 않음을 확인할 수 있었다. 하지만 연경 진입 이후는 상황이 다르다. 번화한 성내의 모습과 천자의 위용 등 조선에서는 보지 못했던 앞선 문물과 문화를 목도할 수밖에 없었을 것이기 때문이다. 그러나 연경에 진입했다고 하여 무조건 인식의 변화가 이루어지지는 않았다. 어떤 이는 여전히 집단기억이 우위를 점하고 있었고, 다른 이는 직접적인 체험이 우위를 점하기 시작한다.

1) 서유문의 〈무오연행록〉

서유문의 글은 지나칠 정도로 객관적이다. 당시의 상황을 있는 그대로 묘사하기 위해 많은 노력을 기울이는 반면, 가치평가는 최대한 자제하는 인상을 준다. 물론 대부분의 연행 기록들이 그러하다. 하지만 그 와중에도 선진 문물이나 제도에 대한 관심이 기록의 양에 비례해서 나타나기 마련인데, 서유문은 이러한 부분에 대해서도 상대적으로 소략하게 서술하거나 객관적인 서술로 끝맺는 경우가 많다. 물론 전혀 없지는 않다. 연경에 진입한 후 주된 묘사의 대상은 황성이 된다. 황성에 대한 자세한 묘사는 그가 황성의 위용에 압도당했음을 보여주는 것일 수 있다. 그런데 중요한 것은 이때 황성의 위용에 압도당하면서 그가 생각한 황성의 주체가 누구인가 하는 것이다.

> [17] 누 아ᄅᆡ 문을 내지 아니 ᄒᆞ여시며, 다만 안편 문누ᄅᆞᆯ ᄀᆞ리오게 ᄒᆞ여시니, 이 니른바 적누라. 셩 제도ᄂᆞᆫ 우 아ᄅᆡ 다 벽돌이오, 셩 우ᄒᆞᆫ 밧그로ᄂᆞᆫ 엿보ᄂᆞᆫ 틈을 ᄆᆡᆼ글고 안ᄒᆞᆫ 담ᄡᆞᆨᄒᆞᆫ ᄃᆞ시 막아시니 그 ᄉᆞ이 오마ᄃᆡ(五馬隊) 지나다 ᄒᆞ더라. ᄂᆡ셩문 우희 됴양문(朝陽門)이라 현판ᄒᆞ엿더라. 문을 드니 길 너븨 칠팔 니나 ᄒᆞ며, 번셩ᄒᆞᆫ 녀념과 찬찬ᄒᆞᆫ 져ᄌᆡ며 구ᄉᆞᆯ집이오, 비단 방이며 아로삭인 누와 빗난 기동이 눈의 현황ᄒᆞ여 두셔ᄅᆞᆯ 출힐 길이 업ᄉᆞ며, 사ᄅᆞᆷ ᄐᆞᆫ 슈ᄅᆡ와 짐 시른 슈ᄅᆡ 길흘 더퍼 은은륭륭ᄒᆞ여 정신이 셧ᄃᆞᆯ니며, 구경ᄒᆞᄂᆞᆫ 사ᄅᆞᆷ이 좌우의 미만(彌滿)ᄒᆞ여 빈틈이 업ᄉᆞᆫ ᄃᆞᆺᄒᆞ니 인민의 셩ᄒᆞ믈

가히 볼너라. 심양 산ᄒᆡ관은 족히 비치 못ᄒᆞᆯ너라[35]

[18] 대쳥문 안흐로브터 대궐 안희 다 벽돌을 ᄭᆞ라시ᄃᆡ 다 모흐로 세워 펴시니 부러지지 아니케 ᄒᆞᆫ 일이나 피인이 궐ᄂᆡ의셔 ᄆᆞᆯ을 ᄃᆞᆯ니ᄂᆞᆫ 고로 벽돌이 만히 파이여 편편치 못ᄒᆞᆫ 곳이 만터라. 북경 궁궐이 다 대명 셩조(成祖) 황뎨 영낙 십오년 뎡유의 일운 배라. 명ᄉᆞ(明史)의 니ᄅᆞᄃᆡ, 종묘와 샤직과 궁궐과 뎐문을 다 남경 졔도 ᄀᆞᆺ치 ᄒᆞ여 놉고 시훤ᄒᆞ며 장려ᄒᆞ기 지나다 ᄒᆞ니 갑신년 이ᄌᆞ셩(李自成)의 난의 더러 불 붓고 다시 곳쳣다 ᄒᆞ나 당초 졔되라. 그 웅위ᄒᆞᆫ 빗치 진짓 뎨왕의 긔물(器物)답더라.[36]

[17]은 황성 외곽에 쌓은 성의 모양을 묘사하는 부분이다. 성의 규모와 번화한 물색에 정신이 없다고 서술하고 있는데, 여기서 주목할 것은 마지막 부분에 심양이나 산해관의 성은 이러한 규모에 미치지 못함을 지적하고 있다는 사실이다. 주지하듯 심양과 산해관은 청나라 만주족과 만주족에 협조한 오삼계의 근거지였다.[37] 그렇다면 심양・산해관과 황성을 구분한 것은, 이 두 지역의 주인을 다르게 인식하기 때문은 아닐까. 이는 서유문이 황성의 기원을 서술하는 [18]에서 확인된다. 그는 '북경 궁궐'이 다 명나라 선조 대에 지어진 것으로, 이자성의 난에 의해 일부 손실을 입고 보수를 하였다고는 하지만, 결국은 당초의 제도가 남아있으며, 그렇게 볼 때 황성의 '웅위한 빛은 마치 제왕의 기물器物답다'고 말하고 있다. 결국 서유문에게 있어 황성은 청나라의 황제가 기거하던 곳이 아니라, 명대의 기억과 흔적이 남아있는 곳으로 인식되고 있는 것이다.

이러한 추측은 서유문이 연경에 기거하며 보여준 청에 대한 입장들을 통해 지지받을 수 있다. 그는 청나라의 관직 등용에 나타나는 부조리, 태상황의 상사喪事에 대처하는 모

35 무오연행록, 456쪽(118쪽).
36 무오연행록, 482~483쪽(153쪽).
37 만주족과 오삼계에 대해서는 산해관을 지날 때에도 피력한 바 있다.
대명 슝졍 갑신의 뉴적 니ᄌᆞ셩이 텬하의 흉ᄒᆞᆫ 도젹이라, ᄇᆡᆨ여만 군ᄉᆞᄅᆞᆯ 거ᄂᆞ려 북경을 함몰ᄒᆞ니, 슝졍황뎨 만셰산의 올나 됴뎡의 사ᄅᆞᆷ 업ᄉᆞ믈 탄식ᄒᆞ시고 ᄇᆡᆨ셩이 도탄의 ᄲᆡ지믈 슬허하샤 샤직을 좃차 도라가시니, 이 ᄯᆡ 오삼개 산ᄒᆡ관을 직흰 장슈로 북경이 함몰ᄒᆞᆫ 소식을 듯고 군ᄉᆞ를 거ᄂᆞ려 북으로 향ᄒᆞ야 원슈ᄅᆞᆯ 갑흐려 ᄒᆞ나, 한이 ᄇᆞ야흐로 산ᄒᆡ관을 엿보와 기리믈 듯고져 ᄒᆞᄂᆞᆫ 계괴 잇ᄂᆞᆫ지라. 무오연행록, 431쪽(86쪽).

습에 나타나는 무례함 등을 보고 청의 문화적 수준을 얕잡아 보게 된다. 연경 체류 기간의 서술에서 선비들과의 만남과 대화가 적지 않은 부분을 차지하는 것 또한 같은 이유라 할 수 있다. 이를 좀 더 구체적으로 살펴보자.

[19] 니명은 관 셔편 이친왕 원당(願堂)이란 묘당의 잇ᄂᆞᆫ 사ᄅᆞᆷ이라. …(중략)… 치형이 일ᄌᆞᆨ 니명을 만나 약간 슈쟉이 이시니 치형이 무ᄅᆞᄃᆡ, …(중략)…

답왈,

"…(중략)… ᄂᆡ탕은(內帑銀)이 부족ᄒᆞ여 됴정의셔 니부 시랑 증ᄉᆞ계의 여ᄌᆞ오물 인ᄒᆞ여 벼ᄉᆞᆯ을 파라 병냥(兵粮)을 도으니 벼ᄉᆞᆯ이 졍ᄒᆞᆫ 갑시 잇ᄂᆞᆫ지라. 안벼ᄉᆞᆯ은 낭즁의 일만삼쳔 냥이오. 원외랑의 일만이쳔 냥이오. 급ᄉᆞ즁과 쥬셔 ᄀᆞ튼 벼ᄉᆞᆯ이 갑슬 오ᄅᆞᄂᆞ려 졍ᄒᆞᆫ 거시 잇고 밧벼ᄉᆞᆯ은 도 벼ᄉᆞᆯ의 삼만여 량이오. 지부의 만여량이오 지현 통판도 ᄯᅩᄒᆞᆫ 풍박으로 갑슬 졍ᄒᆞᄂᆞ니라."

치형 왈,

"그ᄃᆡ 돈은 곳 이시면 맛당이 이 벼ᄉᆞᆯᄒᆞ리로다."

답왈,

"만일 이시면 뉘 못ᄒᆞ리오."

…(중략)…

인ᄒᆞ여 치형ᄃᆞ려 무러 ᄀᆞᆯ오ᄃᆡ,

"귀국 ᄌᆡ샹도 ᄯᅩᄒᆞᆫ 돈을 요구ᄒᆞᄂᆞᆫ 재 잇ᄂᆞ냐?"

답왈,

"ᄌᆡ샹이 엇지 돈을 요구하리오. 돈을 요구ᄒᆞ면 ᄌᆡ샹이 되지 못ᄒᆞᄂᆞ니 아국의 사ᄅᆞᆷ 취호믄 쳥념ᄒᆞ고 곳으 니ᄅᆞᆯ 다 쓰ᄂᆞ니라."[38]

서유문은 청의 여러 사정을 묻기 위해 '이명'이라는 자를 만난, '치형'의 일화를 소개한다. 문답이 오가는 가운데, 청에서 매관매직이 성행하고 있음을 확인한 치형은 이명에게 돈이 있을 경우 관직에 나아가겠느냐고 묻는데, 이에 이명은 망설임 없이 그럴 것이라고

38 무오연행록, 485~486쪽(156~158쪽).

답한다. 조선의 사정은 어떠한지 반문하는 이명의 질문에 대하여 치형은 망설임 없이 돈을 요구하는 풍토는 존재하지 않으며, 청렴하고 곧은 이들이 등용되고 있다고 자랑스럽게 말한다. 서유문이 이 일화를 굳이 언급한 것은 청의 부조리한 관리 등용에 대하여 비판적인 시선을 견지하기 때문이라고 생각한다. 청나라가 정치 제도적 측면에서 후진적인 면모를 보임을 확인한 것이다.

또한 태상황의 상사를 당하여 목도하는 여러 모습을 통해서도 청이 문화적으로 열등하다는 판단을 내린다.[39] 그는 우선 태상황이 서거를 했음에도 불구하고 일반 백성들이 별다른 슬픈 감정을 내비치지 않는 모습에서 당황스러움을 감추지 못한다. 서유문이 만난 백성들은 태상황의 죽음을 일반 사람의 노환에 의한 죽음 정도로 치부하고, 태상황의 상사를 자신들의 이익과 관련하여 사고했으며, 상사에 걸맞는 복장을 입지도 않았기 때문이다.[40] 또한 상사 참예의 자세를 논하면서도 회자국의 사신들이 진실되지 못함을 비판하고 있다. 결국 우연히 겪게 된 태상황의 상사를 통해 서유문은 청에 대한 문화적 우월감을 확인하고, 조선이 중화의 질서를 계승해야 하는 주체임을 다시금 확인한다.

연경 체류 기록 곳곳을 선비들과의 만남과 대화로 채웠다는 점 또한 이와 같은 맥락이다. 그는 옥현전을 지나며 수십 년 전 사행단이 겪었던 일화를 소개하는데, 그 내용인 즉 명대의 복색을 그리워하는 '지현'이라는 인물을 만나 조선 복색의 중화적 전통을 확인하는 것이다. 본인이 겪지도 않은 일을 굳이 이리 자세히 서술하는 것은, 서유문이 조선의 복색을 통해 중화를 잇고 있다는 자부심을 인식했기 때문으로 확인된다.[41] 연경에 체류 중이던 1799년 2월 3일에는, 관에 머물다가 호부낭중 왕낭중과 만나 대화를 나누는데, 이때도 복색 제도의 우월함을 은연중에 드러낸다. 특히 당시는 태상황 상사 참예가 끝난 후로, 상사 참예를 통해 청의 예의범절의 수준이 낮음을 확인한 서유문은, 조선의 복식의 경우 일상적으로는 당연히 주문공의 가례를 따르며, 상사를 당하였을 때는 천한 사람들까지도 3년간 상복을 갖춰 입는다는 이야기를 함으로써 우회적으로 태상황 상사에서 보았

---

39 이에 대해서는 장경남(2002)이 상세히 다루었기에 구체적인 예증은 생략하고 그 개략적인 내용만 소개하도록 하겠다. 이와 관련하여서는 장경남의 논의를 수용하였다.

40 장경남(2002), 177쪽 참조.

41 이에 대해서도 이미 장경남(2002)이 언급하였다. 다만 미세한 서술상의 오류가 확인된다. 옥전현의 일화는 문맥상 서유문이 겪은 것이 아니라, 이전 사행단이 수십 년 전에 겪을 것을 회고한 것으로 보인다.

던 청나라의 문화를 비판한다.[42]

이와 같은 자부심은 조선의 선비들이 관 서편에 위치한 한림 번소에 들어가지 못하게 된 경위를 설명하는 과정에서도 나타난다. 당초 출입이 자유로웠던 한림 번소는, 조선 선비들이 대명 시절 큰 가문의 자손들에게 절의를 끊고 호인의 복색을 한 채 벼슬을 구하고 목숨을 연명하는 모습을 비판하면서, 그 출입이 제한되었다고 서술하고 있다.[43] 황성을 스케치하는 서술 가운데 이러한 내용을 굳이 삽입한 것은, 그가 조선의 선비로서 갖고 있는 자존심을 보여주는 또 하나의 사례가 될 수 있다.

요컨대 서유문은 당대 선진 문물과 문화를 보유하고 있었던 연경에 머물면서도, 청의 물색에 감동하거나 청의 입장에 경도되는 모습을 보이지 않는다. 오히려 그 실체를 직접 확인한 후 그들에 대한 막연한 두려움이 소거되고, 그들에 비해 조선이 문화적으로 우월하다는 결론을 내린 듯하다. 결국 서유문이 갖고 있었던 기억은 원래의 형태를 유지함을 물론 보다 강조되는 경향을 보이기도 한다.

2) 홍순학의 〈연행가〉

집단기억의 가치관을 고수하게 되는 서유문과 달리, 홍순학은 중원으로 다가갈수록 체험을 통한 기억을 중시하게 된다. 폄시에서 경탄으로, 청에 대한 가치 기준이 서서히 변화하는 것이다. 이는 연행 과정에서 마주치는 중국의 문물·문화를 묘사하는 분량이 점차적으로 길어지는 것에서 확인할 수 있다. 체험 기술은 체험의 충분조건이지만 필요조건은 아니다. 모든 체험 기술은 체험으로부터 나오지만, 모든 체험이 기술될 수 있는 것은 아니다. 경험한 것들을 모두 기록할 수는 없기 때문에, 사행자들은 여정 속에서 선택과 배제의 대상들을 선별하고, 선택된 것들에 한해서 본인이 느낀 감흥의 정도를 가늠하여 이를 적어 내려가기 마련이다. 이러한 특징이 가장 잘 나타나는 분야가 가사와 같은 시가 장르이다. 가사의 경우 마침표 없이 일정한 운율에 맞춰 계속해서 이야기를 전개해나가는 장르이므로, 자세한 서술은 곧 작자의 관심의 정도를 반영함은 물론, 그 대상에 대하여

42 무오연행록, 566~570쪽(267~272쪽).
43 무오연행록, 461쪽(123~124쪽).

긍정적 시선을 갖고 있음을 반증하는 것이다.

따라서 서술 분량 및 대상에 대한 평가의 양상을 기준으로 서술자의 대청의식을 살펴보면 경계를 지나가면서 일정한 변모의 양상을 확인할 수 있다. 작품의 내용을 일일이 예거하며 설명하면 좋겠으나 해당되는 분량이 방대하기에, 아래와 같이 도식화하고 ②, ③, ④ 각각에 해당하는 대표적인 부분을 들면 아래와 같다.

서울	국경	산해관	연경	연경內
①	②	③	④	
·	비판적 → 긍정적	긍정적	긍정적	

[20] 청나라 쳐음도읍 봉천부 셩경이라 / ᄂᆡ외셩 고분셩의 셩문이 여ᄃᆞᆲ이오 / 길가의 시졍들은 좌우로 년니여서 / 졈마다 ᄑᆡ을세워 푸른ᄑᆡ 불근ᄑᆡ로 / 무엇무엇 ᄑᆡ라ᄒᆞ고 금ᄌᆞ로 색여시니 / 물건이 풍비ᄒᆞ여 엄ᄂᆞᆫ기시 업다ᄒᆞ네 / 십ᄌᆞ가 네거리의 이층집 ᄉᆞ문통이 / 거리거리 놉히잇셔 번화ᄒᆞ고 웅위ᄒᆞ다[44]

[21] 셔문으로 ᄂᆡᄃᆞ르니 북경이 오십리라 / 예서붓터 북경가지 탄탄ᄃᆡ도 넙은길의 / 박셕을 깔앗스니 장하다 변ᄌᆞ긔구 / 영통교 건너가셔 동악묘라 ᄒᆞᄂᆞᆫ절의 / ᄃᆡ문의 들어갈ᄉᆡ 흉영ᄒᆞ다 신장들은 / 갑쥬투구 팔쳑장신 창검을 손의들고 / 두눈을 부릅쓰고 아가리를 싹버리고 / 이편져편 갈나셔셔 정젼을 쳐다보니 / 삼층월ᄃᆡ 이층집의 누른기와 푸른기와 / ᄉᆡᆨᄉᆡᆨ이로 덥혀잇셔 오ᄎᆡ가 영농ᄒᆞ며 / 환ᄌᆞ삭임 말살문합 긔교도 ᄒᆞ온지고 / 금벽단청 휘황ᄒᆞᆫᄃᆡ 정신이 어즈럽다[45]

[22] 됴양문 들어가니 북경장안 동문이라 / 고분셩 상층문누 ᄉᆞ층포루 굉장ᄒᆞ고 / 길가의 어엄들은 단청ᄒᆞᆫ집 즐비ᄒᆞ고/ 네거리의 시젼들은 도금ᄒᆞᆫ집 무수ᄒᆞ다 / 안목이 당황

44 연행가, 317쪽.

45 연행가, 329~330쪽.

ᄒᆞ고 졍신이 황홀하데[46]

국경을 넘었을 때 갖고 있었던 청에 대한 비판적 인식은 산해관에 집입하기 전(②)에 변모하기 시작하고, 산해관을 지나면서(③, ④) 점차 심화된다. 청의 첫 도읍지인 심양에 들어선 느낌을 서술한 [20]에서는 번화와 웅위라는 말로 그 감회를 표현하였으며, 이어서 북경에 당도하기 전의 모습([21])에서는 지금까지의 놀라움과 함께 앞으로의 기대감을 보이고 있으며, 북경에 도착해서는 [22]를 비롯 엄청난 지면을 할애하면서 경탄을 금치 못함을 나타낸다.

다시 말해, ②에서는 조선과 명의 안타까운 역사적 사건을 떠오르게 하는 지역에서 조선의 정체성이나 명과의 의리를 재확인하거나, 호인들의 외양을 묘사하며 청에 대한 적대감을 놓지 않다가 점차 호기심을 갖게 되고, ③과 ④를 지나면서 청의 건축, 음식문화, 말・노새・황소 등을 다루는 기술, 육아법, 가축사육, 농사법, 길쌈, 베틀, 연경의 각종 성문 및 일대의 절, 법령 등에 대하여 자세히 묘사함으로써, 객관적 서술을 통해 긍정적 뉘앙스를 강하게 풍기는 것이다. 작품에서 연경을 묘사하는 부분이 차지하는 비중이 절반을 넘는다는 사실이 이를 뒷받침한다.

물론 홍순학도 명대의 명문거족 후예들을 만난다. 하지만 대명의리에 근간한 서술은 그리 많은 부분을 차지하지 않는다. 초반부에 서로 처음 만나는 자리에서 형제와 같은 감회를 잠시 보여줄 뿐,[47] 이후에는 거주지에 대한 묘사와 차려온 음식 서술이 주를 이룬다. 중국의 선비들을 만나서 조선의 자부심을 직접적으로 혹은 은연중에 표현한 서유문과는 그 대함에 있어 많은 차이를 보이며, 당시의 정황을 기록하는 관점에서도 많은 차이를 보인다.

결과적으로 홍순학은 연경에 진입하는 과정에서 점차적으로 청에 대해 호의적인 입장을 취하게 된다. 이는 그가 연경의 번화한 물색에 엄청난 관심을 표명하는 것을 통해 확인할 수 있다. 이렇게 볼 때 홍순학의 대청의식은 조선에서 출발할 때와 그 양상을 달리

---

46 연행가, 333쪽.

47 모도다 ᄃᆡ명젹의 명문거족 후예로셔 / 마지못ᄒᆡ 삭발ᄒᆞ고 호인의게 벼슬ᄒᆞ나 / 의관의 슈통ᄒᆞ옴 분ᄒᆞᆫ마음 품어고나 / 녯의관 죠션ᄉᆞᄅᆞᆷ 형뎨ᄀᆞ치 반겨한다. 연행가, 380쪽.

하는 것으로 볼 수 있다.

4. 유지와 변모의 원인

앞선 논의를 통해 서유문과 홍순학이 연경에 당도한 이후에 보여주는 청에 대한 인식에 차이가 나타남을 확인할 수 있었다. 그렇다면 이러한 차이가 촉발되게 된 원인은 무엇인가. 이는 물론 표면적으로는 연경 도착 이후 이들에게 부여된 여정에 차이가 있었기 때문이다. 주지하듯 서유문은 연경에 체류하는 동안 태상황의 상사라는 뜻밖의 일을 당하여 연경 곳곳을 유람하지 못했다. 반면 작품에 드러난 면모를 볼 때, 홍순학은 번화한 시정의 물색들을 차분히 구경할 수 있는 여유가 있었던 듯하다. 하지만 이러한 표면적인 이유 외에 보다 근본적인 원인이 있었으리라 생각한다. 본고는 이를 대명의리론과 소중화의식이라는 당대 집단기억의 변모에서 찾고자 한다. 이미 살펴본 바에 따르면, 두 인물은 대명의리론과 소중화의식과 관련하여 비슷한 지반을 공유하고 있었다. 하지만 약 70여년의 시간적 간극을 보이는 두 작품 사이에는 집단의식의 미세한 변화가 확인된다. 이는 대체로 소중화의식의 약화로 설명될 수 있다.

[23] "이 디명은 안시셩이라."

ᄒᆞ거ᄂᆞᆯ, 내 번연히 네 녁흐로 도라보니, 다만 큰 뫼히 하ᄂᆞᆯ의 다핫고, 슈목이 춍잡ᄒᆞ여 별빗과 ᄃᆞᆯ 그림자의 일만 형샹이 희미ᄒᆞᆫ지라. 내 도로혀 머리ᄅᆞᆯ 드리워 스ᄉᆞ로 ᄉᆡᆼ각ᄒᆞᄃᆡ, 당태종의 위무와 지략으로 친히 뉵ᄉᆞᄅᆞᆯ 거ᄂᆞ려 능히 외로운 적은 셩의 ᄒᆞᆫ 비신을 당치 못ᄒᆞ여 다만 셩하의 군ᄉᆞᄅᆞᆯ 빗내고, 비단을 주어 신하된 사ᄅᆞᆷ의 츙의ᄅᆞᆯ 기리고 쇽절업시 도라가니, 대개 능히 졔어치 못ᄒᆞᆯ 쥴을 살펴 아랏ᄂᆞᆫ 고로, 이러ᄒᆞᆫ 젼도ᄒᆞᆫ 솜씨ᄅᆞᆯ 부려 ᄡᅥ 인군된 쟤 회홍광대(恢弘廣大)ᄒᆞ여 항복지 아니ᄒᆞᄂᆞᆫ 거ᄉᆞᆫ 거리ᄶᅵ지 아니코, 졔 님군을 위ᄒᆞ여 아름다온 츙셩을 셩취ᄒᆞᆷ이라. 진실노 가히 ᄠᅳᆺ을 어들가 시부면, 비록 셰월을 허비ᄒᆞ여도 반ᄃᆞ시 일ᄇᆡᆨ 계교로ᄡᅥ 쳐 ᄡᅵ여 눈 샹ᄒᆞᆫ 붓그러오믈 쎄스려니와, 엇지 허도이 ᄆᆞᆯ머리ᄅᆞᆯ 도로혀시리오. ᄒᆞ물며 양만츈이 이에 감히 셩

> 상의 올나 텬ᄌᆞ씌 절ᄒᆞ여 하직ᄒᆞ노라 ᄒᆞ니, 엇지 그 쟝ᄒᆞ며 엇지 그 의긔 잇ᄂᆞ뇨. 이 ᄯᅩᄒᆞᆫ 인군의 군사 됴하ᄒᆞᄂᆞᆫ 쟈ᄂᆞᆫ 붉은 경계되리로다.[48]

인용문은 서유문이 안시성에 당도하여, 당나라 시절의 역사를 회고하고 있는 장면이다. 여기서 서유문은 양만춘의 행적을 칭찬하고 있다. 주지하듯 양만춘은 당 태종이 고구려를 침공했을 때 끝까지 안시성을 사수한 성주城主이다. 양만춘은 당 태종과 대전하여 그의 한쪽 눈에 상해를 입혔고, 성의 방어에 성공하자 성 위에 올라가 당 태종에게 송별의 예를 다했으며, 이에 당 태종은 양만춘에게 성의 방어를 하례하였다. 사실 천자를 물리친 이 사건이 서유문을 통해 나왔다는 사실은, 소중화의식의 구도로만 본다면 납득하기 어렵다. 하지만 당대의 역사인식을 살펴보면 그의 이러한 회고가 왜 산출되었는가를 짐작할 수 있다.

당대의 역사인식과 관련해서는 기존 역사학계의 연구를 참조하였다.[49] 허태용은 16세기 접어들면서 을지문덕을 제외하면 고구려사는 잊혀지거나 당태종과의 관련성 속에서 객체로서 부수적으로 언급되어지는 경향이 많아졌다고 언급하였다. 실제로 이 시기 명나라에 가는 사신들의 경우 도중에 목도한 당태종의 고구려 정벌 관련 유적지에서 당태종의 흔적을 기억하는 것이 일반적이었다. 대다수의 16세기 인물들은 안시성보다 안시성 공략을 위해 당태종이 머물렀던 주필산 흔적에 주된 관심을 가졌다는 것이다. 그러나 임진왜란이 발발하고 17세기에 들어서는 이러한 양상에 변화가 인다. 군사적으로 열세에 있어 패퇴를 거듭하던 조선군에게서 우연치 않은 승전보가 전해졌는데, 이는 이정암이 연안성에서 적은 수의 군대로 거둔 승리였다. 이 사건은 과거의 역사 중에서 가장 유사한 사건으로 생각되는 안시성의 승첩을 계승한 것으로 받아들여졌다. 이는 역사인식의 방점이 당 태종에서 고구려로 넘어가는 계기를 제공하게 된다. 그리고 이러한 인식은 이후 18세기까지 지속되는 양상을 보인다.

---

48 무오연행록, 397~398쪽(40쪽).

49 허태용, 앞의 논문(2007). 당대의 역사인식과 관련하여 본고가 추가적으로 펼친 새로운 논의는 없다. 작품에 반영된 당대적 맥락을 확인하기 위해, 본고의 문제의식을 해결해준 허태용의 논의를 수용하였다.

따라서 작품에서 서유문이 안시성 전투와 관련하여 당태종이 아닌 양만춘을 호평하는 모습은 바로 임진왜란 이후 강력한 조선에 대한 사회적 염원이 반영된 결과라 하겠다. 반면 1866년에 지은 홍순학의 〈연행가〉에는 이와 같은 기록이 확인되지 않는다. 조선후기, 특히 19세기 말에 와서 양만춘에 대한 기억이 사라진 것은 임진왜란 직후 형성된 고구려에 대한 인식이 시간이 지남에 따라 그 중요성을 상실했기 때문인 것으로 설명할 수 있다.

한편 임진왜란 이후 고구려에 대한 관심은 지리고증에도 변화를 주어서, 한반도 내로 비정되었던 고구려의 영토가 한반도 밖을 벗어나 만주 일대로 확장되기에 이른다. 이때 가장 자주 거론되는 것이 안시성의 위치 고증에 대한 논의인데, 그 이전까지 한반도 내에 있었다고 생각되었던 안시성이 이후 압록강 너머 만주의 봉황성으로 비정되기 시작한 것이다.[50]

〈무오연행록〉에는 바로 위와 같은 안시성 위치에 대한 서술이 보인다. 서유문은 안시성과 관련하여 양만춘을 회고한 이후, 『노가재일기』와 『일통기』 등에 나타난 안시성 관련 기록들을 언급하고 자신의 생각을 말한다. 그는 근방 5리에 주필산이 있는 것으로 봐서 현재 그가 보고 있는 성이 안시성이 맞으며, 이는 고구려의 동명왕이 혼자 쌓은 것이라고 말한다. 그리고는 조위한이나 황중윤이 북경에 가는 도중에 언급한 바 있는 봉황성에 멈춰서 이전 그들처럼 봉황성이 곧 안시성이라는 논란과 관련한 자신의 입장을 언급한다.[51] 결국 임진왜란 이후 점차 확산된 고구려에 대한 관심은 고구려에 대한 재인식의 과정으로 발전하였는데, 서유문 또한 이와 같은 당대의 사정 속에서 함께 이해될 수 있는 것이다. 반면 홍순학의 기록에서는 안시성이나 봉황성과 관련한 특별한 기록이 확인되지 않는다.

위 논의를 통해 서유문의 작품에서는 강한 고구려에 대한 역사적 기억을 확인할 수 있었고, 홍순학의 작품에서는 상대적으로 그러한 확신이 다소 약화된 모습을 발견할 수 있었다. 이와 같은 맥락에서 볼 때, 홍순학이 당·고구려와 관련하여 서유문에 비해 느슨한 생각을 갖고 있었던 것은 당나라 장수와 관련한 언급에서도 확인된다. 홍순학은 요동성에 당도하여 그 광대하고 번화한 모습에 감동하면서 동시에 '울지경덕'이 쌓은 백탑이 지금

50 이 문단은 위의 논문, 1장 3절 참조.
51 위의 논문, 42쪽.

까지 높이 솟아있음을 목도한다.[52] 주지하듯 울지경덕은 고구려를 정벌한 당의 장수였다. 역사 인식의 측면으로 놓고 본다면 홍순학의 당과 고구려에 대한 기억에는 어느 한 쪽의 입장에 지지하는 모습이 보이지 않는다. 관련 역사 기록이 일정한 가치관 없이 혼재되어 있는 것이다. 만약 두 차례의 커다란 전란의 상처를 여전히 강하게 기억하고 있었던 서유문의 시대라면 나오기 어려웠을 서술이다.

실제로 홍순학은 연경에 당도하기 전에도 서유문에 비해 비교적 자유로운 시선을 갖고 있다고 보아야 할 것이다. 홍순학의 작품에는 명나라에 대한 기억은 물론, 당·고구려에 대한 기억, 청나라의 과거에 대한 기억 등이 비교적 자연스럽게 노출되어 있다. 반면 서유문의 작품은 안시성 관련 기록을 제외하면 거의 모두 명, 특히 명의 멸망과 관련된 기록들로 채워진다. 앞서 언급한 사례 이외에도,

> [24] 대명 말년의 강남 녀ᄌᆞ 계문난이 쳥이의게 피로ᄒᆞ야 심양으로 향ᄒᆞᆯᄉᆡ, 이곳 전방의 시ᄅᆞᆯ 지어 벽 우희 써시니, 그 시예 ᄒᆞ여시ᄃᆡ,
>
> 퇴계공연셕일당ᄒᆞ니 / 졍군환진월나샹을 / 야냥ᄉᆡᆼᄉᆞ지하쳐오 / 통쇄츈풍샹심양이라
>
> 글 아ᄅᆡ ᄯᅩ ᄡᅧ ᄀᆞᆯ오ᄃᆡ, 텬하의 유심ᄒᆞᆫ 사ᄅᆞᆷ은 이ᄅᆞᆯ 보고 불샹이 너겨 건져내믈 ᄇᆞ라노라 ᄒᆞ여시니 쳥셩 김샹공이 ᄉᆞ신으로 예ᄅᆞᆯ 지날 ᄉᆡ 글을 보고 ᄎᆞ운ᄒᆞ고, 계문란의 ᄉᆞ적을 ᄌᆞ셔히 긔록ᄒᆞᆫ지라[53]

과 같이, 청에 잡혀간 여인의 안타까운 심정을 노래하고 있다. 심지어 명을 멸망시키고 청이 중원을 장악한 역사에 대해서 '쳐음 즁원을 어즈런인 님군은 슌치 황뎨'[54]라는 표현까지 사용한다. 결국 서유문은 연경에 당도하기 전까지의 노정에서 명이 멸망하고 동시에 조선이 청의 질서에 무릎 꿇어야 했던 상황을 주되게 회상하고 있는 것이다. 서유문의 이

---

52 요동셩ᄂᆡ 들어가니 광장ᄒᆞ고 번화ᄒᆞ다 / 졍영위 하포쥬ᄂᆞᆫ 고젹이 자셰ᄒᆞ여 / 울지경덕 ᄇᆡᆨ혼빅탑 지금ᄭᆞ지 놉하잇다 연행가, 314쪽.

53 무오연행록, 438쪽(94쪽).

54 무오연행록, 500쪽(176쪽).

러한 강한 문제의식은 이후 연경에 당도해서도 그가 변화한 연경의 모습에 경도되지 않고 자신의 신념을 유지할 수 있게 하였다고 본다. 요컨대 서유문과 홍순학 사이에 놓인 약 70여 년이라는 시간적 간극은 이들에게 다소 다른 역사적 기억을 부여했다고 할 수 있다.

더하여 이러한 두 작품의 차이는 장르적 차이로 인해 발생한 시선의 차이로도 해석될 수 있다. 표기체계를 막론하고 다수의 연행록이 그러하듯, 서유문의 작품 또한 노정의 흐름을 따라 작자의 시선에 포착된 대상들을 순차적으로 서술하는 양상을 보여준다. 그 와중에 시선의 이동이 멈추는 경우는 주로 본인의 회고 혹은 타인과의 만남으로 인한 것들이다. 반면 〈연행가〉는 다소 차이가 있다. 번화한 물색과 마주칠 경우 그 지점에서 이동을 멈추고, 시선은 번화한 물색 하나하나를 꼼꼼히 살펴보기 위해 움직일 따름이다. 따라서 서유문이 연행 노정에서 보는 대상들을 비교적 균일한 비중으로 소개하고 있다면, 홍순학은 인상적이지 않았던 대상은 제외한 채 인상 깊었던 대상들을 중심으로 매우 자세히 소개하는 특징을 보이게 되는 것이다. 결국 이러한 장르적 차이가 장면의 출입, 표현의 차이 등을 더욱 크게 하였을 것이라 생각된다.

비슷한 듯 보이는 두 인물의 집단 기억은 연경에 당도한 이후 전혀 다른 결론을 맺게 된다. 결국 이러한 차이는 연경의 선진적인 문물과 문화에 어떻게 반응하느냐의 문제이고, 반응의 양상은 체험하는 이가 애초에 어떠한 생각을 갖고 있었는가와도 깊은 관련을 맺고 있다. 이렇게 볼 때 서유문은 그 사실이 의심되지 않는, 집단기억에 대한 믿음이 확고한 시대 속에 있었다고 볼 수 있고, 홍순학은 집단기억에 대한 믿음에 균열이 갔거나 혹은 집단기억을 관성적으로 받아들이던 시대 속에 있었다고 볼 수 있다. 요컨대 일면 별다른 차이점이 없어 보이는 연행 관련 기록들에도 그것이 산출된 시대의 시대적 기억, 체험자 개인의 의식 및 경험, 여정, 장르 등에 의해 미세한 차이를 보이며, 결국 이러한 차이를 통해 이후 변화하는 작자의 의식 및 태도의 원인을 추론할 수 있는 것이다.

5. 맺음말

본고는 1798~1799년에 서장관 서유문에 의해 지어진 〈무오연행록〉과 1866년에 역시 서장관이었던 홍순학에 의해 지어진 〈연행가〉를 비교·대조하고, 이들 작품에 나타나는 차이의 원인이 무엇인지를 살펴보았다.

두 작품은 연행단의 젊은 관리인 서장관이 한문이 하닌 한글로 창작한 연행의 기록이라는 점에서 비교·대조의 대상이 되기에 적절했다. 작품의 작자들은 모두 비교적 당대의 이데올로기에 충실했던 인물로, 연경에 당도하기 전까지의 여정에서 공히 대명의리론과 소중화의식을 기반으로 한 시선을 갖고 있었다. 하지만 연경에 도착한 후에는 각기 상이한 반응을 보이는데, 서유문의 경우 기존의 시선을 계속해서 유지해나간다면, 홍순학은 청의 번화함에 경도되는 모습을 보인다. 본고는 연경에 대한 반응의 차이를 - 서유문에게 닥친 급작스런 태상황의 상사와 같은 - 여정의 차이로도 볼 수 있지만, 보다 근본적인 이유는, 이들이 출발 전부터 갖고 있었던 당대의 역사적 인식의 차이로 보았다. 이에 서유문에게서 나타나는 강한 신념은 임진왜란과 병자호란으로 강화된 북방의 고대사 인식으로부터 기인한 것으로, 반면 홍순학은 그러한 강한 집단기억이 다소 소멸된 것으로 보았다. 시간이 지나 변모한 집단기억이 홍순학의 역사인식에 약간의 균열을 냈고, 그 균열의 지점에 청의 번화한 모습이 포착된 것이다. 요컨대 이 두 작품을 통해 그것이 산출된 시대의 시대적 기억, 체험자 개인의 의식 및 경험, 여정, 장르 등의 차이가 작품의 변화에도 적지 않은 영향을 끼친다는 것을 확인할 수 있었다.

2부 일본 체험,

새로운 인식과 교류의 시작

1장

17세기 후반 한일간의 무기 밀수 사건에 대해서

김문경金文京*

1. 머리말

임진왜란 이후의 조선과 일본의 관계는 주지하는 바와 같이 주로 조선 통신사의 일본 파견에 의하여 이루어졌다. 이 조선 통신사의 역사는 최근에 한일 양국 간에서 상호 신뢰와 우호관계의 상징으로 재평가를 받아 학계뿐만이 아니라 일반 사회에서도 큰 관심을 모우고 있는 듯하다.

그러나 조선 통신사가 설사 우호의 상징이라 하더라도 그 이면에는 양국 간의 정치적 외교적 충돌과 모순이 엄연히 존재했던 것 또한 당연한 사실이라 하겠다. 그 중에서도 가장 심각했던 문제는 아마 조선의 일본으로부터의 무기 수입 문제였을 것이다. 임란 이후 곧 이어진 병자 정유 호란에 의하여 조선은 중대한 군사적 위기에 직면하게 되었으며 이에 대응하기 위해 일본으로부터의 조총을 비롯한 무기 수입이 긴급한 문제로 부상한 것이

* 일본 교토대학교 인문과학연구소

다. 이 문제는 조선과 일본뿐만이 아니라 조선과 청과의 관계에도 파급하여 한중일을 포함한 17세기 동아세아 외교상에 적지 않은 영향을 미쳤다.

17세기 전반에 있어서의 무기 수입에 관해서는 이미 요내다니 히도시米谷均씨의 연구에 자세히 서술되어 있다.[1] 그러나 1621년 일본이 무기 수출 금지령을 내리고 이어서 1631년 소위 柳川事件에 의하여 일본의 대조선 외교체제가 변화한 후에 행해진 무기 밀수 사건에 대해서는 아직 볼만한 연구가 없다. 본론은 이에 대해서 사실 관계를 간략하게 소개하여 금후의 본격적 연구를 위하여 참고 자료를 제공하고자 한다.

2. 『당통사심득唐通事心得』의 밀무역에 관한 기사

『당통사심득唐通事心得』(長崎縣立長崎圖書館渡辺文庫所藏 · 필사본)은 나가사키長崎의 중국어통사가 갖추어야할 소양을 구어口語 중국어로 설명한 귀중한 자료이다. 기즈유코木津祐子씨의 연구에 따르면[2] 필사자와 필사연대 모두 알 수 없지만, 문장 속에 남경사南京寺(興福寺) 욱여화상旭如和尚에 관한 기술에서 단서를 찾을 수 있다. 욱여旭如는 정덕원년正德元年(1711)부터 7년간 흥복사興福寺의 오대주지五代住持로 재위한 다음 향보享保 2년年(1717)에 경도황벽산京都黃檗山 제십세第十世를 계석繼席하고 있었으므로, 본서의 성립은 그 후 얼마 지나지 않은 시기로 추정된다. 즉 1720~30연대 전후로 보는 것이 타당할 것이다. 이와는 별도로 가영嘉永 3년年(1850)에 필사된 『장단습화당화長短拾話唐話』(長崎圖書館藏)가 있는데 『당통사심득唐通事心得』와 내용이 대부분 일치한다.

이 『당통사심득唐通事心得』 및 『장단습화당화長短拾話唐話』에 조선에 무기를 밀수한 사건의 전말이 다음과 같이 기재되어 있다.

聞得說, 前遭捉着了做私貨的船, 船上單單有三個人. 一個是對馬地方的人, 兩個是長崎人. 船上有幾個頭盔衣甲, 弓箭刀鎗這等的軍器, 還有朝鮮出的人參五拾斤. 這三個人是三年前瞞了人家暗暗的買

1 米谷均, 「一七世紀前期日朝関係における武器輸出」, 『十七世紀の日本と東アジア』(山川出版, 2000).
2 木津祐子, 「『唐通事心得』訳注稿」, 『京都大学文学部研究紀要』 39(京都大学文学部/ 大学院文学研究科, 2000).

備些軍器，到朝鮮去買人參，在那里擔擱了三年，剛剛這遭回來．回路上大著膽，不曾防備，青天白日走過平戶港口，被那哨船捉拿了．說便是這等話．

原來做了不公平的事情，雖眼下逃得姓(性)命，究竟逃不過．憑你怎生半夜三更黑暗暗地，鐵桶一樣準備，也是上天不肯饒恕．因為常言說道：「人善人欺天不欺，人惡人怕天不怕」．自從當初如今，犯法的人再沒有逃得過．這一遭難為那地方的王家破費了銀糧，打發幾十個大頭目，小頭目等押解犯人，送到長崎來審問．想必早晚解送來了．

聞得說，幾十年前，長崎有乙個大財主，姓叫做伊東．原來做私貨是這個財主纔起頭．他也帶了軍器，到朝鮮去買貨．後來有人首告，露出馬腳來，被王家問罪了．當初是紅毛船，唐船做私貨年年有的，朝鮮去做私貨的，除了伊東，單單這乙遭的三個夥計了．這三個人的罪犯，非同小可，重也重到脫底頭的了．為何呢?兵器是日本大大犯禁的東西，半盔片甲也不許私下買與他唐山人．諒來這三個人明日問了大罪，老大吃苦的了．

原來酒色財氣這四個字大誤了人．做一個人立身在世間，名利兩個字雖然丟不掉，將就些自然沒事了．只顧貪圖不肯罷休，所以弄出事來，活活送了一條姓(性)命，豈不可惜．他那伊東到朝鮮去，不止一遭兩遭，一連去了十三遭．到了第十三遭，方纔露出來．單單走一待也撰錢不少，何況十三遭，老大掘藏了．論起伊東的家事來，長崎算得第一個大財主，家裡銀子堆放不起，說來坑厠上都是銀子的．這樣豪富有什麼不像意，又要貪財，做那樣欺公犯法的勾當？這也罷了．一遭去撰錢，就是因(應)該歇了．為什麼只管累次去，不曉得收拾？若是走了四五遭就歇了，再沒有人得知，自然好好過日子．那有死在刀鎗之下？這都是自家惹出來的，快(怪)不得人家了．

전해 듣기로 이번에 잡힌 밀수 배에는 세 사람밖에 없었다고 한다. 한 사람은 쓰시마(對馬) 사람이고 두 사람은 나가사키(長崎) 사람이다. 배에는 투구와 갑옷, 활과 화살, 칼, 창과 같은 무기와 조선산 인삼 5근이 있었다고 한다. 이 세 명은 3년 전에 사람들을 속여 몰래 무기를 구입하고, 조선에 가서 인삼을 사고 거기서 3년이나 머물다가 막 돌아온 참이었다. 귀국하면서 대담하게 아무런 방비도 하지 않고 백주에 당당하게 平戶항으로 들어오다가 감시선에 잡혔다는 그런 이야기이다.

악행을 저지르면 설령 그 당시에는 목숨을 부지하더라도 마지막에는 면할 수 없는 법이다. 네가 아무리 한 밤중에 몰래 만반의 준비를 하더라도 하느님은 용서하지 않는다. 따라서 속담에도 '사람이 좋으면 다른 사람이 바보 취급하지만 하늘은 바보 취급하지 않는다. 악인은 사람들이 무서워하지만 하늘은 무서워하지 않는다'는 말이 있다. 옛날부터 지금까지 여기에서 벗어난 예가 없다. 이번 일은 고맙게도 관청에서 돈을 써서 大頭目, 小頭目을 수십 명이나 보내 범인을 나가사키로 호송하여 조사한다고 하니 머지않아 올 것이다.

듣기로는 수십 년 전에 나가사키에 이토(伊東)라는 큰 부자가 있었다고 한다. 밀수는 원래 이 부자가 시작했는데 이놈도 무기를 조선에 가지고 가서 물건을 사들였다고 하는데, 나중에 밀고자가 있어서 마각이 드러나 관청의 처벌을 받았다. 당초 紅毛船이나 唐船과 밀수하는 일는 매년 있었지만, 조선에 가서 밀수한 것은 이토(伊東)를 제외하고 이 세 사람뿐이다. 이 세 사람의 죄는 가볍지 않다. 밑바닥이 다 나갈 정도로 무거운 죄이다. 왜냐하면 무기 수출은 일본 법에서 엄격히 금지된 것으로 설사 투구의 일부나 갑옷의 한 조각이라도 몰래 외국에 파는 행위는 절대로 안 된다. 이 세 명은 내일 당장이라도 처벌되겠지만 아마 중한 벌이 내려질 것이다.

원래 酒, 色, 金, 분노, 이 네 가지는 사람을 망치는 원흉이다. 인간으로 이 세상에 사는 이상 名利와 담쌓고 살 수는 없겠지만 적당히만 하면 큰 낭패는 당하지 않는다. 오로지 욕망에 쫓기어 그만두려고 하지 않기 때문에 일을 저지르고 안타깝게 아까운 목숨까지 버리게 된다.

이토(伊東)가 조선에 간 것은 한두 번이 아니다. 열세번이나 갔고 그 열세번 째에 드디어 발각되었다. 한번만 가도 돈을 상당히 벌었을 텐데, 열세번이나 갔으니 아주 많이 벌었을 것이다. 이토(伊東)의 집으로 말할 것 같으면 나가사키 제일의 부자로 금화, 은화가 넘쳐나 측간까지 은화로 치장할 정도의 집이라고 한다. 그런 부자가 뭐가 부족해서 또 욕심을 부려 금지된 법을 어기게 되었는가. 거기까지는 아직 괜찮다. 한차례 가서 벌고 그것으로 끝냈다면 좋았을 것을, 왜 몇 번이나 더 가서 끝낼 줄을 모르는가. 만약 네다섯 차례로 그만 두었다면 아무에게도 발각되지 않고 풍족한 생활을 할 수 있었을 것을 어째서 창칼로 죽임까지 당했겠는가. 그것도 모두 자신의 몸에서 나온 녹, 누구를 탓할 것인가.

『장단습화당화長短拾話唐話』에서는 「기십년전幾十年前」이 「육십년전六十年前」으로 되어있다. 그렇다면 이토伊東가 밀수에 관여한 것은 1660~70년 전후로 추정할 수 있다.

3. 일본 측 관련 사료

이와 관련된 자료로 나가사키長崎에서 발생한 범죄사건과 그 조치를 기록한 『범과장犯科帳』(長崎図書館 昭和33年刊) 관문寛文 7년年(1667)조条에 조선에 무기를 밀무역한 사건과 관계된 이토고자에몬伊藤小左衛門 이하 98명에 대한 처단이 보인다. 이토고자에몬伊藤小左衛門에 관한 기사는 다음과 같다.

長崎居住之者，家持．筑前伊藤小左衛門，未二年四十九．

未六月廿五日，長崎水之浦二而松平右衛門佐より召捕之，七月六日，五嶋町江預置．九月四日籠舎．

此者卯辰両年，小茂田勘左衛門，扇角右衛門なとと申合致金元，両年共二船を仕立朝鮮国江武具相渡し候．依之未十一月晦日はり付二掛之．其上男子弐人在之，壱人は於当所同日斬罪，壱人は筑前二有之故，右衛門佐江申遣，於彼地同十二月十九日被致斬罪候由，同月廿三日右衛門佐より申来．

長崎에 居住하고 집을 갖고 있는 筑前(후쿠오까)의 伊藤小左衛門은 未年(1667)에 나이 49살이다. 이 해 6월25일 長崎의 水之浦에서 松平右衛門佐가 체포하여 7월6일에 五嶋町에 안치 9월4일에 입옥시켰다. 이 자는 卯辰両年(1665・1666)에 小茂田勘左衛門, 扇角右衛門들과 상의하여 돈을 모아 두 해 다 배를 마련하여 조선국에 무기를 팔았다. 이에 의하여 올해 11월 그믐날에 磔刑에 처했다. 아들이 둘 있으나 하나는 같은 장소에서 같은 날에 참죄, 또 하나는 筑前에 있기 때문에 右衛門佐를 파견하여 거기서 12월19일에 참죄에 처했음을 같은 달 23일에 右衛門佐가 보고 해 왔다.

위 이토고자에몬伊藤小左衛門이 『당통사심득唐通事心得』에 나오는 이토伊東임에 틀림없을 것이다. 또 여기에 공모자로 이름이 올라있는 소무전감좌위문小茂田勘左衛門, 선각우위문扇角右衛門도 『범과장犯科帳』에 그 이름이 보이며, 이것에 의하면 두 사람은 모두 쓰시마對馬 상인이었던 것 같다. 소무전감좌위문小茂田勘左衛門에 관한 기록은 다음과 같다.

宗對馬守領分，小茂田勘左衛門．未二年三十四．

此者卯辰両年, 伊藤小左衛門, 扇角右衛門と申合, 小左衛門金元二而, 船を仕立致上乘, 朝鮮国江武具差渡候. 三年以前巳年は中里弥次右衛門, 去年午年は浅見七左衛門なとと申合, 自分之荷物をも積致上乗, 朝鮮江相渡候. 依之對馬守在所より家来召寄, 於対州はり付二可掛之旨, 申含申, 正月十九日渡遣之候. 付而同二月七日, 於彼地はり付二掛之候由, 同月十七日對馬守留守居より申越候.

宗對馬守의 領分의 小茂田勘左衛門은 未年에 나이 34살이다. 이 자는 卯辰両年에 伊藤小左衛門, 扇角右衛門과 상의하여, 小左衛門이 자금주가 되어 배를 마련하고는, 조선국에 무기를 넘겼다. 삼년 이전인 巳年에는 中里弥次右衛門, 작년에는 浅見七左衛門들과 상의하여, 자기의 화물도 배에 실어 조선에 넘겼다. 이에 의하여 對馬守의 고장에서 그 가신이 와서 対州에서 磔刑에 처하겠다고 말하니 정월19일에 인도했다. 2월7일에 그 곳에서 磔刑에 처했다고 같은 달 17일에 對馬守의 長崎의 주재소에서 보고해 왔다.

선각우위문扇角右衛門에 관한 기술도 이와 거의 비슷하다. 이로써 쓰시마와 큐슈九州 상인이 공모해서 조선으로 대량의 무기를 밀수한 사건이 존재했음을 알 수 있다. 이 사건에 대해서는 쓰시마번對馬藩에도 기록이 남아있다.[3]

또한 『덕천금령고德川禁令考』(巻六十二 「法制禁令之部・外国」)에 보이는 다음 기사도 이 사건에 관한 것으로 추정된다.

「寛文七未年七月廿五日朝鮮國江密々武道具指渡候者罪科覚」

一、死罪之内重科者磔, 其外或獄門或可為斬罪事.

一、武道具指渡儀存ながら金元仕候者ハ死罪, 様子不存金借候儀無紛者, 閉門致させ可預置事.(以下省略)

(「寛文七未年七月廿五日에 朝鮮國에 몰래 무기를 넘긴 者의 罪科覚書」

一、死罪中 무거운 자는 磔刑, 그 外는 或은 斬罪하여 梟首하고 或은 斬罪시킬 것.

一、무기를 넘기는 줄 알면서 그 자금을 마련한 자는 死罪, 사정을 모르고 자금을 빌려 준

---

3 森克己, 「近世における対朝鮮貿易と對馬藩」, 『史淵』 54輯(1950); 武野要子, 『悲劇の豪商伊藤小左衛門』(石風社, 1999); 荒野泰典, 「小左衛門と金右衛門地域と海禁をめぐる断章」, 『海と列島文化』 10(小学館, 1992).

것이 틀림 없는 자는 禁錮刑에 처할 것. (하략)…

4. 조선 측 관련기사

이 시기의 『조선실록朝鮮實錄』에 이상과 같은 일본기록에 대응하는 일본에서 무기를 밀수입한 기사가 가끔 보인다.

①『朝鮮實錄』 仁祖 巻17, 5年(1627 天啓 7年) 11月 1日(甲子)

備局啓曰 : "對馬島主及平調興等所送鳥銃, 硝黃, 今當給價, 而東萊木綿數少, 既不得充給於公貿易之價. 今此鳥銃, 硝黃之價, 必不下百同. 若不趁時給送, 則殊無開諭來賣之意. 今見全羅兵使牒報, 則以鳥銃貿易事, 輸送逃軍贖木一百二十同于釜山云. 此是兵器貿易之資, 請以此木綿, 依該曹折價給送, 以其餘, 留爲畢貿之地." 上從之.

② 同上 孝宗 巻10, 4年(1653 順治 10年) 1月17日(甲申)

上引見大臣及備局諸臣而問之曰 : "淸使回到平壤, 何無監, 兵使覈問之擧耶?" 領議政鄭太和曰 : "彼人之事, 類如此矣." 上曰 : "淸使到松京發賣之物, 多於兩西, 無乃守臣之不能周防而然耶?" 太和曰 : "松京市民, 惶怯行賂, 自前而然. 至於白綿紙, 則纔索於地曹, 旋賣於松京, 此實前所未有之事也." 太和又曰 : "見東萊府使狀啓, 則倭人欲貿甲胄, 馬匹, 而聞朝廷不許, 大有所缺望. 蓋其意欲用此兩物於舊大君社堂云矣." 上曰 : "倭人之所欲, 實如兒戱也."

③ 同上 孝宗 巻10, 4年(1653 順治10年) 2月7日(甲辰)

倭人求貿祭器, 樂器, 深衣, 甲胄等物, 許之.

④ 同上 顯宗 巻10, 6年(1665 康熙4年) 7月9日(癸巳)

有倭人密載硫黃一船, 來泊於龍草島, 尋皮奉事, 林主簿, 慶尙監司任義伯以聞. 所謂皮奉事, 林主簿, 即商人林之竹, 皮起門, 自前與倭人潛貿硫黃者也. 備局令東萊及統制使, 分付兩人, 密使交易,而且請自今一切禁斷潛商，申飭于東萊府使．從之．

⑤ 同上 顯宗10卷，6年(1665 康熙4年) 7月29日(癸丑)

刑曹判書金佐明曰："金謹行所約潛商硫黃事，今當稟處矣．" 上曰："其數幾何?" 佐明曰："向則一萬五千餘斤，今則二萬七千斤矣．" 太和曰："政府奴欲爲免賤計，潛貿以來．蓋此事，故相元斗杓在時，自備局分付譯官，密令商賈，往約彼中以來矣．" 戶曹判書鄭致和曰："潛商乃彼國極禁．而我國所爲，館倭無不洞知，且商賈等，必藉此事，恣意潛行，豈不有傷於國體乎．臣意以爲：此後則痛加禁斷爲可．"

위 기사에 보이는 '비국備局'은 조선왕조 후기에 의정부를 대신해서 실질상 정부의 최고 의결기관이었던 비변사備邊司를 말한다.

비변사가 쓰시마對馬에서 조총鳥銃과 ①은 쓰시마藩主와 평조흥平調興, 즉 가로家老인 류천조흥柳川調興(柳川사건의 당사자)가 조선에 대한 조총鳥銃, 초황硝黃 수출에 직접 관여한 사실을 말해주는 기사이다.

③은 일본인이 조선에서 갑주甲冑, 마필馬匹 등을 매입하려고 했을 때 조선이 거절하다가 결국 허락했다는 내용으로 무기밀수와 직접 관계는 없다. 이것은 일본을 기만하기 위해 청조淸朝에서 얻은 전리품戰利品이라고 하여 무기를 보낸 사실과 관련이 있다.[4] ②의 '구대군사당舊大君社堂'은 아마도 덕천가강德川家康을 신으로 모신 동조궁東照宮을 가리키는 것으로 생각된다. 『당통사심득唐通事心得』은 밀수한 무기의 품목에 관해서 '두회의갑頭盔衣甲, 궁전도쟁弓箭刀鎗'이라고 서술하고 있지만 그 주요 무기는 총과 유황硫黃이었다.

④는 일본과 조선의 상인들 사이에 일본에서 조선으로 유황이 장기간에 걸쳐 계속 밀수되고 있었으며, 또 비변사가 겉으로는 금지하면서 묵인, 또는 배후에서 밀수를 유도했었음을 말해준다.

⑤는 유황 밀수가 국왕의 인지를 얻었다는 점. 유황의 밀수량이 이 시기에 이전의 15,000근에서 27,000근으로 증가되었다는 점. 밀무역은 정부노政府奴(議政府의 노비)들이 천역賤役을 면할 목적으로 행한 것으로 재상宰相 원두표元斗杓가 비변사備邊司를 통하여 역관

4 주) 1 米谷均 논문 참조.

에게 명하여 시켰다는 점. 그리고 조선은 유황밀수가 일본의 국금国禁에 저촉된다는 점과 밀수 사실을 이미 왜관의 일본인이 알게 되었다는 점을 인식하여 일부에서는 조선의 국체를 훼손할 수 있는 중대한 사태라는 우려가 있었다는 점 등등 주목할 만한 사실을 말해주고 있다.

이 중 ④, ⑤(1665)는 일본의 자료와 거의 같은 시기의 것으로 이것이 이토고자에몬伊藤小左衛門의 밀수사건과 동일한 것임에는 의문의 여지가 없다. 이것으로 이 대규모 밀무역 사건에 당시 조선정부의 중추가 관여했다는 사실을 알 수 있다.

5. 원두표元斗杓와 역관 김근행金謹行의 관여

특히 그 중심으로 추정되는 인물은 「고상원두표재시故相元斗杓在時, 자비국분부역관自備局分付譯官, 밀령상가密令商賈」이라고 한 기사에서 알 수 있듯이 원두표元斗杓였다.

원두표元斗杓(1593~1664)는 인조仁祖반정 때 이괄李适의 난乱을 평정하고 병자호란丙子胡亂 때에는 남한산성南漢山城 수비守備로 공적을 세운 중신이며 또 서인西人의 분파, 원당原黨의 영수領袖이기도 했다. 그는 1654년에 병조판서, 1656년에 우의정을 거쳐 1662년에 좌의정이 되었으며 군기사軍器寺의 도제조都提調를 겸했다(『한국민족문화대백과사전』). 밀무역은 이 사이에 행해진 것이다. 이와 같은 조선 조정의 시책은 청나라의 침입으로 인한 북변의 군사적 긴장, 그리고 효종孝宗의 북벌정책에 수반되는 군비 강화와 관계가 있을 것으로 짐작된다.

그리고 이 사건에 역관이 관여했다는 점도 주목할 만하다. 원두표元斗杓가 비변사를 통해 밀수를 시킨 역관은 그 앞에 이름이 보이는 김근행金謹行으로 생각된다. 다음은 김근행金謹行에 관한 실록의 기사를 적록摘録한다.

① 孝宗 巻21, 10年(1659 順治16年) 閏3月5日(乙丑)

先是, 東萊府使閔鼎重馳啓曰:“本府居人及商賈輩, 有與倭人私通之跡, 多般鉤問, 則譯官金謹行進告曰, ‘本府居人九鶴等及京商李五賢等十餘人, 通書倭人, 漏泄我國事情云.’ 在本府者, 自本府訊問而不服. 在京者, 則請令廟堂稟處." 上下教于入直承旨李尙眞, 李慶億曰:"此狀本, 兩承旨切勿浪傳於外." 其後東萊罪人及在京者, 竝拿囚嚴加訊問, 而終不輸情. 廟堂請分輕重定配邊邑, 從之.

② 顯宗卷8, 5年(1664 康熙3年)2月29日(壬戌)

上又曰:"昨見都監草記, 硫黃買來者, 何許人耶?"(金)佐明曰:"京居富商李應祥之奴武善, 受應祥之指揮, 牟利於外方者也." 上曰:"都監曾有分付之事乎?"(柳)赫然曰:"左相曾於金謹行之入往, 使之相約於倭人, 故倭人作此潛商, 而二萬斤先爲出來, 二萬斤又隨後出來, 而恐我國商賈輩, 不能接濟, 預先報知矣." 上曰:"必不敢直到倭館矣." 赫然曰:"前日潛賣時, 來到加德, 今亦必來到于加德矣." 佐明曰:"長劍卽用於酬應之物, 而倭館中亦無以貿得, 左相使金謹行得來, 今聞二百柄出來矣. 槪聞硫黃百斤之價, 在倭國則不過五六兩銀貨, 而我國則以十兩爲直, 故倭人亦忘死而來賣矣." 赫然曰:"此是我國所無之物, 不可絶其路也. 聞倭人今方裝載, 潛伏於島中, 若遇順風, 則飛船之來泊我境, 不過半日之間矣." 上曰:"硫黃之價, 以銀給之耶?" 赫然曰:"此是潛賣之事, 故倭人必欲得銀, 以便其藏去, 而銀非我國之産, 故或以白絲, 或以木綿給之矣. 且我國無物不有. 端川煮硫黃土, 而得水銀, 淸州亦煮硫黃, 而得含錫." 上曰:"此由無博物人故也."

③顯宗 卷8, 5年(1664 康熙 3年)3月3日(乙丑)

上問斗杓曰:"訓鍊都監硫黃貿來人, 將何以賞之?" 斗杓曰:"洪喜男前已加資, 故除拜同知, 今則以加設僉知賞之當矣. 金謹行之入往島中, 臣與李浣, 柳赫然, 言於謹行, 使之相約於潛商倭人, 今者三倭, 果來潛賣, 且有裝載, 潛置於島中. 前則硫黃百斤之直, 至銀八十兩, 今則不過七十兩, 前頭亦當又下於此數, 此路不可絶也."

④顯宗 卷8, 5年(1664 康熙3年) 4月29日(辛酉)

太和又曰:"卽見下禮曹東萊狀啓, 則以公貿木事, 倭人請速完定. 此是頃年金謹行往島中時, 倭人所言者也, 得見慶尙監司報狀, 各邑或願綿布, 或願以米. 而倭人所欲, 本在於米, 綿布雖好, 必不捧矣." 上曰:"米數太多, 減給爲當." 太和曰:"當初綿布一匹直, 米十二斗, 民以爲便, 今減米數, 則彼必不從." 上曰:"若以減其米數, 定爲永式爲言, 則彼必喜而從之." 太和曰:"此則然矣."

⑤顯宗 卷9, 6年(1665 康熙4年) 1月16日(癸卯)

結城縣人朴承元等十五人, 乘船商販, 到加德鎭前洋, 逢風漂泊於馬島. 島主出送, 與問慰譯官金謹行同歸. 禮曹啓請依例備送贈物, 以謝之.

⑥顯宗改訂實錄 卷18卷, 9年(1668 康熙7年) 3月16日(甲寅)

上以眼患, 御熙政堂, 藥房諸臣率諸醫入診. 後領相鄭太和, 陳倭人處書啓回答之意. 蓋時我人與倭人, 潛相買賣石硫黄, 仍見露於島主, 而難其書契措語也. 上曰 : "以初頭不能譏察, 終有此事, 我國何可曰不知等語, 措辭則何如?" 太和曰 : "渠是漂風來泊, 故邊上之人, 不知其爲潛賣而買之云, 則亦可矣." 上曰 : "宜使承文院製出數件, 擇而用之也." 〈太〉和曰 : "主文之人, 嘗製奏文, 而金佐明自前善製此等文字. 今亦使之構出一本何如?" 上允之. 太和又曰 : "公作米事, 亦當分付於譯官韓時說, 而言於倭人曰 : '前日曾使金謹行, 減除斗數而不能. 故朝廷方欲罪之. 而更使渠來言云爾.' 則似乎可矣." 上曰 : "與其不許捧木, 寧減斗數. 若減斗數, 則可以永許之意, 使之爭執爲當."

이상과 같은 기록에는 묘당廟堂에서 이루어진 국왕과 대신의 밀수에 관한 문답과 역관의 역할이 생생하게 기재되어 있다.

6. 밀무역 사건이 조일朝日관계에 미친 영향

1682년(肅宗 8年, 日本天和 2年) 제7차 통신사에 수행한 역관 홍우재洪禹載의 『동사록東槎錄』 6월 29일조条에 다음과 같은 기술이 있다.

同日就宴, 三使臣出坐歇所時, 島主送呈一幅五條. 其一曰……其二曰 : 曩者, 請禁潛商. 頃入我境, 布令甚嚴, 最荷鄭重云云. 此則今行到佐須浦, 搜檢已嚴, 故是以稱謝之也. 其三曰 : 去戊申(1668), 己酉(1669)之間, 我國筑前州豪民, 潛通貴國, 貿易禁物, 其黨磔刑. 想今番留住東都之日, 或俾侍讀官就證諸疑矣. 然則要須答以情實.

또 7월 1일 「상계초狀啓草」에는 다음과 같은 기술이 있다.

> 二十九日臣等往島主家, 行相接. 只是舊例說話. 而宴罷之後, 臣等出就歇所, 則島主出送別紙一幅. 觀其措語, 皆是嚴飭一行之意. 與前日渡海譯官所傳者, 別無異同是白乎矣. 其中筑前州潛商書籍一款, 雖未知實状如何, 而事極驚駭. 同別幅謄書輪上為白乎彌,…

쓰시마 측이 제의한 축전주筑前州 호민豪民의 밀무역 건은 시기적으로도 '기당책형其黨磔刑'이라는 점에서도 이토고자에몬伊藤小左衛門의 무기밀수를 가리키고 있음에 틀림없다. 에도에서 그 사건에 관한 질문이 나올지도 모르기 때문에 그 때에는 정직하게 대답하라는 쓰시마의 제의는 일종의 협박처럼 들린다. 그러나 조선 측은 국왕에게 보내는 보고서에 이 건을 「축전주잠상서적筑前州潛商書籍」으로 칭하고 있다.

사절이 에도江戸에 체재할 때 이 문제가 실제로 거론되었는지에 관해서는 명확하지 않다. 제7차 통신사는 왜관의 사무역私貿易에 관하여 쓰시마 측과 5개조에 달하는 계해약조癸亥約条(1683년)를 체결했는데 그 제2조에 밀무역의 자금이 되는 노부세路浮稅 대차貸借를 금지하는 내용이 있었다.[5] 이 조약을 체결하는 데 있어서 위에서 서술한 무기밀수 사건이 영향을 미쳤을 가능성도 있다.

단 『당통사심득唐通事心得』에 의하면 무기밀수는 이후 18세기에도 여전히 행해지고 있는 것으로 되어 있다.

7. 청조淸朝의 기록

앞서 인용한 『현종실록顯宗實錄』에 일본에서 밀수한 장검長劍(日本刀)을 '용어수응지물用於酬應之物' 즉 선물이라고 기술한 구절이 있는데 누구에게 보내는 선물이었을까. 시기는 좀 거슬러 올라가지만 『황청개국방략皇清開国方略』 권卷32 세조世祖 순치원년順治元年(1644) 춘정

5 田代和生, 『近世日朝通交貿易史の研究』(創文社, 1981), 231面.

월경인삭조春正月庚寅朔条에 다음과 같은 기사가 보인다.

> 朝鮮國王李倧，遣陪臣景良弼等表賀元旦貢方物．又於歲貢外，獻所獲倭刀等物並附餽攝政睿親王多爾袞禮物．王謂攝政鄭親王濟爾哈朗及諸大臣曰，朝鮮國王因予取江華島時，全其妻子，不忍負恩，故常以禮物來餽，較諸王獨厚．

즉 이 왜도倭刀(日本刀)는 청나라가 조선을 침략했을 때 청의 다이곤多爾袞(돌곤)이 강화도에 피난한 국왕의 가족을 보호해준 답례가 되는 셈인데, 이것은 어디까지나 다이곤多爾袞의 해석이다. 조선은 청조清朝의 실력자인 다이곤多爾袞에게 특별한 선물을 준 것이다. 다이곤多爾袞은 제왕諸王이 외국으로부터 선물을 받는 것은 바람직하지 않다고 하여 현명하게 이 선물을 조선에 돌려보냈다. 그러나 이후에도 조선은 청나라에 일본도日本刀를 헌상하였다. 예를 들면 『청통전清通典』 권육십卷六十 「예禮」에 다음 기사가 있다.

> (康熙)二十一年(1682)，聖祖仁皇帝恭謁祖陵．朝鮮國王遣陪臣至盛京迎接，進貢方物豹皮，鹿皮，水獺皮，青黍皮，倭劔，全鰒….

강희제康熙帝에게 헌상한 왜검倭劔은 연대적으로 봤을 때 이토伊藤가 밀수한 물건이었을 가능성이 높다.

조선이 일본에서 밀수까지 해서 일본도日本刀를 청나라에 보낸 것은 아마도 일본과의 관계를 청나라에 암암리에 알리고자 하는 것으로 청나라와의 외교 교섭을 유리하게 하려는 의도일 것이다. 그러면 일본에서 밀수한 또 다른 품목인 유황은 어디에 쓰려고 했던 것일까.

그것은 이후 조선이 추진한 북벌정책에 따른 군비강화를 위한 품목임에 의문의 여지가 없다. 즉 조선은 일본에서 들여온 밀수품을 가지고 청나라에 대한 和戦 양면 작전에 활용했던 것이다.

8. 맺음말

17세기는 근세에 있어서 동아세아 국제정세가 가장 긴장되었던 시기이다. 중국에 있어서는 명조의 멸망과 만주족 청조의 성립이 있었고, 일본에 있어서는 도요토미豊臣씨의 멸망과 도쿠가와 막부德川幕府의 성립이 이루어졌다. 또한 중일 양국간에는 명조 잔존 세력에 의한 일본 원군 청원 문제, 소위 일본 걸사가 일어났다.

조선의 무기 밀수 사건은 이러한 국제정세의 대변동 상황하에서 대국 간에 낀 당시의 조선 정부가 취한 부득이한 행위였다고 볼 수도 있겠다. 이 사건의 자세한 경위 및 대일 대청 관계에 미친 영향 등에 대해서는 본격적인 조명이 필요할 것이며 앞으로의 연구가 기대된다.

2장

계미사행시癸未使行時의 필담창화筆談唱和와 오사카大阪의 혼돈사混沌社

김성진金聲振*

1. 머리말

계미사행癸未使行은 한일교류사에서 매우 의미 있는 통신사행通信使行이다. 조선후기의 12차례 통신사행通信使行 가운데 에도江戶까지를 왕복한 마지막 사행이었다는 점 외에도, 이전의 어떤 통신사행보다도 관련 사행기록이 양적으로 방대할 뿐 아니라 내용적으로도 상세하고 정확하며 필담창화 역시 다양하고 성대하게 행해졌기 때문이다. 일본의 사상사 내지 한문학사에서 비중 있는 사건으로 다루어질 수 있는 관정寬政의 학제개혁學制改革, 곧 '이학異學의 금령禁令'을 주도한 뇌춘수賴春水와 시야률산柴野栗山·미등이주尾藤二洲·고하정리古賀精里 등의 이른바 '삼박사三博士'도 계미사행시의 한일문사간의 문학적 교유와 무관하지 않다. 관정寬政의 학제개혁學制改革에는 당시 막부幕府의 유관儒官이었던 시야률산柴野栗山에게 나파사증那波師曾의 문인인 서산졸재西山拙齋가 편지를 보내어 '이학異學의 금禁'

* 부산대학교 한문학과

을 건의하도록 권고했던 것이 큰 역할을 했다[1]고 하는데, 이에 앞서 원중거元中擧 역시 태학두太學頭인 임신언林信言에게 이단을 통렬히 금할 것을 권한 바 있다.[2] 그리고 나파사증那波師曾은 접반승接伴僧인 유천장로維天長老 승첨承瞻의 서기書記를 자원하여 오사카大阪에서부터 에도江戶까지의 왕복노정에서 통신사 일행을 호행護行하면서 정주학程朱學의 존숭과 관련된 필담을 나누곤 했으며[3], 시야률산柴野栗山은 창평횡昌平黌의 학생 신분으로 남옥등과 필담창화를 했다. 시야률산柴野栗山에 이어 미등이주尾藤二洲와 고하정리古賀精里가 막부幕府의 유관儒官으로 관정寬政의 학제개혁學制改革을 마무리했는데, 미등이주尾藤二洲와 고하정리古賀精里는 뇌춘수賴春水와 함께 혼돈사混沌社의 동인으로 활동하다 막부幕府의 유관儒官이 되었다. 고하정리古賀精里는 막부幕府의 유관儒官으로 있다 1811년에 대마도對馬島에서 역지교빙易地交聘 형태로 진행된 신미사행시辛未使行時 일본측의 부사副使로 활약했다.[4] 관정寬政의 학제개혁學制改革과 혼돈사混沌社가 계미사행과 밀접한 관련이 있음을 짐작할 수 있는 것이다.

계미사행시의 조선측 문사들과 일본 관서지역 문사들의 교류가 혼돈사混沌社의 창립에 미친 영향에 주목하는 것은 혼돈사混沌社가 에도江戶시대의 일본한문학사日本漢文學史 및 일본사상사日本思想史에서 차지하는 비중 때문이기도 하고, 한일양국 문사간 교류의 대표적인 방식인 필담창화가 일본의 문단에 영향을 미친 구체적인 사례가 될 수 있기 때문이기도 하다. 하지만 우리의 경우, 계미사행기록은 물론 그 이후의 어떠한 문헌에도 혼돈사混沌社를 직접 언급하고 있는 사례는 보이지 않는다. 반면에 겸가당회蒹葭堂會와 이를 주도했던 목촌손재木村巽齋에 대해서는 계미사행기록과 그 이후의 문헌에서 비교적 상세하게 다루고 있다. 그리고 남옥南玉의 『일관기日觀記』에는 계미사행이 귀국한 지 2년이 지난 1765년 10월에 목촌손재木村巽齋 등이 왜관을 통해 시찰詩札을 보내왔다는 기록이 실려 있다. 이는 남옥의 말처럼, '전례가 없는 일'이었다. 목촌손재木村巽齋등이 시찰詩札을 보내온 것

1 猪口篤志, 『日本漢文學史』(角川書店, 1984), 325~329面.

2 元中擧, 『乘槎錄』 3월 10일조, "痛禁異端, 明示好惡, 使不至播惡於後學, 實正世道之先務."

3 拙稿, 「癸未使行時의 南玉과 那波師曾」, 『한국문학논총』 40집(한국문학회, 2005) 참조.

4 이때 古賀精里와 그의 門徒인 草場佩川 등이 조선측 문사들과 시문증답을 하고 필담을 나눈 것을 기록한 것이 『對禮餘藻』『馬島客館筆語』『倭韓詩文集』 등이다. 이 가운데 『馬島客館筆語』는 『對禮餘藻』의 6월 21일조 필담만을 따로 취하여 엮은 것이니, 辛未使行時의 양국 문사간 필담은 『對禮餘藻』에, 詩文唱酬는 『倭韓詩文集』에 모아 수록되어 있다고 할 수 있다.

은 계미사행 당시 필담창화를 통한 양국 문사간의 교류의 연장선상에 있다고도 할 수 있고, 성대중이 목촌손재木村巽齋에게 겸가당蒹葭堂에서의 시회를 여는 것, 즉 겸가당회蒹葭堂會를 내용으로 하는 그림을 그려달라고 요구했던 것과 무관하지 않다. 목촌손재木村巽齋는 계미사행단이 오사카大阪에서 조선으로 귀환하기에 앞서 성대중이 요구했던 겸가당아집도蒹葭堂雅集圖를 계미사행단에게 넘겨주었는데, 그로부터 2년이 지난 시점에서 다시 이와 무관하지 않은 시찰詩札을 보내왔던 것이다. 목촌손재木村巽齋가 시찰詩札을 보내온 것이 단순히 편지를 주고받는 것만이 아니라, 당시 일본 관서關西지역 문화계의 동향을 반영하고 있을 것이라는 것이 본 연구의 기본적인 전제이다.

최근 계미사행의 사행기록들이 시리즈물로 번역되었고,[5] 계미사행의 사행기록물만을 학위논문과 전저專著가 나오고 있지만,[6] 혼돈사混沌社와 계미사행과의 연관성에 대해서는 그다지 주목하지 않고 있는 듯하다. 본고에서는 이러한 점을 감안하여 혼돈사의 창립과 운영, 그리고 관련일화를 폭넓게 기록하고 있는 뇌춘수賴春水의 『재진기사在津記事』 및 『사우기師友記』를 중심으로 겸가당회蒹葭堂會와 혼돈사混沌社의 상호관계, 그리고 계미사행단이 겸가당회蒹葭堂會 및 혼돈사混沌社 멤버들과 왜 남다르게 친밀감 내지 동류의식을 느끼게 된 배경을 살펴보고자 한다.

2. 계미사행단癸未使行團과 목촌손재木村巽齋의 겸가당회蒹葭堂會

계미사행단이 목공공木孔恭과 겸가당회蒹葭堂會를 인지하게 된 것은 사행단이 남도藍島에서 만난 구정로龜井魯와의 필담창화 이후인 듯하다. 오사카大阪의 객관客館에서 성대중이 축상筑常과 필담을 할 때 "제가 전에 축주筑州를 지나면서 구정로龜井魯를 만나 그의 『동유

---

5 남옥 지음, 김보경 옮김, 『日觀記 붓끝으로 부사산 바람을 가르다』(소명출판, 2006); 성대중 지음, 홍학희 옮김, 『日本錄 부사산 비파호를 날듯이 건너』(소명출판, 2006); 원중거 지음, 박재금 옮김, 『和國志 와신상담의 마음으로 일본을 기록하다』(소명출판, 2006); 원중거 지음, 김경숙 옮김, 『乘槎錄, 조선후기 지식인, 일본과 만나다』(소명출판, 2006).

6 신로사, 「元重擧의『和國志』에 關한 硏究 : 그의 日本認識을 中心으로」(성균관대학교 대학원 석사학위논문, 2005); 안대수, 「1763년 癸未使行에 관하여 : 『金令記』와 『宝曆物語』의 비교를 중심으로」(경희대학교 대학원 석사학위논문, 2009); 구지현, 『계미통신사 사행문학 연구』[보고사, 2006(박사학위논문, 연세대학교 대학원, 2006과 동일)], 강순애외, 『우상잉복 천재시인 이언진의 글향기』(아세아문화사, 2008).

집東遊集』을 보고 이미 세숙世肅과 여왕麗王 무리가 있다는 것을 알았습니다."[7]라고 한 바 있다. 성대중의 말처럼, 사행단은 구정로龜井魯와의 만남을 통해 목세숙木世肅과 겸가당회蒹葭堂會에 대해 알게 되었던 것이다.[8] 이에 앞서 사행단은 1월 21일에 오사카성大阪城에 들어가 바로 그 다음날인 1월 22일에 오사카大阪의 문인들과 시문창화 및 필담을 나누었다. 남옥은 『일관기』에 이날 그와 창수를 하고 필담을 나눈 문인들을 기록하면서 목공공木孔恭에 대해 이렇게 썼다.

> 木弘恭 字는 世肅 號는 蒹葭堂. 浪華 위에 堂을 열고 중국의 奇書들을 쌓아 놓고 해마다 천여 종씩 사들였다. 날마다 사방의 시와 술을 즐기는 무리들을 모았다. 호걸스러운 선비로 이름이 났으니 곧 龜井魯가 칭찬한 사람이다.[9]

이날 남옥이 만난 일본측 문사는 원문호源文虎, 남천유천南川維遷, 오전원계奧田元繼, 목홍공木弘恭, 좌순左詢, 장유왕長維往, 제진齊震, 개환芥煥, 개원징芥元澄, 정고등井高登, 굴현규堀玄圭, 도기창稻其昌, 내산지명內山之明, 부유장富維章, 석방동石方董, 강왕겸岡王謙, 복상수福尙脩, 편유片猷, 승의단僧義端 등이었는데, 남옥은 유독 목공공木孔恭에 대해서 이렇게 상세하게 세주細注를 달아 설명하였다.[10] 이밖에 남옥은 『개원문사芥園問槎』라는 필담창화집을 남기고 있는 개환芥煥에 대해서는 "자字는 언장彥章, 호號는 단구丹丘. 글로 이름이 났다. 곧 정잠井潛이 칭찬한 사람이다. 서경西京에 거한다."라 하였고,[11] 뒤에 혼돈사混沌社의 리더가 되는 편유片猷에 대해서는 "호號는 북해北海. 월후인越後人이다. 글 잘하는 것으로 이름이 났다."[12]라고 하였다. 이날부터 목홍공木弘恭과 겸가당蒹葭堂, 그리고 '시와 술을 즐기는 사

---

7 筑常, 『萍遇錄』 5월 3일조, "龍淵曰;'僕前過筑州, 遇歸龜井魯. 見其東遊集, 已知有世肅麗王輩'"

8 賴春水의 『在津記事』 '筑前龜井道載'條에 의하면, 龜井魯가 京都에 일이 있어 大阪을 지나면서 小石元俊의 집에 머무르게 되면서 蒹葭堂 주변인사들과 교유하게 된 것 같다. 龜井魯는 일을 마치고 돌아갈 때에도 元俊의 집에 머물렀다고 한다. "筑前龜井道 名魯, 號南溟. 有事于京, 過大坂, 寓元俊, 以故交也. ……上京竣事, 又寓元俊"

9 남옥, 『일관기』 秋 1월 22일조, "木弘恭, 字世肅, 號蒹葭堂. 開堂於浪華之上, 畜中國奇書, 歲買千餘種, 日會四方詩酒之徒, 以豪士名, 龜井魯所稱也."

10 원중거 역시 같은 날의 기사에서 "木弘恭은 字가 世肅인데, 바로 龜井魯가 말했던 바의 蒹葭子란 사람이었다."고 기록하고 있다. 원중거 지음, 김경숙 옮김, 앞의 책(2006), 239쪽.

11 남옥, 『일관기』 秋 1월 22일조, "芥煥, 字彥章, 號丹丘, 以文名. 卽井潛所稱也. 居西京"

12 남옥, 『일관기』 秋 1월 22일조, "片猷, 號北海. 越後人. 有文名"

람'으로 일컬어진 겸가당회蒹葭堂會가 사행단의 주된 관심사로 떠오르게 된 것이다. 이날의 『일관기』 기록에는 앞서 거론한 바와 같이 목홍공木弘恭과 부유장富維章, 복상수福尙脩, 편유片猷 등 겸가당회蒹葭堂會의 주요 멤버를 포함한 19명이 기록되어 있으나, 원중거는 『승사록』에서 이날 필담을 나눈 사람이 80여 명이 있었다고 하면서도 개환芥煥과 그 아들 원징元澄, 목홍공木弘恭과 합리合離, 복상수福尙脩, 남천유천南川維遷 등의 이름만을 기록하였다. 『일관기』에 없는 합리合離가 『승사록』에는 포함되어 있고, 그 대신 편유片猷의 이름이 누락되어 있다. 두 기록을 종합해 볼 때, 이날의 필담창화에는 겸가당회蒹葭堂會의 목홍공木弘恭과 합리合離, 부유장富維章, 복상수福尙脩, 편유片猷 등 5명이 참여했던 것으로 보이지만, 남옥과 원중거 공히 겸가당회蒹葭堂會에 대해 정확한 실체를 파악하지 못한 채 필담창화에 임했다가 점차 목세숙木世肅과 겸가당회蒹葭堂會에 대해 관심을 갖기 시작한 듯하다.

『일관기』의 기록에 따르면, 다음날인 1월 23일의 필담창화에는 북산창北山彰이 계미사행의 오사카大阪 영접迎接 역할을 맡았던 안화전번岸和田藩의 번주藩主 강부씨岡部氏의 부탁을 받고 편유片猷와 함께 필담창화를 하였는데, 이를 기록한 것이 『계단앵명鷄壇嚶鳴』이다.[13]

문 : "그대는 이 5인을 아십니까? 和韻詩를 보내고자 하나 보낼 인편을 얻지 못해서일 뿐입니다."

답 : "木世肅과 合斗南(=合離), 福正修(=福尙脩)는 七僧(=北山皓)과 우의가 좋으나 그 나머지는 저도 알지 못합니다."

문 : "『明史』가 中原에서 과연 전해오는 것이 있습니까? 사려가고자 하는데 그대가 나를 위해 찾아줄 수 있겠습니까? 그밖에 『三才圖會』 『本草綱目』도 사려가고 싶은데 그 값은 얼마나 됩니까?"

답 : "『明史』는 중국 배에 실려 온 것이 혹 있을 수도 있으나 값이 매우 비쌉니다. 『三才圖會』는 日本板은 없고 『本草綱目』은 日本板과 中國板이 있는데, 中國板이 역시 적습니다. 日本板은 정밀한 것과 조잡한 것의 두 종류가 있는데, 정밀한 것은 80錢쯤 하고 조잡한 것은 50錢입니다. 그런데 귀하의 나라에는 판본이 없습니까?"[14]

13 日本 大阪府 松原市 歷史ウォーク No.75 〈詩文や儒学に秀でた橘庵〉, http://www.city.matsubara.osaka.jp/

이 필담에서 묻는 사람은 김인겸이고 답하는 사람은 북산창北山彰이다. 북산창北山彰은 남옥등과 필담창화를 하다가 그의 종형제인 북산호北山皓와 함께 병을 이유로 필담에 참여하지 않은 김인겸의 방으로 찾아가 필담을 나누었다. 김인겸이 말한 5인 가운데 세 사람은 겸가당회蒹葭堂會의 주요 멤버였다. 북산창北山彰이 자신이 잘 아는 사람이라고 하지 않고 '북산호北山皓와 우의가 좋다'라 한 것으로 보면, 이때까지만 해도 북산창北山彰은 목공공木孔恭을 비롯한 겸가당회蒹葭堂會 멤버들과 교유가 있었던 것은 아니었던 것이다. 이 필담에서도 드러나는 것처럼 김인겸은 『명사明史』와 『삼재도회三才圖會』 『본초강목本草綱目』처럼 국내에서 구하기 어려운 책들을 구하는 것에 관심을 가지고 있었던 것이고, 마찬가지로 계미사행단을 포함한 조선의 지식인들은 나가사키長崎에 직접 가서 중국의 기서奇書들을 천여 권씩 사 모으고 있다는 목공공木孔恭과 그가 주도하는 겸가당회蒹葭堂會에 대해 관심을 갖지 않을 수 없었던 것이다.

이에 앞서 남옥등이 남도藍島에 머무르고 있던 1763년 12월 9일에 구정로龜井魯가 편지를 보내어 자신은 몹시 오고 싶었지만 저지를 당했다고 하면서, 자신이 〈동유東遊〉라는 시문을 동봉해서 이에 대한 평을 써달라고 청했던 적이 있다. 이에 남옥은 "그가 종유하는 사람은 이른바 독소암獨嘯菴 영부봉永富鳳(龜井魯가 海東의 제1인자라고 함: 原註)과 승僧 대조大潮, 목홍공木弘恭 등이니 모두 오사카大阪에 있다."[15]라 하였다. 그 다음날 구정로龜井魯가 도촌호島村皓 추강秋江과 정토주도井土周道 노경魯坰, 즐전욱櫛田旭 국담菊潭 등과 함께 객관에 찾아와 오랫동안 필담창화를 나누게 되면서 구정로龜井魯로부터 다시 대조大潮에 대해 듣게 되었는데, 목공공木孔恭에 대해서는 달리 듣지 못했던지 이렇다 할 언급을 하지 않고 있다. 대조大潮에 대해서는 『일관기』에 언급이 없고, 원중거의 『승사록』 12월 10일조에 다음과 같이 비교적 상세히 밝히고 있다.

대개 龜井魯는 시를 竺前州의 승려인 元皓에게서 배웠는데 元皓는 字를 月枝라 하고 號를

---

14 北山彰, 『鷄壇嚶鳴』, "語次出五人和章云－金退石. 君知此五人否? 欲以和章送之, 而不得信便故耳. 答－北山彰. 木世肅合斗南福正修, 與七僧友善, 其他僕不知之. 問－金退石. 明史, 自中原, 果有來傳者否? 欲買去, 君能爲我宜覔否? 其他三才圖會本草綱目, 亦買去, 其價幾? 答－北山彰. 明史華舶所載來, 或有之, 價甚貴. 三才圖會, 無和板. 本草綱目, 桑華俱有, 華板亦少. 和板精粗有二, 精者許八十錢, 粗者五十錢. 貴邦無板本否?"

15 남옥, 『일관기』 夏, 12월 9일조, "其所從遊者 所謂獨嘯菴永富鳳 魯以爲海東一人 僧大潮 木弘恭 皆在大坂"

大潮라고 한다. 大潮는 護園에게서 배웠다. 護園은 성명을 物雙柏一이라고 하고 號를 徂徠라고 하는 자인데 처음으로 明나라의 시를 얻어 이로 인해 문호를 크게 열었다. 獨嘯菴이라는 자가 그 문인이다. 獨嘯는 이름을 永富鳳이라고 한다.[16]

이날에 있었던 구정로龜井魯와의 필담에 남옥이 함께 했는지는 분명하지 않으나, 남옥 등이 대조大潮에 대해서 좀더 상세히 알게 되었음을 알 수 있고, 오사카성大阪城에 들어가기 전까지 『일관기』와 『승사록』 공히 겸가당蒹葭堂에 대해 이렇다 할 언급이 없는 것으로 보아 구정로龜井魯에게서 들은 것이 목공공木孔恭에 대한 정보의 전부였던 것으로 보인다. 사행단이 1월 13일에 우창牛窓에 정박해서 이곳의 유관儒官들과 필담창화를 할 때에도 남옥이 정잠井潛에게 '동쪽으로 가면 문학文學과 학술學術을 가히 볼만한 문사文士가 있는지' 묻자, 정잠井潛은 "오사카大阪는 잘 알지 못해 가히 논할 수 없습니다만, 평안平安에는 강백구岡白駒・무흠요武欽繇・개환芥煥・청현淸絢이 있고, 동도東都에는 강효선岡孝先・송유시松維時・여승유餘承裕・우혜宇惠・정효덕井孝德・복원웅服元雄이 있습니다."[17]라고 답하였다. 오사카大阪에 입성하기 직전까지 여전히 목공공木孔恭과 겸가당회蒹葭堂會에 대해서는 달리 들을 수가 없었던 것이다. 하지만 오사카大阪에 입성한 후로는 구정로龜井魯의 편지를 목세숙木世肅에게 부탁하여 영부봉永富鳳에게 전해달라고 부탁을 하기도 하고, 목세숙木世肅과 복상수福尙脩가 인장印章에 매우 뛰어나다 하여 귀로에 도장을 한두 개 새겨서 달라고 할 정도로 이내 친밀해지게 되었다.[18]

시는 合離가 남달리 뛰어난 巨擘이었다. 木弘恭은 圖章으로 이름이 났는데 바람에 나부끼듯이 뛰어난 재주가 있었으며 浪華에서 가장 좋은 술집에서 술을 챙겼다. 또한 長碕島 로부터 책을 구매하는데 南京의 책을 매우 많이 샀다. 강가에다 집을 짓고 蒹葭藏이라는 현판을 걸어두었는데 책이 삼만권에 이른다고 한다. 福尙脩는 의원인데 시를 잘했다. …… 木世肅과 合離와 福尙脩와 大江資衡은 우리들을 기쁘게 접대하고자 하여, 賈島가 신라 사신을 접대하면

---

16 원중거 지음, 김경숙 옮김, 앞의 책(2006), 173쪽.
17 남옥 지음, 김보경 옮김, 앞의 책(2006), 341쪽.
18 위의 책, 359쪽.

> 서 배를 부렸다는 옛일로써, 사신들을 충족시켰다는 이름을 구하고자 하여, 三使의 배에 나누어 올랐다가 우리 네 사람을 만나지 못하자 슬프게 돌아갔다. 世肅은 柳營長을 만나게 되어 몇 마디 필담을 하고 또 우리들에게 통해질 것을 스스로 구하였다. 우리들은 이미 龜井魯를 통해 그 이름을 모두 알고 있었다.[19]

『승사록』의 이 기록에는 남옥의 『일관기』에서와 마찬가지로 목홍공木弘恭의 장서藏書와 치부致富, 겸가당蒹葭堂, 구정로龜井魯를 통해 이들의 이름을 알고 있었다는 것 등이 언급되어 있다. 합리合離와 복상수福尙脩가 겸가당蒹葭堂을 중심으로 목세숙木世肅과 교유했음을 밝혀주고 있는 후반부의 언급은 새삼스러울 것이 없지만 대강자형大江資衡이 이들과 함께 했다는 것과 이들이 조선측 문사들의 환심을 사기 위해 삼사三使의 배에 오르는 이벤트성 행사까지 벌였다는 것 등에 대한 기록은 주목할 만하다.

대강자형大江資衡이 조선측 문사들과 필담창화한 것을 묶어 편찬한 책이 『문패집問佩集』인데, 여기에는 대강자형大江資衡이 조선측 문사들과 창화한 시문詩文 97수首와 계언啓言 4편篇이 실려 있다. 대강자형大江資衡은 1월 24일에 오사카大阪의 객관에서 조엄, 이인배, 김상익 등 삼사三使와 남옥과 성대중, 김인겸, 원중거 등 제술관 및 3서기書記 외에 이좌국李佐國, 남두호南斗昊, 김상옥金相玉 등 의관醫官 및 비장裨將과 창화唱和를 하였다. 그리고 에도江戶에서 돌아오는 길에 교토京都의 객관에서 남옥과 성대중, 김인겸, 원중거 외에 이언진李彦瑱, 이좌국李佐國, 이매李梅, 조동관趙東觀, 최수인崔壽仁, 김응석金應錫, 홍성원洪聖源, 이언우李彦佑, 김유성金有聲, 홍선보洪善輔, 유홍도劉弘道, 조학신曺學臣, 양용梁榕 등과 시를 증답贈答하였다. 조선측 문사 22명과 시문을 주고 받은 셈이다. 그런데, 교토京都에서의 필담창화시 대강자형大江資衡은 성대중에게 시를 주면서 "지난번에 목세숙木世肅에게 부탁하여 거친 시를 드렸는데 좋은 화운시를 내려주셨습니다."[20]라 하고, 원중거에게 시를 주면서도 "접때에 목세숙木世肅에게 부탁하여 비루한 시를 드렸는데 사행使行이 동쪽으로 간 다음에 삼가 좋은 화운시를 받게 되었습니다."[21]라고 하였다. 또한 남옥은 대강자형大江資衡에게

19 원중거 지음, 김경숙 옮김, 앞의 책(2006), 240~241쪽.
20 大江資衡, 〈用前韻呈成龍淵〉, 『問佩集』,(『和韓雙鳴集』 卷1, 平安書肆,), "向者, 托木世肅, 呈蕪詞, 辱賜高和"
21 大江資衡, 〈用前韻呈元玄川〉, 앞의 책, "曩者, 托木世肅, 呈鄙詞二章, 文旆東行之後, 欽領高和"

주는 시에 '목세숙군木世肅君에게 맡겨 전달한다'라는 부제副題를 단 후 "선가仙家의 현포玄圃(大江資衡의 號 : 필자 주)가 어디 있음을 아노니 / 멀리로 겸가당蒹葭堂에게 기대어 뒤늦게 풍류를 보내노라"라는 구절로 미련尾聯을 썼다.[22] 사행단과 대강자형大江資衡과의 필담창화筆談唱和에도 목세숙木世肅이 일정한 역할을 하였음을 알 수 있는 것이다. '요의겸가遙倚蒹葭'라 한 것은 남옥이 아마도 대강자형大江資衡을 겸가당회蒹葭堂會의 일원으로 보았기 때문에 사용한 문구일 것이다.

사행단이 오사카大阪을 떠나 에도江戶로 향하는 배에 오른 1월 27일, 한 사인使人이 3경이 지난 한밤중에 사행단이 타고 있는 금루선 밑에까지 찾아와 애써 글씨를 청하여 얻어 갔는데, 그 사인使人이 나간 후 원중거는 "나는 그가 세숙世肅의 무리인가 의심이 되어 여러 번 물어 보았으나 머리를 흔들었고 또 그의 자획을 바라보니 글을 업으로 삼는 사람은 아니었다"고 기록하였다.[23] 한밤 중에 뱃전에까지 찾아 애써 글씨를 청하는 사람까지도 '목세숙木世肅의 무리'가 아닌가 의심할 정도였으니, 사행단에서는 오사카大阪의 문사들이라 하면 대체로 목세숙木世肅과 관련이 있는 것으로 생각했을 가능성이 높다.

4월 4일, 사행단이 귀국길에 교토京都를 떠나 오사카大阪으로 가기 위해 배를 탄 후 처음으로 오사카大阪 경내에 들어왔음을 실감하게 하는 것 역시 목세숙木世肅과 관련된 일이었다.

> 木弘恭과 福尙脩가 인장을 새겨서 보냈다. 이는 우리가 행차하는 중에 여러 인장으로 하나의 印譜를 만들고 合離가 그 서문을 쓴 것이었다. 가히 그 부지런하고 신의 있음을 알 수 있다. 池球의 「舟中詩」에 차운했다.[24]

이들이 '신의 있다'고 한 것은 사행단이 오사카성大阪城에 머무르던 1월 24일에 남옥이 목세숙木世肅과 복상수福尙脩가 인장에 뛰어나다 하여 '귀로歸路에 한두 개 새겨서 달라고

---

22 南玉, 「酬大江玄圃 憑木君世肅傳達」, 앞의 책, "仙家玄圃知何在, 遙倚蒹葭送晩風" 이 시는 남옥의 『日觀唱酬』中에 副題 없이 그대로 실려 있다.

23 원중거 지음, 김경숙 옮김, 앞의 책(2006), 252~255쪽.

24 南玉, 『日觀記』秋 卷8, 4월 4일조, "木弘恭・福尙脩, 刻送印章. 仍以我行中, 諸印爲一印譜, 合離爲之序. 可見其勤而有信. 次池球舟中詩."

했는데, 이를 어김없이 지키고 또 미리 인보印譜까지 만들어 둔 것을 말함이다. 남옥이 차운을 한 지구池球는 후일 혼돈사混沌社의 을회乙會의 멤버로 참여한 인물이니, 사행단의 오사카大阪 재입성을 겸가당회원蒹葭堂會員이자 발족發足을 앞두고 있는 혼돈사混沌社의 주요 인물들이 영접한 셈이 되었다. 사행단은 그 다음날인 4월 5일에 오사카성大阪城에 도착한 후 이내 다시 필담창화를 하였는데, 『일관기』에 기록된 일본측 문사들은 석축상釋竺常, 서익西翼, 오전원계奥田元繼, 구정겸衢貞謙, 목홍공木弘恭, 하자룡河子龍, 합려왕合麗王, 복상수福尙脩, 안정속옥安井屬玉, 농서瀧恕, 애홍의崖弘毅, 조종성鳥宗成, 원문룡源文龍, 슬방膝邦, 서전사명西田思明, 반직치伴直治, 서희西熙, 석수월釋水月, 관둔館屯, 관계명菅繼明 등이다. 남옥은 이들에 대해 다시 보는 자가 반이고 처음 보는 자가 반이라고 하였다. 남옥이 다시 보는 자라고 한 자는 오전원계奥田元繼, 구정겸衢貞謙, 목홍공木弘恭, 하자룡河子龍, 합려왕合麗王, 복상수福尙脩, 안정속옥安井屬玉, 농서瀧恕, 조종성鳥宗成 등이다. 이 가운데 목홍공木弘恭, 하자룡河子龍, 합려왕合麗王, 복상수福尙脩, 조종성鳥宗成 등이 겸가당회蒹葭堂會를 거쳐 혼돈사混沌社를 주도한 사람들이었다.

계미사행단을 포함해서 조선후기 지식인 가운데 목공공木孔恭에 대해 가장 상세하게 기록을 남기고 있는 사람은 이덕무이다. 이덕무는 『청비록淸脾錄』에 〈겸가당蒹葭堂〉이라는 별도의 항목을 만들어 목공공木孔恭과 겸가당회蒹葭堂會에 대해 기술하고 있다.

> 木弘恭의 자는 世肅인데, 일본 大阪의 장사치이다. 浪華江 가에 살면서 술장사를 하여 많은 재산을 모은 뒤에는 날마다 佳客들을 초청하여 시를 짓고 술을 마시며 세월을 보내곤 하는데, 책도 1만여 권이나 購入하였으며 1년 동안 빈객을 접대하는 비용이 수천 금이었으므로 筑縣으로부터 江戶에 이르는 수천 리 사이에서는 어진 선비나 불초한 선비를 막론하고 世肅을 칭찬하였다. 또 商船에 부탁하여 중국 선비들의 시 몇 편을 구해다가 벽에 걸어 놓았다.
>
> 浪花江 가에 蒹葭堂을 세웠는데 억새꽃과 갈대숲이 잘 어울리어 파란 빛이 아름답고 바람이 불면 비파(琵琶) 타는 소리가 나며, 안개 속에 끝없이 바라보이는 수평선을 배들이 오가는 경치가 볼 만하다. 世肅은 이곳에서 筑常·淨王·合離·福尙修·葛張·罡元鳳·片猷 등의 무리와 雅集하였다.
>
> 갑신년에 龍淵 成大中이 일본에 갔을 적에 세숙에게 雅集圖를 청하니 세숙이 손수 비단에

다가 그림을 그려 두루마리를 만들고 두루마리 끝에는 여러 사람이 각각 시 한 수을 썼는데, 그림과 글씨가 모두 逸品이었다. 筑常은 중으로서 典故에 밝고 성품도 침착 독실하며, 淨王은 筑常의 제자인데 사람이 淸楚하여 가까이할 만하며, 合離도 역시 奇才였다. 두루마리 뒤에 列書한 사람은 越后의 片李秩(孝秩의 오기임 : 필자 주), 平安의 那波孝敬, 平安의 合離王, 浪華의 福承明, 浪華의 皿山公翼 상고하건대 皿山자는 罡자와 통용되는 듯하다. 낭화의 葛子琴, 淡海의 중 太眞, 伊勢의 중 藥樹(상고하건대, 이는 아마도 筑常의 호인 듯하다)와 主人 浪花의 木世肅 등이었는데, 지금 葛張의 시만이 남아 있을 뿐이다. (하략)…[25]

이와 거의 같은 내용의 글이 이 글을 쓴 이덕무의 『이목구심서』에도 실려 있다. 글의 말미에 축상筑常의 서문序文이 있고 시축詩軸의 뒤에 서명을 한 인사들의 이름이 열거된 것은 양자가 동일하나, 『청비록淸脾錄』 소재所載 이 글에서는 갈장葛張의 시만이 남아 있다고 하고 갈장葛張의 시를 기록한 데 비해 『이목구심서』의 해당 글에는 두암蠹莽 갈장葛張의 시 외에 하곡합리河曲合離와 영산복상수映山福尙修, 격범隔凡 강원봉罡元鳳, 지암芝巖 석정왕釋淨王, 목홍공木弘恭, 북해편유北海片猷 등의 시가 함께 실려 있다. 이 글을 통해 계미사행癸未使行 당시 축상筑常(=太眞)·정왕淨王·합리合離·복상수福尙修·갈장葛張·강원봉罡元鳳·편유片猷·나파효경那波孝敬(=那波師曾)·약수藥樹(=淨王)·목세숙木世肅 등이 겸가당회蒹葭堂會의 주된 회원이었음을 확인할 수 있다. 이덕무는 약수藥樹가 축상筑常의 호가 아닌가 하고 추정하였으나, 남옥의 『일관기』 '창수제인'에는 정왕淨王의 호가 약수藥樹라고 기록되어 있다.[26] 이 글 가운데 목공공木孔恭이 술장사를 해서 큰 돈을 벌었다는 것과 이 돈으로 많은 책을 사들였다는 것, 그리고 낭화강浪花江가에 겸가당蒹葭堂을 지어놓고 많은 가객佳客들을 불러들여 시회詩會를 열고 술을 마시며 즐겼다는 것 등은 익히 알려진 사실인데, 겸가당蒹

25 李德懋, 『青莊館全書』 卷32 『淸脾錄』 1, 〈蒹葭堂〉, "木弘恭字世肅, 日本大坂賈人也. 家住浪華江上, 賣酒致富. 日招佳客, 賦詩酌酒, 購書三萬卷. 一歲賓客之費數千金, 自筑縣, 至江戶, 數千餘里, 士無賢不肖, 皆稱世肅. 又附商舶, 得中國士子詩數篇, 以揭其壁, 築蒹葭堂於浪華江. 荻花荻葉, 蒼然而靡, 瑟然而鳴, 檣篷烟雨, 極望無際. 與竺常, 淨王, 合離, 福尙脩, 葛張, 罡元鳳, 片猷之徒, 作雅集於堂上. 歲甲申, 成龍淵大中之入日本也, 請世肅, 作雅集圖, 世肅手寫橫綃, 爲一軸, 諸君皆記詩于軸尾. 書與畫, 皆蕭閒逸品. 竺常作序, 常浮屠也, 深曉典故, 性又沈篤. 淨王, 常徒也., 淸楚可愛. 合離, 亦奇才. 軸後列書, 越後片李秩, 平安那波孝敬, 平安合麗王, 浪華福承明, 浪華皿山案應與罡字通 公翼, 浪華葛子琴, 淡海僧太眞, 伊勢僧藥樹, 案或是竺常之號歟. 主人浪華木世肅, 今只存葛張詩"

26 筑常이 남옥등과의 필담을 정리하여 엮은 『萍遇錄』을 보면, 5월 4일부터 사흘동안 줄곧 筑常이 藥樹를 대동하고 객관에 들른 것으로 기록되어 있는데 남옥의 『日觀記』와 원중거의 『승사록』 해당일 기록을 보면 筑常이 淨王과 함께 객관을 찾아왔다고 되어 있다.

葭堂에서 어울렸던 사람들을 구체적으로 거론하고 있는 것은 주목할 만하다. 『평우록萍遇錄』의 4월 20일조를 보면, 성대중이 정왕淨王과 함께 객관을 찾아온 축상筑常에게 "근일에 계속해서 겸가당蒹葭堂에 있지 않느냐"고 하면서 "목세숙木世肅은 변함없이 평안하며 복상수福尙脩와 합리合離 같은 사람들은 날마다 함께 따라다니는지" 묻고 있다.[27] 성대중등도 이때쯤에는 이미 겸가당회蒹葭堂會에 대해서 파악하고 있었던 것이다.

남옥과 원중거가 축상筑常과 한두 차례 필담을 나눈 후, 성대중이 다시 축상筑常과 이렇게 말을 주고 받았다.

龍然 : "접때에 글로 世肅에게 부탁하여 浪華의 봄날에 새벽이 밝아오는 것과 蒹葭堂에서 우아한 모임을 갖는 것을 그려달라고 하고 스님과 麗王, 承明한테는 혹은 시로써, 혹은 跋로써 써달라고 했는데 아직 얻지 못했습니다. 世肅은 이미 허락을 받았습니다. 그런데 과연 이미 초안을 잡았는지요, 그리고 스님께서도 원고를 써놓으신 것이 있는지요. 서쪽으로 돌아가고 난 뒤에는 얼굴을 보려 해도 만리길이니 이렇게 여러 차례 말하는 것입니다."

余 : "圖畵 한 건은 世肅과 저희들이 이미 명을 받았습니다. 이것은 참으로 바라는 바입니다. 世肅이 조금씩 만들어가고 있으니, 행차가 출발하기 전까지 반드시 드릴 수 있을 것입니다."[28]

사행단이 귀로에 대판성에 도착한 4월 5일에, 성대중은 축상筑常과 함께 객관을 찾은 목세숙木世肅과 겸가당蒹葭堂에 대해 이야기를 나눈 바 있었다. 성대중의 『일본록日本錄』에 기록된 바로는 4월 9일에 한천수韓天壽가 목세숙木世肅을 통해 편지와 비탑碑榻을 보내었고, 4월 13일에 목세숙木世肅과 축상筑常이 편지를 하고 먹을 보내왔다. 『일관기』의 기록으로는 4월 9일에 목세숙木世肅이 편지와 시를 보내었으므로, 남옥이 편지를 써서 복상수福尙脩

27 筑常, 『萍遇錄』, "二十日. 余與藥樹, 詣公館.⋯⋯ 龍淵曰; "近日連在蒹葭堂否⋯⋯世肅一向平安, 而承明斗南輩, 日與追隨否?"⋯⋯"

28 筑常, 앞과 같은 곳, 龍淵曰; "向書托世肅, 畵浪華春曉 及蒹堂雅集, 而師及麗王承明輩, 或詩或跋以識, 其未而惠之. 世肅已領諾矣. 果已起草, 而師亦有腹稿否? 西歸之後, 要作萬里顔面, 故如是屢言耳." 余曰; "圖畵一事, 世肅及納輩, 旣領命矣. 此固所願也. 世肅稍試粉本, 及大旆之未發, 必當奉呈"

와 목세숙木世肅 등에게 편지를 보냈다. 4월 13일에 목세숙木世肅이 먹 하나를 보내왔고, 합리合離와 목세숙木世肅 등의 편지에 답장을 했다. 그리고 원중거의 『승사록』에도 목세숙木世肅과 합리合離가 편지를 보내왔다는 기록이 있다. 이들 기록을 종합해 보면, 성대중은 4월 9일 혹은 4월 13일에 목세숙木世肅과 축상筑常, 합리合離가 보낸 편지에 답장을 하면서 이들에게 그림과 시문을 부탁했을 가능성이 높다. 그래서 성대중이 "접때에 글로 세숙世肅에게 부탁하여 낭화浪華의 봄날에 새벽이 밝아오는 것과 겸가당蒹葭堂에서 우아한 모임을 갖는 것을 그려달라고 하고 스님과 여왕麗王, 승명承明한테는 혹은 시로써, 혹은 발跋로써 써달라고 했다"고 했던 것이다.

조선후기의 12차례 통신사행에서 조선측 문사가 일본측 문사들에게 시문을 청하고 그림을 그려달라고 부탁한 일도 이례적이거니와, 특정 그룹의 모임을 지정해서 그림을 그려달라고 한 것도 이례적이다. 그만큼 조선측 문사들이 겸가당蒹葭堂에 모여 시주詩酒를 즐기는 목공공木孔恭과 겸가당회蒹葭堂會에 대해 경의의 눈으로 바라보았던 것이다. 앞서 언급한 이덕무와 박지원을 포함한 조선지식인들의 목공공木孔恭과 겸가당회蒹葭堂會에 대한 관심과 인식은 남옥과 성대중등의 이들 통신사행의 체험을 거의 그대로 반영한 것이다.

3. 계미사행단癸未使行團과의 필담창화筆談唱和와 혼돈사混沌社

계미사행단이 귀국한 지 2년이 지난 영조42년(1766) 10월, 초량의 왜관倭館을 통해 일본으로부터 몇 편의 시문이 남옥南玉 등에게 전달되었다.

> 병술년 7월 萬年寺의 승려 周奎(號 羽山) 竺常(號 焦中) 竺常의 徒僧인 淨王(고친 이름은 淨復, 號는 聞中), 浪華의 木弘恭(자는 世肅) 등 네 명이 각각 시를 쓰고 周奎는 都狀書를 지어 對馬州 雨森東의 아들 津을 통하여 草梁의 倭館으로 보내왔다. 10월에 동래의 差役 崔鶴齡이 그것을 한양으로 전달했다. 그것은 그 네 명이 각각 우리 네 명에게 보낸 시로서 이전에는 의거할 만한 전례가 없는 일이었다.[29]

29 남옥 지음, 김보경 옮김, 앞의 책(2006), 537쪽.

남옥이 말한 것처럼, 일본 문사가 조선측의 통신사행단이 귀국한 지 2년 뒤에 별도로 시찰詩札을 보낸 것은 좀처럼 전례를 찾아 볼 수 없는 드문 일이었다. 다만 1682년의 임술사행시壬戌使行時 야학산野鶴山이라는 사람이 임술사행의 성완成琬과 홍세태洪世泰에게 시찰을 보낸 것이 유일한 사례였다. 그런데 이번의 경우에는 네 명의 일본측 문사들이 조선측의 제술관 및 3서기에게 각각 시찰詩札을 보내온 것이다. 그만큼 계미사행癸未使行에서 조선측 문사들과, 일본 특히 관서지역關西地域 문사들이 각별한 문학적 교유를 했음을 짐작할 수 있다.

귀국길에 오른 계미사행단은 1764년 5월 6일에 오사카성大坂城을 떠났지만 역풍으로 인해 배를 띄우지 못하고 병고兵庫에서 5일을 머물러야 했다. 그런데, 병고兵庫에 정박한 지 사흘째 되던 5월 9일에 축상竺常과 정왕淨王, 목홍공木弘恭, 복상수福尙修, 주규周奎 등이 인편을 통해 편지를 보내왔으므로 각각 답장을 써보냈다. 6월 15일에도 축상竺常과 목홍공木弘恭, 주규周奎, 나파사증那波師曾, 주준周遵, 주굉周宏, 부야의윤富野義胤, 강전의생岡田宜生 등이 시를 보내온 것에 대해 편지를 보냈다. 성대중의 『일본록日本錄』과 원중거의 『승사록乘槎錄』에도 같은 내용의 기록이 실려 있지만, 『일본록』에는 6월 18일에 축상竺常과 정왕淨王, 목홍공木弘恭, 복상수福尙修, 주규周奎 등외에 나파사증那波師曾, 주준周遵, 주굉周宏, 합리合離, 부야의윤富野義胤 등에게도 편지를 써서 보낸 것이 기록되어 있는 반면, 『승사록』에는 바로 다음날인 5월 10일에 축상竺常과 정왕淨王, 목홍공木弘恭, 복상수福尙修, 주규周奎 등외에 나파사증那波師曾, 주준周遵, 주굉周宏, 합리合離, 부야의윤富野義胤 등에게 편지를 보냈다고 기록되어 있다. 성대중의 『일본록』 6월 18일조에는 앞서 언급한 것 외에 "밤에 단숙이 축상筑常과 정왕淨王의 편지를 보내왔는데 5월 20일에 보낸 것이었다. 답장을 하였다."라는 기록이 있다. 편지나 시문을 주고받은 내력으로 보아, 앞서 인용한 바 있는 시찰詩札은 남옥등이 축상竺常과 정왕淨王, 목홍공木弘恭, 복상수福尙修, 주규周奎 등에게 보낸 답장에 대한 사례로써 보냈을 가능성이 높아 보인다. 본래 남옥이 마지막으로 답장을 써보냈던 것은 축상竺常과 정왕淨王, 목홍공木弘恭, 복상수福尙修, 주규周奎 등의 다섯 명이었지만 복상수福尙修는 요절했기 때문에 남옥등에게 시를 보낼 즈음에는 이미 시작 활동이 불가능했던 것이다.[30]

남옥이 마지막으로 답장을 보낸 것도 이들 5인이었는데, 귀국길에 오르는 사행단을 마지막으로 눈물로 작별한 일본측 문사들도 이들이었다.

> 저녁이 되자 출발을 하게 되었는데, 관소 안에서 울며 이별하는 사람은 號가 石屛인 陶國興, 그 다음은 號가 綠疇인 安井屬玉, 號가 東陵인 瀧恕, 號가 蘭陵인 三宅彬이었으니 모두가 泉州의 儒官들이었다. 배가 정박해 있는 곳에 못 미쳐서는 木世肅과 合離와 筑常과 淨王의 무리가 길옆에 함께 앉아 있었다. 이에 벗들과 함께 말에서 내려 길에 섰는데 그들이 모두 감히 길옆에 설치한 竹欄의 밖으로 나오지 못하였다. 그래서 죽란 밖에 가지런히 서서 손을 잡고 이별을 하였는데 世肅이 황공해하고 놀라며 어찌할 바를 몰라 했다. 合離는 하늘을 가리키며 가슴을 어루만졌는데 하늘과 땅 사이에서 이 마음이 변화하지 않을 것이라고 말하는 것 같았다. 그리고는 오열을 하였는데 눈물이 얼굴을 뒤덮었다. 筑常은 연달아 소리 없이 눈물을 줄줄 흘리어 옷깃을 적시었으니 모습과 행동이 더욱 가관이었다.[31]

양국의 문사들이 작별하는 장면을 묘사한 이 기록에 따르면, 오사카大阪에서 사행단을 송별하는 일본측 문사들은 크게 두 갈래로 나누어질 수 있을 듯하다. 하나는 도국홍陶國興, 안정속옥安井屬玉, 농서瀧恕, 삼택빈三宅彬 등의 천주泉州의 유관儒官들이고, 또 다른 하나는 목세숙木世肅과 합리合離와 축상筑常과 정왕淨王 등의 겸가당회蒹葭堂會의 멤버들이다. 이별을 안타까와 하며 어쩔 줄 몰라 하는 목세숙木世肅과 합리合離와 축상筑常 등의 모습이 매우 인상적이다. 슬퍼하는 목세숙木世肅 등의 모습을 섬세히 묘사한 원중거와 달리, 남옥은 "우리들은 곧바로 나루로 향했다. 길 왼편에 축상竺常, 정왕淨王과 합리合離, 목홍공木弘恭, 편유片猷, 석釋 덕운德雲이 모여 앉아 전송하는 것이 보였다."고 기록하였고[32], 성대중은

---

30 混沌社에 대한 가장 오래되고 정확한 기록이라고 할 수 있는 賴春水의 『在津紀事』(『春水遺稿別錄』 卷1)에 "福承明早死, 諸友會九島禪院, 賦詩弔之, 時余賦五言排律十六韻"이라는 구절이 있다. 賴春水가 混沌社에 합류한 것이 1766년이었으니(富士川英郎, 〈解題〉, 『詩集 日本漢詩 第十卷』, 汲古書院, 1986), 1766년 7월경에는 福承明이 이미 사망했거나 시작활동이 불가능한 상태였을 것으로 추정된다. 福承明을 제외한 나머지 네 명은 모두 癸未使行時 남옥과 시문창수를 했던 사람들로, 남옥의 『일관기』 제4 범례 '唱酬諸人'에 실려 있다. 周奎와 竺常, 木弘恭은 攝津州大坂城條에, 淨王은 山城州西京條에 실려 있는데, 周奎는 號가 羽山으로 加番長老 承瞻의 徒僧이라 하였으며 竺常은 字가 太眞이요 호는 焦中이라 하였다. 그리고 淨王은 號가 藥樹이고 竺常의 徒僧이라고 하였다. 木弘恭은 字가 世肅, 號는 蒹葭堂이라 하였다. 淨王에 대한 언급만이 다를 뿐, '唱酬諸人'과 사행기록의 後記에 해당되는 인용된 부분은 크게 차이가 없는 셈이다. 네 명 모두가 關西지역의 문사이며 木弘恭과 관련이 있다는 공통점이 있다.

31 원중거 지음, 김경숙 옮김, 앞의 책(2006), 465~466쪽.

32 남옥 지음, 김보경 옮김, 앞의 책(2006), 495쪽.

"목홍공木弘恭, 합리合離, 편유片猷, 축상竺常, 정왕淨王 등은 길 옆에서 기다리고 있어서 말에서 내려 악수하고는 헤어졌다."[33]고 간략히 기록하였다. 그리고 『승사록』의 기록에는 편유片猷가 없는 데 비해, 『일관기』와 『일본록』의 기록에는 편유片猷와 석釋 덕운德雲이 들어있고 또 '모여앉아' 일행을 기다리고 있는 것으로 기록되어 있다. 축상筑常이 쓴 『평우록萍遇錄』에도 "나는 효질孝秩, 여왕麗王, 세숙世肅, 약수藥樹 등과 계근가堺筋街로 가서 상점 하나를 빌려 행렬을 기다렸다"[34]라고 되어 있는 것으로 보아, 앞의 『일본록』 기록이 정확한 것으로 보인다. 남옥이 '모여앉아 기다리고 있다'라고 한 것은 그의 눈에 이들이 하나의 그룹으로 인식되었기 때문인데, 사실은 이처럼 미리 약속을 해서 상점까지 빌려놓고는 행렬을 기다렸던 것이다. 사행단이 출발을 하루 앞둔 5월 5일, 축상筑常이 목세숙木世肅이 그림을 그리고 효질孝秩, 여왕麗王, 승명承明, 자금子琴, 공익公翼, 약수주인藥樹主人, 세숙世肅 등 7인이 제시題詩를 쓴 후 그 끝에 축상筑常 자신이 서문序文을 쓴 〈겸가아집도권蒹葭雅集圖卷〉과 〈전장기문傳藏記文〉을 정왕淨王을 시켜 가져와서는 필담을 주고받았다. 이때, 남옥을 비롯한 조선측 문사들이 목세숙木世肅의 안부를 묻고 목세숙木世肅과 작별인사도 못하고 떠나게 되는 것이 아닌가 걱정을 하므로, 축상筑常은 "반드시 목세숙木世肅 등과 약속을 해서 길가에서 기다렸다가 제공諸公과 한번 손을 잡고 작별하게 하겠다"고 말하였다. 그리고는 축상筑常이 구체적인 장소까지 말하자, 김인겸이 "다음날 닭이 울 때 떠나려고 하는데 세숙世肅이 길가에서 기다리기가 어려울 듯하니 스님께서 많이 주의해달라"고 부탁하였다. 그리고는 김인겸과 축상筑常이 몇 차례의 필담을 통해 재차 확인을 하였다. 김인겸이 다시 "우리들 네 사람은 각기 세 척의 배에 있을 것이니 회동하기가 어려울 듯하다"고 걱정을 하자, 축상筑常이 "그러면 반드시 길가에서 한번 악수를 해야겠다"고 하였다. 이때 류영장柳營將이 와서 이 약속을 듣고는 붓을 들어 그림을 그리려고 하므로 축상筑常이 종이 위에 구체적으로 그 장소를 그려보였다.[35]

『승사록』과 『평우록萍遇錄』의 기록을 통해 확인할 수 있듯이, 계미사행시癸未使行時 한일 양국간 문사들의 교유, 특히 관서지역關西地域 문사文士들과의 교유는 그 어느 때보다

33 성대중 지음, 홍학희 옮김, 앞의 책(2006), 103쪽.
34 筑常, 『萍遇錄』, 5월 6일조, "余, 與孝秩麗王世肅藥樹, 去堺筋街, 借一店上, 以候鹵簿"
35 筑常, 『萍遇錄』 5월 5일조 筆談 要約.

도 진지하고도 깊이 있게 이루어졌다. 그리고 이러한 양국 문사간의 교류에 촉매제의 역할을 한 것이 목세숙木世肅이 주도한 겸가당회蒹葭堂會였던 것이다. 그리고 이를 재확인시켜준 것이 1766년 10월에 남옥등에게 전달된 그 시찰詩札이었다. 축상筑常 등 4인의 시찰詩札이 남옥등에게 전달된 것은 1766년 10월이었지만, 이 시찰詩札을 쓴 것은 1766년 7월이었다. 그렇다고 남옥등이 1764년 6월 이후로 이들에게 편지를 보낸 것도 아닐 터인데, 남옥등이 오사카大阪를 떠난 지 2년이 지난 뒤에 무슨 이유로, 그리고 무엇을 계기로 축상筑常과 목세숙木世肅 등이 시찰詩札을 보내왔던 것일까? 사행단이 오사카大阪를 떠나 귀국선에 오른 5월 6일자 『일본록』의 다음 기록은 이 의문을 푸는 작은 실마리가 될 수 있을 듯하다.

> 禪僧 筑常은 호를 焦中이라고 한다. -중략-(筑常은) 대마도 승려의 직책으로 동래로 나와 나를 만나기를 기약하였으나 내가 사양하였다. 이에 우리나라에 往生하고 싶다며 이별에 임하여 눈물을 흘리기까지 하였으니 성심으로 마음을 다해 좋아하기가 이와 같았다. 사람이 침착하고 묵직하며 그릇이 그 재주에 걸맞으니 아마도 일본 땅의 제일가는 인재라 할 것이다. 淨王 또한 奇才였다.
>
> 弘恭의 자는 世肅인데 부유하며 호협기가 있어 빈객들을 통틀어 서쪽으로 筑州에서부터 동쪽으로 江戶에 이르기까지 世肅을 칭찬하지 않는 이가 없었다. 강가에 蒹葭堂을 짓고 책 5만여권을 소장하고 있는데, 평소에 그의 문도 9명과 고아한 모임을 갖고는 그림을 그려 나에게 부쳐 주었다. 世肅의 그림과 筑常의 序, 合離의 시가 최고였다. 福尙脩 또한 모임 중의 인재로서 世肅과 더불어 견줄 만한데, 둘 다 장사일로 집안을 일으켰다. 그래서 사람들이 혹 이러한 사실을 헐뜯기도 하였다.[36]

이 글에서 말하는 '대마도 승려의 직책'이란 아마도 이정암以酊庵의 주지를 가리키는 것 같은데, 축상筑常은 실제로 1781년에 이정암以酊庵의 61대代 주지로 부임하여 2년간 근무하였다.[37] 이정암以酊庵의 주지는 교토京都의 천룡사天龍寺・상국사相國寺・건인사建仁寺・

---

36 성대중 지음, 홍학희 옮김, 앞의 책(2006) 권1. 5월 6일조, 104~105쪽.

37 田中健夫, 「對馬以酊庵の硏究」, 『前近代の國際交流と外交文書』(吉川弘文館, 1996), 183面 참조.

동복사東福寺의 석학碩學들이 윤번제로 부임을 하였고, 축상筑常이 당시 상국사相國寺에 속해 있었기 때문에 '대마도 승려의 직책'을 말한 것인 듯하다. 성대중이 말한 '그의 문도 9명'이 구체적으로 누구인지는 밝혀져 있지 않지만, 〈겸가당아집도蒹葭堂雅集圖〉에 제시題詩를 한 효질孝秩, 여왕麗王, 승명承明, 자금子琴, 공익公翼, 약수주인藥樹主人 등 6인과 서문序文을 한 축상筑常이 이에 포함됨은 물론이다. 겸가당회蒹葭堂會가 발족된 것은 목세숙木世肅이 23세 때인 1758년의 일이었으며, 발족 당시의 멤버는 세합반재細合半齋(=合離) 외에 20인이었다고 한다.[38] 겸가당회蒹葭堂會가 발족된 지 3년째인 1761년에 겸가당蒹葭堂에서는 최초의 사업으로 『작비집昨非集』을 출간하는데, 이 책이 곧 축상筑常의 시집이다. 축상筑常이 〈겸가당아집도蒹葭堂雅集圖〉에 대한 서문을 쓰게 된 데에는 것은 이러한 사연도 작용했을 것이다.

계미사행단이 오사카大阪를 떠난 뒤 목세숙木世肅 등이 남옥등에게 시찰詩札을 보낸 1766년 7월 사이에 '겸가당아집蒹葭堂雅集'의 주체인 목세숙木世肅과 그 '문도'에게 일어난 가장 중요한 사건은 혼돈사混沌社의 창립創立이다. 혼돈사混沌社는 혼돈시사混沌詩社라고도 하였으며, 1764년 5월경에 창립되었다고 하는 견해도 있고 1765년 9월에 창립되었다고 하는 견해도 있다. 1765년 9월에 창립되었다고 하는 견해는 『혼돈사음고混沌社吟稿』에 실려 있는 평택욱산平澤旭山의 〈혼돈사음고서인混沌社吟稿序引〉, 산진山震의 〈동을회음고서同乙會吟稿序〉, 편산북해片山北海의 〈혼돈시사설混沌詩社說〉, 전중명문田中鳴門의 〈혼돈설混沌說〉, 갈자금葛子琴의〈혼돈사가봉증편북해선생混沌社歌奉贈片北海先生〉 등의 내용에 따라 제기한 것이다. 이들 기록에 의하면, 혼돈사混沌社의 갑회甲會가 1765년 9월 16일에 열렸고 9월 26일에 을회乙會가 열렸으니, 혼돈사混沌社의 처음 모임이 있었던 1765년 9월을 창립시기로 봐야 한다는 것이다.[39] 이와 달리, 구보삼천웅久保三千雄은 1764년 5월에 계미사행단에 〈겸가당아집도蒹葭堂雅集圖〉를 증정할 무렵에 혼돈사混沌社가 창립되었다고 본다. 구보삼천웅久保三千雄은 『목촌겸가당의 사론[木村蒹葭堂のサロン]』에 실린 〈목촌겸가당연보木村蒹葭堂年譜〉의 1764년조에서 "조선사절朝鮮使節 일행의 서기書記였던 성대중成大中에게 〈겸가당아집도蒹葭堂雅集圖〉를 증정하였다. 이 무렵, 편산북해片山北海에 의해 혼돈시사混沌詩社가 창립되어 세

38 中村眞一郞, 『木村蒹葭堂のサロン』(新潮社, 2000), 716面.

39 多治比郁夫, 「平澤郁山と混沌詩社の成立前後」, 『大阪府立圖書館紀要』 7(1971) 참조.

숙世肅이 참가했다. 함께 한 사람으로는 갈자금葛子琴, 소기삼도篠崎三島 등이 있다."고 하고 1765년조에서는 "겸가당회蒹葭堂會는 좌좌목로암佐佐木魯庵의 제창에 따라 발전적으로 해체하고, 대체로 혼돈사混沌社에 합류하게 되었다."고 하였다.[40]

혼돈사混沌社의 멤버에 대해서도 여러 가지 설이 있다. 1769년에 조산숭악鳥山崧岳이 편찬한 『낭화명류화월음浪華名流花月吟』에 작품을 실은 12명(葛子琴, 曾根原魯卿, 西村古愚, 鳥山鳳池, 石水東陽, 田雪航, 田中鳴門, 小山養快, 岡田南山, 賴春水, 中村文昌, 鳥山崧岳)을 들기도 하고, 창립 당시의 시회詩會를 기록한 『혼돈사음고混沌社吟稿』에 실린 갑회甲會의 구성원인 편유片猷·좌좌목로암佐佐木魯庵·전중명문田中鳴門·소기삼도篠崎三島·중정죽산中正竹山·조산숭악鳥山崧岳·평택욱산平澤旭山·목공공木孔恭·갈자금葛子琴·하자룡河子龍·합리合離 등에다 뒤늦게 참여한 뇌춘수賴春水·미등이주尾藤二洲·고하정리古賀精里 등을 합하여 혼돈사混沌社의 구성원으로 보기도 한다.[41] 다치비욱부多治比郁夫는 『혼돈사음고混沌社吟稿』을 중심으로 해서 갑회甲會에는 복원단안福原丹安·판동도재阪東道齋·전중명문田中鳴門·부유명富有明·청현도淸玄道·소기삼도篠崎三島·좌좌목로암佐佐木魯庵·복원승명福原承明·목촌겸가당木村蒹葭堂·평택욱산平澤旭山·갈자금葛子琴·강공익岡公翼·길전겸재吉田謙齋·강전남산岡田南山 등이, 을회乙會에는 조적早迪·횡산승橫山昇·본성화광本城和光·정진井震·우맹宇猛·좌방左房·목환木煥·천공川恭·전붕田鵬·고사재高思齋·동헌東獻·소서정평小西正平·지구池球·정삼성碇三省·사수관寺壽觀·임용林庸 등이 있다고 하였다. 그리고 갑회甲會의 길전겸재吉田謙齋는 1766년 3월에, 을회乙會의 정삼성碇三省이 1766년 7월에 탈퇴한 대신 1766년초에 조산숭악鳥山崧岳이 합류하고, 같은 해 3월에는 뇌춘수賴春水가, 5월에는 북산창北山彰이 합류하였다고 하였다. 을회乙會는 모두 혼돈사混沌社의 맹주인 편유片猷의 문인門人이었다고 한다.[42] 그래서인지, 혼돈사混沌社에 대한 논의는 주로 갑회甲會를 중심으로 이루어진다. 뇌유근賴惟勤은 몇 차례에 걸쳐 시리즈 형식으로 혼돈사混沌社의 교유交遊에 대해 고증을 하였는데,[43]

---

40 中村眞一郎, 前揭書(2000), 717面.

41 『日本古典文學大辭典』(岩波書店, 1983)의 '混沌社' 및 '浪華名流花月吟'조 참조.

42 多治比郁夫, 前揭論文(1996).

43 賴惟勤, 「寶歷明和以降 浪華混沌詩社交遊考證 初篇」, 『お茶の水女子大學人文科學紀要』 15(お茶の水女子大學, 1962); 「寶歷明和以降 浪華混沌詩社交遊續篇－上」, 『お茶の水女子大學人文科學紀要』 16(お茶の水女子大學, 1963); 「寶歷明和以降 浪華混沌詩社交遊續篇－中」, 『お茶の水女子大學人文科學紀要』 17(お茶の水女子大學, 1964); 「寶歷明和以降 浪華混沌詩社交遊續篇－下」, 『お茶の水女子大學人文科學紀要』 18(お茶の水女子大學, 1965).

그 「초편初篇」에서 혼돈사混沌社의 회원을 열거하면서 훤야전당萱野錢塘, 정판송석井阪松石, 뇌춘풍賴春風, 행평杏坪 등도 혼돈사混沌社 회원에 포함시켰다.

뒤늦게 혼돈사混沌社에 합류한 뇌춘수賴春水는 혼돈사混沌社의 운영방식은 물론 혼돈사混沌社 멤버들의 일화와 성격, 가정문제 등까지 혼돈사混沌社와 관련된 이런저런 기억들을 정리하여 『재진기사在津記事』와 『사우지師友誌』를 펴냈다. 그런데 『재진기사在津記事』의 5번째 조에 혼돈사混沌社 멤버의 이름이 망라되어 기록되어 있다. 여기에 거론된 혼돈사混沌社의 멤버는 조종성세장鳥宗成世章, 전장자명田章子明, 합리려왕合離麗王, 소응도안도篠應道安道, 좌봉자악左鳳子岳, 청리현도淸履玄道, 복상수승명福尙脩承明, 부유장유명富維章有明, 훤래장군예萱來章君譽, 목공공세숙木孔恭世肅, 강원봉공익岡元鳳公翼, 갈장자금葛張子琴, 은기수명자원隱岐秀明子遠, 평구령수왕平九齡壽王, 서촌직맹청西村直孟淸, 하자룡백잠河子龍伯潛, 강전표군장岡田豹君章, 정판광정운경井坂廣正雲卿, 소산의백봉小山儀伯鳳 등이다

이제까지의 논의를 종합해 볼 때, 혼돈사混沌社의 회원은 다치비욱부多治比郁夫가 작성한 리스트를 기준으로 삼아, 복원단안福原丹安. 판동도재阪東道齋. 전중명문田中鳴門. 부유명富有明. 청현도淸玄道. 소기삼도篠崎三島. 좌좌목로암佐佐木魯庵. 복원승명福原承明. 목촌겸가당木村蒹葭堂. 평택욱산平澤旭山. 갈자금葛子琴. 강공익岡公翼. 강전남산岡田南山 등과 후에 곧 이어 참여한 조산숭악鳥山崧岳, 뇌춘수賴春水, 북산창北山彰, 미등이주尾藤二洲. 고하정리古賀精里, 북산호北山皓 등의 갑회甲會와 조적早迪·횡산승橫山昇·본성화광本城和光·정진井震·우맹宇猛·좌방左房·목환木煥·천공川恭·전붕田鵬·고사재高思齋·동헌東獻·소서정평小西正平·지구池球·사수관寺壽觀·임용林庸 등의 을회乙會 회원을 합한 것으로 보면 될 듯하다. 전체적으로 보면, 갑회甲會에 해당되는 멤버들은 거의 사행단과의 필담창화에 참여를 했고, 을회乙會에 해당되는 멤버들은 좌방左房과 지구池球 외에는 거의 참여하지 않았다. 지구池球의 경우에도 귀로歸路에 오사카大阪로 향하는 선상에서 목홍공木弘恭과 복상수福尙脩가 새긴 인장과 이들 인장에 합리合離가 서문을 써서 만든 인보印譜를 전해 받은 후 '지구池球의 「주중시舟中詩」에 차운했다'고 기록되어 있는 것으로 보아, 지구池球를 통해 인장과 인보를 전했을 가능성이 높다. 이런 점으로 미루어, 을회乙會 회원들은 계미사행 당시에는 사행단과 필담창화를 할 위치나 수준이 아니어서 필담창화에 참여하지 못했던 것으로 이해된다.

앞서 언급한 것처럼, 비록 훗날 혼돈사混沌社의 회원이 된 이들은 계미사행단과의 필담

창화에 적극적으로 참여하였고, 특히 최천종 피살사건으로 인해 객관의 출입이 통제된 이후에는 사행단과의 필담창화에서 이들이 차지하는 비중이 더욱 커졌다. 『일관기』과 『승사록』『일본록』 및 기타 필담창화집에 실린 자료를 바탕으로, 사행단이 오사카大阪 객관에 머무르는 동안 계미사행단과 후일에 혼돈사원混沌社員이 된 사람들이 필담창화를 하거나 편지를 주고받은 것을 요약정리하면 다음과 같다.

1월 22일 : 木世肅, 富維章, 福尙脩, 片猷

1월 23일 : 鳥宗成, 西邨直, 北山彰, 北山皓

1월 24일 : 岡豹, 合離, 北山彰, 北山皓

1월 25일 : 木世肅, 合離, 福尙脩, 左房

1월 26일 : 富維章

4월 4일 : 池球

4월 5일 : 木世肅, 河子龍, 合麗, 福尙脩, 鳥宗成

4월 6일 : 萱來章

4월 9일 : 木世肅, 合離

4월 10일 : 福尙脩, 木世肅

4월 13일 : 木世肅, 合離

4월 15일 : 合離, 木世肅

5월 4일 : 木世肅

5월 5일 : 合離, 木世肅, 福尙脩

5월 6일 : 木世肅, 合離, 福尙脩, 片猷

이들 가운데 사행단과 가장 빈번하게 그리고 적극적으로 필담창화를 한 사람들은 목세숙木世肅과 합리合離, 복상수福尙脩, 편유片猷 등이다. 부유장富維章의 경우에는 오사카大阪에서경西京으로 향하는 배를 타고 있을 때에 '공무로 배에 있었다'고 하는데, 부유장富維章이 맡은 공무가 무엇인지는 않으나 사행단이 오사카大阪에 도착한 당일과 서경西京으로 향하는 도중에 각각 필담창화를 하였다. 이들 외에 훗날의 혼돈사混沌社 멤버로서 사행단과 필담창화를 한 사람들은 조종성鳥宗成, 서촌직西邨直, 강표岡豹, 하자룡河子龍, 훤래장萱來章, 북산창北山彰, 북산호北山皓 등이다. 『재진기사在津記事』에 열거된 혼돈사混沌社 20명 가운데(北山彰, 北山皓 불포함) 10명이 사행단과의 필담창화에 참여했던 것이다.

다치비욱부多治比郁夫는 조산숭악鳥山崧岳이 편찬한 『수가시고垂葭詩稿』에 의거해서, 1766년 정월의 혼돈사混沌社 모임에 조산숭악鳥山崧岳이 처음으로 참여했고, 3월에는 뇌춘수賴春水가 참여했으며, 5월 19일에는 숭악崧岳의 초청에 따라 북산창北山彰도 출석했다고 보았다. 그리고 이날 혼돈사混沌社의 맹주인 편산북해片山北海와 북산창北山彰이 처음으로 대면하게 되었다고 했다.[44] 1764년 1월 24일에 있었던 필담에서 북산창北山彰은 '이 5명을 아는가'하고 묻는 김인겸에게 '목세숙木世肅과 합리合離, 복상수福尙脩는 북산호北山皓와 우의가 좋다'라는 말로써 자신은 이들을 잘 모른다는 것을 에둘러 표시했다. 나머지 두사람 중에 편산북해片山北海가 포함되어 있는지는 알 수 없으나, 목세숙木世肅과 합리合離를 몰랐던 것으로 보아 북산창北山彰은 편산북해片山北海 역시 잘 몰랐을 수도 있다. 그러한 북산창北山彰을 조산숭악鳥山崧岳이 초청해서 혼돈사混沌社에 참여시킨 것이다.

조산숭악鳥山崧岳은 1764년 1월 23일에 사행단과의 필담창화에 참여하였는데, 이때 서촌직西村直과 북산창北山彰, 북산호北山皓 역시 필담창화에 참여하였다. 원래는 같은 곳에서 필담창화를 하였으나 김인겸이 칭병을 하고 필담에 참여하지 않았으므로, 북산창北山彰과 북산호北山皓만 따로 나와 대마도對馬島 기실記室을 통해 김인겸을 찾아가 날짜를 넘겨가며 필담창화를 했던 것이다.

> 시를 구하는 사람들이 어제보다 더욱 많이 몰려 들었다. 그러나 방이 비좁아서 다 들일 수가 없으므로 두 벗을 데리고 書童을 시켜서 문방구를 들고 따라오게 해서 대청에 나가 앉았다. 먹을 펼쳐 놓자 어지럽게 뒤엉켜 나아오는 것이 마치 벌떼나 개미떼가 모이는 것 같았고 번갈아 시 종이를 서로 던지는 것이 마치 과거시험장에서 試券을 던지는 것 같았다. 두루 필어를 하노라니 마음과 눈이 다 어질어질했다.[45]

---

44 多治比郁夫, 前揭論文(1996).
45 남옥 지음, 김보경 옮김, 앞의 책(2006), 357쪽.

이는 통신사행시 일본인들이 우리측 문사들에게 시문을 얻기 위해 혈안이 되었다는 것을 말할 때 흔히 인용되는 묘사인데, 이 어지러운 자리에 57세인 조산숭악鳥山崧岳과 그와 같은 연배의 서촌직西村直[46]이 젊은이들과 함께 어울려 필담창화를 하였으니, 이들이 느꼈을 당혹감도 상당했을 것이다.

다음은 같은 날 남옥과 함께 일본인과의 필담창화에 응했던 원중거의 『승사록』 기록이다.

> 대개 저들은 오직 화답하는 시를 얻는 것을 행운으로 여길 뿐만 아니라, 무릇 한 마디라도 서로 미치는 것이 있으면 번번이 얼굴빛을 움직이며 서로 기뻐하며 좌중에게 돌려 보여주었다. 이미 화답하는 문장을 얻고도 물러나지 않았다. 젊은이들은 더욱 기뻐하며 떠들썩하게 날뛰며 좋아하였다. 이에 내가 얼굴빛을 엄하게 하고 화를 내면서 종이 한 장을 취해 큰 글씨로, "두 나라의 사람들이 한 자리에 모였으니 이처럼 무례하면 안됩니다."라고 써서 돌려 보여주었다. 그랬더니 그 가운데 나이가 많은 사람이 손을 휘두르며 그치게 하고는 앞으로 와서 글씨를 써서 답하기를, "젊은이들이 처음으로 큰 나라의 衣冠을 보고 여러 선생님들을 또 만나뵙게 되니 모두에게 기쁨이고 영광스러운 행운입니다. 이제 선생의 질책을 입었으니 더욱이 전에 없던 아름다운 일입니다."라고 하였다. 그 뒤로는 기뻐하며 떠들썩하는 것이 조금 그치었다.[47]

이순耳順의 나이가 된 사람이 젊은이들과 뒤섞여 이국 사신으로부터 '무례하면 안됩니다'라는 질책을 받아야 했던 조산숭악鳥山崧岳의 심사를 충분히 짐작할 수 있다. 『승사록』에서는 손을 휘두르며 나온 사람이 누구였는지를 밝히고 있지 않아서 분명하지는 않지만, 아마도 서촌직西村直 아니면 조산숭악鳥山崧岳이었을 것이다. 이들에 비해 비교적 젊다고 하나, 북산호北山皓는 43세였고 북산창北山彰은 33세였다. 이들이 본래 알던 사이였다면, 이러한 상황에서 연로한 서촌직西村直과 조산숭악鳥山崧岳을 그러한 아수라장에 그냥 놔두

46 賴春水, 前揭書. 「西村孟清」조에 "西村孟清沒, 崧岳以知舊, 故爲經紀葬事."라는 기록이 있는 것으로 보아, 西村直은 鳥山崧岳과 같은 연배였을 가능성이 높다.

47 원중거 지음, 김경숙 옮김, 앞의 책(2006), 239~240쪽.

고 북산호北山皓와 북산창北山彰 둘이서만 김인겸을 찾아가지는 않았을 것이다. 또한 같은 날에 필담창화를 했는데도, 북산창北山彰과 북산호北山皓의 필담창화는 『계단앵명鷄壇嚶鳴』으로, 조산숭악鳥山崧岳과 서촌직西村直의 필담창화는 당시 14세에 불과했던 용세화龍世華 등의 필담창화와 함께 『화한쌍명집和韓雙鳴集』 권2에 실려 있는 것을 보더라도 북산창北山彰과 북산호北山皓가 이전부터 조산숭악鳥山崧岳과 왕래가 있던 사이는 아니었음을 짐작할 수 있다.

이렇게 볼 때, 서촌직西村直과 조산숭악鳥山崧岳은 계미사행단과의 필담창화를 계기로 북산창北山彰과 긴밀한 관계가 되었을 가능성이 높다. 다른 한편으로는 겸가당회蒹葭堂會라는 틀 안에서 어울리던 편산북해片山北海와 목세숙木世肅, 합리合離, 복상수福尙脩 등도 계미사행단과의 필담창화를 계기로 더욱 관계가 돈독해지고, 그들의 문학적 역량 또한 한 단계 업그레이드되었을 가능성도 있다. 이 두 가지의 가능성이 만나는 접점이 곧 혼돈사混沌社의 창립인 것이다.

조산숭악鳥山崧岳과 북산창北山彰이 오사카大阪의 객관에서 필담창화를 한지 2년이 지난 1766년 1월에 조산숭악鳥山崧岳이 혼돈사混沌社에 참여하고, 그리고 다시 4개월이 지난 1766년 5월에 조산숭악鳥山崧岳의 초대에 따라 북산창北山彰이 혼돈사混沌社에 참여하면서 혼돈사混沌社가 융성하게 된다. 겸가당회蒹葭堂會가 발전적으로 해산하여 혼돈사混沌社에 합류한 지 1년만의 일이다. 그리고 이들과 필담창화를 나누던 조선측 문사들이 오사카大阪를 떠난 지 2년만의 일이다. 그리고 바로 이 시점에 목세숙木世肅이 축상筑常과 정왕淨王, 주규周奎와 함께 시찰詩札을 써서 남옥 등에게 보낸 것이다.

축상筑常 자신이 그로부터 15년 뒤에 이정암以酊庵의 주지로 부임하기도 하지만, 이정암以酊庵의 주지를 번갈아 맡아온 경도사산京都四山 중의 하나인 상국사相國寺에 적을 두고 있었으니 편지를 보내는 것이야 어려움이 없었을 것이다. 하지만, 뱃길로도 꼬박 하루가 걸리는 거리의 승려들과 문사가, 그것도 헤어진 지 2년이나 되는 이국땅의 문사들을 위해 별도로 시권詩卷을 만들어 보낸다는 것은 특별한 계기가 없고서는 불가능한 일이다. 혼돈사混沌社의 창립과 융성은 충분히 그러한 계기가 되고도 남음이 있는 일이었다.

뇌유근賴惟勤은 혼돈사混沌社의 맹주盟主인 편산북해片山北海와 그의 혼돈사混沌社 동지들인 갈자금葛子琴, 강백주岡白洲, 전중명문田中鳴門, 세합두남細合斗南, 조산숭악鳥山崧岳이 조래

徂徠 문하의 관감곡管甘谷에서 배웠고 중정죽산中井竹山 형제를 비롯한 여러 학자와 깊게 교유한 것으로 보아 혼돈사混沌社가 학문적으로 일정한 계통이 있는 것은 아니라고 하였다.[48] 하지만 편산북해片山北海는 관감곡管甘谷보다는 우야명하宇野明霞의 문하라고 보는 것이 타당하다. 우야명하宇野明霞는 조래학徂徠學에서 벗어나 일가를 이루었다는[49] 점을 감안할 때, 혼돈사混沌社는 학문적으로 정주학程朱學을 존숭하고 조래학徂徠學에 비판적이었던 관서지역關西地域의 학문적 기류를 주도했던 것으로 볼 수 있다. 뒤늦게 혼돈사混沌社에 합류하여 후일 관정寬政의 학제개혁學制改革을 이끈 시야률산柴野栗山, 미등이주尾藤二洲, 고하정리古賀精里가 모두 편산북해片山北海의 제자이고, 편산북해片山北海, 목공공木孔恭 등과 함께 계미사행사癸未使行使와 줄곧 필담筆談창화를 했던 나파사증那波師曾 역시 조래학徂徠學을 버리고 주자학朱子學을 신봉하였다는 점을 감안할 때, 더욱 그러하다. 나파사증那波師曾과 남옥南玉의 동류의식은 서로가 정주학程朱學을 존숭한다는 점이었다고 할 수 있는데,[50] 남옥南玉과 나파사증那波師曾 뿐 아니라 계미사행단癸未使行團과 겸가당회蒹葭堂會가 서로 동류의식을 느꼈다고 볼 수도 있다.

저구독지豬口篤志는 에도시대江戶時代의 관서關西의 시단詩壇을 이끈 우야명하宇野明霞의 문하門下에 용초려龍草廬와 편산북해片山北海, 석대전釋大典(=筑常) 등이 있으며,[51] 용초려龍草廬의 제자로는 대강현포大江玄圃, 편산북해片山北海의 제자로는 시야률산柴野栗山, 미등이주尾藤二洲, 고하정리古賀精里, 뇌춘수賴春水 등이 있다고 하였다. 용초려龍草廬의 제자라는 대강현포大江玄圃는 목세숙木世肅과 합리合離, 복상수福尙脩 등과 함께 가도賈島가 신라 사신을 접대하면서 배를 물렸다는 옛일로써, 사신들을 충족시켰다는 이름을 구하고자 하기도 했던 인물이다. 편산북해片山北海와 축상筑常, 그리고 목세숙木世肅이 서로 사상적 경향이나 학맥 등으로 연결되어 있었기 때문에, 목세숙木世肅과 합리合離, 복상수福尙脩 등의 겸가당회蒹葭堂會와 용초려龍草廬의 제자인 대강현포大江玄圃가 서로 허물없이 교유할 수 있었던 것으로 보인다. 이들을 서로 연결하는 인적 네트워크의 중심고리인 편산북해片山北海가 조래학徂徠學을 버리고 주자학朱子學을 신봉하였고, 중정죽산中井竹山과 시야률산柴野栗山, 미등이주尾

48 賴惟勤, 前揭論文(1964).「續篇中」참조.
49 앞과 같은 곳.
50 拙稿,「癸未使行時의 南玉과 那波師曾」,『한국문학논총』40집(한국문학회, 2005) 참조.
51 豬口篤志,『日本漢文學史』(角川書店, 1984), 305~310面.

藤二洲, 고하정리古賀精里, 뇌춘수賴春水 등은 처음부터 정주학程朱學을 신봉하였다고 한다면, 혼돈사混沌社의 전체적인 학문적 분위기는 반조래학적反徂徠學的이었다고 보는 것이 옳을 듯하다. 이렇게 볼 때, 이들은 크게 보면 우야명하宇野明霞의 문도라는 공통점이 있었다고 할 수도 있었고, 이 때문에 우야명하宇野明霞의 수제자격인 편산북해片山北海를 중심으로 혼돈사混沌社라는 새로운 시단을 모색했을 가능성도 있다.

나파사증那波師曾이 조래학徂徠學의 기반인 한위漢魏의 고학古學을 버리고 오로지 성리학을 제창하게 되고 그의 문인인 서산졸재西山拙齋가 조래학徂徠學으로부터 주자학朱子學으로 전향하게 된 것은 통신사 일행과의 접촉이 계기가 되었다고 보기도 하는데,[52] 계미사행단과 겸가당회蒹葭堂會의 접촉이 반조래학적反徂徠學的인 오사카大阪 주변의 문인들을 결집시켜 결과적으로 혼돈사混沌社라는 새로운 시사詩社의 창립을 가져오게 되었다고 볼 수 있는 것이다. 겸가당회蒹葭堂會의 주축이 된 인사들이 정주학程朱學을 존숭해왔기 때문에 역시 정주학程朱學을 존숭하는 계미사행단과의 접촉에 적극적이었는지, 아니면 계미사행단과의 접촉이 조래학徂徠學을 비판하고 정주학程朱學을 존숭하는 경향을 강화시킨 것인지는 명확하게 밝혀져 있지 않다. 하지만 계미사행단과의 접촉이 혼돈사混沌社의 창립創立과 혼돈사混沌社의 학문적 경향이 정주학程朱學 존숭尊崇 일변도로 나아가게 된 계기의 하나로 작용했던 것만은 분명한 듯하다.

4. 맺음말

본 연구는 계미사행시의 필담창화를 통한 한일 양국 문사간의 교류가 근대 이전의 관서지역關西地域, 나아가 일본日本의 대표적인 문화서클이었던 혼돈사混沌社의 창립과 융성에 일정 부분 영향을 미쳤다는 것을 전제로 해서, 그 추정의 근거를 밝히고자 한 것이다. 이에 앞서, 혼돈사混沌社의 모체가 된 겸가당회蒹葭堂會와 이를 주도한 목세숙木世肅과 계미사행단을 포함한 조선지식인들의 관심과 인식을 살펴보고자 했다.

---

52 衣笠安喜, 『近世儒學思想史の研究』(東京 : 法政大學出版部, 1976), 19面[이혜순, 『조선통신사의 문학』(이화여대출판부, 1996), 426쪽에서 재인용].

오사카大阪의 객관客館에서 필담창화를 하기 전까지만 해도 거의 정보를 가지고 있지 못했던 목세숙木世肅에 대해 계미사행단의 문사들이 특별한 관심을 보인 것은 아무래도 대형장서가에 대한 호사적 취미의 연장일 수도 있다. 나아가 계층과 빈부를 뛰어넘어 시주詩酒로써 함께 어우러지고, 또 술장사로 돈을 벌어서 시단詩壇 이상의 문화살롱을 이끌고 있는 목세숙木世肅이라는 한 개인과 목세숙木世肅의 그런 개방적인 삶을 가능하게 하는 일본사회日本社會에 대한 부러움의 우회적 표현일 수도 있다. 그러기에 성대중은 낭화浪華의 밝아오는 새벽과 겸가당蒹葭堂에서 우아하게 모임을 갖고 있는 모습을 그려주고 또 이에 대한 시와 발문을 청했던 것이다. 오사카大阪의 객관客館에서 필담창화를 하기에 앞서 남도藍島에서 그곳의 문사들과 필담창화를 하면서 구정로龜井魯의 『동유집東遊集』을 통해 목세숙木世肅과 합리合離 등의 존재를 알게 되기는 하였으나, 계미사행기록과 관련 필담창화집을 면밀히 살펴본 결과 오사카大阪 객관에서의 대면과 필담창화 이후에 비로소 목세숙木世肅과 겸가당회蒹葭堂會를 제대로 알게 되고 그에 따라 특별한 관심을 보이게 되었다는 것을 확인할 수 있었다.

오사카大阪 객관客館에서 계미사행의 문사들과 가장 빈번하게 필담창화를 나누고 문학적 교유라고 할 정도로 친밀한 관계를 맺은 일본측 문사들은 목세숙木世肅과 편산북해片山北海, 합리合離, 복상수福尙脩, 나파사증那波師曾, 축상筑常 등이었다. 이들 가운데 나파사증那波師曾을 제외하고는 모두가 겸가당회蒹葭堂會의 멤버라고 할 수 있는데, 이들은 모두 계미사행癸未使行의 귀국직후에 결성된 혼돈사混沌社를 주도한 인물들이었다. 본 연구에서 밝힌 바와 같이, 혼돈사混沌社가 결성된 이후에 추가로 혼돈사混沌社에 참여한 조종성鳥宗成과 조종성鳥宗成의 권유로 혼돈사混沌社에 합류한 북산창北山彰은 같은 날에 오사카大阪 객관客館에서 계미사행의 문사들과 필담을 나누었다. 북산창北山彰는 오사카大阪 객관客館에서의 필담창화 이전까지만 해도 조종성鳥宗成은 물론 목세숙木世肅과 합리合離, 복상수福尙脩 등과 교분이 없었던 것으로 보이는데, 본 연구에서는 계미사행이 귀국한 후에 조종성鳥宗成의 권유로 혼돈사混沌社에 합류했다는 것은 계미사행에서의 필담창화가 혼돈사混沌社의 결성은 물론 그 이후의 진행에도 상당한 영향을 미쳤음을 보여주는 예로 보고 이러한 추론을 증명하고자 하였다.

3장의 모두에서 밝힌 바와 같이, 1764년 5월에 계미사행을 눈물로 보낸 축상筑常과 목세숙木世肅 등은 그로부터 2년이 지난 1766년 5월 남옥南玉 등에게 '전례없이' 시찰詩札을 보내왔다. 본 연구에서는 이 시찰詩札이 혼돈사混沌社의 성립과 무관하지 않은 것으로 보고, 이와 관련된 필담창화 및 기타 전고를 찾아 계미사행에서의 양국문사간 필담창화와 혼돈사의 창립 간의 영향관계를 밝히고자 하였다.

3장의 말미에서 밝힌 바와 같이, 계미사행의 문사들과 후일 혼돈사混沌社의 모체가 된 겸가당회蒹葭堂會의 멤버, 겸가당회蒹葭堂會의 멤버는 아니었지만 적극적으로 필담창화에 참여한 북산창北山彰와 시야률산柴野栗山, 필담창화에는 참여하지 않았지만 혼돈사混沌社와 인연을 맺은 중정죽산中井竹山과 강백주岡白洲, 전중명문田中鳴門, 미등이주尾藤二洲, 고하정리古賀精里 등은 모두 학문적으로 정주학程朱學을 존숭하고 조래학徂徠學에 비판적이었다는데 공통점이 있다. 더구나 계미사행시 남옥등과의 필담창화와 교유에 가장 적극적이었던 나파사증那波師曾은 물론 시야률산柴野栗山, 미등이주尾藤二洲, 고하정리古賀精里 등이 모두 정주학程朱學을 존숭하고 조래학徂徠學에 비판적이었고, 이들의 주도에 의해 일본의 사상계에 지대한 영향을 미친 '관정寬政의 학제개혁學制改革'이 이루어졌다. 요컨대, 계미사행시 필담창화를 통한 양국 문사간의 교유가 당시의 관서지역 문화계는 물론 근세에 이르기까지 일본의 문학 및 사상사에 적지 않은 영향을 미쳤다는 것이다.

저구독지豬口篤志가 밝힌 바와 같이, 계미사행시 필담창화에 적극적으로 참여한 용초려龍草廬와 편산북해片山北海, 축상筑常 등은 에도시대江戶時代의 관서關西지역 시단詩壇을 이끈 우야명하宇野明霞의 문하생들이며, 관정寬政의 학제개혁을 주도한 시야률산柴野栗山, 미등이주尾藤二洲, 고하정리古賀精里 등과 뒤늦게 혼돈사混沌社에 합류한 뇌춘수賴春水는 편산북해片山北海의 제자였다. 이렇듯이 편산북해片山北海와 축상筑常, 그리고 목세숙木世肅이 서로 사상적 경향이나 학맥 등으로 연결되어 있었기 때문에, 목세숙木世肅과 합리合離, 복상수福尙脩 등의 겸가당회蒹葭堂會와 축상筑常의 제자인 대강현포大江玄圃가 서로 허물없이 교유할 수 있었던 것이다. 본고에서는 이들이 모두 우야명하宇野明霞의 문도라는 공통점이 있었고, 이 때문에 우야명하宇野明霞의 수제자격인 편산북해片山北海를 중심으로 혼돈사混沌社라는 새로운 시단을 모색했을 것으로 추정해 보았다. 겸가당회蒹葭堂會의 주축이 된 인사들이 정주학程朱學을 존숭해왔기 때문에 역시 정주학程朱學을 존숭하는 계미사행단과의 접촉에 적극적이었는지, 아니면 계미사행단과의 접촉이 조래학徂徠學을 비판하고 정주학程朱學

을 존숭하는 경향을 강화시킨 것인지는 명확하게 밝히지 못한 것은 본 논문의 한계인 동시에 앞으로 밝혀내야 할 주요한 과제이다.

3장

신라新羅와 왜倭의 교류와 인물전승의 의미

- 석우로昔于老와 박제상朴堤上의 경우 -

김영수金榮洙*

1. 머리말

필자가 동아시아의 인물교류에 관심을 두는 것은 학문의 영역을 넓혀, 국내라는 협소한 틀에서 벗어나 비교를 통한 상호 인식의 차이를 확인하는데 목적이 있다. 한·중·일 삼국은 오랜 세월 동안 애증의 역사를 간직해 왔고, 동시에 사대事大와 시혜施惠, 침략侵略과 교린交隣의 명분으로 얼룩져 왔다. 각국은 형식상 사절을 교환하면서 자국의 입장에서 상대국을 이해하고, 우월적인 지위를 과시하거나 열등한 상황을 극복하고자 노력했다. 특히 중국과는 달리 일본과의 관계는 시작부터 침략과 우호라는 상반된 상황에서 시작되었다. 그 대강의 틀은 고대사에 있어서 한반도는 일본에 대해 선진문물을 베풀어 주었지만 왜구와 같은 끊임없는 침략에 시달렸다는 것이 주요 골자였다. 역사기록은 사실에 기초하면서도 자국에 유리하게 기술하는 것이 보편적이라고 할 수 있다. 더욱이 동일 사건이나 동일

* 단국대학교 국어국문학과

인물에 대한 기술은 자국의 관점에서 기술한다는 것을 감안하더라도 그 행간을 읽어보면 미묘한 차이를 발견할 수 있다.

고대 한·일간의 교류에 있어서 가장 큰 문제는 왜구倭寇[1]의 존재가 아닐까 한다. 가장 적대적이었다는 신라와 왜의 경우를 보면 『삼국사기三國史記』 신라본기에 50여 차례의 왜 관계 기사가 나온다. 그런데 왜구침략에 대해 신라의 응징이나 보복의 성격을 띤 것은 거의 없고 방어적인 응전應戰만이 드러나 있는 것을 보면 다소 의아한 느낌이 든다. 문화적으로는 앞섰지만 무력에서는 속수무책이었다는 결론에 이른다면 문화적인 우월성이 무슨 의미를 지니는 것인지 의아하기까지 하다. 다음과 같은 지적은 필자의 생각과 다르지 않다.

신라와 왜나라의 국력을 비교할 수 있는 자료가 있다면 우리의 논의에 많은 도움을 줄 수 있을 것이다. 그러나 양국간의 국력을 객관적으로 비교할 만한 고고학적 자료는 현재로서는 충분하지 않은 편이다. 결국 역사서를 조심스럽게 살핌으로써 비교할 수 있을 것이다. 역사서는 그러나 항상 사료비판을 염두에 두고 살펴야 한다. 자국 중심의 역사기술은 고대나 현대나 마찬가지이기 때문이다. 특히 『일본서기』는 신화나 전설과 다를 바 없는 이야기도 많을 뿐 아니라 지나치게 자신들의 역사를 미화시켰기에, 신라와 왜의 관계를 엄정하게 비교하는 데는 『삼국사기』보다 가치가 떨어진다고 필자는 생각한다(물론 『일본서기』에는 신라가 왜에 공물을 바친 열등국으로 기술돼 있다). 물론 『삼국사기』 역시 신라와 왜의 관계를 객관적으로 기록했다고 이야기할 수만은 없을 것이다. 조금이라도 신라에 유리하게 기록됐으리라고 판단하는 편이 아무래도 올바른 일이 될 것이다. 그런데 만약 『삼국사기』에서조차 신라의 약세가 기록됐다면 우리는 신라와 왜의 관계를 어떻게 이해해야 할까?[2]

『삼국사기三國史記』에는 30여 차례 왜구의 일방적인 침략을 받았으면서[3] 왜에 대한 침공을 시도한 경우가 단 두 번 있었다. 14대 유예니사금儒禮尼師今과 제18대 실성니사금實聖尼

1 지난 3월 23일 발표된 제2기 한·일역사공동연구위보고서는 그간 쟁점이 되어 왔던 왜구의 주체에 대하여 "일본인을 가장한 조선인이 아니라 쓰시마(對馬島), 이끼(壹岐), 마쓰우라(松浦) 지방의 어민들이었음"에 합의한 바 있다.

2 신형준, 『한국고대사에 대한 반역』(조선일보사, 2004), 105쪽.

3 위의 책, 106쪽. 신형준은 왜가 혁거세 8년부터 소지왕 22년 3월까지 550년 동안 신라를 32차례 침공했으며, 석우로열전에 나타난 것까지 합치면 33번이 된다고 했다.

師今 때였다. 그러나 이 경우도 치밀한 준비로 이루어진 것이 아닌 즉흥적인 발상에 의한 것이었다. 아래의 예문은 그럴 수밖에 없었던 저간의 사정을 잘 보여주고 있다.

(儒禮尼師今) 12년 봄에 왕이 신하들에게 말하기를, "倭人이 자주 우리의 城邑을 침범하여 백성들이 편안치 못한지라, 내가 백제와 꾀하여 일시에 바다에 떠 들어가 그 나라를 치려고 하니 어떠하냐"라고 하였다. 舒弗邯 弘權이 대답하기를, "우리가 水戰에 익숙지 못한데 위험을 무릅쓰고 遠征한다면 不測의 위험이 있을까 두려우며, 하물며 백제는 거짓이 많고 항상 우리나라를 삼키려는 마음이 있으니 또한 더불어 꾀를 같이하기 어려울 듯합니다" 라고 하니, 왕이 옳다고 하였다.[4]

즉, 왜구에 적극적으로 대처하지 못하는 이유가 수전水戰에 약하다는 것과 이웃나라(고구려, 백제)에게 침략의 빌미를 제공한다는 것이었다. 수전에도 약하지만 지정학적인 면에서 보면 본토를 비우면서 해외의 섬을 공격하기가 쉽지 않다는 것이었다.

필자는 신라와 왜의 교류가 왜국의 일방적인 침략으로 점철된 한·일 교류사의 실상을 보면서 두 인물에 주목했다. 그 인물은 석우로昔于老와 박제상朴堤上(未斯欣)인데 이들에 대한 행적이 두 나라의 역사서에 각기 자국의 사정에 따라 달리 기록되고 있다는 점을 주목했다.[5] 이를 통해 역사적인 인물에 대한 양국의 시각의 차이를 엿볼 수도 있지만 동시에 양국의 역사서에 기록된 이면의 의미를 살피고자 하는 것이 본고의 목적이다.

2. 신라新羅·왜倭 교류의 실상

『삼국사기』 신라본기에 나타난 왜의 기록을 역대 왕별로 살펴보면 다음과 같다. 『삼국

4 김부식, 〈儒禮尼師今 12年條〉, 「新羅本紀」 第2, 『三國史記』 卷2, "十二年春 王謂臣下曰 倭人屢犯我城邑 百姓不得安居 吾欲與百濟謀 一時浮海 入擊其國 如何 舒弗邯 弘權對曰 吾人不習水戰 冒險遠征 恐有不測之危 況百濟多詐 常有呑噬我國之心 亦恐難與同謀 王曰善."

5 김현구·박현숙·우재병·이재석 공저, 『일본서기 한국관계기사 연구』 I (일지사, 2002), 74쪽. "결국 우로의 전승은 한반도와 일본 두 지역에 모두 전해졌으며, 이는 未斯欣에 대한 전승이 양쪽 사서에 남아 있는 것과 마찬가지로 실제로 어떤 사건이 있었음을 말해주는 것이라 보아도 좋을 듯하다."

사기三國史記』에 왜倭, 왜인倭人, 왜병倭兵, 왜국倭國으로 기록되어 있는 왜의 실체에 대해서는 이견이 많다.[6]

1) 始祖 赫居世居西干 8년 : 倭人이 군사를 이끌고 와서 변방을 침범하려 하다가, 始祖의 神德이 있음을 듣고 도로 가 버렸다.

2) 2대 南解次次雄 11년 : 倭人이 병선 100여 艘를 보내어 해변의 民戶를 노략하므로, 왕은 六部의 精兵을 일으켜 막게 하였다.

3) 4대 脫解尼師今 3년, 5월 : 왜국과 好誼를 맺고 聘問을 나누었다.

4) 6대 祗摩尼師今 10년, 4월 : 왜인이 東邊을 침범하였다.

11년, 4월 : 都人이 訛言하되, "왜병이 크게 쳐들어 온다" 하여 다투어 山谷으로 도망하니, 왕이 이찬 翌宗을 명하여 說諭해 그치게 하였다. 12년, 3월 : 왜국과 講和하였다.

5) 8대 阿達羅尼師今 5년, 3월 : 왜인이 來聘하였다. 20년, 5월 : 왜국의 女王 卑彌乎가 사신을 보내어 來聘하였다.

6) 9대 伐休尼師今 10년, 6월 : 왜인이 큰 기근으로 와서 먹을 것을 구하는 자가 천여 명이었다.

7) 10대 奈解尼師今 13년, 4월 : 왜인이 국경을 침범하므로, 이벌찬 利音을 시켜 군사를 거느리고 가서 막게 하였다.

8) 11대 助賁尼師今 3년, 4월 : 왜인이 갑자기 닥치어 金城을 에워싸므로, 왕이 친히 나아가 싸우니 적이 潰走하는지라, 輕騎를 보내 이를 추격하여 1,000여 명을 殺獲하였다.

4년, 5월 : 왜병이 東邊을 침범하였다. 7월 : 이찬 于老가 沙道에서 왜인과 싸울 때 바람을 따라 불을 놓아 배를 태웠으므로 적병들이 물에 뛰어들어 모두 빠져 죽었다.

9) 12대 沾解尼師今 3년, 4월 : 왜인이 서불한 于老[7]를 죽였다.

10) 14대 儒禮尼師今 4년, 4월 : 왜인이 一禮部를 습격하여 불을 놓고 사람 1,000명을 사로잡아 갔다.

---

6 김선숙은 1~2세기 초반까지는 倭奴國이, 2세기 후반 이후 3세기 중반 이전까지는 여왕국인 야마대국이 주도했을 것이고, 3세기 중반 이후에는 男王이 다스리던 狗奴國으로 추정한 바 있다. 김선숙, 「4세기 신라 정치외교관계의 형성과 그 배경 -고구려·왜와의 관계를 중심으로」, 『경주문화연구』 6(경주문화연구소, 2003), 25쪽.

7 『三國史記』 열전 昔于老傳에는 于老의 죽음이 沾解王 7년 계유년에 있었던 것으로 기록되어 있다.

6년, 5월 : 왜병이 쳐들어온다는 소문을 듣고 배를 수리하였으며 갑옷과 병기를 수선하였다.

9년, 6월 : 왜병이 沙道城을 攻陷하니, 왕이 一吉湌 大谷에게 명하여 군사를 거느리고 城을 救援, 完復케 하였다.

11년, 여름 : 왜병이 長峯城을 공격해 왔으나 이기지 못하였다.

12년, 봄 : 왕이 신하들에게 말하기를, "왜인이 자주 우리의 城邑을 침범하여 백성들이 편안치 못한지라, 내가 백제와 꾀하여 일시에 바다에 떠 들어가 그 나라를 치려고 하는데 어떠하냐"라고 하였다. 舒弗邯 弘權이 대답하기를, "우리가 水戰에 익숙지 못한데 위험을 무릅쓰고 遠征한다면 不測의 위험이 있을까 두려우며, 하물며 백제는 거짓이 많고 항상 우리나라를 삼키려는 마음이 있으니 또한 더불어 꾀하기 어려울 듯합니다" 라고 하니, 왕이 옳다고 하였다.

11) 15대 基臨尼師今 3년, 정월 : 왜국과 교빙하였다.

12) 16대 訖解尼師今 3년, 3월 : 왜국왕이 사신을 보내어 아들의 혼인을 청하므로 아찬 急利의 딸을 보내 주었다.

35년, 2월 : 왜국이 (또) 사신을 보내어 혼인을 청하였으나, 앞서 여자의 출가를 이유로 사절하였다. 36년, 2월 : 왜왕이 글을 보내어 絶交하였다.

37년, 왜병이 갑자기 風島에 이르러 邊方民家를 掠奪하고 또 金城을 進圍하여 급히 치므로, 왕이 군사를 내어 싸우려 하는데 이벌찬 康世가 말하기를, "적이 멀리서 와 그 예봉을 당하기 어려우니 천천히 하여 그 군사의 피로함을 기다림만 같지 못하다" 라고 하였다. 왕이 옳게 여겨 城門을 닫고 나오지 아니하니 적은 양식이 다하여 물러가려 하자 강세에게 명하여 勁騎를 이끌고 추격하여 쫓아 버렸다.

13) 17대 奈勿尼師今 9년, 4월 : 왜병이 크게 쳐들어 왔는데, 왕이 듣고 이를 대적치 못할까 하여, 草偶人 수 천을 만들어 옷을 입히고 병기를 지니게 하여 吐含山 밑에 벌여 세우고, 용사 1,000명을 斧峴 東原에 잠복시켜 두었더니, 왜인이 많은 병력만 믿고 곧 진격하여 오는지라, 伏兵이 발하여 不意에 적을 치니 왜인이 크게 敗해 달아나자, 이를 추격하여 거의 다 죽였다.

38년, 5월 : 왜인이 金城을 에워싸 5일 동안 풀지 아니하였다. 將士가 다 나가 싸우기를 청하니 왕이 말하기를, "지금 적이 배를 버리고 깊이 들어와 사지에 있으므로 그 서슬을 당하기 어렵다" 하고, 이에 성문을 굳게 닫으니 적이 싸운 보람 없이 물러가는지라, 왕이 먼저 날쌘 騎兵 200명을 보내 적의 귀로를 막는 동시에 일변 步卒 1,000명을 보내어 獨山에서 夾擊하여 크게 깨뜨리니 殺獲이 매우 많았다.

14) 18대 實聖尼師今 원년, 3월 : 왜국과 好誼를 통하고 奈勿王의 아들 未斯欣으로서 볼모를 삼았다.

4년, 4월 : 왜병이 와서 明活城을 치다가 이기지 못하고 돌아가니, 왕이 騎兵을 이끌고 獨山 남쪽에서 이를 邀擊하여 두 번 싸워 무너뜨리고 300여 명을 살획하였다.

6년, 3월 : 왜인이 新羅의 동변을 침노하고, 6월에 또 남변을 침노하여 100명을 奪掠하였다.

7년, 2월 : 왕은 왜인이 對馬島에 軍營을 두고 兵器와 軍需品을 저축하여 우리를 습격하려 함을 듣고, 우리는 미연에 精兵을 뽑아 그들 軍需의 저축을 쳐 깨뜨리려 하였으므로, 舒弗邯 未斯品이 말하기를 "신이 듣기로는 兵은 凶器요, 싸움은 위험한 일이라 하였으며, 하물며 大海를 건너 남을 치다가 만일에 利를 잃으면 후회한들 미칠 수 있겠습니까. 臣의 생각에는 험한 곳에 關을 설치하고 적이 오거든 막아 침노치 못하게 하고, 우리 쪽에 이롭거든 나아가 적을 사로잡느니만 같지 못하니, 이것이 이른바 남을 誘致할지언정 남에게 유치되지 않는다는 것으로서, 제일 상책입니다" 라고 하였다. 왕이 이를 聽從하였다.

14년, 8월 : 風島에서 왜인과 싸워 이겼다.

15) 19대 訥祇麻立干 2년, 가을 : 王弟 未斯欣이 왜국에서 도망해 돌아왔다.

15년, 4월 : 왜병이 동변에 침범해 와서 明活城을 에워쌌다가 아무 보람없이 물러갔다.

24년, 왜인이 남변을 침범하여 生口를 掠取해 가더니, 6월에는 또 동변을 침노하였다.

28년, 4월 : 왜병이 金城을 에워싼 지 10일 만에 軍糧이 다하여 돌아가므로, 왕이 군사를 내어 이를 추격하려 하자, 左右에서 말하기를, "兵家의 말에 궁한 도적을 쫓지 말라 하였으니 왕은 그만 두십시오" 라고 하였다. (그러나) 왕은 듣지 아니하고 수천여 명을 이끌고 獨山 동쪽까지 따라가 부딪쳐 싸우다가 적에게 패하여 將士로서 죽은 자가 반을 넘었다. 왕이 당황하여 말을 버리고 산으로 오르니 적이 두어 겹으로 에워쌌다. 홀연 날이 어둡고 안개가 끼어 지척을 가릴 수 없게 되므로, 적은 신이 돕는다 하고 군사를 거두어 물러가 버렸다.

16) 20대 慈悲麻立干 2년, 4월 : 왜인이 兵船 100여 艘를 이끌고 동변을 습격하고, 내키어 月城을 에워싸니 사면에 화살과 돌이 비오듯 하는데 王城을 잘 지켜 적이 물러가려 할 때 군사를 내어 적을 격파하고 그 뒤를 쫓아 북으로 海口에 이르니 적의 익사하는 자가 반을 넘었다.

5년, 5월 : 왜인이 活開城을 습격하여 부수고 國人 1,000명을 사로잡아 갔다.

6년, 2월 : 왜인이 歃良城을 침노하다가 이기지 못하고 물러가니, 왕이 伐智와 德智에게 명하여 군사를 거느리고 가서 中路에 숨어 기다리다가 요격하게 하여 왜병을 크게 깨뜨렸다. 왕은 왜인이 자주 신라의 강역을 침범하므로 沿海地方에 두 성을 쌓고, 7월에는 군사를 크게 열병하였다.

19년, 6월 : 왜인이 동변을 침노하므로 왕이 장군 德智에게 명하여 이를 쳐 깨뜨려 200여 명을 혹은 죽이기도 하고 사로잡기도 하였다.

20년, 5월 : 왜인이 군사를 움직여 5道로 나누어 來侵하였다.

17) 21대 炤知麻立干 4년, 5월 : 왜인이 변경을 침범하였다.

8년, 4월 : 왜인이 변경을 침범하였다.

15년, 7월 : 臨海·長嶺의 二鎭을 두어 왜적을 방비하였다.

19년, 4월 : 왜인이 변경을 침범하였다.

22년, 3월 : 왜인이 長峯鎭을 攻陷하였다.

18) 32대 孝昭王 7년, 3월 : 日本國 사신이 來朝하였으므로, 왕이 崇禮殿에서 引見하였다.

19) 33대 聖德王 2년, 7월 : 日本國 사신이 來朝하니 총 204명이었다. 21년, 10월 : 毛伐郡城을 쌓아 日本軍의 침입의 길을 방비하였다.

20) 35대 景德王 원년, 10월 : 日本國 사신이 來朝하였으나 받지 아니하였다.

12년, 8월 : 日本國 使가 이르렀는데 傲慢無禮하므로 왕이 접견치 아니하니 곧 돌아갔다.

21) 40대 哀莊王 3년, 12월 : 均貞에게 大阿湌의 位를 주고 假王子를 삼아 일본에 볼모로 보내려 하니, 均貞이 사양하였다.

4년, 7월 : 일본과 交聘하여 우호를 맺었다.

7년, 3월 : 日本國 사신이 오니, 왕이 그를 朝元殿에서 引見하였다.

22) 48대 景文王 4년, 4월 : 日本國 사신이 왔다.

23) 49대 憲康王 4년, 8월 : 日本國의 사신이 오니 왕이 朝元殿에서 접견하였다.

8년, 4월 : 日本 國王이 사신을 보내어 黃金 300냥과 明珠 10개를 바쳤다.

이상을 살펴보면 23명의 왕(시조 박혁거세 8년~49대 헌강왕 8년 / B.C 50년~882년)에 걸쳐 56회(年, 月에 나타난 기록을 하나의 사건으로 간주하여)에 달하는 왜국과의 관련기사가 나오고 있다. 왜 관계 기사는 14대 유례니사금 대(284~298)부터 많아지기 시작하며, 16대 흘해니사금부터 21대 소지마립간 대(479~500)까지 집중되는 경향을 보인다. 기록의 양상을 살펴보면 일방적인 침략을 제외하면 '호의好誼, 빙문聘問, 강화講和, 내빙來聘, 교빙交聘, 혼인요청婚姻要請, 절교絶交, 볼모, 내조來朝, 사신인견使臣引見' 등의 용어로 기록되어 있다. 그러다가 32대 효소왕 대(692~702)부터는 일본 사신의 내조來朝와 인견引見이라는 안정적인 국면에 접어든 듯한 느낌을 보여준다. 따라서 엄밀한 의미에서의 내조來朝나 교빙交聘, 강화講和 등의 의미를 적용시키기에는 무리가 있다. 용어에 맞는 형식과 내용이 갖추어지지 않고 있기 때문이다. 『백호통의』에 기록된 용어(誅, 討, 伐, 征)의 해설을 보면 왜의 행위는 예의를 갖추지 못한 강자强者, 혹은 무지無知한 집단의 소행에 불과하다.

誅라는 것은 무엇을 이름인가? 주는 책벌과 같으니, 그 죄있는 사람을 죽이며, 그 죄있는 사람을 책벌하며, 지나치게 악한 이를 극형에 처하는 것이니, 춘추에 이르기를, '초나라 제후 건이 채후 반을 꾀어서 신 땅에서 살해하였다.'라고 했는데 공양전에서 말하기를, '죄를 지어 주살당한 제후〈채후 반〉의 아들은 제후에 서지 못한다.'라고 했다. 討라는 것은 무엇을 이름인가? 토는 제거하다는 말과 같다. 신하가 응당 임금을 시해한 역적을 쓸어 제거해야 한다는 것을 말하려는 것이니, 춘추에 이르기를, '위나라 사람들이 주우를 복에서 살해하였다.'라고 했는데 공양전에서 말하기를, '그 人이라고 일컬은 것은 무엇 때문인가? 역적을 토벌한다는 말이다.'라고 했다. 伐이라는 것은 무엇을 이름인가? 벌이라는 것은 치다이다. 죄있는 이를 친다라고 말하는 것이니, 상서서에 이르기를, '무왕이 紂를 벌했다.'라고 했다. 征은 무엇을 이르는 말인가? 정은 바로잡다라는 말과 같으니, 그 잘못된 것을 바로잡는다고 말하는 것이니, 말의 의미가 가볍고〈征〉 무거운 것〈正〉을 따라 하는 말이니, 상서에 이르기를, '내가 크게 너희들을 이끌고 동쪽으로 정벌하러 간다.'고 하였으니, 이는 녹보를 주살함

이고, 또 말하기를, '갑술일에 내가 서융을 정벌했다.'라고 하였다.[8]

위와 같은 명분과 형식을 갖춘 엄격한 외교용어를 적용할 수 없는 것이 고대 한일 교류의 실상이다. 신라는 실성니사금實聖尼師今 원년元年(402) 3월에 왜국倭國과 우호관계를 맺고 내물왕의 아들 미사흔未斯欣을 볼모로 보내어 국교를 회복했지만, 동왕 4년(405) 4월에 왜병이 와서 명활성明活城을 공격함으로써 우호관계는 다시 깨지고 눌지마립간訥祗麻立干 2년(418) 가을에 왕의 아우 미사흔이 박제상의 도움을 받아 왜국으로부터 탈출해 오게 된다. 『삼국사기三國史記』의 왜 관계 기사에는 적대적인 경우의 기사에서는 왜인倭人, 또는 왜병倭兵으로 되어 있으나, 양국이 우호관계에 있을 때는 왜국倭國으로 표현되었다고 본 견해도 있다.[9]

3. 신라新羅의 왜倭에 대한 인식과 대처

조빙朝聘의 예는 약소국이 상국에게 행하는 예로써 『백호통의』에는 다음과 같이 설명하고 있다.

> 조빙하는 예를 제정한 까닭은 무엇인가? 君父를 높이고 孝道를 무겁게 하기 위함이다. 무릇 신하가 임금을 섬기는 것은 마치 자식이 아비를 섬기는 것과 같아서 臣子의 은의를 온전히 하여 하나로 통틀어서 임금을 높이려고 하는 것이다. 그러므로, 반드시 천자에게 조빙하는 것이다. 聘이라는 뜻은 '묻는다'의 뜻이니, 신하가 그 군부가 아무 탈이 없고 또 응당 자기의 토지에서 생산되는 진기한 물건을 받들어 천자의 제사를 도우려고 한다. 그러므로 모두 조빙의 예를 행하는 것이다. 朝라고 이르는 것은 무엇 때문인가? 조는 '뵙는다'는 뜻이니,

8 班固, 「誅伐」, 『白虎通義』 卷5, "誅者 何謂也 誅猶責也 誅其人 責其罪 極其過惡 春秋曰 楚子虔 誘蔡侯班 殺之于申 傳曰 誅君之子 不立 討者 何謂也 討猶除也 欲言臣當掃除弒君之賊也 春秋曰 衛人 殺州吁于濮 傳曰 其稱人 何 討賊之辭也 伐者 何謂也 伐者 擊也 欲言伐擊之也 尙書叙曰 武王伐紂 征者 何謂也 征猶正也 欲言其正也 輕重從辭也 尙書曰 誕以爾東征 誅祿甫也 又曰 甲戌 我惟征徐戎."

9 김현구·박현숙·우재병·이재석 공저, 앞의 책(2002), 46쪽.

5년에 한 번 조회하여 자기가 맡아 다스리는 나라의 文德을 갖추고 예의를 밝히며, 이어서 아침시간을 이용하여 뵙는다. 그러므로 朝라고 이르니, 제후가 응당 정해진 때에 천자에게 조회하는 것이다. 조회를 어느 달에 하는가? 모두 夏曆의 매 계절의 첫 달에 하니, 이어서 머물러 천자의 사시 正祭를 돕는 것이다.[10]

요컨대, 조빙朝聘의 예는 신자臣子의 은의를 온전히 하여 임금을 높이려고 하는 것이다. 신하가 그 군부君父가 아무 탈이 없고 또 응당 자기의 토지에서 생산되는 진기한 물건을 받들어 천자의 제사를 돕는 행위를 일러 조빙朝聘이라고 하는 것이다. 이는 국가간의 세력 균형에서 이루어지는 것으로서 당대의 형편에 맞게 처신하는 외교관례인 것이다. 한편, 왜의 신라 침공의 목적에 대해서는 다음과 같은 지적이 있었다.

> 倭의 신라 來攻은 대부분이 人身의 약탈을 목적으로 하고 있으며 더욱이 城을 중심으로 하여 침입하고 있다. 이것은 국가적 규모의 세력일 경우는 城內의 생산기술자와 같은 人的 자원의 획득을 목적으로 침입했으며, 그리고 소규모의 침입일 경우 大馬를 중심으로 한 인근 島嶼地方의 왜인들의 소행으로 식량 등 物的 자원의 획득을 목적으로 來侵한 것으로 보았다.[11]

요약하면 인신人身의 약탈, 기술자와 같은 인적 자원의 획득, 식량 등 물적 자원의 획득이 주요 목적이었다고 본 것이다. 이 가운데 인신이나 인적 자원의 약탈의 경우는 국가적인 대비책이 철저해야 했을 사안이었다고 본다.

10 班固, 「朝聘」, 『白虎通義』 卷12. “所以制朝聘之禮 何 以尊君父重孝道也 夫臣之事君 猶子之事父 欲全臣子之恩 一統尊君故 必朝聘也 聘者 問也 緣臣子欲知其君父無恙 又當奉土地所生珍物以助祭 是以皆得行聘問之禮也 謂之朝 何 朝者 見也 五年一朝 備文德而明禮義也 因用朝時見 故謂之朝 言諸侯當時朝于天子 朝用何月 皆以夏之孟四月 因留助祭.”

11 延敏洙, 「五世紀 以前의 新羅의 對倭關係－삼국사기 왜관계기사를 중심으로」, 『일본학』 8·9합집(동국대 일본학연구소, 1989), 97쪽.

4. 석우로昔于老와 박제상朴堤上의 경우

1. 석우로昔于老 : 신라는 시조 박혁거세 이래 박씨朴氏가 왕권을 유지하다가 4대 탈해니사금脫解尼師今(B.C 57~80) 대에 석씨昔氏에게 왕권이 넘어간다. 이후 9대 벌휴니사금伐休尼師今 대에 와서 본격적으로 석씨가 왕권을 계승한다. 이후 10대 내해니사금奈解尼師今(196~230)-11대 조분니사금助賁尼師今(230~247)-12대 첨해니사금沾解尼師今(247~261)으로 이어지다가 13대 미추니사금(262~284)대에 김씨金氏가 들어서고, 다시 14대 유례니사금儒禮尼師今(284~298)-15대 기림니사금基臨尼師今(298~310)-16대 흘해니사금訖解尼師今(310~356)으로 이어지다가 석씨 왕실은 사라진다.

결국 석씨왕실은 4, 9, 10, 11, 12, 14, 15, 16대 도합 8대왕을 배출하고 신라 역사에서 사라진 것이다. 반면 박혁거세로 시작된 박씨 왕권은 1~3대, 5~8대, 53~55대 등 도합 10대왕을 배출하고 그 나머지는 김씨로 이어졌다. 새로운 성씨로의 왕권교체는 엄청난 변화를 수반하기에 일찍이 이기백은 연오랑延烏郞·세오녀細烏女 설화를 '아달라왕은 박씨의 마지막 왕이었고, 박씨의 첫 왕인 혁거세왕赫居世王이 광명光明으로 세상을 다스린 왕으로 되어 있는 것과 비추어 생각하면, 이것은 박씨朴氏 왕계王系가 끊어지는 것을 암시하는 설화로 볼 수 있을 듯하다.'[12]고 분석했다.[13]

석씨 왕실은 9대 벌휴니사금 대부터 본격적인 왕권을 이어간다. 그러나 그의 두 아들인 골정骨正과 이매伊買가 죽자, 벌휴왕의 손자(이매의 아들)인 내해니사금(10대)이 왕위를 잇는다. 내해왕은 두 아들(于老와 利音)을 두었는데, 이음利音은 25년(220년) 3월에 죽고 우로만 남게 된다. 그런데 내해가 죽자, 왕위는 우로가 아닌 사위 조분에게 돌아간다.[14] 우로와는 처남 매부지간이 되는 것이다. 11대 조분니사금은 골정의 아들이니, 결국 10대와 11대왕은 벌휴의 두 아들인 골정계와 이매계의 아들들이 번갈아 가며 왕위를 이은 것이다.

결국 우로는 11대와 12대에 걸쳐 왕이 될 수 있었던 기회를 잃으면서 왕실 권력 투쟁의

---

12 李基白, 「삼국유사 기이편의 고찰」, 『신라문화』 1(동국대 신라문화연구소, 1984), 24쪽.

13 위의 논문, 24쪽.

14 내해왕에게 우로와 같은 아들이 있었음에도 조분이 왕위를 계승한 데에는 조분의 母가 味鄒의 누이인 玉帽夫人이라는 점을 감안하여 김씨세력의 영향력이 작용한 것으로 보는 견해도 있다. 박순교, 「신라 미추왕대 정치세력과 남당정치」, 『대구사학』 46(대구사학회, 1993), 22쪽.

한 가운데에 서게 된 셈이다. 이때 우로가 처한 상황과 골정계와 이매계의 왕위 쟁탈전에 대해 김두진은 다음과 같이 언급한 바 있다.

> 奈解尼師今이 죽자 그 아들 于老가 성장하여 있었는데도, 왕위는 助賁尼師今 즉 骨正系로 넘어갔다. 물론 조분니사금은 내해니사금의 사위이기도 하다. 그러나 그는 석씨인 阿爾兮夫人 외에 奈音의 딸인 朴氏夫人을 妃로 맞고 있으며, 그의 어머니는 金氏 玉帽夫人으로 仇道의 딸이다. 이런 면에서 골정계인 조분니사금은 伊買系인 내해니사금과 상당히 다르다. 내해니사금의 부인은 骨正의 딸인 昔氏이며, 그 아들 于老 역시 석씨 命元夫人으로 조분니사금의 딸이다. 곧 이매계의 석씨왕실은 대체로 석씨왕비를 맞아들임으로써 폐쇄적인 族內婚을 단행하고 있었다면 골정계의 석씨왕실은 전왕족인 朴氏는 물론 金氏족과의 혼인을 추구하고 있었다.[15]

조분의 뒤를 이은 12대 첨해왕은 조분의 동모제同母弟이다. 첨해는 아우로서 왕위를 이은 처음사람이기도 하다. 첨해는 왕위에 오르자, 부父 골정을 세신갈문왕世神葛文王에 봉했다. 이에 대해 다음과 같이 사론史論을 통해 비판하고 있다.

> 史臣이 논하여 가로되, 한의 선제가 즉위하매 유사가 아뢰기를, "남의 후사가 된 자는 그를 위하여 아들 노릇을 하므로 자기의 소생 부모를 낮추어서 제사치 아니 하는 것은 조상을 높이는 뜻이 있기 때문이다. 이러므로 帝의 所生父는 親이라 칭하고 諡를 悼라 하며 母는 悼后라 하여 諸侯王에 비할 것이다."라고 하였으니, 이것이 經義에 합하고 만세의 법이 되므로 後漢의 光武帝와 宋의 英宗이 이를 법받아 행하였다. 그런데 신라는 왕의 친족으로 대통을 잇는 임금이 그 生父를 높여 왕이라 일컫지 아니함이 없으며, 이뿐만 아니라 그 外舅(妻父)를 봉하는 이까지도 있으니, 이는 예가 아니니 진실로 법받을 것이 되지 못한다.[16]

---

15 金杜珍, 「신라 昔脫解神話의 형성 기반 - 영웅전설적 성격을 중심으로」, 『한국학논총』 8(국민대 한국학연구소, 1986), 25~26쪽.

16 김부식, 〈沾解尼師今 元年〉, 「新羅本紀」 第2, 『三國史記』 卷2. "論曰 漢宣帝卽位 有司奏 爲人後者爲之子也 故降其父母不得祭 尊祖之義也 是以帝所生父稱親 諡曰悼 母曰悼后 比諸侯王 此合經義 爲萬世法 故後漢光武帝宋英宗 法而行之 新羅自王親入繼大統之君 無不封崇其父稱王 非特如此而已 封其外舅者亦有之 此 非禮 固不可以爲法也."

즉, 첨해왕은 내해왕의 사위 신분으로 왕위에 오른 조분왕과는 달리 자신이 벌휴왕의 적손嫡孫임을 과시했던 것이다. 그러나 위와 같은 비판은 왕위 계승의 비정상적인 절차를 지적하고 있는 듯하다. 특히 우로를 염두에 둔 발언처럼 보인다. 장창은은 신라 초기의 기록이 후대에 비해 많이 남아 있지 않은 점을 감안할 때 석우로昔于老를 신라 최고의 장군으로 추앙받는 김유신에 못지 않은 시대의 영웅으로 보았다.[17]

기록에 나타난 우로의 출정기록은 다섯 번이다. 첫 번째는 내해니사금 14년(209)인데 포상팔국이 가라를 침략하자, 가라 왕자의 요청에 의해 구원한 것이었다. 두 번째는 조분왕 2년(231)에 감문국甘文國을 깨뜨리고 속군을 삼은 일이다. 세 번째는 조분왕 4년(233)에 사도沙道에서 왜병을 격파한 일이다. 『삼국사기三國史記』에는 "5월에 왜병이 동변을 침범하였다. 7월에 이찬 우로가 사도에서 왜인과 싸울 때 바람을 따라 불을 놓아 배를 태우니 적병들이 물에 뛰어들어 죄다 죽었다."[18] 라고 기록하고 있다. 이 전투에서 그가 사용한 화공火攻은 후일 그가 똑같은 모습으로 불에 태워 죽임을 당하는 것으로 미루어 왜병倭兵들에게는 매우 큰 상처를 준 것으로 보인다. 네 번째는 조분왕 16년(245)에 고구려와 북변에서 전개된 전투에 참여했으나, 이기지 못하고 마두책馬頭柵으로 퇴각하여 농성에 들어갔다고 했다. 그러나 이때 우로는 장수로서 부하들을 아끼는 면을 보여주어 군중들을 감격시킨 바 있다. 다섯 번째는 첨해니사금 초에 있었는데, 사량벌국沙梁伐國이 배반하자 응징하여 멸한 것이다. 이같은 혁혁한 공을 남긴 우로가 첨해왕 3년 4월에 왜인에 의해 죽임을 당하는 사건이 발생한다.

두 번씩이나 왕위를 놓친 우로는 왕실 권력투쟁의 희생양이 되면서 16대 흘해니사금 대에 와서야 자신의 아들(혹은 손자[19])이 왕위에 오르는 상황을 맞는다. 우로는 흘해를 가리켜 "우리 가문을 일으킬 자는 반드시 이 아이리라"라고 언급하면서 제후諸侯들의 협조를 구한 바 있다.[20] 우로를 둘러싼 음모의 이면에는 조분, 첨해와 미추세력의 긴밀한 세력 야

17 張彰恩, 「왜구에 죽은 남편을 대신해 복수하다 - 우로와 그의 부인」, 『신라속의 사랑, 사랑속의 신라』(경인문화사, 2006), 47~48쪽.

18 김부식, 〈助賁尼師今 四年 五月〉, 「新羅本紀」 第2, 『三國史記』 卷2. "倭兵寇東邊 秋七月 伊湌于老與倭人戰沙道 乘風縱火焚舟 賊赴水死盡."

19 이기동은 우로와 흘해왕의 父子관계를 인정할 경우, 우로의 사망이 249년(혹은 253년), 흘해의 사망이 356년인 점을 감안하면 흘해가 우로의 유복자라 하더라도(실제로는 우로 사망시 幼弱한 상태) 107세에 사망한 셈이 되므로 곤란한 문제가 발생한다고 했다. 李基東, 「于老傳說의 세계 - 新羅史上의 英雄時代」, 『신라사회사 연구』(일조각, 1997), 29~30쪽.

합이 있었음을 박순교는 다음과 같이 언급하고 있다.

> 첫째, 于老가 나해왕 때 태자로 책봉되었음에도 불구하고 왕위가 昧鄒를 세력 배경으로 한 助賁·沾解에게 연이어 계위된 점, 둘째, 첨해의 즉위 직후에 이루어진 직계 世神葛文王의 추봉은 우로에게는 방계세력의 견제로 비추어졌을 것이라는 점, 셋째, 이러한 불만을 가진 정황 속에서 우로가 諸侯에게 자신의 아들 訖解의 지지를 부탁한 점, 넷째, 그 결과 첨해는 史料에서 제후로 표현된 우로의 家臣들을 적극 경계하였을 것이라는 점, 다섯째, 첨해왕 7년 계유에 있은 우로의 석연찮은 죽음과 첨해의 납득할 수 없는 행동, 여섯째, 조분왕의 장자이며 외척 박씨 나음갈문왕을 세력배경으로 한 유례가 왕위 계승에서 미추에게 밀린 점 등을 들 수 있다. 이상에서 결국 조분·첨해와 미추세력은 상호 긴밀한 세력 야합이 있었음을 알 수 있다.[21]

이기동은 일찍이 석우로昔于老의 이야기를 영웅서사시의 전형이라고 말하면서 다음과 같은 언급을 한 바 있다.

> 이 于老傳說에 대하여는 일본학계에서 이를 日本武尊(야마토타케루노미코토) 전설과 비슷한 비극의 영웅전승으로 보는 견해가 있는데, 다만 구체적인 언급은 없다. 필자 역시 그것이 고구려의 왕자 好童 이야기나 溫達 이야기, 또는 신라의 朴堤上 이야기와 더불어 敵國에 대한 투쟁이 중심을 이루고 있는 일종의 英雄敍事詩로 볼 수 있다는 견해를 비친 바 있었으나, 구체적인 근거를 제시하지는 못했었다.[22]

필자가 우로에 대해 주목하는 이유는 두 가지이다. 첫째는 그의 영웅적인 죽음(혹은 방치된 죽음)에 대한 의문이고, 둘째는 그의 아내의 복수에 대한 의미이다. 첫째의 경우는 신라

20 김부식, 〈訖解尼師今 卽位年條〉, 「新羅本紀」 第2, 『三國史記』 卷2. "訖解尼師今立 奈解王孫也 父于老角干 母命元夫人 助賁王女也 于老事君有功 累爲舒弗邯 見訖解狀貌俊異 心膽明敏 爲事異於常流 乃謂諸侯曰 興吾家者 必此兒也 至是 基臨薨 無子 群臣議曰 訖解幼有老成之德 乃奉立之."

21 박순교, 앞의 논문(1993), 27~28쪽.

22 李基東, 앞의 논문(1997), 24쪽.

왕실 내부의 권력투쟁과 관련이 있고, 둘째의 경우는 왜에 대한 신라인의 인식과 관련이 있다고 본다.[23]

우로于老는 석씨왕계昔氏王系인 제10대 내해니사금奈解尼師今(196~230)의 아들이다. 열전에는 세주細註로 각간角干 수로水老의 아들이라는 설("或云角干水老之子也")을 부기하고 있으나, 내해니사금奈解尼師今 본기本紀 14년 7월조에는 태자太子라 하였고("王命太子于老"), 『삼국유사三國遺事』 왕력 제16 걸해니질금乞解尼叱今조에는 그를 우로음于老音 각간이며, 내해왕의 둘째 아들("父于老音角干 卽奈解王第二子也")이라고 했다.

『삼국사기』 열전 권45에는 이른바 영웅서사시적인 요소를 지니고 있는 박제상朴堤上, 온달溫達과 함께 석우로에 대한 열전이 다음과 같이 실려 있다.

> 昔于老는 奈解尼師今의 아들이다[혹은 角干 水老의 아들이라고도 한다]. 助賁王 2년(231년) 7월에 伊飡으로서 대장군이 되어 甘文國(지금 경북 금릉군 甘文 및 開寧面)을 쳐서 깨치고, 그 땅으로 郡縣을 삼았다. 4년 7월에 倭人이 내침하므로, 于老가 沙道(지금의 迎日인 듯)에서 요격하여 싸웠는데, 바람을 따라 불을 놓아서 적의 戰艦을 불태우니, 적이 물에 빠져 죽고 또 다 없어졌다. 15년 정월에 승진하여 舒弗邯이 되고 겸하여 兵馬事도 맡아 보았다. 〈…〉 7년 계유(253년)에 倭國의 사신 葛那古가 使館에 와 있었는데, 우로가 主管하였다. 使客과 희롱하여 말하기를, "조만간에 너희 왕으로 鹽奴를 삼고 왕비로 炊事婦를 삼겠다."고 하였다. 倭王이 이 말을 듣고 노하여 장군 于道朱君을 보내어 우리를 치니, 大王이 柚村으로 나가 있었다. 우로가 말하기를, "지금 이 환란은 내가 말을 조심하지 않은 데서 온 것이니, 내가 당하겠다." 하고 왜군에게로 가서 말하기를, "전일의 말은 희롱이었다. 어찌 군사를 일으켜 이렇게까지 할 줄 알았겠는가!" 하였다. 왜인이 대답하지 않고 잡아서 나무를 쌓아 그 위에 얹어 놓고 불태워 죽인 다음 돌아갔다. 우로의 아들(訖解)이 어리고 약하여 步行하지 못하므로 다른 사람이 안고 말을 타고 돌아왔는데, 후에 訖解尼師今이 되었다. 未(味)鄒王 때에 왜국 大臣이 來聘하였는데, 우로의 아내가 국왕에게 청하여 사사로이 왜국 사신에게 음식을 대접하다가 몹시 취하게 되자, 壯士를 시켜 마당에 끌어내려 불태워 전의 원한을 보복하였다. 왜인이

23 김선숙은 신라가 海戰에 약하고, 본토를 벗어나 먼 섬을 칠 경우 예기치 못한 상황에 대한 불안감, 신라내 귀족세력들이 軍需를 지원해야 하는 부담감, 신라사회의 부정적인 對倭觀을 들어 신라가 왜에 대해 소극적이었다고 언급했다. 김선숙, 앞의 논문(2003), 24~25쪽.

분하여 와서 金城을 치다가 이기지 못하고 돌아갔다. 史臣이 논하여 가로되, '우로가 당시의 대신으로서 軍國大事를 맡아 싸우면 반드시 이기고 또 이기지 못하더라도 패하지는 아니하였으니, 그 謀策이 반드시 다른 사람보다 월등함이 있었을 것이다. 그런데 한 말의 잘못으로 스스로 죽음을 취하였고, 또 두 나라 사이에 싸움까지 일어나게 하였다. 그 아내가 능히 원한을 갚았으나, 역시 變則이요, 正道는 아니었다. 만일 그렇지 않았다면 그 功業 또한 기록할 만하였다.[24]

위의 기록에는 미추왕 때에 왜의 사신이 온 것으로 되어 있고, 이때 우로부인이 복수를 한 것으로 되어 있으나, 『삼국사기』 미추왕 대에는 왜에 관한 기록이 없다. 오직 백제와의 전투만이 기록되어 있다. 한편, 우로부인이 미추왕 대에 와서 남편의 복수를 한 것으로 되어 있다는 점은 흥미롭다. 석씨왕실의 골정계와 이매계의 치열한 다툼에서 일시적으로 승자가 된 구도계 김씨 세력에 의해 그 기회가 주어졌기 때문이다. 결국 그는 골육다툼의 희생자였던 것이다.

또한 위의 기록은 우로가 왜의 사신 앞에서 왜왕과 왕비를 모독하는 발언을 한 것으로 되어 있으나, 그의 행적을 감안할 때 그렇게 경솔하게 한 것이 아니라, 신라 신하들끼리 모인 술자리 등에서 첨해왕의 친왜정책親倭政策을 비판하기 위해 한 소리였는데 이를 누군가 왜국 사신에게 흘려 우로를 궁지에 몬 것으로 본 견해가 있다. 즉, 첨해왕의 입장에서 눈엣가시 같은 우로를 제거하기 위해 왜인을 끌어 들여 행한 차도살인계借刀殺人計로 본 것이다.[25]

위의 언급에서 주목되는 것은 사신史臣이 논한 대목이다. 아내의 복수를 '변칙이요, 정도가 아니라[亦變而非正也]'고 했다. 이같은 지적은 우로의 처가 정조를 희생한 댓가로 복수

---

24 김부식, 「列傳」 第5, 『三國史記』 卷45. "昔于老 奈解尼師今之子[或云 角干水老之子也.] 助賁王二年七月 以伊湌爲大將軍 出討甘文國 破之 以其地爲郡縣 四年七月 倭人來侵 于老逆戰於沙道 乘風縱火[1] 焚賊戰艦 賊溺死且盡 十五年正月 進爲舒弗邯[1] 兼知兵馬事 〈…〉 七年癸酉 倭國使臣葛那古在館 于老主之 與客戲言 早晚 以汝王爲鹽奴 王妃爲爨婦 倭王聞之怒 遣將軍于道朱君 討我 大王出居于柚村 于老曰 今玆之患 由吾言之不愼 我其當之 遂抵倭軍 謂曰 前日之言 戲之耳 豈意興師至於此耶 倭人不答 執之 積柴置其上 燒殺之乃去 于老子 幼弱不能步 人抱以騎而歸 後爲訖解尼師今 味鄒王時 倭國大臣來聘 于老妻請於國王 私饗倭使臣 及其泥醉 使壯士曳下庭焚之 以報前怨 倭人忿 來攻金城 不克引歸 論曰 于老爲當時大臣 掌軍國事 戰必克 雖不克 亦不敗 則其謀策必有過人者 然以一言之悖 以自取死 又令兩國交兵 其妻能報怨 亦變而非正也 若不爾者 其功業 亦可錄也."

25 박영규, 『한권으로 읽는 신라 왕조실록』(웅진닷컴, 2001), 150~151쪽.

를 했다거나, 아니면 유혹이라는 수단을 통해 복수한 것을 지적한 듯 하지만 실은 군신君臣들이 직접 나서서 응징하지 못한 것을 간접 비판한 것이다. 고래로 원수를 갚는 문제는 신자臣子의 도리로 여겨져 왔다. 다음의 글은 동양의 이같은 전통을 확인해 준다.

> 자식이 부모를 위하여 원수를 갚는 것은 신하와 아들된 사람이 임금과 아버지에 대하여 그 도리가 동일하니, 충신과 효자가 〈복수를〉 능히 그만두지 못하는 것은 은혜와 의리를 빼앗을 수 없기 때문이다. 그러므로 이르기를, '아버지의 원수는 함께 천하를 같이 하지 못하는 것이고, 형제의 원수는 함께 나라를 같이 하지 못하는 것이며, 친구의 원수는 함께 조정을 같이 하지 못하는 것이고, 친척의 원수는 함께 이웃해서 살지 못하는 것이다. 그러므로, 춘추전에 이르기를, '자식이 아버지의 원수를 갚지 못하면 자식이 아니다.'라고 하였고, 자하가 말하기를, '형제에 대한 원수를 대처하는데 어떻게 해야 됩니까? 〈공자가 말하기를〉, '벼슬하여 같은 나라에 살지 아니하되, 〈원수가〉 임금의 명〈사신〉을 가지고 있으면, 그와 만났을 적에 싸우지 않는다.'라고 하였다. 부모가 올바른 도리〈국법〉로 살해당했을 경우에 자식이 그 원수를 갚지 못하는 것은 가고 오는 것이 그치지 아니하기 때문이다. 춘추전에 이르기를, '아버지가 죽임을 받지 아니했으면 〈법에 의해 죽음〉 자식이 복수하지 않는 것이 옳다.'라고 했다.[26]

우로가 왜인들에 의해 불에 태워 죽이는 현장에는 '그의 어린 아들이 어리고 약하여 보행하지 못하므로 다른 사람이 안고 말을 타고 돌아왔다[于老子幼弱不能步 人抱以騎而歸]'라고 기록되어 있다. 이같은 상황에서 아내가 아들을 대신하여 원수를 갚는 것은 당연한 처사이자, 의무였던 것이다. 충신과 열녀는 군부君夫에 대한 의리가 동일하기 때문이다.

석우로가 왜인들에게 무참하게 죽은 사건은 『동국통감東國通鑑』의 사론史論에서 엄정하게 다루어져 있다. 왕과 대신들을 향한 준엄하고도 날카롭게 그 잘못을 네 가지로 조목조목 거론하고 있다. 그 기록은 다음과 같다.

신등은 살펴보건대, "오직 입(口)은 좋은 일도 낼 수 있고, 군사를 일으킬 수도 있는 것이

26 班固, 「誅伐」, 『白虎通義』 卷5. "子得爲父報仇者 臣子之於君父 其義一也 忠臣孝子 所以不能已 以恩義不可奪也 故曰 父之仇 不與共天下 兄弟之仇 不與共國 朋友之仇 不與同朝 族人之仇 不共鄰 故春秋傳曰 子不復仇非子 子夏曰 居兄弟之仇如之何 仕不與共國 銜君命 遇之不鬪 父母以義見殺 子不復仇者 爲往來不止也 春秋傳曰 父不受誅 子不復仇 可也."

니, 삼가지 않을 수 없는 것이다. 우로가 한 마디의 실수로 小醜와 불화를 만들어 兵禍를 불러 일으켜서 자신을 잃고 나라를 욕되게 한 것은 진실로 많이 책망할 것이 못될 것이고, 문득 신라의 임금과 신하가 실수한 것이 또한 많습니다. 倭奴가 갑자기 忿兵을 일으켜 곧바로 國都로 나왔으니 이는 바로 門庭에 닥친 도적인데, 방어하는 데만 이용한 자들이 이에 우로가 단신으로 말을 타고 敵에게 나가겠다는 것을 들어주어 적으로 하여금 통쾌한 마음으로 불태워 죽이게 하였으며, 우로가 아무리 말을 실수한 죄가 있다고 하나 나라의 勳戚大臣은 국가의 輕重에 관계되는 사람인데, 적의 수중에 맡겨두고 구원하지 않았으니, 그 실수가 첫 번째입니다. 大臣이 적에게 죽임을 당하는 것은 그 국가의 큰 수치가 되는 것입니다. 이는 마땅히 군사를 일으켜 죄를 묻고 巢穴을 전복시켰어야 거의 우로의 원수를 갚고 전일의 수치를 씻어서 대국의 위엄을 펼 수 있는 것인데, 당시에 征討의 거사를 듣지 못하였으니, 그 실수가 두 번째입니다. 만약 혹 형세와 시기를 헤아려 힘이 미치지 못하는 것이 있고, 군사로 능가하지 못할 것이 있으면 진실로 마땅히 그 聘問하는 것을 끊고, 그 오는 사신을 막아서 그와 더불어 서로 우호관계를 갖지 말았어야 옳을 것인데 이제 곧 마땅히 討伐해야 할 죄를 놓아두고 오히려 交隣의 예로써 대우하였으니, 그 실수가 세 번째입니다. 왜의 사신이 오자, 우로의 처가 사사로이 대접하여 술에 취한 뒤에 죽인 것을 하늘이 보복한 것으로 삼았으니, 우로의 처에 있어서는 족히 훌륭함이 있다고 하겠으나, 한 부인으로 인하여 그 信使를 죽인다면 禮에 있어 어떻게 되겠습니까? 그 실수가 네 번째입니다. 하나의 기회를 만나서 이런 네 가지 실수가 있었으니, 장차 어떻게 內治를 수습하여 外侮를 막겠습니까? 이로부터 兵禍가 연결되어 外寇가 더욱 熾盛해진 것이 반드시 오늘의 처치가 마땅함을 잃은 소치로 말미암아 그렇게 되지 않았다고 할 수는 없습니다."[27]

위의 4가지를 요약하면 1) 우로의 말 실수도 잘못이지만 우로를 방어하는 데만 이용했

27 徐居正,「己巳條」,『東國通鑑』卷3. "臣等按 惟口出好興戎 不可不愼也 于老以一言之失 構釁小醜召兵速禍 喪身辱國 固不足多責矣 抑羅之君臣所失亦多 倭奴遽興忿兵 直造國都 此正門庭之寇 利用禦之者 乃聽于老單騎赴敵 使賊得以快心焚炙 于老雖有失言之罪 國之勳戚大臣 係國家重輕者也 委諸賊手而莫之救 其失一也. 大臣見殺於敵 其爲國家之恥大矣 是宜興師問罪勦巢覆穴 則庶可報于老之讐 雪前日之恥 伸大國之威矣 而當時未聞征討之擧 其失二也 如或度勢相時 力有所不逮 兵有所不加 則固當絶其聘問 拒其來使 不與之相好 可也 今乃捨當討之罪 而猶待以交隣之禮 其失三也 倭使之來 于老之妻 私饗醉殺爲所天報復 在于老之妻 則有足多者矣 因一婦人而殺其信使 如國禮何 其失四也 遇一機會而有此四失 將何以脩內治 而禦外侮乎 自是 兵連禍結外寇益熾 未必不由於今日處置失宜之致然也"

던 군신君臣들이 훈척대신을 사지死地에 몰아넣고 방관한 책임이 크다는 것이고, 2) 그의 억울한 죽음을 설욕하기 위해 응징했어야 함에도 하지 못했으니, 대국의 위엄威嚴이 없으며, 3) 혹 국력國力이 약해 응징하지 못한다면 빙문聘問과 우호관계를 끊었어야 함에도 교린交隣의 예로 대했음이 잘못이고, 4) 우로 처의 복수는 훌륭하지만 아녀자에 의한 사사로운 복수는 국가의 예로서는 잘못되었다는 것이다.

이에 대해 『일본서기日本書紀』에는 다음과 같이 우로에 대한 기록이 실려 있다.

> 一說은 다음과 같다. 〈…〉 이날 밤 천황이 갑자기 병이 나서 죽었다. 그 뒤 황후가 신의 가르침을 따라 제사지냈다. 즉, 황후는 남자의 복장을 하고 新羅를 정벌하였다. 이때 신이 (황후에게) 머물며 인도하였으므로 배를 따라 파도가 일어 멀리 신라까지 미쳤다. 이에 신라왕 宇流助富利智干[28]이 나와서 맞이하여 무릎을 꿇고 왕의 배에 나아가 머리를 조아리며 "臣은 지금 이후로 일본국에 있는 신의 아들에게 內官家가 되어 朝貢을 끊지 않겠습니다" 라고 하였다. 또 一說은 다음과 같다. 신라왕을 사로잡아 해변에 데리고 가서 왕의 무릎뼈를 빼고 돌 위를 기게 하였다. 조금 있다가 목을 베어 모래 속에 묻었다. 그리고 한 사람을 머물게 하여 신라의 재상으로 삼고 돌아왔다. 그 후 신라왕의 처가 남편의 주검을 묻은 곳을 몰라서 혼자 재상을 꾀일 생각을 하였다. 곧 재상을 유인하여 "당신이 왕의 주검을 묻은 곳을 가르쳐 준다면 반드시 후하게 보답하고, 또 제가 당신의 아내가 되겠습니다" 라고 하였다. 이에 재상이 속이는 말을 믿고 주검을 묻은 곳을 몰래 알려 주었다. 그러자 왕의 처가 나라 사람들과 함께 의논하여 재상을 죽이고 또 왕의 주검을 파내어 다른 곳에 장사지냈다. 이 때 재상의 주검을 왕 묘의 밑에 묻고 왕의 널을 들어 그 위에 얹고 "높고 낮음의 순서는 진실로 이와 같아야 한다" 라고 말하였다. 이를 천황이 듣고 다시 매우 화가 나 크게 군대를 일으켜 신라를 멸망시키려고 하였다. 그래서 軍船이 바다에 가득차서 나아가니, 이 때 신라 사람들이 모두 두려워하며 어찌할 바를 몰랐다. 곧 서로 모여 함께 의논하여 왕의 처를 죽이고 謝罪

28 宇流助富利智干; 『일본서기』에는 신라왕이라고 되어 있으나 『三國史記』 卷45 列傳에 나오는 于老를 말한다. 于老는 奈解尼師今(196~229)의 아들로 舒弗邯의 관등을 가지고 있었으므로 宇流助富利智干이라 표기한 듯하다. 일본문헌에 昔于老는 宇流助富利(智干 : 우로소호리치카), 汙禮斯伐(우레시호쓰), (宇流=汙禮, 助富利=斯伐)등으로 표기되어 잇고, 朴堤上(金堤上)은 毛麻利叱智(모마리시치), 毛末乙, 未斯欣(美海)은 未叱喜, 微叱許智伐旱(미시코치호쓰칸), 微叱許智, 微叱己知, 微叱旱岐, 未叱己知波珍干岐 등으로 표기되어 있다.

하였다.[29]

위의 기록은 다소 황당하다. 마치 만화를 보는 느낌이다. 너무 일방적이고 일사천리로 진행되기 때문이다. 더구나 전쟁상황을 기록하면서 일진일퇴의 현실감이 전혀 없다는 점이 어색하다. 하나의 사건을 자국 중심으로 지나치게 미화하고 있는 것이다. 『삼국사기』와 『삼국유사』에 전하는 석우로의 이야기는 첨해니사금 때인 3세기 전반에 활동하는 것으로 나오는데, 『일본서기』에는 4세기 중반 신공황후神功皇后 때에 등장한다. 이같은 연대상의 의문에 대해 이희진은 다음과 같이 『일본서기日本書紀』의 조작을 언급하고 있다.

于老와 관련된 "神功皇后 때의 '신라왕의 항복과 피살' 이야기는 이른바 신공황후의 신라정벌 사건과 직접적으로 관련되기" 때문에 "이 전승은 신공황후에 관한 기록의 가장 '핵심적'인 것"이고, 따라서 "고대 일본인들의 뇌리에 깊숙이 자리잡고 있었을 이 사건을 신공황후의 시기와 떼어놓고 이해한다는 것은 난센스"라는 것이 바로 그 이유다. 쉽게 말해서 신공황후가 신라를 정벌해서 신라왕의 항복을 받고, 그것도 모자라 신라왕을 고문하여 죽인 사건이 '고대 일본인의 뇌리에 깊숙이 자리잡고 있는' 사실이라는 말이다. 곧 고대 일본인들이 이런 영광스러운(?) 사건이 일어난 시기를 제대로 기억하지 못했을 리 없으니, 이 사건이 4세기 중반인 신공황후 때에 일어났다는 점을 의심할 수 없다는 주장이다.[30]

석씨 왕실은 석탈해로부터 시작하여 16대 흘해니사금 대까지 8명의 왕을 배출한 성씨였다. 또한 왜병과의 싸움은 우로于老 가문이 주도한 느낌을 줄 정도로 처절했고, 우로의 아들인 흘해니사금은 왜국왕의 청혼을 거절함으로써 국교를 단절시키고(36년 2월) 강경하게 대립하는 양상을 보여주고 있다. 이같은 상황에서 석씨 왕실은 왜적의 침입을 막기 위

29 田溶新 역, 〈神功皇后 攝政전기〉, 「仲哀天皇 9년 12월」, 『完譯 日本書紀』 9권(일지사, 1989). "一云 〈…〉 是夜天皇忽病發以崩之 然後 皇后隨神教而祭 則皇后爲男束裝 征新羅 是神留導之 由是 隨船浪之 遠及于新羅國中 於是 新羅王宇流助富利智干 參迎跪之 取王船卽叩頭曰 臣自今以後 於日本國所居神御子 爲內官家 無絶朝貢 一云 禽獲新羅王 詣于海邊 拔王臏筋 令匍匐石上 俄而斬之 埋沙中 則留一人 爲新羅宰而還之 然後 新羅王妻 不知埋夫屍之地 獨有誘宰之情 乃誂宰曰 汝當令識埋王屍之處 必敦報之 且吾爲汝妻 於是 宰信誘言 密告埋屍之處 則王妻與國人 公議之殺宰 更出王屍葬於他處 乃時取宰屍 埋于王墓土底 以擧王櫬 窆其上曰 尊卑次第 固當如此 於是 天皇聞之 重發震忿 大起軍衆 欲頓滅新羅 是以軍船滿海而詣之 是時 新羅國人悉懼 不知所如 則相集共議之 殺王妻以謝罪."

30 이희진, 『식민사학과 한국고대사』(소나무, 2008), 123쪽.

해 호국용護國龍이 되고자 했던 문무왕대에 그들의 조상인 탈해脫解를 토함산신吐含山神으로 부각시킬 수 있는 충분한 요소를 지녔다는 주장은 일리가 있다.[31]

한편 이기동은 우로于老의 무훈담武勳譚을 탈해니사금 대에 왜군과 싸우다 전사한 각간角干 우조羽烏[32]에 비의한 적이 있다. 즉, 우로의 전사 사건을 우조의 중복 기재로 보는 것이다.[33]

2. 박제상朴堤上 : 고대 국가에서 자국의 안전을 도모하기 위한 장치로는 전쟁 이외에 혼인동맹婚姻同盟이나, 인질교환人質交換이 있었다. 국가간에 인질을 교환하는 것은 '배신背信에 대한 일종의 정치적 담보물擔保物'[34]의 성격을 띠는 것이었다. 인질교환의 사례는 『춘추좌씨전春秋左氏傳』에 다음과 같이 기록되어 있다.

> 鄭武公과 莊公이 대를 이어 평왕의 경사가 되었는데, 平王이 장공에게 주었던 정권을 양분하여 괵공에게 그 반을 주려 하자, 鄭伯이 평왕을 원망하니, 평왕은 "그럴 뜻이 없다." 고 하였다. 그러므로 주나라와 정나라가 인질을 교환하여 王子 狐가 정나라의 인질이 되고, 정나라 공자 忽이 주나라의 인질이 되었다. 평왕이 죽은 뒤에 周人이 괵공에게 정권을 맡기려 하니, 4월에 정나라 祭足이 군대를 이끌고서 溫에 침입하여 보리를 취하고, 가을에 또 成周에 침입해 벼를 취하니, 주나라와 정나라가 서로 미워하였다. 이에 대해 君子는 다음과 같이 논평하였다. "믿음이 中心에서 나오지 않으면 인질이 무슨 소용이 있겠는가. 光明한 마음으로 서로의 마음을 헤아려 일을 처리하며, 禮로써 서로 단속한다면 비록 인질이 없다 하더라도 누가 그 사이를 離間할 수 있겠는가. 만약 마음이 광명하고 신의가 있다면 澗谿沼沚에서 자라는 水草와 蘋蘩薀藻 등의 야채와 筐筥錡釜 등의 용기와 潢汙行潦의 물도 모두 鬼神에게 제물로 바칠 수 있고, 王公에게 올릴 수 있는데, 하물며 군자가 두 나라 사이에 신의를 맺어 예로써 행한다면 또 인질이 무슨 소용이 있겠는가. 詩經의 風에는 采蘩 采蘋장이 있고, 雅에는 行

31 金杜珍, 앞의 논문(1986), 31~32쪽.
32 김부식, 〈脫解尼師今 17年條〉, 「新羅本紀」 第1, 『三國史記』 卷1. "倭人侵木出島 王遣角干羽烏禦之 不克 羽烏死之."
33 羽烏와 于老의 음운상 비슷한 점, 두 사람의 관직이 모두 角干인 점, 양자의 사망연대가 모두 간지로 癸酉년인 점을 들었다. 李基東, 앞의 논문(1997), 33쪽.
34 梁起錫, 「삼국시대 人質의 성격에 대하여」, 『史學誌』 15(단국대 사학과, 1981), 40쪽.

葦 泂酌장이 있으니, 이는 모두 忠信을 밝힌 시이다."[35]

양기석은 인질의 유형을 ⓐ대외적 인질(出質, 交質, 納質, 其他)과 ⓑ대내적 인질(委質)로 나누고 납질納質에 대해 다음과 같이 언급했다.

納質은 대립 세력간에 休戰, 講和 또는 通好관계를 위하여 歸順이나 服屬의 표상으로서 인질이 일방적으로 派送되는 경우를 말한다. 대개 약소국이 강국에게, 또는 제후나 종속집단이 종주국에게 충성과 복속의 표시로서 인질을 파견하였을 때 성립한다. 〈…〉 납질은 윗 사료를 통해 다음과 같은 경우에 발생하고 있음을 알 수 있다. 첫째, 通好관계를 맺기 위하여 王子가 質子로 파송되고 있다. (A)신라의 對倭관계는 삼국사기 초기 기록부터 빈출하고 있어 신라의 발전에 저해요인이 되고 있기 때문에 倭의 침략을 저지하기 위한 수단으로 納質이 행하여지고 있다. 둘째, 結婚정책은 일반적으로 인질의 형태가 아닌 우호관계를 유지하기 위한 수단으로 생각되고 있다. 그러나 경우에 따라서 결혼정책은 納質의 변형된 한 형태로 이해될 수도 있다.(B)[36]

실성왕은 왕위에 오르자마자, 재위 원년(402년) 3월에 왜국倭國과 우의를 통하고 내물왕의 아들 미사흔未斯欣으로 볼모를 삼는다(『삼국사기』). 그런데, 『삼국유사』에는 이에 대해 내물왕이 자신의 아들(美海)을 왜에 인질로 보내는 것으로 기록하고 있다.[37]

제17대 나밀왕이 왕위에 오른 지 36년 경인(390)에 왜왕이 사신을 보내왔다. "우리 임금이 대왕의 신성함을 듣고 신들을 시켜 백제의 죄를 대왕에게 아뢰오니, 원컨대 대왕께서는 왕자 한 분을 보내시어 우리 임금에게 성심을 표하소서." 이에 왕은 셋째 아들 美海〈또는 未

35 〈傳〉, 「魯隱公 3年條」, 『春秋左氏傳』. "鄭武公莊公爲平王卿士 王貳于虢 鄭伯怨王 王曰無之 故周鄭交質 王子狐爲質於鄭 鄭公子忽爲質于周 王崩 周人將畀虢公政 四月 鄭祭足帥師 取溫之麥 秋 又取成周之禾 周鄭交惡 君子曰 信不由中 質無益也 明恕而行 要之以禮 雖無有質 誰能間之 苟有明信 澗谿沼沚之毛 蘋蘩蘊藻之菜 筐筥錡釜之器 潢汙行潦之水 可薦於鬼神 可羞於王公 而況君子結二國之信 行之以禮 又焉用質 風有采蘩采蘋 雅有行葦泂酌 昭忠信也."

36 梁起錫, 앞의 논문(1981), 44~46쪽.

37 이에 대해 朱甫暾은 미사흔을 390년 무렵에 왜에 보냈다는 삼국유사의 기록을 착오로 보고, 이는 일연이 실성의 고구려 파견 사실과 미사흔의 왜 파견 사실을 혼동한 것으로 보았다. 주보돈, 「박제상과 5세기초 신라의 정치 동향」, 『경북사학』 21(경북사학회, 1998), 836쪽.

> 吐喜라고도 한다〉를 왜국에 보내니, 미해의 나이 열 살 때였다. 언사와 행동거지가 아직 구비되지 못한 까닭으로 내신 朴娑覽을 부사로 삼아 함께 보냈다. 왜왕은 이들을 억류해 두고, 30년 동안이나 돌려보내지 않았다.[38]

위의 기록에서 주목되는 것은 당시 신라와 왜의 국력의 차이이다. 왜의 사신은 표현을 부드럽게 하고, 내물왕을 높이는 듯 하고 있으나, 무력을 배경으로 압력을 넣고 있다는 점과, 신라가 이에 굴복하여 인질을 교환하는 것이 아니라, 일방적으로 보내고 있다는 점이다. 특히 우리 쪽의 기록임에도 불구하고, '성심誠心을 표하라'는 언사는 매우 굴욕적이다. 일연은 이같은 저간의 사정을 매우 수치스럽게 여겨 이를 은연중 강조한 듯하다.

신라는 고구려와 왜에 각각 인질을 보냈는데, 다음과 같은 지적은 신라의 어려운 사정을 잘 보여주고 있다.

> 당시 신라의 상황이 얼마나 급했던가는 인질로 보낸 대상이 누구인가에서 알 수 있는데, 奈勿王代 고구려에 보낸 인질이 三國史記에 의하면 伊湌의 아들로 되어 있는데 비해 實聖尼師今 元年(402)에 倭에 보낸 인질은 奈勿王子 未斯欣이라는 王子級으로 되어 있다. 이와 같이 반신라세력인 倭에의 왕자급을 대상으로 한 인질외교책은 신라로서는 대단한 모험이었고, 그만큼 당시 신라의 어려운 사정을 말해주는 것이라 하겠다.[39]

눌지왕에게는 국력이 약해서 당했던 인질의 비극을 해결할 수 있는 박제상의 존재가 그 어떤 신하보다 고귀했을 것이다.[40] 반면, 고구려의 경우는 같은 민족이라는 점과 대륙을 호령하던 장수왕답게 신라왕의 아우를 귀환시키는데 흔쾌히 응했던 것으로 보인다. 그 배경에는 언제라도 신라를 압박할 수 있는 힘이 배경이 되었음은 물론이다.[41]

---

38 一然, 〈奈勿王[一作那密王] 金堤上〉, 「紀異」 第1, 『三國遺事』 卷1. "第十七 那密王卽位三十六年庚寅 倭王遣使來朝曰 寡君聞大王之神聖 使臣等以告百濟之罪於大王也 願大王遣一王子 表誠心於寡君也 於是王使第三子美海[一作未吐喜] 以聘於倭 美海年十歲 言辭動止 猶未備具 故以內臣朴娑覽 爲副使而遣之 倭王留而不送三十年."

39 延敏洙, 앞의 논문(1989), 86쪽.

40 『三國遺事』 왕력편에 의거하여 박제상의 부인인 鵄述은 실성왕의 딸이며, 따라서 박제상은 실성왕의 부마이고, 또한 박제상과 눌지왕은 同壻관계로 본 견해가 있다. 눌지가 왕권을 장악하게 되었을 때 실성왕의 부마인 그를 중앙의 권력구조에서 배제하여 변경의 관리인 干으로 좌천시켰고 관등도 최하위인 奈麻가 되었다고 보았다. 宣石悅, 「朴堤上의 出自와 관등 奈麻」, 『慶大史論』 10(경북대학교 사학회, 1997), 52~67쪽.

그러나 일본의 경우는 달랐다. 이민족이기도 하지만 워낙 의심이 많고 교활하다고 여겼기에 그들을 속이는 데는 고단수의 전략이 필요했다. 그리고 시간을 두고 서서히 진행하는 것이 유효했던 것이다. 제상은 먼저 신라에서 배반해 도망 온 자로 위장하였다. 미사흔과 제상의 가족을 감옥에 가두고, 이를 소문내도록 하게 한 것이다. 그러나 앞서 제상은 고구려를 방문하여 복호를 데리고 온 사람이기에 왜가 몰랐을 리 없다. 제상이 일본에 들어가 미사흔을 탈출시키는 모습을 『삼국사기』에는 다음과 같이 기록하고 있다.

왜국으로 들어가서 마치 본국에서 배반해 온 자와 같이 하였는데 왜왕이 의심하였다. 백제인이 있어 전에 왜에 들어가 참소하기를, "신라가 고구려와 더불어 왕의 나라를 침공하려고 꾀한다" 하므로, 왜가 드디어 군사를 보내어 신라 국경 밖에서 순회 정찰케 하였다. 마침 고구려가 와서 왜의 순라군을 모두 잡아 죽이니 왜왕은 이에 백제인의 말을 사실로 여겼다. 또 왜왕은 신라왕이 미사흔 및 제상의 가족을 가두었다는 말을 듣고 제상을 정말 배반한 자로 여겼다. 이에 왜왕은 군사를 보내어 신라를 침습하려 하여 제상과 미사흔을 장수로 임명하는 한편, 향도로 삼아 해중 산도에 이르렀다. 왜의 제장이 모의하기를, '신라를 멸한 후에 제상과 미사흔의 처자를 잡아 돌아오자' 고 하였다. 제상이 그것을 알고 미사흔과 함께 배를 타고 놀며 고기와 오리를 잡는 것 같이 하매, 왜인이 보고 아무런 생각이 없는 것이라고 하여 기뻐하였다. 여기서 제상은 미사흔에게 가만히 본국으로 돌아갈 것을 권하니 미사흔은 "내가 장군 받들기를 아버지와 같이 하는데 어떻게 혼자서 돌아가겠는가?" 하였다. 제상이 "만일 두 사람이 함께 떠나면 계획이 이루어지지 못할까 염려합니다." 하니, 미사흔이 제상의 목을 껴안고 울며 작별하고 돌아섰다. 제상이 혼자 방안에서 자다가 늦게야 일어나니, 미사흔으로 하여금 멀리 가게 하려 함이었다. 여러 사람이 "장군이 어찌 일어나기를 늦게 하는가?" 하므로 대답하기를, "전날 배를 타고 다니느라고 노곤해서 일찍 일어나지 못하였다." 고 하였다. 제상이 밖으로 나오자, 미사흔이 도망한 것을 알고 드디어 제상을 결박하였다. 배를 저어 쫓아갔으나 마침 연무가 자욱하고 어두워서 바라보아도 미치지 못하였다. 제상을 왜왕의 처소로 돌려보냈더니, 그를 목도로 유배보냈다가 곧 사람을 시켜, 섶에 불을 질러 전

41 주보돈은 고구려의 도움으로 즉위한 눌지가 동생인 복호를 귀국시키는데, 박제상을 발탁하여 고구려로부터 탈출을 시도하는 비상한 방법을 쓰는 것은 어색하며, 이는 고구려측에서도 실성을 지지하는 세력과 눌지를 지지하는 세력이 동시에 존재했을 가능성을 언급했다. 주보돈, 앞의 논문(1998), 849~ 850쪽.

신을 불태운 후에 목 베었다. 대왕이 이 소식을 듣고 애통해 하고, 대아찬을 추증하였으며, 그 가족에게 후히 물품을 내리었다. 그리고 미사흔으로 하여금 제상의 둘째 딸을 맞아 아내로 삼게 하여 보답하였다.[42]

왜 또한 그들을 의심하여 장수와 향도를 삼아 신라를 침공하는데 앞장서게 배치한다. 왜장들은 신라를 멸한 후에 미사흔과 제상의 처자를 잡아오자고 모의한다. 이는 두 가지 의미가 있는데, 제상의 투항이 사실이라면 그 가족을 보호한다는 의미이고, 사실이 아니라면 가족까지 죽이겠다(또는 인질로 삼겠다)는 의미이다. 즉, 왜인들도 제상의 정체를 끝까지 의심한 것이다. 제상이 여기서 왜인들을 속일 수 있었던 것은 서둘지 않고 생각 없는 사람처럼 고기나 잡고 놀았던 것이 그들을 안심시킨 점이다. 마침내 미사흔을 대신하여 남고, 미사흔이 멀리 가도록 위장한 점이 미사흔을 구출했던 결정적인 요인이다.

제상은 처음부터 미사흔을 대신하여 죽을 각오를 한 것으로 보인다. 제상이 자신과 미사흔을 분리하지 않고 둘 다 탈출을 감행했다면 둘 다 잡혀 계획이 수포로 돌아갔을 것이다. 지리적으로 섬나라인데다가 일본인들의 집요함 때문이었을 것이다. 『일본서기日本書紀』에도 이에 대한 기록이 나오는데 참고할 만하다.

5년 춘 3월 계묘삭 기유(7일). 신라왕은 汙禮斯伐, 毛麻利叱智, 富羅母智 등을 보내 조공하였는데, 전에 볼모로 와 있던 微叱許智伐旱을 데리고 가려는 생각이 있었다. 이에 許智伐旱에게 거짓으로, "사자인 汙禮斯伐, 毛麻利叱智 등이 신에게, '우리 임금께서 제가 오래도록 돌아오지 않는 것에 연루시켜 처자를 모두 官奴로 하였다'고 말합니다. 원컨대, 잠시 본국에 돌아가서 허실을 알고자 합니다." 라고 말하게 하였다. 황태후는 청허하였다. 그래서 葛城襲津彦을 딸려서 보냈다. 같이 對馬에 도착하여 鉏海의 水門에 묵었다. 그때 신라의 사자인 毛麻利

42 김부식, 「列傳」 第5, 『三國史記』 卷45. "遂徑入倭國 若叛來者 倭王疑之 百濟人前入倭 讒言新羅與高句麗謀侵王國 倭遂遣兵邏戍新羅境外 會高句麗來侵 并擒殺倭邏人 倭王乃以百濟人言爲實 又聞羅王囚未斯欣堤上之家人 謂堤上實叛者 於是 出師將襲新羅 兼差堤上與未斯欣爲將 兼使之鄕導 行至海中山島 倭諸將密議 滅新羅後 執堤上未斯欣妻孥以還 堤上知之 與未斯欣乘舟遊 若捉魚鴨者 倭人見之 以謂無心喜焉 於是 堤上勸未斯欣潛歸本國 未斯欣曰 僕奉將軍如父 豈可獨歸 堤上曰 若二人俱發 則恐謀不成 未斯欣抱堤上項 泣辭而歸 堤上獨眠室內晏起 欲使未斯欣遠行 諸人問將軍何起之晚 答曰 前日行舟勞困 不得夙興 及出 知未斯欣之逃 遂縛堤上 行舡追之 適煙霧晦冥 望不及焉 歸堤上於王所 則流於木島 未幾 使人以薪火燒爛支體 然後斬之 大王聞之哀慟 追贈大阿湌 厚賜其家 使未斯欣娶其堤上之第二女爲妻 以報之."

> 叱智 등이 몰래 배와 뱃사공을 나누어 微叱旱岐를 태우고 신라로 도망가게 하였다. 그리고 풀을 묶어 사람 모습을 만들어 微叱許智의 자리에 두고 거짓으로 병든 사람인 체 하고 襲津彦에게 고하여 "微叱許智가 갑자기 병이 들어서 죽으려고 한다" 라고 말하였다. 습진언은 사람을 시켜 병자를 돌보게 했는데, 곧 속은 것을 알고, 신라의 사자 3인을 붙들어 나무우리속에 집어 넣고 불태워 죽였다. 그리고 신라에 나아가 도비진에 이르러 草羅城을 함락시키고 돌아왔다. 이때 사로잡힌 사람들이 지금의 桑原, 佐糜, 高宮, 忍海 등 四邑의 한인들의 시조다.[43]

위의 기록에서 모마리질지毛麻利叱智는 박제상朴堤上이고, 미질허지벌한微叱許智伐旱(微叱許智, 許智伐旱, 微叱旱岐)는 미사흔未斯欣이다. 『일본서기』의 기록(신공황후 5년=205년)은 우리와 약 200여 년의 차이가 있고, 『삼국사기』의 기록과도 다르나, 정황은 그럴 듯하다. 박제상을 포함해 3명의 사신이 갔다는 점과, 혼자서는 하기 어려운 일을 분담했다는 점, 일단 대마도에 묵으면서 일을 추진했다는 점 등은 현실성이 있다고 본다. 그러나 일본이 이에 대한 보복으로 출정하여 초라성을 함락시키고, 포로들을 잡아왔다고 하는 것은 과장된 표현으로 보인다. 신라사신이 조공을 바쳤다는 말 자체가 아전인수격의 해석이라고 본다.

『삼국유사』에는 안개가 자욱한 날에 제상이 강구려康仇麗라는 신라사람으로 하여금 미사흔을 호송하여 신라로 탈출시켰다고 기록하고 있다. 이어 다음과 같이 왜왕의 문초에 맞서 계림의 신하로서 당당히 죽어가는 모습을 기록했다.

> (왜왕은) 이에 제상을 가두어 두고 물었다. "너는 어째서 너의 나라 왕자를 몰래 보냈느냐?" "저는 신라의 신하요, 왜국의 신하는 아닙니다. 이제 우리 임금의 소원을 이루려 한 것뿐입니다. 어찌 왕에게 말할 수 있겠소?" 왜왕은 노했다. "너는 이미 내 신하가 되었는데도 신라의 신하라고 말하느냐? 그렇다면 반드시 五刑을 모두 쓸 것이요, 만약 왜국의 신하라고 말한다면 반드시 후한 녹으로 상주겠다." 그러자 제상이 대답했다. "차라리 신라의 개, 돼지

43 田溶新 역, 〈神功皇后〉, 「新羅遣使」, 『完譯 日本書紀』 권9(일지사, 1989), 161쪽. "五年春三月 癸卯朔己酉 新羅王遣汙禮斯伐 毛麻利叱智 富羅母智等朝貢 仍有返先質微叱許智伐旱之情 是以 誂許智伐旱 而紿之曰 使者汙禮斯伐 毛麻利叱智等 告臣曰 我王以坐臣久不還 而悉沒妻子爲孥 冀蹔還本土 知虛實而請焉 皇太后則聽之 因以 副葛城襲津彦而遣之 共到對馬 宿于鉏海水門 時新羅使者毛麻利叱智等 竊分船及水夫 載微叱旱岐 令逃於新羅 乃造蒭靈 置微叱許智之床 佯爲病者 告襲津彦曰 微叱許智忽病之將死 襲津彦使人令看病者 即知欺 而捉新羅使者三人 納檻中 以火焚而殺 乃詣新羅 次于蹈鞴津 拔草羅城還之 是時俘人等 今桑原佐糜 高宮忍海 凡四邑漢人等之始祖也."

가 될지언정 왜국의 臣子가 되고 싶지 않으며, 차라리 신라의 刑杖을 받을지라도 왜국의 작록은 받고 싶지 않습니다." 왜왕은 노하여 제상의 발바닥 가죽을 벗기고 갈대를 베어 그 위에 걸어가게 하고는 [지금 갈대 위에 피 흔적이 있는데, 세간에서 제상의 피라고 한다.] 다시 물었다. "너는 어느 나라 신하냐?" "신라의 신하다." 또한 달군 쇠 위에 세워놓고 물었다. "너는 어느 나라의 신하냐?" "신라의 신하다." 왜왕은 그를 굴복시키지 못할 것을 알고 木島란 섬 안에서 불에 태워 죽였다.[44]

위의 왜왕의 언급에서 제상을 자신의 신하라고 말한 것은 제상이 신라를 배반하고 왜에 거짓 투항한 사실을 지적한 것이다. 신하된 도리는 임금에 대해 음과 양으로 존재하며 목숨을 바쳐 그늘로 존재하는 것이 도리이다. 제상은 이를 실천으로 증명한 것이다.

5. 맺음말

우리 고대사에 등장하는 두 인물, 석우로昔于老와 박제상朴堤上은 한·일의 역사서에 모두 기록되어 있는 인물이다. 박제상은 충신의 전형으로, 석우로는 잘 알려져 있지는 않지만 석씨왕실의 권력투쟁에서 희생당한 비운의 영웅이었다. 우로의 사건은 『동국통감東國通鑑』의 사론史論에서 지적한 것처럼 대의와 원칙에 입각해 냉철하게 바라보고 있다. 특히 한 개인의 문제가 아니라 훈척대신에 대한 국가의 예우와 위엄을 강조하고 있다는 점에서 엄정함을 유지하고 있다. 그의 아내 역시 남편의 억울함을 복수하는 충신의 아내답게 열부烈婦의 모습으로 기록되어 있다. 반면 『일본서기日本書紀』에 기록된 우로는 왕으로 되어 있으면서도 겁에 질린 졸장부의 모습으로 그려 놓고 있다. 이는 아마도 권력투쟁에서 희생당한 그의 처지를 십분 이용하고 있는 듯하다. 신라 왕실의 치부가 저들의 열등감을 보

44 一然, 〈奈勿王[一作那密王] 金堤上〉, 「紀異」 第1, 『三國遺事』 卷1. "於是囚堤上問曰 汝何竊遣汝國王子耶 對曰 臣是雞林之臣 非倭國之臣 今欲成吾君之志耳 何敢言於君乎 倭王怒曰 今汝已爲我臣 而言雞林之臣 則必具五刑 若言倭國之臣者 必賞重祿 對曰 寧爲雞林之犬豘 不爲倭國之臣子 寧受雞林之箠楚 不受倭國之爵祿 王怒 命屠剝堤上脚下之皮 刈蒹葭使趨其上[今蒹葭上 有血痕 俗云 堤上之血] 更問曰 汝何國臣乎 曰 雞林之臣也 又使立於熱鐵上 問 何國之臣乎 曰 雞林之臣也 倭王知不可屈 燒殺於木島中."

상해주는 호재로 이용되고 있는 것이다.

박제상의 경우는 나라의 어려움을 온 몸으로 감당하는 충신의 전형이다. 내물왕과 실성왕의 인질에 대한 복수극으로 이어지는 가운데 이를 해결하는 해결사로 박제상이 등장한다. 미사흔의 경우도 국력의 열세에 다른 인질외교의 희생자였지만 그 과정에서 온갖 고초를 당한 인물은 바로 박제상이었다. 『삼국사기』에 기록된 박제상은 한 치의 오류도 없는 충신의 전형으로 그려져 있다. 신라의 충신으로, 임금의 근심을 덜어준 신하로 기록되어 있고, 그 아내 역시 망부석望夫石의 주인공인 열부烈婦로 기록되어 있다. 그러나 목숨을 바쳐야 하는 충신은 명예만이 존재한다. 『일본서기』에 나타난 박제상은 조공朝貢을 바치는 약소국의 신하요, 잔꾀를 부리는 존재로 나타나 있다. 그리고 미사흔을 탈출시킨 책임을 물어 그를 잔인하게 죽이고, 신라를 침공하여 초라성을 함락시키고 들아왔노라고 기록하고 있다. 무력에 관한 한 우위를 과시하는 입장이었다. 한·일 양국간에는 역사에 대한 인식의 차이가 존재한다. 우리의 경우는 그래도 과거를 비추는 거울이 있다면 왜(일본)의 경우는 그것이 없다는 점에서 차이가 있다. 과거를 반성하고 잘못을 반추하는 것만이 미래에 대한 확실한 지침이 될 수 있기 때문이다.

4장

신숙주申叔舟의 대일對日 관찰과 기록

-『해동제국기海東諸國記』를 중심으로-

나려형羅麗馨*

1. 머리말

신숙주申叔舟는 1417년 6월생으로 자는 범옹泛翁, 호는 희현당希賢堂·보한재保閑齋이며 경상도慶尙道 고령현高靈縣 사람이다. 1439년에 과거에 급제하여 집현전학사集賢殿學士, 도승지都承旨, 대제학大提學, 영의정領議政, 예조판서禮曹判書, 경연청經筵廳·예문관禮文館·홍문관弘文館의 영사領事, 관상감사觀象監事, 고령부원군高靈府院君 등을 역임했으며, 4차례 공신으로 봉해져 '수충협책정난輸忠協策靖難', '동덕좌익同德佐翼', '보사병기정난익대保社炳幾定難翊戴', '순성명량경제홍문좌리공신純誠明亮經濟弘文佐理功臣', '대광보국숭록대부大匡輔國崇祿大夫' 등의 칭호를 하사받았다. 1475년 6월, 향년 59세의 나이로 卒하였고 시호는 文忠이다.[1]

* 대만 국립중흥대학교 역사계

1 申叔舟,『海東諸國紀』(東京 : 國書刊行會, 1975), 序, 7~8面.『成宗實錄』, 末松保和編纂,『歷代朝鮮朝實錄』15册(東京 : 學習院東洋文化研究所刊行, 1958), 卷56, 6年6月戊戌條, 511下~512下面. 河宇鳳,「申叔舟と『海東諸国紀』－朝鮮王朝前期のある「国際人」の営為」, 大隅和雄·村井章介 編,『中世後期における東アジアの国際關係』(東京 : 山川出版社, 1997), 68~69面. 田中健夫譯注,『海東諸国紀－朝鮮人の見た中世の日本と琉球』(東京 : 岩波書店, 1991), 21~22·408面.

신숙주申叔舟는 경사에 두루 통달하고 시문에 능했으며 문집으로 『보한재집保閑齋集』이 있다. 성운학聲韻學에 조예가 깊었고 세종世宗(1419~1450 재위) 때 훈민정음訓民正音 창제에 참여하여 한글 자모字母를 제정하였으며 『홍무정운훈석洪武正韻訓釋』, 『사성통고四聲通考』, 『동국정운東國正韻』 등을 편찬하였다. 군사 문제에도 관심이 있어 『병정兵政』·『병장설兵將說』·『북정록北征錄』 등을 저술하였고, 외교에도 수완이 뛰어나 1441년 서상관書狀官으로 정사正使 변효문卞孝文, 부사副使 윤인보尹仁甫를 따라 일본 교토京都에 다녀왔고, 1452년에도 서장관으로 사은사謝恩使 수양대군首陽大君(훗날의 世祖)을 따라 중국 북경에 다녀왔으며, 1455년에는 주문사奏聞使의 신분으로 다시 북경에 갔다. 1459년에는 함경도咸鏡道 체찰사體察使로서 국경을 건너가 여진족의 종족간 분규 문제를 조정·해결하기도 하였다. 1467년 예조판서禮曹判書에 오른 후 1475년 졸할 때까지 이를 겸직하였다.[2] 오랜 기간 외교 사무를 관장했으므로 그가 죽을 때 성종成宗(재위 1470~1494)은 신하들에게 "오랫동안 예조를 관장해 사대교린事大交隣을 자신의 소임으로 맡아 외교外交 사령辭令의 대부분이 그의 손에서 이루어졌다"고 하였다.[3]

『해동제국기海東諸國記』는 일본에 대한 신숙주申叔舟의 관찰과 그 기록의 집대성이다. 비록 '해동海東'이라 명명하긴 했으나 일본과 유구琉球 두 나라에 대해서만 기술되어 있다.[4] 그중 일본의 기록은 97%에 달하고 유구는 3%에 불과하다. 일본 역대 천황의 事略과 각 조대 국왕의 습직襲職, 일본 풍속, 7도道 66주州의 사자使者, 외교상의 제반 의례 등이 수록되어 있고, 이외에도 「해동제국총도海東諸國總圖」·「일본본국도日本本國圖」(本州圖)·「일본국서해도구주도日本國西海道九州圖」·「일본국일기도도日本國一岐島圖」·「일본국대마도도日本國對馬島圖」·「류구국도琉球國圖」 등 6장의 지도가 있다.

조선인이 쓴 최초의 일본 기행문은 송희경宋希璟의 『노송당일본행록老松堂日本行錄』(1420)이다.[5] 이 책은 시문집으로서 내용상 일본의 산천과 경물, 인정, 풍토 등을 포괄한다. 하지만 15세기 일본의 정치·사회·풍속·지리를 전면적으로 관찰하고 이를 가장 상세히

2 田中健夫, 「十五世紀日朝知識人の相互認識」, 田中健夫編, 『前近代の日本と東アジア』(東京 : 吉川弘文館, 1995), 4~5面; 河宇鳳 「申叔舟と『海東諸国紀』—朝鮮王朝前期のある「国際人」の営為」, 69~71面.

3 『成宗實錄』, 卷56, 6年6月戊戌條, 頁512下.

4 海東이란 말은 원래 중국의 동쪽에 있는 나라를 가리켰다. 일본, 유구, 조선은 모두 이 지역에 속한다.

5 『朝鮮學報』 45·46輯(1967.10·1968.1), 中村榮孝影印 : 民族文化推進會編, 『海行摠載』 第8輯(首爾 : 民族文化文庫刊行會, 1986).

기록해 놓은 책은 바로 신숙주申叔舟의 『해동제국기海東諸國記』이다. 이 책의 분석을 통해 우리는 신숙주申叔舟의 대일 관찰과 조일朝日 양국의 외교 실정을 이해할 수 있다. 관련서로는 전중건부田中健夫의 역주본譯註本이 있고, 주요 연구논문에는 중촌영효中村榮孝의 「『해동제국기』의 편수와 인쇄『海東諸國紀』の撰修と印刷」, 장절자長節子의 「조선영해에서의 왜인의 어업활동朝鮮領海における倭人の漁業活動」, 하우봉河宇鳳의 「신숙주와 『해동제국기』－조선왕조 전기에 있는 '국제인'의 영위申叔舟と『海東諸國紀』－朝鮮王朝前期のある'国際人'の営為」 등이 있다.[6] 본고에서는 이 책의 찬수과정撰修過程과 일본국기日本國紀, 고초조어금약孤草釣魚禁約 등 세 부분의 고찰을 통해 申叔舟의 대일 인식에 관해 개략적으로 살펴보고자 한다.

2. 찬수과정撰修過程

신숙주申叔舟는 성종成宗의 명에 의해 이 책을 편찬하였다. 『해동제국기海東諸國記』 서문에는, "주상 전하께서 신臣 숙주叔舟에게 명하여 해동 제국의 조빙왕래朝聘往來, 관곡館穀의 접대 등에 관한 구례舊例를 찬수하도록 하셨다……"[7]고 했다. 동기에 관해서 서문은 아래와 같이 밝혔다.

> 무릇 국교를 맺고 서로 예방하며 풍속이 다른 나라를 어루만지고 응대하기 위해서는 반드시 그들의 실정을 알아야 예를 다할 수 있고 예를 다해야 마음을 다할 수 있다……살피건대 동해의 가운데 위치한 나라가 한둘이 아니지만 그중 일본이 가장 오래되고 또 크다……그들은 습성이 강하고 사나워 칼과 창을 잘 쓰고 배 타기에 익숙하다. 우리와는 바다를 사이에 두고 서로 마주보고 있으므로 우리가 道에 따라 잘 어루만져 주면 예를 갖춰 조빙하지만 道를 잃으면 거리낌 없이 노략질을 한다. 선왕조 말기에 국정이 문란하여 그들을 위무함에 道를 잃자 마침내 변방에서 난리를 일으켜 연해 수천 리 땅이 폐허가 되었다……지금 우리나라

6 中村榮孝, 「『海東諸国紀』の撰修と印刷」, 中村榮孝, 『日鮮関係史の研究』 上(東京 : 吉川弘文館, 1965), 頁339~380. 長節子, 「朝鮮領海における倭人の漁業活動」, 長節子, 『中世国境海域の倭と朝鮮』(東京 : 吉川弘文館, 2002), 頁26~175.
7 申叔舟, 『海東諸國紀』, 頁1.

가 그들이 오면 위무하고 곡식을 대주며 예의를 두터이 하고 있지만 그들은 이것을 보통으로 여기고, 진위를 가리고 속여 곳곳에 머물며 시일만을 지체하고 온갖 술수로 끝없이 탐욕을 부리는데 조금이라도 그 뜻을 거스르면 분노를 터트린다. 하지만 바다를 사이에 두고 땅이 멀리 떨어져 있으니 그 기미를 살피거나 실상을 제대로 파악할 수가 없다. 따라서 그들을 대함에는 마땅히 선왕의 舊例에 따라 진정시켜야 하는데 그 형세에 輕重의 차이가 있으니 응대에도 厚薄의 차이가 없을 수 없다.[8]

서문에서 알 수 있듯이 신숙주申叔舟는 인접 국가와 외교 왕래를 할 때는 반드시 그 나라를 먼저 이해해야 그에 합당한 예를 다할 수 있다고 여겼다. 일본은 조선과 바다를 사이에 두고 떨어져 있어 만약 그들을 적절한 예로써 위무하면 찾아와서 조빙을 하지만 그렇지 않으면 도처에서 약탈을 자행하였다. 또한 일본 각지의 사신들은 세력勢力의 차이가 있어 접대에도 역시 후박厚薄의 차이가 있어야 했다. 일본과의 교린交隣과 빙문聘問은 고려高麗 때부터 성가시고 곤란한 문제였다. 왜구들이 조빙해 오느냐 약탈을 일삼느냐 하는 것은 조선이 얼마나 적절히 그들을 어루만지고 위로하느냐와 연관이 있었던 것이다. 그는 말하길, "일본은 섬들이 별처럼 흩어져 있어 풍속이 전혀 다르다. 지금 이 책을 쓰면서도 끝내 요령을 얻지 못하였다. 하지만 그 개략적인 모습은 알 수 있으니 이로써 일본의 실정實情을 탐지하고 예법禮法을 참작하여 그들의 마음을 단속할 수 있길 바란다"[9]고 하였다. 이것이 바로 그가 본서를 저술한 주된 목적이라 하겠다.

본서에서 이용한 사료史料에 관해서는 서문에, "삼가 옛 문헌을 상고하고, 보고 들은 바를 참작하며, 지세地勢를 그리고, 세계世系의 내력과 풍습, 우리의 응대절목應待節目 등을 약술하여 이를 편집해 책을 만들어 올린다"[10]고 하였다. 간략히 말하자면 과거의 전적을 고찰함과 아울러 일본 사행시의 견문을 참고하였다는 뜻이다. 이를 다시 분석하면 대체로 「조빙응접기朝聘應接紀」, 「일본국기日本國紀」와 「류구국기琉球國紀」, 「지도地圖」 세 부분으로 나누어 논할 수 있다.

---

8 同上書, 頁1~7.
9 同上書, 頁1~2.
10 同上書, 頁1.

1. 「朝聘應接紀」: 예조의 문서에 의거한 것으로, 예조에서 관장하는 의식과 전례, 외교협정 등을 말한다.

2. 「日本國紀」와 「琉球國紀」: 承文院의 외교문서에서 사료를 취하였다. 『經國大典』에 의하면, "書狀官은 날마다 외교 사행의 사건을 기록하여 귀국 후 承文院謄錄을 작성, 임금의 재가를 받았다"[11]고 하였다. 사절단을 따라 사행한 서장관이 쓴 일기를 承文院謄錄으로 보존하였던 것이다. 서장관은 매일매일의 기사 이외에도 그 나라의 풍속, 습관, 제도 등을 기록하였다. 또한 「日本國紀」의 「天皇代序」에는 일본 역대 천황의 繼承과 改元에 관해 기록되어 있고, 「七道六十六州」에는 각주의 屬郡과 水田의 면적, 특산물 등이 기재되어 있다. 이는 주로 朝日 양국의 교류 과정에서 전래된 일본의 年代記와 地誌類를 기초로 한 것이다.[12] 「琉球國紀」의 기사는 매우 소략한데[13] 그중 일부는 1501년에 조선에 온 유구국 사자에게 직접 물어 기록한 것이다.[14]

3. 「地圖」: 『端宗實錄』元年(1453) 7月 己未條에, "예조에서 아뢰길, '일본 승려 道安이 일본과 유구의 지도 4장씩을 가져왔는데 이를 장식하고 褙接하여 족자로 만들어 하나는 궐내에 들이고 나머지는 의정부와 춘추관, 예조에 나누어 보관하게 하소서' 하니 이를 따랐다"[15]고 하였다. 즉 1453년 일본 승려 道安이 일본과 유구 두 나라 지도를 가지고 조선에 왔던 것이다.[16] 「海東諸國總圖」, 「日本本國圖」, 「日本國西海道九州圖」, 「琉球國圖」 등의 전체 구도가 道安이 갖고 온 지도와 동일한 점으로 미루어 이들 지도는 申叔舟가 道安의 지도에 기초해 제작한 것으로 추측할 수 있다. 또한 『世宗實錄』 20年(1483) 2月 癸酉條에는 다음과 같은 기록이

---

11 法制處編, 『經國大典』(東京 : 和平堂, 1962), 「禮典 · 藏文書」, 頁278.

12 中村榮孝, 「『海東諸国紀』の撰修と印刷」, 頁358 · 360.

13 유구국 사신에 관한 기록은 매우 적다. 宣德5年(1430)의 梁回, 成化4年(1468)의 李金玉, 成化5年(1469)의 等悶意 정도가 있을 뿐이다. 申叔舟, 『海東諸國紀』, 頁255~256. 이외에도 1462年의 道安이 있다. 『世祖實錄』, 齊藤孝編, 『歷代朝鮮朝實錄』 13冊(東京 : 學習院東洋文化研究所刊行, 1985), 卷27, 8年2月癸巳條, 頁475下.

14 『燕山君日記』, 末松保和編纂, 『歷代朝鮮朝實錄』19冊(東京 : 學習院東洋文化研究所刊行, 1962), 卷40, 7年正月辛未條, 頁507上.

15 『端宗實錄』, 齊藤孝編, 『歷代朝鮮朝實錄』12冊(東京 : 學習院東洋文化研究所刊行, 1985), 卷7, 元年7月己未條, 頁392下.

16 道安의 거주지는 매우 넓다. 1453년 처음으로 유구국의 사자로 조선에 왔고, 1455년 8월에는 유구국왕 尙泰久의 서찰을 지니고 조선에 와 대장경을 하사해 줄 것을 청하였고 그해 이를 하사받았다. 1457년 다시 유구국의 사절로 조선에 와 方物을 헌납하고 제주도 표류민을 송환하였다. 『端宗實錄』, 卷6, 元年4月辛亥條, 頁372上. 申叔舟, 『海東諸國紀』, 西海道筑前州, 護軍道安條, 頁179. 田中健夫, 「朝鮮琉球間における中世の対馬」, 『朝鮮學報』39 · 40輯(1985. 2), 頁124.

있다.

예조에서 임금께 일본 지도를 진상하였다. 예전에 檢校參贊 朴敦之가 일본에 사행갔을 때 지도를 구해 가지고 돌아와 그 밑에 기록을 남겨 예조판서 許稠에게 선물한 적이 있는데 許稠가 이를 工人에게 粧潢하게 하고 임금께 헌상하였다. 임금이 이때 와서 이를 다시 모사할 것을 예조에 명하고 應教 柳義孫에게 기록을 남기라 하였다. 敦之의 기록에는, '建文 3年 봄 내가 일본에 사행갔을 때 備州의 수령 源詳助가 나라의 名士라는 얘길 듣고 한번 찾아가 보고 싶던 차에 그가 먼저 와서 만나보기를 청하고 나를 매우 극진히 위로해 주었다. 내가 일본 지도를 보여달라 청하자 그가 내어 주었는데 그림이 매우 상세히 갖추어져 있어 마치 한 조각의 땅덩어리를 실제로 보는 것 같았다. 다만 一岐와 對馬 두 섬이 빠져 있어 지금 보충하여 모사한다'고 하였다.[17]

박돈지朴敦之는 1397년 12월 회례사回禮使로 일본에 갔다가 1399년 5월에 귀국하였다. 비주수備州守 원상조源詳助에게 얻어온 일본 지도에 일기一岐와 대마對馬 두 섬이 빠져 있어 박돈지朴敦之는 이를 모사하면서 두 섬을 그려 넣었다. 유의손柳義孫의 기록에 의하면, 박돈지朴敦之는 영락永樂 18년(1420)에 이 지도를 허조許稠에게 선물하였고 허조許稠는 이를 족자로 꾸며 세종에게 진상하였는데, 지도가 "지나치게 세밀하여 알아보기가 쉽지 않았으므로" 선덕宣德 10년(1435) 하夏5월月 세종은 예조에 명하여 이를 다시 모사하게 하였고 1438년에 비로소 완성되었다.[18] 따라서 일기一岐와 대마對馬 두 지도는 신숙주申叔舟가 직접 제작한 것으로 그 저본은 바로 원상조源詳助 가家에 소장된 지도에 박돈지朴敦之가 두 섬을 그려 보완 완성한 지도이다.

이들 지도는 세 가지 특징이 있다.

17 『世宗實錄』, 末松保和編纂, 『歷代朝鮮朝實錄』8冊(東京 : 學習院東洋文化研究所刊行, 1956), 卷80, 20年2月癸酉條, 頁615上.

18 同上. 1397年12月, 오우치 요시히로(大內義弘)가 사절로 파견한 승려 永範과 永廓이 귀국할 때 朴敦之는 회례사로 같이 일본에 건너갔다. 『太祖實錄』, 國史編纂委員會編, 『太祖・定宗實錄』1冊(首爾 : 東國文化社, 1955), 卷12, 6年12月癸卯條, P113下. 『定宗實錄』, 『太祖・定宗實錄』, 卷1, 元年5月乙酉條, 頁149上.

1. 「海東諸國總圖」는 雕版으로 인쇄한 일본과 유구국 최초의 지도이다.

2. 「琉球國圖」는 현재까지 알려진 최초의 유구국 지도이다.

3. 「日本本國圖」는 將夷島(北海島)를 별개 섬으로 묘사한 최초의 지도이다.[19]

추강무차랑秋岡武次郎에 의하면 12세기에서 16세기까지 제작된 행기식行基式 일본 지도는 4종류로 나뉜다.

1. 志摩島와 本州가 연결되고 羅刹國과 雁道가 없는 것.

2. 志摩國과 本州가 연결되고 羅刹國과 雁道가 있는 것.

3. 志摩國과 本州가 분리되고 羅刹國과 雁道가 있는 것.

4. 志摩國이 섬이고 羅刹國과 雁道가 있으며 이외에 陸奧에서 關東까지 松嶋와 東夷動嶋, 伊伊嶋가 있는 것.

그는 「일본본국도日本本國圖」를 행기식行基式 일본지도의 세 번째 유형으로 보았다.[20] 「일본본국도日本本國圖」에서 동그라미로 표시된 여러 섬들 중 어떤 것은 실제 지명이고(夷島, 大島, 志摩州, 佐渡州, 隱岐州 등), 어떤 것은 중국 고서상의 나라 이름이나 혹은 상상 속의 지명에서 선택된 것이며(扶桑, 瀛洲, 女國 등), 어떤 것은 위치가 잘못 표시된 지명이다(三佛齊, 勃海(渤海) 등).[21] 일본인의 상상에서 나왔거나 혹은 위치가 잘못된 이러한 지명들을 신숙주申叔舟는 고증하지 않았다. 「일본본국도日本本國圖」에 기재된 항구港口와 항로航路는 이전 행기식行基式 일본도에서는 보이지 않던 것으로 항로 거리가 일본식 이수里數로 표시되어 있다. 「일본국군日本國郡」에는 천황궁天皇宮과 국왕전國王殿, 전산전畠山殿 등이 기재되어 있다. 「서해도구주도西海道九州圖」는 이전 행기식行基式 일본도에 비해 상세하고 정확하다. 대마對

19 田中健夫, 「倭寇と東アジア通交圈」, 安江良介, 『列島內外の交通と国家』(東京 : 岩波書店, 1994), 頁168; 田中健夫, 「江戶幕府の外交と対馬藩」, 李元植等, 『朝鮮通信使と日本人』(東京 : 學生社, 1996), 頁173~174. 秋岡武次郎, 『日本地図史』(東京 : ミュージアム圖書編集部, 1997), 頁91.

20 秋岡武次郎, 『日本地図史』, 頁21~23・54.

21 田中健夫, 「『海東諸国紀』の日本・琉球国—その東アジア史的意義と南波本の紹介—」 『海事史研究』45號(1988.3), 頁21上. 參見応地利明, 「日本図と世界図－絵地図に描かれた中世日本の異域」, 荒野泰典等編, 『アジアのなかの日本史－自意識と相互理解』(東京 : 東京大學出版會, 1993), 頁287~316.

馬, 일기一岐 두 섬의 지도는 「일본본국도日本本國圖」와 비교하면 실제 면적에 비해 크고, 산천·촌락·포浦의 기록이 매우 상세하다. 「유구국도琉球國圖」는 지명의 주기註記와 인근 도서의 기록이 상세하고 정확하다. 전중건부田中健夫는 이러한 지도들이 도안道安이나 신숙주申叔舟, 그리고 상송포上松浦를 근거지로 한 경험 있는 항해자들에 의해 보완되었을 것이라 한다. 「해동제국총도海東諸國總圖」는 바로 「일본본국도日本本國圖」·「일본국서해도구주도日本國西海道九州圖」·「일본국일기도도日本國一岐島圖」·「일본국대마도도日本國對馬島圖」 등의 총합이다.[22]

이 책의 완성 연대는 서문에 기록된 바 "성화칠년신묘계동成化七年辛卯季冬", 곧 1471년 겨울이다.[23] 그런데 이 책에는 성화成化 10년(1474) 3월에 증보된 三浦圖와, 성화成化 9년(1473) 9월 초2일자의 「전산전부관인량심조궤향일정서계畠山殿副官人良心曹饋餉日呈書契」, 그리고 홍치弘治 14년(1501) 4월 22일에 증보된 유구국기사琉球國記事가 덧붙여져 있다.[24] 이를 보면 본서는 1471년에 완성된 이후에도 지속적으로 증보되었음을 알 수 있다. 전산전畠山殿은 곧 전산의승畠山義勝으로, 그는 영지領地인 능등能登의 천덕선사天德禪寺에 대장전大藏殿을 건립하기 위해 1473년 정사 조린照隣, 부사 양심良心을 조선으로 파견해 원조를 청했는데, 이때 양심良心은 예조에 서계를 띄워 응인應仁·문명文明의 난亂(1467~1477) 당시 의승義勝의 거취와 그가 관령管領이 된 경위에 대해 서술하였다.[25] 삼포三浦의 각 지도 끝에는 각 포구에서 도성에 이르는 경로와 각 포구간의 경로, 왜倭의 호구수戶口數, 사사寺社의 숫자 등이 간략히 기록되어 있다. 본서 「조빙응접기朝聘應接紀」의 삼포금조약三浦禁條約과 상경도로조上京道路條에도 역시 삼포의 호구와 도성까지의 경로가 기록되어 있는데, 도성까지의 경로는 두 기록이 일치하지만 호구에 있어서는 약간의 차이가 있다. 성종成宗 5년(1474) 정월, 삼포에서 화재가 발생하여 27일 조정에서 예조좌랑禮曹佐郞 남제南悌를 파견하여 진휼케 하고 아울러 삼포에 거주하는 왜호倭戶의 정구丁口와 토지를 조사하였는데,[26] 본서에 증보된 삼포의 호구는 아마도 이때에 조사된 호구였을 것이다. 삼포도三浦圖는 예조의 진휼

---

22 田中健夫, 「『海東諸国紀』の日本·琉球国－その東アジア史的意義と南波本の紹介－」, 頁21上~23上.

23 申叔舟, 『海東諸國紀』, 頁7.

24 同上書, 頁31~36·291~294·295~305.

25 同上書, 頁291~294. 中村榮孝, 「『海東諸国紀』の撰修と印刷」, 頁345~346.

26 申叔舟, 『海東諸國紀』 頁32·34·36·289·280~281. 『成宗實錄』, 卷38, 5年正月庚戌條, 頁357下; 癸丑條, 頁359上.

사賑恤使가 조정에 보고한 것이고 양심良心의 서계는 예조로 올려 보낸 문서였으므로 이 둘은 당시 예조판서를 겸하고 있던 신숙주申叔舟가 직접 부가했을 것이다.[27] 유구국기사琉球國紀事에 관해서는 「유구국기琉球國紀」의 「국왕대서國王代序」에, "유구는 우리와 멀리 떨어져 있어 상세한 것을 알기 어려우므로 우선 조빙의 명호名號와 차례를 기록하여 후일의 고찰을 기다린다"[28]고 한 것으로 보아 유구국에 대해서는 간략히 기록했음을 알 수 있다. 연산군燕山君 7년(1501) 정월 신미조辛未條에 "병조판서兵曹判書 이계동李季仝이 아뢰길, '유구국 사신이 세조조世祖朝(1456~1468)에 내빙하고 금년에 또 왔습니다. 그 나라의 풍토와 인물, 세대에 관해 자세히 모르니 선위사宣慰使 성희안成希顔으로 하여금 상세하게 물어 그 내용을 『해동제국기海東諸國記』 말미에 써서 후인들의 참고에 대비하게 하소서' 하니 '그렇게 하라'고 전교하였다"[29]고 하였다. 즉 성희안成希顔은 유구국 사신에게 유구국의 풍토와 인물 등에 관해 물은 후 그 기록을 본서의 끝에 덧붙였던 것이다. 유구국기사琉球國記事는 신숙주申叔舟 사후死後에 부가되었다. 성종成宗 2년(1471) 4월·6월·8월·9월에 각각 수정된 「사선대소선부정액使船大小船夫定額」·「류포일한留浦日限」·「과해료過海料」·「상경인수上京人數」, 3년 3월에 수정된 「급료給料」, 5년 9월에 수정된 「조어금약釣魚禁約」 등은[30] 본서에 수정 사항이 전혀 반영되어 있지 않다.

『해동제국기海東諸國記』의 판본에 관해서는 중촌영효中村榮孝와 전중건부田中健夫의 논의가 있는데 본문에서는 이에 근거해 간략히 설명한다. 이 책에는 4종의 고판본이 있다.

1. 東京大學史料編纂所 소장본 : 1512년 조정에서 弘文館 校理 洪彦弼에게 하사한 책이다.

2. 韓國國史編纂委員會 소장본 : 對馬島主인 宗氏 집안에서 전해 내려오던 것이므로 宗伯爵家藏本이라고도 한다. 戰前에 朝鮮總督府 朝鮮史編修會로 옮겨졌다가 前後 韓國國史編纂委員會로 이전되었다. 1933년 朝鮮總督府에서 영인하여 『朝鮮史料叢刊第二』에 수록하였고, 1975년 國書刊行會에서 이를 다시 영인, 출간하였다.

27 田中健夫譯注, 『海東諸国紀—朝鮮人の見た中世の日本と琉球』, 頁429.

28 申叔舟, 『海東諸國紀』, 頁255.

29 『燕山君日記』, 末松保和編纂, 『歷代朝鮮朝實錄』19册, 卷40, 7年正月辛未條, 頁507上.

30 『成宗實錄』, 卷10, 2年4月己酉條, 頁130上; 6月甲子條, 頁151下; 卷11, 8月丙寅條, 頁160下; 9月庚辰條, 頁163上; 卷16, 3年3月己亥條, 頁207上; 卷47, 5年9月乙亥條, 頁42上.

3. 內閣文庫 소장본 : 내용은 첫 번째와 같다. 毛利高標가 소장하던 것을 1828년 손자 毛利高翰이 막부에 헌상하였다.

4. 南波松太郞 소장본 : 藩祖蔭(1830~1890)의 소유였다가 그 뒤 北京의 傅增湘, 東京의 文求堂, 京都의 臨川書店을 전전하다 마지막으로 南波松太郞의 소유가 되었다. 앞의 세 종은 모두 16세기 초 판본으로 인쇄 시기는 명확하지 않으나 版式은 거의 같고, 마지막 것은 17세기 판본으로 지도는 木刻이고 글자는 금속활자이다.[31]

청대 주이존朱彝尊(1629~1709)은 「서해동제국기후書海東諸國記後」에서 다음과 같이 말했다.

나는 만년에 조선인 申叔舟가 지은 『海東諸國記』를 보았는데 비록 완전하지는 않지만 중국의 周代에서 明初에 해당하는 시기까지 왕위 계승과 改元에 관한 내용이 실로 구슬을 꿰듯 일목요연하게 기술되어 있어 漢代의 遺書를 보강·확충할 수 있었다. 광대한 땅의 구획으로 말하자면 8道 66州가 마치 눈앞에 쌀알을 쌓아놓은 듯 山川의 모습이 확연히 드러나 張洪·薛俊·侯繼高·李言恭·鄭若曾 등의 저술에 비해 손바닥을 보는 것처럼 명료하다.[32]

주이존朱彝尊은 본서의 일본 관련 기록이 명대 장홍張洪의 『남만서南蠻書』, 설준薛俊의 『일본고략日本考略』, 후계고侯繼高의 『일본풍토기日本風土記』, 이언공李言恭의 『일본고日本考』, 정약증鄭若曾의 『일본도찬日本圖纂』에 비해 상세하다고 여겼다. 15세기 朝日 양국의 외교상 의전 절차를 기록한 이 책은 조선 초기 대일 외교 의례를 집대성한 저작이며 동시에 중세 조일朝日 관계를 이해하는 주목받는 사료이기도 하다.

31 田中健夫譯注, 『海東諸国紀－朝鮮人の見た中世の日本と琉球』, 頁419~427. 田中健夫, 「『海東諸国紀』の日本·琉球圖－その東アジア史的意義と南波本の紹介－」, 頁28上~33上. 中村榮孝, 「『海東諸国紀』の撰修と印刷」, 頁339~343.

32 朱彝尊, 『曝書亭集』, 張元濟等輯, 『四部叢刊』(上海 : 上海商務, 1979), 卷44, 頁363下.
同書同卷, 頁363下~364上 「跋吾妻鏡」載 : 「일본은 공물을 헌상하지 않아 군주의 왕위 계승에 관해서 奫然의 기록 이래로 전해지는 내용에 異同이 심하다. 臨淮侯 李言恭이 편찬한 『日本考紀』는 일본의 國書와 토속에 관한 내용은 매우 상세하지만 국왕의 世系에 관해서는 명확하지 않다. 이 책들을 모아놓고 『海東諸國記』와 대조해 보면 申叔舟가 그 요체를 얻은 것과는 같지 않다」

3. 일본국기日本國紀

「일본국기日本國紀」는 천황대서天皇代序, 국왕대서國王代序, 국속國俗, 도리이수道里里數, 8도道 66주州, 대마對馬・일기一岐 양도兩島 등을 포함한다. 8도道 66주州는 실제 내용이 기내오주畿內五州와 7도道 61주州에 관한 것이다. 신숙주申叔舟는 기내畿內를 하나의 도道로 간주한 것인데, 에도 시대 조선의 사절 역시 이곳을 기내도畿內道라 부르고 '일본에는 팔도八道가 있다'고 하였다.[33] 일본은 헤이안平安 시대 초기에 66국國 2도島의 행정구역을 형성하였고, 66국國 2도島는 오기칠도五畿七道로 분리되었다. 가마쿠라 이후에도 중국 관습에 따라 66국國을 66주州라 부르는 사람이 있었지만 이 행정구역은 막부幕府 말기까지 변하지 않았다. 1869년 홋카이도北海島가 더해져 비로소 오기팔도五畿八道가 형성되었다.[34] 다음으로 이상의 각 항목에 대해 간략히 서술하기로 한다.

1) 천황대서天皇代序

「천황대서天皇代序」에는 신무천황神武天皇에서 후토어문천황後土御門天皇(재위 1464~1500)에 이르기까지 104명의 천황이 나열되어 있다. 그중 신공황후神功皇后은 제15대 천황에 나열되어 있고 대우황자大友皇子는 제39대 천황에 나열되어 있지 않다. 제47대 천황은 『속일본기續日本紀』에 순인천황淳仁天皇로 기록되어 있는데 이에 근거해[35] 신숙주申叔舟는 그를 담로폐제淡路廢帝라 칭하였다. 제65대 화산천황華山天皇은 곧 화산천황花山天皇이고, 제73대 굴천천황堀川天皇은 굴하천황堀河天皇, 제75대 종덕천황宗德天皇은 숭덕천황崇德天皇이다. 제85대 폐황廢皇은 즉위기간이 2개월여에 불과해(1221년 4월 20일~7월 9일) 역대 천황 중 가장 짧았으며 1879년에 중공천황仲恭天皇으로 추증되었다. 제89대 심초천황深草天皇은 일본 역사에서 후심초천황後深草天皇이라 부르는데 이는 제54대 인명천황仁明天皇의 별칭인 '심초제深草帝'

33 李景稷, 『扶桑錄』, 民族文化推進會編, 『海行摠載』 第3輯, 頁21下. 南龍翼, 『聞見別錄』, 民族文化推進會編, 『海行摠載』 第6輯, 「州界·畿內道」, 頁9上. 任守幹, 『東槎日記』, 民族文化推進會編, 『海行摠載』 第9輯, 「聞見錄」, 頁87下. 申維翰, 『海游錄』下, 民族文化推進會編, 『海行摠載』 第2輯, 「附聞見雜錄」, 頁4上.

34 清朝朱彝尊在「書海東諸國紀後」, 亦記載日本八道六十六州.

35 菅野真道, 『續日本紀』, 黑板勝美編, 『新訂增補國史大系』 第2卷(東京 : 國史大系刊行會, 1935), 卷21~25.

를 휘諱한 것이다. 제95대 화산천황花山天皇에 대해 신숙주申叔舟는 '혹칭화국或稱花國'이라 주注했지만 실제로는 화원천황花園天皇이다.[36] 이밖에 제96대 후제호천황後醍醐天皇 다음으로 남조南朝의 후촌상後村上·장경長慶·후구산後龜山이 아닌, 북조北朝의 광엄光嚴·광명光明·숭광崇光·후광엄後光嚴 다섯 천황이 열거되어 있는데[37] 이는 신숙주申叔舟가 북조를 정통 왕조로 간주하였음을 보여준다. 「천황대서天皇代序」의 맨 마지막에 나오는 이른바 '당금천황當今天皇'은 순서대로 한다면 제102대 후화원천황後花園天皇이 되어야 한다. 하지만 이 조목에는 다음과 같이 기록되어 있다.

> 현재의 천황[當今天皇]은 崇光의 증손으로 이름은 彦仁이다. 원년은 戊申年이고, 이듬해 己酉年에 永享으로 개원했다. 13년 辛酉年에 嘉吉로, 4년 甲子年에 文安으로, 6년 己巳年에 寶德으로, 4년 壬申年에 享德으로, 4년 乙亥年에 康正으로, 3년 丁丑年에 長祿으로, 4년 庚辰年(1460)에 寬正으로, 7년 丙戌年(1466)에 文正으로, 2년 丁亥年(1467)에 應仁으로, 3년 己丑年(1469)에 文明으로 각각 개원했으며, 지금 辛卯年(1471)은 文明 3년이다.[38]

영향永享·가길嘉吉·문안文安·보덕寶德·형덕享德·강정康正·장록長祿·관정寬正은 후화원천황後花園天皇의 연호이다. 후토어문천황後土御門天皇은 1464년에 즉위했으므로 1471년 신묘년辛卯年은 후토어문천황後土御門天皇 연간인 문명文明 3년이다. 따라서 당금천황當今天皇은 후토어문천황後土御門天皇임이 분명하다.

신숙주申叔舟는 일본 역대 천황의 출생과 연호, 재위년, 향년, 재위기간 중의 대사大事 등을 간략히 기술하였다. 그중 신공황후神功皇后에 대해 살펴보면, 『일본서기日本書紀』에서는 비록 신공황후神功皇后의 사적을 기紀의 형식을 빌어 기록하였지만 황후와 천황과는 엄연히 구별이 있었다. 『일본기日本紀』·『섭진국풍토기攝津國風土記』·『상륙국풍토기常六國風土記』에서 황후를 천황으로 부르는 사례가 있긴 하였지만 명확하게 신공황후神功皇后를 천황으로 간주하기 시작한 것은 『주길대사신대기住吉大社神代記』(731)에서부터였다. 헤이안平安, 가

36 申叔舟, 『海東諸國紀』, 頁42·53~54·58·70·76·78·89·92·98.
37 同上書, 頁100~102.
38 同上書, 頁104.

마쿠라鎌倉시대에 오면, 『석일본기釋日本紀』에서와 같이 황후를 여제女帝로 인정하지 않는 문헌도 있긴 하나 거의 대부분의 사서史書에서는 여제설女帝說을 답습하였다. 그러나 『대일본사大日本史』(1657~1906)가 편찬되면서 비로소 신공황후神功皇后는 다시 후비전后妃傳으로 편입되게 된다.[39] 물론 막부 말기까지도 여전히 여제설女帝說을 주장하는 학자들이 있었다. 이후 대정大正 15년(1926)에 신공황후神功皇后를 역대 천황의 반열에서 제외한다는 조서가 내려졌다.[40]

천지천황天智天皇 사후(671년 12월 3일) 대우황자大友皇子가 즉위했는지 여부 또한 쟁점이 되는 문제이다.[41] 가령 『일본서기日本書紀』 권27은 천지천황天智天皇 일대一代에 관한 기록이고, 권28과 권29는 천무천황天武天皇 시대에 관한 기록이다. 하지만 권28에는 천무천황天武天皇 원년元年(672), 즉 임신壬申의 난亂이 발생한 해의 기록만 실려 있고, 권29에서는 천무천황天武天皇이 천무天武 2년(673) 2월에 즉위했다고 기록하고 있다.[42] 이는 『일본서기日本書紀』에서는 대우황자大友皇子의 즉위를 인정하지 않고 있음을 의미한다. 하지만 『부상략기扶桑略記』(平安시대의 저작)에는 "10년 신미년辛未年 정월 5일, 대우황자大友皇子를 태정대신太政大臣으로 삼았다", "동년 10월 대우大友 태정대신太政大臣을 황태자로 세웠다", "12월 3일 천황이 붕어하고 그해 12월 5일 대우황태자大友皇太子가 제위에 나아갔다"[43] 등의 기록이 있다. 『수경水鏡』(鎌倉 초기의 저작)에는 "12월 3일 천지천황天智天皇이 붕어하고 동년 5월 대반황자大伴皇子가 즉위했다"[44]고 되어 있고, 『대일본사大日本史』 제10권에는 별도로 「천황대우기天皇大友紀」[45]를 세웠다. 이러한 대우황자大友皇子 즉위설은, 비록 반대하는 사람이 있긴 했지만 에도 시대 초기부터 막부 말기까지 학계의 통론通論이었고 마침내 대우황자大友皇子는 메이지明治 3년(1870)에 홍문천황弘文天皇으로 추시追謚되게 된다. 홍문천황弘文天皇에 대한 반대는 곧 메이지천황明治天皇의 결정에 대한 반대였으므로 한동안 금기시 되었지만

39 源光圀修, 『大日本史』(東京：大日本雄辯會, 1928), 卷74, 頁14.

40 田忠卓編, 『住吉大社神代記』(東京：弘文堂書房, 1943), 序, 頁1載：「気息長姫天皇, 諱神功, 天皇第十五代」吉井良隆, 「神功皇后研究史」, 『藝林』, 10：4(1959.8). 羅麗馨, 「日本人的朝鮮觀－神功皇后征三韓的傳說」, 『新史學』18：3(2007.9), 頁194.

41 天智天皇歿於671年12月3日, 大友皇子於671年12月5日~672年7月23日掌朝政.

42 舍人親王奉敕撰, 『日本書紀』, 黑板勝美編, 『新訂增補國史大系』 第1卷下(東京：吉川弘文館2000), 卷27・28・29, 頁331.

43 皇圓, 『扶桑略記』, 黑板勝美編, 『新訂增補國史大系』 第5卷(東京：吉川弘文館, 1932), 頁62.

44 不詳, 『水鏡』, 黑板勝美編, 『新訂增補國史大系』 第21卷上(東京：吉川弘文館, 1939), 頁56.

45 源光圀修, 『大日本史』, 卷10, 頁131~134.

메이지明治 말기에 오면 대우황자大友皇子의 미즉위설未卽位說이 다시 등장한다. 지금은 대우황자大友皇子가 제위에 오르지 않았다는 것이 일반적인 견해이다. 그럼에도 천황의 계보系譜나 표表에서는 여전히 제39대 천황을 홍문천황弘文天皇으로 기록하고 있다.

2) 국왕대서國王代序

「국왕대서國王代序」은 細注 57자를 포함, 전문全文이 476자로 기록이 간략하다. 그중 가마쿠라 장군과 무로마치室町 장군의 세계世系에 착오가 있다. 가령 「국왕대서國王代序」에는 "후백하천황後白河天皇 보원保元 3년 무인년戊寅年에 정이대장군征夷大將軍 원뢰조源賴朝가 가마쿠라 막부의 주인이 되었다"고 했는데, 후백하천황後白河天皇(1127~1192)의 재위기간은 1155년 8월 23일에서 1158년 9월 5일이며 보원保元 3년이면 1158년이다. 하지만 원뢰조源賴朝가 정이대장군征夷大將軍에 임명된 것은 1192년으로, 이 해는 후백하천황後白河天皇이 붕어한 해였다.[46] 또한 가마쿠라 장군은 9대까지 이어졌지만 신숙주申叔舟는 "세조世祖는 직위를 승계하여 12대까지 전하였다"고 했다.[47] 이외에도, 무로마치 막부의 제4대 장군 족리의지足利義持(1386~1428)가 아들인 의량義量에게 직위를 물려주어 그가 제5대 장군이 되었는데 의량義量이 후사 없이 죽자 정사는 다시 의지義持가 관장하게 되었고, 의지義持마저 1428년 후계자를 지명하지 못한 채 죽자 1429년 족리의만足利義滿의 셋째 아들인 의교義教(1394~1441)가 직위를 승계하여 제6대 장군이 되었다. 신숙주申叔舟는 「국왕대서國王代序」에서 "의지義持가 죽자 아들 의교義教가 뒤를 이었다"고 했다.[48] 이는 제5대 장군인 의량義量을 빠트린 것이고 동시에 의교義教는 의지義持의 아들이 아니다. 또 「국왕대서國王代序」에는 "의승義勝(제7대 장군)은 3년 계해년癸亥年에 병사하고 동생 의성義成을 세웠다. 의성義成이 죽자 다시 동생 의정義政을 세웠으니 곧 지금의 국왕이다"고 했다.[49] 하지만 의성義成은 1453년 의정義政으로 개명하였으므로 의성義成이 곧 의정義政이요, 그가 곧 제8대 장군이다. 즉 신숙주申叔舟는 의정義政을 의성義成의 동생으로 오인한 것이다. 의정義政은 1449년

---

46 申叔舟, 『海東諸國紀』, 頁104~105.
47 同上書, 頁105.
48 同上書, 頁106.
49 同上書, 頁107.

에서 1473년까지 장군직을 맡았으므로 신숙주申叔舟가 말하는 현재 국왕은 바로 그이다. 신숙주申叔舟가 관찰한 바에 의하면, 일본에서 장군은 왕이라 하지 않고 '어소御所'라고만 하고, 문서는 '명교서明教書'라 하며, 매년 새해에 대신들을 인솔하여 천황을 알현한다. 평소에는 천황과 접촉이 없지만 국가 대사와 외교는 모두 장군이 주관한다.[50] 천황은 국사國事에 간여하지 않는다는 그의 견해는 에도 시대 조선 사절들 역시 마찬가지로 공유한 관점이었다.[51]

3) 국속國俗

전문全文은 세주細注 67자를 포함하여 모두 312자이다. 글자수는 많지 않지만 내함이 넓다. 각 항목의 기술은 간단명료한데 아래와 같이 종합하여 설명한다.

천황天皇의 아들은 황족 중에서 처를 얻고 장군의 아들은 대신大臣의 딸 중에서 처를 얻는다. 대신大臣 이하의 관직은 대대로 세습하며 일정한 직전職田과 봉호封號가 있다. 형벌은 엄하여 중죄는 사형에 처한다. 백성은 요역을 부담하지 않으며 공역工役이 있을 때는 인부를 고용한다. 무기는 창과 칼을 즐겨 쓰고 칼날은 비할 데 없이 정교하다. 음식은 칠기漆器에 담는데 손님이 오면 공경의 표시로 토기土器나 도기陶器를 쓴다. 젓가락만 있고 숟가락은 없다. 남자는 머리를 깎아서 묶고 모두 단검을 찬다. 부녀자는 눈썹을 깎은 후 이마에다 눈썹을 그리고, 머리는 늘어뜨리기도 하고 묶기도 하는데 그 길이는 땅에 끌릴 정도이다. 남녀 모두 이빨을 검게 칠하여 단장한다. 면대할 때는 무릎을 꿇어앉고 존장尊長을 뵐 때는 신발과 모자를 벗는다. 민가는 판옥板屋이며 오직 천황과 장군의 저택, 그리고 사원에서만 기와를 쓴다. 차를 즐겨 마셔 길가에 찻집이 늘어서 있는데 한 잔에 1문文이다. 번화한 곳에는 시장이 열리고 가게가 들어선다. 부자들은 오갈 데 없는 여자를 그곳에 데려다 의식을 해결해 주는 대신 용모를 아름답게 꾸며 손님을 유혹하여 유숙케 한다. 이 여자들을 '경성傾城'이라 한다. 가게에서는 술과 음식을 팔기 때문에 나그네는 양

50 同上. 將軍在日本國內不稱王只稱御所, 宋希璟也有記載. 谷村一太郎・小川壽一, 『老松堂日本行錄解說』(東京 : 太洋社, 1933), 頁80.

51 李景稷, 『扶桑錄』, 頁23下. 黃, 『東槎錄』, 民族文化推進會編, 『海行摠載』 第4輯, 「聞見摠錄」 頁56上.

식을 휴대할 필요가 없다. 남녀를 불문하고 가타카나katakana(片假名)를 배우는데 47개 자모字母로 되어 있다. 한자漢字는 오직 승려들만 알고 있다. 남녀 의복은 모두 청색 바탕에 흰 무늬가 섞인 옷이다. 남자는 상의가 무릎에 닿고 치마는 땅에 끌리며 오모烏帽를 쓰기도 하고 쓰지 않기도 한다. 천황과 장군, 그 친족들은 오모烏帽를 쓴다. 남녀가 문을 나설 때는 갓을 쓰는데 부들이나 대나무, 삼나무로 만든다. 정월 초하루(元旦), 3월 3일(上巳), 5월 5일(端午), 6월 15일(祇園臨時祭), 7월 7일(걸巧), 7월 15일(盂蘭盆), 8월 1일(八朔), 9월 9일(重陽), 10월 5일(食餠) 등의 명절 때는 남녀노소를 막론하고 마을사람, 친척들이 모여 잔치를 벌여 즐기며 예물을 교환한다.[52]

조선인이 쓴 최초의 일본기행문은 1420년 송희경宋希璟의 『노송당일본행록老松堂日本行錄』이다. 하지만 이 책에는 승려와 사원 외 천황이나 장군의 아들이 처를 얻는 것, 백성들이 요역徭役이 없었다는 것, 형벌이 엄한 것, 칠기漆器를 사용한 것, 젓가락을 사용한 것, 남자가 칼을 찬 것, 부인이 머리를 늘어뜨린 것, 이빨을 염색한 것, 꿇어앉는 예禮, 찻집, 가타카나, 오모烏帽와 갓 등에 대해서는 전혀 기술하지 않았다. 따라서 일본 사회의 풍속을 전면적으로 관찰한 것은 신숙주申叔舟의 『해동제국기海東諸國記』가 가장 이르다고 할 수 있다. 신숙주申叔舟의 관찰 기록은 비록 에도 시대 통신사의 기록만큼 심도 있고 상세하지는 못하지만 대체로 오류가 없다.[53]

4) 도로이수道路里數

무로마치 시대 조선 사절이 일본에 오는 경로는 부산釜山에서 효고兵庫까지는 수로, 효고兵庫에서 교토京都까지는 육로였다. 『해동제국기海東諸國記』는 신숙주申叔舟가 사행 28년 후 조빙 관련 의례를 완비할 목적으로 편찬했기 때문에 일반 사행 기록과 달리 매일매일의 여정을 일일이 기록하지 않고 단지 노정의 거리만을 간략히 기록하였다. 즉 경상도慶尙道 동래현東萊縣 부산포釜山浦(釜山)에서 대마對馬 도이사지都伊沙只까지는 48리, 도이사지都伊

52 申叔舟, 『海東諸國紀』, 頁108~111.

53 江戶時代朝鮮通信使對日本社會風俗的記載, 參見羅麗馨, 「江戶時代朝鮮通信使對日本社會的觀察」, 『臺大歷史學報』41期(2008. 6).

沙只에서 선월포船越浦까지는 19리, 선월포船越浦에서 일기一岐 풍본포風本浦까지는 48리, 풍본포風本浦에서 박다博多까지는 38리, 博多에서 赤間關까지는 30리이다. 만약 風本浦에서 직접 赤間關까지 가면 46리이다. 赤間關에서 竈戶關까지는 35리, 竈戶關에서 尾路關까지는 35리, 尾路에서 兵庫關까지는 70리이며 이상은 수로이다. 兵庫에서 京都까지는 육로 18리이다. 총계하면 수로 323리, 육로 18리가 된다.[54] 『해동제국기海東諸國記』「범례凡例」에는 "일본의 一里는 조선의 十里에 해당하므로 조선의 단위로 계산하면 수로는 3230리, 육로는 180리다"라고 하였다.[55]

에도 시대 조선통신사들도 부산釜山에서 정포淀浦까지의 수로 거리를 기록하였다. 가령 1607년 부사副使 경섬慶暹은 3330리, 1624년 부사副使 강홍중姜弘重은 3390리, 1655년 종사관從事官 남용익南龍翼은 3290리, 1682년 한학전정漢學前正 김지남金指男은 3245리로 기록했다.[56] 이상 네 번의 여정은 모두 남도藍島를 경유 적간관赤間官에 이르렀기 때문에 박다博多에는 가지 않았다. 신숙주申叔舟의 기록에 의하면 만약 박다博多를 경유했다면 220리가 더 나왔을 것이다. 또한 남용익南龍翼의 기록에 의하면 병고兵庫에서 정포淀浦까지 역시 220리이다.[57] 이러한 수로 거리의 기록은 차이가 크지 않다. 해상 항해는 풍랑을 만날 수 있기 때문에 선로를 정확하게 통제하기 어려웠으므로 이것이 거리 측정에 차이가 발생하는 요인이었을 것이다.

5) 8도道 66주州

일본은 지리상 기내오주畿內五州와 7도道 61주州로 나뉘고 여기에 대마對馬와 일기一岐 두

---

54 申叔舟, 『海東諸國紀』, 頁111~112.

55 同上書, 頁14.

56 慶暹, 『海槎錄』, 民族文化推進會編, 『海行摠載』 第2輯, 頁51下; 姜弘重, 『東槎錄』, 民族文化推進會編, 『海行摠載』 第3輯, 頁45上; 南龍翼, 『聞見別錄』, 道里, 頁12下; 金指南, 『東槎日錄』, 民族文化推進會編, 『海行摠載』 第6輯, 頁53下; 姜弘重, 『東槎錄』 頁45上載, 釜山에서 店浦까지는 해로로 3270리이고 店浦에서 淀浦까지는 강을 따라 120리이다. 따라서 부산에서 정포까지는 수로 3390리이다. 도이사지는 豊崎郡으로, 지금의 長崎縣 上縣郡 上縣町이다. 船越浦는 지금의 長崎縣 下縣郡 美津島町이다. 風本浦는 勝本으로, 지금의 長崎縣 壱岐郡 勝本町이다. 竈戶關은 지금의 山口縣 熊毛郡 上關町이다. 尾路關은 지금의 廣島縣 尾道市이다. 田中健夫譯注, 『海東諸国紀—朝鮮人の見た中世の日本と琉球』, 頁120~121.

57 南龍翼, 『聞見別錄』, 道里, 頁12下載, 大坂城에서 兵庫까지는 130리, 平方에서 大坂까지는 50리, 淀浦에서 平方까지는 40리이므로 兵庫에서 淀浦까지는 220리이다.

섬이 부가된다. 신숙주申叔舟는 각 주州의 군수郡數와 수전水田 수數를 모두 기록했고 몇몇 주州는 특산물을 기록했다. 그런데 유독 산성주山城州와 축전주筑前州, 대마도對馬島에 대해서는 비교적 상세히 기술하였다.

『해동제국기海東諸國記』에 의하면, 산성주山城州는 국도로서 그 형세가 "산이 성처럼 둘러싸여 험준하다. 북에서 남에 이르기까지 산이 동서로 휘돌아 감싸고 남쪽에서 합쳐지지 않는다. 그 남쪽 입구에 따로 원산圓山이 있는데 두 하천이 각기 동과 서로 흐르다 아래로 흘러 원산圓山에서 합류하여 바다로 들어간다"고 하였다. 도로는 사통팔달하여 "매 정町마다 중로中路가 있고 세 정町이 한 조條가 된다. 조條에는 대로大路가 있으며 반듯하고 질서정연하다. 모두 9조條가 있다"고 하였다. 인구는 "20만 6천여 호戶"이며 각 주州의 대신들은 모두 이곳 수도에 경저京邸를 갖고 있다.[58] 교토京都의 지세와 도로에 관해서는 신숙주申叔舟가 일본 승려 수린壽蘭에게 준 시 중에, "왕도 백 리 땅 산으로 성을 삼아, 서북쪽 가파르고 동쪽도 우뚝하다. 세 내는 남으로 흘러 바다로 들고, 마을과 시가는 반듯반듯 고르다"라는 구절이 있다.[59] 이러한 교토京都의 도시구획과 면모는 에도 시대까지 변하지 않아 통신사의 기록도 신숙주申叔舟와 일치한다.[60] 교토京都의 인구는 1661년에 362322명, 1681년에 577548명 · 47000호, 1716년에 350986명, 1750년에 522625명 · 128745호이다.[61] Don Rodrigo는 1609년 교토京都의 인구가 30만 혹은 40만이라 하였다.[62] 즉 교토京都의 인구는 17세기 중기에서 18세기 중기에 이르기까지 많게는 50여 만, 일반적으로 35만에서 36만 사이였다. 신숙주申叔舟가 "20만 6천여 호"라 한 것은 매호당 4인 기준으로 계산하면 백만에 가까운데 이는 재고의 여지가 있다.

『해동제국기海東諸國記』에 의하면, 축전주筑前州에는 화정火井(火山口)가 있어 유황을 생산한다. 소이전小二殿의 영지領地는 4천여 호, 오사카전大友殿의 영지는 6천여 호이다. 주민들은 주로 상업에 종사하며 유구琉球와 남만南蠻의 상선이 이곳에 많이 모여든다. 북쪽에는

58 申叔舟, 『海東諸國紀』, 頁112~113.

59 申叔舟, 『保閑齋集』, 『韓國文集叢刊』10 (首爾 : 景仁文化社, 1996), 卷11, 題日本國僧壽蘭詩軸, 頁93下.

60 慶暹, 『海槎錄』, 「五月初五日」條, 頁42下; 金世濂 『海槎錄』, 民族文化推進會編, 『海行摠載』 第4輯, 「十一月十六日」條, 頁10下; 南龍翼, 『聞見別錄』, 「道里·倭京」, 頁12下; 南龍翼, 『扶桑錄』下, 民族文化推進會編, 『海行摠載』 第5輯, 「九月十二日」條, 頁54上下.

61 仲尾宏, 『朝鮮通信使と江戸時代の三都』(東京 : 明石書店, 1993), 頁18, 「江戸時代前半期三都の町方人口」表.

62 Don Rodrigo著, 村上直次郎譯註, 『ドン・ロドリゴ日本見聞錄』(東京 : 雄松堂書店, 1975), 頁43. Rodrigo於1609年遇海難至日本.

백사장이 30리에 걸쳐 펼쳐져 있고 소나무가 숲을 이룬다. 일본에는 주로 해송海松이 많은데 오직 이곳에만 육송陸松이 있다. 따라서 일본인들은 이곳을 절경이라 여겨 그림으로 많이 그린다. 이곳에 있는 하카다博多는 패가대覇家臺・석성부石城府・냉천진冷泉津・거기진筥崎津 등으로도 불린다.[63] 백사장와 송림에 관해서는 신숙주申叔舟가 해운海雲에게 준 시詩에 "패가대覇家臺 옆 만 그루 소나무"라는 구절이 있다. 수린壽藺에게 준 시에서도 "미야자키宮崎와 비스듬히 이어진 패가대覇家臺, 십 리 백사장에 만 그루 소나무"란 구절이 있다.[64] 하카다博多는 곧 송희경宋希璟이 말한 박가대朴加大이다. 송희경宋希璟은 파고사지波古沙只(hakozaki 筥崎)의 백사장과 송림에 대해, "송정松亭은 박가대朴加大 북쪽 1리 되는 곳에 있다. 서쪽으로 큰 바다에 접해 있고 평평한 언덕은 광활한데 거기엔 다른 잡목은 없고 오직 백사장과 청송만 있기 때문에 그렇게 부른다"고 기록하였다. 이외에도 "모래 언덕은 천 경頃에 걸쳐 하얗고, 푸른 나무는 만 조條에 걸쳐 푸르다"란 시구가 있다.[65] 몇 리에 걸쳐 이어진 해안가의 장송長松은 일본 평원 특유의 자연경관으로 이에 관한 에도 시대 통신사들의 기록이 매우 많다.[66] 하카다博多를 패가대覇家臺란 칭한 연유에 대해서는 신유한申維翰(1681~?)의 다음과 같은 기록이 있다. 1719년 그가 사절단을 따라 남도藍島에 갔을 때 우삼방주雨森芳洲(1667~1755)가 그에게 시를 지어 주었는데 시 중에 "웅장한 관문 위 달이 패가대覇家臺를 비추네"란 구절이 있었다. 그래서 패가대覇家臺가 어딘지 묻자 우삼방주雨森芳洲는 "박다진博多津의 일본어 발음이 화가다和家多인데 귀국의 문충공文忠公 신숙주申叔舟가 사행 왔을 때 필담으로 '패가대覇家臺'라 썼소. 이것은 음역을 잘못한 것이지만 그 의미가 매우 좋아 지금까지도 이렇게 부르는 것이오"라 했다.[67] 즉 우삼방주雨森芳洲는 패가대覇家臺란 명칭이 신숙주申叔舟에게서 처음 시작된 것으로 여긴 것이다.

대마도對馬島는 지형이 좁고 길어 남북南北으로는 3일 일정이고 동서東西로는 하루 혹은 반나절 일정이다. 사면이 모두 돌산이라 토양이 척박해 주민들이 가난하다. 주로 소금구

---

63 申叔舟, 『海東諸國紀』, 頁174~175.

64 松田甲, 「博多と朝鮮人の事蹟」, 『朝鮮』 124號(1925.9), 頁94. 申叔舟, 『保閑齋集』, 卷7, 題送日本使僧海雲詩卷, 頁58上; 卷11, 題日本國僧壽藺詩軸, 頁93下.

65 谷村一太郎・小川壽一, 『老松堂日本行錄解說』, 頁59.

66 任絖, 『任參判丙子日本日記』, 民族文化推進會編, 『海行摠載』 第3輯, 頁56下, 「十一月二十六日」條・「十一月二十七日」條. 金世濂, 『海槎錄』, 頁12下, 「十二月初一日」條.

67 申維翰, 『海游錄』上, 民族文化推進會, 『海行摠載』 第1輯, 頁57上.

이, 고기잡이, 물품 판매 등으로 생계를 유지한다. 신숙주申叔舟의 기록에도 섬 주민들이 "매우 가난하다"란 말이 있다.[68] 감귤과 닥나무(종이의 원료)를 주로 생산한다. 풍속에 신神을 숭상하여 남과 북의 高山을 각기 子神과 母神이라 칭하고 산속의 초목과 금수를 감히 범하지 않는다. 만약 범인이 도망하다 神堂으로 들어가더라도 감히 체포하지 못한다. 섬에는 목장이 네 군데 있는데 말은 2천여 필이고 대부분 "등이 굽었다(체형이 비교적 작다)."[69] 대마도에는 8군郡 82포浦가 있으며 인구는 도합 8460여 호이다.[70] 이는 『대마국기對馬國記』(에도 시대의 저작)에 기록된 5277호보다 많은 것이다. 에도 시대 종문宗門의 별장別帳에 의하면, 대마도의 인구는 1665년에 23900명, 1684년에서 1708년까지 대략 30000명 내외였다. 이로써 추측하면 에도 시대 대마도에는 약 5000에서 6000호 정도가 있었고 따라서 『해동제국기海東諸國記』의 기록은 매우 과장된 것이다.[71] 일기一岐에는 7향鄕 13리里 14포浦에 모두 2060호가 있었다.[72] 면적으로 말하면 대마도對馬島는 약 710km^2, 일기도一岐島는 139km^{2}로서 일기도一岐島의 면적은 대마도對馬島에 비해 5분의 1이고 인구는 4분의 1이다. 일기一岐에는 논과 밭이 있어 생활이 대마도에 비해 용이한데 이것이 대마도에 비해 면적 대비 인구가 많은 이유일 것이다. 당시의 일기一岐는 지좌志佐, 좌지佐志, 호자呼子, 압타鴨打, 염진류鹽津留 등이 분할 통치했고[73] 이들은 모두 송포당松浦黨에 속한다.

일본 각 주州의 특산물에 관한 신숙주申叔舟의 기록은 아래의 표에 열거된 것과 같이 매우 적다. 천조대신사天照大神祠에 관해서는 "나라 안에 귀천을 막론하고 원근의 백성들이 모두 와서 참배하고 제사하였다"고 하였다.[74] 각 주의 수전水田 수數는 대체로 에도 시대 통신사들이 그대로 따랐다. 1655년 종사관從事官 남용익南龍翼이 저술한 『견문별록見聞別錄』 중 일본 7도道 66주州의 수전水田 수數는 『해동제국기海東諸國記』를 완전히 베낀 것이다. 그는 "수전의 정보수町步數는 대략 『해동제국기海東諸國記』에 기재되어 있다. 세월이 많이 흘

68 申叔舟, 『海東諸國紀』, 頁220. 對馬陶山庄 左衛門의 조사에 의하면, 元祿 연간(1688~1704) 대마도의 인구는 32000명인데 양식 생산(보리, 콩 포함)은 모두 3000石으로 겨우 15000명만 먹여 살릴 분량이었다. 幣原坦, 「対馬問題」, 『朝鮮學報』1輯 (1951.5), 頁2~3.

69 申叔舟, 『海東諸國紀』, 頁218~220.

70 同上書, 頁225~244.

71 田中健夫, 田中健夫, 『対外関係と文化交流』(東京 : 思文閣, 1991), 頁205.

72 申叔舟, 『海東諸國紀』, 頁248~251.

73 申叔舟, 『海東諸國紀』, 頁244.

74 同上書, 頁142.

러 비록 그대로 준용準用할 수는 없지만 그 전의 여러 주州들의 대소大小를 이에 근거해 알 수 있으므로 각 주州의 아래에 나누어 기록한다"고 하였다.[75] 이로써 추측건대 17세기 중엽에 이르기까지 일본 내 州郡의 농업생산에 관한 조선인의 인식은 결코 크게 변하지 않았다.

〈각 州의 특산물〉

特產, 神祠	屬州	페이지
溫井(溫泉)	出羽州, 伊豆州(二處), 周防州, 越中州, 豊後州(五處), 肥前州(二處), 肥後州	141, 144, 153, 165, 188, 195, 211
火井(火山口), 硫黃	下野州, 伊豆州, 筑前州, 薩摩州	141, 144, 174, 213
金	出羽州, 陸奧州	141, 142
水銀	伊勢州	142
銅	備中州, 備後州, 長門州	149, 158
刃鐵	長門州	158
荷葉綠(綠色顏料)	周防州	153
深重靑銅	丹後州	167

4. 고초조어금약孤草釣魚禁約

조선 왕조 초기, 일본 어선은 조선 근해에서 자유롭게 조업할 수 있었고 조선인과 교역도 할 수 있었다. 하지만 15세기 초 조선은 일본 상선이 각지에 정박하며 조선 병선의 허실虛實을 정탐하는 것을 우려해 국방의 안전을 위해 일본 상선의 정박지를 제포薺浦(乃而浦, 지금의 熊川)와 부산포釜山浦로 제한하고[76] 어선의 조업 역시 이 두 포구 부근으로 한정하였다. 이러한 규제에 가장 크게 영향을 받은 것은 대마도對馬島 주민으로 그들은 대부분 어업으로 생계를 유지했고 또한 조선 근해에서 주로 활동을 했기 때문이다. 그후 대마도

75 南龍翼, 『聞見別錄』, 頁9上, 州界, 夾註.

76 中村榮孝, 『日鮮関係史の研究』 上, 頁482~483. 『太宗實錄』 7年(1407)條에 이미 기사가 있다. 따라서 倭의 興利船의 정박이 두 포구로 제한된 것은 이보다 이전이었을 것이나. 李鉉宗, 『朝鮮前期對日交涉史硏究』(首爾 : 韓國硏究院, 1964), 頁241.

對馬島에서 개항 요구를 할 때 그들은 조업구역을 확대해 줄 것도 요구하였다. 세종世宗 8년(1426) 대마도의 실권을 장악하고 있던 조전좌위문태랑早田左衛門太郎(三未多羅)이 울산蔚山 염포鹽浦의 개항을 요구하면서[77] 이른바 '삼포三浦'가 형성되었다. 『세종실록世宗實錄』 9년 3월 을묘조乙卯條에는 다음과 같이 기록되어 있다.

左衛門大(太)郎이 사람을 보내 예조에 글을 올려 말하길, "……또한 물건을 매매하고 고기를 잡는 것을 다만 乃而浦와 釜山浦 두 곳만 허락하시니 여기 주민들은 생계가 어렵습니다. 固城과 仇羅梁에서도 안심하고 교역할 수 있도록 허락하여 주민들의 바람에 부응해 주시길 모두가 바라옵니다"라 하자 "……경상도에 공문을 보냈으니 그렇게 알기 바란다"고 하였다.[78]

즉 좌위문태랑左衛門太郎은 그 이듬해에도 고성固城과 구라량仇羅梁 근해에서 어업과 교역을 허락해 줄 것을 요구했고 이것은 허가를 받게 된다. 세종世宗 12년(1430) 좌위문태랑左衛門太郎의 아들 육랑태랑六郎太郎이 다시 고성포固城浦와 구라량仇羅梁에서 교역할 것을 요구했는데[79] 이를 보면 당시 대마도 주민들은 여전히 이 두 곳에 접근하는 것이 불가능했던 것으로 추측할 수 있다. 동년 11월과 15년 2월, 도주島主 종정성宗貞盛은 두 차례 예조에 글을 올려 가배량加背梁·구라량仇羅梁·두모포豆毛浦·서생포西生浦 등 네 곳에서 고기잡이를 허락해 줄 것을 요청했으나 조선에서는 역시 응답을 하지 않았다.[80] 『세종실록世宗實錄』 17년(1435) 10월 을묘조乙卯條에는 이렇게 기록되어 있다.

예조에서 아뢰길, "대마도의 어선과 상선은 일찍이 乃而浦와 釜山浦, 鹽浦 세 곳에서 정박을 허락받았습니다. 지금 다시 加背梁과 仇良梁 등에서 왕래하며 교역하길 원하며, 또 동료 한 사람을 인질로 포구에 남겨 두고 船軍이 어선으로 갈아타 경계를 넘나들며 마음대로 고기잡이를 하고자 합니다. 하지만 加背梁 같은 곳을 왕래하며 교역하는 것은 진실로 들어줄 수

77 『世宗實錄』 卷31, 8年正月癸丑條, 頁467下. 島主 宗貞盛은 아직 나이가 어렸다. 1510년 三浦倭亂이 끝날 때까지 일본 선박은 이 세 항구에만 정박이 허락되었다. 李泰勳, 「朝鮮三浦恒居倭の刷還に関する考察」, 『朝鮮學報』 195輯(2005. 4), 頁41.

78 『世宗實錄』 卷35, 9年3月乙卯條, 頁531上~下.

79 同上書, 卷49, 12年9月壬戌條, 頁51下.

80 同上書, 卷50, 12年11月己亥條, 頁59上; 同書, 卷59, 15年2月壬子條, 頁246上.

없습니다. 그러니 船軍이 배를 갈아타고 開雲浦 등에서 조업하는 것만 허락하소서" 하니 그대로 따랐다.[81]

즉 대마도 어선이 개운포開雲浦 등지에서 조업을 하되 한 사람이 연안에 인질로 잡혀 있고 또 조선 수군水軍 한 사람이 배에 오르는 조건이었다. 조선 수군이 동승한 것을 보면 감시의 성격이 있었을 것이다.

세종世宗 20년(1438) 10월과 21년(1439) 9월, 11월에 종정성宗貞盛은 또 다시 조선에 조업구역을 확대해 줄 것을 요구했다. 하지만 예조에서는 이미 내이포乃而浦, 부산포釜山浦, 염포鹽浦 등 삼포三浦가 있으니 다시는 그런 일로 조선 국왕에게 아뢰지 말라고 답하였다.[82] 이를 보면 세종世宗 21년에도 개운포開雲浦는 여전히 조업구역으로 허가되지 않았던 듯하다. 또 세조世祖 3년(1457) 정월에 개운포만호開雲浦萬戶를 폐하고, 이듬해(1458) 11월 다시 만호萬戶의 직위를 회복한 것으로 보아 개운포開雲浦는 아마도 한 번도 조업구역으로 허가된 적이 없었을 것이다.[83] 『세종실록世宗實錄』 20년 정월 무술조戊戌條에는 다음과 같이 기록되어 있다.

의정부에서 병조의 呈文에 의거해 아뢰길, "경상도 乃而浦에 정박해 고기를 잡거나 해초를 채취하는 왜선은 玉浦 이북의 海中浦 곳에서 기한을 정해 文引을 발급하고, 玉浦萬戶가 그 기한을 살펴 이를 어기는 자는 즉시 돌려보내며, 梁山 이남은 조업과 채취를 금하는 등의 사안에 대해, 監司와 都節制使가 함께 의논하여 편의 여부를 아뢰어 보고토록 하소서" 하니 그대로 따랐다.[84]

조선에서는 감사監司와 도절제사都節制使가 협의하여 내이포乃而浦에서 고기를 잡거나 해초를 채취하는 왜선에게 기한을 정해주고 문인文引을 발급케 하였으며, 돌아가는 길에 옥

81 同上書, 卷70, 17年10月乙卯條, 頁450下~451上.
82 同上書, 卷83, 20年10月己巳條, 頁652下; 卷86, 21年9月乙卯條, 頁59上、辛未條, 頁63下; 卷87, 21年11月丙寅條, 頁76下~77上.
83 『世祖實錄』, 齊藤孝編纂, 『歷代朝鮮朝實錄』冊(東京 : 學習院東洋文化硏究所, 1985), 卷6, 3年正月辛巳條, 頁120上; 卷14, 4年11月戊戌條, 頁253下.
84 『世宗實錄』, 卷80, 20年正月戊戌條, 頁609上.

포만호玉浦萬戶가 그 문인文引을 검사하였다. 또한 양산梁山 이남 지역에서는 왜선의 조업과 채취를 금지하였다.

세종世宗 22년(1440) 3월, 대마도에서는 또 서여서도西餘鼠島에서의 조업을 요구했으나[85] 조선은 이를 거절하였다. 동년 5월 종정성宗貞盛은 대마도 통신사 고득종高得宗에게 고초도에서의 조업을 허락해 줄 것을 요구했는데[86] 비록 조선 내부에서 반대 의견이 많았으나 세종世宗 23년(1441) 11월, 쌍방은 마침내 고초도조어금약孤草島釣魚禁約을 체결한다.[87] 『세종실록世宗實錄』에는,

孤草島는 전라도 남해 가운데 있어 육지와 30여 리 떨어져 있고 여러 대 동안 비워져 있어 사람이 살지 않으므로 왜인이 청하였다.[88]

고 하였다. 고초도孤草島는 전라도 바다에 있다고 했으나 위치가 불명확하다. 혹은 섬 하나라 하기도 하고, 혹은 고도孤島와 초도草島 두 섬이라고 하기도 하여 정설이 없다. 고초도금어조孤草島金魚藻약의 내용에 관해서는 『세종실록世宗實錄』 24년(1442) 8월 갑인조甲寅條에 다음과 같은 기록이 있다.

예조에서 宗貞盛에게 글을 보내 말하길, "전년 겨울에 孤島와 草島 두 섬의 釣魚에 관한 약조를 맺을 때, 足下께서 보내는 사람들은 병기를 해제하고, 선박의 크기와 인원수를 명백히 기록한 후 文引을 발급하며, 慶尙道 巨濟에 당도해서는 知世浦를 면담해 萬戶가 주는 文引을 받아 섬으로 나아가며, 孤島·草島 양도에서 조업이 끝나면 知世浦로 돌아와 萬戶에게 文引을 돌려주고 船稅를 납부한 뒤 출발할 것이며, 만약 족하의 文引 없이 몰래 와서 고기를 잡는 자는 적선으로 간주해 추포하고, 무기를 몰래 가지고 다른 곳을 횡행하는 자는 文引의 有無 여부에 관계없이 적선의 예에 따라 논죄한다는 내용으로 이미 약정을 맺었소"라고 했다.[89]

---

85 同上書, 卷88, 22年3月甲子條, 頁99下.
86 同上書, 卷89, 22年5月庚午條, 頁113上.
87 同上書, 卷94, 23年11月乙卯條, 頁194下~195上.
88 同上書, 卷89, 22年5月庚午條, 頁113下. 조선의 10리는 일본의 1리에 해당하므로 30여 리는 일본의 3여 리이다.
89 『世宗實錄』 卷97, 24年8月甲寅條, 頁259上.

즉 왜의 어민은 병기를 휴대할 수 없고 대마도주는 배의 크기와 인원수를 상세히 기록한 뒤에 문인을 발급하였다. 거제도에 도착하면 도주島主의 문인文引을 지세포만호知世浦萬戶에게 주고 다시 만호萬戶가 발급하는 文引을 받은 후에 비로소 고초도로 나갈 수 있었다. 고기잡이가 끝난 후에는 거제도로 돌아와 도주島主의 문인文引을 되돌려 받고 선세船稅를 납부한 후 대마도로 돌아갔다. 도주島主의 문인文引 없이 몰래 고초도로 들어온 자는 적선으로 간주하여 추포하고, 만약 병기를 휴대한 채 곳곳을 횡행하는 자는 문인文引의 유무를 불문하고 모두 적선으로 논죄하였다. '이미 약정을 맺었다'는 말로 미루어 이는 아마도 고초조어금약孤草釣魚禁約일 것이다. 『해동제국기海東諸國記』「조어금약釣魚禁約」조條에는 아래와 같이 실려 있다.

> 대마도 사람으로 고기잡이를 하는 자는 島主의 三着圖書(銅印이 세 번 찍힌 문서)와 文引을 받아 知世浦에 와서 萬戶에게 그 文引을 제출하고 萬戶는 다시 文引을 발급한다. 고초도의 정해진 곳 이외에는 함부로 다니는 것을 금하며 고기잡이가 끝나면 知世浦로 돌아와 萬戶에게 文引을 돌려주고 魚稅를 납부한다. 萬戶는 島主의 文引에 비준을 하고 인장을 찍어 증험으로 삼는다. 만약 文引이 없는 자나, 혹은 풍랑을 만나 어쩔 수 없었다고 핑계 대며 변경 섬을 함부로 돌아다니는 자는 賊의 예로써 논죄한다.[90]

앞의 종정성宗貞盛에게 보낸 예조禮曹의 문서와 비교하면 내용이 대략 같다. 다만 고기잡는 자를 앞에서는 '족하가 보내는 사람'이라 했고 뒤에서는 '대마도 사람'이라 했으며, 앞에서는 '어세船稅를 납부한다'고 했고 뒤에서는 '어세魚稅를 납부한다'고 했다. 『세종실록世宗實錄』에 의하면 최초 대선大船의 어세는 500미尾, 중선中船은 400尾, 소선小船은 300尾였는데 종정성宗貞盛의 요청에 의해 대선大船은 300미尾, 중선中船은 250미尾, 소선小船은 200미尾로 경감되었다.[91] 『경국대전經國大典』이 편찬될 때(1469)는 대선大船은 200尾, 중선中船은 150미尾, 소선小船은 100미尾였다.[92]

---

90 申叔舟, 『海東諸國紀』, 頁289~290.

91 『世宗實錄』 卷96, 24年6月丙午條, 頁240下.

92 法制處編, 『經國大典』 上卷, 「戶典·雜稅條」, 頁187.

인질을 머물게 하고 조선 수군을 동승시킨 일은 앞서 인용한 『세종실록世宗實錄』 17년 10월 을묘조乙卯條의 내용대로 예조의 건의에 의해 시행되었다. 이 제도가 시행된 상황을 보면 『세종실록世宗實錄』 26년(1444) 윤7월 갑신조甲申條에,

> 佐志殿 관하의 왜선 13척이 고초도에서 고기잡이를 한다고 핑계 대면서 宗貞盛의 文引을 받지 않고……[93]

라 하였다. 동월同月 기해조己亥條, 예조에서는 대마주태수對馬州太守 종정성宗貞盛에게 아래와 같이 글을 보냈다.

> ……孤草島에 고기를 잡으러 오는 자는 知世浦萬戶의 文引을 받고 어세를 납부해야 한다는 것이 이미 조약으로 정해져 있소. 그런데 요즘 文引을 받으러 오는 자는 한 사람도 없고 세금 또한 바치지 않고 있으니 신의를 잃고 예의를 버리는 것이 어찌 이보다 심할 수 있겠소. 고초도에 사람을 보내어 모조리 추포하여 적선으로 논죄하고 싶지만 우호를 맺은 뜻 때문에 즉시 시행하지 않는 것이오. 금후로는 文引 없이 감히 돌아다니는 자나 또는 文引이 있어도 지정되지 않은 곳에 가는 자는 공히 이전의 약조에 근거해 적선으로 논단할 것이오……[94]

11월 병자조丙子條에 의하면, 종성가宗盛家에서 승려 광준光俊으로 하여금 예조에 글을 올려 6개 조목을 청원하였는데 그중 네 번째가 '고초도에서 고기 잡는 것을 허락해 달라'는 것이었다. 하지만 영의정領議政 황희黃喜, 좌참찬左參贊 권제權踶, 우참찬右參贊 이숙치李叔畤 등은 논의 끝에 그 청을 거절하였다.[95] 27년(1445) 7월 戊子條에는 다음과 같이 기록되어 있다.

> 慶尙道右道 處置使가 보고하길, "對馬州의 왜선 2척이 宗貞盛의 文引을 지닌 채 知世浦로 가

---

93 『世宗實錄』 卷105, 26年閏7月甲申條, 頁400下.
94 同書同卷, 26年閏7月己亥條, 頁404上.
95 同上書, 卷106, 26年11月丙子條, 頁419上.

지 않고 곧장 孤草島로 가 고기잡이를 한 후 本島로 향하다가 每每島에서 정박한다고 하였습니다. 병선을 보내 추포하였는데 모두 무기를 갖고 있었기에 선주와 왜인 2명을 巨濟縣에 구류하였습니다." 하니 의정부와 예조에 이 문제를 의논하라 명하고, 예조로 하여금 宗貞盛에게 글을 보내 이르게 하길, "전에 약조하길, 貴州에서 孤島·草島 양도로 고기를 잡으러 오는 자는 무기를 휴대하지 않을 것과, 족하의 文引을 지니고 知世浦로 가서 萬戶가 발급하는 증명서를 받아 고기잡이를 할 것, 그리고 포구로 돌아와서는 세를 바치고 비준을 받은 후에 돌아갈 것 등을 약속하였다. 그런데 지금 배 2척이 조약을 어겨 변방의 장수가 포획하여 법대로 처분하길 청하였다. 하지만 나라에서는 우호관계를 맺는 뜻 때문에 이들을 모두 석방하였으니, 족하는 이전의 조약을 한결같이 준수하여 이들을 엄히 치죄하고 아울러 앞으로도 이러한 무리들을 철저히 다스리도록 하라"고 하였다.[96]

이상의 인용문이나 또는 앞서 인용한, 예조에서 종정성宗貞盛에게 금약을 준수하라고 요구하는 글을 보낸 24년 8월 갑인조甲寅條의 기사 등은 모두 대마도 선박이 종정성宗貞盛의 문인文引을 지니지 않거나, 혹은 지세포知世浦로 가서 만호萬戶의 문인文引을 다시 수령하지 않은 채 곧바로 고초도로 가 고기잡이를 하고, 고기잡이가 끝난 후에도 세를 바치지 않고 그대로 대마도로 가버리거나, 병기를 휴대하는 등 여러 가지로 조약을 어긴 일들이었다. 이를 보면 1445년까지도 조약의 내용이 철저히 지켜지지 못했음을 알 수 있다.

이러한 체제는 1470년까지도 존속하였다. 『성종실록成宗實錄』 원년(1470) 9월 병자조에는 다음과 같이 기록되어 있다.

一. 貴島의 사람으로 우리나라 여러 섬에 와서 고기잡이를 하는 자가 끊이지 않고 이어져 만약 이들을 금하는 법을 엄히 세우지 않으면 간사하고 속좁은 무리들이 반드시 이로 인해 사단을 일으킬 것입니다. 따라서 이전 島主와 약조를 맺길, 매 선박에서 한 사람이 인질로 남고 우리나라 船軍 중 한 사람이 배를 호송하여 孤草島 등지로 나아가 조업을 하게 하였습니다……근래 고기를 잡는 자들이 조약을 어기고 여러 섬을 횡행하고 있습니다……그러나 고기 잡는 자를 인질로 삼거나 선군이 배를 호송하는 것 따위는 모두 피차간 꺼리는 바가 있어

96 同上書, 卷109, 27年7月戊子條, 頁453上~下.

> 그대로 시행할 수는 없고, 文引에 批准을 하는 것은 옛 법대로 시행하는 것이 좋겠습니다. 지금 이렇게 하는 것은 법을 세운 지 오래 되어 혹 어리석은 백성이 잘 모르고 법을 범할까 염려되기 때문일 뿐입니다……[97]

이것은 예조참의禮曹參議 김영유金永濡가 대마도주對馬島主 종정국宗貞國(재직 1467~1494)에게 보낸 글로서 이를 보면 고초도에서 조업하는 왜의 어선은 반드시 한 사람을 인질로 남겨 두어야 했고 또 조선 수군水軍 한 사람이 동승해야 했음을 알 수 있다. 1471년 완성된 『해동제국기海東諸國記』에는 이러한 사실이 전혀 기록되어 있지 않다. 이후에도 만호萬戶의 문인文引을 수령하지 않는다든지 병기를 휴대한다든지 변방 섬을 횡행한다든지 하는 위약違約 행위가 여전히 존재하였다.[98]

고초조어금약枯草釣魚禁約의 체결로 대마도주對馬島主는 고초 해역의 어업권을 독점하였다. 하지만 중종中宗 5년(1510) 삼포왜란三浦倭亂 이후 조선은 대마도주의 각종 권익을 취소하였고 대마도 사람이 고초도에 와서 조업할 수 있는 권리 또한 취소되었다.[99]

5. 맺음말

신숙주申叔舟의 『해동제국기海東諸國記』는 성종成宗의 명을 받들어 편찬된 책이다. 하지만 그 스스로가, 이웃 나라와 외교 왕래를 할 때는 그 나라의 풍습에 맞게 위무하고 접대해야 하고 그러기 위해서는 반드시 그 나라에 대한 이해가 선행되어야 예를 다할 수 있고 예를 다해야 비로소 마음을 다할 수 있다고 여겼다. 이것이 바로 이 책을 편찬한 동기라 할 수 있다. 왜구의 문제가 늘 조선을 곤혹스럽게 했기 때문에 일본이 조빙을 하느냐 아니면 약탈을 하느냐 하는 것은 전적으로 조선이 그들을 얼마나 적절히 위무하느냐에 달려 있었던 것이다. 『해동제국기海東諸國記』 편찬의 중점이 일본인 것 역시 이러한 이유

97 『成宗實錄』 卷7, 元年9月丙子條, 頁95上~下.

98 『成宗實錄』 卷49, 5年11月辛酉條, 頁439下.

99 『中宗實錄』, 末松保和編纂, 『歷代朝鮮朝實錄』(東京 : 學習院東洋文化硏究所, 1964), 卷11, 5年4月癸己條, 頁352下~353上. 「慶尚右道兵馬節度使金錫哲狀啟」. 卷11, 5年4月 丙申條, 頁355上~下, 「對馬島敬差官康仲珎馳啟」.

에서이다.

본서는 일본 역대 천황의 출생과 연호, 재위년, 향년, 재위기간 중의 대사건 등에 관해 대체로 간략히 서술하였다. 申叔舟는 「天皇代序」에서, 神功皇后를 제15대 천황으로 열거하였고 大友皇子의 천황 즉위를 인정하지 않았으며 北朝를 정통 왕조로 간주하였다. 이러한 관점들은 기본적으로 중세 일본에 대한 일반적인 견해와 일치하는 것이다. 가마쿠라 장군과 무로마치 장군의 世系에 비록 착오가 있긴 하지만, 천황이 국사에 참여하지 않고 국정과 외교를 장군이 주관하는 이원적 정치체제를 그는 정확히 관찰하였다.

일본은 헤이안平安 시대 초기에 66국國 2도島, 즉 오기칠도五畿七道의 행정구역을 형성하였고 이는 막부 말기까지 변하지 않았다. 에도 시대 조선의 사절 역시 일본의 기내畿內를 기내도畿內道라 칭하고 '일본에는 팔도八道가 있다'고 하였다. 15세기에서 18세기까지 일본의 지리적 구획에 대한 조선 사절들의 사유는 일치한다. 일본의 도시에 대해 신숙주申叔舟는 단지 교토京都의 지리적 형세와 질서정연한 도로만을, 자연 경관에 대해서는 하카타博多 연안의 백사장과 송림, 그리고 대마도對馬島의 지형만을 기술했다. 인문 경관에 대해서는 교토京都의 인구와 8도道 66주州의 군수郡數와 수전水田의 수數, 그리고 소수 州의 특산물과 대마도의 민속, 물산 등을 기록했다. 교토京都와 대마도對馬島 인구에 관해서는 과장이 지나치다. 7도道 66주州의 수전水田 수數는 에도 시대 통신사들이 그대로 답습하게 된다. 이는 바로 일본 내 주군州郡의 농업생산에 대한 조선의 인식이 17세기 중엽에 이르기까지 크게 변하지 않았음을 보여주는 것이다.

일본에 대한 신숙주申叔舟의 관찰과 기록은 대체로 객관적이고 소박하다. 그는 일본의 정치·사회·풍속에 대해서는 어떠한 비판도 하지 않았는데 이는 에도 시대 조선 통신사들이 일본을 만이蠻夷나 만맥蠻貊이라 비판한 것과는 같지 않다.[100] 『해동제국기海東諸國記』는 그가 일본에 사행 간 지 28년 후에 완성한 저작으로 편찬의 중점은 조일朝日 양국의

---

100 姜弘重, 『東槎錄』, 「十二月二十四日」條, 頁39上. 趙曮, 『海槎日記』, 「十一月初二日」條, 頁10上; 「二月二十七日」條, 頁32下. 1719년 雨林芳洲가 江戶의 客館에 머물렀을 때 몹시 불만스러운 표정과 말투로 製述官 申維翰에 묻길, 왜 조선인의 문집에서는 늘상 일본을 倭敵이니 蠻酋니 하고 부르는가 하자 申維翰은 대답하길, "당신이 본 우리나라 문집이 누구 것인지는 모르겠지만, 이것들은 모두 임진왜란 이후 간행된 글들이오. 平秀吉은 우리나라 철천지 원수요 宗社의 치욕이며, 그토록 生靈을 도륙한 것은 실로 만세에 없던 변고였소. 우리나라의 신민된 자로서 누군들 그의 고기를 저며 씹어 먹고 싶지 않겠소. 위로는 고관대작부터 아래로는 노비에 이르기까지 모두가 그를 비루하게 여기고 적대시하니 그렇다면 말에 거리낌이 없고 글로 드러나는 것이 마땅히 진실로 이와 같아야 하는 것이오"라 했다. 이는 곧 조선이 일본을 적대시하는 것은 豐臣秀吉이 조선을 침략했기 때문임을 설명한다. 申維翰, 『海游錄』下, 附聞見雜錄, 頁14上下.

외교의례外交儀禮에 있었다. 따라서 그날그날의 일을 기록한 기사가 아니기 때문에 일본의 풍광에 대한 기록이 매우 적고 일본과의 교섭 과정에 대한 기록 역시 전무하다. 본서는 비록 1471·1472·1474년에 개정된 일부 접대의례接待儀禮의 수정 사항을 반영해 내진 못했지만 15세기 조선의 대일본 빙문규정에 관한 가장 완전한 총집이자 중세 조선의 대일 외교관계를 이해하는 중요한 사료가 된다.

5장

『전등신화』와 『요재지이』의 한일에의 전래. 그 변화와 수용의 궤적

– 일본 한문소설집 『야창귀담夜窓鬼談』과 1930년대 『월간야담月刊野談』을 대상으로 –

김정숙金貞淑*

1. 머리말

근대 이전 사행단을 통한 서적 교류는 동아시아 삼국의 문화교류의 가장 중요한 축을 이룬다. 이들을 통해 상호 유입된 서적들은 한중일의 문화 형성에 큰 영향을 끼쳤고 이후 자국적 풍토에 맞게 변형되어 갔다.

그중 본고에서는 『전등신화』와 『요재지이』가 한일 간에 전래되어 수용되고 변형된 궤적의 한 부분을 살펴보려고 한다.[1] 그간 『전등신화』에 대해서는 한국과 일본에서 많은 연구가 진행되어 전래 시기, 영향관계, 판본의 문제 등과 관련된 주목할 만한 성과가 축적되

* 단국대학교 동양학연구소

1 한문소설 중에서 『전등신화』가 동아시아 각국에 끼친 영향에 내해서는 새삼 강조할 필요가 없다. 그에 반해 『요재지이』는 중국에서도 창작 이후 18세기 후반~19세기에서야 열독되었고 조선과 일본에 전래된 것도 그 시기였기 때문에 이미 자국의 소설문화가 만개한 양국에서 『요재지이』는 『전등신화』에 비해 큰 인기를 끌지 못했다. 하지만 한문문언소설사에서 한 축을 차지하는 『요재지이』는 19, 20세기를 넘어오면서 한국과 일본에서 다양한 독서 경험이 발견되는 바 이에 대한 검토가 필요하다고 판단된다. 특히 이러한 연구는 한국에서 중국소설연구가 『삼국지』를 비롯한 사대기서에 편중된 현재의 연구 경향에 대한 반성에서 비롯된 것이기도 하다.

었다. 특히 최근 『전등신화』, 『멱등인화』, 『전등여화』 세 종을 『전등삼종』으로 합본하여 번역한 최용철의 작업은 이 분야의 연구에 큰 도움을 주고 있다.

그러나 『요재지이』가 우리에게 전래된 시기와 독서 현황, 영향관계 등에 대해서는 관련 논의가 많지 않으니, 이는 무엇보다 『요재지이』와 관련된 기록이 거의 발견되지 않기 때문이다. 그러나 직접적 기록은 아니지만 19세기 이후 장서藏書 목록에 『요재지이』의 제명題名이 자주 등장하고 근대 이후 번안 및 번역의 형태로 간간히 등장하는 것으로 보아 조선에서 『요재지이』의 독서가 전래 후 꾸준히 이루어졌던 것으로 추정할 수 있다.

이는 일본의 경우도 마찬가지여서 1784년 경 일본에 전래된 『요재지이』는 이때까지는 몇몇 문인들에 의해 향유되다가 번역이 활발하게 이루어진 1900년대에 이르러 독자 대중들에게 알려지게 된다. 즉 한국과 일본에 『요재지이』가 대중적으로 향유된 것은 전래 후 상당 시간이 경과한 근대 이후에 자국어로 번역된 이후의 일임을 추정하게 한다.

이에 본고에서는 『전등신화』와 『요재지이』가 한·일 양국에 전래된 후, 정착된 과정을 살펴보려고 한다. 『전등신화』의 경우, 전래시기 및 판본 등에 대해서는 이미 선학들의 진지한 연구 성과가 있어 큰 도움이 되지만, 상대적으로 근대 이후 『전등신화』의 향방에 대해서는 산발적인 언급만 있을 뿐 본격적인 연구는 부진한 편이다. 따라서 본고에서는 16세기 임기의 『전등신화구해剪燈新話句解』가 19세기, 20세기에 어떤 변화를 거치는지를 살펴볼 것이다. 특히 1930년대 야담운동의 하나로 등장했던 『월간야담』을 중점적으로 분석한다. 『월간야담』은 주지하듯 1930년대 야담대회의 인기에 힘입어 1934년 창간호를 시작으로 1939년까지 성황리에 출간되었다. '야담'의 태생이 그러하듯, 『월간야담』 안에는 중국과 한국, 때로는 일본의 야담과 야사, 소설, 시조, 민요 등 다양한 장르의 작품이 실려 있다. 그중에서 『전등신화』의 이야기가 세 편 실려 있으며 특히 일본에서 다양한 형식으로 인기를 끌었던 「모란등기」도 포함되어 있어 이 시기 한국과 일본에서 동일한 이야기가 어떤 방식으로 향유되고 변개되는지를 비교할 수 있다.

일본에서는 『전등신화』 전래 후 번역 및 번안, 연극 등 다양한 형태로 향유되었고 그러한 전통은 오늘날의 영화에까지 이어지고 있다. 그 중에서 본고에서는 1889년 이시카와 고사이石川鴻齋(1832~1918)가 편한 한문소설집 『야창귀담夜窓鬼談』[2]에 수록된 「모란등[牧丹燈]」, 「화신花神」과 「속황량續黃粱」 등의 작품을 대상으로 할 것이다. 『야창귀담夜窓鬼談』에는 일본 전래의 각종 설화와 함께 『전등신화』나 『요재지이』의 예화 중 일부가 변형된 형태로 수록되어 있다. 이는 『전등신화』와 『요재지이』가 일본에 전래된 후 모종의 변화를 거친 뒤의 형태로 두 작품이 일본에서 어떻게 변화·정착되었는가를 보여주는 자료로 활용될 수 있다.

2. 『전등신화』의 전래와 근대적 정착

1) 일본-「모란등기[牧丹燈記]」의 변주變奏, 기괴적 성향의 강화

선승禪僧 경서주린景徐周麟(1440~1518)의 『한림호로집翰林葫蘆集』에 「독감호야범기讀鑒湖夜泛記」가 수록된 것을 볼 때, 일본에 『전등신화』가 전래된 것은 늦어도 1482년 이전으로 추정할 수 있다. 『전등신화』는 전래 후 번역 및 번안, 개작의 형태로 일본문학에 적지 않은 영향을 끼쳤는데, 그 중에서 「모란등기」는 수많은 작가들이 개작의 대상으로 삼았던 대표적인 작품이었다.

그 중 덴분天文년간(1532~1592) 『기이괴담집奇異怪談集』의 「여인사후남자어관내이살지사女人死後男子於棺內而殺之事」가 「모란등기[牧丹燈記]」의 재록再錄이었다면, 1666년 아사이료이淺井了意(?~1691)의 『가비자伽婢子』 내 「모란등롱牡丹燈籠」에 오면 시공간부터 인물, 줄거리 등이 일본식으로 완전히 변형된다.[3] 이후 18세기 우에다 아키나리上田秋成(1734~1809)의 『우월물어雨月物語』 중 「길비진지부吉備津之釜」에 오면 기비쓰 신사의 가마솥 점의 예언을 무시하고 결혼한 쇼타로와 이소라가 남편 쇼타로의 배신으로 인해 이소라가 원령이 되어 처참한 복수를 하는 괴기담으로 크게 바뀐다.[4] 원작 자체가 괴기스런 요소를 포함하고 있는데다가 일본 전래의 설화가 결합되어 섬뜩한 괴기소설이 탄생했다.

2 김정숙, 「메이지 시대 일본 한문소설집 『夜窓鬼談』의 한 연구」, 『한문교육연구』 29(한문교육학회, 2007) 참조.

3 喬光輝, 「『剪燈新話』與『雨月物語』之比較」, 『域外漢籍研究集刊』 제3집(2007) 참조. 일본에서 후대까지 「모란등기」가 「모란등롱」이라는 제명으로 정착된 것은 아사이료이에서 시작한 것으로 추정된다.

4 일본에서 『전등신화』의 전파 시기에 대한 상세한 연보는 최용철의 『전등삼종』 하에 부록으로 수록되어 있다[최용철, 『전등삼종』(소명출판, 2005), 531~536쪽].

그러나 일본에서 「모란등기」가 대중적인 인기를 끌게 된 것은 연극이나 라쿠코(일본식 만담)의 소재로 이용되면서부터인데, 특히 유명한 라쿠코가였던 산유테이 엔초三遊亭圓朝(1839~1900)의 라쿠코는 대단한 인기를 끌어 공연의 내용이 「괴담怪談 모란등롱牡丹燈籠」이라는 제목으로 출판되기도 하였다. 그 내용 중 이이지마 헤이자에몽飯島平左衛門의 딸 오츠유お露와 하기와라 신사부로萩原新三郎의 사랑과 좌절, 모란등을 든 원령의 등장 등은 원작의 틀을 그대로 이은 것이지만 여주인공 오츠유 아버지가 젊어서 우발적으로 살인을 했던 것과 살해당한 이의 아들 코스케가 자신의 하인으로 들어왔던 내용, 첩이 이이지마의 조카와 간통을 하며 그를 죽이려고 모의하는 내용, 하인 코스케가 주인을 위해 복수하는 내용 등이 또 다른 한 축을 이루어 원작과는 전혀 다른 작품이 되었다.

엔초의 이야기는 동시대 한문학자였던 이시카와 고사이石川鴻齋(1832~ 1918)에게도 익숙한 것이었다. 그는 엔초에게서 들은 이야기 중에서 오츠유와 하기와라의 내용을 중심으로 축약하여 그의 한문소설집 『야창귀담』에 「모란등(牧丹燈)」이라는 제명으로 수록하였다. 그 내용을 요약하면 다음과 같다.

교호년간(享保年間 : 1688년~1735년)에 에도에 이이지마(飯島) 아무개씨가 살았는데 오래동안 막부를 섬기며 집안이 부유하였다. 딸 오츠유(阿露)는 새엄마와의 갈등으로 야나기시마(柳島)의 별장에 옮겨 살게 되었다.

어느 봄에 의사인 시조(志丈)가 하기와라(荻原)를 데리고 야나기시마에서 낭자와 대면케 하니 둘은 첫 눈에 반하게 된다. 헤어진 뒤 사모하는 마음에 만나고자 하였으나 길이 없자 하기와라는 근심하다가 종의 권유로 낚시를 가게 된다. 그 길에 여인의 집으로 들어가니 여인이 기뻐하며 정표로 향합의 뚜껑을 준다. 그때 여인의 아버지가 들이닥쳐 생을 죽이려고 하자 여인이 대신 칼을 맞고 죽었는데 깨어나 보니 꿈이었다. 다행으로 여기며 살펴보니 품속에 뚜껑이 있었다.

다음 날 시조가 와서 낭자가 생을 그리워하다가 상사병으로 죽었다는 말을 전하니 생은 놀라며 우란분(盂蘭盆) 때에 낭자를 위해 제사를 지냈다. 그 날 밤에 이이지마의 여종이 모란등을 들고 낭자와 와서는 낭자는 죽은 것이 아니라 아버지의 명령을 어기고 비구니가 되려고 했으며 야나카(谷中)로 피신한 것이라고 하였다. 이날부터 두 사람은 밤마다 만났는데 생의 종이 이상히 여겨 이웃의 백옹(白翁)에게 알리니 백옹이 생이 귀신에 씌였다고 하며 생에게 야나카에 가서 확인하게 하자 그곳에는 그녀의 무덤이 있었다.

백옹은 양석화상(良石和尙)에게 피하는 법을 물으라고 하여 가서 간청하자 화상이 생에게 부적을 써 주었다. 여귀(女鬼)가 부적 때문에 들어오지 못하자 생의 종에게 부적을 떼라고 강요한다. 종이 어쩔 수 없어 부적을 떼자 두 귀신이 생의 방으로 들어간다. 다음날 백옹과 종이 방으로 들어가 보니 생이 이미 죽어 있었다.

이시카와는 이후 '이이지마飯島씨의 종 코스케의 충심과 도모조伴藏의 간악함, 그 아내가 횡사한 괴이한 일은 지엽적인 것이라 생략'[5]했다. 그 결과 이야기는 원작에 훨씬 근접했지만 엔초의 이야기에서 보이는 풍부한 서사적 구도는 축소되었다. 그는 이 이야기를 이전에 도사土佐의 어떤 이가 그린 그림(橫卷)에서 봤으며 그곳에도 생이 죽은 뒤의 이야기는 없었다고 했는데, 아마 그 내용은 「모란등기」 유화 중에서 상대적으로 원작에 가까운 내용이었을 것이다.[6] 재가공하는 과정에서 이시카와의 「모란등」은 엔초의 이야기와도 많은 차이를 갖게 되었으니, 가장 큰 변화는 엔초의 「괴담 모란등롱」이 장편소설로 이이지마 가문서사 속에 하기와라와 오쓰유의 사랑과 좌절을 담았다면, 이시카와의 「모란등」에서는 두 남녀 간의 사건만을 특화했다는 점이다. 결말부분에서도 「괴담 모란등롱」에서는 돈에 눈이 먼 도모조가 하기와라를 살해한 뒤, 자신의 아내마저 살해하는 내용, 코스케가 주인을 위해 복수하는 내용 등이 흥미진진하게 이어지지만 「모란등」은 하인이 부적을 떼는 바람에 죽게 되었다는 내용으로 끝맺는다.

즉 이시카와는 일본에서 유행하던 「모란등롱」 유화를 바탕으로 엔초의 이야기를 축소하고 구어투의 라쿠고를 한문소설로 재가공하였다. 그 과정에서 원작인 『전등신화』를 염두에 둔 것으로 보이지는 않은데, 『전등신화』의 「모란등기」가 일본에서 일어로 개작되는 과정에서 모두 생략된 뒷부분, 즉 철관도인이 교생과 부여경, 그리고 여종인 금련을 문초하는 부분이 이시카와의 「모란등」에도 역시 없기 때문이다. 이 부분은 원작에서 전체의

5 김정숙 · 고영란 역, 『야창귀담』(도서출판 문, 2008), 161쪽.

6 현재 알려진 「모란등기」 유화 중 남자 주인공의 죽음 외에 다양한 이야기가 전개되는 것은 엔초의 「괴담 모란등롱」이 유일하다. 따라서 이시카와가 본 橫卷이 어떤 작품을 그린 것인지 추측하는 것은 불가능하다.

1/2에 해당하며 각종 고사와 전고가 인용되어 있어 문인 식자층에게 지적 흥미를 유발시킨다. 전기소설은 작품 안에 서사 외에 시나 사부, 의론체 문장들까지 다양한 장르적 시험을 하는 것이 특징인데, 이 부분도 그러한 전기소설의 장르적 특징을 보여준다고 할 수 있다. 그러나 「모란등기」가 일본에 전래된 후 개작되는 과정에서 이 부분은 모두 사라지고 남주인공이 죽는 부분에서 끝이 났다. 그 결과 형식적 면에서 전기소설의 장르적 특성은 사라지고 괴기담만이 남게 되었으며, 내용상으로는 원작이 철관도인이라는 초월적 존재에 의한 악惡의 징치인데 비해 일본의 「모란등롱」 유화는 그로테스크한 결말을 보임으로써 징계적 의미를 없애고 신비한 색채를 강화시켜 서사적 흥미를 극대화했다.

이후 일본에서 「모란등롱」 유화는 수많은 연극과 영화로 재탄생되었으니 1884년에 엔초의 『괴담 모란등롱』이 출간된 이후 1885년에 오사카 아사히자朝日座에서 「모란등롱」을 공연하였고, 이후 1892년 7월에는 카와타케 신시치河竹新七에 의해 가부키로도 공연되었다. 20세기에 오면 「모란등롱」은 영화로 제작되어 『우월물어雨月物語』는 1953년 미조구치 겐조에 의해 영화화되어 베니스 영화제 은사자상을 타기도 했고, 엔초의 「괴담 모란등롱」은 1968년 영화화된 이래(「모란등롱」), 1972년에는 「성담性談 모란등롱[牧丹燈籠]」, 1997년에는 「괴담怪談 모란등롱牡丹燈籠(The haunted lantern)」으로 만들어졌다.

〈모란등롱〉 1968년

〈怪談 牡丹燈籠〉 1997

현대에 와서까지 「모란등롱」이 지속적인 인기를 끄는 이유는 「모란등기」가 「모란등롱」으로 개작되면서 가미된 기괴적 색채가 일본인들의 기호에 들어맞았기 때문이다. 또한 『전등신화』가 일본에 유입된 초창기부터 인물이나 배경을 일본식으로 바꾸고 일본 전래의 설화와 결합시켜 새로운 이야기, 새로운 장르로 재창작하려는 노력이 있었기에 가능한 것이었다. 이러한 과정을 거쳐 재탄생한 「모란등롱」은 지식인의 향유물인 한문소설의 한계를 벗어나 서민에서 지식인까지 모두가 즐길 수 있는, 성적인 내용과 기괴적 색채가 강화된 현재의 「모란등롱」으로 자리 잡게 되었다.

2) 한국 – 원작의 충실한 이해와 계승

주지하듯 15세기 중반 무렵 조선에 전래된 『전등신화』는 『금오신화』 창작의 자양분이 되었을 뿐 아니라 임금부터 일반 문인들까지 즐겨 있었던 독서물이었고, 중국 문장 학습의 도구였다. 이러한 상황에서 간행된 수호자垂胡子 임기林芑의 주석본 『전등신화구해』(1549년)는 조선뿐만 아니라 일본에도 전래되어[7] 상당한 영향을 끼쳤다.

임기의 주석본으로 조선의 문인들은 『전등신화』를 이전보다 훨씬 쉽게 이해하게 되었지만 한문소설이라는 한계는 독자층을 여전히 문인층에 한정시켰다. 이후 조선에서 『전등신화』가 좀 더 많은 독자층을 확보할 수 있었던 것은 이보다 훨씬 후대인 19세기 말에서 20세기 초에 『전등신화』가 언해 및 현토가 되고 난 후로 추정된다.

『전등신화』의 일부 작품이 17세기에 번역되었다는 기록이 있지만 실물을 확인할 수 없고[8] 현재로서는 서울대 일사문고본과 단국대 율곡도서관본, 고려대본의 번역본만을 확인할 수 있다. 이 중 서울대 일사문고본은 5권 5책 중 뒤의 3책만 현전하여 총 6편이 번역되었고, 단국대본은 9편이 번역되었다. 고려대본은 「취경원긔」라는 제명의 단행본

---

7 『조선왕조실록』「인조 42권, 19년(1641)」 "왜인들이 ≪사서장도(四書章圖)≫ · ≪양성재집(楊誠齋集)≫ · ≪동파집(東坡集)≫ · ≪전등신화(剪燈新話)≫와 우리나라의 지도를 요구하였는데, 조정이 ≪동파집≫과 ≪전등신화≫만 주고 나머지는 모두 허락하지 않았다." 여기서 『전등신화』는 임기의 주해본 『전등신화구해』를 의미한다. 일본에서는 이미 1601년에 하야시 라잔이 『전등신화구해』를 구입하여 구두를 찍었고, 1602년에는 後志를 쓴 바 있다. 또한 1648년에는 일본에서 『전등신화구해』를 간행하기에 이른다.

8 17세기 효종, 현종 연간의 仁宣王后의 언간에 의하면 「녹의인전」을 고쳐 보낸다는 기록이 있다. 최용철 · 박재연 · 우춘희 교주, 『전등신화』(중한번역문헌연구소, 2009), 2쪽.

으로 「등목취유취경원기滕穆醉遊聚景園記」를 번역한 것이다. 번역의 양상을 살핀 바에 의하면 서울대본의 경우 의역 및 축역 등이 다양하게 이루어졌고 단국대본은 대체로 원문의 충실한 번역이며, 고려대본은 상당한 내용을 첨가한 번안 소설에 가깝다.[9] 이들이 번역된 명확한 시기는 알 수 없지만 사용된 어휘로 볼 때 19세기 후반 이후에 이루어진 것으로 보인다. 세 종의 번역본은 때로 적극적인 개작을, 때로 원문에 충실한 번역을, 때로 과감한 첨삭과 보완을 통해 독자의 이해를 구하기도 하는 등 번역의 다양한 양상을 보여준다. 특히 서울대 일사문고본의 경우, 전체적인 내용은 동일하지만 자주 내용을 첨가하여 이해를 돕고 묘사를 덧붙여 내용을 훨씬 풍부하게 만들고 있다. 일예로 「모란등기」에서 교생의 이상한 행동을 이웃집 노인이 발견하는 부분은 원문과 서울대본을 비교하면 다음과 같다.

원문 : 隣翁疑焉, 穴壁窺之, 則見一粉粧髑髏, 與生並坐於燈下, 大駭, 明旦詰之, 秘不肯言.

서울대 번역본 : 겻집의 ᄒᆞᆫ 늙은 사ᄅᆞᆷ이 이시니 셩명은 영신이라 ᄉᆡᆼ의 부친과 교계 심후ᄒᆞ더니 교ᄉᆡᆼ의 동디 밋친 사ᄅᆞᆷ ᄀᆞᆺ고 얼골이 심히 누ᄅᆞ러시믈 보고 의아ᄒᆞ여 홀난 벽을 ᄯᅮᆯ고 ᄀᆞ마니 여어보니 ᄒᆞᆫ 분 ᄇᆞ란 두골이 ᄉᆡᆼ으로 더브러 ᄒᆞᆫ가지로 등하의 안ᄌᆞᆺ거ᄂᆞᆯ 영공이 놀나 이튼날 ᄉᆡᆼ을 가보고 닐오ᄃᆡ "ᄂᆡ 요ᄉᆞ이 드ᄅᆞ니 그ᄃᆡ ᄒᆞᆫ 미인을 어더 즐긴다 ᄒᆞ니 그 엇던 사ᄅᆞᆷ고?" ᄉᆡᆼ이 숨기고 즐겨 니ᄅᆞ디 아니ᄒᆞ거ᄂᆞᆯ

위에서 밑줄 친 부분은 서울대본에 첨가된 부분으로 이웃 늙은이의 이름은 영신으로 이전부터 교생의 부친과 친분이 있던 사이로 설정하여 서사의 개연성을 높였다. 이후 「모란등기」 번역에서 첨가된 부분은 주로 대화나 묘사로, 이는 소설적 흥미를 제고하는 역할을 한다. 이에 비해 이 부분이 단국대에서는 거의 완역에 가깝게 번역이 되어 있다.[10]

『전등신화』가 번역되었다는 것은 이전에 비해 독자층이 넓어졌다는 의미로 이해할 수 있으나 실제로 이들 번역본이 널리 읽힌 것으로 보이지는 않은데, 1910년대 활자본이 다

9 최용철 외, 앞의 책(2009), 1~14쪽.

10 단국대 번역본 : 이웃 노옹이 의심ᄒᆞ여 벽 틈으로 엿허 본 즉 한 분으로 단장ᄒᆞᆫ 히골이 ᄉᆡᆼ으로 더블러 등하에 안젓거ᄂᆞᆯ 크게 놀나 잇튼ᄂᆞᆯ 힐문ᄒᆞ되 즐겨 말 아니ᄒᆞ니.

량으로 출간되던 상황에서 『전등신화』는 번역본이 아니라 『전등신화구해』의 현토본으로 출간되었기 때문이다.

일제의 조선에 대한 식민지 지배체제가 정착이 되어가던 1910~20년대는 문학 출판에서 복고적 성향의 고소설이나 중국소설의 번역 및 번안이 주를 이룬다. 그 중 조선과 중국의 한문소설에 현토를 한 작품들이 다수 간행된다.

『언문현토 전등신화』-1915년, 1916년, 1919년, 1920년, 1923년, 1928년

『현토주해 서상기』-1916년, 1922년

『현토 사씨남정기』-1916년, 1919년, 194년, 1927년

『현토 옥린몽』-1918년

『현토 한문 춘향전』-1917년, 1923년

『원문 현토 삼국지』-1928년

이 중 여러 번 간행된 『전등신화』의 언문 현토본은 바로 임기의 『전등신화구해』본을 동계東溪 박이양朴頤陽이 현토한 것이다. 박이양은 1910년대 활동을 한 문인으로 명明의 『금고기관今古奇觀』의 「채소저인욕보구蔡小姐忍辱報仇」를 번안한 「명월정明月亭」(1912년)의 작가이기도 하다.

1910~20년대 활자본 시대에서 가장 인기를 끌었던 작품은 「춘향전」이나 「유충렬전」 등 한글로 된 애정소설이나 영웅소설이었다. 그 와중에 『전등신화구해』의 현토본이 이처럼 여러 번 출간된 것은 앞서 지적했듯이 일제의 검열이 강화된 상황에서 출판사들의 탈출구였으며, 한편으로는 한문 지식인을 중심으로 한 전통적 독자층의 수요가 여전했음을 의미하기도 한다. 그러나 번역이 아닌 현토에 머물었다는 것은, 활자본으로 인해 좀 더 활발한 유통은 가능했을지라도 다른 중국소설 번역본에 비해 독자층이 한정되어 있었음을 보여준다. 이는 16세기에 『전등신화구해』가 간행된 이래 문인들 중심으로 인기를 끌었던 경향이 20세기에 와서도 지속된 셈이다.

한문 지식인층을 중심으로 향유되던 『전등신화』가 명실상부한 독자대중을 얻게 된 것은 1920년대 말에서 1930년대 활발하게 진행되었던 야담 운동 이후의 일이다. 주지하듯

1928년 조선야담사의 김진구를 주축으로 민중을 대상으로 한 야담 구연 대회가 촉발되어 성황을 이루다가, 이후 이를 상업적으로 발전시킨 것이 윤백남이 주관이 된 잡지 『월간야담』이다. 『월간야담』은 1934년에 창간되어 1939년 10월호인 55호까지 간행되었다. 수록 내용은 전래의 야담집의 이야기나 야사, 시조나 민요, 한문소설, 외국문학 작품의 번안 등 다양하다. 전래 야담의 경우 유명한 일타홍, 옥소선 이야기 등이 현대 소설처럼 각색되어 수록되었고, 김현감호나 조신의 꿈 등의 한문소설이나, 에드가 알렌 포의 「검은 고양이」를 개작한 「흑묘이변黑猫異變」, 중국의 「백사전白蛇傳」의 개작인 「사정蛇情」 등 다양한 소설 작품들이 개작 혹은 번안의 형식으로 실려 있다.

대부분은 전통적 야담이나 야사에서 소재를 차용하고 있지만 또 많은 경우 중국문학을 번역 및 번안하는 경우가 있으니, 그 목록을 제시하면 다음과 같다.

『월간야담』	제목	작자	원작
1호	蛇情	尹白南	『警世通言』의 「白娘子永鎭雷峰塔」
4호	長恨歌	梁白華	『今古奇觀』의 「王嬌鸞百年長恨」
6호	薄情郎	梁白華	『今古奇觀』의 「金玉奴棒打薄情郎」
12호~13호	賣油郎	梁白華	『今古奇觀』의 「賣油郎獨占花魁」
20호	鑑湖夜泛記	梁白華	『剪燈新話』의 「鑑湖夜泛記」
21호	三山福地志	梁白華	『剪燈新話』의 「三山福地志」
25호	可憐杜十娘	尹白南	『今古奇觀』의 「杜十娘怒沈百寶箱」
39호~40호	怪人封三娘	金濯雲	「聊齋志異」의 「封三娘」
45호	枕中記	若大生	당대 전기소설 「枕中記」
48화	紅線傳	梁白華	당대 전기소설 「紅線傳」
51호	牧丹燈記	無聲學人	『剪燈新話』의 「牧丹燈記」

『월간야담』에서 중국 작품의 경우 『금고기관』과 『전등신화』에서 온 경우가 가장 많고 당唐의 전기소설과 『요재지이』를 번역한 경우도 간간히 보인다. 역자는 당시 중국문학 번역 및 연구에 주력하였던 양백화(1889~1938)와 『월간야담』의 창간인이며 연극과 영화를 감독했던 윤백남이 주로 담당했다. 윤백남은 1931년에서 1936년까지 순회야담대회를 열

었는데 그때 주로 구연했던 내용이 「연산조비화」, 「세조일사」 등의 야사와 야담, 그리고 「모란등기」였다.[11]

『월간야담』에 수록된 『전등신화』 이야기는 거의 원문에 충실한 번역이다. 자연스러운 한국어 문장으로 바꾸거나 간혹 원문에 없는 내용을 첨가한 경우도 있지만 이는 일부분이고 전체적으로 완역에 가깝다. 다음은 「모란등기」의 시작부분이다.

> 원문 : 方氏之據浙東也, 每歲元夕, 於明州, 張燈五夜, 傾城士女, 皆得縱觀.
>
> 『월간야담』 51호 「모란등기」 : 때는 원(元)나라 말년, 방국진(方國珍)이라는 장수가 절동(浙東)에 웅거하게 되자 해마다 정월대보름날이면 명주(明州) 성내 처처에 닷새동안 등불을 밝히고 성안 부녀들이 모다 나와 구경하고 즐거이 놀엇다.

방씨가 원나라 장수 방국진임을 번역상에서 밝혀 이해를 도왔는데, 이 부분은 『전등신화』 번역본인 서울대본과 단국대본에도 정도의 차이는 있지만 거의 비슷하다. 다만 『전등신화구해』에서는 '방씨지거절동야方氏之據浙東也'의 주석에서 '방씨方氏'의 이름을 '방곡진方谷珍'이라고 하였고, 서울대본과 단국대본의 번역에서도 모두 '방곡진'이라고 하였는데, 『월간야담』에서만 방곡진의 또 다른 자인 국진國珍으로 표기하였다.[12] 그 외 인물의 대화를 많이 넣어 현대 소설적 모습을 갖춘 것 등의 차이는 있지만 마지막 세 인물의 자술하는 부분까지 원본에서 크게 벗어나지 않는다. 윤백남이 구연했던 「모란등기」의 내용을 현재 확인할 수 없지만 『월간야담』에 실린 『전등신화』의 경향을 볼 때 원작에서 그리 크게 벗어났을 것으로 여겨지지는 않는다.

「모란등기」는 1930년 연극과 1947년 영화로 제작되어 큰 관심을 얻는다. 1930년 연극 「목단등긔」는 중국의 「모란등기」를 이기영李箕永이 번안하여 5막 8장으로 만들었으며 이백수李白水, 이소연李素然 등 30여 명의 배우가 출연하였다. 특히 중국에서 공수해 온 의상과 음악이나 오랫동안 일본 소극장의 동인同人으로 활약한 홍해성洪海星이 연출을 맡아 극적 효과를 얻게 되었다. 동아일보의 기사에 의하며 이 내용은 '「센티멘탈」한 련애극이면

11 이동월, 「윤백남의 야담 활동 연구」, 『대동한문학』 27(대동한문학회, 2007), 395쪽.
12 방곡진을 방국진으로 표기한 것은 1950년의 윤태영과 1960년 이경선의 번역본에도 이어진다.

서도 현 사회의 풍자'라고 한다.[13] 즉 구체적 내용은 알 수 없으나 이 기사를 통해 볼 때, 연극 「목단등긔」에서 강조한 것은 남녀의 사랑과 부조리한 현실의 비판이니 일본에서 「모란등기」가 「모란등롱」으로 개작되면서 괴기적 속성이 강조된 것과는 사뭇 다르다.

이는 김소동 감독이 일본에서 유학하고 1947년 감독으로 데뷔하면서 만들었던 영화 「목단등기」에서도 발견된다. 그는 일본의 니혼대학日本大學 시절부터 영화클럽에서 활동하였고, 1937년 졸업 후 도쿄중앙음악학교에 입학하여 이듬해 수료하였다. 이러한 그의 이력으로 볼 때, 그의 영화에는 일본에서의 경험이 반영되어 일본의 「모란등롱」처럼 공포스런 영화를 만들었을 가능성도 있지만 필름이 남아있지 않아 현재로서는 알 수 없다. 다만 당시 신문기사[14]를 통해 유추할 때 원작 「모란등기」에 '한 맺힌 여귀女鬼'라는 요소가 강조된 것으로 추정된다. 이는 20년대 이래로 한 맺힌 여귀 영화가 반복적으로 상영되던 당시 영화계의 풍토와 무관하지 않다. 즉 1930~1940년대 연극 및 영화화된 「목단등기」는 실물을 확인할 수 없으나 당시의 신문기사를 통해 볼 때, 시각적 효과를 강조하였지만 일본의 경우처럼 그로테스크한 쪽으로 경도되지 않고 내용면에서 한 맺혀 죽은 여인의 한에 초점을 맞춘 것으로 추정할 수 있다.

소설로서 『전등신화』는 꾸준히 번역되어 1950년 진성당에서 윤태영의 『중국괴담 전등신화』가, 1960년에는 이경선의 국역 『전등신화』, 1960년에는 『전등신화』와 『요재지이』 가운데 7편 가려 『녹의낭』이라는 표제로 유일지에 의해 철야당에서 간행되었다.[15] 이중 유일지의 번역이 다른 번역에 비해 상당히 현대소설투로 개작이 되어 주인공의 내면묘사가 강조되고 불필요한 부분을 과감하게 삭제해 새로운 작품이 되었다. 그러나 전체적인 틀거리 상으로는 변함이 없으니 끝 부분에 세 명의 자술서 내용만 없을 뿐 철관도인의 판결에 따라 지옥으로 가는 결말도 다른 번역본과 다르지 않다.

이상, 『전등신화』가 조선에 전래된 후 근대로 넘어오면서 정착된 과정을 정리하면 다음과 같다. 『전등신화』는 15세기 중반에 전래되어 임금에서부터 문인들에게 많은 인기를 얻은 작품으로, 16세기에 임기의 『전등신화구해』가 간행된 이후 문인들의 필독서가 되었다.

---

13 『동아일보』, 1930년 11월 12일 「新興劇場 第一回公演「牧丹燈記」上演 오늘밤 團成社에서」.

14 '한을 남기고 죽은 여성이 성불하기 위해 한 남자와 동침한다는 괴기물'

15 김동욱, 「1960년대 유일지(柳一芝)의 중국문학 번역, 그 특징과 의의」, 『반교어문연구』 24(반교어문학회, 2008), 109~110쪽.

『전등신화구해』는 조선뿐만 아니라 일본에까지 전래되어 간행될 정도로 후대에 끼친 영향이 큰데, 이후 조선에서 유통된 『전등신화』는 바로 임기의 『전등신화구해』본이었다.

조선에서 『전등신화』는 개작이나 번안보다는 원작 그대로 유전되었으니 일부 번역본이 있었으나 개작의 수준까지 가지 않았으며, 20세기에 들어 활자본으로 간행될 때도 임기의 주해본이 간행되었다. 30년대에 『월간야담』에 번역본이 종종 실렸지만 이 역시 문장의 차이만 있을 뿐 완역에 가까웠다.

50, 60년대의 현대적 번역본에 오면 일부 상당한 개작을 보이기도 하지만 전체적으로 『전등신화』의 전체 틀거리를 벗어나지 않는 범위에 머물고 있다. 즉 조선에서 『전등신화』의 수용은 원작을 충실히 이해하고 계승하는 차원이고 연극과 영화에서는 원귀寃鬼적 측면을 강화하여 감성적 요소를 강조했으나, 일본의 「모란등롱」처럼 자국적 변용을 하거나 괴기적 요소를 강화하는 방향으로의 변화는 찾을 수 없었다.

3. 『요재지이』의 전래와 수용

1) 일본 – 메이지 초기 한학자들의 모방과 개작

중국에서 『요재지이』가 간행되고 사람들에게 널리 읽히게 된 것은 포송령의 사후 50년 뒤인 1766년(乾隆31) 이후이며 조선과 일본에 전래된 것도 18세기 후반~19세기에 와서의 일이다.

『요재지이』가 일본에 처음 전래된 구체적 시기를 알 수 없지만 현재로서는 추수원주인秋水園主人이 편한 『소설자휘小說字彙』에 중국의 통속소설 160종의 서명 가운데 『요재지이』의 제명이 보이는 것이 제일 앞선다.[16] 『소설자휘』가 1791년에 간행되었기에 『요재지이』가 일본에 전래된 것은 최소한 1791년 이전으로 중국에서 『요재지이』가 간행된 시기와 그리 멀지 않은 때임을 알 수 있다.

16 黑島千代, 「『聊齋志異』與日本近代短篇小說的比較研究」(中國文化大學 中國文學研究所 碩士學位論文, 1989) 참조.

『요재지이』는 일본에 전래된 이후 일본 문인, 특히 한학자들을 중심으로 흥미로운 읽을거리가 되었고 19세기 후반, 메이지 초기 한학자 가운데는 『요재지이』를 모방하여 한문소설을 창작하는 경우가 적지 않았다. 이 시기 대표적인 한학자로는 키구치산케이菊池三溪(1819~1891), 요다갓카이依田學海(1833~1909), 이시카와 고사이石川鴻齋(1832~1918) 등이 있는데 이들은 모두 한문소설 내지 한문단편집을 저술한 이력이 있으며, 모두 자신의 저술을 『요재지이』에 비견하고 있다.

1) 이 글은 포류선(포송령)의 『요재지이』의 문체를 모방한 것이나, 그것이 대부분 귀신과 여우에 대해 이야기하고 있다면 이 글은 사실에 의거하여 기록하여 글에 권징의 뜻을 붙여 독자들이 경계로 삼기를 바랐다.[17]

2) 얼마 전에 친구 요다 갓카이가 여름날 피서하는 여가에 근고의 문인과 장군, 가인과 훌륭한 선비의 전을 기술하고 배우나 명기, 협객, 무사의 일 중에 비문이나 야승에 전하는 것 몇 편을 모아 책을 만들어 '담해'라고 이름 하였으니, 중국 사람이 지은 『여시아문』이나 『요재지이』, 『야담수록』 등의 글을 모방한 것이나 따로 자신만의 특색을 드러내었다. 그런데 그것들은 귀신이나 여우에 대해 이야기해서 대부분 가공이고 헛된 이야기라면 이 글은 사실에 의거해 지은 것이기에 오묘한 문장과 새로운 뜻은 가히 역사를 수찬하는 재료가 될 만하고 가히 작문의 표준이 될 만하다.[18]

3) 포유선(포송령)의 글 『요재지이』는 그 무리가 사방에서 듣고 기이한 이야기를 전해준 것이고 원수원[袁枚]의 『신제해[子不語]』는 친구들이 다투어 괴이한 이야기를 전해준 것이다. 이에 글을 짓고 말을 가다듬어 매우 화려하게 되니 참으로 즐길 만하게 되었다. 간혹 계산이 맞지 않거나 사리에 어긋나는 것이 있으나 그것에 대해 스스로 변명하지 않았으며 독자들도

17 『奇文觀止 本朝虞初新誌』 凡例 : "此編倣蒲留仙「聊齋志異」之體, 然彼多說鬼狐, 此則據實結撰, 要寓勸懲於筆墨, 以爲讀者炯誡而已."(日本漢文小說叢刊, 『奇文觀止 本朝虞初新誌』, 273面)

18 「譚海序」 키구치산케이(菊池三溪) : "頃者, 友人依田學海君, 消夏避暑之暇, 記述近古文豪武傑, 佳人吉士之傳, 與夫俳優名妓俠客武夫之事行, 存于□碑, 傳于野乘者若干篇, 裒然成册, 題曰『談海』, 蓋擬諸西人所著, 『如是我聞』, 『聊齋志異』, 『夜談隨錄』等諸書, 別出一家手眼者. 但彼率說鬼狐, 是以多架空憑虛之談; 是則據實結撰, 其行文之妙, 意近之新, 可以備修辭之料, 可以爲作文之標準也(日本漢文小說叢刊, 『譚海』, 45面).

그에 대해 탓하지 않았다. 유희를 위한 글은 진실로 바람과 그림자를 아로새기는 것이라 올바른 도리로 논할 수 없기 때문이다. 그러나 또한 절로 권징의 정성스런 뜻이 있으니 족히 세상을 경계할만하여 식자들이 감상한 것이다. 그러하니 「수호지」나 「서유기」와는 비교할 수 없을 것이다.[19]

1)은 키구치산케이菊池三溪가 1882년 지은 『기문관지奇文觀止 본조우초신지本朝虞初新誌』의 범례의 한 부분이며, 2)는 1884년 요다갓카이依田學海의 『담해譚海』에 붙인 키구치산케이의 서문이고, 3)은 1889년에 간행한 『야창귀담』의 서문에 붙인 이시카와 고사이의 자서自序이다. 1)과 2)에서는 모두 해당 작품이 『요재지이』를 모방하면서도 사실에 근거했기에 사람들의 작문作文이나 권징勸懲에 도움이 됨을 강조하였고 3)은 『요재지이』가 비록 유희를 위한 글이지만 권징의 뜻이 있기 때문에 「수호지」나 「서유기」와는 달리 경세警世에 도움이 됨을 강조하고 있다. 이러한 표현은 한학자들이 소설을 지을 때마다 하는 일종의 둔사遁辭이지만, 이를 통해 메이지 시대 한학자들에게 『요재지이』가 중요한 독서물이었고 모방의 대상이 될 정도의 큰 영향력을 주었음을 알 수 있다. 또 한편으로 메이지 시대 초기에 『요재지이』는 한학자 외에 근대 문인들에게도 매력적인 작품이었다. 1887년 이래 『요재지이』의 풍부한 상상력과 화려한 문체에 매료된 근대 시인들은 이를 즐겨 번역하곤 했다.[20] 즉 메이지 초기 일본의 문인들에게 『요재지이』는 매우 특별한 작품임에는 틀림없었다.

인용한 세 작품 중에 『야창귀담』은 여러모로 『요재지이』를 연상시키는 작품이다. 작가인 이시카와는 서문에서부터 『요재지이』를 인정하며 칭찬하였고 작품 곳곳에서 언급하였다. 「기득금祈得金」에서는 무겐잔無間山의 종을 치면 부자가 된다는 속설에 어떤 사람이 와서 쳐서 금은보화를 얻었는데 나중에 보니 오물이었다는 내용 뒤에 『요재지이』에서 들은

---

19 「夜窓鬼談 序」: "蒲留仙書「志異」, 其徒聞之四方, 寄奇談, 袁隨園編「新齊諧」, 知己朋友, 爭貽怪聞, 於是修其文, 飾其語, 至純爛偉麗, 可喜可愛, 而有計算相違, 事理不合者, 不復自辯解焉, 讀者亦不咎焉, 遊戲之筆, 固爲描風鏤影, 不可以正理論也. 然亦自有勸懲誠意, 聊足以警戒世, 是以爲識者所賞, 不可與「水滸」, 「西遊」同日語也."(日本漢文小說叢刊, 『夜窓鬼談』, 323面)

20 黑島千代(1989), 앞의 글, 26~28面. 神田民衛 1887년 『艷情異史』(明進堂) / 1897년 『蔭草』 내에 「皮一重」 모리오가이(森鷗外 1862~1922)와 여동생 공동역 / 1903년 구니키다 돗보(國木田獨步 1871~1908)가 번역한 4편의 이야기 /1905년 간바라 아리아케(蒲原有明 1876~1952) 『요재지이』의 8편 번역.

호선狐仙의 이야기를 실어놓았고, 「명부冥府」에서는 『요재지이』에서 본 염라대왕의 이야기를, 「영혼재래靈魂再來」에서는 『자불어子不語』, 『요재지이聊齋志異』, 『열미초당필기閱微草堂筆記』 등에 보이는 저승의 이미지를 설명했다.

이야기 자체가 『요재지이』의 영향을 보이는 경우가 종종 있는데 「화신花神」과 「속황량續黃粱」의 경우가 그러하다. 특히 「화신」은 작가가 먼저 일어로 창작한 10회의 장편소설(「화신담」)을 한문소설로 축약한 것으로 「화신담」의 범례에 그것이 『요재지이』에서 착안한 것임을 밝히고 있다. 「화신」은 평춘향平春香이라는 서생이 늦은 봄 벚꽃 구경을 갔다가 여인을 만나는 꿈을 꾼 뒤, 나중에 벚꽃 아래서 반지를 주운 것을 계기로 여인을 다시 만나 결혼한다는 이야기인데, 꽃의 정령과 인연을 맺는 이야기는 『요재지이』의 「향옥香玉」, 「강비絳妃」 등에서 자주 발견된다. 「속황량」은 『요재지이』의 제명을 그대로 가져온 것으로 큐슈의 서생 맹인孟仁, 중지仲智, 계용季勇이 술을 먹고 포부를 이야기하다가 꿈속에서 파란만장한 고초를 겪다가 깨달음을 얻는다는 내용이다. 『요재지이』는 증효렴이 진사시에 합격한 후 의기양양해 하다가 꿈속에서 온갖 비리를 저지른 뒤 죽고 여자로 환생해 온갖 보응을 받은 뒤 깬다는 내용이다. 『요재지이』에 비해 현실 비판적 성향은 약화시킨 대신 세 명의 인물을 통해 인생무상이라는 주제를 반복적으로 강조하였다.

『야창귀담』이 제목 그대로 기이한 이야기를 소재로 한다는 점에서 『요재지이』의 작품 성향에 근접해 있는 반면, 『요재지이』를 모방했다는 『기문관지 본조우초신지』나 『담해』에는 기괴담 외에 인물전이나 기문記文, 때로는 시정의 소문 등 다양한 성향의 이야기가 실려 있다. 특히 『기문관지 우초신지』는 청나라 장조의 『우초신지』를 모방했음을 제목에서부터 드러내고 있기 때문에 소품류의 글이 많이 실려 있고 도둑이나 기생 등 시정인을 다룬 내용이 많다. 그러나 괴기담이나 각 이야기 말미의 '삼계씨왈三溪氏日', '학해왈學海日' 등의 사평史評은 『요재지이』적 성향이 강하게 드러나는 것이 사실이다.

메이지 초기는 한문학이 상당히 융성했던 시기였다. 새로운 시대를 맞이하여 신학문을 강조하는 분위기도 분명 있었지만 전대의 유풍이 여전히 존재했다. 이들은 '쇠퇴하는 문운을 부흥시키고 유신의 대업을 장식하여 국운에 보답하고자' 사숙私塾 활동에 열의를 보였으며 신문과 잡지에 열성적으로 한시문을 투고했다. 또 한편으로 이 시기 일본에서는 '국자개량론國字改良論'이 일어나 한문에 대해 반성적 움직임이 일어나던 때이기도 하다.

이러한 때에 한학자들은 한문을 통해 세상을 교화하고 한문 작법의 모범을 보이고자 하였다. 『요재지이』는 흥미로운 내용과 유려한 한문 문체로 메이지 초기 한학자들의 구미를 만족시켰고 그 결과 이를 모방한 한문단편소설들이 탄생할 수 있었던 것으로 보인다.

2) 한국 – 왕실도서목록을 통한 독서의 흔적 발견

조선에 『요재지이』가 전래된 정확한 시기는 알 수 없지만, 현재로서는 유만주의 독서기록인 『흠영欽英』의 내용이 제일 앞선다. 유만주兪晩柱(1755~ 1788)는 자신의 독서경험을 일기처럼 매일매일 적고 있는데, 그 중 1786년 8월 23일부터 4번에 걸쳐 『요재지이』를 읽은 기록이 있다.[21] 조선에서 『요재지이』 관련 기록이 많지 않은 상황에서 유만주의 독서 기록은 『요재지이』의 유입의 하한선을 정하는 데 매우 귀중한 자료이며, 현재로서는 일본보다 시기적으로 앞선 기록이다.

이후 『요재지이』에 관한 기록은 이규경李圭景(1788~?)의 『오주연문장전산고』에 등장한다.[22] 『오주연문장전산고』는 19세기 중엽의 것으로, 유만주의 기록에 비해 약 70여 년 뒤의 기록이나 『요재지이』의 핍진한 문체와 기괴한 내용에 대해 극찬을 한 점은 동일하다. 특히 『오주연문장전산고』에서는 『요재지이』를 가지고 사실을 변증하는 경우가 종종 있으니 이규경이 『요재지이』에 대해 얼마나 긍정적 태도를 지녔는가를 알 수 있다.

이들의 기록은 분명 조선후기 『요재지이』가 유입된 후 일부 문인들 사이에서 열독되었던 정황을 보여주긴 하지만, 이외에 관련자료가 없는 상황에서 이를 조선후기 전체로 확대해석할 수는 없다. 사실 『요재지이』가 전래된 18, 19세기 조선은 이미 국문통속소설이

---

21 ① 1786년 8월 23일 : "書于一要求示「聊齋志異」" / ② 1786년 9월 28일 : "應書示「聊齋志異」十六册, 試閱之" / ③ 1786년 10월 13일 : "始專閱「志異」. 其事則如夢, 其文則如畵, 然畵之神肖, 猶不及其文之逼眞, 夢之詭異, 猶不及事之怪奇. 吾於是書, 如是觀而已." / ④ 1786년 11월 20일 : 「志異」文字, 吾因而有悟者多矣. 是雖不可論以正經道理, 而破滯醫枯, 則有餘. 蓋凡人之失意, 止有疾痛, 懊恨兩件事. 然疾痛未必非冥受, 懊恨未必非前債, 以玆推廣, 何者可惱? 豈眞所謂遠洞三世者與?

22 "「聊齋志異」, 陳華封, 蒙山人, 遇牛瘟神, 贈一方苦蔘散, 最效."(『오주연문장전산고』 인사편) / 有≪聊齋志異≫. 蒲松齡著. 稗說中. 最爲可觀. 或有實蹟. 文辭雅馴. 與王漁洋同時. 漁洋以千金購之. 欲爲已作. 而松齡不應. 其操可知也(『오주연문장전산고』 소설변증설) / 凡物久則神. 客中聞集百歲狐精爲美女. 此古所流傳. 然見中原稗說. 則每多狐妖之傳奇. 近世蒲松齡≪聊齋志異≫. 紀曉嵐昀≪槐西雜識≫. 袁簡齋枚≪新齊諧≫. 頗多其說. 而狐妖河北最盛. 大江以南絶無(『오주연문장전산고』 狐仙辨證說) 등.

폭넓은 소설 독자를 확보하기 시작한 시기였기에 한문문언소설 중에서도 상대적으로 해독이 어려운 『요재지이』는 한문 지식인들도 쉽게 다가가기 어려운 독서물이었을 것이다. 그럼에도 위의 유만주나 이규경의 경우처럼 중국 서적에 대한 애호가 깊은 문인들 사이에서 간간히 독서가 이루어졌을 것으로 추정된다. 또한 비록 직접적인 독서경험은 아니지만 왕실 도서목록에 보이는 『요재지이』 관련 기록을 통해서 당시 『요재지이』가 조선에 유입되던 정황의 일단을 엿볼 수 있다.

박재연이 편한 『한국소견중국소설희곡서목자료집韓國所見中國小說戲曲書目資料集』에는[23] 각종 도서목록이 수록되어 있는데, 이중 몇몇 왕실 도서목록에 『요재지이』의 제명이 보인다.

① 「承華樓書目」-「聊齋志異 十六册」

② 「緝敬堂曝曬書目總錄」-「聊齋志異 八本一匣, 又 八本一匣, 又 八本欠」「後聊齋志異 四本一匣」

③ 「集玉齋書籍目錄」-「聊齋志異 十六卷」

승화루承華樓는 창덕궁에 있었던 서고로 헌종憲宗(1827~1849)이 즐기던 서화를 소장한 곳이며, 집경당緝敬堂은 고종高宗(1852~1919)때 내각회의나 외신 접견 장소로 쓰였던 곳으로 고종 5년(1868) 경복궁 중건 이후에 세워졌다. 집옥재集玉齋 역시 고종의 서재로 쓰였으며 건축시기는 미상이나 고종 10년 이후로 추정된다. 이들 각 목록의 필사시기는 20세기 초반으로 추정되나 실제 이들 도서가 서고에 유입된 것은 19세기 중반 정도일 것이다. 따라서 이들 도서목록에 『요재지이』가 포함된 것으로 보아 최소한 19세기 중반 무렵에 왕실에서 『요재지이』를 쉽게 접했음을 알 수 있다.

정리하자면, 1786년 유만주의 기록으로 보아 『요재지이』가 적어도 18세기 중반에는 유입이 되었을 것이며 이후 1800년대 중반 무렵에는 왕실이나 문인들에게 『요재지이』는 흥미로운 독서물로 자리 잡았다고 추정할 수 있다. 『전등신화』와 비교할 때는 상대적으로 수요층이 넓지는 않았지만 조선에서 『요재지이』가 전혀 낯선 작품은 아니었고 유입 후 꾸준한 독서가 이어졌던 것 같다.

23 박재연 편, 『韓國所見中國小說戲曲書目資料集 十二峰記 십이봉뎐환긔』(선문대학교 중한번역문헌연구소, 2002), 참조.

20세기에 오면 『요재지이』는 한글로 번역되기도 했으니, 『동아일보』의 1935년 10월 26일 기사에 따르면 김세휘金世徽라는 역자가 『요재지이』 제1집을 평양에서 간행하였다고 한다. 제1집이라는 표현으로 보아 연속하여 간행할 의도였던 듯하나 이후 번역이 이어진 것 같지는 않다. 그리고 1938년 『월간야담』 39호, 40호에 「괴인봉삼낭怪人封三娘」이라는 제명으로 『요재지이』의 「봉삼낭封三娘」이 번역되었다. 이후 1966년 최인욱의 번역(을유문화사), 1983년 김광주의 번역 등은 모두 『요재지이』의 몇 편을 뽑아서 번역한 것이었는데 최근까지 이러한 경향이 이어지다가 2002년 김혜경에 의해 민음사에서 『요재지이』가 완역되었다. 또한 『요재지이』는 대만의 만화가 채지충蔡志忠이 그린 만화로 더 인기를 얻었으며 최근 들어 『요재지이』는 아동용 도서로 선역選譯되는 경향이 있다.

4. 맺음말

본고에서는 『전등신화』와 『요재지이』가 조선과 일본에 전래된 후 정착되어 간 과정을 살펴보았다. 『전등신화』의 경우, 일본에서는 「모란등기」의 개작본인 「모란등롱」이 전방위적 인기를 끌었고, 조선에서는 임기의 『전등신화구해』가 간행되어 근대 이후에까지 지속적으로 읽혔다. 『요재지이』는 일본과 조선 모두 18세기 중반 이후에 유입되었으며 일본에서는 메이지 초기 한학자들이 한문소설 창작시 모방의 대상으로 삼아 한문단편집이 속출하였다. 조선에서는 구체적 독서경험을 기록한 것은 유만주와 이규경의 기록에 보이고 19세기 중반 이후 왕실의 도서목록에 제명이 등장하는 것으로 보아 이 시기에는 왕실과 문인들 사이에 적지 않은 독서가 이루어졌음을 추정하게 한다.

지금까지 외래문화의 유입과 영향에 대한 연구에서 우리는 대개 문화의 유입 시점에 관심을 두었다. 하지만 전래된 뒤에 각 나라에서 오랜 세월을 거쳐 자국화된 과정에 대한 연구는 진정한 의미에서 상호 문화의 교류와 영향을 살피는 데 필수적이라고 생각된다. 특히 근대 이후 일본과 우리의 긴밀한 문화적 수수관계를 고려할 때, 양국의 문화교류의 측면에서 이 시기는 새롭게 조명되어야 할 것이다.

6장

한韓 · 일日 문사의 교유시를 통해 본 상호인식

-추담秋潭 유창兪瑒과 하야시 라잔林羅山을 중심으로-

박영미朴暎美*

1. 머리말

여행은 자신의 경계를 넘어 이역異域-즉 지리적 · 문화적-을 경험하는 것이다. 이역異域을 넘는 이 낯섦은 흥분과 동시에 두려움을 안겨준다. 중국이나 일본 사신단의 일행이 된다는 것은 곧 폐쇄적인 조선에서 이역을 넘을 수 있는 기회의 획득을 의미하였다.

1655년, 유창兪瑒(1614~1692)은 조선통신사 일행으로 일본을 방문하였다. 그는 당시 41세로 일본 사행은 처음이었다. 1655년 4월 20일, 정사 조형趙珩(1606~1679),[1] 종사관 남용익南

* 단국대학교 동양학연구소

1 趙珩(1606~1679). 본관은 豊壤, 자는 君獻, 호는 翠屛이다. 승지 趙希輔의 아들로서 漢城府 南部 明哲坊에 거주하였다. 조선 후기의 문신으로 인조 8년(1630) 식년문과에 병과로 급제하였다. 대교를 지내고, 1636년 병자호란 때 남한산성에 들어가 督戰御史가 되고, 환도 후 병조 좌랑이 되었다. 이후 헌납 · 이조 좌랑 · 집의 · 보덕 · 승지 · 충청 감사 · 대사간 · 도승지를 거쳤으며, 1659년 同知成均館事로 四學規制를 마련하였으며 예조 참판이 되었다. 이보다 앞서 1655년 정사로 통신사를 이끌고 渡日하였다. 이어 경기 감사 · 형조 판서 · 공조 판서 · 대사헌 등을 지냈다. 1663년 冬至使로 淸에 갔다가 이듬해 한성부 판윤을 역임하였다. 1665년 지의금부사 · 우참찬을 거쳐 1666년 공조 판서가 되고, 좌참찬 · 예조 판서 · 판의금부사 · 예조 판서에 이르렀다. 숙종 즉위년(1674) 仁宣王后의 服喪問題로 제1차 禮訟이 일어나자 大功說을 주장하다 楊州에 유배되었으나 이듬해에 풀려나 耆老所에 들어갔다. 중구 을지로 5가에 一鑑亭을 지었으며 시호는 忠貞

龍翼(1628~1692)과 함께 부사副使로, 488명의 사절단을 이끌고 사행길에 올랐다[2] 이들은 도쿠가와 이에쓰나德川家綱(1641~1680)의 습위襲位를 축하하고 일광묘日光廟에 참예하여 효종孝宗의 어필 액자 '영산법계숭효정원靈山法界崇孝淨院' 외에 악기, 은 향로, 화문석 등을 대유원大猷院 영묘靈廟에 바치기 위해 도일하였다. 1656년 2월 20일 귀국하여 복명하기까지 10개월이 걸린 긴 여정이었다.[3]

조선과 일본을 가르고 있는 '바다'를 건너는 것으로 이들의 본격적인 여로旅路는 시작되었다. 일본에서는 이들 통신사의 도착을 기다리는 이가 있었다. 그는 하야시 라잔林羅山(1583~1657)이었다. 1605년 23세의 청년 학도로서, 강화를 위해 도일했던 송운松雲대사를 만나 필담을 나누는 것을 시작으로 1655년, 73세에 이르기까지 약 50년간 조선과 인연을 맺고 있었다. 특히, 1625년에 도쿠가와 이에야스德川家康에게 등용되어 조선사신의 접대를 담당한 이래 30여 년 동안 조선통신사 사절을 맞이하였다. 그동안 6차례에 걸쳐 조선통신사와 접촉을 했던 그에게 조선은 낯선 존재가 아니었다.

1655년 조선통신사와 관련한 텍스트는 조형의 『부상일기扶桑日記』, 남용익의 『문견별록聞見別錄』과 『부상록扶桑錄』, 이동노李東老의 『일본기행日本紀行』이 있으며, 일본 측에서는 『임라산전집林羅山全集』에 기록이 남아 있다. 1655년 사행과 관련하여서는 종사관이었던 남용익의 『문견별록聞見別錄』과 『부상록扶桑錄』을 중심으로 연구가 진행되었으며 정사였던 조형의 『부상일기扶桑日記』에 관해서도 다소의 연구 성과가 이루어지고 있다.[4] 그러나 유창에 관해서는 연구가 미진한 상태이다. 허경진은 하야시 라잔林羅山의 「화추담부상장유일백오십운和秋潭扶桑壯遊一百五十韻」에[5] 대해서 남용익의 「장유壯遊」에 대해 화답한 것이라고 주장하였는데,[6] 이 시에서 추담秋潭은 유창兪瑒을 가리킨다.[7] 유창兪瑒의 시는 「부상도중술회겸서장유일백오십운록시구암무원양노사구화扶桑途中述懷兼敍壯遊一百五十韻錄示九巖茂源

이다.

2 李元植, 『朝鮮通信使硏究』(思文閣出版, 1997) 부록의 연표를 참조하였다.

3 南龍翼의 『부상록』을 참고하였다.

4 임장혁, 『조형의 부상일기연구 : 1655년 일본통신사의 기행일지』(집문당, 2000); 구지현, 「하버드 대학 소장 『부상일기(扶桑日記)』의 구성과 의미」, 『洌上古典硏究』 17집(洌上古典硏究會, 2003).

5 林羅山, 京都史蹟會 編, 『林羅山詩集』 권49(1930), 527~531쪽.

6 허경진 · 김성은, 「하야시 라잔(林羅山)의 창수시를 통해본 한일문사 초기 교류의 양상」, 『한국어문학연구』 제53집(한국어문학연구학회, 2009), 185쪽.

7 허경진은 「和秋潭扶桑壯遊一百五十韻」을 이 시 앞에 실린 「和壺谷日光謠」와 이어진 작품으로 간주한 듯하다.

兩老師求和」이며 『추담집秋潭集』에는 실려 있지 않고 아메노모리 호우슈雨森芳洲(1668~1755) 문고본 『조선신사동사기행朝鮮信使東槎紀行』에 실려 있다. 본고에서는 유창兪瑒의 「부상도중술회겸서장유일백오십운록시구암무원양노사구화扶桑途中述懷兼敍壯遊一百五十韻錄示九巖茂源兩老師求和」와 하야시 라잔林羅山의 「화추담부상장유일백오십운和秋潭扶桑壯遊一百五十韻」을 중심으로 유창兪瑒과 하야시 라잔林羅山 간의 교유에 대해 살펴보고자한다. 이와 같은 장편시를 주고받은 이유와 의의 그리고 특히, 이들의 수창시를 통해 1655년 당시 서로를 바라보던 시선에 주목하고자한다.

2. 주체간의 충돌

기행과 달리 사행使行은 공적인 임무를 띠고 가는 것이다. 1655년 사행의 목적은 앞에서 밝힌 바와 같이 '효종 을미년(1655)에 관백 미나모토 이에쓰나源家綱가 새로 위를 계승하니, 조형趙珩 · 유역兪瑒 · 남용익南龍翼을 보내어 치하하였다. 대유원大猷院 이에미쯔家光의 사당이 또한 닛코산日光山 권현당權現堂 서쪽에 있으므로, 이번 길에 그들의 청으로 인하여 임금께서 「영산법계靈山法界 숭효정원崇孝淨院」이라는 여덟 대자를 써 주고, 글 잘하는 신하에게 명하여 제문을 지어 致祭하게 하며, 겸하여 악기 11종을 보내기[8] 위해서'였다.[9]

유창은[10] 1654년 10월 29일에 낙점落點이 내렸다가 또 부사副使를 바꾸었기 때문에 이듬해 을미년에야 확정되었다.[11] 하야시 라잔林羅山이 유창에게 증정한 시와 수창시는 『하야

---

8 『燃藜室記述』「별집」 제18권 「邊圉典故」.

9 『燃藜室記述』「별집」 제18권 「邊圉典故」에서는 『통문관지』를 인용하여 조선 사신이 일광을 참배하게 된 이유는 '처음에 萬曆 병진년(1616)에 家康이 죽어서 日光山에 장사 지내고 廟의 이름을 東照大權現이라고 하였다. 병자년에 任絖 등이 江戶에 이르니, 관백 家光이 두 나라가 좋게 지내게 된 일은 그 할아버지가 성취시킨 것이라 말하면서, 그 묘에 분향(焚香)하기를 억지로 청하므로 사신이 마지 못해 갔었다. 이때에 와서 또 대마도 왜인을 통해 우리 임금의 글씨와 詩篇과 鐘 · 향로 · 大藏經 등 물건을 청하니, 임금께서 '日光精界彰孝道場'이라는 여덟 大字를 써 주고, 글 잘하는 신하 李明漢 등 8명에게 명하여 각기 시 한 수씩 짓게 하며, 또 종 · 향로 · 燈籠을 주조하여 대마도로 하여금 전해 보내게 하되, 대장경은 허락하지 않았다.'고 밝히고 있다.

10 兪瑒의 자는 伯圭, 호는 楸潭 · 雲溪, 본관은 昌原이다. 1635년(仁祖13)에 生員이 되고 1650년(孝宗 1)에 增廣文科에 乙科로 급제, 1653년 世子侍講院說書를 거쳐 이듬해 持平이 되었다. 1655년 通信使로 日本에 다녀오고 同副承旨, 忠淸道觀察使, 廣州牧使, 承旨 등을 거쳐 水原府使로 在職中에 進上物을 兵曹判書 洪重普에게 임의로 주었다가 罷職되어 鐵原의 豊田驛에 流配되었다가 뒤에 풀려나와 兵曹參判이 되었나. 1674년 顯宗이 숙자 告計使로 淸나라에 다녀와서 호조참判, 開城府留守를 지냈다. 현재 남아 있는 문집을 보면 정경세, 송시열, 김수항과 교유 관계가 있었던 듯하다.

시 라잔 시집林羅山詩集』에 총 6수가 실려 있고 유창의 『추담집』에는[12] 하야시 라잔林羅山에게 수창한 시 1수가 있으며 「부상도중술회겸서장유일백오십운록시구암무원양노사구화扶桑途中述懷兼敍壯遊一百五十韻錄示九巖茂源兩老師求和」는 별도로 실려 있다.

이 시를 저작하게 된 동기는 하야시 라잔林羅山의 「화추담부상장유일백오십운和秋潭扶桑壯遊一百五十韻」 서문에[13] 잘 나타나있다. 서문이 길지만 전문을 인용하고자 한다.

(1) 추담공이 扶桑壯遊 장편시를 지어 九巖과 茂源 두 스님을 시켜 나를 보여주고 화답을 청하였기에 그것을 읽어보니 150운이었다. 글 전체가 격률에서 벗어나지 않으면서도 매 연의 대우가 정확하였다. 부상의 승경과 장유하는 흥취가 그림처럼 그려졌기에 '굉섬한 재주와 호방한 필체'라고 할 만하였다.

(2) 시의 長韻倍恒한 것은 10여운, 20여운이 되고 그보다 많은 것은 7,8,90 운인 것도 있다. 아주 많은 것은 백운인데 杜甫, 劉禹錫, 원진, 白樂天의 책 속에 모두 들어 있다. 白居易가 지은 悟眞寺 130운과 王禹偁의 150운이 가장 많은 것이다. 시를 평하는 이들이 고금의 장편이라고 추천하는 것들이다. 그러나 蘇軾의 드넓은 재주 정도로도 오백 언을 넘는 경우는 드물었다. 육방옹이 60년간 만여 수의 시를 지었는데 운이 여러개 있는 경우는 많지가 않았다. 진실로 이러한 이유로 長韻한 시가 드물었던 것이다.

(3) 지금 그대의 훌륭한 글은 王禹偁에 비견할 만하니 훌륭하고 아름답도다! 시를 받고낭낭히 읊조려 봄에, 아침 일찍 사신단 숙소를 출발하여 道程에 올랐기에 화답하여 부칠 겨를이 없었다. 이윽고 보내온 시의 원운에 기대 중복하지 않고 번다함을 피하며, 騈儷하고 排比

11 남용익, 『부상록』, 「부상일록 서문」.

12 『추담집』은 서울대학교 규장각에 있는 마이크로필름 본을 텍스트로 하였다. 이것은 목판본으로 낙장이 많다.

13 林羅山, 上揭書, 「和秋潭扶桑壯遊一百五十韻」, 528面.

"秋潭公賦扶桑壯遊長篇 使九巖茂源兩禪 衲示余求其和章 乃薰誦之 凡一百五十韻 且全篇不離格律而每聯對偶精確 扶桑之勝槩 壯遊之高興 摸寫如畵 可謂宏贍之才華 豪縱之巨筆也 固以感歎焉

原夫詩之長韻 倍恒者 十餘韻二十韻 其多者 乃至七八九十韻也 其最多者 百韻也 老杜禹錫元白等集中 皆有焉 就中香山之悟眞寺一百三十韻也 王黃州之一百五十韻 是其愈多者也 評詩者 推爲古今之長篇 抑蘇和仲之波瀾之才也 過五百言者少矣 陸放翁之六十年間萬首詩也 韻之累疊者不多 固是所少也

而今雅什差肩于黃州 偉哉美哉 入手郎吟 僅一征旆早出府 未遑賡載 旣而依元韻任來詩 不厭重複 不避繁冗 而騈對排比三百句甫 就乃錄之 追呈于途中之旅檐

因告曰 我國先儒江大府卿詣宰府菅神祠詩二百韻 載在本朝續文粹也 古詩焦仲卿妻一篇之外 亘古亘今 無相及者 城南聯句 百五十三韻也 然韓孟之所爲而非一手也 以中華文物之盛 猶如此乎 豈得謂桑域無人乎 況於他方乎 願以此拙和之韻枝爲繞朝之策乎 若夫寸有所長尺有所短 所謂詩如美色則宋玉東家之女 可得而見乎"

하여 삼백구를 곧 지어 사신단이 머무는 객사로 뒤따라 보냈다.

(4) 인하여 고해 말하길 '우리나라 선유이신 大江匡房(1041~1111, 오오에노마사후사)[14]가 宰府菅神祠에 나아가 詩二百韻을 지은 것이『續文粹』에 실렸다. 古詩 중, 焦仲卿 妻의 작품인『孔雀東南飛』일편 이외에는 고금에 미치는 자가 없었다. 韓愈와 孟郊의「城南聯句」가 153운이지만 한유와 맹교가 함께 지은 것이지 한 사람의 손에서 나온 것은 아니다. 중화 문물의 융성함으로써도 오히려 이와 같은데 어찌 扶桑에 사람이 없다고 하겠는가? 하물며 다른 나라에 있어서랴야. 이 졸렬한 솜씨로 화답한 글을 요조의 계책[15]으로 삼기를 바라니 대저 寸이라고 하여도 길어 보이는 수가 있고 尺이라고 하여도 짧아 보이는 수가 있다. 소위 시가 미색과 같다고 한다면 [16] 송옥의 동쪽에 살던 처자를[17] 볼 수 있겠는가.

유창은 「부상도중술회겸서장유일백오십운록시구암무원양노사구화扶桑途中述懷兼敍壯遊一百五十韻錄示九巖茂源兩老師求和」에서 이 시가 구암九巖과 무원茂源 선사에게 보내진 시임을 밝혔다. 구암九巖은 중달中達이고 무원茂源은 소백紹柏으로 [18]당시 사신을 배행한 실무자였다. [19]그런데 (1)에서는 이 시가 하야시 라잔林羅山에게 전달되어 화답을 구하였다고 밝히고 있다. 구암九巖과 무원茂源의 수창시는 남용익의 『부상록』에 간혹 보이기는 하지만 150운에 수창할 정도의 문재인지는 가늠하기 어렵다. 다만, (3)을 통해 이 시가 사신단이 에도를 떠난 후 완성되었다는 것을 알 수 있다. 이외에 하야시 라잔林羅山이 유창에게 준 편지

---

14 大江匡房(1041~1111, 오오에노마사후사)平安後期의 文人官僚이다. 匡衡의 曽孫이며 成衡의 아들이다.江大府卿, 江都督 등으로 칭해진다. 1058년(康平 1)対策及第한 이래, 尊仁 親王, 貞仁 親王의 東宮学士노릇을 하였으며 1088년(寛治 2)参議, 権中納言이 되었고 大宰権帥에 두 번이나 임명되었다가 正二位大蔵卿에 이르렀다. 저작을 많이 남겼는데 관료적인 측면에서 저작한『江家次第』가 있다. 이외에 문학방면의 저작으로『本朝無題詩』,『中右記部類紙背, 漢詩集』,『本朝続文粋,』,『江都督納言願文集』등에 수록된 詩・詩序・願文 등 正統的詩文과 함께 世事의 逸話을 素材로 한『遊女記』,『傀儡子記』,『洛陽田楽記』,『狐媚,記』을 지었다. 설화집으로『江談抄』가 있고, 또『続本朝往生伝』,『本朝神仙伝』을 편찬하였다. 歌集인『江帥集』이 있는데『後拾遺和歌集』이하의 勅撰集에 많이 수록되어졌다.

15 晉 나라 士會가 秦나라에 망명했다가 晉의 술수에 걸려 다시 晉 나라로 돌아가게 되었을 때, 繞朝가 말채찍을 선물로 주면서 "그대는 진 나라에 사람이 없다고 하지 말라. 나는 그대 나라의 술수를 알고 있지만 내 계책이 쓰여지지 않고 있을 따름이다."고 말한 고사가 있다(『春秋左傳 文公 13年』).

16 黃庭堅의「次韻劉景文登鄴王台見思」에 '公詩如美色, 未嫁已傾城'이라는 구절이 있다.

17 송옥의 동쪽 집에 살던 여자로 아름다운 미녀를 뜻한다.

18 남용익,『壺谷集』卷之十一,「島主宴席 走次儐僧中達紹柏韻」131-225b.

19 남용익,『聞見別錄』,「人物 僧徒九人」.
"中達 卽今番陪行者也容貌麤陋爲人詭怪其時亦如其人多有不成說話而自以爲能不知疵病
紹柏 亦今番陪行者也爲人空疎擧止輕率詩亦庸拙無可觀而稍解人事欲去疵病"

에[20] 이때의 정황이 잘 나타나 있다.

하야시 라잔林羅山은 유창의 시를 격률과 대우, 그리고 묘사에 있어 높이 평가하였다. 그리고 (3)에서처럼 하야시 라잔은 유창을 왕우칭에[21] 비견하다고 칭찬 하였다. 당시 조선에서는 하야시 라잔林羅山을 일본 제일의 문사文士로 인식하고 있었다. 말하자면 유창은 일본 제일 문사의 높은 평가를 받은 것이었다.

남용익은 『부상록』(국역 『海行總裁』인용)에서 하야시 라잔林羅山에 대해 다음과 같이 소개하였다. '임도춘林道春 이름은 충忠이라고도 하며 자는 가신可信이요 호는 나산羅山 혹은 나부자羅浮子라고도 한다. 나이 70세가 지났고 벼슬이 민부경民部卿에 이르렀으며 법인法印이라고도 일컬어진다. 문학으로 온 나라에 울리어 문서를 제찬하는 일이 모두 그의 손에서 나오며 또한 저술한 것도 많아서 「신사고神社考」 등의 글이 있다. 그가 지은 시문을 보니 해박하고 부섬하여 옛 전적을 많이 읽은 듯하나, 시는 격조가 전혀 없고 문도 혜경蹊徑에 어두웠는데 만일 연마하고 바로잡아 간다면 꽤 볼만한 것이 있겠다.' 고 하였다. 그의 시는 남용익의 의하면 '해박하고 부섬'하다고 평가를 받았지만 격조가 높다고 인정을 받은 것은 아니었다.

하야시 라잔林羅山은 자신의 수창시에 대해 '중복을 피하고 번잡하지 않게'하면서도 '변대駢對'와 '배비排比'가 된 작품이라고 언급하였다. 이상을 종합해 볼 때, 서두에서 하야시 라잔林羅山의 시적 경향을 엿볼 수 있다. 그는 시의 격률과 대우, 변대駢對와 배비排比 등 시의 형식적인 면과 그리고 '그림과 같다'로 서술된 묘사의 성취를 중시하였다.

(2)에서 피력한 하야시 라잔의 장운長韻에 대한 고찰은 그의 박학함을 피력하기에 좋은 장치이며 아울러 독서력을 보여주는 대목이다. 이렇게 자신의 박학함을 과시한 이유는

---

20 林羅山, 『林羅山文集』, 「答朝鮮國信使兪秋潭」, 163面.

21 王禹偁(954~1001)의 자는 元之로 山東省 출신이다. 宋의 건국 전 6년에 태어나서 9살부터 문장에 능했고, 太宗 興國8년에 진사에 급제하였다. 羅處約등과 시를 주고받아 시인으로서의 이름이 알려졌다. 成武 主簿를 시작으로 蘇州長州縣右拾遺가 되고 史館에 승진, 左司諫 知制誥가 되었으나, 廬州에 妖尼 道安이라는 자가 徐鉉을 기소한 것을 노해서, 道安의 죄를 탄핵해야한다고 주장하다가 도리어 추방되어 商州 團練副使가 되어 解州로 이동되었다. 그러나 다시 서울로 소환되어 左正言이 되어 弘文館에 있다가 잠시 單州에 나가 있다가, 禮部員外郎知制誥에 재임되어 翰林學士가 되었으나 이번에는 다른 사람을 비방했다고 工部郎中으로 徐州로 쫓겨났다가 다시 揚州에 가게 되었다. 眞宗의 즉위와 함께 세 번째로 서울에 소환되어 知制誥가 되어 太宗實錄 편찬에 관여했으나 직언으로 재상과 충돌하여 또 쫓겨나 黃州로 갔다. 거기서 蘄州로 전근되어 얼마 뒤 48세로 그 곳에서 죽었다. 저서로 『小畜集』 20권, 『承明集』 10권, 『集議』 10권, 『詩』 3권, 『五代史闕文』이 있다.

(4)에서 '중화문물의 융성함으로써도 오히려 이와 같은데 어찌 부상扶桑에 사람이 없다고 하겠는가?'라고 하는 대목과 호응하여 살펴보았을 때 분명히 드러난다. 즉, 모두에 두보, 백거이, 백낙천, 한유, 소식 등 중국 문학사의 기라성 같은 시인들을 열거한 다음, 오오에노 마사후사大江匡房의 200운과 자신의 150운의 시를 견주며 한걸음 더 나가 자신들이 더 우수하다고 평가한 것은, 이 정도로 일본이 이미 중국의 문명을 넘고 있다는 것을 주장하고 싶었기 때문이다.

그런데 중국이나 조선에서는 일본에는 '사람이 없다고 한다.'고 한다. 하야시 라잔林羅山은 이것이 과연 당시 중국과 일본의 한시漢詩를 제대로 비교하여 평가한 것인가라고 반문한다. 사실에 근거한 평가가 아니라 '일본은 오랑캐'라는 이데올로기가 그런 결과를 빚었다고 본 것이다. 나아가 중국이 아닌 다른 나라와 견주어보면 어떻겠는가라고 물음을 던진다. 이에 대한 답변은 너무나 자명하다. 동아시아의 문명국이라는 중국을 능가하는 詩才라면 조선은 그 하위에 있는 것은 너무나 분명한 것이다. 하야시 라잔의 논리를 따라가면 일본〉중국〉타방으로 부등호는 매겨지며 이를 통해 일본 한시의 우위를 확인하게 될 뿐이다.

그리고 자신의 글을 '요조의 계책으로 삼기를 바라니 대저 촌寸이라고 하여도 길어 보이는 수가 있고 척尺이라고 하여도 길어 보이는 수가 있다' 라고 말을 맺는다. 그 당시 유창과 하야시 라잔 간의 수창에 대해 일본에서는 다음과 같이 평가가 되었다고 한다.

> 조형 일행이 大坂에 이르렀을 때 하야시가 쓴 「五花堂記」를 보고 칭찬하여 돌아올 때 그에게 토산품을 선물로 주었으며 부사 유창이 「扶桑壯遊 百五十韻」을 보내자 하루 만에 화운시를 보내 유창을 놀라게 하였다. 그리고 이 일을 '세상에서 예전부터 지금까지 없었던 위대한 일이며 일본의 통쾌한 이야기로 여긴다.' 라고 하였다. 22

장운長韻의 시문에 능하기 위해서는 문학적 소양이 두보, 백낙천, 백거이, 소식, 옹방강, 한유 등을 상회하는 수준이라야 가능하다. 동아시아에 있어 일본은 항상 문명의 수혜국으

22 塙保己一, 『續續群書類從』 第三史 傳部(國書刊行會, 續續群書類從完成會 發行, 1970).

로 간주되었으며 그런 이유로 그들의 문학은 항상 저평가 받았다. 그런데 이상에서 보여준 하야시 라잔의 성과는 일본인에게 자신들이 중국을 능가한다는 자신감을 주었던 것이다. 그렇지만 일본의 시문 능력에 대한 자신감과 비례하여 그들의 시문 능력이 정말로 향상되었는지는 의문이다. 중국과 조선에서도 이들의 문학적 수준에 대한 의심은 이후로도 여전히 줄어들지 않았다. 이보다 약 50년 후인 1721년 아라이 하쿠세키新井白石가 보낸 서간에서[23] 일본인에게 있어 한시는 일본 고유의 것이 아니기에 자신들이 지은 한시 수준 정도는 잘하는 것이라고 하며, 중국인이나 조선인의 경우 일본어를 300여 년을 배워왔으면서도 도리어 와카和歌하나도 제대로 지을 수 없다고 비판하였다. 즉, 이 말은 일본의 한시는 수준이 낮은 것으로 평가되고 있었다는 반증이 될 것이다. 이처럼 아라이의 편지에서 일본이 갖는 한시(=문명, 문화)에 대한 열등감이 지속적으로 내재하고 있었다는 것을 읽을 수 있다. 그러나 아라이는 자신의 열등감을 극복하기 위해 일본의 전통시인 와카에 중국인, 조선인이 능하지 못한 점을 지적하며 공격적으로 이 문제를 극복하려고 하였다.

일찍이 일본에 대한, 특히 일본의 한문학적 수준에 대한 저평가에 대해 4차 사행시 김세렴은 사행을 끝낸 후 복명하는 자리에서 '나라 중에 도춘道春의 문장을 최고로 여기고 있고 강호에 이르기까지 연로에는 와서 묻는 자가 많았는데 모두 이기성정理氣性情 등의 말이었습니다.' 라고 높게 평가하고 '야만인이라고 무시해서는 안 됩니다.'라고 경고 하였다. [24] 그러나 일본과 일본 문화적 수준에 대한 멸시는 변하지 않았다. 남용익은 그 당시의 상황을 다음과 같이 증언하였다.

> 두 중이 미리 한 절구씩 지어 그 자리에서 써 보이며 화답하기를 청하였다. 의성은 중 석를 시켜 한 절구를 지어 그 뜻을 전하였다. 곧 차운하여 써서 주었더니, 홍역관이 나에게 그들의 시에 두 번 화운하여 그들을 군색하게 만들라고 청하였다. 부사와 더불어 거듭 차운하

---

23 桑原武夫 編, 『日本の思想』 13 新井白石集(筑摩書房, 1976), 320面.
"중국 및 조선 사람들은 이쪽(일본)의 시문을 보고 읽을 수 없다고 하는데 그것은 이유가 될 수 없는 것은 아니다. 그러나 일본 사람은 원래 재능이 뛰어나 그 정도라도 할 수 있는 것이다. 왜냐하면 시문 같은 것은 원래 일본의 것은 아니지만 그것을 배워서 할 수 있게 되었기 때문이다. 또한 和歌(와카)는 일본 고유의 것이다…매년 장기로 와서 일본어를 말하는 중국인들은 물론 조선에서 왜학에 급제하고 일본의 서적을 300년이나 배워오면서도 와카하나도 읊을 수 없는 것은 말할 것도 없다…저쪽 사람들이 시문을 제대로 못하는 것에 비하면 일본 사람들이 잘하지는 못하더라도 한시를 읊을 수 있는 것으로 재능이 뛰어나다는 것을 알 수 있다."

24 『해사록』, 3월 9일.

여 그들에게 화답하기를 청하였더니 두 중이 머리를 흔들며 눈을 동그랗게 뜨고 겁내는 태도가 밖에 드러났다. 중 중달은 겨우 지었고 소백은 마침내 빈종이 그대로여서 매우 우스웠다. 소백은 이튿날 추후로 화답하여 보내왔다. [25]

이처럼 조선과 조선 통신사 일행은 일본과의 통교 이래 지속적으로 자신들이 문명에 있어 일본보다 우위에 있다고 인식하고 있었다. 그러나 하야시 라잔林羅山과 아라이 하쿠세키新井白石의 경우에서 보듯이 일본 측에서는 이에 대해 강하게 반발하며 이의 부당성을 주장하였다. 그렇다면 조선과 일본 상호가 서로를 인정하지 못하고 이런 충돌이 발생한 것은 왜일까? 비트겐슈타인은 이에 대해 다음과 같이 말하였다.

> 서로 화해할 수 없는 두 원리가 실제로 마주치는 곳에서 각자는 타자를 바보, 이단자니 하고 선언한다. 나는 내가 타자와 '싸우게' 될 것이라고 말하였다. 그러나 나는 도대체 그 타자에게 근거들을 주지는 못하는 것일까? 물론 줄 수도 있을 것이다. 그러나 그것들이 어디까지 가겠는가? 근거들의 끝에는 결국 설득이 있다. [26]

조선은 일본을 조공국으로 여기고 왜倭, 왜구倭寇라 비하하여 불렀다. 반면 일본은 조선을 자신의 속국으로 여기며[27] 임진왜란의 승리를 떠올리고 있었다.[28] 조선과 일본은 '서로 화해할 수 없는 두 원리'였다. 이렇듯 서로에 대한 멸시감과 동시에 자신에 대한 우월감을 내면화한 주체는 타자와의 만남이라는 충격적인 사건에 충돌을 일으켰다. 이러한 주체간의 충돌은 싸움으로 변질되어버렸고 결국, 이들이 타자와의 만남에서 이루어야 했던 것은 싸움의 승리였다.

---

25 남용익, 『부상록』, 『부상일록』 을미6월 22일.
"則兩僧預構一絶 書諸席上而請和 義成則倩僧碩恕 作一絶以傳其意 卽次韻書給 洪譯請再次以窘之 仍與副使疊步要和 則兩僧搖頭瞪目 怯態露外 達僧則僅以成篇 柏僧則終未免曳白 極可笑也 柏僧翌日始爲追和以送."

26 비트겐슈타인, 『확실성에 관하여』, 강신주, 『장자 차이를 횡단하는 즐거운 모험』(그린비, 2007), 65쪽 재인용.

27 조선은 일본을 東蕃이라고, 일본은 조선을 西蕃이라고 불렀다.

28 羅麗馨, 「十九世紀以前日本人的朝鮮觀」, 『臺大歷史學報』 第38期(2006), 159~218面.
羅麗馨은 19세기 이전에 일본인은 조선에 대해 다원적인 인식을 하였다고 주장하였다. 조선 멸시관, 조선 정벌관, 조선 존경관 등으로 세별할 수 있는데 그중 조선에 대한 멸시감이 8세기전후에 형성되었다고 하였나. 그리고 이러한 멸시감은 明治시대를 거쳐 근대에 이르기까지 조선 침략의 주요한 동인으로 작용하였다고 하였다.

중세 시대에 사행이란 것은 경계를 넘어 가장 강력하고 충격적인 타자를 경험하는 일이었다. 대개의 경우, 타자와 마주침으로만이 우리는 자신과 타자 사이의 차이를 발견하게 되고 타자를 낯설게 경험하는 만큼 자신도 낯선 무엇으로 경험할 수가 있다. 그렇다면 타자는 무엇인가? 타자란 자신이 속한 시스템의 규칙을 따르지 않는 존재이다. 나와 똑같다면 이것은 타자가 아니다. 때문에 타자는 주체 자신의 선입견으로는 결코 파악될 수 없는 존재이다. 이런 타자와의 소통할 때 자기 삶의 규칙에 따라 관계하려 한다면 그 결과는 치명적일 것이다.[29] 조선과 일본의 충돌은 화해할 수 없는 두 원리가 자신의 아비투스를 강요하였기에 발생한 것이다.[30] 유창, 하야시 라잔은 개인이면서 주체이고 이 주체는 각각의 아비투스를 공유하고 있다. 이들의 아비투스는 서로에게 굴복할 것을 고집하며 충돌을 피하지않는다. 주체간의 충돌을 극복하는 방법은 비트겐슈타인의 말처럼 '타자의 근거를 들어주고 설득'하면 되는 것이다. 그런데 조선과 일본은 이 문제에 있어 결코 서로의 목소리를 들으려 하지 않았다.

3. 타자를 통한 주체의 강화

조선이 일본과, 일본이 조선과 만났을 때 이들이 타자의 입장에서 서로를 보는 것이 가능하다면 사실 그 타자는 진정한 타자일 수 없다. 왜냐하면 타자는 결코 주체 자신의 내면으로 환원될 수 없는 것이기 때문이다. 다만, 이들은 마주칠 때 서로에게 (소통할 수 있는) 근거를 제공해줄 수는 있는데, 가장 손쉬운 방법은 아마 대화가 되지 않을까 한다. 대화는 관심에서 출발한다. 유창과 하야시 라잔林羅山의 수창시는 말이 통하지 않는 외국인끼리 나눈 필담(대화)의 일종이다. 유창에게 일본이라는 지리적 이역異域은 처음이었을 것이

29 강신주, 앞의 책(2007), 104쪽.

30 위의 책, 재인용. 109쪽.
부르디외(P.Bourdieu, 1930~2002)에 따르면 공동체에 살고 있는 개체들은 아비투스(Habitus)라는 무의식인 구조를 모두 공유하고 있다. 개체의 판단, 선택, 취향들은 표면적으론 의식적으로 이루어지고 있는 것처럼 보이지만, 사실 그것은 내면화된 공동체의 규칙에 의해 가능해지는 것이다. 그런데 아비투스라고도 불릴 수 있는 주체는 그 자체로는 아무런 문제도 불러일으키지 않는다. 이것이 문제로 부상되는 것은 자신이 전제한 아비투스와는 완전히 이질적인 새로운 타자와 마주치는 순간이다.

고 그리고 필담이라는 대화 방식과 외국인과의 만남도 생경한 일이었을 것이다. 물론 조선에서 출발하기 전에 일본에 대한 정보를 다량 입수하여 숙독을 했을 것이지만 현실은 그것과는 판이하였을 것이다. 유창의 이런 낯섦과는 대조적으로 하야시 라잔林羅山은 이미 50여 년을 조선이라는 나라와 관계를 맺고 있었다. 그가 읽은 방대한 양의 조선 서적과[31] 그가 만난 다양한 조선인들은[32] '하야시 라잔'이라는 지위를 형성하는데 영향을 미쳤다. 그에게 조선과 조선인은 낯선 존재가 아니었다. 73세 노령한 하야시 라잔林羅山은 정치가이자 학자요, 교육가, 문인이라는 다양한 위치에서 정점에 서있었다.[33]

유창은 귀국 길에 오르며 하야시 라잔林羅山에게 150운의 시를 주었고 이에 화답을 요구하였다. 추담의 시는 크게 ① 자신과 자신의 사행에 관한 이야기 ② 조선에서의 여정 ③ 일본에서의 여정 ④ 귀국에 관한 것으로 구성되어 있다. 서두에서 유창은 다음과 같이 자신에 대해 진술하였다.

남자로 태어나
稻粱에 힘쓰는 일을 애초부터 부끄러워하였네.
도끼를 갈아 백토를 잘 깎아냈던 郢땅의 공인 같이 되고 싶어[34]
속세를 떠나 벼슬길을 피하였다네.[35]
공자는 노나라를 작다고 여겼고
曾點은 기수에서 狂簡함을 씻어버렸네.
공은 관중보다 낮았고
학문은 양웅에 부끄러웠네.

---

31 林羅山이 독서한 조선서적에 대해서는 阿部吉雄, 「林羅山のと儒學朝鮮」[『朝鮮學報』 10(1956.12)]을 참조하였다.

32 林羅山이 교유한 조선인에 대해서는 다음을 참조하였다. 이원식, 앞의 책(1997); 김선희, 「17세기 초-중기 林羅山의 타자상」, 『한일관계사연구』 16(한일관계사연구회, 2005); 「朝鮮知識人と『日本』」, 『일본어문학』 37(일본어문학회, 2007); 정장식, 「1655년 통신사행과 일본연구」, 『일본학보』 44(2000); 허경진, 앞의 책(2009).

33 Herman Ooms, 『徳川イデオロギー』(ペリカン社, 1990); 小野 將, 「近世後期の林家と朝幕關係」, 『The Historical Society of Japan』(東京大 人文科學硏究所), 135~1157面.

34 『莊子』 「人間世」에 "영(郢) 땅에 유명한 공인이 있었는데, 그곳에 사는 사람이 코끝에 백토가루를 얇게 바르고는 이 공인을 시켜서 깎아내게 하였더니 그는 자귀를 돌려 바람을 일으켜서 코는 조금도 상하지 않고 백토만 깨끗이 깎아 내었다." 하였다.

35 漢의 급암(汲黯)이 무제(武帝)에게 말하기를, "폐하의 사람 쓰는 것은 섶 쌓는 것과 같아서 뒤에 온 놈이 위에 있습니다." 하였다.

글씀에 어찌 시벽에 빠지기를 바라리오.
시가 부족하대도 괜찮으리라.
문은 전한과 후한을 스승 삼았고
시는 삼당을 본받았다네.
…(중략)…
墮地爲男子 初心恥稻粱
磨斤求郢質 歛迹避薪場
魯國尼看小 沂川點浴狂
功卑仲父管 學媿大夫揚
技癢何須癖 詩窮且無妨
爲文師二漢 作句效三唐

유창은 과거에 전념하기보다는 도를 터득하기 위해 속세를 벗어나고 싶어 하였다. 공맹의 도를 좇으면서도 관중이나 양웅 등을 그의 학지學知의 대상으로 삼았다. 이 때 그가 추구한 문학적 전범은 양한兩漢의 문과 삼당三唐의 시였다. 그의 이력을 살펴보면 21세에 생원이 되었지만 어떤 이유에서인지 곧바로 대과합격 소식은 들리지 않았다. 그로부터 15년 후인 36세에 증광시에 합격을 하고나서 본격적인 환로로 들어갔다. 아마도 15년간의 공백은 바로 이상의 연유로 인해 생긴 것이 아닌가한다.

유창의 「부상도중술회겸서장유일백오십운록시구암무원양노사구화扶桑途中述懷兼敍壯遊一百五十韻錄示九巖茂源兩老師求和」의 특징은 하야시 라잔林羅山의 「화추담부상장유일백오십운和秋潭扶桑壯遊一百五十韻」과 비교해 볼 때 더욱 잘 나타난다. 「화추담부상장유일백오십운和秋潭扶桑壯遊一百五十韻」는 유창에 관한 일, 조선의 역사, 사행의 의의, 그리고 일본의 사회와 자연에 대해 읊고 있는데 특히 일본에 관한 부분에 많은 지면을 할애하고 있다.

秋潭은 대장부로 道에 맛들이고
고량진미를 바라지는 않았네.
오직 선유들의 자취만을 보았을 뿐

과거장에 들지를 않았다네.

丈夫腴在道 可不願膏粱

唯見先儒迹 無登擧士場

라고 유창에 대해 언급을 하였다. 그가 도를 얻기 위해 속세의 욕망을 벗어던진 것에 대해 높이 평가하였다. 그리고 이어 조선의 역사에 대해 서술하기 시작하였다.

주왕이 逆理를 더욱 사모하자
기자는 거짓으로 잠깐 미친 척하였지.
기자가 홍범의 가르침을 알려 주니
九疇에 윤리가 이미 드날려졌다네.
요동을 건넌 것이 은둔한 것 같을지라도
개국하는데 무슨 해가 있으리오.
위만은 한나라에 맞섰고
연개소문은 당나라에 대적하였네.
…(중략)…

紂王尤慕逆　　箕子乍佯狂
洪範教相授　　九疇倫旣揚
度遼雖似遁　　開國有何妨
衛浦値劉漢[36]　　蘇文敵李唐

이 시에서 하야시 라잔林羅山은 조선 역사의 정통성을 기자에 두었다. 기자가 주왕의 패륜을 피해 요동을 건너 기자조선을 건국했다는 것은 당시 일반적인 견해였다. 언뜻 그의 견해가 조선인과 다를 것 없어 보이지만 이것은 좀 더 세심한 읽기를 요구하는 부분이다. 하야시 라잔林羅山은 이보다 앞서 조선 역사의 정통성에 대해 조선 통신사에게 질문한 적

36 위만을 지칭하는 듯하다.

이 있다.

–단군에 대한 이야기를 들으니 천여 년이나 나라를 향유했다고 하는데 어떻게 그렇게 오래 살 수 있었는가? 너무 오래된 일이여서 사실이 자세하지 않은가? 아니면 단군의 자손 후예들이 계승한 것이 오래도록 지금에까지 이르고 있는가? 괴탄한 말은 군자가 취하지 않는 것이고 또 중화의 역대 사적에 조선과 삼한에 대한 傳은 갖추어져 있는데 모두 단군에 대한 일은 실려 있지 않은 것은 왜인가? 제나라 밖 동쪽 야인의 일이기 때문인가?[37]

–기자는 은의 멸망을 맞아 조선으로 피난하여 왔다고 한다. 혹은 말하길 무왕이 봉한 것이라고 한다. 그러나 귀국은 속칭 기자가 그 무리 오천 명을 이끌고 왔다고 하는데 그런 까닭에 말하길 '오천 명의 은나라 사람들이 요수를 건너 왔다'고 한다. 이러한 일은 중화의 서적에는 보이지 않는다. 그 근거를 알고 싶다.[38]

그는 단군이 조선을 천여 년 간 다스린 일에 대해 이것이 가능한가라고 질문한다. 만일 단군이 인간이라면 천여 년을 산다는 것은 불가능한 일이다. 그렇지 않고 이런 이야기가 전해지고 있다면 이것은 너무 오래된 일이어서 사실이 아닐 수 있지 않을까라고 묻는다. 다음으로 이것이 만일 사실이라면 왜 중국의 사서에 기록되지 않았는가 추궁하며 중국인들이 '야인野人'의 일이라고 생각했기 때문에 제외시켜버린 것은 아닌가라고 추측하였다.

단군에 관한 이야기는 조선에서도 정사에서는 제외되었고 『삼국유사』를 통해 근근이 전해지고 있었다. 그러나 이렇게 전해진 것도 신화라는 이유 때문에 '괴탄'한 이야기로 간주되었으며, 단군신화는 역사적 맥락에서 파악되지 않았다. 신화를 바라보는 이러한 시선은 일본의 학자들이 『일본서기日本書紀』, 『고사기古事記』의 신화를 대하는 그것과 사뭇 달랐다.[39] 단군신화는 조선의 정통성과 관련되어 있다. 단군에서 출발하여 당대 조선에

37 林羅山, 『林羅山文集』 권14(寄朝鮮國三官使), 156面.
"聞說檀君 享國一千餘年 何其如此之長生哉 蓋鴻荒草昧不詳其事乎 抑檀君子孫苗裔承襲遠久至此乎 愧誕之說 君子不取也 且中華歷代之史 朝鮮三韓傳備矣 而皆不載檀君之事 何也 以齊東野人之故乎"

38 林羅山, 『林羅山文集』 권14(寄朝鮮國三官使), 156面.
"箕子遭殷亂 避地朝鮮. 或曰武王封之 然貴國俗稱箕子來其從者五千人 故云 半萬殷人渡遼水 此事中華群書 未之見也 欲知其所據"

39 本居宣長(1730~1801)의 경우는 일본 고유 문학의 중요성을 강조하는 고쿠가쿠(國學) 운동의 영향을 받았다. 모토오리는 『고지키(古事記)』·『겐지 모노가타리(源氏物語)』를 비롯한 고전문학의 연구에 신중한 문헌학적 방법을 적용했고, '모노

이르는 하나의 민족, 또는 하나의 영역. 그러나 결국, 조선은 단군신화를 조선 내부에서 폐기시켜 버리고 조선의 정통성을 기자에서 취하였다.

하야시 라잔林羅山은 기자 조선에 대해 두 가지 면에서 논의를 시작하였다. 하나는 기자의 망명, 다른 하나는 기자의 분봉分封이다. 기자를 통해 조선인은 스스로를 은殷이라는 중국 문명의 적통자嫡統者라고 표상하였지만 하야시 라잔林羅山에게 기자는 다만 중국인일 뿐이었다. 또한 중국 사서에도 기록되어 있지 않은 이런 믿음은 도대체 어디서 연유하는가. 그에게는 기자조선은 또한 의심이 되었다. 하야시 라잔林羅山에게 단군과 기자는 공히 신빙성이 없는 이야기였으니 위 질문의 의도는 답을 구한 것이 아니었다. 자신이 중국서적을 박람한 결과 이런 기록이 없었다면 조선인 또한 마찬가지로 근거를 찾을 수는 없을 것은 분명했다. 그렇다면 단군과 기자 조선은 근거 없는 허황된 이야기가 되는 것이다. 결국, 기자 조선론에 근거해 자신을 문명국으로 자부하던 조선은 존재의 기원이 없어지게 되는 것이다. 하야시 라잔林羅山은 여기서 한걸음 더 나가 그 자부심의 실체는 중국의 입장에서 본다면 '제나라 밖 야인'에 불과한 것이라고 지적하였다. 위 시에서 자신이 부정해버린 기자를 조선의 기원으로 들먹이는 이유는 무엇인가? 이상의 견해를 종합해보면 하야시 라잔林羅山이 조선을 기자와 위만이라는 중국인이 통치했던 땅으로 표상하고 있다는 것을 알 수 있다. 하야시 라잔에게 중국인에게 통치된 조선은 독립된 영역이 아니었다. 하야시 라잔林羅山의 이러한 인식은 '조선은 옛날부터 우리의 서번으로 지금 래공來貢하러 오는 자에게 은혜를 두터이 내리는 것은 이것은 또한 먼 곳의 사람을 회유하고 제후를 따르게 하는 것이다'라고 [40]하는 데서 다시 확인할 수 있다.

유창과 하야시 라잔林羅山의 시와 함께 남용익의 「장유壯遊 이백운二百韻」을 살펴보고자 한다. 남용익은 당시 유창과 함께 많은 시간을 같이하며 다량의 차운시를 저작하였다.

가오리 지역 삼한국이요

노 아와레(物の哀れ : 아름다움에 대한 예민한 감수성)'를 일본문학의 가장 중요한 개념으로 강조했다. 일본 고전, 특히 『고지키』에 대한 연구는 근대에 이루어진 신도의 부활에 이론적 토대를 마련해주었다. 그는 신도의 불교적 해석과 유교적 해석을 모두 거부하고 순수한 신도 정신의 줄기를 찾으려고 일본 고대 신화와 예로부터 전해져 내려온 신성한 전통을 추적했다. 『브래태니커 백과사전』을 참조.

40 林羅山, 『林羅山文集』 권22, 「朝鮮信使來貢記」, 250面. "朝鮮者 自古爲我西蕃 今及其來而厚惠之 是亦柔遠人懷諸侯之意乎"

오랑캐 고을 백월의 구역이로다
풍기(風氣)는 지방을 따라 구별되고
습속은 말소리와 함께 다르구나
호호탕탕(浩浩蕩蕩)히 하늘이 바다에 연하였고
창창량량(蒼蒼凉凉)히 해가 우이(嵎夷)에서 나오네
장사배가 먼길을 틔워
사신의 연산은 고구려 때부터네
옛적 고려의 말년에
사신으로 큰 유자를 선택하였네
우리 조정에서 개국하자
문덕으로 간척을 춤추었네
성의를 바쳐 늘 와서 복종하다가
틈을 타서 그윽이 엿보았네

鰈域三韓國 蠻鄕百粤區
風從方土別 俗與語音殊
浩蕩天連海 蒼凉日出堣
商舟開遠道 使蓋自高句
逖矣當麗季 欽哉揀宿儒
聖朝臨御肅 文德舞干敷
納欵常懷附 乘機竊覬覦

남용익은 이 시를 쓰게 된 배경을 '독축관과 더불어 밤새도록 이야기를 하며, 인하여 2백 운의 배율排律을 지어 나그네 회포를 기록하였다.'[41] 라고 술회하였다.

이 시에서 남용익은 일본을 거리낌 없이 오랑캐라고 부르며 도발적으로 시작을 하고 있다. 고구려 때부터 일본과 교역이 시작되었고 조선의 개국에 이르러 '복종'을 하였지만

41 남용익, 「부상록」, 『부상일록』, 을미 12월 29일.

일본은 틈을 엿보아 침략을 했다고 하였다. 이어서 임진란의 참상을 다음과 같이 토로하였다.

용사에 액운을 당하여
독한 뱀이 변방의 걱정이 되었네
다급하여 빈을 버렸는데
괵 나라의 길을 빌리겠다 소리쳤네
초가 위태로우매 능침이 욕을 당했고
연 나라가 격파되자 늙은이 어린이가 포로로 잡혔네
어린애를 창끝에 꿰었으매 잔학하기가 탁발(拓拔)과 같고
채찍을 던지매 군사 많기는 부견(苻堅)과 같았네
금사발이 마땅히 이지러지지 아니할 것이나
적자(백성)가 마침내 무슨 죄이던가
명 나라 조정에 통절하게 호소하니
끊어질 뻔한 나라를 붙들어 준 은혜 깊었네

龍蛇當運厄 蠆虺作邊虞
窘甚離邠邑 聲言假虢途
楚危陵寢辱 燕破耄倪俘
貫槊殘如拓 投鞭衆若苻
金甌宜未缺 赤子竟何孤
痛切宸廷籲 恩深絶世扶

남용익에게 일본이 준 임진란의 상처는 아직도 아물지 않은 '현재'였고 트라우마로 작용하고 있었다. 아마 이것은 남용익에게만 해당하는 일만은 아닐 것이다. 당시의 조선은 사회적·정서적으로 임란의 상처를 극복하기 힘든 상태였을 것이다. 조선인들의 이러한 감정과는 달리, 일본은 조선과의 국교 회복을 기도 하며 도쿠가와德川 막부 자신들은 도요

토미 히데요시豊臣秀吉을 무너뜨린 정권임을 강조하였다. 그리고 포로 쇄환 및 전쟁범 처리 등의 우호적 제스처를 보내왔다. 이런 일련의 과정을 거쳐 일본과의 국교는 재개되어 1655년에 이르렀던 것이다. 남용익은 자신의 사행에 대해 다음과 같이 서술하였다.

원씨[도쿠가와(德川)]가 화친(和親)을 청하매
정부(政府)에서 권도(權道)로 허락하였네
탕이 갈백을 먹여 준 것이요
월 나라가 오 나라를 잊은 것 아니로다

源氏修隣好 權宜出廟謨
固知湯餉葛 休謂越忘吳

조선 통신사가 도쿠가와 이에야스德川家綱의 습직을 축하하러 오기는 했지만 그것은 일본의 요청을 받아들여서이지 조선이, 그리고 남용익 자신이 일본이 준 상처 그리고 그 원한을 잊어서 온 것은 아니었다. 유창도 남용익과 똑같은 각오로 일본 사행에 올랐다.

성상께서 교린의 우호를 돈독히 하시고자
사신을 준량 가운데서 뽑으셨네.
사신을 내 어찌 감히 어기리오.
나라 생각에 밥 먹는 것도 잊었네.
넘치는 은총으로 호랑이 가죽을 내려주셨고
깊은 은혜로 술을 맛보게 해주셨네.
내 일을 탄식하지는 않지만[42]
專對는 어찌 감당 하리오
절개는 뼈가 다 문들어져도 없어지지 않을 것이오

42 『詩經』 小雅 北山에 "넓은 하늘 아래 모두가 임금의 땅이요, 海內의 그 누군들 신하 아닌 이 없건마는, 대부의 일처리 균등치 못한지라 나만 일하면서 혼자만 홀륭하네.溥天之下 莫非王土 率土之濱 莫非王臣 大夫不均 我從事獨賢"라 하였다.

충정은 蘇武와 같이 굴복하지 않으리라 다짐했네.[43]
사신의 말은 陸賈의 말이 아니며
말고삐를 돌린 것은 왕양과 다르네.[44]

聖世敦隣好 行人簡俊良
使乎吾豈敢 公耳食猶忘
寵溢皐比錫 恩深御醞嘗
獨賢非所歎 專對詎堪當
素節思櫱骨 丹忱勵牧羊
騁辭非陸賈 回轡異王陽

유창은 '절개'니 '충정'등의 단어를 써가며 일본에 굴복하지 않을 것을 다짐하였다. 남용익과 유창의 시는 당시 정황 상, 이런 말들이 사신을 가는 사람들이 하는 의례적인 수사라고 하기엔 너무나 결의에 차 있다.

이상에서 유창과 하야시 라잔의 수창시를 통해 조선은 일본이라는 타자를 마주하며 마찬가지로 일본도 조선과 마주하여, 대화를 통한 소통 나아가 근거를 제공하여 서로를 설득하는 데는 실패하였다는 것을 확인 할 수 있었다. 실패한 이유는 그들이 서로 소통 하고자 하는 의도가 없었기 때문이다. 그들 소통하지 않는 주체는 계속 충돌하였는데 이것은 동아시아사회의 동향과 깊이 관련되어 있었다. 조선은 병자호란이후 재편된 국제질서의 변화에 대처하기 위하여 남쪽의 평화를 확보하려는 차원에서 통신사의 파송을 결정하였지만, 명분상으로는 문화적 우월감에 바탕한 소중화의식小中華意識과 일본 이적관夷狄觀이 혼재되어 '한韓문화의 일본전파'라는 문화사절로서 스스로를 인식하였다. 한편 일본은 통신사를 맞이함으로써 일본이 최고 통치자이자 외교권자로서의 도쿠가와德川 장군의 지

43 漢武帝 때 蘇武가 中郎將으로서 匈奴에 사신 가서 19년 동안 잡혀 있었는데, 그 동안 토굴에 갇히고 북해(北海)에서 양을 치는 등 갖은 고난을 겪었으나 끝까지 흉노에게 굴복하지 않고 한나라의 符節을 지닌 채 군은 절의를 지켰다는 고사가 있다. 『漢書』 卷54.

44 나라의 은혜에 보답하려는 충신의 마음을 뜻한다. 漢나라 王陽이 益州刺史로 부임할 때 구절판(九折阪)이 험준한 것을 보고 되돌아왔는데, 뒤에 王尊은 똑같은 상황을 당하여 마부를 재촉하면서 "빨리 달려라. 왕양은 孝子이지만 왕존은 충신이다."고 했던 고사가 전한다(『漢書 王尊傳』).

위를 국제적으로 공인받고, 국내 제후들에게 자신의 정치적 우위를 과시할 수 있었다. 나아가 동북아 국제질서를 바탕으로 통신사를 평가하지 않고 일본형화이질서日本型華夷秩序 속에서 조선 통신사를 평가하였다.[45] 이들의 만남은 특히, 조선과 일본 양국의 정세 속에서 바라보아야 한다. 즉 일본의 경우는 막번 체제의 성립과 동요를, 조선의 경우는 관인지배의 재홍과 발전 동요를 깊이 반영한 외교현상이었기 때문에 이 두 주체는 충돌할 수 밖에 없었다.[46] 타자를 용인하지 않는 주체의 만남. 이들의 충돌은 말하자면 가장 자극적이고 극단적인 타자와의 만남이었던 것이다. 조선은 일본이라는 거울에, 일본은 조선이라는 거울에 비춰진 자신의 상像을 진정한 자신이라고 인식하고 이를 점차 강화시켰던 것이다.

4. 맺음말

본고는 유창兪瑒의 「부상도중술회겸서장유일백오십운록시구암무원양노사구화扶桑途中述懷兼敍壯遊一百五十韻錄示九巖茂源兩老師求和」와 하야시 라잔林羅山의 「화추담부상장유일백오십운和秋潭扶桑壯遊一百五十韻」를 주체와 타자의 입장에서 분석하였다. 이들은 주체이며 동시에 서로에게 타자였다. 바다라는 지리적 장애물을 넘어 만난 이들이지만 서로에게 느끼는, 낯섦에 대한 흥분과 두려움은 없었다. 대신 그 자리는 '주체간의 충돌'이 자리하고 있었다. 소중화주의와 일본형화이론의 대립으로 설명하기엔 이것은 좀 더 복합적이고 내면화되어 있었다. 단적으로 예를 들어 보면 그들 내면을 가로지르는 임진왜란 경험이란 것도 이것으로 설명하기엔 무리가 있다. 그래서 주체라고 표현 하였다. 그렇다면 이런 주체간의 충돌은 어디서 기인하는가? 서로에 대한 무지가 충돌을 빚어낸 것은 아니었다. 이것은 당시 동아시아의 상황이 만들어낸 것이었다. 유창과 하야시 라잔, 그리고 남용익의 시를 통해 서로를 바라보는 시선을 확인하였다. 이들은 타자에 대한 멸시를 통해 주체의 우월을 증명하였다. 이들 간의 수창시도 기실 소통을 전제로 한 것이 아니라 자신을 피력하고자 한 의도에서 저작되었던 것이다. 결국 소통을 전제로 하지 않은 대화는 충돌을 야기할

45 백진호, 「조선통신사를 둘러싼 조일 양국의 상호인식 고찰」, 『서강대논문집』 19(2000), 127~128쪽.
46 三宅英利 저, 손승철 역, 『근세한일관계사연구』(이론과 실천사, 1991), 158쪽.

뿐이었지만 역설적이게도 바로 이를 통해 자신을 강화시켜갔던 것이다. 문명한 조선 또는 문명한 일본으로 자처하며 타자를 용인하지 않았다. 다만 자신보다 열등한 점을 타자에게 발견함으로써 자신의 우월감을 확인했던 것이다.

하야시 라잔林羅山은 그 지위와 영향력에 있어 매우 중요한 인물이다. 특히, 조선통신사 연구에 있어 1~6차에 이르는 사행은 그와 매우 밀접한 관련을 맺고 있다. 하야시 라잔에 대한 연구는 다양한 방면에서 이루어지고 있다. 특히, 퇴계학 수용과 관련하여서는 긍정적인 평가와 관심을 받고 있다. 그러나 우리의 연구가 자칫 이런 긍정적인 면만을 좇고 있는 것은 아닌가 반성해본다. 하야시 라잔, 유창, 남용익은 동시대를 호흡한 인물들이다. 즉, 그들 자각여부와 관계없이 동아시아의 당대 상황 속에서 움직이고 있었다. 우리도 이들 교유의 전체상을 파악하기 위해서는 이러한 틀에서 이들을 바라보아야 하지 않나 한다. 긍정적이고 낙관적인 면만을 부각시킨다면 전체의 모습을 확인하기는 힘들 것이다.

7장

모재慕齋 김안국金安國의 대일인식對日認識

손유경孫有慶*

1. 머리말

조선과 일본간의 문화적 교류에 대한 다각적인 연구는 1980년대 후반부터 지속적으로 진행되어 왔고 그로 인한 성과도 적지 않다. 그러나 그 연구대상이 임진왜란 이후 12차례에 걸쳐 이루어진 조선통신사 연구에 집중되어 있어서 조선 전기에 이루어진 대일 교류에 대한 연구는 상대적으로 미약한 실정이다. 이러한 현상의 원인으로는 대일 교류 현황을 살필 수 있는 현전하는 조선전기 자료의 부족을 우선으로 꼽을 수 있다. 또한 통신 사행 이후에야 본격적으로 드러나는 번다한 문화 교류 양상들이 많은 연구의 단초를 제공해 주었음 또한 양적 편향 현상의 원인으로 지적될 수 있을 것이다.

물론 조선 전기 대일 교류-특별히 문학 교류-에 관한 연구가 전연 이루어지지 않았던 것은 아니다.[1] 그렇지만 이와 같은 연구 성과는 태조 원년에서 선조 32년까지 약 69회

* 단국대학교 동양학연구소

1 이채연, 「朝鮮前期 對日 使行文學에 나타난 日本認識」, 『韓國文學論叢』 18집(한국문학회, 1996); 김강식, 「16세기 후반

에 걸쳐 사신이 일본에 파견되었고, 그보다 훨씬 많은 일본측 인사가 내빙하였음을 감안한다면 조선전기는 대일 교류 연구에 있어 불모지라고 해도 과언이 아니다. 특별히 조선에 사행한 일본국왕사나 사승使僧들을 접대한 조선의 인물들은 모두 학식과 문재를 겸비한 학자, 문장가였으니 이들의 문집에 남아있는 대일 문학 교류 양상을 추출해내는 작업은 매우 중요한 과제라고 생각한다.

조선통신사들의 문학작품이 일본에 직접 가서 그곳에서 본 경물, 의복, 풍속으로 창화하고 음영吟詠한 것인 반면, 임난 전에 지어진 양국 사이의 문화적 교류의 산물들은 조선에 있으면서 일본에 대해 듣거나 알고 있는 것을 토대로 지은 것이다.[2] 본고는 중종조에 선위사로 활동했던 모재 김안국의 대일인식에 관한 연구를 목적으로 하고 있다. 김안국 역시 일본에 직접 방문한 적은 없지만 내빙하는 사신들과의 지속적인 교유를 통해 당시 조선에서 일본 전문가로 인정받고 있었다. 따라서 김안국의 대일인식을 살펴보는 작업은 한 개인의 대일 교류 및 사신과의 교유 활동상을 밝히는 의미를 가질 것이다.

김안국은 일본 여러 사승使僧의 접대를 담당하였는데 본고에서는 특히 지속적인 교류 양상이 드러나고 있는 사승使僧 붕중弸中, 안심동당安心東堂과의 교류 양상에 연구의 포커스를 맞추려고 한다. 『중종실록』에서 역사적 기록을 추출하고, 『모재집』 수록 작품들을 통해서 구체적 양상을 밝히는 방식으로 연구를 진행할 것이다. 이러한 작업을 통해서 김안국의 대일인식이 개방적이고 우호적이었음을 밝혀내고, 이러한 인식을 가능하게 한 원동력이 무엇이었는지를 밝히고자 한다. 이는 화이론華夷論에 입각해서 일본을 이夷로 파악하던 당시 문사들의 일반적 대일인식과는 구별점을 가지는 것이기에 그 연구 가치가 있다고 하겠다.

조선 전기의 문사인 김안국의 일본인식을 살펴봄에 있어서 김안국의 문집이나 실록의 자료만을 참고해야 한다는 사실은 대단히 안타깝다. 일본측 문헌들이 많이 발굴되어서 김안국과 교유한 당시 사신들의 여러 시작詩作 및 서신들을 보충할 수 있다면 당시 교류 상황과 모재의 대일인식의 면모가 좀 더 구체적이고 객관적으로 드러나지 않을까 생각된다.

의 對日 인식과 정치사적 의미」, 『역사와 경계』 43집(부산경남사학회, 2002); 임채명, 「朝鮮 文士들의 詩文에 나타난 日本 認識과 交流 樣相－주로 壬亂 前까지의 對日 관계를 중심으로－」, 『한문학논집』 23집(근역한문학회, 2005); 이종묵・桑嶋里枝訳, 「朝鮮前期韓日文士の文学交流の様相について」, 『朝鮮學報』 82호(조선학회, 2002).

2 임채명, 위의 논문, 7쪽.

조선 전기 문인들과의 문학교류 양상이 드러나 있는 다양한 문학작품이 일본에서도 발굴되기를 기대해 본다.

2. 모재의 우호적 대일 인식

조선은 명나라의 중국 중심의 외교정책을 수용하면서 중국과는 사대의 관계를, 일본과는 교린의 관계를 맺었다.[3] 그러나 일본과의 교린은 표면적으로는 대등교린이었지만 당시 문사들은 전통적인 화이관에 입각하여 일본을 바라보았고, 이에 따라 일본에 대한 상대적 우월감을 가지고 있었다. 조선전기 문사의 기록에는 일본을 중국의 후예들이 정착한 나라라고 보는 중국도래설과 일본 토착민들의 나라라고 보는 토착 기원설이 혼재한다. 그런데 이러한 시각의 차이에 따라서 같은 일본이라는 나라의 풍속을 소개하는 데에도 현격한 차이를 보이고 있다는 점이 흥미롭다. 중국도래설로 보는 시각에서는 일본의 풍속을 의義와 예禮가 있다고 소개하고 있는 반면, 토착기원설에 입각한 서술에서는 그들은 습성이 강하고 사납다고 표현하고 있다는 점이다. 이를 통해서도 당시 문사들의 대일인식이 화이관에 입각해 있었음을 짐작할 수 있다.[4]

모재 김안국은 조선전기 대부분의 문사들이 일본에 대해 상대적인 우월감을 가지고 있고, 그들을 교화시켜야 할 오랑캐의 나라라고 인식하였던 것에 비해 대등한 관계에 있는 이웃 나라로 인식하였다. 그는 선입견에 따라 일본에 대해 폄하하는 시각을 가지고 있던 조선의 문사들을 경계하면서 상호간 우호적인 입장에서 교린의 관계를 유지해야 하며, 일본에 대하여 합당한 예를 갖추어야 함을 역설하였다.

(1) 이제 서장을 보면, 安心東堂 등은 성질이 조급하다고는 하나, 하는 일이 다 조용하고 공순하며 생각이 매우 깊은 자인데, 대접함이 이와 같으니 예로 교린한다고 할 수 있겠습니까? 이제 사람들이 다 말하기를 "저들이 어찌 이웃 나라의 信使를 대접하면서 너, 너라고 하

3 이채연, 앞의 논문(1996), 24쪽.
4 임채명, 앞의 논문(2005), 12쪽 참조.

는가? 심하여 말할 수 없다."라고 합니다. 천자가 藩國에 대해서도 오히려 이렇게 하지 않는데, 더구나 우리나라와 일본은 모두 北面하여 事大하는 것인데도 업신여기는 것이 이와 같습니다. 서울 사람은 倭奴라고도 부르고 오랑캐라고도 부르는데, 만약 말하는 사이에 이것을 듣게 된다면 원망하여 성냄이 반드시 심할 것입니다.[5]

(2) 예악문물이 우리나라에 미치지는 못하나, 중원을 통역하여 正朔을 같이 받으므로, 우리나라와 같은 封王입니다. 후하게 대우함이 마땅한데 어떻게 倭奴라고 지목할 수 있겠습니까? 또 듣건대, 임억령이 객사에게 말하기를 "事大를 어찌하여 이렇게 하느냐?"라고 하였다 합니다. 이 말은 입 밖에 낼 수 없는 것인데도 태연히 말하였으니, 일의 체모를 손상시킨 것이 매우 큽니다.[6]

중종37년(1542) 4월, 일본의 사승使僧 안심동당安心東堂은 조선에서 무역을 금하고 있던 품목인 백은白銀 8만냥을 가지고 내빙하는데, 이로 인해 양국 간의 신경전이 벌어지게 된다. 이 백은은 조선에서도 산출되는 것이었고, 또 백성들의 의식주에 관계되는 생필품이 아니라 사치품이었기 때문에 조선에서 무역을 개방할 경우 여러 가지 폐단이 예상되는 바 국가 차원에서 무역을 금지시킨 터였다. 따라서 무역 금지 품목인 은을 제외한 필요 물품들만 교역하겠다고 주장하는 조선과, 은을 받아주지 않을 경우 다른 물품들도 모두 가지고 되돌아가겠다는 일본 측이 팽팽히 맞서게 되었던 것이다. 조선의 문신들도 이은 무역 문제를 두고 극명한 찬반론을 제기하였다. 이 과정에서 김안국은 보내온 호의를 생각해서 가져온 은의 일부라도 받아야 한다는 입장을 취한다. 위의 두 글은 그 과정에서 김안국이 자신의 생각을 언급한 것인데, 일본에 대한 대등적 시각이 현저하게 나타나 있다.

윗 글을 통해 김안국은 일본을 조선과 대등하게 바라보는 시각을 드러낸다. (1)에서는

---

5 『中宗實錄』, 中宗 37年 5月 15日條, "安國曰, '今見書狀, 安心東堂等, 雖云性躁, 處置之事, 皆合從容遜順, 深有計慮者, 而待之如此, 其可謂以禮交隣乎? 今者人皆曰, '彼何能爲隣國信使, 待以爾汝? 甚無謂也.' 天子於藩國, 猶不若此, 況我國與日本, 俱北面事大, 而慢易若此. 京師之人, 或曰倭奴或曰夷虜, 彼若言語之間, 如得聞之, 則其憾恚必深.'"

6 『中宗實錄』, 中宗 37年 5月 15日條, "安國曰, '禮樂文物, 雖不及於我國, 然通譯中原, 同稟正朔, 與我國一樣封王也. 所當厚待, 豈可以倭奴目之乎? 且聞林億齡, 與客使言曰, '事大何以如此'云. 此言不可開口, 而安然發說, 其爲虧損事體, 甚大矣.'"

우리나라와 일본은 모두 북면北面하여 중국을 사대事大하고 있는 동일한 신하의 나라라는 인식이 드러나 있고, (2)에서는 일본이나 우리나라나 모두 중국에서 정삭正朔을 받는 같은 처지의 봉국封國인데 그들을 홀대해서는 안됨을 주장하고 있다. 다음으로 화이관에 입각하여 일본을 무조건적으로 낮추어 보던 당시의 통념에 비판의 시각을 표출한다. (1), (2)를 통해서 일본 사신에게 경어를 사용하지 않는 것, 그들을 오랑캐라고 호칭하는 것, 공공연하게 일본이 조선을 사대事大한다고 언급하는 것에 대해서 경계시키고 있다. 일본에 대해서 은근히 무시하고 예의를 갖추지 않던 실정에 대해서 이러한 태도가 상호 교린에 아무런 도움이 되지 않으며, 국가의 체모도 손상시킨다고 생각하고 있었던 것이다.

이를 통해서 일본이라는 나라를 조선과 대등한 나라로 인정하고 있었던 모재의 대일인식의 일단면을 엿볼 수 있다. 또한, 양국 간의 상호 교역에 있어서 불필요한 잡음은 백해무익임을 강조하는 김안국의 투철한 관료의식 또한 발견할 수 있다. 이렇게 당대인과 달리 객관적이고 개방적인 시각에서 일본을 인정하였던 김안국은 이로 인해 혹독한 평가를 받게 된다. 다음에서 인용한 실록의 사신평은 당시 대일관계에 있어서 김안국이 취했던 태도가 어떻게 평가받았는가를 짐작할 수 있게 해준다.

(1) 김안국은 나라의 일에 정성을 다하니 어진 사람이라고 할 만하다. 그러나 왜인을 후하게 대접해야 한다는 이 한 가지 논의는 매우 옳지 않다. 한정이 있는 재물을 가지고 쓸모없는 물건을 바꾸는 것은 결코 나라를 위하여 재물을 절약하는 도리가 아니다. 그런데도 청하는 일을 낱낱이 들어주어서 교만한 버릇을 길러냈으니 원대한 식견이 있는 자들이 매우 근심하였다.[7]

(2) 예조판서 김안국은 倭使를 후하게 대접하고자 하여 (사신이) 이르기 전에 대신들로 하여금 은을 무역하는 일의 가부를 의논하도록 청하였다. 이미 무역하기로 되자 곧 또다시 무역할 수량을 정할 것을 청하였다. 조정의 의논이 순조롭지 않으면 通事를 만날 때마다 반드시 후대하는 뜻을 말하여 통사가 왜사에게 전달하니 왜사가 조정의 뜻을 다 알게 되어 교만

---

7 『中宗實錄』, 中宗 37年 5月 15日條, "……金安國盡誠國事, 可謂賢者矣. 而厚待倭人此一論, 甚爲不可. 以有限之財, 換無用之物, 已非爲國節財之道. 而所請之事, 一一許從, 以長其驕慢之習, 有遠識者, 甚憂之."

함이 날로 심해졌다.[8]

일본의 호의를 생각해서 은의 통상을 일부라도 허용하자고 주장하고, 그것을 실행에 옮겼던 김안국은 위와 같은 혹독한 평가를 받아야만 했다. 실록 전반에서 김안국에 대한 평가가 긍정적이라는 점을 감안한다면 위와 같은 언급은 상대적으로 매우 비판적인 것임을 알 수 있다. 이를 통해 그의 일본에 대한 수용적 태도가 당대에 받아들여지기 쉽지 않은 것이었음을 알 수 있다.

다음은 김안국과 지속적인 교유를 가졌던 일본 사승使僧 붕중弸中과의 관계에 대해서 살펴보도록 한다. 이를 통해서 김안국의 우호적 대일인식을 다시 한 번 환기할 수 있게 된다. 김안국은 회국回國하는 붕중弸中을 송별하면서 다음과 같은 시를 짓고 있다.

縹緲雲帆向日東	아득한 구름 배는 동쪽으로 가는데
海天無際起悲風	海天에는 끝도 없이 스산한 바람일겠지
千年曲裏無鍾子	천년동안 곡조 속엔 종자기가 없겠고
三笑溪邊憶遠公	三笑의 시냇가엔 遠公 생각나리라
酒爲排愁偏取醉	시름 더는 술이라서 마냥 흠뻑 취해보고
詩因恨別覺難工	이별 한에 서러운 詩 공교롭기 어렵도다
他時最是相思處	이날 이후 떠나가서 그대 가장 그리운건
月白中秋夜枕空	달 휘영청 밝은 가을 홀로 베개 벨 때겠지[9]

김안국은 붕중과 이별하면서 7언율시 1수와 7언절구시 4수를 남기고 있는데, 위의 시는 그 첫번째 시이다. 수련首聯에서는 험한 바닷길을 헤치면서 일본으로 돌아가는 붕중 일행을 생각하고 있다. 이제 붕중이 돌아가고 나면 두 사람 사이는 바다로 막히게 될 터이니 다시 만날 날을 기약하기 어려운 것이다. 함련頷聯에서 김안국은 붕중을 종자기鍾子期

8 『中宗實錄』, 中宗 37年 7月 17日條, "史臣曰, '禮曹判書金安國欲厚待倭使, 未至, 請令大臣, 議其貿銀當否. 旣許貿, 則又請定所貿之數. 廷議不從, 則通事之見, 必言厚待之意, 通事傳通倭使, 盡知廷意, 驕傲日甚.……'"

9 金安國, 『慕齋集』 卷1(『韓國文集叢刊』 20, 민족문화추진회 영인본), 18쪽. 「送別日本僧弸中等」 其一.

와 혜원선사惠遠禪師에 비하고 있다. 자신의 뜻을 이해하고, 속마음을 터 놓을 수 있는 지음知音으로 붕중을 인정하고 있음을 볼 수 있다. 붕중을 종자기에 비유한 것은 붕중과의 주연酒宴에서 종종 거문고 연주를 즐기면서 시를 지었기에 이와 같이 언급한 것으로 생각된다.[10] 경련頸聯에서는 이별의 아쉬움을 언급하고 있다. 시름을 덜기 위해서 취하도록 술을 마시는데, 그동안 수없이 창화唱和했던 시들도 이 날만큼은 이별의 아쉬움 때문에 쉽게 지어지지 않음을 말하고 있는 것이다. 미련尾聯에서는 붕중이 떠나간 후에도 붕중과의 추억이 오래도록 기억될 것임을 말하고 있다. 세주細注로 "일찍이 스님과 추석 달을 감상하였다[曾與師賞中秋月]."고 되어있으니 붕중과 구경했던 밝은 달이 뜰 때 가장 생각날 것이라고 간절한 마음을 토로하고 있다.

위의 시에서 김안국은 붕중을 상대국의 사신이라기보다는 절친한 친구로 인식하고 있음을 알 수 있다. 이러한 의식의 저변에는 붕중에 대한 인정, 더 나아가 일본에 대한 우호적 인식이 전제되어 있다. 그렇다면 붕중은 김안국을 어떻게 인정하고 있었을까? 전해지는 자료가 없어서 정확히 알 수는 없지만 그 역시 김안국을 인격적으로 존중하고 있었는데, 다음의 기록을 통해 김안국에 대한 붕중의 시각을 가늠해 볼 수 있다.

> 일본 사신 弸中이 왔을 적에 안국을 선위사로 삼았었는데, 안국이 인정을 다해 접대하고 창수를 익숙하고 민첩하게 하므로, 붕중이 존경하고 감복하기를 그치지 않았다. 감탄하여 말하기를 "내가 두 차례 중국에 조회하였고, 두 차례 琉球에 방문하였고 세 차례 귀국에 이르렀다. 만난 사람이 많았지만, 공[김안국]과 같은 사람은 본 적이 없다."라고 하였다. 돌아갈 때에는 눈물을 흘리며 작별하기에 이르렀으니 이로부터 일본 사신이 오면 반드시 김안국의 안부를 물었다.[11]

김안국을 인종의 묘정에 배향하면서 실록에 기재한 내용이다. 김안국에 대해 붕중의 평가가 드러나 있는 유일한 자료이기에 주목을 요한다. 중국에 두 차례 방문 경험이 있는

10 金安國, 『慕齋集』 卷3, 51쪽. 「與弸中上人飮且彈琴」·「次弸中上人聽琴韻」을 통해 이러한 정황을 짐작할 수 있다.
11 『明宗實錄』, 明宗 9年 9月 15日條, "日本使臣弸中來, 以安國爲宣慰使, 安國接遇盡情, 唱酬工敏, 中敬服不已. 歎曰, '中再朝中朝, 兩聘琉球, 三至貴國. 見人多矣, 未嘗見如公者.' 歸時至於涕泣相別, 自是倭使至, 必問安國安否."

붕중이 그곳에서도 김안국 같은 사람을 보지 못했다라고 언급하고 있으니, 그의 김안국에 대한 존경을 엿볼 수 있다. 이를 통해 김안국과 붕중은 선위사와 사신의 공적 관계를 넘어서서 사적인 인간 관계를 형성하고 있었음을 알 수 있다.

일본에서 조선에 대한 권위자로 손꼽히던 붕중의 김안국에 대한 인정은 일본이라는 나라로부터의 인정을 의미하기도 했다. 따라서 붕중 이후에 조선을 방문하는 사신들도 김안국의 안부를 묻는 것이 관례가 되었으며, 김안국이 세상을 떠난 이후에 일본에서 의례적으로 조문을 하는 사건이 있었던 것이다.

> 예조가 아뢰기를 "일본 사신 安心東堂이 그 국왕의 뜻으로 말하기를 '김안국이 우리나라에 진심을 다해 주었는데, 이제 죽었다고 들으니 슬픔을 견딜 수 없다. 조문을 하고자 하여 제사용품을 가지고 왔는데, 청해도 되겠는가?' 하였다. 本曹가 그것을 제지하여 말하기를 '비록 국왕의 명으로 제사를 지내고자 한다고 하더라도 이 또한 私祭이다. 제사는 진실로 사사로이 할 수 없는 것이다.'라고 하였다. 倭使가 말하기를 '제사는 이미 지낼 수 없다고 하니 그 집에 물건을 보내주는 것도 안되겠는가?'라고 하고는 향 두 근과 후추 백 근을 보이며 전해 달라고 재촉하였다."[12]

윗글에서 일본이 "김안국이 우리나라[일본]에 진심을 다해주었다."라고 언급한 것은 매우 특기할 만하다. 실록에서는 이에 대해서 이전에 안심동당이 가져왔던 은을 김안국이 사주었기 때문에 일본에서 이와 같이 언급하였다고 파악하고 있다.[13] 그러나 이와 같은 언급은 비단 그 한 사건만을 지칭해서 언급한 것은 아니고, 그 동안 김안국의 지속적인 대일 교류 활동에 대한 인정을 한 것이라고 생각된다.

---

12 『仁宗實錄』, 仁宗 1年 6月 12日條, "禮曹啓曰, '日本使臣安心東堂, 以其國王之意言曰, '金安國忠於我國, 而今聞亡矣, 不勝痛悼. 將欲致祭, 爲持祭具來, 其可得請耶?' 本曹止之曰, '雖以國王之命欲設祭行之, 是亦私祭. 祭固不可私也.'云爾. 則倭使曰, '祭則旣不可得行矣, 又不可有贈物於其家乎?' 仍出示燒香二斤 胡椒百斤, 促令傳付.'……"

13 『仁宗實錄』, 仁宗 1年 6月 12日條, "신축년[중종 36년]에 안심 동당이 은전을 많이 가져 왔는데, 조정이 그 매매를 허가하지 않았으나, 김안국만이 넉넉한 값으로 사 주어야 한다고 그 의논을 힘껏 주장하였다. 일본이 김안국이 우리나라에 진심을 다해주었다고 한 것은 아마도 이 일을 가리키는 것일 것이다[辛丑年, 安心東堂多賫銀錢來, 朝廷不欲許其貿賣, 獨安國以爲當優價許貿, 力主其議. 日本以安國爲有忠於我國云者, 想或指此事也]."

3. 모재의 우호적 대일관의 배경

김안국의 대일인식은 객관적인 시각에 기반하고 있었으며 우호적인 인식을 견지하고 있었다. 그렇다면 당시의 통념적인 화이관에서 벗어나 이와 같은 인식을 가능하게 한 원인은 무엇일까? 그의 사대교린의 중요성에 대한 자각, 사신과의 인간적 교유 양상 등을 그 배경 요소로 파악할 수 있겠다.

1) 사대 교린의 중요성 인식

김안국은 그의 문집에 표전表箋 36편, 주奏 2편, 교서敎書·유서諭書·전지傳旨·서書 11편, 소장疏狀 4편, 의議 18편, 서계書契 9편 등 문장력을 요구하는 공리적公利的 글을 여러 편 남겼는데,[14] 문장의 효용성을 인정하는 그의 면모를 잘 보여준다. 이수광李睟光은 『지봉유설芝峰類說』에서 다음과 같이 평가하였다.

> (김안국은) 매번 事大하는 表文을 찬술할 때엔 혼자 있으면서 구상하고 생각하여 좋은 글귀 하나를 얻게 되면 비록 밤중이라도 문득 일어나서 창문이나 벽을 손으로 두드리며 좋아서 뛰는 일을 그치지 않았다. 뒤에 병든 가운데 표문을 지어내느라고 마음을 지나치게 써서 드디어 기력을 잃고 그대로 죽었다고 한다. 아아! 글이라는 것은 뜻을 전달할 수 있으면 그만인데, 생명을 손상하는 데에 이르렀으니 또한 지나친 것이다.[15]

이수광은 이 글을 통해 외교문은 의미만 전달하면 되는데 김안국이 말의 정교함까지 신경을 쓰다가 결국 건강을 해쳤음을 안타까워하고 있다. 이 평가는 물론 비판적 어조를 담고 있지만 다른 한편으로 이것은 김안국이 사대표문과 교린서찰을 쓰는 데에 얼마나 심혈을 기울였는가를 가늠하게 하는 자료가 된다.

---

14 金鍾振, 『16世紀 士林派 文學의 研究 - 己卯士林을 중심으로 -』(성균관대대학원 박사학위논문, 1992), 29쪽.

15 李睟光, 『芝峰類說』 卷8, "…… 每撰事大表文, 獨處搆思, 得一好句, 則雖夜輒起, 手敲窓壁, 踊躍不已. 後於病中撰出表文, 過用心氣, 遂澌頓以卒云. 噫! 辭足以達意而已, 至於傷生亦過矣."

> 안국은 천품이 강직하고 학문이 해박하여 典故를 환히 알고 時務에 익숙히 달통하였으며, 성격이 치밀하고 주도하여 일에 빈틈이 없었다. 또 山經·地誌·幽編·秘錄·陰陽·醫·佛의 책까지도 그 이치를 깊이 연구하지 않은 것이 없다. 한 때의 事大表奏와 交隣書札이 모두 그의 손에서 나왔다.[16]

김안국의 외교 문서 작성에 대한 당시의 인정을 알 수 있게 한다. 또한 그는 다양한 분야에 대해 열린 마음을 가지고 깊이 있게 공부하였으니, 이러한 그의 사고방식은 자연스럽게 다른 나라들의 문물을 받아들일 수 있는 인식으로 확장되어 갔던 듯하다. 그리하여 당시에 외교문은 내용 전달만 하면 그만이라는 통념을 깨고 그 작성에 심혈을 기울였으며, 더 나아가 외교 업무 수행차 만나게 되는 사람들과도 깊이 있는 교류를 하려고 노력했던 것으로 보인다.

> (1) 이전의 승문원은 事大交隣의 문서를 여사로 보고 부지런히 익히지 않았다. 김안국이 判校가 되어서는 소속 관리들을 앞장서서 거느리고 비록 몹시 추운 때나 더운 때라도 일과를 조금도 폐한 일이 없었다. 그가 부지런히 삼가면서 직무에 임하는 것이 이와 같았다.[17]

> (2) 김안국이 文衡을 맡았을 때에는 모든 表箋과 辭命에 마음을 기울이고 정성을 다하지 않은 적이 없었으므로 중국 사람이 그를 보고 탄복하면서 東國에도 사람이 있다는 말을 하는 데에 이르렀다.[18]

위의 글들은 김안국이 외교 문서의 중요성을 절감하고 있었다는 사실과 이러한 그의 태도가 중국에서까지도 인정을 받았음을 알 수 있게 한다. 그는 매사에 치밀한 성격으로 중국·일본 인사들을 만날 때에 미비한 점이 있을까 걱정하였다. 자신이 한어漢語를 모르

---

16 『中宗實錄』, 中宗 33年 7月 25日條, "…… 安國天資剛毅, 學問精博, 曉暢典故, 練達時務, 綜緻周密, 於事無所遺. 至於山經 地誌 幽編 秘錄 陰陽 醫 佛之書, 無不究極其理. 一時事大表奏交隣書札, 皆出其手. ……"

17 『中宗實錄』, 中宗 10年 6月 8日條, "……先是, 承文院, 事大交隣文書, 視爲餘事, 不勤隷習. 安國爲判校, 倡率僚屬, 雖隆寒盛暑, 未嘗少廢日課. 其勤謹莅職類此. ……"

18 『仁宗實錄』, 仁宗 1年 3月 3日條, "…… 金安國典文衡, 凡表箋辭命, 未嘗不刻意致精, 華人見之歎服, 至有東國有人之語. ……"

기 때문에 역관에 의지하여 외교 업무를 담당할 경우에 생기는 통역 상의 제반 문제에 대하여 근심하였고,[19] 일본 사승을 대함에 있어서도 매사를 꼼꼼하게 점검하였다.

> 사대와 교린은 매우 중대하여, 일의 기틀이 조금만 잘못되어도 이해에 크게 관계됩니다. 일본이 우리나라만 못하기는 하나, 君臣의 上下와 百官의 예의가 또한 모두 갖추어져 있습니다. 다만, 천성이 조급하여 조금만 그 마음에 섭섭하면 문득 분노를 일으킵니다. 일본은 멀어서 예전부터 본래 우리나라에서 난을 일으켰음을 들은 적이 없고, 늘 교린을 위하여 우리나라에 내빙합니다. 바다로 멀리 막혀 있으니 사신을 보내어 답례하지는 못하더라도 10년이나 5년에 한 번 내빙하면 우리는 접대를 후하게 해야 할 것입니다.[20]

사대와 교린은 매우 중요한 일이기에 가볍게 여겨서는 안됨을 역설하고 있다. 일본은 우리나라와 지속적으로 교류를 이어온 나라이니 그들에 대한 접대에 소홀함이 있어서는 안된다는 것이다. 위에서 언급하였듯이 당시 조선에서는 일본의 사신들에게 예의를 갖추지 않고 그들을 왜노倭奴로 공공연히 호칭하는 등의 문제가 있었던 듯하다. 김안국은 당시 사람들이 일본에 대한 객관적이고 실증적인 근거 없이 그들을 이적夷狄으로 규정짓고 깔보는 태도를 보이는 것에 대해 경계하고 있다. 그들이 비록 조선보다 여러 가지로 부족하지만 그들의 나라에도 엄연히 군신君臣 백관百官의 예가 갖추어져 있는데, 그들에 대해서 무시하는 관점을 견지한다면 국익國益에 결코 도움이 될 것이 없다고 생각했던 것이다.

그는 조선이라는 한 나라의 범위를 벗어나 주변 나라들의 정세를 면밀히 이해하고 그들과의 관계를 유기적으로 유지해야함을 인식하고 있었던 듯하다. 이러한 그의 인식이 기반이 되어 그가 사대표문이나 교린사찰 작성에 각고의 노력을 하게 되었고, 업무상 마주치게 되는 외국 인사들과의 교류도 일회성으로 그치지 않고 지속적으로 이어나갔던 것으로 생각된다.

---

19 『中宗實錄』, 中宗 37年 4月 1日條; 中宗 37年 8月 1日條 참조.

20 『中宗實錄』, 中宗 37年 5月 15日條, "金安國曰, '事大交隣, 至爲重大. 小失事機, 大關利害. 日本雖不如我國, 君臣上下, 百官禮義, 亦皆有之. 但天性躁急, 小失其心, 便生忿恚. 日本遐遠, 自古雖未聞作耗我國之事, 常以隣好, 來聘我國. 雖以滄溟隔遠, 不遣使修答, 十年五年, 若一來聘, 則我之接待, 所當厚矣. ……"

2) 일본 사승과의 인간적 교유

조선에 내빙했던 사승使僧들은 시문에 유능하였으며, 시를 감상하는 안목 또한 상당한 경지에 이른 사람들이었다. 일본은 가마쿠라鎌倉 시대부터 오산십찰五山十刹이 연이어 건립되어 선종이 점차 융성하게 되었다. 당시의 승려는 사민四民 이외에 별도로 한 계층을 이루어, 왕후장상王侯將相의 사이에 나름대로 노닐면서 문교文教를 고취하였다. 따라서 대각臺閣이 담당했던 문장은 완전히 승려에게로 넘어가게 되었다.[21]

일본 내에서 조선통으로 인정받아서 중종 6년에서 7년 사이에 수차례 조선을 방문하였던 붕중弸中은 재능이 풍부하고 영리하며 다양한 문장을 섭렵한 사람이었다.[22] 김안국과 붕중과의 첫 만남은 중종 6년 김안국이 선위사 업무를 맡으면서 이루어졌다. 처음 붕중을 대면했을 때 김안국에게는 일본 사신과의 외교에 있어서 우위를 점해야 한다는 사명감이 전부였다.

조선에 방문한 일본의 사신들이 먼저 시를 짓는 예는 많지 않았는데, 붕중弸中만은 자신의 시재에 대해서 상당히 자부하고 있었으므로 매사에 먼저 시를 지어서 상대와 겨루려고 하였다.[23] 붕중은 김안국에게 다양한 시험을 통해서 그의 시적 수준이 어느 정도인지를 시험하고 싶어했다.

> 붕중이 시상이 고갈되어서 적수가 못되므로, 强韻으로 시험하여 곤란을 주고자 하였다. 讀易[주역을 읽다]으로 제목을 삼고, 운자 鹽·尖·鎌을 즉흥적으로 불렀다. 공[김안국]은 운자에 응대하여 대답하기를, "大羹에는 원래부터 매실 소금 안 넣나니, 지극한 도 붓이나 혀론 형용하기 어렵다네. 고요 속에 가만히 消長 이치 살피나니, 달 둥글기 거울 모양 되었다가 낫 모양 되네."라고 하였다. 붕중이 무릎을 치면서 탄복하였다.[24]

---

21 猪口篤志 著, 沈慶昊·韓睿嫄 共譯, 『日本漢文學史』(소명출판, 2000), 221쪽 참조.

22 『中宗實錄』, 中宗 7年 5月 30日條, 시독관 홍언필이 붕중의 인물됨에 대해서 이야기하였다. "臣前年往見弸中, 其爲人多能巧(惠)慧, 博覽諸書.……"

23 이종묵 외, 앞의 논문(2002), 142~143쪽. "日本の使臣達が先に詩を作ったという例は多くないが、弸中は 自分の詩才を自負していたため、事あるごとに果敢に先ず詩を作り張り合おうとしたのである."

24 『大東野乘』, 「己卯錄補遺』 上卷, 「金安國傳」, "弸中思涸不敵, 欲試强韻而窮之. 以讀易爲題, 輒呼鹽尖鎌. 公應聲而對曰, '大羹元不和梅鹽, 至道難形筆舌尖. 靜裡默觀消長理, 月圓如鏡又如鎌.' 弸中擊節嘆服."

봉중이 위와 같이 험운險韻으로 김안국의 능력을 시험하고자 했다면, 김안국 역시 자신의 시를 봉중이 어느 정도 이해할 수 있는지를 시험해 보고자 했다. 『모재집』에는 육언절구六言絶句 2수와 잡체시雜體詩 3수가 수록되어 있는데, 이 중 두 수가 봉중과의 교유를 통해 지어진 시이다.[25] 이를 통해서 김안국 역시 독특한 한시를 지어서 봉중의 시재詩才를 은근하게 시험하였으며, 동시에 일본에서 문명文名이 높다는 봉중과의 자존심 대결에서 밀리지 않고 싶어했음을 알 수 있다. 조선과 일본의 문명 높은 두 문사들은 이러한 과정의 반복을 통해 서로의 실력을 인정하게 되었고, 공적인 교류 이외에 인간적으로 서로를 인정하게 되었다. 그 후 봉중이 내빙했을 때, 선위사를 김안국으로 지정해 줄 것을 요구한 부분이나 일본에 귀국한 후에도 그의 안부를 물어왔던 점[26] 등을 통해서 유추해 볼 수 있다.

김안국과 봉중과의 교유를 엿볼 수 있는 『모재집』 수록 시작품을 살펴보기로 한다. 『모재집』에는 봉중과 관련된 시 15제가 보이고, 답서答書 두 편이 실려있다.

開抱談論借酒觴	툭 터놓고 얘기하려 술자리를 빌렸으니
十年茅塞盡鋤荒	십년간의 막혔던 것 모두 다 걷히도다
初疑角逐楚漢鹿	처음엔 제각기 楚·漢 사슴 좇듯하다
轉覺俱忘臧穀羊	점차로 藏穀이 양 잃은 것 같이 됐네
法界神清風作馭	法界의 정신 맑아 바람도 부리는 듯
塵機念絶雪消湯	속세 욕심 끊어져서 눈이 녹듯 하는구나
稽首吾師煩指教	머리 숙여 스님의 가르침을 받겠나니
如何始脫死生場	어찌하면 死生 공간 초탈할 수 있을런지[27]

이 시는 중종 7년(1512) 5월 봉중이 조선을 내빙했을 때, 다시 선위사로 임명된 김안국이 그와 재만남을 갖게 되면서 지은 시로 보인다. 수련首聯에서는 그와 다시 만나서 술잔을

25 金安國, 『慕齋集』 卷1, 16쪽. 「六言絶句, 侑弸中等酒」·「藏頭體贈弸中等」.
26 『慕齋集』에는 봉중이 일본에 돌아간 후에 보내 온 편지에 답한 글과, 그가 보내온 시에 답한 작품이 수록되어 있다.
27 金安國, 『慕齋集』 卷3, 50쪽. 「次日本弸中上人韻」

기울이니 그동안 막혀 있던 답답함이 한 순간에 걷힘을 말하고 있다. 전년도 그와 헤어질 때에 다시 만남을 기약하기 어렵다고 생각했었기에 다시금 이렇게 만난 것에 대한 반가움이 배가 되는 것이다. 함련頷聯에서는 그와의 만남을 지속해 가면서 생긴 김안국의 심리 상태의 변화를 묘사하고 있다. 처음 붕중과 만났을 때에는 서로 우위를 점하려고 시재詩才를 뽐내고 상대를 시험했었다. 그러나 만남이 지속될수록 그런 실랑이는 사라지고 지음知音으로서 서로 허여할 수 있게 되었던 것이다. 경련頸聯에서는 붕중의 인간됨을 높이 평가하고 있다. 속세의 모든 잡념을 초탈한 듯한 그의 인품에 김안국도 감화되었던 것이다. 미련尾聯에서는 그러한 붕중과의 교유를 통해 높은 경지의 가르침을 받고자 한다는 소망을 적고 있다. 김안국과 붕중이라는 두 사람과의 교유는 이미 선위사와 사신이라는 형식적 만남의 틀을 깨고 있었으며, 유자儒者와 불자佛者라는 사상적인 제약도 넘어서고 있었음을 짐작할 수 있다.

붕중은 일본으로 돌아간 후에도 김안국을 염려하여 간간히 소식을 전해왔는데 그가 보낸 약을 사양하면서 김안국이 쓴 시가 남아있다.

煩惱人間苦	인간의 번뇌만도 괴로운건데
兼因熱惱侵	아울러 열병까지 오른대서야
常移腰上帶	벼슬길을 이리저리 옮기다보니
久廢枕邊琴	베개 옆 거문고도 오래 못탔네
調攝何關術	몸조리에 무슨 방도 소용 있겠나
功夫只在心	공부는 마음에만 있는 것인데
安閑方合劑	편함으론 알맞은 조제법 삼고
清淨待深鍼	맑음으론 침 맞는것 대신하려네
欲鍊眞丹汞	참다운 영약을 얻고자하면
須投舊笏簪	모름지기 옛 홀일랑 던져야 하네
願隨飛去錫	원컨대 날아가는 錫杖을 따라
永散鬱湮襟	오래도록 답답한 맘 풀어봤으면
塵土非吾戀	속세는 내가 사모하지 않으니

仙區仗子尋　　신선 땅 그대 덕에 찾아보고파
殷勤謝禪客　　은근하게 禪客에게 사절하노니
藥力詎能任　　약 기운이 무슨 구실할 수 있겠나[28]

이 시를 통해 일본에 있는 붕중이 김안국의 건강을 염려하여 약을 보내왔음을 알 수 있다. 김안국은 사양하는 시를 보내면서 동시에 붕중을 그리워하는 마음을 함께 담고 있다. 특히 11에서 14구에서는 붕중을 따라서 유람하면서 속세를 떠나 지내고 싶다는 속마음을 표출하고 있다. 김안국은 이 시에서 자신이 있는 세상을 '진토塵土'로, 붕중이 속해 있는 세상을 '선구仙區'로 표현하고 있다. 이종묵은 그의 논문에서 이 시를 지목하여 "병을 고치는 것은 마음이지 약이 아니니, 마음의 답답함을 신선의 나라 일본으로의 여행을 통해서 풀고 싶다는 소원을 그의 시 안에서 말하였다."[29]라고 하였다. 시 속에서 언급하고 있는 '선구仙區'가 구체적으로 '일본'을 지칭하는 것인지 탈속적인 세계 전반을 아울러서 표현한 것인지는 명확하지 않으나 김안국의 붕중에 대한 그리움과 존경을 엿보기에는 충분하지 않을까 생각된다.

실록을 통해서 살펴보면 김안국은 붕중과 두 차례 만났는데,[30] 그 이후에도 조선을 방문하는 일본 사승使僧들을 통해서 서로의 안부를 주고 받았던 것 같다. 이러한 교류는 붕중이 세상을 떠남으로 인해서 더 이상 지속되지 못하게 된다. 다음은 중종 37년(1542) 안심동당安心東堂이 조선을 방문했을 때, 그에게 준 시이다. 시에 첨기되어 있는 세주細注가 정황을 한 층 잘 알게 해주기에 함께 인용하였다.

나는 옛날에 선위사가 되어서 일본의 使僧 弸中을 접대했었다. 安心은 스스로 弸中의 法孫이라고 말하였다. 弸中을 접대할 때에 함께 中秋月을 감상한 적이 있었는데, 많은 창화가 이루어졌다. 弸中은 입적한지 이미 오래되었다고 한다[余舊爲宣慰使, 接日本使僧弸中. 安心自說弸中法孫. 接弸中時, 曾共賞中秋月, 多有唱和. 弸中師示寂已久].

28 金安國, 『慕齋集』 卷3, 54쪽. 「走筆, 謝却弸中惠藥」
29 이종묵 외, 앞의 논문(2002), 142쪽. "病を治すのは心であり藥ではないとし、心の重苦しさを神仙の国日本への旅を通してほぐすことが出来たらいいのに、という願いをその詩の中で語った."
30 中宗 6년 8월, 中宗 7년 5월에 붕중이 내빙했을 때, 김안국이 선위사를 담당했다.

多生應結日本緣　오래 살면 일본 인연 이어질 줄 알았는데
祖逝孫來偈又傳　祖는 죽고 孫이 와서 불가 시구 또 전하네
四大本知都是妄　四大 모두 허망한 것 본래부터 알았는데
存亡唯記月懸天　存亡간엔 오로지 하늘달만 기억되리[31]

안심동당安心東堂을 통해서 붕중의 죽음을 들은 김안국의 그리움을 살펴볼 수 있다. 바닷길로 막혀 비록 몸은 떨어져 있지만 서로의 안부를 주고받으며 언제 또 만날 날이 있을까 기대도 했었다. 그런데 지금 그의 법손法孫인 안심安心이 와서 그의 입적을 확실하게 알려준 것이다. 만물을 구성하는 사대四大가 본래부터 허망한 것이니 죽은 자에게도 산 자에게도 추석날 달밤 노닐던 기억만이 영원할 것이라고 말하고 있다.

이상을 통해서 김안국이 일본에서 대표적인 조선통으로 인정받고 있던 사승使僧인 붕중과의 만남을 일회성에 그치지 않고, 지속적으로 이어갔음을 살펴볼 수 있었다. 그리고 그러한 그의 인간적인 교유 양상은 일본 내에서 그에 대한 인정을 불러왔고, 결국 30년 후 조선을 방문했던 안심동당安心東堂과의 관계에도 영향을 미쳤던 것으로 보인다. 『모재집』에는 안심安心과 창화한 시 작품도 6수가 수록되어 있다. 그러나 김안국이 안심安心과 창화한 시는 붕중弸中에 비해서는 인간적 교유 양상보다는 외교적 수단으로서의 양상이 더 두드러진다. 그 이유로는 당시 안심이 은 무역과 관련해 조정의 찬반론을 불러 일으켰을 정도로 복잡한 상황에 처해있는 인물이었다는 점과 당시 김안국은 이미 조정의 원로로 그와 교유를 할 수 있는 위치가 아니었던 것을 꼽을 수 있다.

김안국의 생애를 고찰해보면 그는 한 번도 일본에 직접 방문한 적은 없다. 그러한 그가 일본에 정통하다고 인정받아서 선위사에 지속적으로 임명되었던 것을 보면,[32] 그는 외교 업무차 만나게 되는 인물들과의 교유를 통해서 일본에 대한 견문을 넓혔던 것으로 생각된다.

---

31 金安國, 『慕齋集』 卷3, 63쪽. 「贈日本國使安心東堂」

32 『中宗實錄』, 中宗 7年 4月 28日條, "大司憲 尹金孫이 또 아뢰기를, '金安國을 다시 선위사로 보내시면 弸中이 우리 조정에 사람이 없다고 여길까 염려됩니다.'하니, 상이 이르기를, '그 始末을 아는 자가 金安國이기 때문에 대신들이 보낼 만하다고 한 것이다.'라고 하였다[大司憲尹金孫又啓曰, '金安國, 又以宣慰使差遣, 恐弸中以朝廷爲無人也.' 上曰, '知首末者安國, 故大臣以爲可遣也.']."

선위사 김안국이 붕중을 전송하고 돌아와서 일본의 군현·지명·관제를 베낀 첩자 1책을 바치니, "승문원에 내려 주라."고 명하였다.[33]

위의 내용을 통해 김안국은 사승使僧과의 만남을 통해 일본에 대한 많은 정보를 수집하였고, 그것을 통해 일본이라는 나라를 객관적으로 파악할 수 있는 안목을 지니게 되었을 것임을 짐작할 수 있다.

4. 맺음말

본고는 오늘날 대일對日 교류交流와 관련해 활발한 학계의 연구가 진행되고 있음에도 불구하고, 그 연구의 불모지로서 자리하고 있는 조선전기 대일인식의 한 양상을 살펴보고자 하는 목적에서 연구를 진행하였다. 그리고 그 연구의 대상을 당시 조정에서 일본통으로 인식되었던 모재 김안국으로 하여 실록의 기록과 그의 문집 내의 작품들을 통하여 대일인식의 일단면을 살펴보았다.

우선, 당시의 조선의 문사들은 화이관에 입각하여 일본을 은근히 홀대하는 시각을 견지하고 있었던 데에 반해 일본에 대해서 객관적인 관점으로 평등한 대외 교린을 추진하였던 김안국의 대일인식을 살펴보았다. 그리고 그러한 인식이 가능했던 배경을 두 가지로 나누어 분석해 보았다. 우선, 김안국이 사대 교린의 중요성을 절실하게 인식하고 있었다는 점을 들 수 있다. 그는 당시 내용만 전달하면 그만이라고 생각되었던 외교문서를 꼼꼼하게 작성하고, 그 사이에 오해가 없도록 하기 위해서 심혈을 기울였다. 중국과 일본의 사신을 대접하는 데 있어서도 예의를 다할 것을 늘 강조하였다. 이러한 그의 태도로 보아 그가 외국과의 교류에 있어서 그 중요성을 실감하고 있었을 것임을 짐작할 수 있으며, 이러한 그의 인식이 결국 일본에 대해서도 상호간 우호적 인식을 불러일으킬 수 있었던 것으로 생각된다. 다음으로 붕중弸中으로 대표되는 당시 일본 사승使僧과의 인간적 교유를 들 수

33 『中宗實錄』, 中宗 6年 10月 28日條, "宣慰使金安國, 送弸中還, 仍進日本郡縣地名官制帖草一册, 命下承文院."

있다. 김안국은 중종 6년에 처음 붕중弸中을 맞이하는 선위사로 임명된 뒤 그와 지속적인 교유를 유지하였으며, 이러한 그의 태도는 붕중弸中에게 깊은 감명을 주었던 것으로 보인다. 김안국은 붕중과의 교유를 통해 일본에 대한 정보를 어느 정도 습득할 수 있었을 것으로 보이며, 붕중의 영향권에 있던 이후 사승使僧들도 김안국에 대해서 예의를 다했으니 서로 대등한 관계를 유지할 수 있었던 또 하나의 원인이었던 것으로 생각된다.

이 시기에 일본에 대한 우호적 시각을 견지했던 문사가 비단 김안국 한 명만은 아닐 것이다. 당시 은 무역 문제를 해결하는 과정만 살펴보더라도 김안국 개인의 힘으로만 해결하기에는 국가의 정치·경제에 미치는 영향이 상당했던 사건이었기 때문이다. 이 시기 일본을 객관적이고 우호적으로 바라보았던 일군의 문사들이 있었는지의 여부를 살펴보는 것은 조선전기 대일 인식관을 살펴보는 데 꼭 필요한 작업이라고 생각된다. 이에 대해서는 후속 연구를 기약한다.

8장

『일관시초日觀詩草』를 통해 본 추월秋月 남옥南玉의 일본 인식

윤재환尹載煥*

1. 머리말

이 글은 추월秋月 남옥南玉의 『일관시초日觀詩草』에 나타난 남옥의 일본 인식에 대해 살펴보고자 한 것이다. 이 글에서 남옥이라는 인물에 대해 관심을 가지게 된 것은 계미통신사행癸未通信使行에서 나타난 그의 행적에 기인한 것이다. 11개월간의 긴 사행기간 동안 일본 인사들과의 수창이나 공적인 기록문들의 저술을 전담하는 제술관의 직을 담당했던 남옥은 그 기간 동안 일본 인사들과 수창하며 창작했던 시들을 모아 하나의 책으로 엮었을 뿐만 아니라, 개인적인 심사를 읊은 시와 사행 기간의 전 여정을 기록한 글을 각각 별도의 책으로 묶었다. 11개월이라는 짧지 않은 시간의 여정이었고, 그가 제술관의 직을 담당하고 있었다고는 하지만, 연행이나 사행, 혹은 통신사 기간의 경험을 각기 다른 세 권의 책으로 엮었던 인물은 필자가 확인하기로는 아직까지 추월 남옥 한 사람 뿐이다.

* 단국대학교 동양학연구소

남옥은 방대한 저작물을 남겨놓았을 뿐만 아니라 그 저작물의 수준으로도 일본 인사들에게 큰 존중을 받았다. 당시 남옥의 명성은 계미통신사행 인물들에 대한 일본 인사들의 기록을 통해 쉽게 확인할 수 있다. 또, 남옥은 계미통신사행 기간 동안 몇몇 일본 인사들과 깊은 교류관계를 맺었고, 이들을 인정한다고 기록하고 있는데, 이 기록을 문면 그대로 인정하여 남옥이 소수이기는 하지만 일본 인사들을 인정하고 이들과 동류의식을 느낀 것이라고 치환하여도 좋을 것인가 하는 것에 대해서는 아직 쉽게 답하기 어렵다.

이 글은 이러한 의문점에서 시작한 것으로, 계미통신사행 기간 동안 남옥이 창작한 기록물 중 『일관시초日觀詩草』를 대상으로 그가 지니고 있었던 대 일본 인식에 대해 확인해 보고자 한 것이다. 남옥이 지니고 있었던 일본에 대한 인식의 확인이 바로 18세기 조선의 대 일본 인식의 확인으로 치환되기는 쉽지 않겠지만, 남옥의 대 일본 인식의 확인은 최소한 조선 후기 당대 조선의 문인·학자들이 일본에 대해 지니고 있었던 의식의 일단을 살펴보는 한 과정으로 의미를 지닐 것이다. 이와 함께 이 작업은 19세기 이후 전개될 동아시아 삼국의 상호 인식과 그 인식 전환의 한 단초를 앞서 검토해본다는 점에서도 적지 않은 의미를 지닐 것이라 생각한다.

2. 남옥南玉과 계미통신사행癸未通信使行

계미통신사행은 1763년(영조39) 8월부터 1764년(영조 40) 6월까지 정사 조엄, 부사 이인배, 종사관 김상익을 중심으로 472명이나 되는 대규모 사행단이 일본 에도막부江戶幕府의 제10대 쇼군將軍(재위 1760년~1786년)이었던 도쿠가와 이에하루德川家治(1737~1786)의 취임을 축하하기 위해 떠났던 통신사행이다. 이 사행에서 남옥은 제술관의 직으로 참여하였다. 계미통신사행은 조선 후기 이루어졌던 12회의 통신사행 중 11번째의 사행이었지만 실질적으로는 마지막 사행이었다고 할 수 있다.

그것은 조선 후기의 마지막 사행이었던 12번째의 사행이 일본 에도막부江戶幕府의 제11대 쇼군將軍 도쿠가와 이에나리德川家齊(1773년 11월 18일~1841년 3월 22일)의 취임을 축하하기 위해 1811년(순조 11) 김이교를 정사로 336명의 사행단을 파견한 것이었지만, 이 시기에 들어

와서는 통신사 파견의 외교적인 의미가 상실되면서 대마도에서 국서를 교환하는 의례적인 '역지통신易地通信'으로 실행되었기 때문이다. 이 이후로도 장군이 습직할 때마다 '오사카역지통신大阪易地通信' 또는 '대마역지통신對馬易地通信'이 결정되었지만 시행되지는 않았다. 그것은 조·일 양국이 이 시기에 이미 통신사 파견에 대한 적극적인 의지가 없었기 때문이다. 특히 19세기 중반 이후, 동아시아가 서구의 위협을 받게 되자, 조·일 양국은 통신사를 통한 우호나 교린보다 상반된 대외인식을 바탕으로 서구 세력에 대처해 나갔다.

실질적으로 조·일 사이에서 이루어진 마지막 사행이었던 계미통신사행은 그 사행이 마지막이었다는 것보다 사행 기간 동안 이루어진 다양한 활동 때문에 상당한 의미를 지닌다. 제10차 사행이었던 무진戊辰 통신사행通信使行(1748년) 이후 16년 만에 이루어진 사행이었고, 영조대의 두 번째 통신사행이었던 계미통신사행은 조·일 양국의 정세가 비교적 순탄한 시기에 이루어진 것으로 두 나라 문인 사이의 시문 창화가 어느 때 보다 활발하게 이루어졌고, 단일 사행으로는 가장 많은 수의 사행록이 저술되었다. 이런 점에서 계미통신사행은 조·일 양국 문인들의 직접적인 문화 교류를 그 자신들의 시문을 통해 보여준 문화 교류의 생동하는 현장이었다는 중요한 의미를 지닌다.

이 계미통신사행에서 제술관이었던 남옥의 역할은 상당하였다. 현재 남옥의 생애와 행적을 정확하게 살펴볼 수 있는 자료가 없어 남옥에 대해 구체적으로 밝히기는 어렵지만,[1] 『청장관전서青莊館全書』[2]와 『한산세고韓山世稿』,[3] 『흠영欽英』[4]의 기록으로 볼 때 남옥은 상당한 문재文才를 지녔었다고 생각된다. 김성진에 따르면 남옥은 뛰어난 문재를 지니고 있었지만, 상당히 가난한 삶을 살았다[5]고 보이는데, 남옥이 겪은 두 번의 유배 중 첫 번째 것

1 남옥의 遺事가 수록되어 있는 『宜寧南氏家乘』이 현전한다고 하지만[金聲振, 「南玉의 生涯와 日本에서의 筆談唱和」, 『韓國漢文學硏究』 제19집(1996), 275쪽] 아직 필자가 직접 확인하지 못했다. 따라서 이에 관한 기록은 모두 김성진의 논문을 참조하였다.

2 李德懋, 『青莊館全書』 卷 五十, 「耳目口心書 三」, "林信言世掌文職, 騃而自用, 使行遲速, 係於回答書, 而書出於其手, 一行深以爲慮. 適信言書記久保泰亨者, 以文事見, 時韞和其詩曰; 林君獨掌裨諶命, 早向公門彩筆橫, 泰亨書牘尾以示曰; 謹以誠意歸, 傳於大學頭. 未幾回答書來, 使行速發, 韞有力焉. 文章之動人如此, 而時韞之才, 誠不可及也. 成士執與南, 同入日本, 目見其事, 爲余言之如此."

3 李奎象, 『韓山世稿』 卷 二十九, 「文苑錄」, "南玉, 字時韞, 號秋月, 官文科外縣, 兄弟曰重曰圭, 俱善科賦, 玉之科賦, 神出鬼沒."

4 兪晩柱, 『欽英』, 1782년 2월 27일조, "或言今世之程式, 苟不能速則, 雖李匡德之表, 任徵夏之策, 完寧之詩, 南玉之賦, 便不可爲文, 而不可自以爲能文也, 是以魁卷之淩夷, 如此在高, 何曾有是哉."

5 金聲振, 앞의 논문(1996), 276~277쪽.

이 매문賣文에 의한 것이었다.[6] 그러나 매문賣文에 의한 유배에도 불구하고 남옥은 문장력으로 인해 영조에게 상당한 인정을 받았다.[7]

남옥의 이와 같은 문장력은 그가 제술관으로 참여하였던 계미통신사행에서도 유감없이 발휘되었다고 보인다. 계미통신사행에 관한 일본인들의 기록을 살펴보면 당시 남옥이 얻었던 명망을 보다 구체적으로 확인할 수 있다. 조선 문사들과의 창화 시문집인 『동유편東遊篇』을 편찬한 나파사증那波師曾의 동생 오전원계奧田元繼가 "이번 갑신사행 480여 명 중 글 솜씨가 물 흐르듯 하여 말을 하면 곧 문장을 이루고 간간이 기묘한 것이 있어 평가할 만한 사람은 추월 한 사람뿐이다.[8]"라고 한 것이나, 『무진창화록』을 편찬한 산근청山根淸이 "신묘 사행 중에는 제술관 이동곽이 가장 뛰어났었는데, 그 뒤로 이번 사행에서는 추월 남옥과 용연 성대중이 또한 뛰어난 인물이[9]"라고 한 평가는 계미사행에서 남옥이 누렸던 명성을 잘 보여준다.

그러나 이와 같은 일본 인사들의 남옥에 대한 평가가 조선 통신사 내에서 있었던 남옥에 대한 평가와 반드시 일치한다고는 보기 어렵다. 오히려 이와 같은 평가는 계미통신사행에서 남옥이 제술관이었다는 그의 직분에 연유한 바가 적지 않다고 생각된다. 앞서 살펴본 일본 인사의 평가 중 신묘 사행에서 가장 뛰어난 인물이었다는 이동곽 역시 신묘사행시의 제술관이었고, 다음 통신사행인 기해통신사행(1719년, 숙종 45)에서 가장 뛰어났다는 평가를 받은 인물 역시 제술관이었던 신유한이다. 따라서 계미통신사행에서 가장 뛰어났었다는 평가를 받은 두 사람, 성대중과 남옥 역시 사행에서 일본 문사들과의 시문 창화를 전담한 서기관과 제술관의 직을 맡고 있었다는 점에서 본다면 남옥에 대한 일본 인사들의 평가는 당연히 예상할 수 있는 것이었다고도 할 수 있다. 물론 서기관이나 제술관의

---

6 『朝鮮王朝實錄』, 英祖 22年 3月 27日(癸巳) 2번째 기사, "行夕講. 知經筵元景夏曰; 國家得人之道, 專在科擧, 而近來士子不讀書而事僥倖, 故一種賣文之徒, 誤人甚多. 科榜一出, 輒致嘵嘵, 不可不痛禁此弊矣. 如南玉・朴師灝・申嶷之類, 皆以賣文得名, 此輩宜遠地定配也. 上從之."

7 『朝鮮王朝實錄』, 英祖 41年 6月 16日(庚申) 1번 째 기사, "庚申. 上御景賢堂, 親試儒生殿講, 命居首幼學李敏佐直赴殿試, 餘皆給分. 又行吏文製述, 以居首前主簿南玉有文才, 特命調用右職.", 英祖 41年 6月 18日(壬戌) 1번째 기사, "壬戌. 上親試漢學文臣于景賢堂. 以具廙善讀, 命陞六, 以知中樞洪啓禧, 曉解漢語, 特差譯院提擧, 領議政洪鳳漢所薦也. 鳳漢又薦李鳳煥・南玉・成大中爲庶流中人才, 請次第調用, 上允之."

8 奧田元繼, 『兩好餘話』, 「跋」, "今玆甲申中聘使同行四百八十餘人, 其中筆翰如流, 語言立成, 間有奇妙可評者, 唯秋月一學士而已."[金聲辰, 「癸未使行時의 南玉과 那波師曾」, 『한국문학논총』 40집(2005), 113쪽의 주) 5에서 원문 재인용]

9 山根淸, 「長門癸甲問槎序」, "辛卯幕中李東郭已超乘矣, 爾後此行, 南秋月・成龍淵, 亦爲巨擘矣."(金聲辰, 위의 논문, 113쪽의 주) 6에서 원문 재인용)

선발 기준이 문장력이었다는 점을 생각해 본다면 기본적으로 남옥의 문장력은 충분히 인정할 수 있다.

계미사행의 정사였던 조엄趙曮은 그의 『해사일기海槎日記』에서 남옥에 대해 다음과 같이 평가하였다.

> 상이, "南玉이 명성을 얻었다 하니, 누가 많이 지었는가?"하여, 대답하기를, "(제술관과 서기관-필자 주)네 사람이 지은 수가 거의 같았습니다." 하였다. 상이 "남옥은 몇 편이나 지었는가?" 하여, 남옥이 "천여 首를 지었습니다." 하니, 상이, "장하다. 너도 저 사람들의 詩를 얻어 왔느냐?" 하여, "저 사람들이 먼저 짓고, 그런 뒤에 和答하였으므로, 저들이 지은 것을 가져왔습니다."하였다. 조엄이 "저 사람들의 시는 대체로 원숙한 것이 없어 볼 만한 것이 없었습니다." 하였다. 상이 "세 사신들도 지었는가?" 하여, "勘罪를 기다리면서부터는 다시 酬唱하지 않았더니, 그들이 한으로 여겼습니다."하였다. 상이 "成大中은 어떠하였는가?"하여, "凡常하지 않았습니다. 元重擧와 金仁謙도 천여 수를 지었습니다."하였다. …… 상이, "남옥이 洪世泰·申維翰에 비하여 어떻던가?" 하여, "詩와 文에 모두 장점이 있으며, 갑자기 지었으나 다 잘 지어냈습니다." 하였다[10].

이와 같은 조엄의 평가는 그가 기본적으로 남옥의 문장력을 인정하고는 있지만, 그 문장력이 남옥과 함께 계미통신사행의 서기관으로 동행하였던 성대중이나 원중거·김인겸과 비교하여 월등히 뛰어났었다고 보고 있지는 않은 것이라 생각된다.[11] 따라서 남옥에 대한 일본 인사들의 평가는 조선에서 일본으로 건너간 통신사의 경우 대부분 서기관과 제술관이 일본 문사들과의 필담 창화나 수작酬酌을 전담하였고, 조선에서는 이를 위하여 서기관과 제술관의 선발 기준으로 시문 창작 능력을 우선 꼽았다는 당대 통신사행 구성의

---

10 趙曮, 『海槎日記』, 「狀啓」 筵話, 七月初八日, "上曰; 南玉得名云矣, 何者多作乎. 對曰; 四人所作之數, 略同矣. 上曰; 南玉作幾篇乎. 玉對曰; 作千餘首矣. 上曰; 壯矣. 汝得彼人詩來乎, 對曰; 彼人先作, 然後和之, 故彼作果爲持來矣. 趙曮曰; 彼人之詩大抵無圓成之篇, 無足可觀也. 上曰; 三使臣亦作之乎, 對曰; 自在待勘之後, 不復酬唱, 渠以爲恨. 上曰; 成大中何如, 對曰; 非常矣. 元重擧金仁謙, 亦作千餘首矣. …… 上曰; 南玉比洪世泰申維翰何如, 對曰; 詩與文皆有所長, 而倉卒所作, 皆能善成矣."

11 南重의 「祔通訓大夫行遂安郡守公遺事」에 "維翰詩不及世泰, 世泰文不及維翰, 南某當與申洪高下矣"라 되어 있지만(金聲辰, 앞의 논문(2005), 113쪽의 각) 4에서 원문 재인용), 글을 쓴 이가 남옥의 동생이었다는 점이나 그가 일반적인 詩文보다 科賦에 특히 능했었다는 점을 생각해 보면 이 글의 내용을 액면 그대로 받아들이기는 쉽지 않다고 생각된다.

특성에 따른 당연한 결과로 보는 것이 옳을 듯하다.

결국 계미통신사행에서 남옥이 일본 인사들에게서 받은 평가와 얻은 명성의 기본적인 이유는 그가 시문창화를 전대하고 수작을 도맡았었다는 그의 직책에서 기인한 것이라 할 수 있다. 물론 그의 능력이 시문창화나 수작을 전대할 만큼이 되지 못했다면 아무리 많은 기회가 있었다 하더라도 이와 같은 평가를 받을 수 없었을 것은 당연하다. 따라서 그의 문학적 역량이나 일본 인사들이 그를 평가한 내용의 진위에 대한 확인은 그의 글을 직접 살펴본 후 내리는 것이 옳다고 생각된다. 이런 점에서 남옥이 일본통신사행 기간 동안 창작한 시와 기록한 글을 엮은 세 종의 서책은 계미통신사행 기간 동안 일본의 사정을 확인할 수 있게 해 준다는 것뿐 만 아니라 그 자신의 문학적 역량을 확인할 수 있게 해 준다는 것에서 중요한 의미를 지닌다고 할 것이다.

3. 『일관기日觀記』·『일관창수日觀唱酬』·『일관시초日觀詩草』

남옥은 계미통신사행 기간 동안의 경험을 각각 다른 세 종류의 책으로 엮었다. 『일관기』·『일관창수』·『일관시초』가 그것인데, 이 책들은 각기 다른 성격을 지닌 것으로 서로 상보적相補的인 관계에 놓여있다. 현재 국립중앙도서관에 소장 중[12]인 이 책들은 표면적으로 보아 모두 불완전한 결본이다. 이 중 가장 양이 많은 책이 『일관기』로, 국립중앙도서관에 춘春·하夏·추秋 3책 8권이 전하고 있다. 『일관기』의 목차에 나와 있는 책의 분량이 모두 10권인 것으로 보아 현재 전하는 책은 9·10권이 통합된 2권 1책의 동권冬卷이 일실된 것이라 추정된다.

『일관창수』는 현재 「차정잠사명일백운次井潛四明一百韻」에서 「차야려양졸次野呂養拙」로 끝나는 중권中卷과 「송본랑암흥장자천리태의次松本良菴興長字千里太醫」로 시작하여 「제나파사증동유시권후題那波師曾東遊詩卷後」로 끝나는 하권下卷 두 책만 전하고 있다. 이 두 권의 책에 수록된 시들의 제목이 대부분 '차次~'와 '화和~'로 시작하고 있으며, 제목에 걸맞게

12 국립중앙도서관에 소장되어 있는 책은 『日觀記』 권 1~8(古2707-1), 『日觀唱酬』 上·下(古3644-8), 『日觀詩草』 上·下(古3644-7)인데, 표면적으로 보아 모두 결본이다.

내용 역시 차운次韻 혹은 화운시和韻詩로 이루어져 있다는 점에서 『일관창수』에 수록된 시들은 모두 일본 인사들과의 수작시酬酌詩 혹은 수창시酬唱詩라 생각된다. 김성진에 따르면 『일관기』의 기록으로 보아 남옥은 부산을 떠나 좌수포佐須浦에 정박한 1763년 10월부터 한 달쯤 지난 1763년 11월 3일에 정암장로酊菴長老가 증정한 율시律詩 1수, 절구絶句 1수에 화답한 것을 시작으로 거의 날마다 시문을 창수하거나 필담을 주고받았다고 한다. 특히 중권의 첫 시인 「차정잠사명일백운次井潛四明一百韻」는 1764년 1월 13일 비전주備前州 우창牛窓의 객사客舍에서 정잠井潛의 백운율百韻律에 화답한 시라고 하였다. 김성진은 이와 같은 『일관기』의 검토를 바탕으로 『일관창수』의 상권上卷은 1763년 11월 3일 정암장로酊菴長老의 율시律詩 1수, 절구絶句 1수에 화답한 시에서부터 1764년 1월 12일 풍후주 기실豊後州記室인 시관맹柴寬猛의 시에 화답한 시까지 수록하였을 것이라고 보았다.[13]

상上·하下 2권이 전하고 있는 『일관시초』는 그 표지에 '일관시초 상권 재, 사방사득차동 우 실일권 중권무 동하권재[日觀詩草上卷在, 四方查得次仝, 又 失一卷 中卷 無, 仝 下卷在]'라 되어 있다. 이 책을 필사한 사람이 누구인지 정확하게 확인할 수 없어 단정해서 말하기는 어렵지만, 후대 이 책을 소장하고 있었던 사람이 책의 내용을 살펴보지 않고 기록된 겉모습만을 보고 중권中卷이 일실되었다고 한 것이 아닌가 생각된다. 이렇게 생각하게 된 것 역시 앞서 이루어진 김성진의 연구 결과에 따른 것인데, 그는 남중南重의 「부통훈대부행수안군수공유사祔通訓大夫行遂安郡守公遺事」 안의 기록과 『일관시초』 상上·하권下卷에 배열된 시를 『일관기』의 기록과 대조한 결과 두 가지를 가지고 『일관시초』는 처음부터 2권 완질본이라고 하였다.[14]

현재까지 『일관시초』에 대한 김성진의 선행 연구를 반박할 수 있는 별다른 근거 자료나 정황이 발견되지 않고 있다는 점에서, 『일관시초』에 대한 그의 주장이 타당하며 이를 그대로 받아들여도 별다른 문제가 없다고 생각된다. 따라서 현재 전하는 남옥의 저술 중 완질로 전하는 유일한 서적이 『일관시초』라 할 수 있다.

『일관기』와 『일관창수』·『일관시초』는 동일한 작가에 의해 계미통신사행 기간 동안 저술된 기록물이다. 따라서 세 종류의 서적에는 서로 겹치는 부분이 상당하다. 여기에서 말

13 金聲振, 「南玉의 生涯와 日本에서의 筆談唱和」, 『韓國漢文學研究』 제19집(1996), 281쪽 주) 24.
14 위의 논문, 281쪽 주) 25.

하는 서로 겹치는 부분이란 내용을 의미하는 것이 아니라 시간과 장소, 그리고 대상을 의미한다. 『일관기』는 계미 사행 전 과정에 대한 세밀한 기술로 이루어진 책이다. 일기日記 형식으로 본문이 기록되어 있는데, 권 1에서 권 4까지의 전반부 4권은 전체가 범례凡例이다. 이 네 권의 책에서 남옥은 여정과 만난 인물, 사행에 참여한 사람, 시를 주고받은 인사, 그리고 주변의 지형과 경관에 대해 소상하게 기술하였다. 남옥의 『일관기』를 살펴보면 그가 계미사행 기간 어떤 일을 하였으며, 몇 명의 일본 인사와 언제 어디서 만났고 무엇을 하였는지 빠짐없이 확인할 수 있다. 따라서 사실의 기록이라는 점에서 남옥의 『일관기』는 이전에 나온 어떤 통신사 기록보다 자세하고 또 큰 의미를 지닌다[15].

이와 같은 점에서 『일관기』는 『일관창수』와 『일관시초』를 검토하는 기본 자료가 된다. 『일관창수』에서 시를 주고받은 인물과 상황에 대해 『일관기』를 통해 확인할 수 있고, 『일관시초』의 시를 창작하게 된 배경과 시·공간에 대해 살펴보는 기본 자료가 되기 때문이다. 『일관창수』는 말 그대로 일본 인사들과의 창수시집唱酬詩集이다. 따라서 『일관창수』에 수록된 시들은 남옥이 그 자신의 개인적인 정서를 읊은 시가 아니라 제술관이라는 자신의 직분에 따라 의무적으로 창작한 시들이 대부분이다. 이런 점에서 『일관창수』에 수록된 시를 통해 확인할 수 있는 남옥의 문학적 역량은 그가 응구첩대應口輒對에 능했다거나 다작多作의 역량을 지니고 있었다는 것 정도에 불과하다. 물론 창수시唱酬詩가 반드시 형식적인 것은 아니지만, 『일관기』의 기록을 보면 남옥이 시문 창화를 요구하며 밀려드는 일본 인사들로 인해 상당한 곤혹을 겪었고, 그들에게 주기 위해 형식적인 시를 지어야 했던 상황에 못내 마음 내키지 않아했음을 알 수 있다. 그렇다면 남옥이 일본 인사들의 시에 화답하면서 시상을 가다듬는다거나 창작한 시를 추고推敲하기 어려웠을 것이라는 것은 누구나 이해할 수 있는 것이다. 따라서 『일관창수』 속의 시를 통해 남옥의 진정한 문학적 역량을 파악하고, 그가 지니고 있었던 일본에 대한 인식을 확인한다는 것은 쉽지 않은 일이라 생각된다.

『일관시초』는 『일관창수』와 다른 면모를 지니고 있다. 『일관시초』 속의 시는 그가 제술관으로 통신사행에 끼어 일본을 가게 되었을 때 지은 3수 연작시 「칠월귀근七月歸覲」으로

15 『일관기』의 내용과 성격에 대해서는 김보경의 선행연구[「南玉의 日觀記 연구」, 『한국고전연구』 14집(2006)]에 자세히 나와 있다. 따라서 이 글에서는 『일관기』의 구체적인 내용에 대해 더 이상 논의하지 않기로 한다.

시작하여 「남전추야용거시상별운南殿秋夜用去時相別韻」으로 마무리된다. 이로 보아 『일관시초』 속의 시는 대부분 남옥이 그 스스로의 심경을 시로 풀어낸 것들이라 생각된다. 남옥이 어떤 이유 때문에 일본 인사들과의 창수시와 자신의 심경을 읊은 시를 구분하여 책으로 엮었는지는 확인하기 어렵지만, 『일관시초』 속에 수록된 시들의 성격이 『일관창수』 속의 시들과 다른 것은 분명하다고 할 수 있다. 이런 차이점 때문에 『일관창수』와 『일관시초』 속에 수록된 시의 분량이 엇갈려든다. 즉, 『일관창수』에 수록된 시의 양이 많아지는 시기에 『일관시초』 속의 시가 줄어들고, 『일관시초』 속에 수록된 시의 양이 많아지는 시기에 『일관창수』 속의 시가 줄어든다. 이런 특성 역시 『일관창수』와 『일관시초』의 성격이 다름을 보여주는 증거라 할 수 있다.

『일관시초』의 성격이 『일관창수』와 다르지만, 수록된 시를 살펴보면 유사한 면 역시 적지 않다. 『일관시초』와 『일관창수』 속에 수록된 시의 체제나 형식의 유사성은 그의 시세계가 지니는 보편적 특성이라고 생각할 수 있는데, 그 첫 번째가 차운 혹은 화운에 의한 시가 많다는 것이다. 당시 남옥이 제술관이라는 직책을 담당하고 있었기 때문에 정사나 부사, 혹은 종사관이나 서기관의 차·화운 요구가 적지 않았을 것이라는 점을 감안하면 『일관시초』에 차·화운 시가 많은 것은 당연하다고 할 수도 있다. 그러나 그가 차·화운한 시는 이 뿐만 아니라 두보杜甫나 육유陸游 같은 중국 시인부터 삼연三淵에 이르기까지 다양하다. 다음으로 살펴볼 수 있는 특성은 연작시連作詩가 상당히 많다는 것이다. 그것도 한 두수를 연작하는 정도가 아니라 열 수 이상을 연작한 장편시가 많다.

이와 같은 두 가지 특징의 의미를 단언하기는 쉽지 않다. 그것은 차운시가 기본적으로 학시의 과정에서 이루어지는 것이지만, 다른 한편으로 문인들 사이에서 교제와 교유의 도구로 기능하고 있기 때문이다. 남옥의 경우 그가 이미 문명文名을 통해 일본통신사행의 제술관직을 담당하고 있었다는 점에서 또, 그의 차운시에는 그의 주변 인물들의 시를 차운한 것보다 삼연과 두보, 육유를 차운한 시가 더 많다는 점에서 그 의미를 하나로 규정하기 쉽지 않다. 하지만 이러한 특징을 『일관시초』 속에 자리한 장편 연작시의 창작과 이어본다면 한 가지 의미를 유추해 볼 수는 있으리라 생각한다. 그것은 남옥이 그 자신의 뛰어난 감수성과 시적 재능을 바탕으로 그가 접한 대상 경물에서 일어나는 감흥을 시 속에 오롯하게 그대로 풀어내고자 노력한 시인이었다는 것이다. 이 과정에서 남옥이 삼연과 두보, 육유의 시를 차운한 것은 그가 평소 그만큼 이들을 배우고자 노력했다는 것을 보여주는 것이 아닐까 생각된다.

이렇게 보았을 때 현재 전하는 남옥의 저술 세 종류 가운데 그의 문학적 역량을 확인해 볼 수 있는 가장 적절한 저작이 『일관시초』이고, 이 『일관시초』 속에 남옥은 당대 일본 인사들에게 밝히지 못했던 자신의 속내를 그대로 담아냈다고 할 수 있다. 따라서 이 글에서는 남옥의 『일관시초』를 기본 텍스트로 하여 논의를 전개해 나가도록 하겠다.

4. 미완未完의 시집詩集 『일관시초日觀詩草』

현재 남아있는 자료 중 남옥의 문학적 역량과 일본에 대한 인식을 살펴볼 수 있는 가장 적절한 자료가 『일관시초』라는 점에서 이를 통해 그의 문학적 역량과 대 일본 인식을 확인하고자 한 이 글의 의도는 타당하다고 생각한다. 더욱이 현재 전하는 자료 중 『일관시초』만 유일한 완본이라는 점에서 그 타당성은 더욱 확대된다. 그러나 『일관시초』를 자세히 살펴보면 비록 완질이라 하여도 여러 가지 문제가 있음을 알 수 있다.

현재 전하는 『일관시초』는 필사 초고본인데, 이 책을 남옥이 직접 기록했는지가 우선 가질 수 있는 의문이다. 이 의문점은 두 가지 방향에서 이루어진 것인데 첫 번째는 이 책의 편집 체계가 분명하지 않다는 것이다. 상·하 두 권으로 나누어진 『일관시초』는 시간 순에 따라 작품을 배열하고 있는데, 상권의 첫 면에 '일관시고 상 일본면부득日觀詩稿上日本免不得'이라 한 뒤 바로 이어 「칠월귀근七月歸謹」이라는 오언율시 2수와 칠언율시 1수가 나온 뒤 시간 순으로 창작한 시를 배열하여 「겸류관부채국용연옹송백당영매운鎌劉館賦綵菊用淵翁松柏堂詠梅韻」이라는 칠언율시 14수로 끝을 맺는다. 그 뒤로는 '총육백삼십일수總六百三十一首'라는 한 줄이 더해졌을 뿐이다. 이 표기는 『일관시초』 상권에 수록된 시가 모두 631수라는 뜻인데, 수록된 시를 모두 검토해 보아도 『일관시초』 상권에 수록된 시는 모두 625수 뿐이고, 그 중에서 남옥이 창작한 시는 603수이다.[16]

---

16 『일관시초』 수록 작품에 대한 검토는 부록으로 첨부한 "『일관시초』 작품 정리표"를 참조하기 바란다.

하권은 별다른 표기 없이 「충해이후기행차잠가주절구忠海以後紀行次岑嘉州絶句」라는 칠언절구 20수로 시작하는데, 그 끝이 모호하다. 내용으로 보아 하권의 133번째 시인 「남전추야용거시상별운南殿秋夜用去時相別韻」이라는 칠언율시 1수와 그 원운인 성장聖章의 칠언율시 1수가 마지막으로 보이는데, 이후 두 면의 여백 뒤 아무런 표식 없이 제목 없는 시가 시작되고 있다. 첫 시가 칠언절구 1수이고 다음 시가 칠언율시 1수인데, 두 번째 시의 마지막에 소자로 '삼주 이태학사 정보 사수三洲李太學士鼎輔士受'라고 되어 있는 것으로 보아 이 시는 남옥이 일본으로 갈 때 그에게 전별의 시를 써 준 사람들의 시를 모아놓은 것이 아닌가 생각된다. 이러한 시가 모두 12인의 시 44수인데, 첫 번째 시인 칠언절구 1수와 마지막 시인 칠언절구 5수의 작자를 확인할 수 없다.

혹 첫 수를 삼주 이태학사 정보 사수가 쓴 것이라 볼 수도 있겠지만, 증별시라는 특성으로 보아 한 작자가 다른 양식의 시 두 수를 지어준 것으로 보기는 쉽지 않다. 특히 마지막 시인 칠언절구 5수 뒤에는 아무런 표기 없이 다음 면으로 이어지면서 제목 없는 칠언절구 1수가 나오는데, 시의 끝에 소자로 '대마주對馬州'라 되어 있다. 이 때문에 바로 앞에 있는 칠언절구 5수의 작자를 유추하기 어렵다. 이와 같이 증별시 뒤로 나오는 시가 10종 12수인데, 시의 형식은 모두 칠언절구이고 대상은 "대마주對馬州·박제상朴堤上(2수)·김방경 전지金方慶戰地·라홍유羅興儒·정포은鄭圃隱·서복사徐福祠·오사카성大坂城·태화주太和州(2수)·부사산富士山·관백關白"으로 다양하다. 그런데 이 뒤로 다시 홍휘지 신유洪徽之愼猷의 칠언절구 3수와 심대중 용沈大仲鏞의 칠언절구 1수, 서여오 명서徐汝五命瑞의 칠언절구 1수가 나온 뒤 채희범蔡希範의 서序와 오준근吳濬根의 서叙로 끝을 맺는다. 그리고 마지막 줄에 '일관시초日觀詩草 권지일卷之一'이라는 기록이 있다.

이로 보아 현재 전하는 『일관시초』의 필사자가 누구인지 확인하기는 어렵지만, 그가 애초 기획한 『일관시초』는 현재 전하는 것과 같은 분량이나 내용이 아니었던 것이라 유추된다.

또 다른 의문점은 오자誤字와 낙자落字가 상당 수 나타나고 있으며 글자가 더 들어가 있는 구도 눈에 띈다는 것이다. 오자는 상권의 39번째 시 「입경주入慶州」의 경우가 단적인 예이다. 경련頸聯 첫째 구가 "치원문장수부독致元文章誰復讀"이라 되어 있는데, 이 구절에서 말하는 치원致元은 최치원崔致遠으로 원元은 원遠의 오자이다. 낙자의 경우 대부분 『일관시초』의 상권에서 보인다. 하권에서 낙자를 가진 시는 모두 두 수인데, 첫 수가 칠언절구 「차죽나운次竹裸韵」이고 다음 수가 「근차사상복로지희운謹次使相復路志喜韵」이라는 칠언절구이다. 첫 수의 마지막 구절이 "도춘산세우중到春山細雨中"으로 끝나 1자의 누락이 보인다. 이와 달리 두 번째 시는 경련頸聯의 첫 구에서 누락이 보이는데, "화착우유상대花着雨留相待"로 되어 있다. 그런데 이 누락은 화花 위의 한 글자를 필사자가 붓으로 지운 뒤 보입해 놓지 않아서 생긴 오류이다. 하권과 달리 상권에서는 여섯 수의 시에서 낙자를 발견할 수 있는데, 모두 1 글자가 탈락되어 있다. 글자가 첨가된 시는 하권에서 보이는데, 박인칙朴仁則 경행敬行의 칠언절구 7수 중 첫 수의 셋째 구가 "번화부화부려구무적繁華富華富麗俱無敵"으로 되어 있어 두 글자가 첨가되어 있다.

이와 같은 현상의 원인을 분명하게 밝히기는 어렵지만, 만약 『일관시초』의 필사자가 남옥이라면 이와 같은 오류의 원인은 기억의 문제가 아닐까 유추할 수 있을 듯하다. 즉, 『일관시초』의 기록이 시의 창작과 동시에 진행된 것이 아니라 그가 일본에서 조선으로 돌아오는 중, 혹은 조선으로 돌아와서 그간의 기억을 더듬으며 기록했기 때문이라고 유추할 수 있다는 것이다.

이런 문제점으로 보아 현재 전하는 『일관시초』는 그 책의 체제와 수록된 시가 모두 정리된 완전한 것이 아님을 알 수 있다. 말 그대로 필사筆寫 초고본草稿本이라고 보는 것이 타당할 것이다. 이 책을 귀국 이후 남옥이 다시 정리하지 않은 이유가 무엇인지, 혹 정리하였다면 어디에서 전하고 있는지는 알 수 없다. 그러나 이 책이 완전본으로 전하지 않는다고 해서 그 가치가 손상되거나 줄어든다고 생각되지는 않는다. 오히려 이 책이 초간본 형태로 전하기 때문에 더 큰 자료적 가치를 지닌다고 생각된다. 그것은 남옥이 지니고 있었던 인식 세계와 그의 창작 능력이 수정과 보완의 단계를 거쳐 다듬어지기보다 원형 그대로 남아있기 때문이다. 따라서 이 글에서는 『일관시초』의 이와 같은 성격을 전제하면서, 『일관시초』를 이 글의 기본 자료로 이용하도록 한다.

5. 『일관시초日觀詩草』를 통해 본 남옥南玉의 일본日本 인식認識

『일관시초』 속에 담겨있는 남옥의 대 일본 의식은 대체로 두 가지 측면에서 확인 가능하다. 첫 번째가 당대 일본의 인물과 풍경에 대한 평가와 기술 태도이다. 그것은 낯선 일본의 풍경과 인물에 대한 남옥의 시선이 기본적으로 호기심을 바탕으로 하는 것이지만, 그 호기심이 시 속에 구현된 창작의 방향은 그가 이전까지 지니고 있었던 일본에 대한 인식 태도를 기반으로 하기 때문이다. 두 번째는 보다 직접적인 것으로 그가 시 속에 풀어 놓은 일본에 대한 평가이다. 이 경우 남옥 스스로가 일본을 어떻게 생각하고 있는지, 일본 인사들을 어떻게 평가하고 있는지 하는 그의 일본 인식이 보다 선명하고 구체적으로 드러나게 된다. 이에 따라 이 장에서는 『일관시초』 속에 수록된 시를 이 두 방향에서 살펴보고자 한다.

전술한 것과 같이 남옥의 『일관시초』에 수록된 시는 그가 제술관직에 임명된 뒤부터 창작된 시로 시작된다. 그래서 『일관시초』의 첫 부분은 일본에서가 아니라 조선에서 지어졌다. 따라서 일본의 인물과 풍경에 대한 묘사를 통해 남옥의 일본 인식을 확인하고자 하는 이 글에서 다루게 될 시들은 아무리 올려 잡아도 일본으로 떠나며 쓴 『일관시초』 상권의 89번째 시인 15수 연작 칠언절구 「해람사용연옹강상만영운주중작解纜詞用淵翁江上謾詠韻舟中作」에서부터 시작할 수밖에 없다. 이 후 남옥이 일본의 풍경과 인물에 대해 읊은 첫 번째 시는 『일관시초』 상권에 96번째로 수록되어 있는 칠언율시 「서복사西福寺」이다. 그러나 서복사는 조선통신사가 일본에 도착해 처음 묵는 복정현福井縣에 있는 절로, 남옥의 「서복사」 역시 서복사의 풍경에 관한 것이 아니라 그곳의 풍경을 바라보며 자기 자신의 개인적인 심경을 읊은 것이다. 이런 여러 가지를 고려해보면 남옥이 본격적으로 일본의 풍경과 인물에 대해 묘사하고 있는 시는 주로 하권에 나온다고 할 수 있다. 시를 보도록 한다.

朝日移舟逼水源	아침나절 배 옮기니 수원에 다 온 듯한데
蠻兒牽入小湖門	오랑캐아이 작은 호수 문으로 끌어 들이네.
家家適楚通吳舶	집집마다 楚나라나 吳나라와 통하듯 배대고

岸岸賖魚賣酒村　　언덕마다 고기 사고 술 파는 마을이네.
綠竹防橋迷港路　　푸른 대 뱃길 막아 물 길을 못 찾겠고
粉樓簾幙露粧痕　　고운 누각 쳐진 주렴 단장 자취 가득하네.
蘇堤杭曲堪爭勝　　소제의 강 마을과 승부 겨뤄 볼만하지만
蜒雨腥風奈漲昏　　내리는 비 비릿한 바람만 어찌 저물녁 가득한가.

이 시는 남옥이 대판으로 거슬러 올라가며 쓴 「주소대판첩운舟溯大坂疊韻」이라는 시로, 그가 보고 접한 거리의 풍경을 있는 그대로 시 속에 옮겨놓고 있다. 함련과 경련의 내용으로 보아 남옥이 접한 거리의 풍경은 어업과 상업이 몹시 발달한 번화한 도회지였다고 생각된다. 아마 그가 조선에서는 한 번도 접하지 못한 모습이었을 것이다. 초나라와 오나라를 통해 다닐 듯 수상 교통이 발달한 지역으로 집집마다 배가 매여 있고, 언덕마다 술과 고기를 파는 상가가 형성되어 있다. 여기에 뱃길을 막을 듯 우거진 대나무 숲과 곱게 단장한 주렴이 쳐져 있는 화려한 누각의 모습은 번화한 도회지를 상상하기에 충분한 묘사이다. 이런 모습을 가지고 있었던 거리였기 때문에 남옥은 미련尾聯의 첫 구에서 이 거리를 중국 서호西湖의 소제蘇堤와도 비교해 볼 생각까지 가지게 되었을 것이다.

하지만, 미련의 두 번째 구에서 남옥은 시 전체를 되돌아보게 만든다. 주룩 주룩 내리는 비와 비릿한 생선냄새가 감싸고 있는 거리에서 남옥은 더 이상 어떤 아름다움이나 정겨움을 느끼지 못한다. 이 마지막 구 하나로 이전까지 묘사된 거리 모습은 완연한 시장의 뒷골목으로 전이되었다. 무서운 반전이자 시상의 전환이 일어난 것이다.

琵琶春色碧於紗　　비파호 봄 빛은 깁 보다 더 푸르고
水濶雲多勝浪華　　물 넓고 구름 많아 浪華보다 낳다네.
千畝篁中漁戶密　　천 이랑 대 숲 속에 어부 집 빽빽하고
曲欄橋下賈帆斜　　굽은 난간 다리 아래 장사치 배 비끼었네.
江山盡穢叢神廟　　강과 산 모두가 총신묘로 더럽혀지고
花木全粧釋子家　　꽃 나무 온통 부처의 집 단장했네.
別界無由歸禹貢　　경계 나뉘어져 우공에 들어갈 길 없으니

每逢奇處但長嗟　　기이한 곳 만날 때마다 긴 탄식만하네.

이 시는 「비파호琵琶湖」로 나라奈良 근처에 있는 일본에서 가장 큰 담수호인 비파호를 대상으로 쓴 시이다. 앞 시와 같이 이 시에서 묘사된 일본의 풍경 역시 조선과 비교할 수 없는 번화함을 누리고 있는 모습이다.

비파호의 남북 길이가 약 64km, 면적이 674km²이니 물 넓고 구름 많다는 남옥의 표현은 과장이라기보다 오히려 넓고 큰 호수의 모습을 범박하게 묘사하고 있다 해도 잘못된 말이 아닐 것이고, 이 곳 대 숲 속에 터를 잡은 수많은 어부들의 집을 빽빽하다고 한 것 역시 과장이라 보기 어렵다. 특히 비파호는 그 자체의 아름다운 경치와 옆에 있는 비예산比叡山으로 인해 이전부터 무수한 사원들이 터를 잡아왔다는 것에서 남옥이 비파호를 보며 총신묘叢神廟와 석자가釋子家를 거론했다는 것 역시 지나치다고 볼 수는 없다.

단지 이 시에서 눈여겨보아야 할 부분은 남옥이 총신묘가 들어선 강산의 모습을 "더럽혀졌다"고 표현했다는 것, 그리고 이곳의 경계가 문명과 나뉘어져 「우공禹貢」에 들어갈 수 없다고 했다는 것이다. 「우공」은 중국 구주九州의 지리와 산물에 대해 기술한 지리서로 『서경書經』의 편명이다. 경계가 나뉘어져 일본의 경물과 지리가 「우공」편에 들 수 없다는 것은 일본이 문명의 중심인 중국과는 별개의 구역에 놓여 있다는 것이다. 이런 일본의 지리에 대해 남옥은 기이한 곳을 만날 때마다 긴 탄식만 한다고 했는데, 이는 일본의 문명이 지리를 따라가지 못한다는 것이다. 이와 같은 시의 경련頸聯과 미련尾聯으로 보아 남옥의 기본 의식은 중화문명을 중심으로 확고히 굳어 있고, 이에 따라 일본에 대한 인식과 판단의 기준도 그에 맞추어져 있음을 느낄 수 있다.

長道稀空地　　긴 길에도 빈 땅 드물고
行行似昨過　　지나는 곳마다 어제 지난 듯하네.
村隨松竹密　　솔과 대 따라 지은 마을 빽빽하고
人比鳥魚多　　새와 고기 비해선 사람이 많다네.
野被青青麥　　들판은 푸르디푸른 보리로 덮여있고
橋通滾滾河　　다리는 뻗어 흐르는 강과 통하네.

亦知華制好　　그래도 중화제도 좋은 줄 알겠으니
無敎爾如何　　가르침 없는 너희들을 어찌하리오.

이 시는 명호옥名護屋으로 가며 쓴 「향명호옥向名護屋」이라는 시이다. 이 시 속에 묘사된 일본의 풍경 역시 앞의 두 시에서 바라본 것과 별다른 차이를 보이지 않는다. 긴 길에도 빈 땅이 드물 정도로 일본의 산하는 잘 정리되어 있었다. 그래서 남옥은 지나온 여정과 지나갈 여로의 차이를 미처 느끼지 못한 것이다. 여기에 더하여 소나무 대나무를 따라 빽빽하게 늘어선 마을, 새와 물고기보다 많은 사람들을 보며 남옥은 밀집한 인구와 번화한 도시의 모습에 놀라게 되었다.

이에 더하여 남옥은 푸르디푸른 보리로 덮여 있는 들판과 강으로 곧게 뻗어있는 다리의 모습을 보며 다시금 부유한 삶의 여유를 느끼게 된다. 하지만, 이 글에서 살펴본 첫 번째 시에서와 같이 남옥의 인식은 이와 같은 일본의 풍경에 감탄만 하게 버려두지 않았다. 오히려 남옥이 일본의 풍광에 감탄하면 할수록 그 반발의 폭을 더욱 크게 드러냈다.

"그래도 중화제도 좋은 줄 알겠으니, 가르침 없는 너희들을 어찌하리오"라고 장탄식을 내뿜는 이 시 미련尾聯의 두 구는 남옥이 드러낸 반발의 크기를 보여주는 것이면서, 앞의 시 「비파호」에서보다 인식세계의 노출 범주가 더 크고 직접적이다.

雲中眞面古今疑　　구름 속 진면목 예나 지금이나 의심스러웠는데
來往俱看雨捲時　　오며 가며 모두 다 비 걷힌 때를 보았으니
未甚岹嶢知絶峻　　그다지 높지 않지만 몹시도 험함을 알겠고
不曾鑱削乃全奇　　깎아내지 않았는데도 온통 기괴하다네.
方輿豈有經炎雪　　땅 위에 어찌 더위 겪은 눈 있으리오
頂竇應成錮冷池　　꼭대기 구멍 중에 당연히 찬 기운 굳은 못 있겠지
祇是無民無輔象　　단지 백성도 신하도 없는 형상이니
恰似倭帝亢龍悲　　항룡의 슬픔 부른 왜 황제와 흡사하네.

이 시는 귀국 길에 다시 부사산을 지나며 쓴 「부과부사산復過富士山」이라는 시이다. 일

본을 왕래하며 지나친 부사산의 모습을 남옥은 신비와 경외에 가득한 모습으로 그려내고 있다. 예부터 부사산의 이야기를 듣고 직접 보았지만 늘 의심스러웠는데, 거듭 맑은 날 부사산의 모습을 보니 듣고 본 자신의 경험이 잘못된 것이 아니었다는 확인에서부터 시는 시작된다.

그다지 높은 산이 아니지만 몹시도 험준한 모습으로 버티고 서 있으며, 깎아지른 듯 한 형상이 아니지만 곳곳에 기이함을 감추고 있는 부사산은 남옥에게 경탄을 자아내게 만들 만 한 것이었다. 더욱이 한 여름에도 눈 덮인 부사산의 모습은 지금껏 구경해본 적 없는 장한 광경으로 산꼭대기에 찬 기운 서려있는 얼음 연못이 있으리라는 상상을 끌어오기에 충분한 것이다.

그러나 부사산의 이와 같은 모습이 남옥에게 주는 경탄도 앞 시와 같이 마지막 연에서는 일거에 사라진다. 부사산의 장엄한 모습이 남옥에게 끝까지 유지되지 못하고 측은한 연민의 정을 끌어오는 것이다. 주변에 그와 같이 할 산이 없는 부사산의 모습은 마치 백성도 신하도 없이 홀로 우뚝한 왕의 모습이어서 항룡의 슬픔을 간직한 채 사라져야 했던 왜왕과 같다는 것이다.

위의 시들을 보면 남옥이 부유하고 풍요로운, 또 기이하고 웅장한 일본의 풍경을 바라보고 상당한 충격을 느꼈음을 짐작할 수 있다. 그 충격의 한 원인은 일본통신사행 이전까지 그가 미처 생각하지 못했던 일본의 부유함과 풍족함 그리고 번화함이라는 일본의 발전상 때문이었고, 다른 한 원인은 조선에서 접할 수 없었던 일본의 자연 풍광 때문이었다고 할 수 있다. 문제는 그렇다면 남옥이 그와 같은 충격에 대해 어떻게 반응하고 있었는가 하는 것이다.

지금까지의 시를 보면 남옥은 그 자신의 내적 충격을 완전하게 시 속에 노출시키지 않았다. 그 보다는 자신이 느꼈던 내적 충격을 스스로의 인식체계에서 만들어진 강력한 방어기제를 통해 흡수하여 소멸시켜 버렸다고 보인다. 이에 따라 그의 시 속에 묘시된 일본의 풍경은 최종 지점에서 "소제의 강 마을과 승부 겨뤄 볼만하지만 내리는 비 비릿한 바람만 어찌 저물녘 가득한가"나 "경계 나뉘어져 우공에 들어갈 길 없으니 기이한 곳 만날 때마다 긴 탄식만하네", "그래도 중화 제도 좋은 줄 알겠으니 가르침 없는 너희들을 어찌하리오", "단지 백성도 신하도 없는 형상이니 항룡의 슬픔 부른 왜 황제와 흡사하네"와 같이 언제나 도덕적 가치를 상실한 외형적이고 물질적인 형이하학적인 것으로 전락해버렸다. 이와 같은 태도는 남옥이 당대 일본의 실질적 지배자였던 관백과 그 수도를 대상으로 한 시에서도 변함없이 찾을 수 있다.

非臣非主覇啚新	신하도 임금도 아닌 새로운 패도를
天貸源家十葉春	하늘이 십대 이어 원씨에게 주었으니
不識西京虛位帝	자리만 있는 서경 임금 신경도 쓰지 않고
自尊東照大權神	스스로를 동조대권신이라 높이네.

四百琵琶抱一京	사백 리 비파호 온 서울 감싸고
宕山飛舞宛相迎	애탕산은 춤추는 듯 정답게 서로 맞네.
蠻兒坐井觀天下	오랑캐 아이 우물에 앉아 하늘을 보는 격이라
强比成周洛邑營	억지로 주나라 낙읍을 끌어대어 비교를 하네.

첫 번째 시는 20수의 칠언절구 연작시 「강호잡영이서애죽지가운江戶雜咏李西涯竹枝歌韵」 중 두 번째 시이고, 다음 시는 그 다음으로 나오는 「왜경잡영용하대복운倭京雜詠用何大復韵」이라는 칠언절구 20수 중 첫 번째 시이다. 앞의 시는 제목이 에도잡영江戶雜咏이라고 했으니 에도江戶에서 읊은 것이고, 다음 시는 본문 속에 아타고산愛宕山이 나오는 것으로 보아 나라奈良에서 지은 것이라 생각된다.

첫 번째 시의 마지막 구에 "가강이 동조대관현이라고 했다[家康稱東照大權現]"라는 소주小注와 두 번째 시의 마지막 구에 "왜에서 서경을 낙양이라고 했다[倭以西京稱洛陽]"는 소주가 있는 것으로 보아 이 시를 쓴 남옥의 기본적인 태도는 비꼼이라고 할 수 있다. 이런 점에서 보아 이 두 편의 시는 앞에서 본 시들보다 일본에 대한 남옥의 태도가 훨씬 더 경직되어 있음을 알 수 있다.

첫 번째 시는 도쿠가와 이에야스德川家康(1543년 1월 31일~1616년 6월 1일)에 관한 것이다. 그는 에도시대 에도막부 초대 쇼군의 자리에 오른 인물이었다. 본성을 후지와라씨藤原氏에서 미나모토씨源氏로 바꾸었고, 성씨 또한 마쓰다이라씨松平氏에서 도쿠가와씨德川氏로 바꾸었다. 그는 응인應仁의 난亂 이후 100년 이상 지속되어 온 일본의 전란을 종식시킨 인물로, 1603년 당시 형식적 존재였던 일본의 천황으로부터 정이대장군征夷大將軍에 임명된 이후 에도에 막부를 열어 정권의 초석을 세웠다. 특히 사후 신호神號에 기인해 권현權現으로 불리었다.

이와 같은 도쿠가와 이에야스德川家康에 대해 남옥이 비판의 시선을 던진 것은 시의 첫째 구, 셋째 구, 넷째 구에 나와 있는 세 가지 이유 때문이었다. 첫째가 비신비주非臣非主의 새로운 패도覇道였고, 두 번째가 왕의 권좌를 허위虛位로 만들었다는 것이고, 마지막이 스스로를 동조대권신東照大權神이라 불렀다는 것이다. 남옥의 일본통신사행이 에도막부 제10대 쇼군인 도쿠가와 이에하루德川家治의 취임을 축하하기 위한 것이었다는 점에서 볼 때, 남옥이 이 시를 지었다는 것은 통신사행의 기본 취지를 무색하게 만드는 것이고 절대 일본인들에게 알려져서는 안 될 것이었다.

두 번째 시는 아타고산愛宕山과 비파호琵琶湖가 나오는 것으로 보아 나라에서 지은 것이라 보인다. 나라는 일본인들의 고도古都로 정신적 고향과 같은 곳이다. 이곳에 도읍을 정하면서 일본은 율령국가, 천황중심의 전제국가, 중앙집권국가를 이루어 갔었다. 결국 일본인들의 심리적 터전이었고 자부심의 원천이었던 이곳을 일본인들 스스로 중국의 낙양洛陽에 빗대어 표현하였는데, 남옥은 이러한 일본인들의 행위를 좌정관천坐井觀天이라는 한마디 말로 조소해 버린 것이다.

裸體踉蹡獸性群　　벌거벗고 비틀비틀 짐승처럼 모여 있고
勞歌噍碎鳥音紛　　빠르고 낮은 노동요는 새소리마냥 어지럽네.
衝泥竟日猶無怨　　진흙탕 속 온 종일도 오히려 원망 없으니
終是源家敢死軍　　끝내 이들 막부장군 위해 죽을 군사라네.

이 시는 「영하왜詠下倭」라는 시이다. 시의 제목으로 보아 등장하는 이들의 신분이 이전까지와 달리 상당히 미천해 보인다. 이들의 모습에 대한 남옥의 시선은 지금까지 보았던 어떤 시에서보다 싸늘하다. 경직도 역시 『일관시초』의 시 가운데 가장 강하다고 할 만하다. 남옥은 하왜인下倭人들을 짐승과 같이 묘사하고 이들이 막부의 쇼군을 위해 죽음도 무

릅쓸 인물들이라고 했다. 심하게 표현하자면 인간성까지도 인정하지 않았다고 할 수 있다.

지금까지 『일관시초』 속의 시를 살펴본 결과 일본에 대한 남옥의 인식은 양면성을 지니는 것이라 할 수 있다. 일본의 경물과 풍광에 대한 감탄과 경이가 그 한 면이고, 다른 한 면은 여전히 일본에 대한 조선의 의식적 · 문화적 우위 의식이 그것이다. 남옥이 지니고 있었던 의식적 · 문화적 자부심과 우월감은 지금까지 살펴본 시에서 뿐만 아니라 『일관시초』 속에 수록되어 있는 시 곳곳에서 다양하게 찾을 수 있다.

그렇다면 일본에 대한 남옥의 감탄과 경이가 그 이전 혹은 당대 조선 문사들의 시와는 어떻게 다르고, 또 이 감탄과 경이가 그의 시에서 볼 수 있는 조선의 문화적 · 의식적 우월감과 공존할 수 있는가 하는 것이 새로운 의문으로 떠오르게 된다. 이 경이와 감탄이 문화적 · 의식적 우월감과 공존할 수 있다면 이 두 가지가 같은 층위에 놓일 수 있을까, 아니라면 어떤 차이가 있을까, 만약 공존할 수 없다면 그의 시에서 확인되는 양면성은 무엇을 의미한다고 보아야 할 것인가. 이에 대한 해명이 바로 남옥이 지니고 있었던 대 일본 인식세계에 대한 확인이라고 생각된다.

6. 남옥의 일본 인식이 지니는 의미

남옥의 『일관시초』에서 확인할 수 있는 대 일본 인식의 양면성은 남옥만의 것이라 생각되지 않는다. 오히려 당대 일본에 사행 갔던 이들이 지녔던 보편적인 것이었다고 보인다. 그렇다면 전술한 것과 같이 '이 양면성은 같은 층위에서 공존할 수 있는 것인가' 하는 문제가 제기된다.

남옥의 시를 살펴보면 시 속의 양면성이 남옥의 내면 속에 자리하고 있는 도덕적 우월의식에 의해 하나로 통합되는 모습을 보여준다. 결국 일본의 문물과 풍습이 아무리 번화하고 뛰어나도 문화적 결여, 도덕적 결핍으로 인해 조선과 비교될 수 없다는 것이다. 이와 같은 남옥의 의식세계를 그대로 믿는다면, 남옥의 대 일본 인식은 이전 시기와 크게 다를 것이 없다. 하지만, 남옥의 시에 나타난 양면성의 통합 과정을 액면 그대로 받아들이지 않는다면, 시 속에 드러난 이 통합의 과정에 대해 어떻게 보아야하고 정리해야 할 것인가.

일단 이전 시기 조선 문사들의 일본에 관해 인식과 태도를 고려하지 않고, 남옥의 시만을 대상으로 논의해 보도록 한다. 남옥의 시에서 드러나는 일본에 대한 양면성은 두 방향이다. 하나는 경탄과 경이의 대상이 되었던 일본의 문물과 풍경이고, 다른 하나는 정신적이고 도덕적이며 문화적인 수준에 관한 것이다. 이 두 가지는 기본적으로 같은 층위에 놓일 수 없는 것이다. 이 중 보다 표피적인 것이 문물과 풍광으로 나타나는 현실 세계이고, 보다 심층적인 것이 도덕적이고 문화적인 이상 세계이다. 본질을 중심으로 본다면 이상 세계가 심층 의식이기 때문에 남옥의 일본 인식은 우월감으로 정리할 수 있지만, 이렇게 단언하기는 쉽지 않다. 특히 매문賣文으로 인해 유배까지 갔었을 정도로 지독하게 가난했던 남옥의 삶을 생각해보면, 그가 바라보았던 일본의 부유한 삶의 모습은 일반적인 다른 조선의 문사들과 달리 남옥에게 현실적이고 직접적인 충격으로 다가왔으리라 생각할 수 있다. 따라서 가난에 찌든 삶의 경험을 지녔던 남옥이 단순히 그 자신의 이상세계만을 중심으로 일본이라는 대상의 가치를 판단했으리라 규정하기는 어렵다.

반면 현실 세계를 중심으로 본다면 남옥의 눈에 비친 일본은 새로운 세계이고 경탄과 경이의 공간으로 규정된다. 하지만, 이렇게 규정한다면 조선에 대해 가지고 있었던 남옥의 자부심은 그가 일본에 발을 딛는 순간 무너지고, 그가 지금까지 지켜왔던 도덕적 기준은 가치를 상실하게 된다.

현실을 인정할 수도, 이상을 부정할 수도 없었던 그의 처지가 시로 표현된 것이 바로 시 속의 양면성이라 생각된다. 즉, 남옥은 일본을 부정할 수도, 조선을 부정할 수도 없었던 것이다. 이와 같은 생각을 하게 된 것은 그의 시에 드러난 일본에 대한 긍정의 시선과 조선에 대한 우월 의식이 모두 일관된 방향을 지니고 있으며, 각각의 방향에 대해 구체적이고 선명하기 때문이다. 따라서 남옥의 태도는 양자 부정이 아니라 상호 긍정으로 이해하는 것이 타당하다고 생각된다. 물론 그의 시가 언제나 마지막 구절에서 일본을 부정하고 있다는 점에서 일본에 대한 일방적 부정이나 조선에 대한 일방적 우월의식으로 설명할 수도 있다. 하지만, 일본의 풍경에 대한 긍정의 시선이 마지막 구절 도덕적 의식세계와 만나기 전까지 보여준 구체성과 선명성은 그의 시를 조선에 대한 일방적 우월의식의 결과로 규정하기 어렵게 만든다. 이와 같은 현상은 일방적 우월감보다 오히려 남옥이 기본적으로 조선의 도덕적 기준을 인정하고 있었지만, 이와 함께 일본의 부유한 현실에 대해서도 똑같이 인정하고 있음을 의미하는 것이라 보는 것이 타당하리라 생각된다. 따라서 도덕적으로 열등하고 문화적으로 저급하지만, 그래도 일본의 현실에 대해 인정하는 남옥의 태도가 비록 표면적으로 구체화되어 나타난 것은 아니었지만 그의 시 속에 분명히 자리 잡고 있다고 보아야 할 것이다.

이와 같은 인식은 이전까지 볼 수 있었던 조선 문사들의 일본에 대한 도덕성 중심의 일방적인 가치 판단에서 한 걸음 움직인 것이라 생각된다. 이 움직임의 강도에 대한 구체적인 파악은 이전 문인들의 작품과 남옥의 시를 비교하는 작업을 통해 확인할 수 있지만, 이 글에서는 그와 같은 작업이 어렵기 때문에 이 움직임에 대해 더 이상의 의미를 부여하기는 쉽지 않다. 하지만, 남옥의 시에서 확인할 수 있는 일본 문물과 풍광에 대한 긍정의 시선은 분명 그가 일본을 다시 보는 계기가 되었을 것이고, 이 새로운 시선에 의해 바라본 일본의 모습은 남옥에게 경탄과 경이를 주는 매체로 작용했을 것이다. 이 속에서 스스로를 지키기 위해 남옥은 자신이 지금까지 지켜왔던 내적 기준으로 자신을 감싸고 감탄과 경이의 대상이 되었던 일본의 현실과 거리두기를 시도한 것이라 보인다.

남옥의 시에 나타난 대 일본 인식이 상호 긍정을 통한 양면성을 지니고 있다는 것은 그 자체로 의미를 가질 뿐만 아니라 앞으로 변화하게 될 조선 문사들의 대 일본 의식 변화의 단초를 보여주는 것이라는 점에서도 적지 않은 의미를 지닌다고 생각된다. 그것은 남옥 당대 조선 문사들이 가지고 있었던 일본 인식의 양면성이 어느 방향으로 확장되느냐에 따라 일본 혹은 그와 유사한 서구 세력에 대한 대응의 방향을 결정해 줄 것이기 때문이다.

부록

『일관시초(日觀詩草)』 작품 정리표

연번	제목	형식	수량	특성
	日觀詩稿 上	日本免不得		
1	七月歸覲	오율 2 칠율 1	3	
2	上親庭	칠율	3	
3	辭庭	칠율	1	
4	七月旣望 李士文來別 唐詩韻	칠율	1	
5	北谷秋日 聖章景昌同作 三淵韵	칠율	1	
6	景賢堂秋蟬 應制命韻	칠율	1	
7	南殿秋夜 聖章 郎同社韻	칠율	2	
8	八月一日夜雨 士文復至 晋菴韵	칠율	1	
9	八月三日渡漢江 釼南韻	칠율	2	
10	自嘲戲示三書記	칠율	1	
11	駒城 三淵韵	칠율	1	
12	和子才	오율	1	1자 결
13	和士執	오율	1	
14	別家弟向忠原	칠율	1	
15	撻川	미상	1	글자 누락
16	忠州官舍敬和使相韵	칠절	1	
	原韻-正使 濟谷	칠절	1	
	龍淵 士執	칠절	1	
	玄川 子才	칠절	1	
	退石 士安	칠절	1	
17	使相拜辭 闕下出國門 次先尙書公赴燕時 西郊韵 是夜屬和	칠절	1	
	原韻	칠절	3	
	玄川	칠절	1	
	敬和士相彈琴臺韵 退石	오율	1	
	原韻-濟谷	오율	1	1자 누락

	龍囦	오율	1	
	玄川	오율	1	
	退石	오율	1	
18	雨中共拈 唐詩韻	칠율	1	
19	示子才士執	오율	1	
20	將尋林忠愍影堂以雨不果	오율	1	
21	安保驛舍愁雨	오율	1	
22	鳥嶺	칠율	1	
23	交龜亭用滄窩韵	오율	1	
24	鳥嶺聯句	오언연구	1	
25	過嶺	칠언율시	1	頷聯 2句 1자 결
26	次子才鳥嶺韵	오율	1	
27	又次龍湫韻	오율	1	
28	疊 唐韻 上使相	칠율	2	
29	次子才阻水飛鴻亭韻	오율	1	
30	醴泉安東以齊日不賦 追次使相望京韻	오절	1	
	原韻 濟谷	칠절	1	
	龍淵	칠절	1	
	玄川	칠절	1	
	退石	칠절	1	
	追次使相鳥岺韻 右原韻	칠절	1	
	龍淵	칠절	1	
	濟谷	칠절	1	
	玄川	칠절	1	
	退石	칠절	1	
31	韶州用李白鳳臺韻	칠율	1	
32	和子才望湖樓韻 奉金士安	오율	1	
33	新寧環碧亭中秋夜次同遊暎湖樓韻	칠율	1	
34	朝陽閣方伯餞筵次板上圃隱東槎韻	칠율	1	
35	關夜雜咏	칠율	2	

36	入慶州	칠율 1 오율 1	2	최치원의 이름 오자
37	戱答士執見嘲	칠절	1	
	原韻	칠절	9	
38	蔚州望海	칠율	1	
39	蔚州東萊之間處處有竹田脩然可喜	칠율	1	
40	寅賓軒妓樂用李承旨衡萬靖遠樓韻	칠절	5	
41	次從事公韻	칠율	1	
42	忠烈祠用杜韻	칠율	1	
43	釜山港口觀渡海船 次子才	칠율	1	
44	永嘉臺板上韻	칠율	2	
45	是日聞秘書除旨疊韻	칠율	1	
46	夜與兩友次壺谷泛槎錄韻	칠율	1	
47	奉兩友求和	칠율	1	
48	疊長字	칠율	1	
	東京雜詠			
49	鷄林	오언고시	1	12행 고시
50	五陵	오언고시	1	14행 고시
51	鮑石亭	오언고시	1	자수 및 행수 불일치
52	瞻星臺	오언고시	1	12행 고시
53	角干墓	오언고시	1	14행 고시
54	金后稷墓	오언고시	1	12행 고시
55	鵄述嶺	오언고시	1	14행 고시
56	黃昌舞	오언고시	1	16행 고시
57	處容舞	오언고시	1	10행 고시
58	玉篴	오언고시	1	12행 고시
59	和子才	오율	1	
60	屬士執	오율	1	
61	屬士安	오율	1	
62	自詠	오율	1	

63	和士執	칠율	1	
64	酬洪聖老善輔	칠율	2	
65	秋興八首	칠율	8	
66	追次使相重到嶺南韻	칠율	1	
67	與兩友共拈放翁韻	칠율	3	첫수의 7째 구 1자 결
68	次宜寧倅徐伯五命瑞愛民軒云	칠절	1	
69	戲呈使相	칠절	2	
70	夜觀劒舞	칠율 1 칠절 3	4	
71	次士執古體歌	칠언고시	1	
72	次秦州雜詩	오언율시	20	
73	九月三日使相約遊海雲臺適有風雨軍吏交諫不聽車發雲收雨霽使行從陸余與三書記舟下用杜翁城西陂泛舟韻	칠율	2	
74	次退石子韻	오율	1	
75	次申翊卿寄來韻	칠율 1 칠절 1	2	
76	戲士執	칠절	1	
77	贈東京女俠翡點	칠절	2	
78	贈彈瑟老妓英梅	칠절	1	
79	題海蟾扇	칠절	1	
80	題荷花扇	칠절	1	
81	共三益用唐韻	칠율	1	
82	次李康翊海文韻	칠율	1	
83	秋盡日汎舟登太宗臺	칠율	1	
84	雨中用放翁韻	칠율	1	
85	謹和使相候風韻	칠절	1	
86	候風詞七疊用杜絶江畔七道韻	칠절	7	
87	謹和使相韻戲洪聖老	칠율	1	
88	次士執韻	칠율	1	
89	解纜詞用淵翁江上謾詠韻舟中作	칠절	15	일본으로 출발
90	渡海次唐子方淸淮詩韻上使相	오율	1	

91	舟中風雨次秋興八首	칠율	8	
92	舟中雜詠用錦南紀行諸作韻	칠율	34	
93	大浦舟中次錢起江行十二絶句	오언고시	1	
94	圓鑪使相命韻	칠절	1	
95	銅鑪聯句	오언연구	1	5언 90句
96	西福寺	칠율	1	
97	次李從事南岡舊韻	칠절	1	
98	次成嘯軒舊韻	칠율	1	
99	西泊舟中共賦明人韻 屬兩君	칠율	2	
100	是夜大風疊前韻	칠율	1	
101	西泊浦繫舟次子美大曆三年春白帝城放船出瞿久居夔府將適江陵漂泊有詩四十二韻	오언고시	1	
102	次退石韻	칠율	2	
103	西浦曉發	칠율	1	
104	得景昌書和牘尾寄贈韻	칠율	1	
105	自琴浦乘風向馬州	칠율	2	
106	馬州雜咏用劒南韻	칠율	10	
107	題玉小童扇畵	오절	1	
108	題扇畵大浦停舟	칠절	1	
109	題扇畵佐須浦停舟	칠절	1	
110	題扇畵琴浦	오절	1	
111	西山寺次夔府咏懷一百韻	오언고시	1	100운 고시
112	坐夜	칠절	1	
113	酊菴僧有餽遺	칠절	1	
114	馬州太守歌	악부고시	1	악부(가체) 고시
115	馬州雜詠次二王宮詞韻	칠언고시	1	
116	又次劉夢得韻	칠절	28	
117	次張文昌韻	칠절	22	
118	大海聯句次南山詩	오언연구	1	5언 204구
119	輪圖使相命韻	칠절	1	
120	次己亥錄中西山寺韻	칠율	10	

121	傳語官間永勝七因通詞致柑用明人韻	칠율	1	
122	馬島發船疊前韻	칠율	1	
123	向壹岐島次己亥錄中韻	칠율	1	
124	風本前洋上船忽鴟折蒼黃須臾事定轉咷爲笑用己亥錄中韻志喜	칠율	2	
125	壹岐館中大風雷雨雪雹交下聲音相怕疊前韻	칠율	1	
126	風本浦大風次放翁韻	칠율	4	
127	第三日風息疊前韻	칠율	1	
128	食鯨疊前韻	칠율	1	
129	小至登岐島後岡用放翁韻	칠율	2	
130	是夜疊吟	칠율	5	
131	岐州至日次杜詩四首	칠율	4	
132	再疊	칠율	4	
133	三疊分屬三益因以自詠	칠율	4	
134	大風聯句 八十韻	오언연구	1	5언 160구
135	次放翁韻	칠율	5	
136	東征聯句次北征詩韻	오언연구	1	5언 140구
	附使相聯句	오언연구	1	5언 140구
137	舟中用劒南韻	칠율	2	
138	用明人韻	칠율	5	
139	又用明人韻	칠율	2	
140	黃柑聯句五十韻	오언연구	1	5언 100구
141	二十八日將解纜不果復疊潮字	칠율	1	
142	至日之晦在風本浦舟中曉聞鴈聲嘹唳起而視之其數二十適抽唐詩得李義山諸作共賦而次之	칠율	12	
143	聽鴈之翊夜風雨拚篷引東都琴遂依不可聊因次義山無題五首	칠율	5	
144	藍嶋用唐人韻	칠율	6	
145	高照山十景	육언고시	10	
146	次從事相韻	칠절	1	
147	次屛上韻	오율	5	

148	龜井魯年二十墨妙燭舊所爲詩稍藻采喜爲和之	칠율	2	
149	藍島館苦齒痛用淵翁臥病韻	칠율	6	
150	次屛上韻	오율	2	
151	藍州臈日杜韻	칠율	2	
152	客睡	오율	1	
153	夜用老陸韻	칠율	3	
154	藍島距博多津一莾蒼以圃翁梅窓春色早板屋雨聲多爲韵得古近體十首	오율	10	
155	謹和從事公韻	칠율	1	
156	與龜井魯上島西岡騁眺疊前韻	칠율	1	
157	還宿舟中再疊	칠율	1	
158	蠻人刻戊辰槎客詩名曰善鄰風雅 就其中次醉雪韻	칠율	1	
159	次濟菴韻	칠율	1	
160	藍浦舟中次劉長卿絶句	칠절 2 오율 3	5	
161	續次錢起絶句	칠절	10	
162	又次韋蘇州絶句	칠절	18	
163	次善鄰卷中韻各屬	오율 2 칠율 5	7	
164	舟發藍島次韓翃絶句	칠절	4	첫 시 1자 누락
165	過鍾屋	오율	1	
166	南泊舟中續次韓翃絶句	칠절	6	
167	赤關館次黃甫冉絶句	칠절	8	
168	赤間關歲盈夕用載叔倫石頭驛除夜一年將盡夜万里未歸人句韻各成古近體	오언	10	
169	又以崔塗亂山殘雪孤시異鄕爲韻	오절	8	
170	元朝試筆	칠율	1	
171	初二日自赤關乘潮夜發次顧況絶句	칠절	10	
172	戲吟	칠율	1	
173	室隅曉起次盧綸絶句	칠절	5	
174	到竈關	칠절	5	
175	又次李益絶句	칠절	16	

176	自竈關向津和	칠율	6	
177	河漏渡避風泊舟次戴叔綸絶句	칠절	8	
178	又次劉商絶句	칠절	9	
179	又次常建絶句	칠절	8	
180	格軍詞次儲光羲絶句	칠절	8	
181	續用杜絶韻	칠절	7	
182	鎌刈館賦綵菊用淵翁松柏堂詠梅韻	칠율	14	
	總六百三十一首			
	일관시초 상권 끝	누계	625수(他人作 및 原韻 22수 포함)	

	하권 시작			특별한 표기 없음
1	忠海以後紀行次岑嘉州絶句	칠절	20	
2	日比浦月夜泊舟次賈舍人韻	칠절	7	
3	次戊辰槎行福禪寺用杜韻留題詩	오율	1	
4	續次賈韻	칠절	8	
5	謹次使相四重韻	칠절	1	
	原韻	칠절	1	
6	室津舟中用劒南韻	칠율	4	
7	續用陸韻	칠율	3	
8	過明石城	칠율	1	
9	束裝將以明日移乘倭船	칠율	1	
10	兵庫前港月色奇絶	칠율	1	
11	兵庫夜泊用陸韻	칠율	1	
12	河口夜復用陸韻	칠율	2	
13	舟溯大板疊韻	칠율	1	
14	用陸韻留題船房	칠율	2	
15	淀河舟中使相命韻	칠율	1	
16	倭景	칠율	1	
17	琵琶湖	칠율	1	
18	懸轎	칠절	1	
19	八幡山	칠율	1	

20	向佐和	칠절	3	
21	望湖堂用岳陽韵	오율	1	
22	次澹窩韻	칠절	1	
23	次竹裸韵	칠절	1	마지막 구 1자 결
24	題堂主小障	오절	1	
25	醒泉	오율	1	
26	州股	칠율	1	
27	向名護屋	오율	1	
28	聞鴈	오율	1	
29	岡崎朝發	오율	1	
30	潮見嶺望東海	칠율	1	
31	金絶河	칠율	1	
32	紅梅	칠절	1	
33	濱松途中	칠절	1	
34	大井川望富士山	칠절	1	
35	輿涉大井川	칠절	1	
36	駿河州	오율	1	
37	淸見寺	오언고시	1	10구 고시
38	雨中有薩陀坂	오율	1	
39	晴望富嶽	칠율 1 오율 1	2	
40	淸見寺作次壺谷韵	오율	1	
	濟谷	오율	1	
	滿地	오절	1	
	回溪	오절	1	제 3구 2자 결
	花深	오절	1	
	弦菴	오절	1	제 4구 2자 결
41	復用聖章留題韻	칠율	1	
42	謹和使相富嶽韻	칠율	1	
	濟谷	칠율	1	
43	箱根嶺	칠율	1	

44	箱根湖	칠율	1	
45	小田原舘庭見渭城柳一樹	칠절	1	
46	神奈川	오절	2	
47	使舘盆梅命韻	오절	1	
48	題閔明叔扇畵富嶽聯句	칠언연구	1	7언 4구
49	使相命假蔡花韵	칠절	1	
50	使相以假薑盆見賜仍成小讚曰薑兮去穢惡 而通神明 所以聖人之不撤 邃命賦一律	오절	1	
	蔡－退石	오절	1	
	蘭－玄川	오절	1	
	蓮－龍淵	오절	1	
51	將復路志喜	칠율	1	귀로의 기쁨
52	出江戶	오율	1	
53	謹次使相復路志喜韵	칠율	1	5구 1자 결(지워짐)
	濟谷	칠율	1	
	弦菴	칠율	1	
	回溪	칠율	1	
54	偶成	칠율	1	
55	疊城字	칠율	1	
56	詠下倭	칠절	1	
57	相摸州途中疊成字	칠율	4	
58	謹和使相傳命作	칠율	1	
	濟谷	칠율	1	
	弦菴	칠율	1	
	回溪	칠율	1	
59	箱根雨中八疊城字	칠율	2	
60	嶺腰看瀑復疊	칠율	1	
61	箱湖十疊城字	칠율	1	
62	下嶺	오율	1	
63	自笑	오절 1 오율 1	2	

64	復過富士下	칠율 1 오율 2	3	
65	過富士川舟橋	칠율	1	
66	駿河川	칠율	1	
67	薩陀坂	칠율	1	
68	重到清見寺疊波字贈主忍上人	오율	1	
69	舞坂嶺	오율	1	
70	有歎	칠율	1	
71	贈退石	칠율	1	
72	聞蟬	칠절	1	
73	睡醒	칠율	4	
74	金絶河次金東溟古體詩三使相四詞客幷和	오고 1 칠고 1	3	오언고시 16구 칠언고시 8구
75	三河州途中	칠율	1	
76	向赤坂	칠율	3	
77	矢作橋	오율 1 칠율 1	2	
78	春盡日雨行	오율 1 칠절 1	2	
79	三使相與詞客以每倚北斗亡京華分韵余得斗字卽四月朔望 闕曉也	칠절	1	
80	使相以五古四句爲令改作	오고	1	오언고시 8구
81	暫觀醒泉	칠절	1	
82	湖嶽	칠절	1	
83	望湖亭題屛三使相俱題	칠절	1	
84	逆風行舟次放翁韵	칠율	1	
85	湖望	오율	1	
86	蠻女賣畵	칠율	1	
87	春楓	칠절	1	
88	膳所城	칠절	1	
89	重望倭京	칠율	1	
90	發太和	칠절	1	

91	江戶雜咏李西涯竹枝歌韵	칠절	20	
92	倭京雜詠用何大復韵	칠절	10	
93	大坂雜詠用謝茂秦韵	칠절	20	
94	舟下浪華次放翁韵	칠율	1	
95	送先來船疊前韵	칠율	1	
96	還故國船續去時留題韵	칠율	1	
97	阻風兵庫用唐人韵	칠율	10	
98	次鍾伯敬江行俳體十二首	칠율	12	
99	五月十三日夜雨中桂帆向室津以春帆細雨來爲韵志喜	오율 2 오고 3	5	오언고시 12구 2수 오언고시 8구 1수
100	又用陸韻	칠율	1	
101	憶牛窓井潛近藤篤復用陸韵	칠율	8	
102	翊日舟進又疊	칠율	1	
103	疊詠歸裝印章	칠율	11	
104	竹原夜泊復用陸韵	칠율	5	
105	鎌刈次從事公韻	칠율	2	
106	又疊	칠율	2	
107	桂帆復疊	칠율	6	
108	續用陸韻	칠율	5	
109	又用陸韻	칠율	5	
110	乘風向赤間關復用劒南韵	칠율	3	
111	赤關以後次淵翁春興雜詠四十六首	칠율	46	
112	岐島風雨次淵翁望海雜詠五首	칠율	5	
113	岐島久滯次檗溪雜詠四十三首	칠절	43	
114	六月十三日舟發岐島向馬島次三淵甲津韵七首	오율	7	
115	馬島次淵翁贈別己亥四詞客韵	오율	4	
116	見康津漂口次淵翁詠乞兒韵	오율	3	
117	瑛長老護歸船至馬州且有贈詩屬斷筆硯不得和在岐島時相見於能滿寺不容終無一語臨別書此以贈之	칠율	1	
118	贈瑛僧之徒丹叔虎溪義山三上人	칠율	1	
119	舟中次淵翁赤城雜咏十六首	오율	16	

120	次淵翁葛驛雜咏七首	오율	7	
121	次淵翁沃州諸作	오율	9	
122	還渡海用淵翁韵	오율	7	
123	梵魚寺小憩	오율	1	
124	梁山途中	칠율	1	
125	嶺南樓	칠율	1	
126	使相於昨年花山舘有三梅詩才執兩友亦和成余有齎故未賦歸到達營一梅復來乞詩使相亦命追和	칠절	1	
127	善山道中	칠율	1	
128	宿醉香亭	오율	1	
129	到尙州將訪蔡 景洪 僑居聞其上洛	오율	1	
130	漱玉亭次后溪鑣厓詩韵	칠절	2	
131	過嶺	칠율	1	
132	夜渡松坡江	오율	1	
133	南殿秋夜用去時相別韻	칠율	1	
	聖章	칠율	1	
	1장 두 면에 아무런 기록이 없음	1장(2면) 결		
134	제목 없이 시가 시작됨	칠절	1	제목 없이 시가 시작됨.
135	〃 (三洲－李太學士鼎輔士受)	칠율	1	
136	〃 (李伯訥 敏輔)	칠율	1	
137	〃 (魚景國 用賓)	오율	1	
138	〃 (李稚功 養鼎)	칠절	3	
139	〃 (柳醉雪)	칠율	3	
140	〃 (朴仁則 敬行)	칠절	7	제1수의 제3구에 2자가 더 들어있음.
141	〃 (李士文 鴻祥)	칠율	5	
142	〃 (申翊卿 후－만든 글자)	칠절 7 오율 1	8	
143	〃 (柳景昌 聖趾)	오율	7	
144	〃 (李聖章 鳳煥)	칠율	2	

145	〃 (누구인지 표기가 없음)	칠절	5	
146	〃 (對馬州)	칠절	1	
147	〃 (朴堤上)	칠절	2	
148	〃 (金方慶 戰地)	칠절	1	
149	〃 (羅興儒)	칠절	1	
150	〃 (鄭圃隱)	칠절	1	
151	〃 (徐福祠)	칠절	1	
152	〃 (大坂城)	칠절	1	
153	〃 (太和州)	칠절	2	
154	〃 (富士山)	칠절	1	
155	〃 (關白)	칠절	1	
156	〃 (洪徽之 愼猷)	칠절	3	
157	〃 (沈大仲 鏞)	칠절	1	
158	〃 (徐汝五 命瑞)	칠절	2	
	癸未仲秋 仁川 蔡希範 序			
	首陽 吳濬根 叙			
	日觀詩草 卷之一			
	일관시초 하권 끝	누계	518수(133제까지 456수(他人作 및 原韻 17수 포함, 133제 이후 62수)	
	일관시초	총계	1,143수(남옥 작 1,042수)	

9장

임란이전 조선 중앙관료의 일본인식

함영대咸泳大*

1. 머리말

바라옵건대, 일본과 失和하지 마시옵소서.

신숙주가 생을 마칠 무렵에 성종에게 한 말이다.[1] 신숙주가 임란 이전 일본에 대한 기록 가운데 가장 큰 영향력을 끼쳤던 『해동제국기海東諸國記』의 저자라는 점을 고려해보면 이 말은 적지 않은 무게감이 있다. 신숙주는 과연 일본의 무엇을 보고 일본과의 우호적인 관계를 요청한 것일까? 새삼 궁금해진다.

이로부터 500여 년이 지난 1995년에 『한일교류사』라는 책을 집필한 재일사학자 이진희·강재언 교수는 자신들의 책 머리말에서 한국과 일본의 교류사를 다루는 의미를 이렇게 적고 있다.

---

* 단국대학교 동양학연구소

1 『海行摠載』, 「前後使行備考」 "申叔舟臨終, 上問所欲言, 對曰, 願無與日本失和."

한반도와 일본열도 사이의 깊은 인연을 이해함으로써 우리는 양국의 歷史像 그 자체를 보다 넓은 시야에서 다시 보게 될 것이며 나아가 국경의 틀을 넘어 이웃나라로서의 친밀감을 느끼게 되는 계기를 만들 수 있으리라 생각한다.[2]

이 책의 부제는 '새로운 이웃나라 관계를 구축하기 위하여'이다. 이 두 학자의 기원은 소박해 보이지만 일본에서 한국관을 바로잡고 새로운 한일 관계상을 구축해 보려는 재일在日 지식인의 깊은 고뇌와 염원이 담겨 있다는 점에서 되새겨 볼만하다.

그런데 이웃하는 나라끼리 새로운 관계를 구축하려면 두 나라 사이에 얽혀있는 역사적 구원舊怨을 해소하고 서로에게 유익하고 발전적인 미래상을 제시해야 한다.[3] 그것은 상대에 대한 폭 넓은 이해를 바탕으로 상호간에 깊은 신뢰를 형성할 때 이루어진다. 타자에 대한 깊은 이해는 상대에 대한 존중에 기초하여 자기의 입장만이 아니라 타자에 대하여 주의깊게 살펴보고 그 처지를 사려깊이 배려할 때 구축될 수 있다. 아쉽게도 한일 양국은 이러한 상호존중과 배려의 경험을 그리 풍부하게 간직하고 있지 못하다. 아쉽지만 그것은 역사적 사실이다.

그러나 분명 한일 양국은 오랜 시간 상호교류를 가져왔고, 그 결과는 역사기록과 문화유산으로 남겨져 있다. 최근 들어 동아시아 담론의 확산과 함께 문화교류에 대한 연구가 활기를 띠면서 새삼 한일 양국은 서로에 대한 역사적 기억을 더듬고 있다. '상호인식'으로 부를 수 있는 그 기억은 집단체험의 소산이자 일정시기에는 어느 정도의 관념으로 정착된 것이다.[4] 관념은 다시 강력한 인식의 틀이 되어 상대에 대한 이해의 근거가 된다. 특정 시기 상대에 대한 어떠한 인식은 그 대상에 대한 정책을 결정하는 근거로 작용한다는 점에서 중요하다. 부정확한 인식은 편견으로 작용하여 상대의 진면목을 파악하는데 걸림돌이 되고 잘못된 정책을 세우게 되며 결론적으로 오해와 반목에 따른 불화를 낳는다. 그리고 그것이 국가간의 무력투쟁으로 표출될 경우 그 참상은 엄청난 비극을 초래한다. 우리는 임진왜란을 통해 그 결과를 경험했다.

---

2 이진희·강재언 지음, 김익한·김동명 옮김, 『한일교류사』(학고재, 1998).

3 독일이 2차 세계대전 후 자신들의 나치정부가 유태인을 비롯하여 온 유럽에 행한 역사상의 과오를 용서받기 위해 들인 노력은 바로 이런 점에서 평가할 만한 것이다.

4 '역사적 인식'의 개념에 대해서는 하우봉, 『조선시대 한국인의 일본인식』(혜안, 2006), 5~7쪽.

본고는 임진왜란이 발생하기 전 조선이 일본을 어떻게 인식했는가를 검토하려고 한다. 왜 하필 임란 이전인가? 이유는 두 가지이다. 하나는 임란 이전이 침략 전쟁에 대한 적개심으로 부정적 인식이 강했던 임란 이후보다는 상대적으로 객관적이고 우호적인 인식이 가능한 시기일 수 있을 것이라는 기대이고, 다른 하나는 임란에 이르기까지 조선은 일본의 실체를 정확하게 파악하고 있었는가를 확인하고 싶기 때문이다. 두 이유 모두 궁극적인 관심은 조선은 과연 일본이라는 타자를 그 실체에 부합하게 제대로 인식하고 있었는가에 초점이 맞추어져 있다. 본고는 상대에 대한 정확한 인식에서부터 교류사는 평가되어야 하며 현재 이후의 교류 역시 그러해야 한다는 신념을 견지하고 있다.

본고에서 검토하려는 시기는 구체적으로 여말선초로부터 임란 이전이다. 그 대상은 조선의 중앙관료다. 여기서 중앙관료라고 하면 국왕을 정점으로 국가의 대일정책에 대해 의견을 개진했던 집단을 총칭하는 것이다. 신숙주나 김성일처럼 직접 일본을 견문하고 돌아온 신료 역시 그 집단의 일원이 됨은 물론이다.

고병익의 연구[5]에 따르면 여말선초로부터 임란이전의 조선은 중국이나 일본과 비교해 보아도 매우 폐쇄적인 나라였다. 유일하게 대외 접촉의 창구였던 중국과의 관계는 정기적인 교류뿐이었고 그나마도 매우 의례적이고 외교적인 사행으로 왕복 노정과 체류시의 행동 범위까지 엄격하게 규정되었기 때문에 사행에서 부수적으로 일어나게 되는 물자 교역이나 문화 교류 역시 매우 제한될 수밖에 없었다. 일본 사행은 중국 사행과 마찬가지로 왕복 노정과 접촉 범위가 제한되어 있었고, 교역 기능은 중국보다 훨씬 적었다. 특히 고병익은 일본측과의 교류가 줄어든 원인으로 문화면에서 일본에 대해 지니고 있었던 '멸시와 적개심'을 들고 있다.

이러한 고병익의 연구는 실록이나 사행록의 기록을 검토해 볼 때에 대체로 동의할만한 견해다. 그러나 그 구체적인 인식의 실상에 대한 검토는 여전히 시도할 만한 가치가 있다. 구체적이고 정확한 인식의 실상에 대한 파악은 그러한 인식의 저변을 추측하고 검토하는 기초자료가 될 수 있다. 물론 이러한 연구는 궁극적으로 일본에 대한 인식에 편견은 없었을까? 그리고 그러한 편견은 일본에 대한 정책을 수립하는 과정에서 오판을 불러일으

5 고병익, 『동아시아의 전통과 변용』(문학과지성사, 1996), 13~19쪽.

키지는 않았을까?라는 문제에 구체적으로 답하는 데까지 수렴되어야 할 것이다. 이것은 지금도 여전히 요청되는 대외인식의 기초이기 때문이다. 본고는 일본인식의 양상을 구체적으로 짚어보는 것에서부터 그 실마리를 열고자 한다.

2. 한 · 일 양국의 사정

여말선초의 한일관계사[6]에서 1274년과 1281년, 몽고의 강압으로 진행되었던 두 차례의 일본 정벌은 기억할 만한 사건이다. 일본은 두 차례 모두 태풍으로 몽고군을 물리칠 수 있었지만 재정의 파탄으로 인해 14세기에 들어 가마쿠라 막부가 무너지고 남북조로 분열되어 쟁란이 시작되었다. 이 여파는 연안의 어민과 농민들에게 가중되었다. 쓰시마, 이키, 기타큐슈의 어민과 농민은 식량을 얻기 위해 고려 연안의 쌀 창고를 습격하였으며, 나중에는 기타큐슈의 무사단과 세토 나이카이의 해적이 가담하여 고려의 피해는 날이 갈수록 커졌다.

1350년 왜는 고성 · 죽림 · 거제를 노략질 했다. 『고려사』는 왜구의 침략이 여기서부터 시작되었다고 적고 있다. 1382년조는 경상도의 홍선도는 '사람과 물건이 모두 없어지고' 거제도는 한때 무인도에 가까운 정도가 되었다고 기록될 정도였다. 고려 조정은 1367년 일본 조정에 김용金龍을 파견하여 왜구 진압을 요청하고, 이것이 여의치 않자 1377년 정몽주鄭夢周를 지방장관인 규수단다이探題와 이마가와 료순今川了俊에게 파견하여 서일본 호족의 힘을 빌리려 하였다. 1389년에는 수군으로 아소만淺茅灣의 왜구 근거지를 직접 공격하기도 하였다.

1392년 이성계는 조선을 건국하였고, 이 해에 일본 역시 남북조의 분열을 수습했다. 조선 태조는 승려 각추覺鎚를 보내어 선린우호 관계를 다지면서 왜구의 단속을 요청하였고, 내분을 수습한 일본의 쇼군 아시카가 요시미쯔足利義滿 역시 승려 주인壽允을 보빙사로 보내어 "진서鎭西의 수신守臣에게 명령하여 해적선을 금하고 포로를 송환해서 인교隣交를 다

6 여말선초의 한일교류에 대해서는 이진희 · 강재언 지음, 김익한 · 김동명 옮김, 앞의 책(1998), 96~101쪽 참고.

질 것을 염원한다."라는 서한을 보냈다.

1404년 7월에 일본의 아시카가 요시미쯔는 '일본국왕 미나모토노 미치요시源道義'의 명의로 사절을 파견하는데 이것으로 양국관계의 선린관계가 수립되었다. 이후 일본은 무로마치 막부가 무너지는 160여 년간 조선에 일본국왕사를 160여회 파견하는데 이는 같은 시기 명明에 파견하였던 19회에 비해 월등히 많은 것이다. 한편 조선은 일본 국왕사에 대한 답례로 회례사를 보내고 1428년부터는 통신사를 보낸다. 이 때 파견된 조선 최초의 통신사는 박서생朴瑞生이다. 여기서 '통신通信'이라는 것은 '선린관계를 돈독히 한다'는 것이다. 두 나라의 관계의 주체가 되는 조선국왕 세종과 일본 국왕 아사카가의 관계는 항례伉禮였다.

이후 통신사와 일본국왕사가 왕래하여 선린 관계가 대체로 유지되기는 하였지만 해적의 활동으로 통신사의 파견이 중단되기도 하고, 쓰시마를 휩쓴 1418년의 기근은 그곳 주민들이 선단을 짜서 충청도 연안을 황폐하게 만들기도 하였다. 조선은 이에 대한 근본적인 대응으로 삼포를 개항하여 허가된 일본인에 대한 무역을 허락하기도 하였다. 무역을 위해 입국하는 일본의 사절은 4단계로 격이 정해졌는데 일본 국왕사는 별격別格, 수호守護 다이묘大名인 호소카와, 사파斯波, 산명山名, 오우치 등은 거추사巨酋使, 규수단다미와 쓰시마의 소씨는 그 다음, 최하위는 해적의 우두머리인 제추사諸酋使와 쓰시마의 유력자들이었다.

이 가운데 여말선초부터 임란이전의 일본인식과 관련해서 특히 주목할 것은 삼포를 개항하면서 받아들였던 사절使節의 명칭이다. 재일 사학자 이진희는 거추사巨酋使, 제추사諸酋使의 '추酋'는 사물의 도리를 갖추지 못한 '야만인의 우두머리'라는 의미로 이해했다. 결국 삼포의 개항은 말썽을 부리는 변방 나라의 백성들을 잘 구슬려 '예禮'를 가르침으로써 질서를 지키게 하려는 정책이라고 이진희는 평가한다. 이러한 판단은 적절한 것인가? 여말 선초로부터 임란 이전의 조선 중앙관료의 인식을 검토하는 과정에서 그 점은 점차 분명해질 수 있을 것이다.[7]

---

7 〈표 1〉 임란이전 대일본 조선사절

연대		정사	부사	서장관	사절명칭	기록
서기	왕조(조선/일본)					
1398	태조7/오에이(應永)5	朴惇之			회례사	
1404	태종4/오에이11	呂義孫			보빙사	

3. 일본인식의 양상과 저변

선초로부터 임란 이전의 조선 중앙 관료의 일본 인식을 검토하는 방식은 연대기적 방식을 통해 시기별로 구분할 수도 있고, 인식 논리의 층차별로 검토할 수도 있다. 연대기적 방식은 시대적 흐름에 따른 변화 양상을 읽는데 유리하고 인식 논리의 층차에 따라 접근하는 것은 이 후 그 논리의 저변을 검토하는데 전략적이다. 본고는 후자의 방식을 통해 두 가지 크게 대별되는 인식의 방향과 그 저변을 짚고 지향해야할 방향에 대해 가늠해 보고자 한다.[8]

1) 화이관에 의한 차별적 인식

화이관에 의한 차별적 인식은 일본에 대한 부정적 인식의 저류를 흐르는 핵심 관점으로 중화주의적 세계관에 견인된 것으로 이해된다. 이러한 관점은 주로 성리학적 학문소양을 바탕으로 존주대의에 대한 강한 신념을 견지한 학자・관료군에서 뚜렷하게 나타난다. 그 시작은 고려말 왜구문제를 해결하게 위해 파견되었던 정몽주다.

1406	태종6/ 오에이13	尹銘			보빙사	
1410	태종10/오에이17	梁需			보빙사	
1420	세종2/오에이27	宋熙璟			보빙사	『老松堂日本行錄』
1423	세종5/오에이30	朴熙中	李藝	吳敬之	회례사	
1424	세종6/오에이31	朴安臣	李藝		회례사	
1428	세종10/쇼초(正長)원	朴瑞生	李藝	金克柔	통신사	
1432	세종14/에이쿄(永享)4	李藝	金久囧		회례사	
1439	세종21/에이쿄11	高得宗	尹仁甫	金禮蒙	통신사	
1443	세종25/가키쓰(嘉吉)3	卞孝文	尹仁甫	申叔舟	통신사	『海東諸國記』
1590	선조23/덴쇼(天正)18	黃允吉	金誠一	許筬	통신사	

이진희・강재언 지음, 김익한・김동명 옮김, 앞의 책, 98쪽의 〈표 1〉 무로마치 시대 조선 사절 왕래 일정표 참조. 이 가운데 李芸이라고 표기된 인명만 李藝로 수정하였다. 이예는 실록에 그 졸기가 기록되어 있는데 역관신분이었던 그가 졸기까지 기록된 것은 일본과의 교류에 큰 공로를 남겼기 때문이다.

8 물론 일본인식의 총체적인 파악을 위해서는 여말에서 임란 이전이라는 긴 기간 동안의 다양한 대응 방식을 섬세하게 검토해야 구체적인 정황이 파악될 것이다. 본고에서는 우선 그 인식의 방향에 대한 검토만을 논의 대상으로 설정하고, 그 저변에 대한 세밀한 파악은 후고를 기약한다.

정몽주는 1377년 우왕 3년에 전대사성前大司成의 신분으로 일본에 다녀왔다. 부록된 연보에 따르면 이때는 나흥유羅興儒가 일본 하카다博多지방의 패가대覇家臺에 화친을 청하는 사신으로 갔다가 억류당하여 갖은 고초를 겪다가 겨우 목숨만 보존하여 돌아온 때였다. 쉽사리 사신을 보낼 수 있는 시기가 아니었다.[9] 당시 국왕이었던 우왕은 당시 상황에서 일본으로 사신을 보내는 의미를 재상들에게 이렇게 말했다.

> 報聘을 하는 것은 禮이다. 하물며 지금은 이웃나라와 우호관계를 맺어서 도적의 재앙을 종식해야 할 때이므로 사신은 마땅히 행실이 삼가고 말이 簡嚴해야 할 것이다.[10]

우왕은 일본과의 외교를 예禮의 차원으로 여기면서도 왜구의 종식이라는 현실적인 문제를 인식하고 있었으며 그 해결책으로 정벌 등의 무력적인 방법이 아니라 사신의 파견이라는 외교적인 방법을 선택했다. 우왕은 이러한 때에 필요한 것은 신중한 행실과 조심스런 말솜씨라고 생각했고, 정몽주를 그 적임자로 판단했다.[11] 정몽주는 매우 급박한 시기에 중요한 임무를 띠고 일본사행을 다녀온 것이다.

그런데 흥미롭게도 정몽주의 사행시 「정포은봉사시작鄭圃隱奉使時作」은 예상외로 평온하다. 그의 시는 '산승山僧은 시를 지어달라고 하고 地主는 술을 보내오니 인정은 도움 받을 만하니 물색 가지고 서로 시기하지 말자'[12]고 읊고 있다. 그는 일본의 사풍士風을 물어보기도 하고 이국의 색다른 정취를 응시하며 자신이 본 것을 그대로 시편으로 남겼다. 행인은 신 벗고 높은 어른을 맞이하며, 지사志士는 칼을 갈아 일세의 원수를 갚는 풍정이나 이빨에 물들인 것을 귀하게 여기고, 신발을 벗어 공손을 표시하는 것[13]을 모두 흥미롭게 소

---

9 『海行摠載』「鄭圃隱奉使時作· 附年譜」"洪武十年丁巳九月, 以前大司成, 使日本. 時朝廷患倭寇侵擾, 嘗遣羅興儒使覇家臺, 說和親. 其主將拘囚興儒, 幾餓死, 僅得生還. 權臣嗛前事, 擧先生報聘, 是行也, 人皆危之."

10 『海行摠載』「鄭圃隱奉使時作·附年譜」, "報聘禮也, 矧今通隣好息寇烖, 聘使宜愼簡哉!"

11 외교사절로서 정몽주에 대한 이숭인의 평가는 매우 우호적이다. 그는 이렇게 말했다. "達可(정몽주의 자)는 학식이 고금을 넓게 하고, 기상은 순후하면서도 방정하고, 말은 온화하면서도 달변이다. 일찍이 吳越·齊魯의 지역을 歷遊한 司馬子長(사마천의 자)의 기풍이 있으니 奉命使臣으로 專對하는 것은 그 나머지의 일인 것이다." 『海行摠載』「鄭圃隱奉使時作·附年譜」 참조.

12 『海行摠載』, 「鄭圃隱奉使時作」, "山僧每爲求詩至, 地主時能送酒來, 却喜人情猶可賴, 休將物色共相猜." 이하 정몽주의 일본인식은 이 자료를 참고 한다. 번역은 『국역해행총재』를 참고하여 일부 고쳤다.

13 『海行摠載』, 「鄭圃隱奉使時作」, "奉使遊桑域, 從人問土風, 行人脫履邀尊長, 志士磨刀報世讐, 染牙方是貴, 脫履是爲恭"

묘한다. 그러나 그것은 어디까지나 새로움에 대한 관심과 정취였을 뿐이다. 정몽주의 시선에 잡힌 일본은 중화의 문물을 제대로 계승한 민족은 아니었다.

아롱진 옷맵시는 생각건대 秦童의 교화를 입은 듯싶고
이빨을 물들이는 풍속은 일찍부터 越俗과 통했나 보다
돌이켜보면 삼한이 응당 그리 멀지 않으니
천년전 箕子의 遺風도 있으리라

斑衣想自秦童化，染齒曾將越俗通，
回看三韓應不遠，千年箕子有遺風．

진나라 아이들이 입는 아롱진 옷이나 이빨에 물을 들이는 월나라의 풍속이 남아 있다는 언급은 변방의 문화라는 지적이다. 그들의 문화에 배여있는 풍속을 보건대 일본은 중원의 교화를 제대로 입은 나라는 아니라는 것이다. 삼한三韓이나 기자의 유풍을 거론하는 것은 일본이 그러한 문화에 일부 영향을 받아 조금은 그러한 기풍이 있지 않을까 하는 기대를 반영한 것이지 실상에 대한 평가는 아니다. 화이관에 기초한 정몽주의 일본 인식은 그의 시편 전편을 관통하는 주제의식이다.[14]

이러한 정몽주의 일본인식은 조금 뒤의 권근에 이르러서는 강경한 적대감으로 표출된다. 권근은 태조 6년, 1397년 명나라로 사신을 가서 명 황제의 권유에 따라 24편의 시를 지은 적이 있다. 그 가운데 「상망일본相望日本」이라는 시에는 일본에 대한 권근의 시각이 잘 드러나 있다.[15]

동으로 바라보면 큰 파도 너머에,
성품 완악한 왜노가 있으니

---

14 구본현, 「정몽주 한시 연구」(서울대 석사학위논문, 1996)의 연구는 정몽주의 일본기행시를 "오랑캐의 풍속과 고려의 풍속을 매우 이질적인 것으로 파악하는 것으로, 華와 夷에 대한 분별의식에서 비롯된 것으로 생각된다."하여 정몽주의 한시에 華夷觀이 강하게 투영되어 있다고 보았다. 이는 대체로 동의할만한 견해이다.

15 『태조실록』 6년(1397) 3월 8일조.

聖人의 교화를 받은 적 없어
항상 방자하여 흉악하고 간사하다네.
이웃나라 침범해 노략질하고 훔치며
바닷가 산기슭에서 구차한 목숨을 부지하네
원컨대 天兵을 이끌고 가 토벌하여
죄를 묻고 凱旋歌 부르며 돌아오리라

東望洪濤外，倭奴稟性頑.
未嘗霑聖化，常自肆兇奸.
剽竊侵隣境，偸生寄海山.
願將天討去，問罪凱歌還.

권근의 눈에 비친 일본은 성품이 간악한데다 성인의 교화도 받은 적이 없어 개선의 여지가 거의 없는 존재들이다. 우월적 인식에 일본인의 성품에 대한 부정적 평가가 극단적으로 표출되어 있다. 조선에 대한 왜구의 도발은 그들에 대한 증오감을 증폭시키는 근거가 된다. 이 시에서 권근은 명 황제의 힘으로 그들을 토벌하려는 마음까지 거침없이 드러내고 있다. 권근의 시선에 잡힌 일본인은 왜인倭人도 아닌 왜노倭奴이다. 일본에 대한 혐오감은 증오의 감정을 내포하고 있다.

그런데 권근의 일본에 대한 부정적인 인식은 당시 혼자만의 특이한 생각은 아니었다. 『실록』은 1399년, 조선의 조정에서 국왕 정종과 신료들 사이에 있었던 일본 좌경대부 육주목六州牧 의홍義弘에 대한 포상 논의를 자세하게 기록하고 있다.[16] 의홍은 왜구의 근거지인 큐슈九州를 치는 등 왜구의 근절에 적지 않은 공을 세웠는데, 스스로를 백제의 후예로 자처하며 일본 사람들이 자신의 세계와 성씨를 알지 못하니 이를 갖추어 써 달라는 요청을 해왔다. 정종은 그들의 요구를 수용함은 물론 토전土田을 하사하려고 했다.[17] 그러나

16 『정종실록』 1년 (1399) 7월 10일조. 이하 내용은 이 때의 논의를 시작으로 실록에서 산견되는 내용을 정리한 것이다.

17 『정종실록』에 따르면 정종은 都評議使司에 내려 의홍의 가문의 세계를 상고하게 하였으나 세대가 멀어서 정확한 고찰이 어려웠기 때문에 잠정적으로 백제 시조 溫祚 高氏의 후손으로 하여 土田 三百 結을 주기로 의논하였다. 그러나 簽書中樞院事로 있던 權近을 비롯한 간원들이 강하게 반대했다.

그 시도는 권근 등을 비롯한 신료들의 반대로 실현되지 못했다. 권근은 땅을 주면 조세를 거두게 해 주어야 하고, 그 조세를 거두는 과정에서 백성들이 해를 받는다는 등의 7가지 이유를 들어 반대하면서 토전을 주는 것은 약한 나라가 땅을 베어 강한 나라에게 주어 화호和好를 구하는 일과 같으며, 우리의 토전으로 저들에게 공貢을 바치는 것은 우리가 저들의 변강邊疆이 되는 것과 같다는 논리[18]로 반대했다.

권근의 반대에도 불구하고 정종은 적극 최초의 계획대로 토전을 주고자 하지만 이번에는 좌산기상시左散騎常侍 벼슬에 있던 박석명朴錫命 등이 상소上疏를 올려 그 불가함을 역설하였다. 박석명은 『춘추』를 거론하며 화이華夷의 논리를 바탕으로 그 불가함을 극간한다.

> 『春秋』에서 中華와 夷狄의 분변을 삼가한 것은, 같은 族類가 아니면 그 마음이 반드시 달라서 華夏를 어지럽히는 계제가 싹트기 때문입니다.[19]

박석명은 우리나라에게 일본은 중국의 융적戎狄과 같다고 보고, 공功이 있다면 전백錢帛을 주면 될 것이요, 산천과 토전土田은 천자에게 받았으니 사사로이 남에게 줄 수 없는 것이라고 역설한다. 그는 일본을 왜라고 지칭하면서 그들의 사람됨은 근본적으로 신뢰할 수 없는 존재라는 것을 강조했다.

> 倭의 사람됨은 그 마음이 강퍅하고 사나와서, 變詐가 무상하여 예의로 사귀는 것은 없고, 오직 이익, 이것만을 생각합니다.[20]

그는 의홍이 백제의 후손이라고 밝히며 백제의 땅을 얻기를 원하는 것이 궁극적으로 채지采地의 연고로 인하여 조선의 허실을 엿보아 변을 일으킬 것이라고 주장했다. 정종은 이러한 신하들의 반대를 이해하지 못했다. 의홍이 우리나라에 정성을 바쳐 적을 쳐부수었고 본래 토지를 요구한 것도 아니고 겨우 본가本家의 계통을 추명推明해 달라고 요구한 것

---

18 그 핵심논리는 이것이다. "況錫以土田, 似乎弱國割地, 與强國求和之事. 吾之土田, 納貢于彼, 而吾若爲彼之邊鄙."
19 앞의 기록, "竊聞春秋, 謹華夷之辨者, 以其非我族類, 其心必異, 萌猾夏之階也."
20 『정종실록』 1년(1399) 7월 10일조, "且倭之爲人, 其心强狠, 變詐無常, 無禮義之交, 惟利是視."

이니 이것은 실속 없는 은혜를 베풀어 실속 있는 보답을 얻는 것이니, 무엇이 불가할 것이 없으며, 설혹 뒤에 변이 있더라도 시기에 임하여 응변應變하면 될 것이라 하여 호조의 급전사給田司에 명해 채지采地를 내리라고 강력하게 지시하였다. 근심이 되던 왜구를 섬멸하여 양국간의 화호和好를 닦은 공을 높이 산 것이다. 정종의 이러한 지시는 의홍의 사자使者에게도 전해졌는데 그는 세계世系만을 명시해주면 전지田地는 주지 않아도 좋다고 하여 이 논의는 일단락되었다.

이 해프닝은 일본에 대한 부정적 인식에 화이론적 문명론을 내함한 조선 중앙 관료들의 일본 인식을 잘 보여주는 사례이다. 정종의 지시는 그렇게 납득하기 어려운 것이 아니었음에도 불구하고 신하들이 굳이 강하게 반대한 저변에는 화이론華夷論에 근거한 일본에 대한 차별적 인식이 자리하고 있음을 알 수 있다. 경계와 불신으로 가득한 선초鮮初 조정의 신료들에게 일본은 신뢰하기 어려운 변방 오랑캐였던 것이다.

임란이전 이러한 부정적 인식, 특히 화이관적 세계관을 바탕으로 일본의 문명을 부정했던 또 다른 인물은 학봉 김성일이다. 그는 1590년에 파견된 통신사의 부사 자격으로 사행에 참여했다. 그는 일본의 침략을 예견한 황윤길과는 달리 일본은 그리 염려할 것이 없다고 보고한 바 있다. 유성룡의 『징비록』에는 학봉이 일본의 침략을 선불리 말하면 국내가 요동할까봐 그런 것이요 자기 역시 그 침략의 여부는 장담하지 못한다는 말을 했다는 변호하는 듯한 기록이 있지만 그의 일본견문록인 『해사록』을 검토해보면 학봉은 일본에 대해서 반감 내지는 적잖은 우월감을 가지고 있었음을 알 수 있다. 그는 일본에 대해 이렇게 적고 있다.

> 예로부터 왜인들의 성품은 조급하고 악독하여 마치 원숭이 같다.[21]

학봉은 『해사록』에서 일본 문물의 성대함을 자신이 본 그대로 서술했다. 귀인貴人의 갑제甲第는 모두 금옥金玉이고, 거리에 이어진 사찰은 곳곳마다 금벽이라고 적었다. 백성들이 사는 곳은 만천호萬千戶가 즐비하고 가게에 나열한 보배는 황금 상자에 담겼다고도 상

21 『海行摠載』, 「金學峰海槎錄二」, 「對馬島記事」 "由來夷之性, 躁毒猶沐猴"

찬했다. 연달은 판옥板屋은 땅을 메우고 사방으로 뻗친 길은 가로세로가 두루 통하고 있다고 하여 정비된 왕도의 모습을 그리기도 했다.[22]

그러나 그러한 문물이 그들의 문화에 대한 찬탄으로 이어진 것은 아니다. 금옥으로 만들어진 귀인들의 좋은 집은 존비尊卑가 차례를 잃어 참람함과 사치함을 다투는 것으로 여겨졌고, 눈앞의 시가지는 아이들의 장난같다고 평가되었다. 그들 도시는 전조후시前朝後市의 구별도 없고 좌조우사左朝右社에도 어둡다. 건물의 규모는 정해진 제도가 없어 왕공王公들이 성을 쌓는 것이 옛 법을 모른다고 폄하될 뿐이었다. 학봉이 인식한 일본 왕도는 화려하지만 문화적 수준은 낮은 오랑캐의 도시였던 것이다. 일본의 왕도는 벌과 개미처럼 모여 사는 것 같아 볼만한 것이 없다고 보았고, 인의仁義를 닦지 않아 무력武力만 숭상하니 백성들이 언제나 밝은 빛을 볼 것이냐고 비판되었다.[23] 그는 이렇게 말한다.

> 시를 쓰는 것은 내가 오랑캐의 추장을 놀라게 하려는 것이지만
> 어리석은 그들이 누가 능히 내 마음을 알아주겠는가?[24]

학봉은 호연한 기상을 가졌다고 평가할 수 있지만 외교적 상대를 존중했다라거나 그들의 문물이 발달하게 된 까닭을 찾아보려는 시도는 찾아볼 수 없다. 학봉에게 일본은 문물은 발달하였으나 문화나 학문의 수준은 낮은 오랑캐의 나라일 뿐이었던 것이다. 그런 자세였다면 일본의 국왕을 깨우치려고 마음먹는 것도 무리가 아니다. 박동량朴東亮의 『기재잡기寄齋雜記』에는 학봉이 풍신수길의 인물됨을 노골적으로 폄하한 내용이 수록되어 있어 학봉이 풍신수길을 얼마나 가소롭게 보았던가를 잘 보여준다.

> 秀吉이 조금도 威儀가 없어서 사신을 접견하는 날에도 어린 아이를 안고 동작이 무상하니 신의 눈으로 볼 때는 한 광포한 사람에 불과하였습니다.

---

22 『海行摠載』, 「金學峰海槎錄二」, 「二十八日. 登舟山觀倭國都」 "豪酋甲第摠金屋, 董家郿塢令人驚, 豪酋甲第摠金屋, 董家郿塢令人驚. …民居櫛比戶萬千, 列肆寶貝羅金籯, 漫漫板屋撲厚地, 四達闤闠縱復橫."

23 『海行摠載』, 「金學峰海槎錄二」, "尊卑失序等威亡, 紛紛僭擬誰能評, … 只恨蠻邦欠稽古, 眼中聚落同戲嬰. 前朝後市了莫辨, 左祖右社誰能明. 千雉百雉又無制, 王公設險迷前經. 蜂屯蟻聚何足觀, 蠻觸日日尋戈兵. … 不修仁義尙以力, 居民那見風塵淸."

24 『海行摠載』, 「金學峰海槎錄二」, "題詩我欲警蠻酋, 蚩蚩孰能知余情."

이러한 학봉의 판단은 성락훈 선생이 지적한 것처럼 '중국의 도학을 배워 예모禮貌를 가지고 인물을 판단하는 선비의 눈으로 본 것이요. 일본인의 본질이나 습성이 우리와 같지 않다는 것을 알지 못한 것'[25]이다. 상대를 제대로 보려고 하지 않았던 학봉의 우월감과 선입견은 이후 역사에서 적지 않은 시련으로 작용했다.

2) 일본 인식의 근거와 저변

임란이전 조선 중앙 관료의 부정적 인식은 검토한 바와 같이 분명 문명론적 우월감에 경도된 바가 있다. 하지만 그것만이 부정적인 인식의 온전한 이유는 아닐 것이다. 일본과의 교린은 조선에게도 역시 중요한 외교적 사안일 수밖에 없었음에도 조선이 일본과의 교통을 오랜 기간 멈추었던 데에는 그만한 이유가 있을 법하다. 다시 『실록』의 자료에 근거하여 그러한 부정적 인식의 저변이 무엇이었는가를 짚어볼 필요가 있다.

『세종실록』에는 자국의 왕이 죽었음에도 불구하고 사신을 보내 부고를 하지 않은 것이나 왕위에 즉위할 때에도 사신을 보내어 수호修好의 뜻을 통해 오지도 않은 것에 대해 통신사를 보낼 필요가 없다고 말하는 세종의 불편한 심기가 수록되어 있다. 세종은 조선이 교린의 예로 일본을 대하여 사절을 파견하고 부의를 전달했으며 즉위를 축하했는데 보사報謝하지도 않은 것에 대해 못마땅해 했다. 통신사 편에 보내온 명에 보빙의 예를 청하는 일본국왕의 친서를 전달하는 문제를 논의하는 내용[26]은 세종과 당시 조정 신료들의 일본 인식을 생생하게 보여준다.

> 저들이란 反覆이 무상하니, 뒷날에 만약 朝聘의 예를 하지 않는다면 아마도 조정에서 도리어 우리나라로 하여금 일본에 문책하게 할 것이고, 만약 그 소청을 듣지 않았다가 다른 날 조정에서 이 사실을 들으면 반드시 그 허물을 우리나라로 돌릴 것이니, 이것이 국론으로 결단하기 어려운 것이 아니겠는가.[27]

---

25 성낙훈, 「해사록 해제」, 『국역 해행총재』(민족문화추진회, 1974), 182쪽.

26 자세한 내용은 『세종실록』 11년 (1429) 12월 9일조 참고.

27 『세종실록』 11년 12월 29일 "然彼輩反覆無常, 後日若不朝聘, 則恐朝廷還使我國, 問罪于日本, 若不聽其請, 而朝廷異日聞之, 則必歸咎我國矣. 此非國論之難斷者乎?"

> 일본의 국왕이 전일의 잘못을 뉘우치고 다시 신하로서 服事하고자 하니, 그 뜻은 비록 아름다우나 이 나라가 옛날부터 금방 신하로 섬기다가 금방 배반하곤 하였사오니, 오늘의 말을 믿고 전달해 아뢸 수는 없는 것입니다. 만약 뒷날에 배반한다면 도리어 우리나라의 우환이 될 것이요, 후회하여도 미치지 않을 것입니다.[28]

세종이나 맹사성, 허조 등 당시 신료들의 공통된 일본에 대한 평가는 반복이 무상하고 쉽게 배반을 일삼는다는 것이다. 조선의 국왕과 신료들에게 일본은 신뢰할 만한 외교적 파트너로 인식되지 못한 것이다. 이것은 물론 조선의 중앙 관료들이 엄격하게 평가한 것일 수도 있다. 그러나 대체적인 정황상 일본의 외교적 행태는 긍정적으로만 평가하기 어려운 면이 있었음을 어렵지 않게 감지할 수 있다.

일본이 신뢰할 만한 외교적 상대가 아니라는 판단은 사행원의 죽음이라는 역사적 상황이 덧붙여지면서 더욱 누적되었다. 일본측의 술책으로 인해 목숨을 잃은 이형원과 함께 대마도 통신사로 사행한 적이 있던 성종대의 시강관 김흔은 "왜인倭人은 거짓이 많으니 공연히 저들에게 속임을 당하는 것이 될 뿐"[29]이라고 주장했다. 중종대의 좌의정 김근사는 일본은 "간사하고 교활한 본성에 좋으면 사람이고 성나면 짐승"이기 때문에 통신사의 파견은 "털끝만큼의 이익도 없고 단지 저들에게 욕만 당할 뿐"이라고 생각했다. 그는 일본을 신의로 대접하고 교빙交聘으로 우호를 통하는 것은 의리상 당연한 것이라고 여겼지만 이형원이 대마도에 이르렀을 때에 일본이 행한 무원칙하고 불손한 처신은 그러한 생각을 돌려놓기에 충분한 것이었다.[30] 김근사는 대장경을 청하며 다시 수교를 요청하는 일본측의 시도[31]에 대응하여 교린의 의리로 보빙을 재개하려는 중종의 생각[32]을 적극 반대했

28 앞의 기록, "日本國王悔前日之非, 復欲臣事, 其意雖美. 然此國自古乍臣乍叛, 未可以信今日之言, 而轉奏之也. 儻後日背之, 則反爲我國之患, 而悔無及矣."

29 『성종실록』 16년(1485) 10월 11일조

30 『중종실록』 30년(1535) 2월 22일조.

31 『중종실록』 32년(1537) 1월 13일조에는 이러한 조선조정의 처신에 대한 일본의 반응이 수록되어 있다. 일본은 "60년 전에 귀국에서 관원이 탄 배가 와서 信書를 주고 交隣을 닦는 이래로 방문을 끊으시니, 우리나라에 난리가 많은 것을 보았기 때문입니까? 또는 王化가 쇠퇴한 것을 천하게 여기기 때문입니까?"라고 의문을 제기하며 대장경을 구한다는 서계를 보내왔다. 일본측에서 서계를 보낸 날짜는 1536년 3월이었다.

32 『중종실록』 32년(1537) 1월 13일조. 중종은 "왜인은 경박하고 사나우며 교활하고 잘 속이므로 믿을 것이 못되나, 교린하는 의리로 말하면 報聘을 그만둘 수 없다."라고 보빙의 재개를 희망했다.

다. 이형원과 신숙주가 일본에서 당한 치욕과 생명의 위협[33]이 그 주된 이유였다. 이는 통신사절의 왕래에서 보여준 일본측의 태도에 대한 불만과 실제적인 고통에 대한 분노가 누적되어 나타난 것으로 부정적인 역사적 경험이 적대감에 가까운 불신을 낳은 것으로 볼 수 있다.

조선 중앙관료의 일본에 대한 부정적 인식의 또 하나의 원인은 그들이 견지하고 있는 의리적이고 도덕적인 기준에 걸맞지 않는 일본 사신들의 속성이다. 김근사는 일본측의 서계書契가 그 말이 매우 오만하므로 이를 도외시度外視하여 의義로는 책망하지는 않더라도, 이런 모욕을 받고도 자신을 굽혀서 사신을 보낼 수는 없다고 주장하였다. 그것은 앉아서 나라의 체모를 깎고 그들의 뜻을 더 교만하게 할 뿐이라는 것이다.

명종조의 대사헌이었던 홍담은 통신사 파견의 불가함을 역설하며 그 이유로 일본이 이익을 노골적으로 추구하는 것과 힘이 약하면 고분고분하다가도 남을 제압할 힘이 생기면 그날 저녁에라도 침범하는 속성을 들었다. 그는 일본인들이 오는 것이 통신과 예의를 좋아해서가 아니라 오로지 장사의 이익만을 위하여 오는 것으로 보았으며 통신사절 역시 왕래함의 이익을 추구하는 것에 불과하다고 평가했다. 그는 "저들이 통신을 청하는 것은 예의를 좋아해서가 아니라 은사恩賜가 있기를 바라서인 것이므로 은사의 소득이 노략질하는 것만 못하다면 그들이 신의를 지킨다고 담보할 수 없다"고 주장한다.[34]

이는 외교적 결례에 대한 적극적인 비판을 통해 국가의 자존심을 세우려는 것이고 한편으로는 장사와 이익을 탐하는 일본 사신들에 대한 의리적 비판이라고도 볼 수 있다. 이전 정황에 비추어 본다면 조선 중앙 관료들의 부정적인 일본인식은 전혀 근거가 없거나 지나치게 편협한 것이라고 보는 것은 무리다. 실제로 일본이 외교적으로 무례하거나 신뢰를 지키지 않은 정황이 적지 않게 포착되고, 통신사의 왕래를 이용해 이익을 탐하는 면모

33 『실록』 앞의 기록, 김근사의 발언, "왜국은 기강과 법도가 없고 성질도 가볍고 급하여 기뻐하고 노하는 것이 알맞지 않아 예전 통신사로 간 申叔舟도 여러 번 위험하고 욕된 지경에 빠졌다가 겨우 使節을 보전하여 돌아왔으니, 이번에 사신을 보내는 것은 가벼이 거행할 수 없습니다."

34 『명종실록』 12년(1557) 1월 27일조. 이러한 견해는 당시 대사간이었던 박민헌의 일본인식[『명종실록』 12년(1557) 2월 9일조]과도 상통한다. 박민헌은 좀 더 현실적으로 생각하여 저들을 제압할 만한 힘이 있다면 사신을 보내어 은혜를 보일 수 있지만 저들을 제압할 만한 힘이 없다면 사신을 보내도 도리어 해를 입는다고 보았다. 그는 일본 사신들이 화물을 가지고 와서 후한 값을 요구하거나 대마도에 세견선을 더해 달라고 요구하면서도 공손치 못한 말을 하고 조선 조정의 접대가 잘못되었다고 어새가 찍힌 서계를 받아 가지도 않는 등의 행위를 하는데 이는 모두 조선의 위신을 낮추는 것이라고 생각했다.

역시 없지 않으며, 사행길의 조선 통신사들은 항상 온전한 보호를 받은 것이 아니었기 때문이다.

그러나 저간의 상황을 고려한다고 하더라도 조선 중앙 관료들의 일방적인 질시나 지나친 비판은 자신이 설정한 기준에 부합하지 않는다고 하여 폄하하거나 감정적으로까지 대응한 점도 없지 않았다. 교린을 다져야 하는 조선의 상황은 외교적인 방면에서 그보다 더욱 현실적인 감각이 요청되었다. 그런 점에서 일본에 대해 온전히 긍정하지는 않았지만 당대 현실의 지평에서 일본과의 전략적인 우호관계를 지향한 박서생이나 신숙주, 윤개의 시야는 주목할 만한 것이다.

3) 전략적 일본인식의 측면

박서생이나 신숙주는 모두 일본 사행의 경험이 있고, 윤개는 예조에서 일본과 관련한 업무을 오랫동안 주관한 중앙 관료라는 점에서 그들의 인식은 비상한 관심을 끌만 하다.

박서생은 1428년 무로마치 정권의 5대 장군이었던 족리의지足利義持를 제사지내고, 6대 장군인 족리의교足利義教의 장군직 계승을 축하하기 위하여 파견되었다.[35] 그의 문장은 『동문선』에 사행시 3수가 남아있는데 사신의 책임감과 사행길의 험난함, 이국 풍광 등을 노래한 것이다. 박서생의 일본 사행은 그의 복명 보고서로 인해 매우 이채롭게 빛난다. 복명 보고서에서는 일본의 정세를 정확하게 탐지하고 합리적인 외교적 대응을 제안하거나 화폐의 원활한 유통을 통한 상업의 활성화, 수차와 감자, 마 등의 도입을 촉구하는 등 상당히 개혁적인 내용을 담고 있는 것으로 학계의 주목을 받은 바 있다.[36] 그는 그 복명 보고서에서 이렇게 일본에 대해 평가했다.

> 대저 그 풍속이 禮義를 알지 못하여 조금만 뜻에 맞지 않아도 그 몸을 돌아보지 않고, 비록 御所의 명령이라 할지라도 항거하고 좇지 않습니다. 이것으로 보건대, 어소와 修好하는 것이 비록 交隣하는 도리는 되오나, 해적을 禁防하는 계책에 있어서는 오히려 미흡합니다.

---

35 자세한 내용은 『세종실록』 11년(1429) 12월 3일조 참고.

36 박서생에 대한 연구는 한태문, 「무신통신사(1428)와 박서생」, 『열상고전연구』 29집(열상고전연구회, 2009).

> 또 일본은 구하는 바가 있으면 사절을 보내서 이를 청하고, 만약 구하는 바가 없으면 비록 新主를 하례하고, 舊王을 조상하는 큰 예절이라 할지라도 예를 닦지 않습니다. 이제 신 등이 명을 받들고 갔는데도 접대하는 것이 또한 예대로 하지 않으니, 이는 아마도 그 나라 옛 역사에 쓰여진 바가 그런 것이 아닌가 생각됩니다.[37]

그리하여 박서생은 통신사의 파견에 대해 다음의 세 가지를 주문하였다. 첫째는 국가의 부득이한 일과 보빙報聘하는 이외에는 사신을 보내는 것을 허락하지 말 것이며, 둘째는 윗 항렬의 여러 섬들의 도주島主에게는 보내는 것은 후하게 하고, 받는 것은 박하게 하여 그들의 마음을 기쁘게 해 줄 것이며, 마지막으로 간간이 사신을 보내어 지극한 뜻을 돈독히 효유曉諭하여 해적의 금지책으로 삼도록 하라는 것이다. 박서생의 이러한 주문은 받아들여졌다. 조선 조정은 부득이한 일 및 회례사回禮使 이외의 사절 파견을 허용하지 말고, 대마도주 종정성宗貞盛 등에게는 후하게 보내고 박하게 받자는 조항을 타당하다고 판단했다.

박서생은 그들의 태도와 방식이 우리의 기대에 못미친다거나 수준이 낮다는 등의 일방적인 비판보다는 있는 그대로는 담담하게 직시하고, 외교적인 대상으로 대체해야할 방책을 모색하는데 관심을 집중하였다. 그러므로 일본의 무례를 비판적으로 기술하였지만 우월의식의 표출이나 감정적인 대응까지는 가지 않았다. 그가 일본의 문물 가운데 배울 만한 것을 자세하게 기록하여 당대 국왕이었던 세종에게 보고할 수 있었던 것은 바로 이러한 차분하면서 실리적인 외교 감각이 있었기 때문이다.

세조의 명으로 일본을 다녀온 신숙주는 1471년 성종 2년에 간행된 자신의 저술『해동제국기』의 서문에서 "저 이웃 나라와 수호통문修好通問하고, 풍속이 다른 나라 사람을 안무安撫 접대하기 위해서는 반드시 그 실정을 알아야만 그 예절을 다할 수 있고, 그 예절을 다해야만 그 마음을 다할 수 있다."[38]고 역설하며, 실정實情의 파악을 중시했다. 그가 "이 기록을 바탕으로 그 실정을 파악하고 그 예절을 참작하여 그들의 마음을 수습할 것"[39]을

37『세종실록』11년(1429) 12월 3일조, "大抵其俗不知禮義, 小不合意, 不顧其身, 雖御所之命, 拒而不從. 由此觀之, 修好御所, 雖爲交隣之道, 而於禁賊之策, 猶緩也. 且日本有所求, 則遣使請之, 如無所求, 雖賀新弔舊之大節, 漫不致禮. 今臣等奉命而至, 接待亦不以禮, 恐因其國舊史所書而然也."

38『海行摠載』,「申高靈海東諸國記·序」, "夫交隣聘問, 撫接殊俗, 必知其情然後, 可以盡其禮, 盡其禮然後, 可以盡其心矣."

39『海行摠載』,「申高靈海東諸國記·序」, "因是知其梗概, 庶幾可以探其情, 酌其禮, 而收其心矣."

건의한 것은 그 인식의 자연스러운 귀결이다. 물론 신숙주 역시 그 동안의 일본의 행태를 긍정적으로만 본 것은 아니었다. 그는 일본이 조선과의 관계에서 신의의 관계를 형성하지 못했음을 지적한다.

> 그들의 습성은 강하고 사나우며, 武術에 精練하고 舟楫에 익숙하였습니다. 그런데, 우리나라와는 바다를 사이에 두고 서로 바라보게 되었으니, 그들을 만약 도리대로 잘 어루만져 주면 예절을 차려 朝聘하고, 그렇지 못하면 문득 함부로 剽掠하였던 것입니다. 전조 말기에 國政이 문란하여 그들을 잘 어루만져 주지 않았더니 그들이 沿海지역 수천 리 땅을 침범하여 쑥대밭으로 만들곤 하였습니다. … 지금까지 우리나라에서는, 그들이 오면 보살펴 주고 그 급료를 넉넉히 주었으며 예의를 후하게 해 주었지만 저들은 그것을 예사롭게 여기고 진위를 속이는가 하면 곳곳에 오래 머물면서 걸핏하면 시일을 넘기기도 하며 갖은 방법으로 사기를 치는데, 그 욕심이 한정이 없어서 조금이라도 그 의사에 거슬리면 문득 성낸 말을 하곤 합니다. 땅이 떨어져 있고 바다가 사이에 막혀 있어서, 그 처음과 끝을 究明할 수 없고 그 실정과 허위를 살필 수 없으니, 그들을 대할 때에는 마땅히 先王의 舊例에 의거하여 진압해야 할 것이며, 그 情勢가 각각 중할 때도 있고 경할 때도 있으므로 그 상황에 따라 후하게 하거나 박하게 해야 할 것입니다.[40]

신숙주의 판단은 일본에 대한 정확한 인식과 역사적 경험에 근거하고 있다. 또한 현실적으로 일본의 실정을 구체적으로 파악할 수 없는 현실도 인정하고 있다. 그의 일본인식은 일방적으로 호의적이거나 긍정적이지 않다. 다만 냉정하고 현실적이다. 외교적 관점에서 그것은 정녕 전략적이라고 평가할 만하다.

명종대의 우의정 윤개의 의논은 부정적인 관점으로 점철되었던 당대 상황에서 매우 이채롭다.[41] 윤개는 대마도가 조선과의 통교가 끊어진 이래 "세월이 이미 오래되자 점점 복

40 『海行摠載』, 「申高靈海東諸國記 · 序」, "習性强悍, 精於劍槊, 慣於舟楫, 與我隔海相望, 撫之得其道, 則朝聘以禮, 失其道則輒肆剽竊. 前朝之季, 國亂政紊, 撫之失道, 遂爲邊患, 沿海數千里之地, 廢爲榛莽. … 今我國家, 來則撫之優其餼廩, 厚其禮意, 彼乃狃於尋常, 欺誑眞僞, 處處稽留, 動經時月, 變詐百端, 溪壑之慾無窮, 少咈其意則便發憤言. 地絶海隔, 不可究其端, 倪審其情僞, 其待之也, 宜按先王舊例以鎭之, 而其情勢各有重輕, 亦不得不之厚薄也."

41 『명종실록』 12년 (1557) 2월 18일조.

구할 희망을 갖고 거짓 충성을 꾸며 은택을 바라다가 그 욕구에 차지 않으면 때로 패만한 말을 하기도 하고 노략질을 하기도 하니, 이는 실로 오랑캐의 상정常情으로 성왕들은 더불어 교계하지 않은 것입니다."라고 하여 그들의 성정이 그러한 것에 대해 크게 신경쓸 것이 아니라고 하고는 일본은 크더라도 우리와 멀고 대마도는 작더라도 우리나라 가까이에 있으니 우리와 먼 나라는 혹 소원하게 대하더라도 해로움이 그리 크지 않을 것이지만 우리나라 가까이에 있는 것은 진무함에 있어 그 마음에 어긋나게 하면 반드시 후회할 변이 있게 될 것이라는 현실적인 안목을 드러냈다. 그러면서 윤개는 예조의 문적들을 참고하여 일본의 정치 사정을 이렇게 파악했다.

> 신이 오랫동안 예조에 있으면서 옛 문적을 살펴보고 들은 바를 참고해 보건대, 그 나라의 政令은 한 군데서 나오지 않고 통어에도 일정한 제도가 없어서 이른바 諸島의 巨酋들이 각기 스스로 호령을 내고 국왕에게 예속되어 있지 않기 때문에 호령이 제도에 그리 크게 행해지지 않고 있습니다. 대마도가 만약 성심으로 우리의 은혜에 감복하여 죄를 얻어 전같이 배척을 받거나 혹 은수를 삭감당하게 될까 두려워하게 되면 우리나라를 허물하더라도 대마도가 그 말을 따르지 않을 것이니, 감히 우리에게 무례한 짓을 하지 못할 것입니다. 대마도가 우리를 돕고 저들을 돕지 않는다는 것을 알 수 있는 것은 이익이 우리를 섬기는 데 있고 저들을 섬기는 데에 있지 않기 때문입니다. 이에 앞서 신의 말을 듣는 자들이 옳다고도 하고 옳지 않다고도 하였는데 지난 을묘년에 또 전라도의 변란이 있었으므로 신이 감히 이런 뜻을 아뢰지 못했습니다. 수년 이래 도주가 매양 거짓으로 충성하는 체하며 적왜의 노략질할 기일을 보고하기도 하고 적왜의 머리를 베어 바치기도 하면서 스스로 '울타리 역할을 다했어도 大朝에서는 우리의 충성을 알아주지 않는다.'고 하니, 이 기회를 이용하여 사신을 보내어 慰諭하고 겸하여 울타리 역할을 한 의리를 권면하고 인하여 米斗의 숫자도 채워주고 세견선도 가급함으로써 그들의 기대에 부합하게 해주면 賞賜도 명분이 없지 않고 사체에도 마땅하게 될 것입니다. 言者들은 혹 '비록 사신을 보내지 않더라도 국왕의 소청에 의해 주면 어찌 명분이 없겠으며 어찌 감사하게 여기지 않겠는가.' 하지만, 이는 그렇지 않습니다. 그들의 교활한 생각에 '이를 얻은 것은 공으로 인한 것이 아니고 국왕의 요청에 의한 것이다.'고 여길 것이니, 후일 반드시 '전에 준 것은 우리 국왕의 은혜이고 공에 대한 賞典은 아직 시행하지

않았다.'라는 말로 핑계를 만들어 다시 요구할 것이고 그렇게 되면 대응하기 어렵게 될 것입니다."[42]

윤개 역시 대마도의 일본인들이 교활하다는 생각을 했지만 일본의 정국현실과 국제정세의 논리에 기초하여 대마도와 일본본국을 분리대응하려는 전략을 보여준 것이다. 오랜 경험에 기초한 매우 현실적인 안목이다. 이는 당대 일본 인식 가운데 다시 평가할 만한 구체적이고 적극적인 인식이다.

4. 맺음말 – 일본 인식의 의의와 반성

학봉의 귀국 후 2년이 채 지나지 않아 임진왜란이 발생했다. 임란의 원인과 그 참상의 책임은 다양한 측면에서 검토되어야 하겠으나 그 일차적인 원인이 일본에 대한 정확한 정보가 부족했다는 점에는 이론의 여지가 없다. 왜 조선은 일본에 대한 정확한 정보를 획득할 수 없었을까? 노력을 하지 않은 것이라기보다는 상대를 주의깊게 관찰해야 할 대상으로 여기지 않고 한 수 아래의 대상으로 간주한 것이 그 주요한 원인일 것이다. 일본에 대한 부정적인 인식은 그러한 관점과 착잡하게 뒤섞여 있다.

검토한 바와 같이 여말선초로부터 임란이전까지 조선의 중앙관료의 일본인식은 대체로 부정적이다. 정몽주로부터 권근과 김성일로 대표되는 그러한 인식의 저류에는 중화주의의 세계관에 견인된 화이관적 질서인식이 자리 잡고 있다. 아울러 굳건한 신의를 보여주지 않고, 사신의 행차를 확고하게 보호하지 못하였으며, 외교적 결례를 범한 일본측의 행태는 그러한 부정적 인식을 강화시켰다. 조선의 의리적 관점으로는 우호적으로 평가하기

42 앞의 기록. "臣久在禮曹, 考見舊籍, 參以所聞, 則其國政, 令不一出, 統御無常制, 所謂諸島巨酋者, 各自爲號令, 不專係屬於國王, 故國王號令, 不甚大行於諸島. 馬島若誠心感我之恩, 惟恐得罪, 如前之見斥, 或減其恩數, 則國王雖有尤於我, 而馬島不聽其言, 故不敢遽加無禮於我也. 知馬島之助我, 而不助彼者, 以利在事我, 而不在事彼故也. 欲遣使馬島者, 實臣迂計, 而非今始有之. 前此聞臣之言者, 或以爲可, 或以爲不可, 而往在乙卯, 又有全羅之變, 故臣不敢以此意上聞. 數年以來, 島主每假僞忠, 或報賊期, 或斬賊首來獻, 自以爲, '能盡屛翰之力, 而大朝不諒我忠' 云云, 故欲乘此機, 遣使慰諭, 兼勉屛翰之義, 仍足米豆之數, 或加給歲遣之船, 以副其望, 則賞賜不爲無名, 而事體亦得其宜也. 言者或以爲 : '雖不遣使, 因國王之請給之, 豈爲無名, 又豈不知感乎?' 是則不然. 其狡計以爲 : '得此非以功也, 以國王之請也' 則臣恐後日, 必曰 : '前之所賜, 寔我國王之恩, 而賞功之典, 尙未施也.' 以此爲辭, 而更有所求, 則將難以應之也."

어려운 대마도를 비롯한 일본 사신들의 실리적이고 계산적인 속성도 부정적 인식에 적지 않게 작용했다.

그러나 그러한 부정적 인식의 우세 속에서도 일본의 속성을 정확하게 파악하고 외교적인 노력을 통해 교린의 성과를 구축하려는 시도 역시 의식있는 관료들에 의해 추구되었다. 박서생이나 신숙주, 윤개는 그러한 인식을 대표한다. 그들 역시 일본에 대해 온전히 긍정하지는 않았지만 일본의 실체를 정확하게 이해하고 외교적으로 적극적으로 활용하려는 노력을 기울였다는 점에서 기억할 만하다.

하우봉은 조선전기의 세계인식을 중화주의적 세계관으로 이해하고, 그 저변을 유교의 수용과 주자학적 세계관의 구축으로 파악한 바 있다. 그의 검토에 의하면 「혼일강리역대국도지도」와 『해동제국기』 등은 모두 중국을 중화로 조선은 소중화로 인식하여 중국과 조선을 화華의 세계로, 그 외의 나라들, 이를테면 여진, 일본, 유구 등은 모두 夷의 세계로 보았다.[43] 그러나 임란의 참상은 화이관華夷觀만으로 유지되지 않는 동아시아 질서의 엄혹하고 냉정한 현실을 보여준다. 타자에 대한 주의깊은 관심과 관찰에 대한 주의력을 떨어뜨리는 화이관의 일방적 적용은 현실을 무시한 관념론적 문명관의 비극을 뚜렷한 참상으로 확인시켜 주는 것이다.[44]

임진왜란 후 『선조실록』의 사신史臣이 "왜노는 우리나라가 만세토록 반드시 갚아야 할 원수이고 같은 하늘을 함께 이고 살 수 있는 의리가 없으므로 귀신의 부끄러움과 사람의 원통함이 하늘에 닿고 뼈에 사무쳤으니, 사람치고 누구인들 왜노들의 가죽을 깔고 그 고기를 씹으려 하지 않겠는가. 이것은 곧 천성에 근본한 상도常道이기 때문에 우주宇宙가 다하고 만고에 뻗치도록 변역될 수 없는 이치이다."[45]라고 분노한 것은 참상을 경험한 관료가 그 원흉에 대한 적개심을 드러낸 것으로 심정적으로는 충분히 이해할 만한 것이다. 그러나 만일 사신이 분노를 섣부르게 드러내기 보다는 자신이 제대로 알지 못했던 위협할 만한 타자, 일본에 대한 정확한 인식을 촉구했다면 우리는 조선 후기에 좀 더 외교적으로 기대할 만한 성과를 거두지 않았을까?

---

43 하우봉, 앞의 책(2006).

44 물론 일본의 조선 침략을 정당화하거나 그 결과론적 방식으로 문명에 대한 인식을 평가하는 것은 부당하다. 다만 여기서는 일방적 화이관의 현실적 적용이 초래한 폐해를 지적한 것일 뿐이다.

45 『선조실록』 28년(1595) 9월 12일조.

조선의 중앙 관료가 견지한 관점인 화이관은 근본적으로 문화적 우열의 논리에 입각하여 상대를 인식하는 것이다. 문화적으로 華에 속했다는 자아 인식은 문화적 자부심을 일깨워줄 수는 있고, 자국 문화의 가치와 정체성을 확인하는 중요한 기제로 작용할 수도 있다. 그러나 그것이 일방적인 우월감이나 근거없는 자신감으로 전환될 때 그 비극은 적지 않은 것이다. 문화적 자각을 가진 어느 나라가 자국을 '이夷'의 세계에 속했다고 할 것인가? 지나친 자의식의 투영은 도리어 타자의 실체를 제대로 파악하지 못하게 하고 타자와의 관계를 불편하게 만들 뿐이다.[46]

그런데 화이관의 투영은 조선후기에 이르러 더욱 확고해진다. 김문식은 조선 후기의 지식인의 대외인식을 검토하면서 그 근본적인 시각을 자아인식과 타자인식으로 구분하고, 그 자아인식의 핵심을 '조선중화주의'로 파악했다.[47] 물론 그것이 자존自尊의 방식으로만 존재한다면 그리 해될 것이 없겠으나 타자에 대한 억압과 경멸의 방식으로 존재한다면 관계의 불편함을 넘어 냉정한 국제관계에서는 자국의 생존을 위협하는 요소로 작동할 수 있다. 제대로 상대를 보려고 하지 않으면 상황은 위험해질 수 있는 것이다. 현대 조선과 일본의 관계에 대한 연구 성과들은 당시 조선과 일본 사이를 오고 갔던 사신들이 상당부분 위사僞使였다는 사실을 확인시켜준다.[48] 그렇다면 위사를 통해 일본을 평가한 것은 제대로 된 평가라고 보기 어렵다. 상대를 제대로 알기란 결코 쉬운 일이 아닌 것이다.

일본과의 교류에 대한 역사적 경험을 검토하여 미래를 열어가는 자양분으로 삼고자 하는 현재의 시점에서 임란이전 조선의 중앙관료들이 보여준 대비되는 두 양상은 상호공존과 문명의 발전을 위해 어떠한 관점이 진정 전략적인 것인가를 다시금 되새기게 한다. 한일관계의 변화를 보는 요즘 당대 누구보다도 일본을 잘 알았고, 냉정했던 신숙주가 남긴 유언은 여전히 음미할 만하다.

---

46 최근 발표된 두 편의 논문은 조선과 일본의 문화 교류에서 일본의 이중적인 조선인식과 두 교류 주체간의 충돌의 양상을 잘 보여준다. 구지현, 「17세기 필담창화의 성립과 일본인의 조선 인식」, 『인문과학』 44집(성균관대 인문과학연구소, 2009); 박영미, 「한・일 문사의 교유시를 통해 본 상호인식－秋潭 兪瑒 하야시 라잔(林羅山)을 중심으로」, 『한문학논총』 30집(근역한문학회, 2010).

47 김문식, 『조선후기 지식인의 대외인식』(새문사, 2009).

48 최근 일본측의 연구에 의해 대다수의 사절이 僞使라는 것이 밝혀졌다. 하우봉, 앞의 책(2006) 참고.